高等院校法学专业民商法系列教材

张民安　主编

婚姻家庭法

（第四版）

主　编　卓冬青　郭丽红　白　云

中山大学出版社

·广州·

图书在版编目（CIP）数据

婚姻家庭法/卓冬青，郭丽红，白云主编．—4 版．—广州：中山大学出版社，2012. 9
（高等院校法学专业民商法系列教材/张民安　主编）
ISBN 978 - 7 - 306 - 04273 - 6

Ⅰ. ①婚…　Ⅱ①卓…②郭…③白…　Ⅲ. ①婚姻法—中国—高等学校—教材　Ⅳ. ①D923. 9

中国版本图书馆 CIP 数据核字（2012）第 197645 号

出 版 人：祁　军
策划编辑：蔡浩然
责任编辑：蔡浩然
封面设计：方楚娟
责任校对：杨文泉
责任技编：何雅涛
出版发行：中山大学出版社
电　　话：编辑部 020 - 84111996，84113349
　　　　　发行部 020 - 84111998，84111981，84111160
地　　址：广州市新港西路 135 号
邮　　编：510275　　传　真：020 - 84036565
网　　址：http：//www. zsup. com. cn　E-mail：zdcbs@ mail. sysu. edu. cn
印 刷 者：广州中大印刷有限公司
规　　格：787mm×960mm　1/16　27. 5 印张　563 千字
版次印次：2002 年 8 月第 1 版　2012 年 9 月第 4 版
　　　　　2016 年 1 月第 11 次印刷
定　　价：49. 90 元　印　数：37001 ~ 39000 册

内 容 提 要

本书是在第三版的基础上修订的。

本次修订，除了结合《关于适用〈中华人民共和国婚姻法〉若干问题的解释（三）》（2011 年 8 月 13 日起实施）外，还结合《中华人民共和国涉外民事关系法律适用法》（2011 年 4 月 1 日起实施），对第三版的婚姻关系法和涉外婚姻家庭继承法律适用的内容进行较大的修改。本书经修订后，观点更新颖，引证法律更充分，章节布局更合理，语言表述更简练。

本书从婚姻家庭的理论、婚姻关系法、家庭关系法、继承关系法、涉外婚姻和区际婚姻家庭继承关系的法律适用等方面，对我国婚姻家庭法进行系统阐述。同时，对一些法律尚无规定但在现实生活中产生的社会现象也进行了分析。

本书体现了婚姻家庭法立法的最新要求和司法的最新精神，也体现理论性与实践性的统一，既适合高等院校法学专业的学生做教材，也适用于非法学专业的学生做教学参考书，对广大公民维护自己婚姻家庭权益和司法人员的司法实践亦有指导意义。

作者简介

卓冬青　女，副教授。1984年毕业于中山大学法律系，现任教于中山大学法学院。中国婚姻法学研究会常务理事，广东省法学会婚姻法学研究会副会长，广东省婚姻家庭建设协会副会长，广东省妇女研究会常务理事。编写了《现代婚姻家庭法律自助读本》，参编了《妇女权益保障指南》、《法学概论与劳动法》，曾在《中国法学》、《中华女子学院学报》、《中山大学法律评论》等杂志和专刊上发表论文数篇。

郭丽红　女，教授。1984年毕业于西北政法大学法律系，法学学士；在职获西南政法大学民商法学硕士学位。现为广东工业大学政法学院教授，广东省法学会婚姻法学研究会副会长，广东省妇联妇女维权专家顾问团成员，越秀区第十五届人大代表，广东岭南律师事务所律师。先后撰写出版专著2部，主编、编写教材3部，在《法学评论》、《现代法学》等专业期刊发表学术论文近40篇，其中3篇被人大报刊复印资料和高等学校文科学术文摘转载。个人专著和多篇论文分别获得甘肃省社会科学研究成果二等奖，广东省第三届期刊优秀作品三等奖，广东省法学会优秀论文三等奖，广东省妇联、省法学会及女政法工作者联谊会年度研讨会优秀论文等。

白云　女，副教授。武汉大学法学博士，现任教于深圳大学法学院。主要研究方向为国际经济法、婚姻家庭法、世界贸易组织法，主要从事国际经济法与婚姻家庭法的教学工作，主持及参与省部级和其他科研项目5项；作为副主编及编著者完成作品5部，在《社会科学辑刊》、《河北法学》、《理论月刊》、《科技与法律》等学术期刊上发表学术论文20余篇，其中多篇被CSSCI收录和人大报刊复印资料索引。

张民安　男，中山大学法学院教授，民商法专业博士生导师，著名民法学家和著名商法学家。1994年7月毕业于吉林大学法学院，获法学硕士学位；2002年7月毕业于中国社会科学院研究生院，获法学博士学位。精通英文，熟悉法文，先后在《法学研究》、《中国法学》、《中外法学》、《当代法学》、《法学评论》、《法制与社会发展》、《现代法学》等期刊发表学术论文90多篇；先后出版专著《现代英美董事法律地位研究》、《公司法上的利益平衡》、《过错侵权责任制度研究》、《现代法国侵权责任制度研究》、《公司法的现代化》、《商法总则制度研究》、《侵权法上的作为义务》、《侵权法上的替代责任》以及《无形人格侵权责任研究》。主编出版了《高等院校法学专业民商法系列教材（1）》、《高等院校法学专业民商法系列教材（2）》和《高等院校法学专业民商法系列教材（3）》。主编系列出版物《民商法学家》、《侵权法报告》和《21世纪民商法文丛》，其中《民商法学家》和《侵权法报告》每年各出版1卷，《民商法学家》迄今已出版了8卷，《侵权法报告》迄今已出版了5卷。张民安无论是所发表的学术论文还是所出版的学术著作均得到中国民商法学界广泛的援引，是中国民商法学界为数不多的能够同时对中国的民商事立法、民商事司法和民商事学说产生重要影响的学者。

于海涌 男，中山大学法学院教授，民商法专业博士生导师。兼任广东省民商法学会秘书长；瑞士比较法研究所、纽约大学、美国天普大学、澳门大学、澳门科技大学访问学者。1991 年获中国政法大学法学学士学位，1997 年获北京大学民商法硕士学位，2003 年获中国社会科学院民商法博士学位（师从梁慧星教授），2004 年在中国政法大学从事民商法博士后研究工作（师从江平教授）。在国家重要刊物上发表论文多篇。主持国家级社科基金项目 3 项，主持部级社科基金项目 2 项，主持日本桐山基金项目 1 项。出版专著《法国不动产担保物权研究》、《论不动产登记》和《绝对物权行为理论和物权法律制度研究》，其中《法国不动产担保物权研究》于 2005 年获中国法学会优秀科研成果一等奖，2006 年获国家司法部优秀科研成果三等奖，《论不动产登记》于 2009 年获广东省人民政府哲学社会科学优秀科研成果二等奖。于海涌 2010 年入选广东省高等学校“千百十人才工程”省级培养对象。

刘冰 女，副教授。1983 年毕业于西南政法大学法律系，现任教于广州大学法学院。广东省法学会婚姻法学研究会副会长，广东省民商法学研究会理事，广东省知识产权法学研究会理事，广州市妇女研究会会员。曾在《现代法学》、《法商研究》、《湖南社会科学》等杂志上发表论文数篇。

曹智 女，副教授。中山大学法学硕士，上海交通大学法学博士，现任教于广州大学法学院。先后在《中央政法干部管理学院学报》、《法律与社会》、《广州大学学报》、《甘肃社会科学》、《特区经济》等国内期刊上发表论文十数篇。

陈瑞群 女，讲师，律师。1987 年毕业于中国政法大学研究生院民法研究生班。曾在《现代法学》等杂志上发表论文数篇。

陈月秀 女，讲师。2000 年 7 月毕业于华中师范大学，获硕士学位，现任教于广州大学法学院。先后在《河北法学》、《山东审判》、《中央政法干部管理学院学报》等期刊上发表论文数篇。

甘世凤 女，毕业于华中师范大学、中国政法大学，获教育学、法学双学士学位。曾任教于广东商学院法学院。参与《民法学》、《婚姻法学》、《法学导论》等教材编写，并发表论文多篇。

目　录

第一编　导　论

第二编 婚姻关系法

第三编 家庭关系法

第四编 继承关系法

第五编　涉外婚姻和区际婚姻家庭继承关系的法律适用

总 序

2002年，在中山大学出版社领导的关心和支持下，在中山大学法学院和其他高等院校教师的共同参与下，《高等院校法学专业民商法系列教材》之一、之二、之三顺利出版并受到读者欢迎。为及时反映司法的最新原则和立法的最新要求，我们在2005年、2008年相继对《高等院校法学专业民商法系列教材》进行了修订。近年来，我国又陆续制定并通过一系列新的法律，因此，有必要对《高等院校法学专业民商法系列教材》进行再次修订。

由于中国目前处于社会的转型时期，社会矛盾众多，社会纠纷不断，使中国民商法律制度具有不同于两大法系国家民商法律制度的特点：一方面，中国民商法律制度还不完善，立法没有对一些重要问题作出规定，司法判例虽然可能在某个特定的案件中涉及民商法上的新理论，但无法提炼出新理论；另一方面，中国的立法机关频繁制定新的法律，修改旧的法律，以反映转型时期社会当前的需要。《高等院校法学专业民商法系列教材》作为我国当前民商法律制度的反映，也表现出两个特点：其一，广泛介绍当今两大法系国家民商法律制度，广泛援引两大法系国家学说和司法判例，为我国学生了解和掌握最新的民商法理论提供途径。应该指出的是，不要认为这些理论仅仅是其他国家的民商法理论，它们实际上也应该是我国的民商法理论，因为，当代各国民商法理论基本上表现为统一化、现代化和趋同化的趋势。其二，频繁地修改教材，以体现最新的法律法规。当国家立法机关修改或制定新的法律或者当司法机关做出新的司法解释时，《高等院校法学专业民商法系列教材》的作者们也对其教材进行修改，以体现立法的最新要求和司法的最新精神，保持教材同社会当前法律制度的协调。

我们希望内容新颖、实用的《高等院校法学专业民商法系列教材》能够得到广大读者的喜爱。

张民安博士

2012年6月于

广州中山大学法学院

第四版序

2001年4月28日，第九届全国人民代表大会常务委员会第二十一次会议通过了《关于修改〈中华人民共和国婚姻法〉的决定》之后，针对审判实践中遇到的法律适用疑难问题，最高人民法院先后出台了《关于适用〈中华人民共和国婚姻法〉若干问题的解释（一）》和《关于适用〈中华人民共和国婚姻法〉若干问题的解释（二）》。这些司法解释为人民法院统一适用法律和解决一些实际问题提供了具有可操作性的裁判依据。然而，在司法实务中不断有新问题的出现。数据显示：2008年全国法院一审受理婚姻家庭纠纷案件为1286437件，2009年为1341029件，2010年为1374136件，家庭纠纷案件呈逐年上升趋势[①]。案件中相对集中反映出婚前贷款买房、夫妻之间赠与房产、亲子鉴定等争议较大的问题，亟须进一步明确法律适用标准。

为此，最高人民法院经过反复调研、讨论和论证，于2011年7月4日通过《关于适用〈中华人民共和国婚姻法〉若干问题的解释（三）》，并于2011年8月13日起实施。它重点对结婚登记程序瑕疵的救济手段、亲子关系诉讼中当事人拒绝鉴定的法律后果、夫妻一方个人财产婚后产生收益的认定、父母为子女结婚购买不动产的认定、离婚案件中一方婚前贷款购买不动产的处理、符合协议离婚条件的财产分割协议效力的认定等问题进行了解释。在社会上，《关于适用〈中华人民共和国婚姻法〉若干问题的解释（三）》也引起了人们极大的关注，对其中的一些规定引起了热烈讨论。在这一背景下，我们认为，有必要对本教材进行修订。

本次修订，除了结合《关于适用〈中华人民共和国婚姻法〉若干问题的解释（三）》进行修改外，还结合2010年10月28日第十一届全国人民代表大会常务委员会第十七次会议通过的《中华人民共和国涉外民事关系法律适用法》（2011年4月1日起实施），对第五编涉外婚姻和区际婚姻家庭继

① 最高人民法院网：关于《最高人民法院关于适用〈中华人民共和国婚姻法〉若干问题的解释（三）》的新闻发布稿 http：//www. court. gov. cn/xwzx/xwfbh/twzb/201108/t20110812_ 159534. htm，2011年11月20日访问。

承关系的法律适用的内容进行较大的修改。在第四编继承关系法中，结合目前关于继承法的修改讨论意见，进行了一些扩展性的介绍。

本次修订是在第三版内容的基础上删改和增补的，主要由卓冬青、郭丽红、白云三位作者完成。

由于水平有限，本书在写作过程中难免存在不当之处，恳望各位读者不吝批评、指正。

卓冬青

2012年6月15日于

广州中山大学法学院

第一编　导　　论

第一章　婚姻家庭法理论基础

第一节　婚姻、家庭的基本概念与基本理论

一、婚姻、家庭的概念

婚姻、家庭是人类生活中产生的社会现象，普遍存在于社会生活之中，形成了人类社会特有的婚姻家庭关系。婚姻家庭法调整的就是婚姻家庭关系。我们在系统了解婚姻家庭法之前，有必要首先需要了解婚姻、家庭的概念。

（一）婚姻的概念

汉语中的婚姻一词，不是现代新词，我国古代早已出现。但是，古代的“婚姻”是个联合词组，是“婚”和“姻”的组合。当时的“婚姻”有多层含义：有解释为婚礼的，如《白虎通》中有：“婚姻者何谓，昏时行礼，故曰婚，妇人因夫而行，故曰姻。”也有解释为双方父母亲家关系的，在《尔雅·释亲》中说：“婿之父为姻，妇之妇为婚；妇之父母、婿之父母相谓为婚姻。”而《礼记·昏义》中则更直接概括为：“妇党称婚，婿党称姻。”还有解释为男女因结婚而形成的身份关系，《礼记·经解》说：男女结婚后，“男曰婚，女曰姻”。到了现代，婚姻已演变成一个独立的词，词义的针对性更强，“婚姻，结婚之事；因结婚而产生的夫妻关系”[①]。

在国外，不同的时代不同的法系对婚姻的概念有不同的表述。就当代婚姻家庭法学来看，多数学者认为婚姻是男女结为夫妻的形式。英国的波·姆·布罗姆莱说：“至少在英国，婚姻是一男一女订立的彼此具有权利义务的一定法律关系的协议。”[②] 苏联的维·依·V保什科给婚姻的定义是：“男女双方依据法律规定的条件和程序，为了建立社会主义家庭，在彼此之间形成夫妻的人身上和财产上的权利义务，缔结自由、平权的

---

① 中国社会科学院语言研究所词典编辑室编：《现代汉语词典》，商务印书馆1996年版，第569页。

② （英）波·姆·布罗姆莱著：《家庭法》，1981年英文版，第16页；转引李志敏主编《比较家庭法》，北京大学出版社1988年版，第60页。

联合，通常也是终身的联合。”①

从以上对婚姻概念发展的分析来看，现代的婚姻有以下特征：

（1）婚姻是男女两性的结合。无论是古代的婚姻，还是现代的婚姻，婚姻成立的自然基础仍是两性的差异。“两性的结合是人类生理和心理发展的需要，是人的一种自然本能和生理性的行为”，② 两性的结合也就成为婚姻的自然属性。

但是，男女两性的结合这一特征正受到挑战，挑战来自同性间结合的法律确认。1988 年 12 月，丹麦通过《同性恋婚姻法》成为世界上第一个法律认可同性恋婚姻的国家，该法案规定，同性婚姻中的配偶双方在遗产、继承、住房津贴、退休和离婚方面，享有与异性婚配偶相同的权利。此后，荷兰、瑞典、瑞士、比利时、奥地利、挪威及美国的部分州相继立法承认了同性婚姻，其他欧洲国家如法国、意大利和西班牙的某些地区也陆续出台了与同性婚姻有相似意义的家庭伴侣法，法国 1999 年通过的《公民互助契约》，使得包括同性伴侣在内的非婚伴侣可以享有已婚家庭同等的权利。③

（2）男女结合的目的是为了确立夫妻关系。人类的两性关系多种多样，目的各有不同。婚姻这种男女两性的结合主观意识是很明确的，就是结为夫妇，确立夫妻的人身关系。所以，非婚同居、姘居、通奸等两性关系，不能算是婚姻。

（3）男女两性的结合要符合一定的社会要求。人类之所以有婚姻，与其他动物最大的不同就是因为人类的两性关系受到社会的调整，反映了一定社会的要求。无论是古代还是现代，婚姻都不是人们任意的行为，只有符合一定的社会规范，在特定的法律、伦理和风俗的规定和约束下的男女两性的结合，才是婚姻关系。

了解了婚姻的一般性概念，法律意义上的婚姻也就不难理解。从法律上理解，婚姻就是男女双方以确立夫妻关系为目的的、以彼此间权利义务为内容的结合。

（二）家庭的概念

在我国古代，家庭通常简称为家，多以“居住的地方”为字义，如《易·家人》释文中说：“人所居称家，是家仅有居住之意。”也有作为婚姻的结果来定义，如《周礼》郑玄注：“有夫有妇，然后有家。”家庭一词是后来才使用的，最初的含义是一家之内。如《后汉书·郑均传》中提到：“常称疾家庭，不应州郡辟召”。

到了近现代，人们对家庭的认识已超出了历史的局限，学者们从不同的角度对家庭

---

① （苏联）格·柯·马特维耶夫著：《家庭法》，1985 年俄文版，第 44 页。转引李志敏主编《比较家庭法》，北京大学出版社 1988 年版，第 60 页。

② 邓伟志、徐榕著：《家庭社会学》，中国社会科学出版社 2001 年版，第 32 页。

③ 杨毅：《特殊婚姻法律问题前瞻》，法律图书馆网 http：//law－lib. com/lw/lw－view. asp？no＝768，2001 年 11 月 5 日访问。

进行解释。心理学家强调家庭是人与人之间的生理结合，奥地利心理学家S. 弗洛伊德认为，家庭是肉体生活与社会机体生活之间的联系纽带。[①] 社会学家则从家庭的结构及其社会地位给家庭下定义。在《中国大百科全书·社会学卷》中，家庭被定义为："家庭是由婚姻、血缘或收养关系所组成的社会生活的基本单位。"[②] 而在法学领域，更关注的是家庭成员间的权利义务关系，把家庭解释为："家庭是共同生活的、其成员之间互享法定权利、互负法定义务的亲属团体。"[③] 从近现代对家庭的认识和理解来看，家庭有以下特征：

（1）家庭是社会生活的基本单位。自从进入个体婚时代，家庭就作为社会的基本单位而存在，是庞大的社会网络的一部分。社会由单个的个体组成，但这个个体不是个人，而是家庭。单个的个人都属于某一个家庭，是该家庭中的成员。家庭成员最初都是通过家庭与社会联系，而人类社会的生存和延续也依赖家庭来完成。

（2）家庭是由一定范围的亲属所组成的。在人类社会，有各种不同的组织（或说单位）。家庭也是一个组织（社会生活的基本单位）。但是，这个组织与其他组织不同，它不是随意组成的，它的成员间要具有一定的亲属关系，这种亲属关系来源于婚姻、血缘或收养。

（3）家庭这一亲属团体的组成，是以满足共同生活和共同生产的需要为主要目的。所以，它的成员间具有一定的权利义务为内容。家庭的社会职能的实现，正是以这些权利义务的履行作为保证。

二、婚姻家庭的性质

从以上婚姻家庭概念的分析可看出，婚姻家庭是一种社会关系，是建立在两性结合和血缘联系基础上的一种特殊的社会关系。所以，婚姻家庭既有一般社会关系的属性，也有不同于一般社会关系的特点，其性质具有双重属性的特征。婚姻家庭的性质是自然属性与社会属性的统一，但社会属性才是婚姻家庭的本质属性。

（一）婚姻家庭的自然属性

婚姻家庭的自然属性是指婚姻家庭赖以产生和存在的自然条件以及婚姻家庭关系中所固有的自然规律。与其他社会关系不同，人类的婚姻是以男女两性的差异和人类固有的性本能为其生物基础，而血缘的联系和基因遗传则是家庭关系的自然纽带。这两性差

① 邓伟志、徐榕著：《家庭社会学》中国社会科学出版社2001年版，第18页。

② 《中国大百科全书·社会学卷》，中国大百科全书出版社1991年版，第102页。

③ 杨大文主编：《婚姻法学》中国人民大学出版社1989年版，第8页。

异和血缘联系就是婚姻家庭赖以形成的自然条件。人类正是通过两性的生理结合实现人种的繁衍，因生育而产生的血缘亲属关系网络，把具有一定遗传特性的人联系在一起，形成特定的关系，并实现其特殊的社会职能。所以，婚姻家庭是社会关系的特定形式。

正因为婚姻家庭的自然属性，人类的婚姻家庭也就包含生物学和生理学上的一些自然规律，这些自然规律对人们的婚姻与家庭同样起着制约作用。随着人们对自然界认识的提高，婚姻家庭中的自然规律由自发的作用变为被人们自觉地运用。古今中外的婚姻家庭立法，都或多或少地考虑到这些自然规律，就是一个例证。如对法定婚龄的规定，限制近亲结婚的规定，以出生确定血亲关系，等等。

（二）婚姻家庭的社会属性

婚姻家庭的社会属性是指婚姻家庭在形态和内容上所表现的社会要求。婚姻家庭虽然具有自然属性，但它不是自然的产物，而是社会的产物。首先，婚姻家庭的主体是人。人既是自然人，也是社会人，人不可能脱离某一特定的社会而抽象存在。“人的本质并不是单个人所固有的抽象物，实际上，它是一切社会关系的总和。”[①]所以，人与人的关系，也就具有社会的内容。其次，因为人的社会性，由人组合而成的婚姻家庭，必然依存于一定的社会结构，具有一定的社会内容。婚姻是两性的结合，但这种结合并不是人们的任意，而是必须依从于一定社会条件下道德、法律的要求。风俗、伦理和法律是维护婚姻家庭规范化和制度化的主要手段。家庭因血缘联系而形成，也被社会赋予了一定的权利义务，如亲权、监护等。至于收养关系，收养人与被收养人之间虽然没有自然的血缘联系，但正是社会通过一定的制度赋予他们具有与自然血亲相同的权利义务，形成相应的亲属关系，他们之间的关系，更是社会的产物。

不同的社会对婚姻家庭有不同的要求。所以，不同的社会，婚姻家庭有不同的形态和内容。人类出于社会生产和社会生活的需要形成了婚姻家庭，这种人与人之间的社会关系内容是复杂的，它包括物质的社会关系，也包括思想的社会关系。既有属于经济基础范畴的因素，又有属于上层建筑、意识形态范畴的因素。婚姻家庭的产生、发展、性质、特点等，都受经济基础的决定和上层建筑的影响，并与之相适应。不同的社会有不同的婚姻家庭形态，婚姻家庭成员间的权利义务也会有不同。可见，婚姻家庭既具有自然属性，也具有社会属性。社会属性决定着婚姻家庭的本质。

婚姻家庭的双重属性，是婚姻家庭这一社会关系所特有的，缺一不可。但它们也决不是同等地位的。我们既要认识到婚姻家庭中自然属性的客观存在，也不能夸大自然属性的作用，不能把自然界中的一些现象用来解释人类婚姻家庭的产生和发展的规律。应

---

① 《马克思恩格斯全集》第3卷，人民出版社1965年版，第5页。

该认识到社会要求对婚姻家庭的影响，看到人类婚姻家庭从自然选择到社会选择，从自发的性禁忌到法律对禁婚亲的强制规定，都说明了社会对人类婚姻家庭发展规律的决定作用。

三、婚姻家庭的社会功能

婚姻家庭产生并存在于社会，必然有其存在的价值。这种价值，就是它有着对社会特别的功用和效用。婚姻家庭在人类生活和社会发展中起到的作用，就是婚姻家庭的社会功能。婚姻家庭的功能在大多数情况下是自发起作用的。我们许多人生活在婚姻家庭中，但是对婚姻家庭的功能却并不了解。了解婚姻家庭的功能，有助于发挥婚姻家庭在各方面的作用，提高生活的质量；有助于对婚姻家庭的立法研究，提高法律的执行力度。

婚姻家庭的功能有多方面，不同的学者有不同的概括和分类。但总的来说，有以下几个方面。

（一）生物功能

婚姻家庭的生物功能，是婚姻家庭自然属性在功能上的表现。它包括了生理需求的满足、生育繁衍、扶老携幼等。

性是人类基本的生理要求，两性结合是婚姻的生物功能的基础。由于社会对人类的两性关系通过伦理、道德和法律进行规范，把它限制在婚姻的范围之内，婚姻就具有确认和维护性关系的保障功能，同时，也有限制、排斥婚外性关系的否定功能①。

人类的繁衍是通过生育完成的。自进入个体婚制以来，人类的生育就与婚姻家庭有密切的联系。生育本来是一种自然现象，它起到延续生命的作用。但生育又不是一种完全的自然行为。人类社会通过各种文化手段调整生育，以维持社会人口再生产的秩序。婚姻家庭就是完成这一使命的载体。在古代社会，生育甚至被看做婚姻的主要目的，婚姻的主要作用就是传宗接代。在现代社会，婚姻的生育功能虽然丧失了传统意义上的至高地位，但自然生育的方式使生育仍与婚姻联系在一起。家庭通过建立抚养制度、确立婚姻关系等实现生育的功能。

有生就有养，这几乎是一切哺乳动物的本能，人类更是如此。生育在字面上本来就可以理解为“生殖”和“抚育”。家庭在担当生殖功能的同时，也就承担起抚养的职责。这既是动物本能的表现，也是人类社会的要求。所以，父母对子女有抚养义务，祖父母、外祖父母对未成年的孙子女、外孙子女也有抚养的义务。一个人从出生到成年，从无行为能力到能完全自理，家庭的抚育职能起很大作用。

---

① 张贤钰主编：《婚姻家庭法教程》，法律出版社 1995 年版，第 8 页。

（二）经济功能

家庭的经济功能，表现了特定社会的生产方式和生活方式的要求。它包括了家庭中的生产、分配、交换和消费。在一定社会中，社会的生产方式和生活方式总会在家庭中反映出来，产生出与之相适应的家庭生产方式和生活方式。如与封建社会的小生产经济相适应，家庭作为一个生产和生活的单位，在组织家庭成员的生产和消费中起重要作用。而在工业化大生产的现代社会，家庭的生产职能在逐渐削弱，生活职能在加强。虽然如此，作为组织生活的经济单位，家庭仍是社会分配和个人消费之间的中介，为其成员提供衣食住行等生活需要。这时，家庭的经济功能，主要是满足家庭成员的基本生存需要。因此，除了上一代对下一代的抚养外，对家庭中年长者的赡养、家庭成员间的扶养都是家庭要承担的社会责任。

（三）感情交流功能

人与人之间的情感交流，是人的心理需求之一。人们在社会上生活要进行多种交往，其中包括感情上的交往。人们感情上的交往有多种渠道，如与同学、同事、朋友、邻里的交往等。婚姻家庭也是感情交往的渠道之一，而且是不可缺少的。婚姻家庭中的夫妇之爱、父母子女之情、祖孙之谊令人难忘。对于人来说，各种心理态度的生成、性格的发展、感情的安慰和精神的寄托都离不开家庭。家庭是人们感情交流的主要场所。

（四）教育功能

教育有社会教育和家庭教育。家庭作为一个教育单位，在历史上早已形成。父母就是孩子的第一任教师，家庭是儿童学习的第一场所。在家庭长大的孩子，最初都是通过家庭去了解和认识社会并在家庭培养习惯、性格情操。家庭担负起胎教、幼儿启蒙、儿童早期智力开发等教育工作。而家庭的这些教育往往是自然进行的，在潜移默化中起作用的。家庭教育并不局限在对婴幼儿的教育上。对学龄儿童和青少年，家庭教育是学校教育的配合和补充。即使是成年的家庭成员，家庭教育仍然需要，这是人们实现再社会化的手段之一。

以上是婚姻家庭的几个主要功能。除此以外，婚姻家庭还有休息功能、娱乐功能、宗教功能等。婚姻家庭的功能是会变化的。因为婚姻家庭的功能受多种因素的影响。影响婚姻家庭功能的主要因素有：社会生产力发展的水平，社会制度，社会规范（伦理道德、风俗和法律），文化制度和价值观念，等等。当这些因素在不同社会发生变化时，婚姻家庭的功能也就随之变化。所以，对婚姻家庭功能的研究应注意它的历史背景，在特定社会中研究。

第二节 婚姻家庭制度

一、婚姻家庭制度的概念及其性质

（一）婚姻家庭制度的概念

婚姻家庭制度是指在一定社会中占主导地位的并被社会规范所确认的婚姻家庭形态。在一定社会中，受不同婚姻家庭观念的影响，婚姻家庭形态的表现是多样的，但只有占主导地位的并被社会规范所认可的婚姻家庭形态才上升为婚姻家庭制度。在学术研究中，婚姻家庭制度有广义和狭义之分。广义上的婚姻家庭制度泛指群婚制出现后的各种两性和血缘关系的社会形式，包括群婚制、对偶婚制、个体婚制下的婚姻及与之相适应的各种家庭。狭义上的婚姻家庭制度仅指个体婚制形成以来的婚姻家庭制度。本章所研究的婚姻家庭制度是广义的婚姻家庭制度。

在原始社会里，婚姻家庭制度是由社会中有关婚姻家庭的习俗、伦理道德构成；在阶级社会里，婚姻家庭制度是以法律形式反映出来，并由其他有关的社会规范，如道德、习惯等加以补充。因此，婚姻家庭制度按其性质来说，属于上层建筑的范畴，是社会制度的组成部分。为了更好地理解婚姻家庭制度的发展规律，应当全面考察它与经济基础及上层建筑包括意识形态之间的关系，揭示它与整个社会制度的内在联系。

（二）婚姻家庭制度与经济基础

作为上层建筑的婚姻家庭制度具有上层建筑的共同特征。它的产生和发展，受一定社会经济基础决定。经济基础对婚姻家庭制度的要求，必然在上层建筑相应的领域反映出来。如婚姻家庭观念、婚姻家庭理论、婚姻家庭规范等。可见，有什么样的经济基础，就有什么样的社会制度，也就有什么样的婚姻家庭制度。人类历史上各种婚姻家庭制度的依次更替，正是经济基础依次更替的必然结果。自婚姻家庭产生以来，不同类型的社会各有与其经济基础相适应的婚姻家庭制度。

（三）婚姻家庭制度与上层建筑

婚姻家庭制度属于上层建筑，受经济基础的决定作用。然而，经济基础对婚姻家庭制度的决定作用，往往不是直接的，而是通过上层建筑、意识形态的其他领域对婚姻家庭制度的影响而间接实现。建立在同一经济基础之上的上层建筑各个领域相互联系、相互影响、相互制约。只有充分地估计到上层建筑、意识形态对婚姻家庭制度的制约和影响，才能合理地解释为什么一些具有相同经济基础的国家和民族，在婚姻家庭制度上会呈现不同的特点。

上层建筑对婚姻家庭制度的制约和影响在以下几方面较明显：

（1）政治。政治是经济的集中表现，在上层建筑领域里处于首要地位，对婚姻家庭制度有着强烈的影响。各社会的统治阶级总是运用政治的手段，对婚姻家庭制度提出要求，选择符合本阶级利益的婚姻家庭制度来为其经济基础和一定的政治制度服务，同时也运用政治力量和宣传工具积极地干预人们的婚姻家庭生活。

（2）法律。法律是统治阶级意志的体现，由统治阶级制定并用国家强制力保证实施。在阶级社会里，婚姻家庭制度往往以法律形式表现出来。婚姻家庭法是婚姻家庭制度的重要组成部分。统治阶级通过立法手段，把有利于统治秩序的婚姻家庭关系用法律形式固定下来，使其制度化、稳定化，形成为强制遵守的婚姻家庭制度。

（3）道德。道德在调整人们的婚姻家庭关系的范围、内容比法律要广泛得多，影响也更大，但它没有强制力保证实施，主要靠社会舆论的力量发挥作用。在阶级社会里，“……道德始终是阶级的道德”①。统治阶级的婚姻家庭道德与婚姻家庭法律往往是相辅相成，共同构成婚姻家庭制度的内容，一起调整人们的婚姻家庭关系。

（4）宗教。宗教是一种社会意识形态，也是一种特殊的社会规范，在历史上对婚姻家庭制度的影响甚大。它的影响不仅表现在宗教的信条中包含着大量的有关婚姻家庭方面的内容，而且在一些信奉宗教的国家里，宗教信条往往直接表现为国家法律，直接干预人们的婚姻家庭关系。

（5）风俗习惯。风俗习惯是人们在长期生活中形成的，世代相传沿袭下来的行为规范，往往带有民族的、地区的特点。它对人们婚姻家庭的影响往往是无形却又是深远的。一些风俗习惯受到法律和道德的认可，直接成为婚姻家庭制度的组成部分。即使未被法律或道德认可，风俗习惯也对人们的婚姻家庭起影响作用。因此，我们对风俗习惯要予以鉴别，发扬有益的、文明的、健康的婚姻家庭习俗，破除与现行婚姻家庭制度相悖的陈规陋习。

（四）婚姻家庭制度在社会生活中的能动作用

婚姻家庭制度受经济基础的决定，但同时它也能动地反作用于经济基础，并通过经济基础对生产力的发展起不同的影响作用。婚姻家庭制度一旦形成，在一定时期具有相对稳定的特性，它和上层建筑其他领域一样，通过自身的功能对经济基础起促进或阻碍的作用。我们对婚姻家庭制度的评判，要注意结合它所处的时代，结合它对生产力的影响，全面、历史地加以分析。不能以某一时代的标准去衡量各个时期的婚姻家庭制度。

① 《马克思恩格斯全集》第 2 卷，人民出版社 1965 年版，第 103 页。

综上所述，婚姻家庭制度是社会制度的组成部分，它既反映了经济基础的要求，又表现了上层建筑的特点，它一旦形成，又能反作用于经济基础。

二、婚姻家庭制度的产生与发展

婚姻家庭制度属于历史的范畴，它不是从来就有，也不是一成不变。它是人类社会发展到一定阶段的产物，并与人类社会制度相适应，以某一具体形态存在于社会发展的某一阶段。在整个人类社会中，婚姻家庭制度从无到有，从低级走向高级，经历了原始的性禁忌、婚俗家规的约束到具有强制力的法律规范的调整，形成了与一定社会相适应的婚姻家庭制度。关于人类婚姻家庭制度的发展过程，恩格斯运用辩证唯物主义和历史唯物主义的分析方法，借用了摩尔根在《古代社会》一书中所调查的大量资料，在《家庭、私有制和国家的起源》一书中作了精辟概括："群婚制是与蒙昧时代相适应的，对偶婚制是与野蛮时代相适应的，以通奸和卖淫为补充的一夫一妻制是与文明时代相适应的。"①

（一）原始社会中的婚姻家庭制度

在原始社会早期，人类刚从动物界脱离出来，认识和掌握自然的能力还很差，生产力非常低下，为求生存，只能结群而居，共同劳动，共同生活。同一群体的男女，不分辈分，不论血缘，两性关系没有任何限制，也没有基本的社会规范，血缘关系也就无法用后世的亲属观念来确定。这意味着在原始社会早期相当长的时期内，任何意义上的婚姻家庭都不存在，更谈不上婚姻家庭制度了。随着原始社会的缓慢发展，人类社会逐渐从毫无限制的两性关系中萌发了对性和生育的某些禁忌，于是渐渐形成了人类社会最早的婚姻家庭制度，即群婚制。

1. 群婚制

群婚制，又称为集团婚制，是人类社会最早的婚姻家庭制度，形成于原始社会。这种婚姻制度的特征是在特定社会中，一定范围内的一群男子与一群女子互为夫妻的婚姻形态。群婚制从低级向高级发展，有两个形式：

（1）血缘群婚，这是群婚制的低级形式。它的特征是排斥了直系血亲之间的两性关系，按辈分划分婚姻集团，同辈的男女之间既是兄弟姐妹，也是夫妻，不同辈分之间形成不同类型的婚姻集团。这是人类史上一个很大的进步，是人类最初在两性关系上第一个禁例。与此相适应，在家庭关系上，也就有了祖先和子孙的区别，有了父母和子女的区别，形成了血缘大家庭。

---

① 《马克思恩格斯全集》第21卷，人民出版社1965年版，第88页。

（2）亚血缘群婚，又称“普那路亚家庭”。这是群婚制的高级形式。它仍然是同辈男女之间的婚姻集团，但已禁止了兄弟与姐妹间的两性关系。这种婚姻形式是在血缘群婚的基础上发展而来的，除了继续禁止不同辈分的男女互为通婚，同辈份的男女也有了通婚禁忌，开始禁止同胞兄弟与姐妹通婚，后来又逐渐禁止了血缘较远兄弟与姐妹间通婚。由于兄弟姐妹间（无论是同胞的，还是血缘较远的）禁止通婚，所以必然要实行族外婚。当时由于生产力的发展，已经形成了一个个较稳定、较持久的集团，为亚血缘群婚的形成创造了条件，婚姻的双方分属不同的生产集团。这时，由于子女只知其母，不知其父，母系血统则成为当时认定血缘关系的唯一依据。所生子女由母方抚养，成为母方部落的成员。这种以母亲血缘联系所组成的社会集团，便是母系氏族。母系氏族是人类社会第一个有规范的社会组织形式。与亚血缘群婚相适应的家庭关系是一个女系血缘家庭。一个氏族就是一个大家庭，氏族在当时既是生活单位，也是生产单位。家庭成员除了有祖孙、父母子女外，还有类似于今天的舅舅（母亲的兄弟）等亲属关系。

2. 对偶婚制

对偶婚制是产生于原始社会晚期、继群婚制之后向个体婚制过渡的一种婚姻家庭形式。它的特点是成对配偶或长或短地相对稳定生活在一起，但其结合是不牢固的，随时可以解散，并且在他们偶居期间，可以同时与其他男子或女子发生两性关系。所以，对偶婚制具有群婚和个体婚的双重特点。这个时期，因对偶婚产生的对偶家庭还不能脱离氏族而独立存在。氏族仍然还是社会的基本经济单位，对偶家庭还不能作为社会的独立组织。

对偶婚制的产生原因，主要是由于生产力的发展和社会的进步，氏族的日趋发达以及婚姻禁例中的依次排斥血缘关系，使得男子和女子对偶同居的现象被习惯、道德固定下来。群婚制终于被对偶婚制所代替。

人类实行了对偶婚制后，使得子女不仅可以知道生母，也能知道生父，这就从血缘结构上为父系氏族和“一夫一妻制”的产生准备了条件；而且，对偶婚相应产生了对偶家庭，对偶家庭成员间的经济联系便开始发生和发展。家庭经济联系的加强，使得氏族成员间的经济联系被削弱。以后的家庭取代氏族成为社会的经济单位，就是从这里为出发点的。

（二）阶级社会中的婚姻家庭制度

从对偶婚制向个体婚制的发展，人类社会经历了漫长的过程。在这个过程中，社会发生了一系列重大的变革。这些社会变革是个体婚制形成不可缺少的条件。恩格斯在分析"一夫一妻制"[①] 的形成时指出："要使对偶家庭进一步发展为牢固的一夫一妻制，除了我们已经看到的一直起着作用的那些原因之外，还需要别的原因。在成对配偶中，群居已经减缩到它的最后单位，仅由两个原子组成的分子，即一男和一女。自然选择已经通过日益缩小婚姻关系的范围而完成了自己的使命；在这一方面，它再也没有事可做了。因此，如果没有新的、社会的动力发生作用，那么，从成对配偶制中就没有任何根据产生新的家庭形式了。但是，这种动力开始发生作用了。"[②] 恩格斯所说的社会动力就是生产力的发展而出现的私有财产。

原始社会的末期，生产力已有了较大发展，生产开始有了剩余，大量剩余产品涌现出来；两次社会大分工使得个体劳动在生产中的作用加强了，男子成为生产和剩余产品的主要掌管者；随着阶级分化的发生，有些男子又成了新的生产工具即奴隶的管理人。这时，一些富有的、有权势的男子在经济上占明显的优势，这就导致了旧的继承制度和氏族结构的变化。"随着财富的增加，它便一方面使丈夫在家庭中占据比妻子更重要的地位，另一方面，又产生了利用这个增强了的地位来改变传统的继承制度使之有利于子女的意图。但是，当世系还是按母权制来确定的时候，这是不可能的。因此，必须废除母权制，而它也就被废除了。"[③] 父系氏族代替了母系氏族，男女双方的社会地位及家庭地位发生了变化，女子从属于男子，男尊女卑的制度和观念逐渐形成；子女血缘、世系以父亲血缘计算。当私有经济在氏族不断积累，私有观念出现，掌管生产工具和财富的男子希望将权利及财富传给与他有血缘联系的子女，而不是别人的子女。出于这种继承的目的，丈夫要求妻子生育的确凿无疑是他的孩子。于是便产生了"一夫一妻制"。可见，"一夫一妻制"是随着私有制的产生而产生。它从一开始就存在着性别歧视，片面要求妇女的一妻一夫，而对男子没有严格限制。"一夫一妻制"的最后确立，是阶级社会开始的标志之一。

随着"一夫一妻制"的确立，个体家庭取代了氏族，成了社会经济细胞；争夺家长身份和财产继承权的斗争也出现了，慢慢产生了两极分化。人类社会进入阶级社会。这种起源于私有制的"一夫一妻制"婚姻家庭制度，也经历了长期的演变过程，与各阶级社会相适应，在不同的历史时期呈现不同的特点。

1. 奴隶社会的婚姻家庭制度

奴隶社会是人类社会第一个私有制的阶级社会。其生产关系的基础是奴隶主占有生产资料并且长期占有生产者即奴隶。在奴隶制下的婚姻家庭制度具有野蛮、残暴的性

---

① 恩格斯所言之"一夫一妻制"是与原始社会群婚制和对偶婚制相对而言的，是对整个文明时代即阶级社会的婚姻家庭制度的总概括。实质上是指有独立经济地位、成为社会基本单位的个体婚制。所以不能仅从语意上去理解，应区别于当代社会的一夫一妻制。

② 《马克思恩格斯全集》第21卷，人民出版社1965年版，第64－65页。

③ 《马克思恩格斯全集》第21卷，人民出版社1965年版，第67页。

质。奴隶主实行公开的一夫多妻，而且奴隶主的多妻制还带有等级的特点，与其地位及财产多少相适应。婚姻关系和家庭关系表现出强烈的人身依附，具体表现在专横的包办买卖婚姻。妻子和子女在家庭中无任何权利，家长对家属有绝对的支配权，甚至是生杀予夺的权力。奴隶的境况更为悲惨，他们的婚姻由奴隶主随心所欲地操纵，他们的婚姻实际上成为为主人繁殖奴隶的工具。

2．封建社会的婚姻家庭制度

封建社会的婚姻家庭制度与自给自足的自然经济及封建等级制度相适应，以封建家长制为其核心内容。家长制的家庭是封建社会的基本经济单位，家长在家庭中拥有诸多权利。家长对家庭财产有支配权、对家属有教令权、惩戒权和主婚权等。

3．资本主义社会的婚姻家庭制度

资本主义社会的婚姻家庭制度与私有制的商品经济相适应，有着与封建社会不同的特点：用形式上的“婚姻自由”代替封建的包办买卖婚姻，用男女平等的口号掩盖了实际上的男女不平等，用有产者手中的财产权利取代了封建的人身特权，用通奸、卖淫和两性关系的放纵代替封建社会公开的多妻制。

4．社会主义社会的婚姻家庭制度

社会主义社会的婚姻家庭制度是建立在生产资料公有制基础上，与私有制社会有着本质的不同。它实行婚姻自由、一夫一妻、男女平等的婚姻家庭制度，对私有制社会的婚姻家庭制度从根本上否定。但社会主义社会毕竟是从私有制社会向共产主义社会的过渡阶段，尤其在社会主义初级阶段，生产力发展水平还不高，私有制社会遗留下来的旧思想、旧观念、旧传统习惯仍影响人们的婚姻家庭关系。所以，社会主义社会的婚姻家庭制度仍需不断完善和发展。

第三节　婚姻家庭法概述

一、婚姻家庭法的概念和调整对象

（一）婚姻家庭法的概念

自进入阶级社会以来，婚姻家庭法作为婚姻家庭制度的主要内容，在规范人们的婚姻家庭关系中起着重要的作用。但古今中外不同国家不同时期对调整人们婚姻家庭关系的法律规范在法律文件的名称上各有不同。在古代罗马，婚姻家庭法律规范在“私法”中占有很重要的地位，与其他家庭规范一起构成亲属法的核心内容，但当时没有专门的名称[①]。近现代大陆各国大多沿袭了罗马法的立法模式，制定系统的民法典，把婚姻家庭法律规范作为民法典中“亲属法”的主要内容纳入其中。英美法系的各国是以判例和单行法规的形式来调整婚姻家庭关系，在名称上直接为结婚法、离婚法或夫妻关系法等。我国古代诸法合体的成文法中，则以“婚律”、“户律”、“户婚律”之名把婚姻家庭规范纳入其中。在民国时期的民法典中，一直称为亲属法。新中国成立后，先后颁布了两部调整婚姻家庭关系的法律，均以“婚姻法”命名。

很明显，调整婚姻家庭关系的法律规范在不同时代、不同国家，因调整的范围、表现的形式和立法形式的不同而有很大的区别。所以，对婚姻家庭法概念的理解，名称与涵义有时是不能画等号的，要结合不同国家的婚姻家庭规范的名称、内容、所调整的社会关系等进行概括。我们可对婚姻家庭法的概念作如下表述：婚姻家庭法是指规定婚姻家庭关系的发生和终止，以及由此产生的一定范围亲属间权利义务的法律规范的总和。

根据以上对婚姻家庭法概念分析，可看出婚姻家庭法有以下含义：

（1）我国现行的婚姻家庭法名称与内容不完全相符。我国现行调整婚姻家庭关系的法律规范从1950年第一部婚姻法开始，到1980年的修改及2001年的修正，均采用“婚姻法”的名称。单看名称，容易使人联想到这是一部专门调整人们婚姻关系、解决婚姻纠纷的法律。而实际上我国的婚姻法调整的是婚姻关系和家庭关系两方面的内容，所以有些“名不符实”。改为“婚姻家庭法”会更贴切些。

（2）我国的“婚姻法”是广义上的婚姻法。我国婚姻法调整的社会关系，既有结婚、离婚的内容，也有夫妻关系、父母子女关系和兄弟姐妹关系、祖孙关系等家庭关系的内容，其实就是婚姻家庭法。

（3）我国的婚姻家庭法是实质意义上的婚姻家庭法。我国调整婚姻家庭关系的法律规范不是仅仅集中在一部法律之中，而是多层次地交织在多个部门法中。形成一个相互联系的、具有不同表现形式的规范体系。这还可从婚姻家庭法的渊源中得到说明。我国婚姻家庭法的渊源具体有以下几种：宪法和法律，国务院和所属有关部门制定的规范性文件，地方性法规和民族自治地方的有关规定，我国缔结或参加的国际条约，最高人民法院的指导性指示。在特定情况下，某些为法律认可的，符合社会主义道德的习惯，也可以作为我国婚姻家庭法的渊源。

（4）我国的婚姻家庭法是部门法、基本法、实体法和国内法。这是从法律的性质来分析的。这里需要一提的是对我国婚姻法性质的这些表述，不能机械地、简单地理解。认为我国婚姻家庭法是部门法，这是相对于根本法而言的。我国的婚姻家庭法“本身并不是一个独立的法律部门，而是民法这个法律部门的组成部分”。[②] 基本法是相

---

① 张贤钰主编：《婚姻家庭法教程》，法律出版社1995年版，第27页。

② 杨大文主编：《婚姻法学》，中国人民大学出版社1989年版，第53页。

对于效力低于基本法的其他法规而言。我国婚姻家庭法既然属于民法部门，也就具有基本法的地位和效力。

（二）婚姻家庭法的调整对象

婚姻家庭法虽然不是独立的法律部门，是民法的组成部分，但它又具有相对的独立性。这是因为婚姻家庭法的特定的调整对象决定的。对婚姻家庭法的调整对象，应从以下两方面来理解：

（1）婚姻家庭法调整对象的范围。从范围上来看，婚姻家庭法调整的对象就是婚姻关系和家庭关系。从纵的方面来看，包括了婚姻家庭关系的发生、存续和终止的全过程；从横的方面来看，包括了婚姻家庭关系主体间的各种权利义务关系。

婚姻关系是指因结婚而产生的夫妻间的权利义务关系。包括结婚的条件和程序、夫妻之间的权利和义务、离婚的程序和处理原则及离婚的后果等。

家庭关系是指家庭成员间的权利义务关系。在我国，主要指夫妻间、父母子女间、祖孙间及兄弟姐妹之间的权利义务关系。

（2）婚姻家庭法调整对象的性质。从性质上看，我国婚姻家庭法调整对象可分为婚姻家庭方面的人身关系和婚姻家庭方面的财产关系。

婚姻家庭方面的人身关系，存在于具有特定的亲属身份的主体之间，本身并无经济内容，它是因结婚、出生、收养等法律事实的出现而发生，又因离婚、死亡、收养的解除等法律事实的出现而终止。婚姻家庭方面的人身关系的主体间的权利义务都是以特定的亲属身份为依据。

婚姻家庭方面的财产关系，虽然具有一定的经济内容，但它是从属和依附于婚姻家庭方面的人身关系的，随着人身关系的发生而发生，随人身关系的消灭而消灭。如夫妻共同财产因结婚产生夫妻人身关系而产生，又因离婚夫妻关系终止而分割。所以，要注意婚姻家庭方面的财产关系与其他民法领域的财产关系的区别。

（三）婚姻家庭法的特点

从婚姻家庭法调整的对象看，婚姻家庭法具有以下特点：

（1）适用上的广泛性。婚姻家庭法是适用一切公民的基本法，它关系到家家户户、男女老少的切身利益。一般来说，无论是否意识到，只要生活在现实生活之中，人人都是婚姻家庭关系的主体。

（2）内容上的伦理性。婚姻家庭关系既是一种法律关系，又是一种伦理关系。在我国，法律与道德的一致性，在婚姻家庭领域里表现甚为突出。婚姻家庭法中的内容，既是法律的规定，也是道德的要求。

（3）规定上的强制性。强制性是一切法律的共同特征，婚姻家庭法也不例外。而且婚姻家庭法中大部分的规范都是强制性规范，带有“必须”、“应当”、“禁止”等强制执行的含义，或直接用这些术语表述条文。如“结婚必须男女双方完全自愿”、“要求结婚的男女双方必须亲自到婚姻登记机关进行结婚登记”等。当然，婚姻家庭法中也有任意性的规范，体现了当事人意思自治的原则，如：“登记结婚后，根据男女双方约定，女方可以成为男方家庭的成员，男方可以成为女方家庭的成员”等。

二、婚姻家庭法的历史沿革

对婚姻家庭法发展历史的研究，可以从不同的角度进行考察。在此我们主要是从婚姻家庭法在不同立法体例上的发展和演变以及各时期婚姻家庭法的特点来分析。从历史上看，婚姻家庭法在立法体例上的发展大致经历了三个主要发展阶段。

（一）诸法合体时期的古代婚姻家庭法

在古代社会（指奴隶社会和封建社会），无论是中国还是外国立法上都是采取民刑不分、实体法、程序法不分的诸法合一的形式，在一部法律中集中了调整多种社会关系的法律规范。在这种立法模式下，婚姻家庭法自然成为这一统一的法律中的一部分。这个时期的婚姻家庭法有三个特点：一是婚姻家庭法混杂在其他法之中。我们现在所说的形式意义上的婚姻家庭法在当时是没有的。二是违反婚姻家庭法的有关规定，就要采取严酷的刑罚。在古代社会法律的功能较为单一，以惩罚为主；惩罚性的法律规范是当时较为普遍采用的立法技术。三是婚姻家庭法内容尚不丰富，需要其他社会规范的补充，共同调整婚姻家庭关系。当时的宗教、道德和习俗等由于有较长时间的积淀，已形成一套内容较为丰富的行为规范，它们有的直接成为婚姻家庭法基本内容，有的与婚姻家庭法一起调整古代社会的婚姻家庭生活。这三个特点是中外古代婚姻家庭法普遍具有的，但各国在具体的法律规定中又各有不同特点。

1. 中国古代的婚姻家庭法

中国古代的婚姻家庭立法较早是在汉九章律中的《户律》一章中系统规定，以后历代封建婚姻家庭立法都附于户（婚）律中。其中以《唐律》中的《户婚》较有代表性。除此之外，统治阶级还通过大量的维护宗法制度的“礼”来作为补充。所谓宗法制度，是原始社会父系血缘结构在阶级社会的转化形态，是政治组织与血缘纽带相结合的一种统治形式。统治阶级把政权和族权、君权和父权结合起来，在国家统治中融合着家族统治的因素。作为对婚姻家庭法补充的“礼”，以“婚礼”和“家礼”为集中表现的形式，与宗法制度相适应。奴隶主阶级把“上以事宗庙，下以继后世”作为婚姻的目的，也是“婚礼”的核心；以“孝”、“悌”作为家庭关系的原则，是“家礼”的最高准则。这些“婚礼”和“家礼”对后世影响很大，封建统治阶级把它们继承了下来，并加以补充修改，成为维护封建社会婚姻家庭秩序的工具。在中国古代社会，法与礼的关系上，具有详礼略法、以礼辅法、礼法并用的特点。可见，礼在调整婚姻家庭关系方面的作用是很重要的。

有着几千年历史的封建社会，虽然经历了纷繁的朝代更替，但封建的婚姻家庭制度并没有根本的改变。封建主义的婚姻家庭制度，是植根于封建经济、封建政治和封建文化的土壤之中的。其经济根源是封建地主阶级的生产资料私有制和小生产经济，阶级根源是封建地主阶级及其国家所实行的封建宗法统治，思想根源是以儒家思想为核心的封建文化。中国封建社会婚姻家庭制度的特征主要表现在：

（1）包办强迫的婚姻。按照封建礼、法的规定，婚姻是为家族传宗接代的手段，所以，婚姻不是个人的事，而是家族的事。婚姻的成立也就由不得当事人的意愿，当事人无权决定自己的婚姻问题，父母或长辈族亲对子女或晚辈亲属的婚姻有绝对的决定权。为了实现这一目的，“父母之命”、“媒妁之言”成了封建婚姻的合法形式；门当户对则是封建婚姻的必然要求。

（2）一夫多妻。封建社会实行的“多妻制”，是以纳妾制度来实现的。封建的法律只禁止多妻不禁止多妾。妻妾地位不同，而且纳妾还有等级的特点。

（3）男尊女卑，夫权统治。封建社会的婚姻家庭关系与以男性统治为中心的宗法制度相适应，公开实行男尊女卑，夫权统治。要求妇女“三从四德”，“三从”即为“幼从父兄、嫁后从夫、夫死从子”。“四德”即为“德、言、容、功”这四项女性所要有的品德。其目的是为了要求妇女在言行、仪容等方面都严格遵守封建的道德规范，安于家庭奴隶的命运。封建的法律也公开维护男尊女卑。以夫妇相殴为例，“法律完全根据尊卑相犯的原则来处理，分别加重减轻”①。夫殴妻则采减刑主义，唐、宋律规定殴伤者减凡人二等；明、清律规定折伤以下勿论，折伤以上减凡人二等，且须妻亲告始论。妻殴夫但殴即成立殴罪，不问有伤无伤；夫殴妻则无伤不成立殴罪。② 男女地位不平等显露无遗。

（4）家长制，漠视子女利益。家长制是封建家庭的核心。家长在家庭中的地位是至高无上的，家属必须服从家长。封建家庭的家长只有一个，而且家长权与父权、夫权是紧密地联系在一起的。子女要遵守孝道，对家长绝对服从。“父为子纲”是天经地义。子女在家庭中无任何权利和自由，无独立的人身权，也无独立的财产权。

（5）男子特有的专权离婚制。封建的礼教和法律在离婚问题上，对男女双方的要求截然不同。对女方的要求是“从一而终”，身为人妻应“一与之齐，终身不改”，甚至夫亡，“妇无二适之文”③。丈夫不仅在妻亡后有“再娶之义”，而且有“休妻”的特

① 瞿同祖著：《中国法律与中国社会》，中华书局 1981 年版，第 106 页。

② 瞿同祖著：《中国法律与中国社会》，中华书局 1981 年版，第 107 页。

③ 杨大文主编：《婚姻法学》，中国人民大学出版社 1989 年版，第 72 页。

权。丈夫可以通过“出妻”、“和离”和“义绝”三种方式与妻子离异。

2. 外国古代的婚姻家庭法

外国古代的婚姻家庭法也具有前面所说的三个特点。如汉谟拉比法典、古罗马的《十二铜表法》、《日耳曼法》等都具有古代的婚姻家庭法的三个特点。另外，在一些宗教势力特别强大的国家里，宗教经典实际上起到法典的作用，许多有关婚姻家庭的信条、戒律，成为这些国家调整婚姻家庭关系的行为规范，并用法律形式固定下来。如以基督教的经典、教会颁发的教令集，宗教大会的决议等为依据的寺院法，成为古代欧洲调整婚姻家庭关系的基本准则。欧洲中世纪的宗教改革运动，波及婚姻家庭领域，称为婚姻的还俗运动，使婚姻家庭从宗教束缚中解放出来。宗教改革和罗马法的复兴，在一定程度上推动了欧洲各国从封建主义的婚姻家庭制度到资本主义的婚姻家庭制度的转变。

（二）资本主义国家的婚姻家庭法

随着资本主义法制的确立与发展，婚姻家庭法不论在形式上还是在内容上都发生了重大的变化。与诸法合体的古代立法不同，在资本主义国家的法律体系中形成了若干有其独立调整对象和范围的法律部门。婚姻家庭法作为亲属法的核心内容包括在亲属法中，成为民法的一个组成部分。资本主义国家虽然把婚姻家庭法看成私法，作为亲属法的一部分附属于民法中，但在立法形式上却各有不同。大陆法系的国家一般把亲属法编入民法典中，由于亲属法在民法中的地位不同，又有法国式编制法和德国式编制法之区别。前者将亲属关系放入“人法”编中，与私法权利的享有和人的能力等规定在一起。后者则把亲属法作为独立的一编加以规定。英美法系的国家，其亲属法则是由一系列的判例和各种单行法规组成。

在内容上，资产主义国家的婚姻家庭法比起封建时代有很大的进步。资产阶级在反封建过程中提出的“平等”、“自由”等原则，在资本主义国家的法律中有所反映。婚姻家庭关系中的权利义务也逐渐脱离了家族的约束，更多地体现“个人本位主义”的原则。当然，在早期资本主义的婚姻家庭法中，还不能完全消除封建制度的影响，仍然保留了一些封建的残余。这种状况到了第二次世界大战后才有好转。

大陆法系国家的婚姻家庭法中，1804 年的《法国民法典》和 1896 年的《德国民法典》是较具代表性的两部法典。1804 年的《法国民法典》是资产阶级早期的立法，它一方面表达了资产阶级对婚姻家庭方面的要求，确定了结婚自由、民事婚姻制度、离婚制度、夫妻平等制度；另一方面也保存着较多的封建残余，如父母子女间、夫妻间仍有着许多不平等的条款。1896 年的《德国民法典》吸收了法国民法典成果又反映了新时代的特点，在内容上更加强烈地表达了资产阶级对婚姻家庭的要求。该法对妇女、子女的地位有所提高，结婚制度与离婚制度也较之更具体、完善。

英美法系国家的婚姻家庭法虽然也受罗马法的影响，但没有欧洲大陆国家那么明显，它具有基于自身历史和传统而形成的种种特点。其中，英国的婚姻家庭法对英美法系许多国家的婚姻家庭法有较大的影响。自中世纪以来很长的一段时期内，英国的婚姻家庭制度以不成文法为主要的形式，普通法和衡平法在调整人们的婚姻家庭关系中起了很大的作用。英美法系的国家普遍不采取法典的立法形式，而多用单行法的立法形式，如结婚法、离婚法、亲子法、已婚妇女财产法等。

当代资产阶级国家婚姻家庭立法不断进行改革，其特点和发展趋势主要表现在：亲属制度上封建残余进一步被废除；男女两性的法律地位在立法上趋于平等；在离婚问题上，从限制离婚主义向自由离婚主义发展。

在中国社会的发展历史上，并没有建立完全的资本主义社会。1840 年的鸦片战争以后，中国沦为半封建半殖民地的社会。婚姻家庭关系也出现了新的变化。但由于封建主义的经济基础和上层建筑并没有被推翻，就全国范围来说，封建主义婚姻家庭制度的性质并没有改变，仍在近代延续。如清末的《大清现行刑律》、北洋军阀时期的亲属立法都有明显的封建性。民国政府的民法亲属编也保留了一定的封建色彩。

（三）社会主义国家的婚姻家庭法

十月社会主义革命胜利后，苏联婚姻家庭立法从内容到形式发生了相当大的变化，对帝俄时代具有浓厚封建、宗教色彩的婚姻家庭制度进行了重大改革，制定和颁布具有社会主义性质的婚姻家庭法。1918 年和 1926 年的《苏俄婚姻、家庭和监护法典》为苏联婚姻家庭制度的确立奠定了基础。以后在此基础上不断修改完善。在苏联，各加盟共和国的婚姻、家庭和监护法典是调整苏联婚姻家庭关系的基本文件。苏联社会主义的婚姻家庭立法从一开始就以独立的法律部门出现，这在反封建和反宗教的当时是有一定的合理性和进步性。也正因为它是特定历史条件下的产物，在对婚姻家庭法的认识上不免有一定的局限，随着社会主义法律体系的健全，我们对婚姻家庭法在社会主义立法体例中的地位应重新认识。

继苏联之后，东欧和亚洲等社会主义国家都先后颁布了调整婚姻家庭关系的法律。如前南斯拉夫的《婚姻基本法》、《亲子基本法》，罗马尼亚的《罗马尼亚人民共和国家庭法典》等。

我国的《婚姻法》在性质上是社会主义的婚姻家庭法，是调整中国婚姻家庭关系的基本法律，是中国婚姻家庭法律的重要渊源。随着中国法制建设的加强，它也不断地进行修改和完善。

（四）中国婚姻家庭制度改革的道路

中国婚姻家庭制度的改革，是与中国革命同步进行、随着社会主义革命和建设的发展逐步实现的，大致可分为四个阶段。

1．新中国成立前革命根据地的婚姻立法

由于封建主义的婚姻家庭制度在近代的延续，中国婚姻家庭制度的改革是从属于反帝反封建这个革命的总任务，并与当时的妇女解放运动紧密结合。新中国成立前，中国共产党领导的革命政权运用法律对封建的婚姻家庭制度进行系统的、全面的改革。第二次国内革命战争时期，随着工农民主政权的建立，许多革命根据地先后通过了有关解放妇女、改革婚姻制度的决议和命令。1931 年 12 月 1 日颁布了《中华苏维埃共和国婚姻条例》，后经过修改于 1934 年 4 月 8 日又颁布了《中华苏维埃共和国婚姻法》。这两部法律是适用于所有革命根据地的婚姻立法。它确立了婚姻自由、男女平等、一夫一妻、保护妇女和子女的利益、保护军婚等婚姻家庭制度。抗日战争时期，各革命根据地都先后颁布了地区性的婚姻条例。革命根据地婚姻法的制定、贯彻和执行，实现了对封建主义婚姻家庭制度的初步改革。

2．新中国成立初期的婚姻立法

革命根据地对封建婚姻家庭制度的改革为新中国成立后新民主主义婚姻家庭制度的建立奠定了基础，革命根据地时期的婚姻家庭立法为新中国的婚姻家庭立法积累了经验，1949 年 9 月通过的《中华人民共和国政治协商会议共同纲领》也为新中国成立后的婚姻家庭立法提供了立法基础。1950 年 4 月 13 日，中央人民政府委员会第七次会议通过了《中华人民共和国婚姻法》（以下简称 1950 年《婚姻法》），并决定自同年 5 月 1 日公布施行。这是新中国成立后颁布的第一部婚姻法，标志着中国婚姻家庭制度的改革进入了一个新的阶段；它的基本精神就是废除统治了几千年的封建主义婚姻家庭制度，建立新民主主义的婚姻家庭制度。该法共有八章、二十七条，进一步确立了婚姻自由、一夫一妻制、男女平等、保护妇女和子女利益的基本原则。

1953 年全国开展了贯彻 1950 年《婚姻法》运动，党和政府颁布了一系列文件、指示，对贯彻《婚姻法》运动的任务、方针、方法和各种具体政策界限作了规定，以保证运动的健康进行。1950 年《婚姻法》的各项规定取得基本成效，自由婚姻显著增多，和睦家庭大量涌现，婚姻家庭制度的废旧立新已基本完成，新民主主义婚姻家庭制度初步建立。

3．1980 年《婚姻法》的修改

随着社会的发展变化，1950 年《婚姻法》已不能完全适应社会新形势的要求。在总结 30 年来婚姻家庭制度改革的经验，结合婚姻家庭领域出现的新情况、新问题，1980 年 9 月 10 日，五届全国人大第三次会议通过了修改的《中华人民共和国婚姻法》（以下简称 1980 年《婚姻法》或现行《婚姻法》[①]），于 1981 年 1 月 1 日起施行，至今

① 1980 年颁布的《婚姻法》至今仍有效实施，但它在 2001 年进行了修改（不是颁布新的《婚姻法》）。故在简称上二者都可以使用。在本教材中为了对比上的清楚起见，有选择地使用不同的简称。

依然有效；它共有五章、三十七条。现行《婚姻法》的任务和作用是：巩固和发展社会主义婚姻家庭制度，继续废除婚姻家庭领域里的旧习俗、旧思想，加强婚姻家庭关系的法律调整，保障公民在婚姻家庭方面的人身和财产权益，发挥婚姻家庭在社会生活中的积极作用，促进妇女解放和社会主义精神文明和物质文明建设。

1980 年的《婚姻法》对 1950 年《婚姻法》作了补充和修改，主要有以下五个方面：①完善了婚姻法的基本原则，增加了保障老人的合法权益原则和实行计划生育原则。②修改了结婚的条件，主要表现在提高了结婚的年龄，将男 20 岁、女 18 岁提高为男 22 周岁、女 20 周岁；修改了禁止结婚的亲属关系，突出表现在严格禁止了表兄弟姐妹间的通婚。③扩大了调整家庭关系的范围，把祖孙关系、兄弟姐妹的关系纳入法律调整的范畴。④规定和修改了离婚的法定条件和程序，明确规定了离婚的法定条件是“夫妻感情确已破裂”；男女一方要求离婚的，可由有关部门进行调解或直接向人民法院起诉；“保障离婚自由，防止轻率离婚”的指导思想在法律中得到较全面的体现。⑤规定了制裁和执行问题。随着社会的不断发展，婚姻法也会进一步完善。

4．现行《婚姻法》的修改

1980 年的《婚姻法》的贯彻执行，对于建立和维护平等、和睦、文明的婚姻家庭关系，维护社会安定，促进社会主义精神文明建设和社会进步，发挥了积极作用。但随着经济、社会的发展，改革开放的政策不仅给传统体制下束缚的国民经济带来了生机，也给社会生活各方面带来了冲击，婚姻家庭也不例外。人们的婚姻家庭观念在改革中产生变异、更新，婚姻家庭生活也在发生变化，1980 年《婚姻法》已远远不能适应社会发展的要求，而且就 1980 年《婚姻法》本身来说，也有许多空白，有的制度应有规定而实际缺乏。因此有必要对 1980 年《婚姻法》做出修改补充。

2001 年 4 月 28 日，第九届全国人民代表大会常务委员会第二十一次会议通过了《关于修改〈中华人民共和国婚姻法〉的决定》，对 1980 年颁布的《婚姻法》进行了修改。这次修改婚姻法有四个特点：一是群众性、广泛性，更好地体现了群众利益；二是坚持了我国社会主义婚姻家庭制度；三是具有针对性和可操作性；四是坚持了法治和德治相结合。从内容来看，这次婚姻法的修改，主要围绕着当前在婚姻家庭中的热点和难点问题，较集中地反映了人们普遍关心的问题。虽然并不是全面修改，但已有很大的突破。2001 年《婚姻法》的修改主要有以下几方面：

（1）完善了我国婚姻家庭制度的原则性规定，明确指出了法律对婚姻家庭关系调整的目的，即“维护平等、和睦、文明的婚姻家庭关系”。

（2）首次明确规定禁止家庭暴力。家庭暴力不再是“家事”，施暴者要负法律责任。

（3）在结婚制度上，增加了无效婚姻和可撤销婚姻的规定，违法婚姻不受法律保护。

（4）加强了对夫妻关系的保护，规定夫妻应当忠实；不仅禁止重婚，还禁止有配偶者与他人同居的行为。

（5）在夫妻财产制的规定上，明确了夫妻个人财产的范围和权利；限制了夫妻共同财产的范围，完善了夫妻约定财产制。

（6）离婚的法定标准有了示例，对“感情确已破裂”的认定有帮助。

（7）确立了离婚损害赔偿原则。婚姻关系因一方的过错行为而破裂的，无过错方有权请求损害赔偿。

（8）在父母子女关系上，更关注子女的利益；从有利于子女的原则出发，首次规定了探望权制度。

（9）加强了对婚姻家庭关系中受害者的法律救助，明确了有关救助部门的职责。

以上《婚姻法》修正的内容，既有新的制度上的补充，也有新概念的出现。为在适用法律上的统一，最高人民法院在2001年12月、2003年12月和2011年7月，分别发布了三个《关于适用〈中华人民共和国婚姻法〉若干问题的解释》，对现行《婚姻法》在适用上出现的问题给予解释。

三、婚姻家庭法在我国法律体系中的地位

社会主义法律体系是一个有机联系的整体，它们具有共同的经济基础、阶级基础和指导思想。在调整和保护婚姻家庭关系方面，有关法律互相分工，互相合作。婚姻家庭法与其他有关法律有着密切联系，同时又有区别。

（一）婚姻家庭法与宪法

宪法是国家的根本大法，具有最高的法律效力。现行宪法中有关婚姻家庭的条款，都是我国婚姻家庭法必须遵循的原则。婚姻家庭法是宪法原则的具体体现。

（二）婚姻家庭法与其他民事法律

作为我国民法的组成部分，婚姻家庭法与其他民事法律是同一法律部门中的内部关系。我国《民法通则》有一些直接针对婚姻家庭而作的规定；同时，民法中某些一般规定同样适用于婚姻家庭关系，如关于监护和法定代理、关于宣告失踪和宣告死亡等。婚姻家庭法同某些民事单行法的关系也非常密切。如婚姻家庭法规定一定范围的亲属间有继承权，但具体的继承制度则需按照《中华人民共和国继承法》的规定来执行。

但是，婚姻家庭法与其他民事法律也有区别。如婚姻家庭法规定的人身权与民法通则规定的人身权不同。前者以两性和血缘关系为特征；后者则与在人身方面的某些权利（如姓名权、荣誉权等）或通过权利主体的特定行为而创设的，如著作权、发明权等。婚姻家庭法调整的财产关系与民法通则调整的财产关系也有不同。主要是两者反映的社

会经济不同，前者反映的是家庭经济生活的要求，后者反映的是社会商品经济的要求。两种财产关系不同，前者仅限于有特定身份的亲属，后者无限制。两种财产关系的发生方法不同，前者以结婚、出生、收养等法律事实发生而发生，后者以所有权取得、合同成立、侵权行为的发生而产生。两种财产关系的性质不同，其他民事法律所调整的财产关系，往往有等价、有偿的性质，但婚姻家庭法所调整的财产关系不具有这种性质。

（三）婚姻家庭法与行政法

婚姻家庭方面有不少涉及行政法领域，国家通过制定行政法对婚姻家庭方面的一些问题进行必要的管理和监督。这类行政法如《婚姻登记条例》等。

（四）婚姻家庭法与民事诉讼法

婚姻家庭法与民事诉讼法是实体法与程序法的关系。许多有关婚姻家庭的权利义务的争议，都需依据民事诉讼程序来解决。

（五）婚姻家庭法与刑法

刑法通过惩罚犯罪的方法来保护公民在婚姻家庭方面的人身权利和其他合法权利，巩固社会主义婚姻家庭制度。

（六）婚姻家庭法与国际私法

婚姻家庭关系如果有涉外因素，该适用哪国法律，如何解决法律冲突问题，这就需要国际私法来解决。

第四节　婚姻家庭法基本原则

一、婚姻自由原则

（一）婚姻自由的由来与发展

婚姻自由是一个历史的范畴，它不是从来就有，是在一定社会条件下产生的。在奴隶社会和封建社会，人类的两性关系根植于私有制，人们无论是缔结还是解除婚姻关系，都必须服从父母的意愿、家族的利益，毫无自主权。正如恩格斯所说的：“在整个古代，婚姻的缔结都是由父母包办，当事人则安心顺从。古代所仅有的一点夫妇之爱，并不是主观的爱好，而是客观的义务；不是婚姻的基础，而是婚姻的附加物。”① 所以，那时是没有婚姻自由可言的。

婚姻自由首先是资产阶级在反封建、反宗教的过程中提出来的。与资产阶级主张的“自由”、“平等” 相适应，婚姻自由被视为一种天赋人权。而婚姻自由成为一项法律原则，则是在1791年的法国宪法中确立的。1804年的《法国民法典》规定：“未经合意不得成立婚姻。” 还规定婚姻可以基于当事人一方提出的法定理由或双方的协议而离异。自此以后，婚姻自由原则相继为资本主义各国婚姻家庭法所确认，在法律中加以规定。

资本主义国家的法律确立了婚姻自由原则，但是婚姻自由原则不是资本主义国家法律的特有原则。社会主义国家也同样把婚姻自由作为一项法律原则和一项道德原则。在社会主义国家，公民人格独立、男女平等、公民法律地位平等、公民权利受法律保护、公民意思自治受法律尊重，这些都是婚姻自由原则的法律基础；以生产资料公有制为主体的社会制度是婚姻自由原则实施的社会基础。我国1980年《婚姻法》的第2条就明确规定，我国“实行婚姻自由、一夫一妻、男女平等的婚姻制度”。

（二）婚姻自由的概念和内容

1. 婚姻自由的概念

婚姻自由是指婚姻当事人有权按照法律规定决定自己的婚姻问题，不受任何人的强制和干涉。这一概念表明了婚姻自由是法律赋予人们的一项权利，是受法律保护的。婚姻自由权利由公民充分享有和行使，不受任何人的强制和干涉。但是，如同任何自由都与纪律紧密联系一样，婚姻自由权利的行使也受到一定的限制，它必须符合法律的规定，在法律规定的范围内行使这项权利。

2. 婚姻自由的内容

婚姻自由包括结婚自由和离婚自由。结婚是人们生活中的普遍行为，有了结婚行为才有婚姻的存在。所以，婚姻自由首先表现为结婚自由。结婚自由就是缔结婚姻的自由。未婚者、丧偶者和离婚者可以根据自己的意愿选择自己的结婚对象，决定自己的婚姻大事，不受他人包括父母、子女的强制和干涉。这是法律赋予人们的基本权利。但结婚自由权和其他法律权利一样，不是绝对的而是相对的。结婚自由并不意味着人们在结婚这一问题上可以为所欲为。享有权利也就要承担义务，有自由也就有约束。我国法律规定了结婚的条件和结婚的程序，也就是规定了人们行使结婚自由权利的范围。人们只有在法律许可的范围内行使这一权利，才有自由可言，才能受到法律的保护。如果只讲自由而没有约束，社会的婚姻关系就会混乱，导致的直接结果就是血缘关系的混乱和家

① 《马克思恩格斯全集》第21卷，人民出版社1965年版，第90页。

庭关系的混乱。在这种混乱中，实际上也就没有自由可言。

离婚自由，是婚姻自由的组成部分，是我国处理离婚问题的指导思想之一。离婚自由就是解除婚姻关系的自由。在无法共同生活的情况下，夫妻任何一方都有依法提出离婚的权利，另一方或第三人不得干涉和限制。我国现行法律规定，离婚自由是男女平等的。这是对我国封建社会男性专权离婚的彻底否定。在男女平等的当今社会，离婚的权利丈夫有，妻子也有，他们是平等的。离婚自由和结婚自由权利一样，也不是绝对的自由，而是相对的自由。法律确立离婚自由，并不是鼓励人们离婚，也不是可以随意离婚。离婚自由权利的行使，必须按照法律的规定，在法律规定的范围内才有自由可言，否则非但享受不到自由，还要受到法律的制裁。离婚自由与结婚自由二者相互结合，构成婚姻自由的完整内容。

（三）婚姻自由原则的贯彻

1. 禁止包办买卖婚姻和其他干涉婚姻自由的行为

在我国历史上，封建社会实行的是包办婚姻和买卖婚姻制度。包办婚姻和买卖婚姻是有所不同的。所谓包办婚姻，是指婚姻当事人以外的其他人（包括父母）违背婚姻当事人双方或一方的意愿，包办强迫的婚姻。买卖婚姻是指婚姻当事人以外的其他人（包括父母）以索取财物为目的，违背婚姻当事人双方或一方的意愿，强迫双方结合的婚姻。包办婚姻和买卖婚姻都是违背婚姻当事人双方或一方的意愿，强迫结合的婚姻。但包办婚姻只是违背当事人的意愿而不索取财物；买卖婚姻则是以索取财物为目的，它不仅违背了当事人的意愿，还将人身作为商品进行买卖。当今社会的包办买卖婚姻，单纯包办的不多，多数都有索取财物的要求；而且被包办的当事人年龄越来越小，出现了订小亲、订娃娃亲的现象。包办婚姻在现实中还有换亲这种现象。换亲也就是古代社会的互易婚，两家或多家的父母（兄弟）各以自己的女儿（姐妹）换媳妇（妻子）。除了包办买卖婚姻外，还有其他干涉婚姻自由的行为，如干涉子女婚姻、要求门当户对、干涉寡妇再婚和干涉父母再婚等。

包办、买卖婚姻和其他干涉婚姻自由的行为违反了婚姻自由原则，侵犯了公民婚姻自由的权利，使一些家庭加重了经济负担，危害了青年特别是妇女的切身利益，容易引发各种纠纷，甚至是暴力事件。所以，我国婚姻家庭法明令禁止干涉婚姻自由。有关部门应对干涉婚姻自由的行为人进行说服、批评和教育；若以暴力干涉婚姻自由，情节严重的，还触犯我国刑律，要依法追究其刑事责任。因包办、买卖婚姻引起的离婚纠纷，应注意保护受害人的合法权益，根据具体的实际情况区别处理。属于买卖婚姻所得的财产，原则上依法收缴。

2. 禁止借婚姻关系索取财物

借婚姻关系索取财物，是指除了买卖婚姻以外的其他借婚姻关系索取财物的行为。

在现实生活中，借婚姻关系索取财物的行为较为常见的是：男女双方自愿同意结婚，但婚前一方（如女方或女方的父母）向另一方索要一定的财物，以此作为同意结婚的条件。这种借婚姻关系索取财物的行为是有多种表现形式的，所索要的财物的数额也有很大的差别。如要求解决住房问题、户口问题、出国问题等。当今社会这种借婚姻关系索取财物的现象仍较为普遍，涉及面广，索要财物的数额越来越大。有的人为了大数额的彩礼四处借债；有的人为了凑齐彩礼不惜以身试法，未进新房先进班房。可见，借婚姻关系索取财物的危害性不可忽视。借婚姻关系索取财物的行为是以物质的满足作为婚姻成立的基础，是对婚姻自由的滥用。为更好地贯彻婚姻自由原则，我国法律也明文规定禁止借婚姻关系索取财物。对于借婚姻关系索取财物的当事人，要进行严肃的批评教育，由此引起的财产纠纷，如因索取财物造成一方生活困难的，应酌情返还部分或全部索要的财产。

在司法实践中对上述行为的认定首先要注意分清一些界限。首先要区分买卖婚姻和借婚姻关系索取财物。买卖婚姻和借婚姻关系索取财物两者都有在婚前索要财物的特征。买卖婚姻的婚姻男女双方或一方是不自愿的，索要财物的一般是婚姻当事人以外的第三人。而借婚姻关系索取财物，男女双方基本上是自愿结婚的，索要财物的一般是一方（多为女方包括其父母）向另一方索要。其次要区分借婚姻关系索取财物和自愿赠与。在婚前男女双方为表心意互赠财物是常见的，赠与财物的一方是出于自主自愿的，这是一种自愿赠与行为，是合法的，它与索取财物本质不同。分清这些界限，有助于我们处理一些由此而引起的财产纠纷。属于买卖婚姻所得的财产，原则上依法收缴；属于借婚姻关系索取财物所得的财产，视情况酌情返还；属于自愿赠与的财产，无须返还。关于当事人请求返还按照习俗给付的彩礼的，最高人民法院《关于在适用〈中华人民共和国婚姻法〉若干问题的解释（二)》中有专门的规定。

二、一夫一妻制原则

人类社会的婚姻家庭制度从群婚制向一夫一妻制的演变，是社会发展的必然，是婚姻本质的要求。恩格斯就曾经指出："既然性爱按其本性来说就是排他的，……那么，以性爱为基础的婚姻，按其本性来说就是个体婚姻。"[①] 但个体婚制从它的产生开始，经历了若干个历史时期，作为一种婚姻制度一直延续到现在，并不是一直都是一夫一妻制的。在我国古代，实行的就是"一夫多妻"制，男子可通过纳妾、通奸等形式，过着公开或隐蔽的一夫多妻的生活。实现真正的一夫一妻制，废除旧社会中以纳妾为形式的多妻制，是我国婚姻家庭制度改革的重要成果之一。社会主义制度的建立和妇女的解放，从根本上铲除了利用私有财产占有女性的条件，为一夫一妻制的全面实现提供了社

① 《马克思恩格斯全集》第21卷，人民出版社1965年版，第95页。

会保障。爱情的专一性和排他性，使得爱情为基础的自由婚姻也必然要求一夫一妻的结合。这也为社会主义的一夫一妻制的实行提供了思想保障。社会主义社会的真正的一夫一妻制代替了私有制社会的片面的一夫一妻制，反映了婚姻家庭制度发展变化的客观规律，是人类两性关系史上的巨大变化。

（一）一夫一妻制的概念

一夫一妻制是指一男一女结为夫妻的婚姻制度。我国法律对一夫一妻制的要求很严谨，它包括了三层含义：

（1）任何人不论性别、地位高低、财产多少，都不得同时有两个或两个以上的配偶。

（2）已有合法婚姻关系的男女，在配偶死亡或离婚前，不得再行结婚。

（3）一切公开的、隐蔽的一夫多妻或一妻多夫都是违法的，法律予以禁止和取缔。对违反一夫一妻制的行为法律分别情况给予刑事制裁或民事制裁。

（二）夫妻的忠实

所谓夫妻忠实，主要是指夫妻不为婚外性行为，“也包含夫妻不得恶意遗弃配偶他方，不得为第三人利益牺牲、损害配偶他方的利益”①。

我国的一夫一妻制在夫妻关系上是排他的，在性关系上也是排他的。作为对一夫一妻制的基本要求，现行《婚姻法》第 4 条规定：“夫妻应当互相忠实，互相尊重。”关于夫妻忠实的法律要求，是婚姻法修正案首次规定的。夫妻应当互相忠实作为夫妻共同生活的具体要求，本来应该归入夫妻关系中规定。婚姻法修正案把这一内容列入总则中规定，把它提高到原则性规定的高度，可以理解为对这一内容的重视和强调，体现了我国法律对一夫一妻制严格执行的指导思想。

夫妻间相互忠实，可以说是夫妻婚姻生活一个最基本的要求。将这一基本要求在法律中明确，是应该的，也是必要的。首先，是一夫一妻制的必然要求。婚姻的稳定和家庭和睦，很大程度上依赖于配偶双方的相互忠实。婚姻以爱情为基础，爱情以性爱为基础，因而，爱情具有强烈的专一性和排他性，如果性生活没有排他性，那么它虽然不会丧失自身的积极作用，但却扩大了消极作用，“在夫妻生活中，偶然因一方不愿意而未能发生性关系，这可能消极地影响着夫妻的婚姻和睦，但它对婚姻关系的损伤远不及一次被发现的婚外性行为”②。其次，夫妻相互忠实，是保护配偶生育权的需要。虽然婚姻的目的不仅仅是生儿育女。但是，婚姻的成立仍是生育合法化的途径。在计划生育政

① 马强：《配偶权研究》，《法律适用》2000 年第 8 期。

② 马强：《配偶权研究》，《法律适用》2000 年第 8 期

策下，一对夫妻只生育一胎。婚外性关系有可能造成在婚姻关系内未经配偶同意而生育了他人的子女，这无形中是剥夺了配偶的生育权。再次，夫妻相互忠实的法定化，可以为追究违反一夫一妻制的违法行为的法律责任提供法律依据。夫妻不忠实的行为表现形式很多，法律不可能一一列举。“夫妻应当互相忠实”是一条原则性规定，它对具体的执法就具有指导意义。

有人认为法律无法强制夫妻间的“坦诚”，甚至认为夫妻之间善意的隐瞒和欺骗，心照不宣是正常的，有时反而成了一种稳定剂。这是对夫妻忠实义务的误解。夫妻忠实的法律要求是夫妻不为婚外性行为，不是在有了婚外性行为后向配偶“坦白”就是“忠实”。也有人认为，夫妻忠实义务是封建妇女“贞操”观的复辟，是历史的倒退。我们认为恰好相反，法律对夫妻忠实的确立，是对封建主义片面的妇女“贞操”观的否定和修正。在历史上，“忠实”只是片面的对妇女的要求，“从一而终”、“三从四德”、“贞节牌坊”等就是例证，而男子可以合法地拥有三妻四妾。这种片面的贞操观在现代仍然影响着人们。现实社会对妻子忠实度的要求远高于丈夫，丈夫享有无需法律赋予的对妻子的“忠实请求权”。婚姻法修正案规定的“夫妻应该互相忠实”，即要求妻子对丈夫忠实，同时也要求丈夫对妻子忠实，妻子同样享有“忠实请求权”。这一规定是男女平等原则的具体体现。

就目前而言，这一规定还是原则性规定，司法实践中还不能直接把它作为诉讼的依据，当事人仅以此规定为依据提起诉讼的，人民法院不予受理；已经受理的，裁定驳回起诉。[①] 那么，如果夫妻双方自行签订的“忠实”协议，对双方有无约束力呢？而在实务中确实有夫妻双方自行签订应该相互忠实，违反者予对方以赔偿的协议。夫妻一方以此类协议向法院起诉，要求按协议获得赔偿，法院是否支持呢？目前各地法院对待“忠诚协议”的态度不尽相同。有予以支持的，也有驳回诉讼请求的。在学者们的意见中也不统一。也许分歧太大，最高人民法院在《婚姻法司法解释（三）》中对这一问题没有给出意见。

（三）禁止重婚

重婚，是指有配偶者又与他人结婚的违法行为。不同社会制度和婚姻制度重婚的含义并不相同。严格来说，我国封建社会也禁止重婚。《唐律·户婚》规定：“诸有妻更娶妻者，徒一年，女家减一等；若欺妄而娶者，徒一年半，女家不坐；各离之。”很明显，封建社会的重婚，是专指有妻者再娶妻而言。纳妾不是娶妻，所以，在封建社会纳妾不算重婚。其实，再娶妻也好，纳妾也好，都是一个男子同时与两个或两个以上的女

① 最高人民法院《关于适用〈中华人民共和国婚姻法〉若干问题的解释（一）》第三条：“当事人仅以婚姻法第四条为依据提起诉讼的，人民法院不予受理；已经受理的，裁定驳回起诉。”

子过着两性生活，说法不同，实质是一样的。为了改革这种封建的一夫多妻制，我国早在新中国成立前，在革命根据地的婚姻立法中就开始确立一夫一妻制，禁止重婚。新中国成立后，在第一部婚姻法，也就是 1950 年的婚姻法中，更是明令禁止重婚、纳妾。纳妾按重婚论处。我国现行《婚姻法》继续规定："禁止重婚"。

然而，在现实生活中，一些地区的重婚现象仍很严重，其表现也较复杂。概括起来有两种形式：一种是法律上重婚，一个人同时和两个或两个以上的异性登记结婚，构成重婚；另一种为事实上重婚，已有配偶男女又与其他异性不办结婚登记手续即以夫妻名义公开同居生活，这样也构成重婚。造成重婚的原因是很多的。有的人是有钱了，就"饱暖思淫欲"，公开地重婚纳妾；有的人是受封建的传宗接代思想的影响，为了生儿子而重婚；有的人是法盲，办理了结婚登记未同居生活自认为不算结婚，于是又与他人登记结婚，构成重婚；还有的重婚是已婚妇女，由于被拐卖而造成的。

重婚是严重的违法行为，也是犯罪行为。它既违反了婚姻法，也触犯了刑律。从婚姻法的角度看，已有配偶是不能申请结婚的。重婚行为不发生婚姻的法律效力，法律不予保护，而且还要制裁。凡构成重婚的，都要依法解除其重婚关系。从刑法的角度看，已有配偶者又与他人结婚，或者明知他人有配偶而与之结婚的，都是犯了重婚罪，须按我国刑法的有关规定处罚。

在处理重婚问题时，要注意将 1950 年婚姻法实施前后的重婚纳妾行为区别处理。1950 年婚姻法实施以前的重婚纳妾，是旧的婚姻制度造成的，是旧社会遗留的问题，如果当事人不要求解除，法律不主动追究。但当事人一方提出离婚，要求解除这种不合理的关系，应当予以支持，准予离婚，并妥善处理好有关的财产和生活问题。这种情形虽然发生在新中国成立前，但在现实生活中对处理有关扶养、继承问题有着重要的现实意义。1950 年《婚姻法》实施以后的重婚，无论是什么原因造成，都是违法的，不仅不承认其法律效力，而且还要追究其法律责任，纳妾按重婚论处。

（四）禁止有配偶者与他人同居

"禁止有配偶者与他人同居"这一规定是现行《婚姻法》（2001 年修正案）新增加的。修改前的婚姻法，为维护一夫一妻制，已经规定禁止重婚。故意的重婚行为，从 1950 年 5 月 1 日开始就被明确为违法犯罪行为。所以，在现实生活中，重婚违法、重婚犯罪的法律规定越来越被人们了解。为逃避法律的制裁，有的有配偶者与他人同居，既不办理结婚登记，也不公开的以夫妻名义；这就使得法律很难认定他们的重婚行为，更难以追究他们重婚罪的刑事责任。这种有配偶者与他人不以夫妻名义的同居的行为，实质上违反夫妻忠实义务，与我国一夫一妻制的要求相悖。为更好贯彻一夫一妻制原则，《婚姻法》（2001 年修正案）在禁止重婚的基础上，增加规定禁止有配偶者与他人同居。

现行《婚姻法》(2001 年修正案) 中的“有配偶者与他人同居”，是专指除了重婚以外的，其他有配偶与他人同居的行为。最高人民法院《关于适用〈中华人民共和国婚姻法〉若干问题的解释（一)》第 2 条专门作了解释：“婚姻法规定的‘有配偶者与他人同居’的情形，是指有配偶者与婚外异性，不以夫妻名义，持续、稳定地共同居住。”可见，我国现行《婚姻法》(2001 年修正案) 所禁止的“有配偶者与他人同居”的特征是：①同居的双方至少有一方是已有配偶的；②有配偶者与他人同居的“他人”特指婚外异性；③同居的双方对外不以夫妻名义；④这里说的同居，不是临时的偶居，而是一种持续、稳定地共同居住。至于时间长短，没有规定，当然也不应规定。若有时间规定，就给不法分子有钻法律空子的可乘之机。

三、男女平等原则

（一）男女平等的社会基础

男女两性在家庭中的地位，往往与他们的社会地位相一致，取决于男女在物质生产过程中所处的地位。私有制和阶级剥削制度是造成男女不平等、妇女受压迫的社会根源。男子凭借着对私有财产的占有和经济上处于的优势而成为家庭的主宰。反映在家庭中就是统揽家庭的一切大权，妇女只能成为男子的附属品，沦为“家庭奴隶”。这种社会现象在当时的法律中有明显的体现。在奴隶社会和封建社会，法律公开主张男尊女卑，维护夫权统治的不平等关系。资产阶级在反对封建斗争中提出了男女平等的口号，在法律中也加以规定。但仍有很大的局限性，往往法律与现实生活差距很大，而且，就法律条文而言，早期资产阶级婚姻家庭法也保留了许多歧视妇女的条款。现代资本主义社会男女两性的法律地位在形式上趋于平等。在现实中由于妇女的经济地位和社会地位仍不能与男子平等，所以，在婚姻家庭关系中仍存在着不平等。

社会主义制度的建立，铲除了妇女受压迫的阶级根源和经济根源，妇女得到解放，同男子一样成为国家、社会和家庭的主人。妇女在经济、政治、文化和社会地位上与男子平等，使得她们在家庭生活中的地位也大大提高，与男子享有同样的权利和义务。当然，受几千年的封建男尊女卑思想的影响，妇女的彻底解放还需要一个很长的历史过程。真正实现男女平等仍需努力。

（二）男女平等的含义及在婚姻家庭法中的具体表现

男女平等是我国宪法规定的具有普遍性的原则，也是我国婚姻法的一项基本原则。它从根本上否定了男尊女卑、夫权统治的婚姻家庭制度，是巩固和发展社会主义婚姻家庭关系的重要保障，是实现婚姻自由的前提。从广义上讲，男女平等是指妇女与男子在政治、经济、文化、社会和家庭生活等各方面的权利义务平等。婚姻法上男女平等的概念，主要是指男女在婚姻家庭关系中权利义务平等。

男女平等原则既反映在婚姻法的原则性规定和一些具体规定中，也贯穿在婚姻家庭法的基本精神中，概括起来有三个方面的表现：

（1）男女在结婚、离婚问题上的权利义务平等。婚姻家庭法所规定的有关结婚和离婚的条件、程序及相关的权利和义务对男女双方都适用。

（2）夫妻在人身关系、财产关系上的权利义务平等。现行《婚姻法》第13条规定："夫妻在家庭中地位平等。"夫妻有平等的姓名权、人身自由权、共同财产所有权、继承权，同时也有平等的相互扶养的义务、共同实行计划生育的义务。

（3）其他不同性别的成员在家庭中的权利义务平等。在家庭关系中，除了夫妻外，还有父母、子女、兄弟姐妹、（外）祖父母、（外）孙子女。法律所规定的权利义务对不同性别的家庭成员也都是平等适用的。

四、保护妇女、儿童和老人合法权益原则

（一）保护妇女的合法权益

婚姻家庭法中的妇女权益，主要是指"妇女在婚姻家庭关系中基于特定的亲属身份和共同生活关系所享有的权利义务的总称"[①]。法律对妇女的婚姻家庭权益的规定，一方面是与男子平等，另一方面是给予特殊保护。妇女婚姻家庭权益的保护，较集中反映在我国现行的《婚姻法》和《妇女权益保障法》中。

为什么要特别保护妇女的合法权益？保护妇女的合法权益原则是对男女平等原则的必要补充。在我国，受着历史上男尊女卑的制度和思想的影响，在现实生活中，男女两性在社会地位和家庭地位上仍存在着实际的差别，歧视妇女的现象仍有存在，妇女的合法权益屡遭侵害。这就需要在法律上增强对妇女合法权益保护的力度，消除侵权现象，使男女平等得以实现。另外，妇女所具有的特殊的生理特点，使其承担着社会人口再生产的重任，这是男子所不能代替的。社会对此理应给予充分的承认并给予特别保护。

我国婚姻家庭法针对我国的实际情况，对妇女的合法权益的保护作了具体的规定。在关于离婚、离婚后子女的抚养教育、财产和生活等问题上，表现得尤为明显。如规定女方在怀孕期间、分娩后一年内或中止妊娠后六个月内，男方不得提出离婚（法院认为确有必要受理的不在此限）；离婚时分割夫妻共同财产，根据具体情况对女方的权益予以照顾等。

① 张贤钰主编：《婚姻家庭法教程》，法律出版社1995年版，第92页。

（二）保护儿童的合法权益

保护儿童的合法权益，使他们健康成长，是国家的任务，也是家庭的职能。在私有制社会里，子女被当作父母的私有财产，他们的权益得不到应有的保护。漠视子女利益是我国封建社会婚姻家庭制度的基本特征之一。社会主义制度的建立，从根本上改变了儿童的社会地位和家庭地位。我国宪法规定："国家培养青年、少年、儿童在品德、智力、体质等方面全面发展。""婚姻、家庭、母亲和儿童受国家保护。"各部门法律、法规根据宪法原则都有保护儿童合法权益的条款。

家庭是儿童生活和成长的主要场所。抚养子女是家庭的职能，对儿童的保护是家庭不可推卸的责任。我国婚姻家庭法对保护儿童的合法权益作了具体规定。如现行《婚姻法》中规定：父母对子女有抚养教育的义务；对未成年子女有管教和保护的权利和义务；祖父母、外祖父母对孙子女、外孙子女，兄姐对未成年的弟妹的抚养义务也作了规定；子女有继承父母遗产的权利；不同类型的子女在法律上一律平等。《民法通则》中规定了对未成年人的监护责任等。《未成年人保护法》规定了未成年人有接受义务教育的权利等。

（三）保护老人的合法权益

保护老人合法权益原则，是现行婚姻法新增加的。随着科学的发展，人们生活水平的提高，人口老年化已逐渐成为一个全球性的问题。人口的老龄化给社会带来了关于发展计划、社会保障和供养体系的压力。联合国自从 1982 年制定《维也纳老龄问题国际行动计划》之后，老龄问题就被列入了联合国大会的历届议题。1999 年被定为"国际老年人年"，确定了"建立不分年龄，人人共享的社会"的目标，成为国际老年人年涵盖一切的主题。老一辈人操劳一生，为国家创造了财富，为民族培养了后代，在他们年老体衰的时候，应得到社会和家庭的尊敬和照顾，使他们在生活上得到关心、经济上得到帮助、精神上得到安慰，能安度晚年。中国的老年人问题日趋突出，人口老龄化日趋严重。由于受国家生产力发展水平的局限，国家对老年人的帮助还不能完全代替家庭对老年人的赡养和照顾。社会化的养老体系在短期内还难以在城乡全面建立和完善。赡养老人在相当长的一段时期内仍是家庭的职能，传统的家庭养老模式仍将持续。

尊敬老人是中华民族的优良传统，也是社会主义的道德准则之一。社会主义法律对这一道德准则给予确认。我国宪法规定："成年子女有赡养扶助父母的义务"，"禁止虐待老人"。婚姻法从家庭责任的角度对保护老人合法权益作了具体明确的规定。如规定子女对父母有赡养的义务，孙子女、外孙子女对祖父母、外祖父母有赡养的义务，父母有继承子女遗产的权利，养父母、继父母的合法权益的保护也作了规定。

（四）禁止家庭暴力

法律规定保护妇女、儿童和老人的合法权益，是因为他们在社会上因种种原因处于弱势地位。家庭本应是他们一个温馨、和谐的生活港湾，在这里家庭成员和睦相处，友好相待。但现实生活中，一种与理想不相符的现象——家庭暴力时有发生，成为破坏家庭关系的违法行为之一。家庭暴力是一个全球性的现象，无论是发达国家还是发展中国家，无论是农村还是城市，这种现象都不同程度地存在。如何加强反家庭暴力，是一个很有针对性的现实问题。中国也存在家庭暴力问题，但目前尚无专门的反家庭暴力法。婚姻家庭法是调整婚姻家庭关系的法律，很有必要对家庭暴力作出法律上的禁止性规定。所以，在现行《婚姻法》（2001 年修正案）中，明确规定“禁止家庭暴力”。

何为“家庭暴力”？对家庭暴力的界定，我国学界尚未有统一认识。为指导实践，最高人民法院在《关于适用〈中华人民共和国婚姻法〉若干问题的解释（一）》的第 1 条专门作了解释：“‘家庭暴力’，是指行为人以殴打、捆绑、残害、强行限制人身自由或者其他手段，给其家庭成员的身体、精神等方面造成一定伤害后果的行为。”以此为依据，在我国，家庭暴力可作以下理解：

（1）在主体上，家庭暴力的行为人和受害人都是家庭成员，而且不局限在夫妻之间。

（2）在行为的方式和手段上，以作为的形式和暴力手段为特征。

（3）在行为的后果上，家庭暴力给受害人造成身体上的伤害或精神上的伤害，也可能两种伤害兼而有之。

（4）在时间上，家庭暴力可能发生一次、几次，也可能是多次，甚至是长期的。长期的家庭暴力还可认定为虐待。

现行《婚姻法》（2001 年修正案）对家庭暴力不仅作了禁止性的规定，同时还规定了对实施家庭暴力者的惩治措施和对受害者的法律救助。（详见本书第十章“家庭关系中的法律救助和法律责任”）

（五）禁止家庭成员间的虐待与遗弃

虐待是指故意歧视、折磨、摧残家庭成员，使其在肉体上或精神上遭受损害的行为。虐待可能表现为积极的、作为的形式，也可能表现为消极的、不作为的形式。如打骂、恐吓、冻饿、限制人身自由、患病不给治疗等。虐待的动机往往是恶毒的，行为带有连续性和一贯性，与家庭成员间偶然的打骂或父母教管子女时某些粗暴行为性质是不同的。虐待行为的受害者的身心健康受到摧残和损害，甚至危及生命安全，所以法律予以禁止。情节严重构成犯罪的，还要追究有关当事人的刑事责任。

在理解虐待的概念时，有必要与家庭暴力进行比较，两者不是完全相同的。家庭暴力的施暴者必须是有一定的作为（包括既遂和未遂）对家庭成员施暴。因不作为（如拒不使之健康成长，有饭不给吃，有病不给治等行为）造成另一方的伤害，属虐待行为。家庭暴力不以量化的次数为标准，一次的拳打脚踢也是家庭暴力，也应禁止。而虐待则有连续性、经常性的特征。家庭暴力不仅有可能导致虐待犯罪，也有可能导致伤害罪等。可见，家庭暴力与虐待只是交叉的关系。

遗弃是指家庭成员中负有赡养、抚养、扶养义务的一方，对需要赡养、抚养、扶养的另一方，有条件而故意不履行应尽义务的违法行为。遗弃是以不作为的形式出现的，应为而不为，致使被侵害人的权益受侵害。而被遗弃者往往是家庭中缺乏独立生活能力的人。为保护家庭中老弱病残人在生活上有所依靠，法律规定禁止家庭成员间的遗弃。对遗弃家庭成员者，除了进行批评教育外，责令其自觉履行义务，还可以通过诉讼程序强制履行义务。对遗弃行为情节恶劣的，依法追究刑事责任。

五、实行计划生育原则

实行计划生育，是我国的一项基本国策。计划生育是指有计划地调节人口的增长速度和提高人口素质。各国根据本国的国情，采取不同的具体措施，在保证人口质量的基础上调节人口的增长速度。我国的计划生育是以降低人口增长速度、控制人口数量、提高人口素质为基本目标的。

（一）实行计划生育的必要性

实行计划生育，是社会发展规律的客观要求。社会的发展，决定于社会的生产和再生产。社会生产本身有两个方面，“一方面是生活资料即食物、衣服、住房以及为此所必需的工具的生产；另一方面是人类自身的生产，即种的繁衍”①。这两种生产在社会生活中互相影响，互相制约，在维系人类社会的存在，推动社会不断从低级形式过渡到高级形式中共同起作用，两者缺一不可。其中，物质生活资料的生产，是人类生存的物质条件，是社会发展的决定因素。人口的再生产从属于物质资料的再生产，不能直接决定社会的性质和发展。但人口的增长速度和人口素质对社会的发展有着重要的影响作用，有可能促进也有可能延缓社会的生产和发展。只有当这两种生产互相适应，才能互相促进。

实行计划生育，是促进社会主义现代化建设、提高人民生活水平的需要。新中国成立后，我国的国民经济虽然有较大的发展，但人们的生活水平从总体上看仍不能迅速提高，这里有许多原因，但其中一个很重要的原因就是人口的增长速度过快，大大超过了

① 《马克思恩格斯全集》第21卷，人民出版社1965年版，第29－30页。

物质资料生产的增长速度。人既是生产者，又是消费者。物质生产与人口生产的内在联系直接表现为生产与需要、积累与消费等一系列的比例关系。我国人口增长速度过快，与物质资料生产的发展速度不相协调。社会物质资料的生产很大程度上不得不先满足于人口的生存和温饱，现代化建设的多项目标往往因人口过多的压力而不能很快实现。过多的人口衍生出资源消耗大、人均耕地面积减少、交通和住房紧张、环境污染严重、文化教育发展缓慢、社会福利化程度低等一系列社会问题。这些问题直接影响到人们生活水平的提高，阻碍了经济建设的发展和改革措施的推行。所以，要尽快实现现代化建设的总体目标，达到国民生活的小康水平，就必须排除一切阻力，实行计划生育，控制人口的增长。

（二）实行计划生育的要求

我国的计划生育就是要降低人口的增长速度，提高人口的质量。为此，国家对计划生育的基本要求是少生、优生和适当的晚婚晚育。这是从数量和质量上对计划生育提出要求。除人口稀少的某些少数民族外，全国各省、自治区、直辖市都要根据这一基本要求，结合本地区的实际情况，制定出相应的具体的政策。在今后相当长的一段时期，应坚持提倡一对夫妻只生一个孩子，对只生一胎的夫妻，给予一定的奖励；合理安排和严格控制生育第二胎；禁止生育计划外的第二胎和第三胎以上的多胎。

要实行好计划生育原则，还要破除封建的生育观。批判重男轻女、传宗接代的旧观念、旧思想。运用必要的法律手段，给违反计划生育原则者予以制裁。

（三）夫妻都有实行计划生育的义务

计划生育是国家对人口再生产的宏观调控。在微观上要把计划落实到每个家庭、每对夫妻，才能具体实现。现行《婚姻法》第16条对此作了规定：“夫妻双方都有实行计划生育的义务。”这一规定就是要求夫妻在国家计划的指导下，依照法律的规定，安排家庭生育。其中包括了生育和不生育，生育的时间，避孕、节育措施，对子女的抚养，等等。

夫妻有履行计划生育的义务，并不是否定公民的生育权。我国宪法明文规定婚姻、家庭、母亲和儿童受国家保护，就是对公民的婚姻和生育权利给予的充分肯定。《母婴保健法》根据宪法，从保障母亲和婴儿的身体健康、提高人口素质出发，规定“医疗保健机构应当为公民提供婚前保健服务”；“医疗保健机构应当为育龄妇女和孕产妇提供孕产期保健服务”。法律的这些规定，就是制定一系列措施对公民婚育权利给予保护。当然，公民的生育权利的行使不是无限制的，“生育权利”不等于生育自由。已婚公民在依法享有法定权利的同时，也应承担社会责任，履行法律义务，实行计划生育。

另外，计划生育只是要求已婚夫妻有计划地生育子女，而不是必须生育。《妇女权益保障法》第51条规定：“妇女有按照国家有关规定生育子女的权利，也有不生育的自由。”

计划生育是夫妻双方共同的义务，而不是单方的义务。在传统观念上，生儿育女被看成是女性对家庭承担的义务，生儿子传宗接代是妻子的责任。受这种生育观的影响，在现实生活中，人们往往片面地认为计划生育是妻子的义务，把计划生育工作责任推向女方。这种愚昧无知的封建生育观对妇女、对妻子是极不公平的。现代科学研究证明，生育是夫妻双方共同的大事。在自然状态下，能否生育以及生男生女是夫妻共同作用的结果，并非只取决于女方。女方所承担的怀孕、分娩和哺乳，只是男女生理上的自然分工。所以，实行计划生育的责任应该由夫妻双方共同承担。婚后夫妻是否生育，何时妊娠，采取什么避孕、节育和绝育措施，都应该由夫妻双方共同商量，根据夫妻双方的实际情况和身体状况分担落实，不能把计划生育的责任全部推给女方。

六、维护平等、和睦、文明的婚姻家庭关系原则

婚姻家庭法律制度的设立，其最终目的就是建立和维护平等、和睦、文明的婚姻家庭关系。婚姻家庭法通过对婚姻关系和家庭关系的法律调整，建立与社会主义制度相一致的婚姻家庭关系。这种婚姻家庭关系，其成员间是平等的，相互间是和睦的，行为是文明的。为此，现行《婚姻法》（2001年修正案）在总则中作了这一概括性、总结性的规定。

从立法技术来看，这是一条抽象的规定，就其本身不是具体的操作性条文。这一条文实际上是婚姻家庭道德规范的法制化。婚姻家庭本来就是一个伦理的实体。在调整婚姻家庭关系的过程中，长期以来都是法律与道德共同起作用的。在婚姻家庭领域中的规范，有时是很难清楚地划分道德与法律的界限。有的问题，既是道德问题，也是法律问题。对某种行为，既要受到法律的约束和制裁，同时也要受到道德的谴责。社会主义的法律与社会主义的道德应该是一致的。法律对道德的认可，也就是对道德的维护。

现行《婚姻法》（2001年修正案）的这一规定，并不是单纯的法律条文，它隐含和体现了一种道德精神，作为一种导向，引导人们树立正确的婚姻观、家庭观，实行继承优良传统与弘扬时代精神相结合，尊重个人合法权益与承担社会责任相统一，使社会主义家庭美德蔚然成风，有利于坚持实行社会主义婚姻家庭的法律制度，促进婚姻法的全面实施。

第二章　亲　　属

第一节　亲属在法律上的分类

一、亲属的概念

“亲属”一词，我们在日常生活中经常提及。每一个生存在这个社会的人或多或少都有自己的亲属。在亲属中，父母、子女、兄弟、姐妹、祖父母、外祖父母、孙子女、外孙子女等可谓是最为常见的亲属。当然，亲属远不止这些。那么，什么是亲属？在现代法学中，亲属指基于婚姻、血缘和法律拟制而形成的社会关系。这种社会关系是一种特定的社会关系，具有亲属关系的人相互之间有固定的身份和称谓，并由此带来相互间一定的权利义务关系。亲属的称谓不仅仅是一种称呼，恩格斯指出：“父亲、子女、兄弟、姐妹等称谓，并不是简单的荣誉称号，而是一种负有完全确定的、异常郑重的相互义务的称呼，这些义务的总和便构成这些民族的社会制度的实质部分。”① 可见，一般意义上的亲属关系与法律所调整的亲属关系也是不同的。受法律调整的亲属关系，相互间具有一定的权利义务，形成一种亲属法律关系。社会制度不同，社会确认的亲属范围也不同，由习惯、宗教和法律规范的一定范围亲属间的权利义务也不同，亲属制度也就不同。

在我国，亲属一词早见于古籍中。较早的《礼记·大传》中有“亲者，属也”，“六世，亲属竭矣”。汉刘熙在《释名·释亲属》中也有解释：“亲，衬也。言相隐衬也”，“属，续也。恩相连续也”。这些解释都表明了亲属是相衬相续的密切关系。从明代开始，律例中就有了“亲属”一词的出现。如明律中有“亲属相盗”、“亲属相殴”的条目。到了民国时期的民法，更有亲属一编。

在生活实践中，亲属一词常容易与一些意思相近的名词相混淆，所以有必要把它们加以比较分析。

① 《马克思恩格斯全集》第 21 卷，人民出版社 1965 年版，第 40 页。

（一）亲属与家属

家属是家长的对称。封建社会的家庭是家长专制的家庭。在一个家庭中，只能有一个家长。凡共同生活同居一家者，除了家长外，其余的都是家属。这就包括了家长之妻、妾、子女、孙等亲属，也包括家中的奴、婢、帮工等非亲属。可见，在家属中，既有亲属，也有非亲属。而如果不同居一家，即使是亲属，也不是家属。在封建社会，家长具有主宰家属、统治家庭的权利，而家属则负有服从家长的义务。封建社会的家长、家属是有特定的法律意义的。我们现在由于习惯的缘由，在语言上仍然使用家长、家属的词汇，但我们现在的家长、家属已不是法律词语，没有法定的范围和含义。

（二）亲属与家庭成员

家庭成员是指同居一家共同生活互有权利义务的亲属。如夫妻、父母子女、兄弟姐妹等。可见，家庭成员是亲属，但亲属并不一定都是家庭成员。如叔、伯、姑、舅、姨等都是血缘较近的亲属，但一般来说，他们分别属于不同的家庭，也没有婚姻家庭法中规定的权利和义务，所以，他们即使是亲属，也不是家庭成员。

（三）亲属与亲戚

亲戚一词古已有之，一般泛指族内外亲属。据孔颖达（公元574—648年，曾奉唐太宗命编纂《五经正义》[①]）疏记载："亲指族内，戚指族外。"亲戚有时专指族外姻亲，如外戚、姻戚等。现在，亲戚一词主要用来形容"跟自己家庭有婚姻关系的家庭或它的成员"。[②] 无论是古代还是现代，亲戚一词一般都不用于法律之中，所以也就没有严格的法律含义。

二、亲属的分类

亲属关系错综复杂，不同社会、不同国家和不同时代，亲属的分类有所不同。

（一）我国古代对亲属的分类

我国古代社会以宗法为本，重男轻女，在亲属制度上也以此原则对亲属分类。我国古代把亲属分为宗亲、外亲和妻亲三类。

所谓宗亲，是指源于同一祖先的男系亲属。通常由三部分亲属组成：一是同一祖先的男性亲属，如父、子、祖父、孙子、叔、伯、兄弟、堂兄弟等；二是嫁入本族的女

① 《辞海》，上海辞书出版社1979年版，第1120页。

② 《现代汉语词典》，商务印书馆1996年版，第925页。

子，也就是同一祖先男性亲属的配偶，如嫂子、婶婶、弟媳、儿媳、孙媳等；三是同一祖先未出嫁的女子，如女儿、姐妹、姑姑、侄女等。宗亲也称为宗族。是封建礼教和法律所承认的最主要的一类亲属。同一宗亲的亲属会组成宗族组织。宗族组织有很大的权力，宗族大事、宗族纠纷、宗族成员的奖惩等都要通过宗族会议来解决。

所谓外亲，是指与母亲和出嫁女相联系的亲属。如母亲的父母（外祖父母）、母亲的兄弟姐妹（舅、姨及其子女）、姐妹的丈夫及其子女（外甥子女）、女儿的丈夫及其子女（外孙子女）等。外亲在古代亲属的分类中是属于次要亲属。

所谓妻亲，是指以妻子为中介联系的亲属。如妻子的父母（岳父母）、妻子的兄弟姐妹及其配偶、子女等。

（二）现代亲属的分类

当代亲属的分类，比起古代对亲属的划分要科学得多，是以亲属发生的原因为标准进行分类。这是亲属最基本的分类，也是最普遍、最主要的分类。以此标准，亲属可分为配偶、血亲和姻亲三类。

（1）配偶。配偶是指男女双方因结婚而形成的亲属关系。夫妻双方互为配偶。配偶是产生血亲关系和姻亲关系的基础。没有男女的结合，没有生育的事实，就不可能有血缘的联系；没有婚姻的联系，便不可能形成姻亲关系。所以，配偶在亲属关系中具有重要的、特殊的地位。配偶在我国古代属于宗亲，是关系密切的亲属。我国现行《婚姻法》虽然对亲属没有法律解释，但在有关亲属效力的法律规定中，很明显是把配偶作为亲属的。

但在外国的立法上，对配偶亲属地位的确认并不是一致的。有的国家的法律把配偶确认为亲属，如日本和韩国。《日本民法》第725条规定：六亲等以内的血亲、配偶、三亲等以内的姻亲为亲属。《韩国民法》也是把亲属确认为配偶、血亲和姻亲。而有的国家不把配偶纳入亲属之列，如德国。德国把配偶视为是亲属的源泉，是血亲和姻亲的基础，但配偶本身不是亲属。亲属只有血亲和姻亲。

（2）血亲。血亲是指因血缘联系而产生的亲属关系。血亲按其原本的意义，是指同出于一个祖先，有自然血缘联系的亲属，即自然血亲。自然血亲因出生而形成，其血缘的来源包括了父系和母系两个方面。例如：父母与子女、兄弟姐妹，祖父母与孙子女，外祖父母与外孙子女，叔、伯、姑、舅、姨，堂兄弟姐妹、表兄弟姐妹，等等。自然血亲既然因出生而产生，那么，只要有出生的事实，不论婚生或非婚生，全血缘（同父同母的兄弟姐妹）或半血缘（同父异母或同母异父的兄弟姐妹），都同属血亲的范围。

血亲关系在法律上，除了自然血亲外，还可以法律拟制的方式形成，即法律拟制血亲。法律拟制血亲是指本无血缘联系，但法律确认其与自然血亲具有相同的权利和义务的亲属，又叫准血亲。根据我国现行《婚姻法》的规定，法律拟制血亲有两种：一种是养亲，包括了养父母与养子女、养兄弟姐妹、养祖孙等；另一种是形成抚养教育关系的继父母与继子女。法律拟制血亲间具有法律所规定的血亲间的权利义务关系。

血亲按血缘联系的纵横有直系血亲和旁系血亲之分（详见本章第二节）。

（3）姻亲。姻亲是指因婚姻的联系而产生的亲属，配偶本身除外。就目前较为普遍认同的意见，姻亲包括以下三种：①血亲的配偶。这类姻亲是指以己身为本位，己身的血亲的配偶为己身的姻亲。如儿媳、女婿、伯母、姨父等。值得一提的是，己身与直系血亲的配偶成为姻亲，一般是指己身的晚辈直系血亲的配偶。有一例外，就是没有受继父母抚养教育的继子女，与该继父母的关系。该继父母与这个直系卑亲属——没有抚养关系的继子女，就只是姻亲关系。②配偶的血亲。这是相对而言的，夫对妻的血亲、妻对夫的血亲都是姻亲关系。如己身与岳父母、公公、婆婆以及妻（或夫）的伯、叔、姑、姨、舅、兄弟姐妹等。③配偶的血亲的配偶。这也是相对而言的，妻对夫或夫对妻的血亲的配偶是姻亲关系。这种姻亲关系不是以一次婚姻为中介，而是以两次婚姻为中介形成的。如妻与夫之兄弟之妻（妯娌），夫与妻之姐妹之夫（连襟）即是。这种关系较为疏远，并不是所有的国家都把它列为亲属（姻亲）。

姻亲也同样有直系姻亲和旁系姻亲之分（详见本章第二节）。

（三）亲属分类的其他标准

就现代亲属法学，除了按亲属产生的原因对亲属分类外，还有其他标准从不同的角度对亲属进行分类，较为常见的有：

（1）以行辈为标准。以行辈为标准，亲属可分为长辈亲属、晚辈亲属和平辈亲属。这是从辈分的高低来分的，与年龄无关。辈分高于自己的亲属为长辈亲属（旧称尊亲属），辈分低于自己的为晚辈亲属（旧称卑亲属），辈分与自己相当的亲属为平辈亲属。

（2）以亲疏为标准。以亲疏为标准，亲属可分为近亲属和其他亲属。近亲属的概念较为抽象，一般理解为较长期在一起共同生活的，互有法定权利义务的亲属，如夫、妻、父、母、子、女、兄弟、姐妹、祖、孙等。其他亲属一般来说是指近亲属以外的其他没有法定权利义务的亲属。

第二节　亲系和亲等

一、亲系

亲系是指亲属间的联络系统，这种亲属间的联系是以血缘的联系作为载体的。血亲自然有血缘的联系（法律拟制血亲本身就是比照自然血亲的）。姻亲虽说以婚姻作为联系的中介，但每一类姻亲也都有血亲的关系，也就可以通过血亲来对姻亲的联络系统进行分析。按亲系来分析亲属，本身就是亲属的一种分类，把它单列出来，是传统婚姻家庭法的惯例。根据亲属间联络系统的不同，亲属可分为以下方面。

（一）直系亲和旁系亲

直系亲就是直接联系的亲属。直系亲可细分为直系血亲和直系姻亲。直系血亲是指具有直接血缘联系的亲属，包括已身所从出和从已身所出两部分血亲，即生育自己的和自己所生育的上下各代血亲。如父母与子女、（外）祖父母与（外）孙子女等。直系姻亲是指晚辈直系血亲的配偶、配偶的直系血亲。如公婆与儿媳、岳父母与女婿等。

旁系亲就是间接联系的亲属。旁系亲也可分为旁系血亲和旁系姻亲。旁系血亲是有间接血缘联系的亲属。换句话说，就是指除直系血亲以外的，与已身同出一源的血亲。如兄弟姐妹、叔、伯、姑、舅、姨、堂兄弟姐妹、表兄弟姐妹等。旁系姻亲是指旁系血亲的配偶、配偶的旁系血亲、配偶的旁系血亲的配偶。旁系姻亲的范围很广，最常见的是自己与兄弟姐妹、叔、伯、姑、舅、姨、堂兄弟姐妹、表兄弟姐妹等旁系血亲的配偶，及自己与妻子（丈夫）的兄弟姐妹、叔、伯、姑、舅、姨、堂兄弟姐妹、表兄弟姐妹等旁系血亲，都是旁系姻亲。

（二）父系亲和母系亲

父系亲是指以父方的血缘关系为中介联络的亲属。它包括宗族中的男性、女性、已出嫁的女性及其子女。如祖父母、兄弟、姐妹、叔、伯、姑等。

母系亲是指以母方的血缘关系为中介联络的亲属。它仅指外亲中的一部分。如外祖父母、舅、姨等。

在现代亲属制度下，无论是父系亲属还是母系亲属，都享有平等权利，承担平等义务。他们的法律地位是平等的。

（三）男系亲和女系亲

男系亲是指以男性的血缘关系为中介联络的亲属，它包括宗族中的男性和女性。女系亲是指以女性的血缘关系为中介联络的亲属，也就是外亲。这种按性别来分析亲属的联络系统，现在已很少采用。但在古代社会，这种划分很重要，因为它体现了男尊女卑的观念，与封建的婚姻家庭制度相适应。

二、亲等

亲等是指亲属的等级，是计算亲属亲疏远近的基本单位。现代亲属制度关于亲等的计算是以血缘联系作为依据，亲等的计算以血亲为基准，姻亲亲等的计算比照血亲的计算。亲等制在古今中外都运用得很广，它可用来确定具有权利义务的亲属的范围，可在禁婚条件中规定限制结婚的亲属范围。古今中外亲等的计算方法不完全一样。外国通常使用的有罗马法亲等制和寺院法亲等制两种；我国古代是用丧服制来表示亲等，现行《婚姻法》则采取世代来表示。

（一）罗马法亲等制

这种亲等制创自罗马法，是在罗马法中用以计算亲等的方法。按罗马法亲等制，在计算亲等时，原则上一代为一亲等。直系血亲的亲等数是从己身往上或往下数，每经一代为一亲等。旁系血亲的亲等数是从己身上数至与所指亲属的共同直系血亲，再从共同直系血亲下数至所指的亲属，两边的亲等数相加之和，就是己身与所指亲属的亲等数。如己身与父母为一亲等直系血亲，与祖父母、外祖父母为二等亲直系血亲，与兄弟姐妹为二亲等旁系血亲，与伯叔姑为三亲等旁系血亲。罗马法亲等制因罗马法的广泛影响，为许多国家所采用。

（二）寺院法亲等制

这种亲等制是欧洲中世纪寺院法所创。按寺院法亲等制在计算亲等时，原则上也是一代为一亲等。直系血亲的亲等计算与罗马法亲等计算相同，也是从己身往上或往下数，每经一代为一亲等。旁系血亲的亲等计算则有所不同。计算时，先从己身上数至与所指亲属的共同的直系血亲，再从共同直系血亲下数至所指的亲属，如两边亲等数相同，取其中一边的亲等数作为己身到所指亲属的亲等数；如两边亲等数不等，取多的一边的亲等数作为己身到所指亲属的亲等数。如己身与兄弟姐妹为一亲等的旁系血亲，与伯叔姑为二亲等的旁系血亲。

寺院法亲等制与罗马法亲等制相比较，罗马法亲等制更为精细。许多原来采用寺院法亲等制的国家慢慢地也改为适用罗马法亲等制。现在只有少数几个国家仍沿用寺院法亲等制。

（三）我国古代的丧服制

在我国古代的亲属制度中，并没有严格意义的亲等制。要考究亲属的亲疏远近，可通过亲属在祭奠死者时所穿的丧服来判断。在我国，古代的丧服是有等级差别的，不能乱穿，慢慢形成一种制度。在古代以祭奠死者时所穿丧服的等差来表示亲属的亲疏远近的制度，就是丧服制。丧服制起源于周礼，沿用至清末民初。丧服制分五等，轻重有别。

第一等为斩衰亲，这是最亲的一种亲属，为三年之服。第二等为齐衰亲，又叫期亲，它的丧服期分有杖期（持杖一年）、不杖期（不持杖一年）、齐衰五月、齐衰三月之分。第三等为大功亲，为九月之服。第四等为小功亲，为五月之服。第五等为缌麻亲，为三月之服。

以上五等，也称为“五服”，超出五服，便是无服，也叫袒免，即不再算是亲属了。丧服制这种亲属亲疏远近的反映方法是不科学的。如同是姑姑与侄儿，血缘关系没有变化，可姑姑出嫁前与出嫁后侄儿对她所服的丧服就不同，没出嫁是大功亲，出嫁后是小功亲。所以，严格地说丧服制只是当时亲属制度用来衡量亲属的地位重要不重要的一个标准。

（四）我国现行《婚姻法》的世代计算法

我国 1950 年和现行两部婚姻法都以世代为单位来表示旁系血亲的亲疏远近。具体的计算法是从己身算起往上数，自己为一代，父母为二代，祖父母、外祖父母为三代，如此类推。因此，自己与父母为二代直系血亲，自己与祖父母、外祖父母是三代直系血亲。向下数也是这样，自己与子女是二代直系血亲，与孙子女、外孙子女为三代直系血亲。旁系血亲的计算法是从己身往上数至所指亲属的同血缘的直系尊亲属的代数，同源父母的（如兄弟姐妹）为二代旁系血亲；同源祖父母（如叔、伯、姑）、外祖父母（如姨、舅）为三代旁系血亲，如此类推。在旁系血亲双方的辈分不同时，应以距同源的直系尊血亲辈数多的一方为本位进行计算。

第三节　亲属关系的发生和终止

亲属关系是因一定法律事实的发生而产生和消灭的。人的生生死死是不以人的意志为转移的客观规律，人们的结婚、离婚是不可避免的社会现象。亲属关系产生后不是静止不变的，而是处于发展变化之中，会因发生一定的事实而消灭。对亲属关系的发生和终止的研究，既要有静态研究，也要有动态研究。亲属关系的性质和特点不同，亲属发生和终止的原因也有不同。本节主要从现代亲属法学对亲属的分类，即配偶、血亲和姻亲来分析亲属的发生和终止。

一、亲属关系的发生

配偶、血亲、姻亲发生的原因各有不同。

（一）配偶关系的发生

配偶关系因男女的结婚而发生。依照我国婚姻法的规定，婚姻关系成立的法定程序是办理结婚登记。也就是说男女双方结婚是以进行了结婚登记，领取了结婚证为法定形式要件。夫妻关系于领取结婚证之日起确立（未办理结婚登记但依法被认定为事实婚姻的为例外）。所以，配偶关系是因婚姻关系依法成立而发生的。

（二）血亲关系的发生

血亲有自然血亲和法律拟制血亲。自然血亲因出生而产生。自然血亲的血缘纽带，正是通过出生的事实（一次或多次）而连接起来的。所以，人们出生的时间，就是自然血亲发生的时间。

法律拟制血亲没有自然的血缘纽带，它是依法律规定而产生的。我国现行法律承认的法律拟制血亲有两种，一种是养亲关系，另一种是有抚养教育关系的继父母和继子女关系。养亲关系是依收养的成立而形成。我国收养法规定，收养的成立必须办理收养登记，收养关系成立后，养子女与养父母及其近亲属间的权利义务适用法律关于子女与父母及与父母近亲属间的权利义务关系。[①] 所以，养亲关系的成立，以办理收养登记的时间为准。继父母与继子女的关系，要形成法律拟制血亲关系，则要有两个条件：一是子女因生父（母）与继母（父）结婚；二是继子女受到继父母的抚养教育。[②] 符合这两个条件，他们之间就产生法律拟制血亲关系。

（三）姻亲关系的发生

姻亲因婚姻的联系而发生，婚姻的成立是姻亲关系发生的基础。无论是血亲的配偶、配偶的血亲还是配偶的血亲的配偶，都是以结婚为发生原因。只有以婚姻为中介，一方才与另一方的血亲或血亲的配偶成为姻亲。

二、亲属关系的终止

不同种类的亲属关系发生的原因不同，其终止的原因也不同。

（一）配偶关系的终止

配偶关系因婚姻关系的终止而终止。婚姻终止的原因有二：配偶一方死亡（包括了自然死亡和宣告死亡）或双方离婚。夫妻一方死亡，是引起配偶关系终止的法律事件。夫妻一方死亡的时间，以医院证明的死亡时间、法医证明的死亡时间、人民法院宣告死亡的判决书生效的时间为准。夫妻双方离婚是引起配偶关系终止的法律行为。离婚行为生效的时间，是双方依法办理离婚登记，领取离婚证的时间；或人民法院准予离婚

① 现行《中华人民共和国收养法》第15条和第23条的规定。

② 现行《中华人民共和国婚姻法》第27条的规定。

的调解书或判决书生效的时间。以上时间都是配偶关系终止的时间。

（二）血亲关系的终止

自然血亲关系和法律拟制血亲关系终止的原因是不完全相同的。自然血亲因一方死亡而终止。这里说的死亡同样包括了自然死亡和宣告死亡。死亡的时间以医院证明的死亡时间、法医证明的死亡时间、人民法院宣告死亡的判决书生效的时间为准。自然血亲关系是以血缘为联系纽带，所以除了因一方死亡而终止外，是不能通过法律或其他方式人为地解除的。父母的离婚，不影响父母子女关系。子女送养，与亲生父母及其近亲属只是终止权利义务关系，自然血亲关系仍然存在，以致法律中有关自然血亲的规定对他们依然适用，如法律有关禁婚亲的规定，对他们就仍有约束。

法律拟制血亲因一方死亡或依法解除等法律事件或法律行为而终止。养亲间的法律拟制血亲关系，就是因一方的死亡或收养关系的依法解除而终止。收养关系的依法解除有双方协商解除和一方要求解除两种。双方协商解除的，须办理收养解除登记，一方要求解除的，须经人民法院裁判。至于有抚养教育关系的继父母和继子女的法律拟制血亲关系可因一方死亡而终止，但他们依法解除法律拟制血亲关系的程序现行法律没有明确规定。在实践中，一般当继子女的生父母与其继父母离婚后，继父母子女关系可解除；或继子女未成年，由原来未与其共同生活的生父（母）领回抚养，继父母子女关系解除。

（三）姻亲关系的终止

姻亲因婚姻的联系而发生，一般也就因离婚而终止，但不同国家不同民族有不同的法律规定和习惯。我国现行法律对此无明确规定。在习惯上，一般来说，姻亲因夫妻双方离婚而自然终止。但夫妻一方死亡，姻亲关系并不会因此而自然终止，是否终止，由有关当事人按其意愿自行决定。

三、亲属的法律效力

亲属关系的法律效力是指在一定范围内的亲属关系依法产生的法律后果。亲属的法律效力是在法律中规定的。所以，不同国家、不同时期亲属的法律效力也就不同。依我国现行法律的规定，亲属的法律效力主要表现在以下方面。

（一）在婚姻家庭法方面的效力

亲属在婚姻家庭法上的效力最为多见。例如：一定范围的亲属有互相扶养（抚养、赡养）的义务，一定范围的亲属有互相继承遗产的权利，一定范围的亲属（夫妻）有法定的共同财产，一定范围的亲属禁止结婚，收养三代以内同辈旁系血亲的子女，可适当放宽收养条件，等等。

（二）在其他民事法律方面的效力

一定的亲属可作为法定代理人；亲属关系是监护的基础法律关系；亲属是法定继承的身份前提，是确定法定继承人范围、顺序和代位继承的依据；晚辈直系血亲在法定条件下有代位继承权；一定的亲属可依法提出宣告失踪和宣告死亡的申请；等等。

（三）在刑法方面的效力

某些犯罪的构成，必须以有一定的亲属关系为条件，如虐待罪、遗弃罪等；某些罪必须由具有一定亲属身份的人才能行使告诉权；等等。

（四）在诉讼法方面的效力

无论是刑事诉讼法还是民事诉讼法，一定的亲属身份都是司法人员回避的原因；民事诉讼中，一定的亲属可以作为法定代理人代理没有诉讼行为能力的当事人参加诉讼；刑事案件被告的近亲属可以担任被告人的辩护人，经被告人同意，可以代其上诉或申诉；等等。

此外，在劳动法方面近亲属有获得探亲的权利，有获得抚恤和生活帮助的权利。在国籍法方面，公民国籍的取得、丧失和恢复与亲属身份有直接的联系。

附：五代以内直系血亲和旁系血亲图

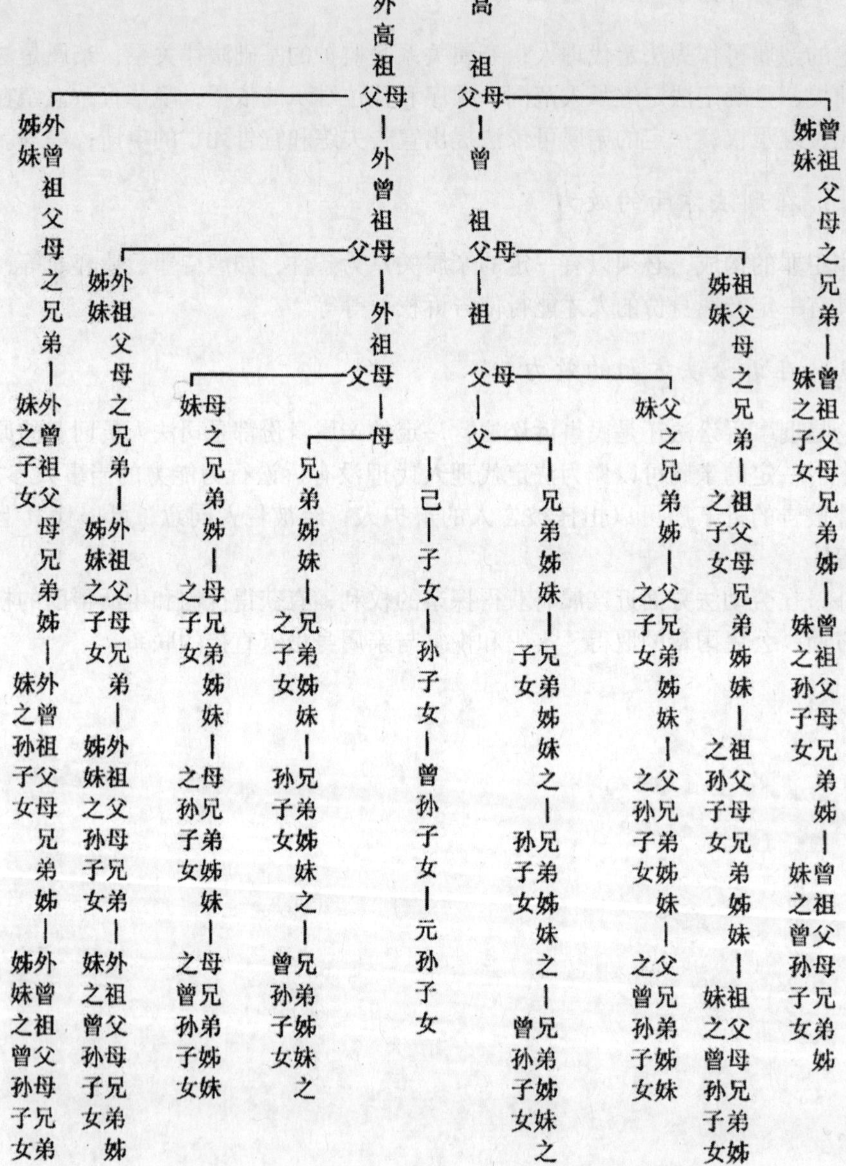

第二编　婚姻关系法

第三章 结 婚 法

第一节 结婚法概述

一、婚姻的成立及其效力

婚姻的成立，是指男女双方依照法律规定的条件和程序缔结婚姻关系的法律行为。婚姻关系的确立就是以结婚这一法律事实的发生为前提的。没有结婚，就不存在婚姻。

从历史上看，婚姻的成立在概念上有广义和狭义之分。广义上的婚姻的成立，包括了从男女双方订立婚约开始，到正式确立夫妻关系的整个过程。古代社会的婚姻成立，多是指广义的婚姻的成立。订婚在古代是结婚不可缺少的程序，没有订立婚约，就不能结为夫妻。狭义的婚姻的成立，仅仅指的是夫妻关系的确立，而不包括订婚。近现代的婚姻的成立，多是狭义上的婚姻的成立。在现代，婚姻是否成立，完全看婚姻当事人有无依法办理结婚登记或依法举行结婚仪式。至于之前有无订婚不影响婚姻的效力。我国现行《婚姻法》对婚约无直接规定，婚姻的成立是依法进行结婚登记，所以，我国婚姻成立的概念持狭义说。

婚姻一旦成立，便会产生相应的法律效力。婚姻成立的法律效力有直接及于结婚的当事人的，即在结婚的男女之间产生夫妻关系；也有及于第三人的，如因婚姻产生的姻亲关系等。前者为婚姻的直接效力，后者为婚姻的间接效力。婚姻成立的这些效力，大多是在婚姻家庭法中加以规定，但有的也通过其他法律、法规中体现出来。如配偶有权提出有关死亡宣告和失踪宣告的申请，受害人的配偶有损害赔偿的请求权，这是结婚在民法上的效力；有配偶者再与他人结婚是构成重婚罪的要件，这就是结婚在刑法中的效力；婚姻的成立常常是取得国籍的原因，这又是结婚在国籍法上的效力。正因为婚姻的成立具有这些法律效力，成立婚姻不能是人们的任意行为，而是一种法律行为，受法律的调整。只有符合法律规定的条件并履行法律规定的程序的男女两性的结合，才是合法的婚姻。

二、婚姻成立的要件

法律对婚姻的成立的调整是通过规定结婚的要件来实现的。婚姻成立的要件就是法律规定的结婚时必须具备的条件。符合法定条件的男女才可以申请结婚，具有婚姻的效力，否则就是违法婚姻，不具有婚姻的效力。法律规定一定结婚的条件，是国家通过法律对婚姻问题进行审查和监督的重要手段，这既是为了保护当事人的利益，也是为了维护社会秩序。

婚姻成立的要件从不同角度有不同的分类。

（一）实质要件和形式要件

实质要件是指婚姻当事人双方本身的情况以及双方之间的关系必须符合法律的规定。如结婚当事人对婚姻的态度，有无结婚的合意；结婚的当事人是否达到法定婚龄，有无患禁止结婚的疾病，有无禁止结婚的亲属关系，等等。形式要件是指婚姻成立的方式和程序也必须符合法律的规定。从古今中外各国对婚姻成立的形式要件的要求来看，主要有仪式制、登记制、登记与仪式结合制三种。

（二）必备要件和禁止要件

它从积极和消极两个不同的角度要求结婚当事人在结婚时必须具备某些条件和必须排除某些障碍。所以，必备要件又称积极要件，是指婚姻当事人必须具备的法定条件。如结婚的当事人双方必须有结婚的合意；必须达到法定婚龄。禁止要件又称消极要件，是指结婚要排除的条件，或说是婚姻成立的障碍。如存续中的婚姻关系，男女双方是禁止结婚的亲属关系，患有禁止结婚的疾病等。这里需要说明的是，婚姻成立的必备要件和禁止要件的划分，有的并不是绝对的。如有无存续中的婚姻关系，有的国家在必备要件中要求，要求结婚的当事人必须符合一夫一妻制。有的国家则在禁止要件中要求，规定禁止重婚。这只是角度不同，没有实质上的区别。

我国婚姻法对婚姻成立的规范，也是通过规定婚姻成立的实质要件和形式要件来实现。我们称为结婚的条件和程序。在结婚的条件中，我国婚姻法也分别规定结婚的必备要件和结婚的禁止要件（详见本章第三、四节）。

三、结婚制度的历史沿革

结婚制度是婚姻制度的重要组成部分。婚姻制度的发展与结婚制度的发展密不可分。很多时候，婚姻制度的发展变化，首先是从结婚制度的发展变化开始的。

（一）结婚制度的立法原则

结婚是婚姻关系藉以发生的法律事实。什么行为是结婚行为，能引起婚姻关系的产生；什么样的“结婚”，不能产生婚姻的效力。法律对婚姻效力确认的具体规定，是由结婚制度的立法原则来决定。

在结婚制度中，关于婚姻效力确认的立法，主要有两种立法原则，即事实婚主义和形式婚主义。事实婚主义是指以事实上婚姻关系的存在为原则，不以履行一定的程序（或手续）为婚姻成立的必要条件。凡是男女双方有事实上的婚姻关系的存在，如共同生活、彼此以夫妻相称、生儿育女等，社会（法律）即赋予其以婚姻的效力，承认其夫妻关系。形式婚主义是指婚姻的成立以法定的形式为原则，凡男女双方经过了法定的结合形式，就不问他们是否同居生活，也不问有无事实上的婚姻关系的存在，社会（法律）均承认他们的夫妻关系，确认婚姻关系的有效。形式婚主义所确立的结婚的法定形式在立法史上可概括为三种：宗教婚、法律婚和世俗婚。按宗教仪式缔结的婚姻称宗教婚，按法定程序成立的婚姻称法律婚，按民间习俗方式缔结的婚姻称世俗婚。

综观人类婚姻家庭史，婚姻的成立在立法上主要是从事实婚主义向形式婚主义发展。在形式婚中，则主要是由宗教婚、世俗婚向法律婚发展。现代各国在立法上多采用形式婚主义，要求本国公民在缔结婚姻时要依法定形式进行，否则不具有婚姻的效力。但事实婚在许多国家也仍然存在，甚至还具有一定的法律效力，有的国家在实行形式婚的同时，也在一定程度上承认事实婚。形式婚的发展，也不是绝对的。法律婚是目前大多数国家所采用的婚姻形式，有的国家单一采取法律婚，有的国家则法律婚与宗教婚，或法律婚与世俗婚，甚至三种婚姻形式同时存在。

我国婚姻家庭法采取形式婚主义和法律婚原则，结婚登记是婚姻成立的法定程序。但由于种种原因，事实婚在我国仍然存在。我国现行婚姻家庭法对事实婚姻没有作出明确的规定，其法律效力散见于一些法规和司法解释中（关于事实婚姻详见本章第五节）。

（二）结婚制度的历史发展

对结婚制度发展的考察，可以从不同的角度。如从结婚的人数看，人类的结婚制度经历了群婚、对偶婚和个体婚的过程。从结婚的范围看，人类的通婚从族内婚向族外婚发展。在此，我们主要从结婚的方式来研究人类结婚制度的发展。

1. 个体婚形成初期的结婚方式

在个体婚形成的初期，结婚的方式主要有：掠夺婚和有偿婚两种。

掠夺婚即抢婚，是指男子按自己的意愿，运用暴力掠夺女子为妻的婚姻。这种结婚方式是从对偶婚制向一夫一妻制转变的过程中出现的。我国古代文献《易·屯卦》中有“匪寇，婚媾”等语，似可作为古代掠夺婚的写照。

有偿婚是指以支付某种代价作为成婚条件的婚姻。根据有偿方式的不同，有偿婚主要有买卖婚、互易婚和劳役婚等表现形式。买卖婚是以男方向女方家支付一定金钱或其他等价物作为成婚条件的结婚方式。这是古代社会各民族较为普遍通行的一种嫁娶方法。如罗马法所确认的结婚方式中就有买卖婚，它要求男子在证人和计量者面前，以要式契约的方式购买女子为妻。古巴比伦时期盛行的“市场婚姻”，女子被家长带入市场标价出售，予人为妻，也是买卖婚的表现。我国古代文献有记载：“伏羲制嫁娶，以俪皮为礼”，表明我国买卖婚也早有存在。后来的聘娶婚就是买卖婚的变种。互易婚也称换亲，就是父母双方各以其女互换为儿媳或男子各以其姐妹互换为妻的结婚方式。劳役婚就是男方以为女家服一定期限的劳务作为成婚条件的结婚方式。

2. 我国古代的聘娶婚

聘娶婚是一种世俗的仪式婚，是以男家向女家交付一定数量的聘金和聘礼作为成婚的条件的结婚方式。男方依礼而聘，女家因受其聘而嫁。聘娶婚是我国实行时间最长的一种结婚方式。据史书记载，聘娶婚始于伏羲，至西周而大备。自此在中国几千年历久不衰。

聘娶婚有一套完备的礼仪程序——“六礼”。所谓“六礼”，即聘娶婚成立的具体程序，包括纳采、问名、纳吉、纳征、请期和亲迎。“纳采”亦称采择之礼。即俗称之提亲，男方请媒人向女方家提亲。“问名”即男方通过媒人问清女方的姓名、出生年、月、日、时，及生母的身份（是妻还是妾，以确定女方是嫡出还是庶出）。“纳吉”是男家在问名之后，将双方的年、月、日、时卜于庙，如得吉兆，告知女家。“纳征”亦称纳币，即男方向女家交纳聘财，婚约自此成立。“请期”即男家与女方家商定结婚日期，后来慢慢演变成是男家告知女方家结婚的日期。“亲迎”即举行婚礼，男方带领迎亲队伍到女方家迎娶。迎归后，行“成妻”之礼，即当日“共牢合卺”。此外，按照古代礼制，女方必须经过“庙见”始得“成妇”，正式加入夫族。

“六礼”以礼的规范出现，为法律所确认。聘娶婚在我国实行的时间最长。历代数有变迁。后世对“六礼”的执行不如早期严格，有的朝代还将其简化。如宋代改“六礼”为四礼，即纳采、纳吉、纳征和亲迎。《朱子家礼》中又将纳吉并入纳征，变四为三。但无论怎么改，各朝代都保留了立婚书和收受聘财这一订婚过程。订婚是古代社会婚姻成立的必备要件。聘娶婚的影响在当今社会的婚俗仍能明显地反映出来。

3. 西方国家古代的结婚方式

西方国家古代的结婚方式中，罗马法对结婚方式的规定和欧洲中世纪的宗教婚颇具代表性。罗马市民法规定的结婚方式有多种：共食婚，是以举行宗教仪式为特征的结婚方式；买卖婚，是以男方订立买卖契约将女方买作为妻的结婚方式；时效婚，则是罗马法确认的一种事实婚，以男女双方在事实上同居生活一年以上者为婚姻成立，但女方外宿三日以上的时效即告中断。

在欧洲中世纪是以宗教婚为主要的结婚方式。当时在基督教强大的教权之下，婚姻家庭关系主要由寺院法调整。寺院法不仅对婚姻的成立规定了严格的条件，列举了种种婚姻的障碍，还在婚姻成立的形式要件上要求当事人一定要履行一定的宗教仪式。结婚如果违反了宗教仪式，会受到教会的非难，有时还会受到教规的一定处罚。直至宗教改革运动和婚姻还俗运动以后，宗教势力的影响减弱，宗教婚才逐渐被民事婚所代替。

4. 近现代的结婚方式

资产阶级国家在摆脱封建家族和宗教势力影响的过程中，建立了以个人为本位的婚姻制度。在结婚方式上，以双方当事人合意为成立要件的共诺婚，得到了资本主义国家普遍的承认。共诺婚是指婚姻的缔结依当事人的意思自治而成立。共诺婚的立法基础是契约自由说。婚姻被视为是一种特殊的契约。法国1791年的宪法就有“法律视婚姻仅为民事契约”的规定。所以，契约自由、意思自治的一般民事契约的原则也适用于婚姻。共诺婚较之封建的婚姻制度无疑是历史的进步。但受资本主义社会私有制的制约，法律上的平等、自由只是形式上的平等、自由。恩格斯就指出过：“在婚姻关系上，即使是最进步的法律，只要当事人在形式上证明是自愿，也就十分满足了，至于法律幕后的现实生活是怎样的，这种自愿是如何造成的，法律和法学家都可以置之不问。”①

在我国，民国时期的民法亲属编虽然规定婚姻的成立要以当事人的合意为要件，但在半封建半殖民地的社会条件下，这一法律规定并没有得到普遍的实现，封建的婚姻家庭制度仍占统治地位。新中国成立后，在法律上确立了婚姻自由原则。在结婚方式上，实行法律婚，要求在“男女双方完全自愿”的基础上缔结婚姻。有关我国现行结婚制度详见本章以下各节。

第二节　婚　　约

一、婚约的概念及其历史发展

婚约，是男女双方以将来结婚为目的所作的事先约定。订立了婚约的男女俗称未婚夫妻。婚约在历史上早已有之。在现实生活中，婚约也仍大量存在。婚约在历史上的发展大致可分为两个阶段：一是古代社会的婚约，也称为早期型的婚约。二是近现代社会的婚约，称为晚期型的婚约。

在古代社会，婚约相当盛行，而且具有重要的作用和很强的法律效力。当时在许多国家，婚约是婚姻成立不可缺少的组成部分。结婚必须先订婚，订立婚约是结婚的必经程序。没有订立婚约的男女是不能结婚的，即使结婚也属无效，甚至会被认为是私通。在家长专制的古代社会，婚约大多是由男女双方的长辈亲属代为订立，或由女方的监护人与男方的家长代为订立。婚约一经订立，则具有较强的法律约束力。许多国家规定，订立了婚约的男女必须履行婚约，解除婚约通常要引起一定的法律后果。如古巴比伦王

---

① 《马克思恩格斯全集》第21卷，人民出版社1965年版，第86页。

国的《汉穆拉比法典》规定："倘自由民娶妻而未订契约，则此妇非其妻"；并且规定，在婚约订立后，女方之父不得将女嫁他人。罗马法规定，婚约成立后，男方毁约，对给付的婚约赠与物不得请求返还；女方毁约，除返还婚约赠与物外，还要给付男方相当于赠与物价值四倍的罚金（后改为与赠与物价值相等的罚金）。在欧洲中世纪，依寺院法的规定，男女双方订立了婚约后，一方毁约另一方有结婚的诉权。

我国古代的订婚也有很重要的地位。订立婚书、收受聘财就是订婚的依据。订婚以后，婚约中的男女双方及其主婚人（一般是一家之长）都要受到婚约的约束，不得反悔。依当时的律例，对悔约者，不仅要责令其履行原约，而且要给予一定的刑罚。"若许嫁女已报婚书及有私约（谓先知夫身疾残老幼庶养之类）而辄悔者，笞五十，虽无婚书但曾受聘者亦是。若再许他人，未成婚者杖七十，已成婚者杖八十。……"（《明律·户律》男女婚姻条）①

到了近现代社会，婚约的法律地位逐渐降低，婚约的法律效力也逐渐减弱。现在的婚约已不再是婚姻成立不可分割的组成部分。订立婚约不再是结婚的必经程序，男女双方未经过订婚亦可径行结婚。在现代社会，各国虽不禁止婚约，但有的国家在法律中对婚约不再进行规定；有的国家的法律虽然对婚约有所规定，也只是在实质要件上规范婚约，如要求婚约的订立须男女双方当事人自愿，订婚的男女双方须达订婚年龄，未达订婚年龄的未成年人订婚须得其法定代理人同意，婚约的内容不得违背法律等等，而对婚约成立的形式要件一般不作规定。但有的国家的法律对婚约的形式要件也有特别的规定，如《墨西哥民法典》第 139 条规定：订婚须以书面形式作为社会所公认的婚约。

无论法律对订立婚约是否有规定，近现代的婚约成立后都不具有法律约束力。一方不履行婚约，另一方是不得通过诉讼程序请求法院强制其执行的。如《德国民法典》第 1297 条规定："不得基于婚约诉请结婚。"至于一方要求解除婚约，是否要对另一方赔偿损失，各国规定不一样。一般来说，一方无故解除婚约，对另一方是要赔偿损失的。

二、我国现实生活中的婚约

（一）一般的婚约

我国自古有订立婚约的习俗。但到现代，婚约已失去其原有的效力。新中国成立后的两次婚姻家庭立法，包括 2001 年婚姻法的修正案都没有关于婚约的规定。早在 1950 年 6 月 26 日，原中央人民政府法制委员会在《关于婚姻法实施的若干问题与解答》中就对婚约问题有过说明："订婚不是结婚的必要手续。任何包办强迫的订婚，一律无

① 杨大文主编：《亲属法》（第三版），法律出版社 2003 年版，第 73 页。

效。男女自愿订婚者，听其订婚，订婚的最低年龄，男为19岁，女为17岁。一方自愿取消订婚者，得通知对方取消之。”1953年3月19日，原中央人民政府法制委员会在《有关婚姻法的解答》中再次对婚约问题进行说明：“订婚不是结婚的必要手续。男女自愿订婚者，听其订婚，但别人不得强迫包办”。此后在立法实践和司法实践中，对婚约都坚持这一原则。

我国现行法律对婚约未作明文规定。订立婚约在我国已不是人们结婚的必经程序。已达法定婚龄的男女，双方自愿，符合法律规定的结婚的条件，就可向婚姻登记机关申请办理结婚登记，无需先行订婚。对订立婚约，法律既不提倡，但也不禁止，由当事人自己决定。人们在婚前可以订立婚约，但婚约的订立必须建立在男女双方当事人自愿的基础上。父母或第三人为当事人代订婚约是无效的，当事人无需受其约束。当事人自行订立的婚约也是由男女双方当事人自愿自觉地履行，法律并不强制婚约的履行。当事人双方均要求解除婚约的，可以协议解除；一方要求解除的，也可单方解除，只要向对方明确表示，无需经由法律程序处理，当事人要求保护婚约的诉讼请求法院不予受理。

虽然如此，社会仍要求男女双方应该严肃地对待婚约的订立和解除。婚约不受法律的调整，但受道德的约束。视婚约为儿戏，轻率地订婚和毁约是极不负责任的行为。若以恋爱、订婚为名诈骗钱财的，就不仅是道德问题而是触犯刑律的行为，要被追究刑事责任。

（二）军人的婚约

出于维护国家利益的需要，在革命战争时期和新中国成立后，有关部门针对实际情况，对军人的婚姻和婚约从不同角度和程度作了一些具体的、保护性的规定。对军人的婚约原则上是予以保护的。

我国最高人民法院在《关于贯彻执行民事政策法律的意见》（1979年2月2日）中指出：“现役军人的婚约关系，应予保护。凡是双方经过一定时期的了解，同意建立、保持婚约关系，家庭、群众和所在部队都认为是婚约关系的，才能确认为婚约关系。婚约基础比较好，没有解除婚约的重要原因，有恢复和好前途的，应说服教育不予解除。婚约关系不巩固，没有结婚前途的，应通过军人所在组织，对军人进行说服教育工作，予以解除。”最高人民法院的这一意见，明确了军人婚约的范围。只有是双方自愿订立，并且公开的婚约关系才能认为是军人的婚约。对军人婚约的保护也不是绝对的，是有条件的保护。

最高人民法院保护军人婚约的这一意见，适用于非军人一方向现役军人提出解除婚约而引起的纠纷。如果婚约双方都是现役军人，或现役军人一方向非军人一方提出解除婚约，不能适用这一意见，只能按一般群众的婚约处理。

三、婚约法律调整的现状及探讨

我国现行法律对婚约的调整可以说是空白的。尽管婚姻法及相关法律并未规定婚约，婚约本身也不具有法律上的拘束力。但在现实生活中，婚约仍是许多男女结婚前的一道“必经程序”。而且，通常情况下，订立婚约还要举行订婚仪式，男女双方会互相交换礼物，并接受各自父母甚至亲友赠送的订婚礼物及金钱（俗称聘金或彩礼），从婚约订立直到正式结婚，男女双方及各自家庭还要时常向对方赠送财物。近年来，随着人民生活水平的提高和居民收入的增加，订婚后，男女双方互相赠送礼物的价值也不断增加，小到金银首饰，大到汽车、住房、股票、金钱，由于互赠礼物价值的增加，男女双方因为性格不合及其他原因而解除婚约后引起的财产纠纷也日益增多。另外，一些别有用心之徒还以订婚为名诈骗钱财，或玩弄异性，给对方造成财产上的损失和精神上的痛苦。由于法律的空白，使遭受损失的一方得不到法律的支持，损失得不到赔偿，而规避法律者乐得逍遥。鉴于此，我们认为有必要在婚姻家庭法中对婚约进行适当的调整。

（一）明确婚约的概念

既然我们建议法律对婚约进行调整，当然先要明确什么是婚约。法律所确认的婚约，是已达法定婚龄的男女，自愿以将来结婚为目的而作的事先约定。这一规定，有助于将婚约与非婚同居、事实婚姻等现象区分开来。同时，也是对订小婚、订娃娃亲、非自愿订婚等违法行为的约束。

（二）明确婚约的效力

法律对婚约的调整，并不是鼓励订婚，保护婚约。恰恰相反，我们认为法律规定婚约的效力，有助于人们正确处理订婚与结婚的关系，慎重对待订婚。订立婚约在现实中之所以那么盛行，而又每每产生纠纷，与人们对婚约的法律效力不了解不无关系。所以，在婚姻家庭法中应规定：婚约不受法律保护。婚约可依双方的协议解除，也可单方解除。婚约当事人不得基于婚约诉求强制结婚。

（三）婚约解除的财产处理

最高人民法院在《关于贯彻执行民事政策法律的意见》（1979 年 2 月 2 日）和《关于贯彻执行民事政策法律若干问题的意见》（1984 年 8 月 30 日）和 2003 年 12 月 26 日的《关于适用〈中华人民共和国婚姻法〉若干问题的解释（二）》中对这个问题有一些政策性的意见，立法时可以借鉴。根据最高人民法院的意见，人民法院在处理这类纠纷时，从有利于婚姻自由原则的贯彻执行、有利于社会的安定团结出发，根据双方交付财产的动机、目的以及财物的数额的不同，进行不同的处理：

（1）属于包办买卖性质的订婚所收受的财物，收受财物的一方为非法所得，付出财物的一方是利用财物进行违法活动，所以应依法没收上缴国库。

（2）以订婚为名诈骗钱财的，原则上应将被诈骗的钱财归还给受害人，对诈骗者如构成诈骗罪的还要追究其刑事责任。

（3）订立婚约后，当事人按照习俗给付彩礼的，双方未办理结婚登记手续，给付彩礼的一方要求返还的，另一方应当返还。

（4）当事人按照习俗给付彩礼，双方办理结婚登记手续但确未共同生活，或彩礼是婚前给付并导致给付人生活困难，双方离婚时，给付彩礼的一方要求返还的，另一方应当返还。

有学者认为基于婚约的赠与是附条件的赠与，婚约解除，受赠人应返还赠与物，这种观点与最高人民法院的意见有相近之处，值得参考。

（四）婚约解除过错方的赔偿责任

法律对婚约的保护是不严格的。婚约的履行完全在于双方当事人的自愿和自觉。有的当事人正是基于这一点，没有结婚的意愿，为了其他目的而与他人订婚。当目的达到，单方解除婚约。这首先就给怀着结婚目的订婚的当事人造成精神痛苦，有的还会有财产损失。也有的当事人视订婚为儿戏，其随意的行为给另一方造成伤害和损失。法律虽然不能强制婚约的履行，对应有相应的措施保护无过错方利益，责令过错方承担一定的法律责任。在这方面外国的一些立法可予借鉴。

（1）关于财产上的损害赔偿，主要是指因一方的过错行为造成婚约的解除，另一方为此损失了订婚或筹办结婚所支出的费用及其他财产上的利益，过错方负赔偿责任。损害赔偿权利人，有些国家主张仅限定在受损害的未婚配偶为权利人，其他第三人不得享有此项权利。如丹麦、瑞典等国法律采用这种规定。一些国家主张除未婚配偶外，其父母或为其父母行事的第三人因准备婚事所受的损失也应为损害赔偿的权利人。如联邦《德国民法典》第1298条第1款、《瑞士民法典》第29条均采用这种规定。①

（2）关于精神上的损害赔偿，外国法律主要是强调对女方的赔偿。女方在婚约期间与男婚约当事人发生同居或性关系，当男方无重大事由而解约，或女方因男方的过错而解约时，女方可请求赔偿。德国、瑞士、墨西哥、秘鲁等国均有此规定。②

以上外国立法只是参考。我们认为婚约解除的损害赔偿，应以一方的过错为要件。具体规定还需进一步研究。

---

① 李志敏主编：《比较婚姻法》，北京大学出版社1988年版，第64页。

② 李志敏主编：《比较婚姻法》，北京大学出版社1988年版，第64页。

第三节　结婚的条件

我国现行《婚姻法》对结婚条件的规定，包括了必备要件和禁止要件两个方面。

一、结婚的必备要件

结婚的必备要件，是指当事人在结婚时必须具备的条件。这是从积极的方面来规定的，所以，又称为积极要件。我国现行《婚姻法》从两个方面对此作了规定。

（一）结婚的当事人必须有结婚的合意

结婚的合意，是指结婚的男女双方当事人对他们之间确立夫妻关系的意思表示完全一致，也就是说他们自愿结为夫妻。结婚合意，是当代社会各国结婚立法上的通例，它反映了近现代以个人为本位的结婚制度的本质，与古代社会以家族为本位的包办买卖婚姻的结婚制度有着根本的区别。

我国现行《婚姻法》对结婚的合意也有明确的规定。《婚姻法》第5条规定："结婚必须男女双方完全自愿，不许任何一方对他方加以强迫或任何第三者加以干涉。"这一规定是婚姻自由原则在结婚制度中的具体体现，是通过法律将结婚决定权完全赋予当事者本人。

对"男女双方完全自愿"这一规定应有全面的理解。首先，它要求的是男女双方的自愿，而不是一厢情愿。结婚是男女双方的事，所以要求是双方的自愿。这就排除了一方对另一方的强迫。其次，它要求是本人的自愿，不是父母或第三人的意愿。这就排除了包办强迫和其他干涉婚姻自由的行为。当然，婚姻法的这一规定，并不排斥男女双方就个人的婚事向父母或亲友征求意见，也不排斥父母亲友出于关心和爱护，按照法律和道德的要求，对当事人提出一些建议。对这些意见是否采纳，由当事人自己决定。这样做不仅不会妨碍当事人行使婚姻自由的权利，而且还会有利于当事人更全面地考虑问题，更好地实现婚姻自由权利，建立幸福美满的家庭。所以，第三人的善意帮助与第三人的非法干涉是不同的，两者的界限要分清楚。最后，它要求是婚姻当事人的完全同意，而不是勉强同意。屈于外来的压力而违心同意结婚，也是不符合法律的要求的。

如何认定男女双方在结婚问题上是否完全自愿，在实践中是有重要意义的。具有法律效力的结婚合意必须符合以下条件：

（1）男女双方要有表示结婚意愿的行为能力。婚姻自主权虽然是一种民事权，但它又不同于其他民事权利。作为婚姻自主权的主体资格，婚姻行为能力较之一般的民事行为能力有特别的要求。在一般情况下，公民年满18周岁，即具有完全民事行为能力

（被依法宣告无民事行为能力或限制行为能力者除外）。而婚姻行为能力的取得，不仅要求当事人具有完全的民事行为能力，而且还要达到法定婚龄，具有婚姻的意思表达能力。所以，未达法定婚龄，或已达法定婚龄但欠缺完全民事行为能力，在表达意思时处于精神错乱或无意识状态，均不能认定为具有婚姻行为能力，这种情况下所作的结婚的意思表示是无效的。

（2）男女双方同意结婚的意思表示必须真实。意思表示真实是指没有外来因素的影响，没有人为的干涉，当事人的内心意思和外在表示相一致。所以，男女任何一方受到对方或他人（包括其父母）的非法干涉，如威吓、胁迫、暴力干涉等，所作的同意结婚的意思表示是不真实的，不能认为是完全自愿。另外，男女任何一方受欺诈，或因对方的故意而产生重大误解所作的同意结婚的意思表示也不能认为是真实的。不真实的意思表示是无效的。

（3）男女双方同意结婚的意思表示的作出必须符合法定方式。结婚行为是一种法律行为，所以人们表示同意结婚的方式也要符合法律的要求，经过法定程序的认可。首先，法律要求同意结婚的意思表示必须是结婚的当事人本人亲自作出。结婚行为是不能委托代理的，同意结婚的意思也就不能由他人代为表示。他人的同意结婚的意思表示对当事人来说是无效的。其次，该意思表示必须是在婚姻登记机关作出。我国的《婚姻登记条例》第 4 条规定：当事人结婚的，"……男女双方应当共同到一方当事人常住户口所在地的婚姻登记机关办理结婚登记。"在其他场合所作的同意结婚的意思表示不能说是结婚合意，只能视为订立婚约的合意。

（二）必须达到法定婚龄

法定婚龄是法律规定的最低的结婚年龄。也就是说人们达到法定年龄才能结婚，未达法定婚龄就结婚是违法的。而到了法定婚龄是否结婚，何时结婚，则是当事人自己的事，法律没有限制。我国现行《婚姻法》第 6 条规定："结婚年龄，男不得早于 22 周岁，女不得早于 20 周岁。晚婚晚育应予鼓励。"

法律对结婚年龄进行规定，是许多国家立法上的通例，而且古已有之。但无论哪个时代，哪个国家，法定婚龄的确定，均受两个因素的影响：一是自然因素，即人们的生理和心理的发育状况和成熟程度，这一点与地理环境和气候很大关系；二是社会因素，即一定的生产方式以及与之相适应的社会条件，如政治、经济、人口状况、道德、宗教和风俗习惯等。其中社会生产力的发展状况和人口的增长情况，是社会因素中对法定婚龄的确定影响较大的两个方面。受这些因素的影响，不同国家的法定婚龄有所差别。即使同一国家在不同时期法定婚龄也有不同。如我国封建社会，实行小生产经济的生产方式和经济结构，需要大量的劳动力；同时，征丁、服劳役和战争对人口的消耗，也需要增加人口。因此，在封建社会一直实行早婚政策，婚龄普遍较低，封建的法律不仅鼓励早婚，甚至强迫早婚。例如：北周武帝时规定，男 15 岁，女 13 岁为嫁娶之期；唐开元年间规定，男 15 岁，女 13 岁以上，听嫁娶；到了明、清各朝代多规定男 16 岁，女 14 岁以上，可以嫁娶。《汉书 · 惠帝记》还记载："女子十五以上至三十不嫁，五算。"近现代社会，法定婚龄有提高的趋势，国民党政府的《民法》第 980 条就规定："男未满 18 岁，女未满 16 岁，不得结婚。"新中国成立以后，1950 年的婚姻法根据当时的实际情况，既要考虑破除早婚的习俗，也要考虑到人们的接受程度，规定法定婚龄为男 20 岁，女 18 岁。1980 年修改婚姻法的时候，人口的过速增长已制约了经济的增长，为了适应经济的发展，必须控制人口的增长，故适当提高了婚龄，并提倡晚婚晚育。我国《未成年人保护法》第 15 条规定："父母或者其他监护人不得允许或者迫使未成年人结婚，不得为未成年人订立婚约。"第 62 条规定："父母或者其他监护人不依法履行监护职责，或者侵害未成年人合法权益的，由其所在单位或者居民委员会、村民委员会予以劝诫、制止；构成违反治安管理行为的，由公安机关依法给予行政处罚。"这对执行法定婚龄，预防早婚，特别是预防未成年人的早婚提供了法律保障。

我国现行《婚姻法》在规定了法定婚龄之后，还规定了"晚婚晚育应予鼓励"。这里就有如何理解法定婚龄和晚婚年龄的关系问题。根据法律的规定，法定婚龄和晚婚年龄两者的性质是不一样的。法定婚龄是人们结婚必须遵守的最低的结婚年龄，具有强制性，是结婚的必备条件，不具备这一条件，不能结婚，即使隐瞒了真实年龄，不到法定婚龄而骗取了结婚证，婚姻登记也是无效的。而国家提倡晚婚，只是号召性和鼓励性的措施，不具有强制性。也就是说晚婚年龄是人们自觉遵守的结婚年龄，男女青年根据自己的实际情况，自愿实行晚婚晚育。因此，我们在执行这一条款时，不能以晚婚年龄代替法定婚龄。

对法定婚龄的执行，还要注意一些变通的规定。在某些特殊的情况下，法律允许对法定婚龄作一些变通的规定。最典型的是民族自治地区对法定婚龄的变通规定。现行《婚姻法》第 50 条规定："民族自治地方的人民代表大会有权结合当地民族婚姻家庭的具体情况，制定变通规定。"各民族自治地区根据《婚姻法》的这一规定，在不违反宪法和婚姻法的基本原则的前提下，对本民族自治地区婚姻家庭关系的法律调整可以作变通的规定，如适当降低法定婚龄。

虽然法定婚龄只是最低的结婚年龄，不是必须结婚的年龄，但只要当事人达到法定婚龄，也符合其他结婚的条件，当他们申请结婚登记时，就应当予以登记。

二、结婚的禁止要件

结婚的禁止要件，是指人们在结婚时必须排除的条件，即婚姻的障碍。这是从消极方面来规定的，所以，又称为消极要件。我国现行《婚姻法》从三个方面对此作了规定。

（一）禁止重婚

重婚是违反一夫一妻制的行为。我国法律要求婚姻是一男一女的结合，已有配偶的男女在配偶死亡或双方离婚前都不得再行结婚。已有配偶者又再行与其他异性结婚或以夫妻名义公开同居生活的行为是重婚行为。所以，我国法律禁止重婚，要求申请结婚的男女必须没有存续着的婚姻关系。重婚不仅是违反婚姻家庭法的行为，而且也是违反刑法的行为。禁止重婚也是大多数国家的立法通例（详见本书第一章第四节之二“一夫一妻制原则”）。

（二）禁止一定范围的亲属结婚

禁止一定范围的亲属结婚，可以说自从人类有了婚姻制度以来就有这一禁例，只是禁止结婚的亲属关系的范围宽窄不同而已。禁止结婚的亲属关系也叫禁婚亲。法律规定禁婚亲的立法依据主要有两点：一是基于优生学上的要求。这是自然选择规律对人类婚姻家庭影响的表现。人类在长期的社会实践中认识到，血缘过近的亲属结婚，“容易使双方从共同祖先那里获得的较多相同的病态基因，在后代的体内相遇或集中（遗传学上叫做纯合）”[①]，也就是将双方生理上的缺陷或疾病遗传给下一代。这不仅害了子女，从国家利益来说，也影响了整个民族的素质。二是基于伦理道德的要求。一定范围的亲属关系结婚，尤其是近亲间的通婚，往往被认为有悖婚姻伦理，难以被人们所接受。有的国家禁止一定范围的姻亲结婚，主要就是伦理观念的作用，与优生没有关系。

世界各国对禁婚亲都有所规定，但受各国文化传统和风俗习惯不同的影响，禁婚亲的范围也不一样。直系血亲禁止结婚，是各国婚姻立法的通例，自有婚姻禁例以来就有禁止直系血亲的规定和要求。直系血亲就是有直接血缘联系的亲属。如父母与子女，祖父母、外祖父母与孙子女、外孙子女等。直系血亲不论世代相隔多远，都不能通婚。旁系血亲间的禁止结婚，各国也都有规定，但范围宽窄不一。有的国家用亲等数来表示，有禁止二亲等的旁系血亲结婚的，如德国、古巴、前苏联各加盟共和国等；有禁止三亲等的旁系血亲结婚的，如日本、英国、巴西、瑞士等；有禁止四亲等的旁系血亲结婚的，如意大利及美国的若干州。有的国家用列举亲属称谓来表示，如《法国民法典》第162条规定：“旁系血亲的兄弟姐妹间，不问其为婚生或非婚生，禁止结婚。”《法国民法典》第163条规定：“伯叔与侄女间、舅父与外甥女间……禁止结婚。”此外，许多国家的法律对姻亲的通婚也有一定的限制。禁止直系姻亲间的通婚的法律规定较为普遍，旁系姻亲间的禁婚，多以二亲等、三亲等为限。

我国从历史上看，禁婚亲的法律规定是十分严格的。西周时已有“同姓不婚”的

① 陈苇主编、宋豫副主编：《结婚与婚姻无效纠纷的处置》，法律出版社2001年版，第29页。

规定。在唐朝是“同宗同姓，皆不得为婚”。我国台湾地区的《民法·亲属编》规定：“下列亲属禁止结婚：①直系血亲及直系姻亲。②旁系血亲及旁系姻亲之辈分不同者，但旁系血亲在八亲等以外，旁系姻亲在五亲等以外者，不在此限。③旁系血亲之辈分相同而在八亲等以内者，但表兄弟姐妹不在此限①。”

新中国成立后，1950年的《婚姻法》第5条对禁婚亲作了规定：“为直系血亲，或为同胞兄弟姐妹或同父异母或同母异父的兄弟姐妹者”禁止结婚，“其他五代以内的旁系血亲禁止结婚的问题从习惯”。按照我国大多数地区的民间习俗，五代以内的旁系血亲，辈分不论相同还是不同，一般是不结婚的，但表兄弟姐妹例外。表亲间的通婚历来盛行于我国城乡。所以，1950年的《婚姻法》“从习惯”，没有禁止表兄弟姐妹结婚。

现行《婚姻法》在禁婚亲方面的规定，较之1950年婚姻法的规定更严格、更科学。现行《婚姻法》第7条第1款规定：“直系血亲和三代以内的旁系血亲”禁止结婚。根据这一规定，只要是直系血亲关系，不论其世代相隔多远，都不得结婚。旁系血亲如是三代以内，即从祖父母、外祖父母同源而出，皆不得通婚。这一范围包括了：①兄弟姐妹（含同父同母的兄弟姐妹或同父异母、同母异父的兄弟姐妹）；②叔、伯、姑、舅、姨；③堂兄弟姐妹、表兄弟姐妹；④侄儿、侄女、外甥、外甥女。

我国现行《婚姻法》这一禁婚亲的规定，从民间婚俗来看，其立法意义主要在突显禁止中表婚。所谓中表婚就是表兄弟姐妹间的通婚。表亲有舅表、姨表和姑表之分。表亲结婚作为一种异姓近亲结婚的婚俗，在我国历史上普遍流行。即使在古代社会“同姓同宗不婚”这样宽幅的禁婚亲范围中，表亲因为是异姓，所以也没有在禁婚之列。1950年的《婚姻法》鉴于新中国成立初期的实际情况，考虑到人们的接受程度，法律对中表婚没有严格禁止，在这方面允许按习惯来处理。其实，从血缘关系看，堂兄弟姐妹和表兄弟姐妹的血缘亲疏远近是一样的；从优生学角度看，中表婚和其他近亲结婚一样，同样受到自然选择规律的制约。所以1980年《婚姻法》的修改，从科学出发，以提高人口素质为目的，改革这一千年婚俗，严格禁止中表婚。在实践中，要坚持严格地执行这一条款。在现行《婚姻法》实施后，表兄弟姐妹关系的男女不予办理结婚登记，若隐瞒关系骗取结婚证，人民法院查明属实，有权宣告其婚姻无效。

我国婚姻法禁止一定范围的血亲结婚。这一禁止结婚的血亲关系是否适用于法律拟制血亲？婚姻法对此没有明确的规定和司法解释，在实践中，根据法律拟制血亲关系的不同，具体执行有所不同。法律拟制血亲有拟制直系血亲和拟制旁系血亲。法律拟制直系血亲一般禁止结婚。法律拟制直系血亲等同于父母子女关系和祖孙关系。他们若是缔结婚姻，首先违反了社会伦理；其次也违反了法律的规定。我国婚姻法规定法律拟制血

① 此条款1985年被修订，改为“六亲等及八亲等的表兄弟姐妹不在此限”；四亲等的表兄弟姐妹，被列入了禁婚亲的范围。

亲适用父母子女间的有关规定。因此，婚姻法上对直系血亲结婚的限制也应适用于法律拟制直系血亲关系。再次，从保护子女的利益出发，也应禁止拟制直系血亲结婚。养子女、继子女处于受抚养的地位，如果不禁止拟制直系血亲通婚，就有可能出现养父母、继父母利用这种特殊的关系进行胁迫的情况，直接损害养子女、继子女的利益。至于拟制旁系血亲并没有上述考虑，而且我国民间也有养兄弟姐妹、继兄弟姐妹结婚的习俗。所以，实践中只要他们相互间没有法律禁止结婚的自然血缘关系，符合法律的有关结婚规定，一般没有结婚的限制。

目前，我国禁止结婚的仍只是一定范围的血亲。姻亲间能否通婚？我国现行法律没有规定。既没有通婚的认可，也没有通婚的禁止。可见，就我国目前来说，姻亲在法律上是可以结婚的。但从我国的婚姻伦理观念和风俗习惯来看，姻亲间的通婚并不是可以完全被人们接受的。不被接受的主要是直系姻亲间的通婚。直系姻亲虽没有直系血亲的法律地位，但在日常生活中，人们往往将其与直系血亲的身份相同对待，既然如此，直系姻亲的通婚实难为人们所接受。另外，直系姻亲间的通婚，会带来辈分上的紊乱，如儿媳（甲）与公公（乙）结婚，儿媳原来与公公的儿子（丙）所生之子，与他们将是什么样的亲属关系？可见这又产生了亲属关系和继承的问题。在国际上，许多国家正是基于伦理方面的原因在法律上禁止直系姻亲间的通婚。所以，在实践中，对待直系姻亲的结婚要慎重，为了避免群众因不能接受这种关系而产生一些过激的言行，要做好解释和说服工作。

（三）禁止患有一定疾病的人结婚

禁止患有一定疾病的人结婚，或规定某种特定的疾病是婚姻无效或得以撤销的原因，是出于保护当事人和他人的权益及维护社会利益的需要。世界上许多国家的婚姻家庭法都有类似的规定。如1995年的《俄罗斯联邦家庭法典》第14条规定：“阻碍结婚的情况……双方中有一方因精神失常经法院认定为无行为能力人。”《瑞士民法典》第120条规定：“结婚时配偶一方为精神病或因继续的原因无判断能力者，其婚姻为无效。”《菲律宾共和国家庭法》第45条第6款规定：“结婚时有下列情况之一的，婚姻得以撤销：……六、当事人一方患有严重遗传性疾病且无法治愈的。”[①] 从各国的有关立法来看，禁止结婚的疾病主要有两大类：一类是精神方面的严重疾病，如先天性痴呆不能治愈、精神病等。这类病人通常无婚姻行为能力。另一类是身体方面有重大不治、且带传染性或遗传性的疾病，因患病者通常会严重危害对方和子女的健康。

我国现行《婚姻法》第7条第2款规定：“患有医学上认为不应当结婚的疾病”的

① 以上外国法的规定，均引用于中国法学会婚姻法学研究会编的《外国婚姻家庭法汇编》，群众出版社2000年版。

禁止结婚。这一规定是对禁止结婚的疾病作概括性的规定。我国关于禁止结婚疾病的立法，是有一个发展过程的。从1950年、1980年《婚姻法》的例示性与概括性相结合的立法模式到2001年婚姻法修正案的完全概括性的立法模式，从1950年的多项例示性规定到1980年的一项例示性规定，这反映了我国医疗水平的提高及人们对身体残疾及疾病认识的提高。

我国1950年的《婚姻法》第5条第2、3款规定："有生理缺陷不能发生性行为者；患花柳病或精神失常未经治愈，患麻风或其他在医学上认为不应结婚之疾病者，均禁止结婚。"1980年的《婚姻法》第6条第2项将原规定修改成为："患麻疯病未经治愈或其他医学上认为不应当结婚的疾病的，禁止结婚。其中有生理缺陷不能发生性行为者不再禁止结婚。"这是考虑到虽然两性的差异和性的本能是婚姻的自然基础，性生活是夫妻生活很重要的一方面，但毕竟不是婚姻生活的全部，婚姻的存续有赖于夫妻的感情。而事实上，在实际生活中，确实有的人明知对方有性生理缺陷，仍自愿与其结婚，他们结婚的目的在于婚后的互相帮助，互相照顾。这种要求对个人对社会并无危害，法律也就没有禁止的必要，所以应予结婚为宜。法律没有禁止，并不意味着当事人可以故意隐瞒。如果一方婚前隐瞒了自己的生理缺陷，另一方婚后才发现，因此要求离婚的，可作为离婚的理由。

现行《婚姻法》（2001年修正案）对禁止结婚的疾病取消了"患麻风病未经治愈"这一例示性规定，只作了概括性的规定，这是因为麻风病"现在我国已经基本消灭"。"麻风病不遗传、传染性小、发病率低，即使将病毒注入健康的人体内，也不一定发病，90%的人对麻风病有天然抵抗力。随着科学技术的发展，治愈麻风病已不存在问题。"①

什么是"医学上认为不应当结婚的疾病"？在认定时必须要有充分的科学的依据。目前，我国法律尚无具体解释。一般来说，当事人在婚前认为有必要进行健康检查的，可到有条件的医院检查。依照1994年颁布的《中华人民共和国母婴保健法》，婚前医学检查的内容包括：严重遗传性疾病、指定传染病和有关精神病。指定传染病是指《中华人民共和国传染病防治法》中规定的艾滋病、淋病、梅毒、麻风病以及医学上认为影响结婚和生育的其他传染病。严重遗传性疾病是指由于遗传因素先天形成，患者全部或者部分丧失自主生活能力，后代再现风险高，医学上认为不宜生育的遗传性疾病。有关精神病是指精神分裂症、躁狂抑郁型精神病以及其他重型精神病。② 即使患了以上疾病，也不是就不予登记。"经婚前医学检查，指定传染病患者在传染期内或有关精神

① 胡康生主编：《中华人民共和国婚姻法释义》，法律出版社2001年版，第23页。

② 参见《中华人民共和国母婴保健法》第8条、第38条。

病患者在发病期内的，应暂缓结婚①；患有不宜生育的严重遗传性疾病的当事人，经医师说明情况及双方同意，采取长效避孕措施或结扎手术不生育的，方可结婚，但婚姻法禁止者例外②。”

当事人婚前进行健康检查，是对自己、对他人和对后代负责的行为。但毕竟患病与共同生活也不是根本对立。在明知对方患病仍自愿与之结婚，只要患病者不会因患病致使无法正确表达自己的意思，法律还是会尊重当事人的意愿，准予他们办理结婚登记，法律明令禁止的除外。正是基于这一原理，2003 年的《婚姻登记条例》，不再把婚前健康检查证明作为当事人结婚申请时必须出具的证明材料，是否进行婚前健康检查，由当事人自己选择。把以前的强制婚检，改为自觉婚检。现在，为鼓励人们自觉进行婚检，我国一些有条件的城市试行免费婚检。

结婚障碍的规定，除了重婚、禁婚亲和禁止结婚的疾病外，外国的立法中还有一些关于结婚障碍的规定是我国法律没有的。如未成年人结婚须得其法定代理人的同意。禁止相奸者结婚，这里说的禁止结婚的相奸者主要是指因奸受刑的宣告者、因奸判决离婚者与相奸者。禁止离婚或丧偶的女子在法定待婚期内结婚，关于法定待婚期各国规定不同，有 6 个月、10 个月、300 日和 1 年等。还有就是禁止监护人与被监护人结婚等等。

第四节　结婚的程序

一、结婚程序的意义

结婚除了必须符合法律规定的条件以外，还必须履行法定的程序，对于婚姻的成立，两者缺一不可。男女双方符合法定结婚的条件，只是具备了结婚的可能性，只有履行了法定的结婚程序，婚姻关系才得到国家的确认并受法律的保护。我国现行《婚姻法》第 8 条规定：“要求结婚的男女双方必须亲自到婚姻登记机关进行结婚登记。符合本法规定的，予以登记，发给结婚证，即确立夫妻关系。”

结婚程序，各国因本国之文化传统、风俗习惯或宗教信仰之不同而千差万别，或举行仪式，或办理登记，或办理登记兼举行仪式，不一而足。综观世界各国法律，结婚之形式主要有以下两种：

① 参见《中华人民共和国母婴保健法》第 9 条。

② 参见《中华人民共和国母婴保健法》第 10 条。

（一）仪式制

所谓仪式制，是指结婚只需举行一定公开之仪式，使不特定之第三人可以获悉男女双方之婚姻关系，无须登记即可取得社会之承认，发生婚姻之效力。仪式婚有宗教仪式与世俗仪式之别。所谓宗教仪式，即结婚必须在教堂举行仪式，由神职人员主持，当事人在神职人员面前宣誓，即发生婚姻之效力，无须办理登记手续。例如，葡萄牙、西班牙即采宗教仪式制。意大利民法也将婚礼分为宗教婚和世俗婚两类，其宗教婚受罗马教廷缔结的协议及有关特别法的调整。世俗仪式，即举行习惯上一定仪式即为有效。我国台湾目前仍以世俗仪式为法定结婚之形式要件。《台湾民法》第 982 条规定："结婚，应有公开仪式及二人以上之证人"。

（二）登记制

所谓登记制，是指结婚必须到法律指定的机关进行登记才可以产生婚姻之效力。对于登记制，有的国家不要求举行任何仪式，当事人只要到法律指定的机关进行登记即可生效。我国现行《婚姻法》规定，只要男女双方亲自到婚姻登记办理结婚登记手续，取得结婚证即可确立夫妻关系。至于是否举行结婚仪式，均非所问。有的国家虽然实行登记制，但举行仪式是进行登记的必经程序，未经举行结婚仪式，不得办理登记。法国、德国、意大利，即采用这种制度。《法国民法典》规定，婚姻仪式应在夫妻一方固定住所地或现住所地的身份官员面前公开举行，身份官员在逐一听取双方分别表示愿为对方之夫或妻的陈述后，以法律的名义宣告双方因结婚而结合，并立即做成结婚证书。任何人如不提交经登录在身份登记簿的婚姻证书，不得要求具有夫妻之名义及民事上婚姻之效果。

当事人建立婚姻关系，为何必须要履行法定的程序呢？基于私权自治之原则，结婚，本为男女双方按照自己之意愿，选择中意之配偶，建立幸福美满之家庭，应本于男女之自由意思而成立，国家公权力似乎无介入之必要，然婚姻关系因兼有相对权与绝对权之双重性质，婚姻关系成立与否，不仅关系到当事人之间之人身关系和财产关系，对子孙后代之健康、财产之继承权和第三人财产人身利益以及社会道德秩序影响甚巨，国家断不允许当事人随意结合。家庭作为社会的基本细胞，长期以来被认为是国家安宁和社会稳定的基础和核心，美国最高法院更是一针见血地指出："婚姻关系一旦成立，法律就要予以干预，法律为婚姻当事人规定了各种各样的义务和责任，它是一种涉及国家利益的重要制度，构成了家庭和社会的基础，没有它，文明就不会产生，社会也不能进步"①。是故，现代各国民法对于婚姻关系之成立，无不采取国家干预主义，规定其合

① 张民安：《非婚同居——比较家庭法的一个重要课题》，吉林大学 1994 年硕士论文第 7 页。

法成立须具备一定形式要件，即结婚程序，其目的均在于通过国家干预，使当事人履行法定结婚形式，从而使当事人结婚之状况向社会公示，确认当事人间之有效婚姻关系，防止违法婚姻之产生，维护正常的社会道德秩序。

二、我国的结婚程序

一个国家在婚姻家庭立法中采取仪式婚还是登记婚，应由立法者根据本国的具体情况而定。新中国成立以后，共颁布了两部《婚姻法》，这两部婚姻法在确定“婚姻自由，男女平等，一夫一妻”等实质要件的同时，均明确规定结婚必须采取登记形式。1950 年《婚姻法》第 6 条明文规定：“结婚应男女双方亲自到所在地（区、乡）人民政府登记。凡合于本法规定的结婚，所在地人民政府应即发给结婚证。凡不合于本法规定的结婚，不予登记”。现行《婚姻法》第 8 条亦明文规定：“要求结婚的男女双方必须亲自到婚姻登记机关进行登记，符合本法规定的，予以登记，发给结婚证。取得结婚证，即确立夫妻关系”。由此可见，新中国成立以来一直在立法上采登记婚主义，要求结婚的男女必须予以登记。为了切实保证婚姻法所规定的登记制度的实施，国务院、民政部先后于 1955 年、1980 年、1986 年、1994 年颁布了三部《婚姻登记办法》和一部《婚姻登记管理条例》，为了配合 2001 年的婚姻法修正案，2003 年国务院通过并颁布了《婚姻登记条例》，将立法机关所确定的婚姻登记制度进一步具体化，详细规定了婚姻登记的机关、申请、审查、登记等程序，国家婚姻登记机关已为当事人进行婚姻登记创造了便利的条件。

（一）我国结婚登记制的采用

就仪式制和登记制这两种体制，我国之所以选择登记制而不采用仪式制，主要有以下两个方面原因。

1. 登记制较仪式制有更强的公示力和保护功能

仪式婚是当事人以向社会公示婚姻成立为目的，登记婚则是以政府干预并确认当事人婚姻成立为目的①。仪式婚与登记婚二者，各有利弊。就结婚之形式，我国台湾民法承袭传统习俗，采取仪式婚主义，登记与否对于婚姻的效力不产生任何影响，而中国大陆婚姻法，则完全摒弃中国的传统习俗，力采登记婚主义，婚姻仪式举行与否，任由当事人自便。海峡两岸具有相同的文化传统，但就婚姻之形式要件，一个采用仪式婚主义，一个采用登记婚主义，显然在尊重传统与倡导革新之间各有侧重。仪式婚以公开举行结婚仪式为已足，只要该仪式可使一般不特定人知悉即可发生法律上婚姻之效力，其

---

① 有学者认为，举行结婚仪式，易滋生铺张之风，属陈规陋俗，因此反对举行仪式。事实上，举行仪式具有一定的公示作用，其积极意义不可忽视。

兼有形式婚主义与事实婚主义之色彩，手续简便易行，可减少事实婚姻之发生，此为其优点。但其缺点亦至为明显，首先，公开之仪式，并无一定标准，结婚仪式之举行，公权力机关无从介入，则仪式是否举行或举行之仪式是否符合法律之标准，不论何人均不能断定，一旦发生争执，举证又十分困难，这就可能使当事人之婚姻关系长期处于不确定状态。其次，仪式的公示力较弱。现代工商业社会，人口迁移频繁，第三人往往不易确知当事人之结婚是否有效成立，也无从查询，这对当事人及其子女、第三人，或对社会秩序，均属不利。再次，在仪式主义之下，公权力机关无从介入，也就无法审查当事人之结婚是否违背了法定的实质要件，因此也就无法有效地防止非法婚姻的产生。

与仪式婚主义相对应，婚姻登记主义已为世界上绝大多数国家所认可，其优点如下：首先，婚姻以办理结婚登记为条件，则当事人间婚姻关系是否有效成立，子女是否婚生，根据婚姻登记机关所建立的登记档案，都有确切可靠的依据。其次，在登记主义制度下，男女双方必须亲自到婚姻登记机关办理登记手续，由婚姻登记机关对当事人婚姻的合法性进行直接监督，以确保当事人婚姻的合法性，客观上为婚姻当事人提供获得公力救济的机会，可有效防止违法婚姻。再次，以婚姻登记机关的结婚登记来判断男女双方婚姻关系是否存在，其公示力较强，第三人通过婚姻登记簿即可获悉当事人婚姻之状况，比较容易查证核实，能够有效保护第三人之利益及维护社会伦理。当然，登记婚主义并非完美无缺，其最大的缺点即在于较易导致大量的事实婚姻。就公示力和监督保护功能而言，我们不难看出在仪式婚主义与登记婚主义二者之间，应以登记主义为优。台湾推行仪式婚主义已有多年，利弊已至为明显，台湾学者对其非议较多，主张应采登记婚主义已成主流。

2. 登记制是国家推行新的婚姻制度的迫切需要

新中国成立初期，虽然我们取得新民主主义的胜利，但由于中国社会长期受封建主义统治，封建婚姻制度对人们的影响根深蒂固，干涉婚姻自由，包办、强迫、买卖婚姻，干涉寡妇再婚以及童养媳、早婚等违法现象大量存在，因此在新中国成立之初，为了保证根本摧毁旧的婚姻制度，确保新的婚姻制度能够得到有效的贯彻执行，国家通过立法要求当事人亲自到婚姻机关办理结婚登记手续是完全合理的，其目的在于通过登记制度监督婚姻的合法性，以便使婚姻登记机关同时成为新婚姻制度的宣传者和保护者，并引导人民群众进行反对旧婚姻制度的合法斗争。由此可见，在新中国成立初期，我国在立法上选择登记结婚是合理的。

（二）我国结婚登记的程序

在我国，婚姻登记程序已经逐步得以建立和完善。我国内地居民办理婚姻登记的机关是县级人民政府民政部门或者乡（镇）人民政府，省、自治区、直辖市人民政府可以按照便民原则确定农村居民办理婚姻登记的具体机关。其职责主要是：办理婚姻登记，出具婚姻关系证明，依法处理违法的婚姻行为，宣传婚姻法律，倡导文明婚俗。由于婚姻登记既是国家机关对婚姻的行政许可行为，又是当事人确立婚姻关系的法律行为，因此登记工作是一件比较严肃的事情。这就要求登记机关的登记人员要有相应较高的素质。我国《婚姻登记条例》规定，登记人员应当由县级以上人民政府民政部门进行业务培训，经考试合格，发给婚姻登记员证书，然后才能从事婚姻登记工作。当事人申请结婚，应向婚姻登记机关提出申请，具体由登记工作人员进行审查，其结婚的具体程序一般可分为申请、审查和登记等三个环节。

1. 申请

依据《婚姻登记条例》第4条、第5条的规定，内地居民结婚，男女双方应当共同到一方当事人常住户口所在地的婚姻登记机关办理结婚登记。申请时，应当出具下列证件和证明材料：①本人的户口簿、身份证；②本人无配偶以及与对方当事人没有直系血亲和三代以内旁系血亲关系的签字声明。

2. 审查

登记机关在接受申请以后，应当核实当事人是否符合结婚的条件，有无法定禁止结婚的情形。即男女双方是否达到法定结婚年龄；是否完全自愿；有无一方强迫或者第三人干涉的情况；是否双方均符合一夫一妻制；是否属于直系血亲或三代以内旁系血亲；是否患有法律规定禁止结婚或者暂缓结婚的疾病等。婚姻登记机关除了对当事人提交的证明材料进行书面审查和口头审查以外，还可以进行必要的调查，以便保证审查的真实性。审查环节为申请结婚登记的中心环节，也是国家公权力对当事人婚姻关系的合法性进行监督的环节。

3. 登记

经过审查核实，当事人的结婚申请符合结婚条件的，应当及时予以登记，发给结婚证。对于不符合结婚条件的，不予登记。当事人自取得结婚证时起，确立夫妻关系。

（三）复婚登记

复婚是专指曾经是夫妻的男女离婚后又再次结婚的行为。不少夫妻在离了婚后，经过冷静的思考，发现自己对前夫（前妻）仍有感情，或为了子女的利益，或基于其他原因，如果双方能够达成协议，可以复婚。不管什么原因，复婚是一件当事人自愿的事情，任何人均应尊重当事人的选择。但问题是复婚也是一个新的婚姻关系的成立，也应依法成立才能生效。

在现实生活中，有的男女双方离婚后希望恢复夫妻关系，但不知道或不愿去办理登记手续。他们一如离婚前那样以夫妻名义共同居住，但没有办复婚登记手续。这种关系即使能够得到社会的认可，也得不到法律的保护。一旦发生纠纷，不能按夫妻关系来认定处理。如一方死亡，另一方是没有配偶继承权的。所以，复婚一定要到婚姻登记机关办理复婚登记手续。

我国现行《婚姻法》和《婚姻登记条例》对复婚都有所规定。根据法律规定，离婚的当事人恢复夫妻关系的，必须双方亲自到一方户口所在地的婚姻登记机关申请复婚登记。复婚登记的程序与结婚登记的程序一样，婚姻登记机关经审查对符合条件的予以登记，发给结婚证。

第五节　事实婚姻

一、我国事实婚姻保护制度的历史沿革

新中国成立以后，我国在立法上摈弃传统的仪式婚，力采登记制度。然而，由于深受传统习俗的影响，民众普遍重仪式而轻登记，婚姻登记制度的贯彻始终受到传统习俗的顽强抵抗。男女双方不进行结婚登记，公开以夫妻名义共同生活的现象遂在现实生活中普遍存在。我国最高人民法院为切合中国之实际，在司法实践中对事实婚姻采取过一定期限的保护。因此，如何认定事实婚姻便成为一个关键性的问题。何谓事实婚姻，各国法律与学者间意见不一。我国最高人民法院在1989年11月21日的司法解释中认为，没有配偶的男女，未办结婚登记手续即以夫妻名义同居生活，群众也认为是夫妻关系的，如双方符合结婚的法定条件，可认定为事实婚姻关系。然而，对于事实婚姻是否必须具备婚姻的实质要件，学者间仍存争议。有学者认为，事实婚姻无须具备结婚实质要件，但须非重婚和近亲婚；也有学者认为，当事人只需具有婚姻的意思、同居之事实及具有公开性既可成立事实婚姻，至于婚龄、重婚、近亲婚等对事实婚姻不生影响。而我国最高人民法院在1994年2月1日以后则认为，只要当事人未经结婚登记即以夫妻名义同居生活，不论是否具备结婚的实质性要件，一律按非法同居关系处理，不受法律保护，在司法实践中完全否认了事实婚姻的客观存在。我们认为，随着中国社会经济的发展，人口流动的加速以及人们生活观念的改变，登记婚以外的同居现象逐渐增多，对于这种客观存在的社会现象，应当受到法律的重视与调整①。为了便于对最高人民法院的司法解释进行分析检讨，本书中所用的事实婚姻这一概念的内涵和外延与最高人民法院相同，即事实婚姻的构成必须同时具备以下四个条件：①符合结婚的实质要件；②未办

---

① 我们认为非法同居的概念是不确切的，似乎非婚同居这一概念更为恰当。私权自治为民法的基本原则，在当代家庭领域，登记婚以外的家庭生活方式已经逐渐成为当事人的理性选择。最高人民法院在1994年4月4日以后不再作事实婚姻和非婚同居的法律区分。我们认为，事实婚姻与非婚同居是有区别的。事实婚姻不仅有同居之事实，而且有公开夫妻之名义；而非婚同居则只有同居之事实，并无夫妻之名义。详见张民安：《非婚同居在同居配偶间的法律效力》，载《中山大学学报》1999年第2期。

理结婚登记手续；③以夫妻名义同居生活；④群众认可其夫妻关系。

我国在立法上虽然确立了婚姻登记制度，但面对大量未经登记而公开以夫妻名义生活的男女起诉到法院的“离婚”案件，事实婚姻的保护问题始终是困扰司法界的一大难题。我们从最高人民法院历年的司法解释中可窥其一斑：

（1）1950年《婚姻法》是中央人民政府成立后公布的国家大法之一。1951年9月26日，最高人民法院发布了《关于认真执行中央人民政府〈关于检查婚姻法执行情况的指示〉的通知》。该指示要求各级司法机关与婚姻登记机关在处理婚姻案件时，必须严肃负责，遵守婚姻法的规定。1953年3月19日，中央人民政府法制委员会《有关婚姻问题的若干解答》中规定：“结婚须男女双方亲到人民政府登记……婚姻法施行后，婚姻登记机关已建立而不去登记结婚是不应该的”。

（2）1979年2月2日，最高人民法院《关于贯彻执行民事政策法律的意见》中，专门就事实婚姻问题作了相关的司法解释：“事实婚姻是指没有配偶的男女，未进行结婚登记，以夫妻关系同居生活，群众也认为是夫妻关系的。人民法院审理这类案件，要坚持结婚必须进行登记的规定，不登记是不合法的，要进行批评教育。处理具体案件要根据党的政策和婚姻法的有关规定，从实际情况出发，实事求是地解决”。

（3）1984年8月30日，最高人民法院《关于贯彻执行民事政策法律若干问题的意见》中规定：“没有配偶的男女，未按婚姻法规定办理结婚手续，即以夫妻名义同居生活，是违法的。处理这类纠纷，应对双方当事人进行严肃的批评教育，指出其行为的违法性和危害性，促使当事人增强法制观念。对起诉时双方都已达到婚姻法规定的婚龄和符合结婚的其他条件的，可按《婚姻法》第二十五条规定的精神处理，如经过调解和好或者撤诉的，应着其到有关部门补办结婚登记手续；起诉时双方或一方仍未达到法定婚龄或不符合结婚的其他条件的，应解除其同居关系。所生子女的抚养和财产的分割问题，按婚姻法的有关规定处理”。

（4）1986年3月15日，民政部颁布了《婚姻登记办法》，继之，1989年11月21日最高人民法院《关于人民法院审理未办理结婚登记而以夫妻名义同居生活案件的若干意见》发布。该意见指出，人民法院审理未办结婚登记而以夫妻名义同居生活的案件，应首先向双方当事人严肃指出其行为的违法性和危害性，并视其违法情节给予批评教育或民事制裁。但基于这类“婚姻”关系形成的原因和案件的具体情况复杂，为保护妇女和儿童的合法权益，有利于婚姻家庭关系的稳定，维护安定团结，在一定时期内，有条件的承认其事实婚姻关系，是符合实际的。为此，我们根据法律规定和审判实践经验，对于此类案件的审理提出以下意见：没有配偶的男女，未办结婚登记手续即以夫妻名义同居生活，群众也认为是夫妻关系的，一方向人民法院起诉“离婚”，如双方符合结婚的法定条件，可认定为事实婚姻关系；如一方或双方不符合结婚的法定条件，应认定为非法同居关系。该意见同时指出：“自民政部新的婚姻登记管理条例施行之日起，没有配偶的男女，未办结婚登记即以夫妻名义同居生活，按非法同居关系对待”。

（5）1994年2月1日，民政部发布了新的《婚姻登记管理条例》，规定了不登记不保护制度。1994年4月4日，最高人民法院发布了《关于适用新的婚姻登记管理条例的通知》，该通知使最高法院的司法解释与1989年11月21日的司法解释保持了连续性和一致性。该通知规定：“1994年2月1日，民政部发布了新的《婚姻登记管理条例》，并于发布之日起施行。因此，自1994年2月1日起，没有配偶的男女，未经结婚登记即以夫妻名义同居生活的，其婚姻关系无效，不受法律保护。对于起诉到人民法院的，应按非法同居关系处理”。

（6）2001年现行《婚姻法》修改后，为配合其贯彻实施，最高人民法院在2001年12月颁布的《关于适用〈中华人民共和国婚姻法〉若干问题的解释（一）》第5条规定：“未按婚姻法第8条规定办理结婚登记而以夫妻名共同生活的男女，起诉到人民法院要求离婚的，应区别对待：①1994年2月1日，民政部《婚姻登记管理条例》公布实施以前，男女双方已经符合结婚实质要件的，按事实婚姻处理。②1994年2月1日，民政部《婚姻登记管理条例》公布实施以后，男女双方符合结婚实质要件的，人民法院应当告知其在案件受理前补办结婚登记；未补办结婚登记的，按解除同居关系处理。”

综观以上司法解释可知，对于事实婚姻之保护，最高法院数十年来所采之见解，可归纳为以下两种截然不同的态度：一是对于新中国成立后至1994年2月1日以前，只要当事人符合结婚实质条件，即使未办结婚登记手续，但以夫妻名义公开同居生活的，确认其婚姻关系有效，同样受法律保护。二是1994年2月1日以后一律实行登记婚主义，尽管当事人符合结婚实质条件，且有以夫妻名义公开同居生活之事实，但只要没有办理结婚登记手续，不具备结婚之形式要件，其婚姻关系一律无效，不受法律之保护。显然，在立法上对事实婚姻没有明确其效力的情况下，我国司法机关在司法实践中对事实婚姻的效力认定和保护问题却走过了一条从肯定到否定、从注重实质要件到注重形式要件、从无可奈何的容忍到最终走向强硬的艰难过程。

二、我国事实婚姻保护制度的检讨

（一）立法上的检讨

中国取得了新民主主义革命的胜利以后，即着手对全部社会制度进行根本改革，在婚姻家庭领域更希望与以前的旧婚姻制度彻底决裂，废除延续几千年的中国旧婚姻制度而代之以崭新的合乎新社会发展的婚姻制度。但是，法律的发展有其自身的规律性，尤其是在“变法”之际，立法者必须合理地掌握其适度，如果激进的改革超出民众所能承受的范围，其结果必然使法律制度本身陷入窘境。这就要求立法者在立法时，不仅要关注立法的意图，同时也必须关注法律的实施过程，关注政治、经济、文化等因素可能对法律产生的制约作用。如果立法者仅仅关注立法者希望达到的意图，而不关注该意图在民众中的实施过程，那么，法律的制定无非就演化为立法者根据自己的意志对统治方式进行的主观设计。

事实上，长期以来维系人们正常生活的习俗根本不可能被立法者的一纸法令在一夜之间销声匿迹。如果没有深刻的社会基础，仅仅出于善良动机的立法，其向实际生活领域的渗透必定是极为艰难的。当制定法和传统习俗的冲突过度紧张时，最终的结果显然只能是两个：要么是国家的法律在遭到顽强的抵抗时，被迫做出妥协，容忍社会习俗的规范作用；要么是国家凭借自己的权力以牺牲人们的希望和情感为代价，强制性地推行制定法。“所有重大革命都没有在第一天就成功地废除革命前的法律，并在第二天就建立起一种新的和永久的革命的法律制度”。“每次重大革命都经历了一个过渡期，在这期间，相继迅速地制定了新的法律、法令、规章和命令，并迅速地对它们进行修改、废除和更换。不过，每次重大革命最终都与革命前的法律妥协，通过将它们吸收到反映革命为奋斗的主要目标，价值和信仰的新法律制定中而恢复它的许多成分”①。伯尔曼的说法果真被中国的现实所印证。“一部婚姻法和一部土地法不可能在一夜之间完全消除旧中国的各种弊病……30年后再看中华人民共和国，仍可以看到它在1950年形成时期的样子”②。虽然我国早在1950年就确立了婚姻自由、男女平等、一夫一妻的原则，但在激进的法律改革和保守的社会现实之间，婚姻法在一开始就遇到很大的阻力。事实上，自我国第一部婚姻法颁布以来，直到1994年2月，虽然我国在法律上实行的是婚姻登记主义，但在实务操作中推行的却是登记婚与事实婚姻相结合的制度。对于人们长期以来不遵守婚姻法的规定办理结婚登记手续，我国学者多将其原因归结为“旧婚姻习俗的影响”和“法制观念淡薄”以及“法制宣传不够深入普遍”。我们认为，以上因素固然是其原因之一，但最根本的原因仍在于立法者在制定法律之际，过于注重法律的革命性，而对于传统习俗对法律的制约作用注意不够，以致制定出一部人们普遍不愿遵守的法律。因此，与其将主要原因归结于民众的思想根源，毋宁将主要原因归结为立法上的失误。

（二）司法上的检讨

立法者制定出一部与民众传统习俗相去甚远的法律，势必引起民众普遍的规避法律的行为，自新中国成立以来的半个世纪里，法院一方面要面对无法可依的局面，另一方

① （美）伯尔曼：《法律与革命》，中国大百科全书出版社1978年版，第33页。

② （美）特里尔：《毛泽东传》，河北人民出版社1980年版，第246页。

面又要应付大量的起诉到人民法院的未办理结婚登记手续的“离婚”案件。立法规定人们结婚应当办理登记手续，那么，对于应当办理而没有办理登记手续的事实婚姻应当如何处理，立法者并没有做出任何相应的规定，这可谓是法律漏洞。任何法律，无论其于制定时，体例如何完备，规定如何周密，缺漏终属在所难免，而在私法领域，法官不得借口法无明文规定而拒绝裁制。当法律于待决案未有明文规定时，这就有赖于法官运用法解释学上的漏洞补充方法补充漏洞。最高法院对事实婚姻问题进行了一系列的司法解释,通过最高法院的司法解释我们不难看出,在立法机关关于登记制度的立法几乎没有做任何改变的情况下,最高法院对事实婚姻却先后采取了两种截然相反的态度。从民法解释学的方法来看,对于该法律漏洞的补充方法,前者为类推适用,后者则为反对解释。

1. 关于类推适用

最高法院在1994年2月1日以前在审理事实婚姻案件时显然类推适用了登记婚的法律规定。尽管最高法院在进行司法解释时一再地强调不登记是“不合法的”“违法的”，其行为具有“违法性和危害性”，应对双方当事人进行严肃的“批评教育”并给予适度的“民事制裁”，但长期以来，对于具有结婚的实质性条件仅欠缺登记形式的，在司法实践中基本是按照登记婚类推处理的。对于事实婚姻类推适用登记婚的有关规定，是否妥当合理呢?

首先，我们从民法解释学的方法本身予以考虑。如果一个事实婚姻完全符合结婚的实质要件，但没有办理登记手续，实际上是对法律的一种规避，当事人的婚姻自主权（私益）已得到了充分的实现，但社会秩序和国民伦理（公共利益）却受到潜在的威胁。例如：当事人在构成事实婚姻后，在第三人不知情的情况下仍可与第三人登记结婚，而第三人却无法通过登记状况了解其婚姻状况，尤其严重的是，它使婚姻关系的确立摆脱了国家的监控，而成为当事人自主的行为，这也为违法婚姻的产生创造了便利条件。因此，我们认为最高法院对于事实婚姻类推适用登记婚的有关规定，显然对个人私益保护有余，而对公共利益保护不足，未免失于偏颇。

其次，从法律实施的社会效果出发，法律具有可预测性。行为人可以依据法律预测国家对某种行为的态度，预见到某种行为是合法还是违法，在法律上是有效还是无效，国家会予以肯定、保护、奖励，还是否定或制裁，从而使法律对试图违法的人起到预警的作用，鼓励守法的公民自觉地在理性、法制的轨道中生活。最高法院对只具备结婚的实质要件而不具备形式要件的事实婚姻类推适用登记婚的有关规定，把这种规避法律的行为予以合法的行为同样的保护，不仅破坏了法律的预测作用，而且无异于鼓励人们更加蔑视婚姻法关于登记制度的效力，这在客观效果上不仅不能遏制反而还会助长更多的事实婚姻。

再次，最高法院的司法解释在理论上也难以自圆其说。几乎所有关于事实婚姻的司法解释都首先强调其“违法性和危害性”，但又认为保护事实婚姻是“切合实际”的，最后确认其效力并予以保护。显然，最高人民法院认为立法者对事实婚姻的效力已有消极的价值判断，应按立法者的消极意思予以补充，但又认为其不“切合实际”，又改采类推适用。认定立法者是否有消极意思，应格外慎重。中国历史上自古重视结婚之仪式，事实婚姻鲜有发生。恰恰是在婚姻法改采登记主义以后，在实施的过程中，事实婚姻才成为一个严重的社会现实问题，因此对于这一立法上的空白，很难说立法者在立法活动之际已有不承认事实婚姻效力的消极意思。最高人民法院既然认定立法者具有消极的价值判断，理应认定其具有违法性不承认其效力，但又以不切实际为由，改采类推适用，承认其效力并予以保护。这不仅有不严肃执法之嫌，而且在理论上难以自圆其说。

2. 关于反对解释

最高人民法院既已认定立法者具有消极的价值判断，在被迫承认事实婚姻的法律效力的同时，已经深刻地意识到这种做法是对中国实际情况的迁就和妥协，理论上难以自圆其说，因此也就不可能永远这样持续下去，因此早在 1989 年的司法解释中就指出其违法性，并预先声明其在将来有拒绝承认事实婚姻的法律效力的计划，并终于 1994 年 4 月 4 日付诸实施。我们认为最高人民法院拒绝承认事实婚姻效力的这个司法解释是从一个极端走向了另一个极端，是由类推适用转而采用反对解释之结果。

依法律条文所定结果，以推论其反面之结果者，为反对解释，换言之，即对于法律所规定之事项，就其反面而为之解释即反对解释。我国《婚姻法》规定：“要求结婚的男女双方必须亲自到婚姻登记机关进行结婚登记。符合本法规定的，予以登记，发给结婚证。取得结婚证，即确立夫妻关系”。我国《民法通则》规定“婚姻、家庭……受法律保护”。依反对解释即为：“要求结婚的男女双方未到婚姻登记机关进行结婚登记，没有取得结婚证，不能确立夫妻关系”，“其婚姻、家庭不受法律保护”。进行反对解释的关键亦在对于待处理案件的利益与立法者或准立法者所制定法律中最重视的利益因素进行对比，当待处理案件的利益状况中欠缺法律某项规定的最重要的利益要素时，即可对该案作出法律某项规定的处理方法相反的处理。

对于事实婚姻，依登记婚作反对解释，其处理是不妥当的。

第一，从解释方法来看。通过对最高人民法院反对解释的过程进行分析，我们不难看出，最高人民法院无疑把登记制度对公益的维护视为最重要的利益要素，却忽视了当事人的婚姻幸福。我们认为，婚姻登记制度需要维护的是私益和公益这两个最重要的利益要素，当最重要的利益要素为复数时，忽略其中任何一个要素而进行反对解释，未免会顾此失彼，失于欠妥。

第二，从法律的目的而言。一个法律制度若要恰当地完成其职能，就不仅要致力于创造秩序，而且还要努力地实现正义。国家之所以制定婚姻法，其最终的目的在于通过立法以便确保民众的婚姻幸福，而婚姻登记制度，只是实现这个目的的手段，立法者希望通过婚姻登记制度，对婚姻加以规制，以便创造一个合理的婚姻家庭秩序以确保当事人的婚姻幸福并监督防止非法婚姻的产生。完全可以这么说，保护当事人的婚姻幸福是婚姻法的终极目的，而婚姻登记只是加强国家对私人行为的监督，是保证实现这个目的的一种手段。也就是说当事人家庭幸福和婚姻登记制度之间是目的和手段之间的关系。婚姻登记制度，保护和监督功能并重，当事人自觉遵守法律（但形式上没有接受监督），却无获得法律的保护，这种法律上的制裁对于当事人而言，未免失于过重。毕竟婚姻法律的最终目的在于维护正常的婚姻秩序和当事人的婚姻幸福，而不在于促使当事人去进行登记，仅仅因为不登记而不保护完全符合结婚实质性要件的事实婚姻，未免舍本求末，过于注重登记制度这种手段本身，而过于忽视当事人婚姻幸福的终极目标。

第三，从法律实施的效果来看。不登记不保护制度，使当事人对自己规避法律的行为承担不利的法律后果，有利于维护法律的尊严，强化婚姻法的登记功能，但同时又引发了相应的社会问题。一方面，中国自古注重结婚仪式，一旦男女双方已经举行了结婚仪式，男女双方均互认他方为自己之配偶，纵然法律上没有登记结婚，但长期以来男女双方依据民风民俗，均认为该婚姻对自己具有约束力，并互负夫妻间之权利义务。现行法律明确规定其不受法律之保护，则男女双方原先认为具有约束力的婚姻关系均烟消云散，那么其中任何一方都可能在任何时候、在没有任何正当理由的情况下不经任何程序终止事实婚姻关系。这样既不利于社会道德秩序的稳定，又会导致双方当事人可能都对婚姻采取十分轻率和极不负责的态度，这本身在客观上就有可能导致本来可以稳定的家庭产生更多的不稳定因素，不法之徒更会利用法律上提供的便利从中牟利，而法律上对受害人又缺乏保护之道。另一方面，如果男女双方以夫妻名义共同生活，而社会上亦普遍认可其夫妻关系，虽未经登记，但历经数年，夫妻恩爱，子孙满堂，如果在法律上仍将其视为非法同居，其子女仍被视为非婚生子女，夫妻间仍无法取得配偶身份，相互也无法继承遗产，未免也会使社会现实与法律脱节甚巨。

第四，采反对解释，也不利于保障一夫一妻制和打击重婚犯罪。男女双方已经合法登记，建立夫妻关系，其中任何一方如果再与第三方登记结婚，其已构成重婚罪，固不待言。但若其中一方并未与第三方登记结婚，却公然以夫妻名义共同生活，或者未有配偶的男女未经登记即公然以夫妻名义共同生活，此后其中任何一方再次与第三人公然以夫妻名义共同生活，其是否构成重婚罪？法律对此是否要予以禁止？毋庸置疑，其对婚姻家庭的破坏和社会的危害性是不言而喻的，如果法律不承认事实婚姻关系，而视其为非法同居，那么，重婚罪的“重婚”从何而来。如果婚姻法不承认事实婚姻，认定其为非法同居关系不予保护，而刑法则认定其为事实婚姻关系而加以打击，这未免使民法和刑法相脱节，造成法律体系内部的自相矛盾。

综上所述，最高法院对事实婚姻所作的司法解释，先采类推适用，后采反对解释，自然有其价值判断。显然前者更注重个人私益之保护，承认制定法与传统习俗之冲突，对事实婚姻之效力予以肯定，以期切合中国之实际；后者则更注意公益之维护，对在法律之外之婚姻予以制裁，其基础则在于维护并强化婚姻登记制度之机能。两种解释各有其道理，但也不无欠妥之处。采类推适用，承认事实婚姻之效力，重私益而轻公益，对当事人无视婚姻登记制度的行为过于牵就和放纵，客观上无异于默许当事人的法律规避行为，从而使国家的婚姻登记制度形同虚设；反之，采反对解释，否定事实婚姻之效力，重公益而轻私益。虽然通过严厉的惩罚会促进婚姻当事人依法办理登记从而强化婚姻登记制度之功能，但其在客观上无视中国的社会现实以及传统习俗对维护婚姻家庭稳定的积极作用，反而不利于婚姻当事人的幸福，且遗留下大量的社会问题。二者的不足之处均在于顾此失彼。

三、关于事实婚姻保护制度的建议

法律的主要作用在于为人类共处以及满足某些基本需要提供规范安排，而不在于处罚或压制。使用强制性制裁的需要愈少，法律就愈能更好地实现其巩固社会和平与和谐的目的。基于此，本书试图在立法上和司法上提出改进之建议。

（一）弱度保护——利益衡量的思考方法在司法上的运用

对于事实婚姻，法律既无明文规定其应受法律保护亦无明文规定其不应受法律保护，对于此法律漏洞，如何才能妥善地解决其法律效力问题，无疑需求助于法解释学，而进行法的解释，不可能不进行利益衡量。因为法律是为解决社会现实中发生的纷争而作出的基准。成为其对象的纷争无论何种意义上都是利益的对立和冲突。法的解释，正是基于解释者的价值判断为解决纠纷测定妥当的基准，于是进行法的解释时，对于对立的利益作比较衡量，当然是必不可少的。

在法律解释的过程中，面对彼此冲突的利益，解释者对法律的领会、信仰、价值观、情感等多种因素都影响着其解释的结论，因此法律解释始终存在着复数解释结论的可能性。利益衡量的功能就在于，在对冲突的利益进行衡量以后，作出实质性的价值判断，以期在复数的解释结论中选择尽可能合理、妥当的解释。

在进行利益衡量之际，我们认为，首先必须要对所有冲突的利益要素都予以确认，忽视任何一个因素都可能影响实质性判断的妥当性。所谓妥当性，就是尽可能满足多一些利益，同时把利益的牺牲和摩擦降低到最低的限度。最高人民法院在事实婚姻的保护态度上始终追求单一的价值准则，或者个人利益优先，或者公共利益优先，其结果必然使一种利益作出让步或牺牲。我们认为，在私法领域，解释应该力图在符合社会一般目的的范围内最大可能地尊重当事人的独立意志、满足当事人的意愿。

事实婚姻虽欠缺法律的形式要件，但其已具备了结婚的实质性条件，且有夫妻共同生活之实质内容，法律上不认可其婚姻关系，按非法同居对待，显然是对社会现实和当事人婚姻利益的漠视。同时国家为了维护婚姻家庭的有序状态，对结婚予以登记公示，对维护社会公益又确有必要。完全承认事实婚姻的法律效力，有损于社会公益；一概不承认其效力，则有损于私益。在公益与私益冲突之际，最高人民法院的司法解释显然采取的是要么保护私益牺牲公益，要么保护公益牺牲私益这种非此即彼的单一价值准则。那么除此之外，可否存在一种可以合理兼顾公益和私益的更为妥当合理的解释呢？我们认为，对中国大量存在的事实婚姻概不保护，在法律上将其视为零，太不切合中国之实际；但如把事实婚姻之效力等同于登记婚，则有损于婚姻登记制度之功能。通过对这冲突的利益进行综合衡量，我们认为对事实婚姻予以弱度保护方不失妥当。所谓弱度保护，就是说对事实婚姻在法律上要对其予以保护，赋予其一定法律效力，但不如登记婚周密。对其予以保护，目的在于保护事实婚姻当事人的正当利益，但对其保护又较登记婚为弱，目的则在于维护登记制度之功能，兼顾社会公益。

对事实婚姻应予弱度保护，但如何掌握其“度”，在何种限度内予以保护方不失妥当，颇值研究。我们认为，事实婚姻已具备婚姻生活之实际内容，对其保护应以不违反婚姻法之基本精神并能维护正常婚姻之存在为合理限度；在不破坏婚姻制度的前提下对维护婚姻生活不可或缺的人身权利及财产权利，事实婚姻应与登记婚相同，如一夫一妻、男女平等、婚姻自由原则对其同样适用，但与夫妻身份有密切联系且不影响婚姻生活的人身或财产权利则可对事实婚予以限制，这样方属妥当。

1. 事实婚姻当事人应享有的权利及应负的义务

（1）同居义务。事实婚姻之存在，不仅当事人须有结婚之合意，而且须有共同生活之事实。夫妻同居为夫妻共同生活之基础要件，故事实婚姻之夫妻应互负同居义务，自不待言。

（2）忠实义务。夫妻互负忠实义务为夫妻结合之基本条件，也是维护夫妻感情和家庭稳定的重要因素，同时也是社会善良风俗的客观要求。

（3）协助义务。婚姻不仅为爱情共同体，而且亦为生活共同体，事实婚姻已有婚姻之实质内容，因此夫妻双方应各尽其力，分工合作，以谋求共同幸福。

（4）精神损害赔偿请求权。事实婚姻之当事人互认对方为自己之配偶，彼此具有独占排他的身份关系，而且已具有登记婚同样的实质生活内容，若夫妻之一方因受不法侵害而死亡，另一方所受之精神痛苦自然与登记婚之夫妻无异，因此应允许其向侵权人提出精神损害赔偿请求。

（5）监护与代理。如事实婚姻之一方在共同生活期间因患病或其他原因成为限制民事行为能力人或无民事行为能力人，则另一方有义务亦有权利担任监护人，保护被监护人的人身、财产其他利益，并代理被监护人依法实施民事法律行为。至于事实婚姻的夫妻对子女的监护与代理，因我国婚姻法自始坚持非婚生子女享有与婚生子女同等的权利的原则，因此事实婚姻当事人对非婚生子女应予监护与代理，固属无疑。

（6）夫妻财产权。事实婚姻当事人协力创造共同生活，其财产关系应与登记婚姻无异。其在共同生活期间所得财产，除非另有约定，应归双方共同共有，夫妻双方对共有财产拥有平等的管理权和处分权。

2．事实婚姻当事人受限制的权利

（1）合法配偶身份的取得。国家对婚姻采取干预主义，当事人须依法办理登记手续。事实婚姻当事人，其毕竟欠缺合法之形式，在法律上仍不能取得合法夫妻身份，仍属未婚之列。对于与夫妻身份具有密切联系的相应权利义务，事实婚姻之夫妻也无享有之余地。

（2）财产继承权。法律规定继承人的资格是根据继承人与被继承人之间的一定亲属关系来确定的，换言之，继承权以继承人与被继承人的亲属关系为前提，基于一定的身份而产生。合法配偶相互有继承遗产的权利固属当然，但事实婚姻则不相同。事实婚姻当事人既然在法律上不能成立夫妻关系，因此也就无从以配偶身份继承遗产，况且继承权本是继承人无偿取得被继承人遗产之权利，并无对待给付义务，因此对事实婚姻当事人这种规避法律的行为，在法律上不赋予其继承权，并无不妥。但依我国《继承法》第 14 条之规定，可将其视为继承人以外的对被继承人扶养较多之人，适当分得一定的遗产。

（3）婚姻解除权。婚姻家庭受法律保护，婚姻关系一旦成立，就受国家的干预，断不许当事人随意解除，必须经法定程序始生解除之效力。事实婚姻不具备法定形式要件，其夫妻关系在法律上不予认可，任何一方均可依单方面意思终止事实婚姻关系，无需通过婚姻登记机关或法院办理离婚手续。由此可见，事实婚姻关系之基础不如登记婚牢固，法律对其保护亦较登记婚为弱。

（4）子女婚生推定。妻在婚姻关系存续期间受胎，则其所生之子女推定为婚生子女，但因事实婚姻其夫妻身份不为法律所认可，故其所生之子女一律为非婚生子女，不得适用登记婚之子女婚生推定制度。

由此观之，对登记婚予以充分保护，而对于事实婚姻予以弱度保护，对其区别对待，既维护和强化婚姻登记制度的权威和功能，鼓励当事人结婚时依法办理登记，体现了对社会公益之维护。同时又在不破坏正当婚姻制度的前提下保护了事实婚姻当事人及其子女的利益和家庭的稳定，对事实婚姻规避法律行为也予以了一定的制裁，体现了对当事人权益的合理保护。我们认为，弱度保护制度使公益和私益得到兼顾，较最高人民法院要么保护公益要么保护私益的单一价值选择似乎更为妥当。

（二）补正——立法救济

虑及当事人及子女之幸福，并兼顾社会之公益，对事实婚姻予以一定限度内之保护，于理于法，均无不妥。但如当事人维护事实婚姻长达数十年之久，白头到老，四代同堂，双方互认对方为自己之配偶，社会上无不认可其夫妻关系，且当事人之间恩爱有加，又无任何利害关系人主张其婚姻关系无效，如果法律上仍视之为未婚，待其为非法同居关系，认其子女均为非婚生子女，夫妻间也无法以配偶身份继承遗产，恐社会现实与立法脱离甚巨，也不利于婚姻家庭的稳定。对事实婚姻通过司法解释予以弱度保护，毕竟只是权宜之计，最根本的解决之道，在于改进立法，使事实婚姻可以在一定条件下得以补正，从而转换为合法婚姻关系，与登记婚享受同样之保护。

事实婚姻在什么条件下才可以具有登记婚同等的法律效力？根据中国之具体国情，我们认为有两种途径，一为子女之出生，二为一定期间之经过。中国婚姻法明确规定夫妻有实行计划生育的义务，而一对夫妻只生一个子女又是我国计划生育的基本要求。男女双方既有结婚之合意，又以夫妻名义公开共同生活，如再生儿育女，则足以推定当事人已有永期百年之意思，应以此将事实婚姻在法律上转化为合法婚姻。这既有利于计划生育政策之推行，亦有利于出生子女成长及其合法权益之维护。此外，尽管事实婚姻之当事人并无子女之出生，但如当事人以夫妻名义公然共同生活已经历相当时间，同样可推定其有建立合法夫妻关系之合意，法律上也可将其转化为合法婚姻。

我们认为，中国在立法上采婚姻登记主义是完全合理的，但在坚持婚姻登记主义的同时，使事实婚姻在一定条件下得以转化为法律婚也确有必要. 也就是说，在婚姻立法中，除采用登记婚主义之外，可兼采事实婚主义，即以登记婚为主，以事实婚姻为例外之补充。这在立法上比中国目前单纯采登记制似乎更切合中国之实际。

综上所述，虽然从理论上讲我国在立法上采用登记婚主义可谓合理，但由于受传统文化因素的制约，事实婚姻要不要予以保护，如何予以保护，始终是困扰司法界的一大难题。我们认为，根据婚姻制度的特殊性，采用利益衡量的思考方法，对其改革采取渐进的方式较为适宜。在司法上，应在不损害正当婚姻制度的前提下对事实婚姻予以弱度保护，这样既可维护婚姻登记制度之权威，又对当事人的规避法律行为予以一定的制裁，既保护了事实婚姻当事人的合理利益，又在客观上建立了促使当事人依法办理登记的激励机制。在立法上，则应在坚持婚姻登记主义的同时，使事实婚姻在一定条件下得以转化为法律婚，也就是说，在婚姻立法中，除采用登记婚主义之外，可兼采事实婚主义，即以登记婚为主，以事实婚姻为例外之补充。改变目前采取单一登记主义制度的现状，建立事实婚姻转正制度，使事实婚姻在一定条件下得以转化为合法婚姻，从而在我国建立起以登记婚为主以事实婚为补充之双重模式，以谋求法律更切合中国之社会现实。

第六节　无效婚姻和可撤销婚姻

结婚要符合法定条件，要办理结婚登记手续。法律对人们结婚行为的这些要求，是婚姻关系社会属性的表现。自有婚姻法律制度以来，合法性已成为有效婚姻的本质特征。但如果不符合结婚条件而结了婚，或不登记即以夫妻名义公开同居生活，这些以确立夫妻关系为目的的行为能产生预期效力吗？能受法律保护吗？对这种欠缺了婚姻成立法定要件的男女结合，世界各国多以在法律中设立无效婚姻制度和可撤销婚姻制度来处理。但长久以来我国婚姻家庭法在这方面可谓是空白。我国自1950年第一部《婚姻法》颁布以来，虽然也规定了结婚的要件，并在结婚登记时加以审查，但对欠缺了结婚要件的"婚姻"的处理，这不仅使得违法婚姻得不到有力制裁，也导致了司法认定与行政处理的矛盾。为使结婚登记制度的贯彻执行，1986年3月16日的《婚姻登记办法》第9条和1994年2月1日的《婚姻登记管理条例》第25条都规定：对在申请结婚登记时弄虚作假、骗取结婚登记的当事人，由婚姻登记管理机关撤销其结婚登记，对结婚、复婚的当事人宣布其婚姻关系无效并收回结婚证。这规定虽简单，但可以说是我国无效婚的雏形，对违法登记结婚的行为有一定的遏制作用。然而，在1989年11月21日最高人民法院的《关于人民法院审理离婚案件如何认定夫妻感情确已破裂的若干具体意见》的第4条中却规定："一方欺骗对方，或者在结婚登记时弄虚作假，骗取《结婚证》的，可认定夫妻感情确已破裂，准予离婚。"事实上，许多违法的婚姻可通过离婚合法化，同样是"在结婚登记时弄虚作假，骗取《结婚证》"，这既给群众造成误解和混乱，也给一些别有用心的人钻法律的空子，使有关结婚的法律丧失了权威性和严肃性。鉴于此，现行《婚姻法》（2001年修正案）增加了无效婚姻和可撤销婚姻的规定，对欠缺了结婚要件的违法结合视情况可宣告其无效和得以撤销，为处理违法结婚行为提供了法律依据。

一、无效婚姻与可撤销婚姻的概念及立法比较

无效婚姻，是指因欠缺了婚姻成立的法定要件而不发生法律效力的男女两性的结合。可撤销的婚姻，是指已有效成立的但因欠缺了婚姻成立的某些要件经过请求权人通过法定程序得以撤销的婚姻。无效婚姻和可撤销婚姻都是对不完全符合结婚要件的违法结合的法律制裁措施。当今各国的婚姻家庭法在通过规定结婚要件来规范结婚行为的同时，对欠缺结婚要件的男女结合，都不同程度地规定相应的处理措施，即设立无效婚姻制度和可撤销婚姻制度。

从历史上看，无效婚姻古已有之。古巴比伦王国的《汉谟拉比法典》就将事先未订立婚约的男女的结合视为无效，不产生婚姻的效力。而在欧洲中世纪，"基督教本诸教义奉行禁止离婚主义。对于无法共同生活的男女双方，只能基于一定理由，经教会当局宣告其婚姻无效。从一定意义上来说，婚姻无效制度和别居制度一样，是作为禁止离

婚的救济手段而得到重视和应用的。”①

近现代各国的婚姻家庭法对欠缺了婚姻成立要件的“婚姻”，所采取的处理政策不完全一样。有的国家既设立无效婚姻制度，也设立可撤销婚姻制度，以不同的结婚要件作为划分的依据，如瑞士、日本、英国等国家；有的国家在婚姻家庭法中只有无效婚姻制度，而没有可撤销婚姻制度，把欠缺了结婚要件的“婚姻”均视为无效，如前苏联各加盟共和国、古巴 罗马尼亚等国家，美国的统一结婚离婚法也是只设立单一的无效婚姻制度；有的国家则取消无效婚姻制度，单设可撤销婚姻制度，在德国，1896 年通过的《德国民法典》中，分别设立了无效婚姻制度和可撤销婚姻制度；而在 1998 年 5 月通过的《重新规范结婚法的法律》(1998 年 7 月 1 日生效）中，其结婚法有关欠缺结婚要件婚姻（第 1313 至 1318 条）的规定中，不设无效婚姻制度，仅设可撤销婚姻制度。

从效力上看，各国对无效婚姻和可撤销婚姻所设定的效力也是不完全一样的。一般来说，无效婚姻多被规定为自始无效，无效的后果有追溯力，即凡具有婚姻无效要件障碍的“婚姻”，从“结婚”之日起不发生婚姻的法律效力。可撤销婚姻则是自宣告之日起无效，无溯及既往的效力，即具有婚姻撤销要件的“婚姻”，虽已有效成立，但可依请求权人在法定期限内的诉请，由法院撤销之，自法院判决生效之日，婚姻无效。但对无效婚姻和可撤销婚姻的效力也有不同规定的。有的国家的无效婚姻只有部分追溯力或完全无追溯力。有部分追溯力的无效婚，一般是以无效婚当事人的善意和恶意作为确定的标准。凡无效婚的当事人是善意的，则发生合法配偶的效力，不产生无效的效力，也不产生追溯力。如果无效婚的当事人是恶意的，则发生婚姻无效的效力，并有追溯力。但无论无效婚的当事人是善意的还是恶意的，对子女均不产生无效的效力，他们之间具有婚生父母子女关系的法律效力。完全无追溯力的无效婚，与可撤销婚的效力相似，是从法院宣告无效的判决生效之日起始产生婚姻无效的效力。《瑞士民法》规定，无效婚是无溯及力的无效婚②。我国现行《婚姻法》(2001 年修正案）新增设的无效婚姻和可撤销婚姻，其无效的法律后果都是具有溯及力的。

在无效婚姻和可撤销婚姻的认定程序上，有的国家的法律对无效婚姻采取当然无效的原则，即对无效婚姻的认定以当事人自行主张为准则，无须提起诉讼或经法院宣告。例如，日本就是主张无效婚姻当然无效的国家。但多数国家对无效婚姻采取的是宣告无效的原则。“婚姻”即使具有法定的婚姻无效的原因，也要经诉讼程序由法院宣告其无效。至于可撤销婚姻的认定，各个国家一般都规定依撤销请求权人的请求，经诉讼程序以法院的判决确定其撤销。

---

① 杨大文主编：《亲属法》，法律出版社 1997 年版，第 101 页。

② 李志敏主编《比较家庭法》，北京大学出版社 1988 年版，第 86－88 页。

综上所述，无效婚姻和可撤销婚姻在概念、原因、效力、后果及认定程序等方面都有所不同，各国的规定也不一样。但无论是单一无效婚制（或可撤销婚制），还是双轨的无效婚制兼可撤销婚制，都是有效的处理违法婚姻的法律制度。

二、我国的无效婚姻制度

我国现行《婚姻法》（2001 年修正案）增设的无效婚姻制度，明确了对不具备一定结婚要件的违法结合以无效婚姻处理。为了便于司法实践的具体操作，最高人民法院在《关于适用〈中华人民共和国婚姻法〉若干问题的解释（一）》中作了一些补充的规定，使得我国的无效婚姻制度更为完善。具体来说，我国的无效婚姻制度有以下内容。

（一）无效婚姻的法定原因

根据现行《婚姻法》第 10 条的规定，在我国无效婚姻的法定原因有四种：①重婚的；②有禁止结婚的亲属关系的；③婚前患有医学上认为不应当结婚的疾病，婚后尚未治愈的；④未到法定婚龄的。无效婚姻的这四个法定原因与我国法律规定的结婚的要件是一致的，都是我国法律规定的结婚要件。在作为无效婚姻的法定原因时，也可称之为婚姻的无效要件。从世界各国的婚姻无效要件看，大多是违反社会公德、违反社会公共利益的要件。我国的婚姻无效要件也具有这一特性。

在认定无效婚姻时，要准确把握无效婚姻的法定原因，注意以下问题：

（1）对无效婚姻法定原因判断的时间标准。首先，引起婚姻无效的法定原因在结婚时已经存在。其次，这一原因在诉请法院时也仍然存在。随着时间的推移，在结婚时存在的引起婚姻无效的原因有的是会发生变化的，有的是会消失的。如结婚时未达法定婚龄，过一段时间后，变成达到法定婚龄。为此，最高人民法院在《关于适用〈中华人民共和国婚姻法〉若干问题的解释（一）》中作了补充性的规定："当事人依据婚姻法第十条规定向人民法院申请宣告婚姻无效的，申请时，法定的无效婚姻情形已经消失的，人民法院不予支持。"

（2）应处理好重婚的无效与定罪处罚的关系。重婚是违反一夫一妻制的行为，是触犯刑律的行为，也是结婚的障碍。这种破坏婚姻秩序的行为应认定无效。外国许多国家也是把重婚定为婚姻的无效要件。但重婚行为的无效是民事责任，不能取代刑事责任，不能因为认定了重婚行为的无效而不予定罪。法律不仅要确认重婚行为无效，解除其重婚关系，还要依刑法追究重婚者的刑事责任。

（3）因患有医学上认为不应当结婚的疾病而确认婚姻无效的，要注意这一疾病是婚前患有且婚后未愈，方可引用这一条款确认其无效。如果当事人是婚后患有医学上认为不应当结婚的疾病，或虽婚前患有，但在确认婚姻无效前已治愈的，都不能据此理由确认其婚姻无效。

（4）就现行《婚姻法》的规定，引起婚姻无效的法定情形只有第 10 条规定的四种。如果当事人以其他理由要求法院宣告婚姻无效，法院查明没有法律列明的四种情形之一的，应予驳回。最高人民法院在《关于适用〈中华人民共和国婚姻法〉若干问题的解释（三）》第 1 条规定："当事人以婚姻法第十条规定以外的情形申请宣告婚姻无效的，人民法院应当判决驳回当事人的申请。当事人以结婚登记程序存在瑕疵为由提起民事诉讼，主张撤销结婚登记的，告知其可以依法申请行政复议或者提起行政诉讼。"

（二）无效婚姻的确认程序

当事人的婚姻具有无效的障碍，是自行主张婚姻无效呢，还是须法院裁判宣告婚姻无效？从各国的立法来看，主要有当然无效和宣告无效两种形式。当然无效是指具备无效婚姻条件的婚姻关系，无须经法院宣告，由当事人自行主张，婚姻即行无效。宣告无效是指具备婚姻无效条件的婚姻关系，仍须经法院宣告其无效才发生婚姻无效的效力。

现行《婚姻法》对此没有明确的规定，曾一时造成理解上的差异。有学者认为："关于婚姻无效的程序，现行《婚姻法》（指的是现行《婚姻法》2001 年修正案），本书作者注）未予规定，对于无效婚姻是采取的当然无效。"[①] 而有的学者则认为，婚姻是否无效，应由有关部门确认[②]。也就是说我国的无效婚姻采取的是宣告无效。这种对法律理解的分歧，是不利于执法的。为此，最高人民法院在《关于适用〈中华人民共和国婚姻法〉若干问题的解释（一）》中作了解释：婚姻的自始无效，"是指无效婚姻依法被宣告无效时，才确定该婚姻自始不受法律保护。"[③] 由此可见，我国无效婚姻的确认程序采取的是宣告无效。我们认为在我国无效婚姻的确认采取宣告无效是较为适宜的。首先，结婚是与身份有关的法律行为，婚姻无效也就是对身份行为的否认。这样重要的法律行为应由有关部门（如人民法院）裁判确认为宜。其次，我国的无效婚姻制度还是初次建立，人们的认识还有限，如果采取当然无效，那么，有可能带来一些不好的结果。这些不好的结果归纳为：一是真正具有婚姻无效障碍的婚姻，因当事人的不自行主张而没有及时被确认无效；二是为某些人利用无效婚姻的当然无效，恶意制造无效婚姻，逃避重婚的制裁；三是不利于监督婚姻无效对子女、财产等的妥善安排情况。

法院在诉讼中确认婚姻无效，应当注意以下几个问题：

（1）请求确认婚姻无效的诉讼，应当以判决的方式结案，不应以调解的方式结案。因为我国的无效婚姻是宣告无效，不是协商无效或自行无效，所以不能适用调解。

---

① 陈苇主编、宋豫副主编：《结婚与婚姻无效纠纷的处置》，法律出版社 2001 年版，第 49 页。

② 胡康生主编：《中华人民共和国婚姻法释义》，法律出版社 2001 年版，第 23 页。

③ 最高人民法院在《关于适用〈中华人民共和国婚姻法〉若干问题的解释（一）》第 13 条。

（2）人民法院受理申请宣告婚姻无效案件后，经审查确属无效婚姻的，应当依法作出宣告婚姻无效的判决。原告申请撤诉的，不予准许。

（3）人民法院在审理与婚姻效力有关的案件（如离婚、扶养、继承等案件）时，发现无效婚姻时应当依职权确认其无效，并在有关判决中予以宣告。即使当事人并未提出确认婚姻无效的请求，人民法院也可以根据客观事实主动宣告婚姻无效。最高人民法院在《关于适用〈中华人民共和国婚姻法〉若干问题的解释（二）》第3条规定："人民法院受理离婚案件后，经审查确属无效婚姻的，应当将婚姻无效的情形告知当事人，并依法作出宣告婚姻无效的判决。"

（4）人民法院在宣告婚姻无效时，应同时对子女和财产等问题一并处理。但子女和财产等问题的处理可以调解，由当事人双方协商解决，协商不成由法院依法判决。

（三）申请宣告婚姻无效的主体

无效婚姻的确认在实行宣告无效，谁有权提起婚姻无效之诉，也就是申请宣告婚姻无效的主体是谁？最高人民法院在《关于适用〈中华人民共和国婚姻法〉若干问题的解释（一）》第7条对此作了规定：有权依据婚姻法第10条规定向人民法院就已办理结婚登记的婚姻申请宣告婚姻无效的主体，包括婚姻当事人及利害关系人。利害关系人包括：

（1）以重婚为由申请宣告婚姻无效的，为当事人的近亲属及基层组织。

（2）以未到法定婚龄为由申请宣告婚姻无效的，为未达法定婚龄者的近亲属。

（3）以有禁止结婚的亲属关系为由申请宣告婚姻无效的，为当事人的近亲属。

（4）以婚前患有医学上认为不应当结婚的疾病，婚后尚未治愈为由申请宣告婚姻无效的，为与患病者共同生活的近亲属。

（四）无效婚姻的宣告机关

关于无效婚姻的宣告机关，婚姻法修正案没有专门的条文规定，但从最高人民法院在《关于适用〈中华人民共和国婚姻法〉若干问题的解释（一）》的规定来理解，无效婚姻的宣告机关是人民法院。在最高人民法院的关于适用婚姻法的两个司法解释中，对人民法院受理无效婚姻的申请、对这类案件的处理等作了具体的规定，表明人民法院有此职权，对宣告婚姻无效的申请进行审理并依法作出裁判。

婚姻登记机关有无宣告婚姻无效的权利？我们的理解应该没有。在2003年新颁布的《婚姻登记条例》中，由始至终都没有提到婚姻登记机关有权宣告婚姻无效，只是对婚姻登记机关依当事人的申请撤销其婚姻的行为作了规范。在我国，宣告婚姻无效的机关是人民法院。

（五）无效婚姻的法律后果

我国现行《婚姻法》第 12 条规定：“无效或被撤销的婚姻，自始无效。当事人不具有夫妻的权利和义务。同居期间所得的财产，由当事人协议处理；协议不成时，由人民法院根据照顾无过错方的原则判决。对重婚导致的婚姻无效的财产处理，不得侵害合法婚姻当事人的财产权益。当事人所生的子女，适用本法有关父母子女的规定。”这一规定清楚表明：

（1）我国的无效婚姻是有溯及力的。婚姻一旦确认无效，自始不发生法律效力。即无效婚姻的当事人从“结婚”之日起，就不产生婚姻的效力。

（2）无效婚姻自始无效。当事人之间不具有夫妻间的权利和义务，既不产生夫妻的人身关系，也不产生夫妻的财产关系。他们同居期间所得的财产，不是夫妻财产，不适用夫妻财产的有关法律规定。当事人同居期间所得的财产，按共同共有处理①。在处理时，以当事人的协商为首要原则。当事人协商不成，由人民法院处理的，人民法院要结合双方当事人在婚姻无效中的过错责任，即一方或双方是善意的还是恶意的，是故意还是过失等，按照顾无过错方的原则判决。对重婚导致的婚姻无效的财产处理，不得侵害合法婚姻当事人的财产权益。

（3）无效婚姻当事人所生之子女，具有与婚生子女同等的权利和义务。我国法律对无效婚姻所生之子女的法律地位没有明确规定，但规定了“适用本法有关父母子女的规定”，这既符合目前世界大多数国家的法律对无效婚姻所生之子女采取保护性规定的立法惯例，也符合我国法律保护子女利益的一贯的立法精神。我国婚姻家庭法有保护妇女、儿童和老人的合法权益原则。现行《婚姻法》第 25 条规定：“非婚生子女享有与婚生子女同等的权利，任何人不得加以危害和歧视。”无效婚姻所生之子女应享有与婚生子女同等的权利。

三、我国的可撤销婚姻制度

我国的可撤销婚姻制度也是 2001 年的《婚姻法》（修正案）新设立的。在婚姻法修改过程中，对男女双方违反了婚姻法有关结婚的规定，欠缺了婚姻要件的结合，是规定为无效婚姻，还是分别规定为无效婚姻和可撤销婚姻，司法界是有不同意见的。

一种意见认为，对违法婚姻的处理，婚姻法以采取单一的无效婚姻制度为宜。这种意见认为：“我们需要建立的是具有中国特色的、符合中国国情的确认婚姻无效的制度。”“资产阶级国家有关婚姻无效的规定中，有许多繁琐的只适用于资本主义婚姻制度的内容，这当然是为我们所不取的。从我国实际出发，可将欠缺法定条件、法定程序

---

① 最高人民法院在《关于适用〈中华人民共和国婚姻法〉若干问题的解释（一）》第 15 条

的违法婚姻统称为无效婚姻，不必再作无效和可撤销的区分。”① 另外，“可撤销婚姻与法理相悖。结婚中自由恋爱是当事人的私事，而结婚登记则是一种行政法律行为，行政行为没有民事行为中那种无效与可撤销的区别，不能滥套民事法律行为的规则。”②

另一种意见认为，对违法婚姻的处理，婚姻法应兼采无效婚姻制度和可撤销婚姻制度为好。这种意见认为，“从法理上看，无效婚姻和可撤销婚姻是有区别的。如申请的当事人不同。……申请的时间不同。”“无效婚姻多是违反社会公共利益的，对此种婚姻，国家应有主动干涉的权利。可撤销的婚姻多是违反私人利益的，对此只有当事人和法律规定的有请求权的特定人才能请求撤销婚姻关系。”③ “基于尊重婚姻当事人的意愿、保护妇女和儿童利益的立法宗旨，我国宜借鉴德国、瑞士等国立法，将欺诈、胁迫、重大误解而结婚的或因其他原因非自愿结婚的，以及双方当事人无意建立家庭、履行婚姻共同义务的虚假婚姻，作为可撤销婚姻。”鉴于仅欠缺结婚形式要件的事实婚姻违法的情节较轻，“宜将其列入可撤销婚姻的范围内”，并且婚姻登记机关可责令当事人“补办结婚登记”，使之效力得到补正。④

现行《婚姻法》采用第二种意见，在第 10 条规定了无效婚姻，在第 11 条规定了可撤销婚姻。第 11 条规定：“因胁迫结婚的，受胁迫的一方可以向婚姻登记机关或人民法院请求撤销该婚姻。受胁迫的一方撤销婚姻的请求，应当自结婚登记之日起一年内提出。被非法限制人身自由的当事人请求撤销婚姻的，应当自恢复人身自由之日起一年内提出。”

根据法律的规定，我国的可撤销婚姻制度有以下内容。

（一）可撤销婚姻的原因

在有可撤销婚姻制度的国家，其法律对可撤销婚姻原因的规定，大多是因为婚姻具有私益的障碍，也就是违反了私益要件。我国婚姻法对可撤销婚姻的原因，规定为受胁迫的婚姻。“因胁迫而结婚，主要是指婚姻关系中的一方当事人或婚姻关系之外的第三人，对婚姻关系中的另一方当事人，予以威胁或者强迫，使婚姻中的另一方当事人违背自己的意愿而缔结婚姻关系的婚姻。”⑤ 胁迫的婚姻违反了我国婚姻法的婚姻自由原则，

---

① 杨大文：《无效婚姻》，载巫昌祯、杨大文主编：《走向21世纪的中国婚姻家庭》，吉林人民出版社1995年版，第56页；王德意《完善禁止结婚条件增加婚姻无效制度》，载《中华女子学院学报》，1998（10）增刊，第29页，转引陈苇主编，宋豫副主编《结婚与婚姻无效纠纷的处置》，法律出版社2001年7月版，第18－19页。

② 胡康生主编：《中华人民共和国婚姻法释义》，法律出版社2001年版，第37页。

③ 胡康生主编：《中华人民共和国婚姻法释义》，法律出版社2001年版，第37页。

④ 陈苇《评〈中华人民共和国婚姻法（修正草案）〉》，载《民事、经济法律国际研讨会论文集》2001年3月。转引陈苇主编、宋豫副主编：《结婚与婚姻无效纠纷的处置》，法律出版社2001年版，第19－20页。

⑤ 胡康生主编：《中华人民共和国婚姻法释义》，法律出版社2001年版，第38页。

也违反了结婚合意的结婚要件，这种婚姻应视为违法婚姻。但考虑到受胁迫的婚姻当事人在结婚时虽然不是自愿，但在婚后的共同生活过程中，尤其在生育子女后，有可能与对方建立起感情，对家庭产生了依恋。在这种情况下，法律将其确认为无效婚姻，不一定合适。既然结婚尊重当事人的意愿，那么，是否否认胁迫婚姻的效力也应由当事人自己决定。所以，现行《婚姻法》把受胁迫而缔结的婚姻规定为可撤销婚姻是恰当的。受胁迫方如果不想维持因胁迫而缔结的婚姻，可以依法向有关部门提出撤销婚姻，由有关部门审查核实后宣告予以撤销。但受胁迫方如果在共同生活中产生感情，愿意与对方继续共同生活，那么可以放弃申请撤销婚姻的请求权，有关部门也不会主动介入，撤销其婚姻。

（二）可撤销婚姻的申请时效

可撤销婚姻的撤销权人依法有权提出撤销婚姻的申请。但其申请的提出不是任何时候都可以的，它是有时间限制的。为了促使请求权人尽快地行使权利，避免婚姻关系长期处于不稳定状态，我国婚姻法还对当事人行使这项权利规定了除斥期间，即行使请求权的法定期间。撤销权人必须在法律规定的期限内行使权利，过期将丧失撤销请求权。这是因为撤销权人的申请，经有关部门查明属实，会产生撤销婚姻的法律后果。如果法律对撤销权没有限制，而撤销权人又长久不行使这一权利，不提出撤销婚姻的申请，“就会使得这一婚姻关系长期处于一种不稳定的状态，不利于保护婚姻双方当事人的合法权益，特别是双方当事人所生子女的利益，也不利于家庭、社会的稳定。同时还可能使婚姻登记机关或人民法院在判断是否撤销当事人婚姻效力时，由于时间太长而无法作出准确的判断。”[①] 所以很有必要规定撤销婚姻的时效。

现行《婚姻法》对婚姻撤销权的除斥期间规定是：“受胁迫的一方撤销婚姻的请求，应当自结婚登记之日起一年内提出。被非法限制人身自由的当事人请求撤销婚姻的，应当自恢复人身自由之日起一年内提出。”

（三）可撤销婚姻的请求权人

可撤销婚姻的请求权人也称为撤销权人。在国外，因构成撤销的原因不同，撤销权人也不完全相同。但因欺诈、胁迫而撤销婚姻的，撤销权人一般是受欺诈、受胁迫的一方。

根据现行《婚姻法》第 11 条的规定，我国可撤销婚姻制度的撤销权人是受胁迫的一方当事人。这是因为受胁迫的一方当事人在受胁迫而缔结婚姻关系时，不能真实地表达自己的意愿，不符合我国法律要求的结婚“必须男女双方完全自愿”的规定。所以，

---

① 胡康生主编：《中华人民共和国婚姻法释义》，法律出版社 2001 年版，第 39 页。

法律赋予受胁迫方在胁迫婚姻缔结后，仍可通过向有关部门提出撤销婚姻的申请，表达自己真正的婚姻意志，保护自己的合法权益。至于胁迫方不能成为撤销权人，是因为他（她）在结婚时并没有违背自己的意愿，他（她）同意结婚的意思表示是真实的。所以，胁迫方是没有婚姻撤销权的。

（四）可撤销婚姻的撤销机关

可撤销婚姻的撤销机关也就是有权根据当事人的申请，在审查核实后撤销婚姻效力的部门。根据现行《婚姻法》的规定，我国有权受理并撤销婚姻的机关有两个：一是婚姻登记机关，二是人民法院。这是两个性质不同的机关，一个是行政机关，一个是司法机关，它们所采取的程序也不同。婚姻登记机关是通过行政程序撤销胁迫的婚姻；人民法院是通过诉讼程序撤销胁迫的婚姻。我国地域广阔，人口众多，两种程序并存，一方面可方便群众选择，另一方面也可相互减轻彼此的工作压力。我们认为，撤销婚姻，不仅是撤销婚姻的效力，还会涉及财产和子女问题。当这些问题一旦发生纠纷，婚姻登记管理机关是无权处理的，只有人民法院有裁决权。而可撤销婚姻的申请只能是一方（受胁迫方）提出申请，与离婚有可能是双方协商的情况不同。所以，现行法律规定可撤销婚姻的撤销机关是行政、司法双轨意义不大，应规定由人民法院为单一撤销机关为宜。

（五）可撤销婚姻的后果

根据现行《婚姻法》第12条的规定："无效或被撤销的婚姻，自始无效。当事人不具有夫妻的权利和义务。同居期间所得的财产，由当事人协议处理；协议不成时，由人民法院根据照顾无过错方的原则判决。对重婚导致的婚姻无效的财产处理，不得侵害合法婚姻当事人的财产权益。当事人所生的子女，适用本法有关父母子女的规定。"可见，在我国可撤销的婚姻与无效婚姻的后果是完全一样的。对此，我们认为可撤销婚姻的后果与无效婚姻的后果应该有所区别。因为可撤销婚姻与无效婚姻的原因是不同的，前者一般违反的是私益要件，而后者多违反的是公益要件。两者的违法程度也轻重有别。既然是这样，两者就不应有同样的后果。我们认为可撤销婚姻被撤销后，其后果不应有溯及力。可撤销婚姻有关婚姻效力的否认，或说婚姻的无效，应从婚姻撤销之日起无效。在此之前，应视婚姻为有效。

第四章　离 婚 法

离婚是具有合法有效的婚姻关系的当事人双方在法律上终止婚姻关系的行为。离婚不仅改变了具有夫妻的当事人双方之间的法律关系，同时还涉及夫妻财产分割、未成年子女监护以及抚养等诸多问题。离婚法作为调整人们离婚行为的法律，在婚姻制度中占据相当重要的地位。

第一节　离 婚 法 概 述

一、婚姻终止的概念及原因

（一）婚姻终止的概念

婚姻终止，或称婚姻关系的消灭，是指合法有效的婚姻关系基于一定法律事实的发生而归于消灭的社会制度。引起婚姻关系终止的原因有两种：一是婚姻当事人一方死亡（包括宣告死亡）；二是婚姻当事人双方离婚。这两种原因尽管有不同的条件和特征，但无论出现哪种情况，其后果都使原有的婚姻效力不复存在。

（二）婚姻终止的原因

1．婚姻当事人一方死亡

婚姻关系的自然属性决定了一旦婚姻关系失去了主体，即夫妻一方的死亡，使得客观上因婚姻关系失去继续存在的意义而自然结束，即婚姻关系自然终止。对此法律无需另行明文规定。

死亡有两种情况：一种是自然死亡，多属患有某种疾病医治无效死亡或发生意外事故而死亡；一种是宣告死亡，宣告死亡是在法律上推定失踪人已经死亡。法律上推定死亡与自然死亡有相同法律效果。以自然死亡和宣告死亡为婚姻关系终止的原因，是世界各国立法的通则。我国《民法通则》第23条规定了宣告死亡的条件："公民有下列情形之一的，利害关系人可以向人民法院申请宣告他死亡：①下落不明满四年的；②因意外事故下落不明，从事故发生之日起满二年的。战争期间下落不明的，下落不明的时间从战争结束之日起计算。"根据最高人民法院"关于贯彻执行《中华人民共和国民法通则》若干问题的意见（试行）"第36条规定："被宣告死亡的人，判决宣告之日为其死亡的日期。……被宣告死亡和自然死亡的时间不一致的，被宣告死亡所引起的法律后果仍然有效，但自然死亡前实施的民事法律行为与被宣告死亡引起的法律后果相抵触的，则以其实施的民事法律行为为准。”

需要指出的是，宣告死亡只是在法律上推定失踪人已经死亡。宣告死亡后，有两种可能性出现：一是被宣告死亡者确实死亡，二是被宣告死亡者仍然活着，或又重新出现。对于后一种情况，人民法院应对本人或利害关系人撤销死亡宣告的申请作出新判决，撤销原判决。

对于宣告死亡后，婚姻关系何时终止，有关亲属法著作说法不一，各国立法例也不相同。有的国家规定，宣告死亡之日起，婚姻关系当然终止，生存一方再婚是合法的。有的国家则规定，配偶一方被宣告死亡后，生存方再婚时，婚姻关系才视为终止。在我国，最高人民法院“关于贯彻执行《中华人民共和国民法通则》若干问题意见（试行）”第37条规定：“被宣告死亡人与原配偶关系，自死亡宣告之日起消灭”，因此，夫妻一方自宣告死亡之日起，生存一方再婚是合法的。

对被宣告死亡人重新出现的，其配偶一方已再婚问题的处理，大多数国家法律认为，生存一方再婚关系应受保护，但也有国家允许生存一方对配偶再婚提出异议。例如《意大利民法典》第68条规定，如果被宣告死亡人重新出现或有被宣告死亡人尚生存的证明，则再婚无效。对于被宣告死亡一方生还后，生存一方尚未再婚的处理，有的国家规定，婚姻关系自行恢复，有的国家则规定应当履行一定法定程序后才可恢复。我国上述司法解释也规定，死亡宣告被人民法院撤销，如果其配偶尚未再婚的，夫妻关系从撤销死亡宣告之日起自行恢复；如果其配偶再婚后又离婚或者再婚后配偶又死亡的，则不得认定夫妻关系自行恢复。据此可以认为，我国法律规定的原则是保护原配偶再婚的婚姻关系的。因而，被宣告死亡人死亡宣告撤销后，原配偶未再婚的，夫妻关系自行恢复。原配偶已再婚的，是否恢复前婚，应视具体情况而定，如原配偶不愿恢复前婚的，后婚有效，如原配偶愿意恢复前婚的，应先行离婚，尔后再办理复婚。

2．婚姻当事人双方离婚

离婚即解除当事人之间的婚姻关系，是终止婚姻的形式之一，也是重要的民事法律行为，必须遵守法律规定的条件和程序。当事人的婚姻关系自离婚发生法律效力之日起解除。

二、离婚的概念及其分类

（一）离婚的概念和特征

1．离婚的概念

离婚是夫妻双方在生存期间依照法律规定的条件和程序解除婚姻关系的法律行为。离婚的法律效果与婚姻成立相反，故又称为婚姻解除。

2. 离婚的特征

离婚具有以下基本特征：①离婚双方当事人法律地位平等。夫妻中任何一方都不得将自己的意志强加给对方。②离婚的主体是具有婚姻关系的男女双方。离婚只能发生在具有夫妻合法身份的男女双方之间，任何人无权代替，更不能对他人的婚姻关系提出离婚主张；没有合法夫妻身份便没有离婚的资格和权利。③离婚是法律行为。作为民事法律行为，当事人离婚应符合法律规定的离婚条件，同时还必须按照法律规定的程序办理，得到国家法律的认可，才能发生法律效力；当事人之间未经法定程序的任何协议或一方当事人擅自宣告解除婚姻的行为，都不能发生离婚的法律效力。④离婚的法律后果是解除婚姻关系。离婚而导致的婚姻关系终止与配偶一方死亡而导致的婚姻关系终止的法律后果不同。离婚终止夫妻间一切权利义务关系，与对方亲属的姻亲关系也随之消灭，具有消灭对内对外亲属关系的效力，也被称为夫妻关系的绝对终止；配偶一方死亡的，只是终止婚姻关系的对内效力，即因婚姻关系主体不存在而婚姻关系终止，但婚姻对外效力并不当然消失，如社会保障制度中对遗属的抚恤制度。生存一方与死亡配偶亲属之间的姻亲关系一般也不消灭，故被称为夫妻关系的相对终止。

（二）离婚与无效婚姻、可撤销婚姻制度的区别

虽然离婚与婚姻被宣告无效及婚姻被撤销的结果都是当事人之间不再具有夫妻关系，但离婚制度与无效婚姻制度有根本的区别。婚姻被宣告无效和婚姻被撤销是国家处理违法婚姻或瑕疵婚姻的法律制度，世界上多数国家的法律都有相关规定，但各国在婚姻无效与婚姻撤销的具体制度上存在较大差异。我国现行《婚姻法》也规定了无效婚姻、可撤销婚制度。

本章仅论述离婚制度与我国无效婚姻、可撤销婚姻制度的关系。

1. 离婚与无效婚姻的区别

离婚与无效婚姻的主要区别为：①离婚制度是解除合法有效的婚姻关系的法律制度；婚姻无效制度是对不具法律效力的“婚姻”关系进行制裁的法律制度。②离婚解除婚姻关系的效力自离婚生效之日起，没有溯及既往的效力，因为离婚的原因发生于合法婚姻缔结之后；婚姻被宣告无效后则自始无效，有溯及既往的效力，当事人之间自始不产生婚姻关系，因为无效的原因发生于当事人结合之时。③离婚诉讼只能由婚姻当事人提起；婚姻无效之诉不受此限，除可由一方当事人提出外，还可由其他与该婚姻有利害关系的人或有关机关提出。④离婚既可依诉讼程序进行，也可依行政程序进行；婚姻无效则只能通过诉讼程序经法院宣告进行。⑤离婚的诉讼只能发生在双方生存期间；婚姻无效的诉讼既可发生在双方生存期间，也可发生在双方或一方死亡之后。⑥离婚的法律后果在于解除合法婚姻关系，分割夫妻共同财产，父母子女关系不受影响；婚姻无效是违法婚姻的解除，有关财产问题按一般共有财产处理，无效婚姻当事人所生子女为非

婚生子女。

2. 离婚与可撤销婚姻的区别

离婚与可撤销婚姻的主要区别为：①离婚是对合法有效婚姻的解除；而婚姻撤销是对有瑕疵婚姻的纠正。②离婚解除婚姻关系的效力自离婚生效之日起，没有溯及既往的效力，因为离婚的原因发生于合法婚姻缔结之后；婚姻被撤销后则自始无效，有溯及既往的效力，当事人之间自始不产生婚姻关系，因为被撤销的原因发生于婚姻成立之时。③离婚的请求权婚姻双方当事人都有权行使，撤销婚姻的请求权由无过错的一方当事人提出。④离婚既可依诉讼程序进行，也可依行政程序进行，且无时间限制；婚姻撤销虽然也可经诉讼程序或行政程序进行，但有除斥期间限制。

（三）离婚与别居制度的区别

1. 别居制度概述

别居是外国婚姻家庭法中的一项制度，源于宗教法规，是禁止离婚主义立法原则下为不堪共同生活的夫妻所设，用以补救禁止离婚之不足，缓和或改善夫妻关系。该制度的基本内涵是依法暂时或永久地解除夫妻之间同居义务，而仍保持双方的婚姻关系。具体来说，别居是由当事人申请，法院裁决，配偶双方暂时或永久地解除同居义务，仍保留其婚姻关系的法律行为，是一种正式的法律行为，产生变更双方权利义务的法律后果，这是别居的主要效力和基本特征。别居包括司法别居与协议别居，它不同于夫妻于日常生活中因主观或客观原因造成的单纯分居。

别居制度在欧洲实行了数百年之久，虽几经变迁，现仍有一些国家保有该制度，但是别居制度意义已大不同于以往，成为离婚制度的补充。有些国家将别居视为离婚的准备阶段；有的国家法律把事实上分居达到一定期限作为法定的离婚理由；有的国家法律则规定，夫妻必须别居或实际分居满一定期间可以依法改判离婚。

我国历史上没有不许离婚的规定，因此在婚姻立法上也未重视设立别居这种变通离婚的制度，然而，这并不是说我国不存在夫妻因感情不和而分居的问题。任何国家在任何时期，不可能消除夫妻在婚姻持续期间因种种原因发生的暂时或永久的分居现象，即所谓“事实上的别居”。如我国台湾地区的亲属法没有明确规定别居制度，但基于《台湾民法》第1001条“夫妻互负同居之义务，但有不同居的正当理由者不在此限”的规定。有学者认为法律承认事实上的别居，并将正当理由解释为不堪同居之虐待、妻受夫之家属虐待、妻受姑之虐待、夫之纳妾、夫之与人通奸、一方有过失之离婚原因等。[①]我国现行婚姻法中没有别居制度，但是“因感情不和分居满二年”可准予离婚的规定，也暗含了在离婚纠纷中对夫妻分居事实的一定承认。然而，我国法律规定的“分居”

---

① 王丽萍：《别居制度的比较研究》，载《法学家》1998年第5期。

与婚姻家庭理论及各国立法中的别居有很大不同，使法律的规定在实践中如何具体掌握成了难题。因此，有一些学者建议，我国应建立别居制度，其有利之处在于，该制度可为一些感情尚未彻底破裂的夫妻创设一个离婚的缓冲阶段；可预防和减少家庭暴力等犯罪行为；可进一步明确夫妻财产关系，为离婚时夫妻财产的分割提供依据；为法律规定的分居情形及分居期限提供证据。最重要的是，有利于兼顾夫妻双方与子女的利益，在一定程度上为子女的健康成长提供了一个相对完整和稳定的家庭环境，为子女提供了一个适应阶段，可以减少父母离异给子女带来的负面效应。①

2．离婚与别居的区别

虽然离婚与别居之间有一定的联系，如别居可以转换为离婚，而且许多国家把一定时间的别居作为离婚的法定理由，但离婚与别居的法律后果以及夫妻的权利义务关系有本质的不同。其主要区别为：①别居期间，婚姻关系仍处存续状态，双方只解除同居义务，双方不得另行结婚，否则构成重婚；离婚则完全解除婚姻关系，离婚后，双方均有再婚的权利。②别居期间夫妻仍负贞操义务；离婚后双方则无此法律义务。③别居期间夫妻仍有相互扶养的义务；离婚后双方此义务完全消灭。④别居期间夫妻间仍有相互继承财产的权利；离婚后双方则无此权利。

（四）离婚的分类

根据我国现行立法，可从不同角度将离婚分为以下几种类型。

1．根据配偶双方对离婚的意愿来分，可分为双方自愿离婚和一方要求离婚

基于夫妻双方共同的离婚意愿而发生的离婚被称为双方自愿离婚；夫妻一方当事人同意离婚而另一方当事人反对离婚而发生的离婚称为一方要求离婚。由于婚姻关系是建立在婚姻契约的基础上，因此，根据契约自由的原则，婚姻当事人在缔结婚姻契约以后可以就婚姻契约的解除达成协议，依法解除彼此之间的婚姻关系，这就是双方自愿离婚制度的基础。

区分双方自愿离婚和一方要求离婚，其原因有二：其一，如果离婚是建立在夫妻双方当事人协议的基础上，则该种离婚要适用行政程序解决；否则，应适用诉讼程序解决。其二，如果离婚是建立在双方自愿的基础上，则有关离婚涉及的财产及子女抚养等问题应由当事人通过离婚协议解决，无须通过法院裁决；否则，有关问题应由法院裁决。

2．根据处理离婚问题的程序来分，可分为依行政程序办理的离婚和依诉讼程序办

---

① 肖劲松、段文生：《论分居权》，载《法律适用》1999 年第 11 期；董鸣：《对我国设立分居制度的法律思考》，载《人民司法》1999 年第 2 期；罗思荣、马齐林：《分居制度研究》，载《政法论坛》2000 年第 2 期；郭丽红：《论分居问题与分居制度》，载《汕头大学学报》2002 年第 5 期。

理的离婚

在我国，如果离婚是建立在夫妻双方当事人自愿的基础上，则应当向有关婚姻登记机关提出离婚申请，由婚姻登记机关通过行政程序进行审查，对符合条件的当事人颁发离婚证，双方的婚姻关系因此解除，即依行政程序办理的离婚；如果离婚是建立在一方当事人同意而另一方当事人反对的基础上，则要求离婚的一方当事人向法院起诉，要求法院依法作出裁判，由法院通过诉讼程序决定是否准许当事人离婚，即依诉讼程序办理的离婚。

区分依行政程序办理的离婚和依诉讼程序办理的离婚的原因在于，依行政程序办理的离婚没有依诉讼程序办理的离婚涉及的问题复杂，不仅程序相对简单，而且有关离婚的后果，如财产分割与子女抚养问题，当事人在双方的离婚协议中已经作出了规定，无须法院再行审查。

3. 根据解除婚姻关系的方式来分，可分为协议离婚和裁判离婚

所谓协议离婚，是指夫妻双方自愿签订解除婚姻关系的协议，使当事人之间的夫妻关系终止的法律制度；所谓裁判离婚，是指通过法院的裁判解除当事人之间夫妻关系的法律制度。区分协议离婚和裁判离婚的原因在于这两种离婚方式涉及的问题及其解决方式不同。

应当指出，以上分类不是绝对的，而是有交叉的。比如，在我国，双方自愿离婚即协议离婚，应依行政程序办理；一方要求离婚可由有关部门进行调解或依诉讼程办理，在诉讼过程中经调解达成离婚协议时，其性质仍属协议离婚，调解不成时，法院依法判决。在有些国家的法律中，即使是双方自愿离婚也应经诉讼程序办理。

考察当代各国离婚法的立法特点，其主要区别为离婚的方式与离婚的后果方面。关于离婚的方式，从总体上看，两大法系国家均既有协议离婚方式，又有判决离婚方式。具体而言，在大陆法系国家中，法国、日本、俄罗斯是协议离婚和判决离婚两种方式并行，但判决离婚则是德国和瑞士唯一的离婚方式。英美法系中的英国和澳大利亚只允许判决离婚，但美国则是协议离婚与判决离婚两种方式兼采。尽管法国、日本、俄罗斯和美国是协议离婚与判决离婚并行，但这四个国家的协议离婚在程序、性质等方面存在较大差异，如法国及美国的协议离婚须经诉讼程序进行，而日本与俄罗斯的协议离婚是依行政程序，由户籍机关按照户籍法的规定进行离婚登记①。

三、离婚的立法原则

离婚的立法原则反映的是离婚制度的基本价值取向和立法者对离婚的态度。确立离婚的立法原则是社会的经济基础决定的，并受到该社会政治制度的影响和制约，因而在

① 陈苇主编：《外国婚姻家庭法比较研究》，群众出版社 2006 年版，第 438－439 页。

不同社会条件下，离婚立法原则的选择是不同的。综观古今中外各国的离婚制度，其立法原则可归为两种：禁止离婚主义原则和许可离婚主义原则。许可离婚主义立法原则就是允许解除婚姻关系的原则。该原则的基本点就是：婚姻是男女两性为共同生活而自愿结成，不是自然而成，夫妻关系难以为继时，应当允许解除，这是婚姻本质所决定的。许可离婚主义原则的真正实现，经历了很长时期的发展，由于历史条件不同，每一阶段该原则表现的内容也不同。在现代社会，许可离婚主义原则是离婚法的一般原则，禁止离婚主义原则是离婚法的例外。

（一）禁止离婚主义的立法原则

禁止离婚主义的立法原则就是禁止一切人解除婚姻关系的原则，即在夫妻双方生存期间，不论出于何种原因和理由，都不得解除婚姻关系。这种原则源于基督教的寺院法，盛行于欧洲的中世纪。在公元10世纪至15世纪基督教的鼎盛时期，欧洲各国普遍实行禁止离婚的制度。当时，统治阶级利用人们信奉教义的影响，由教会对人们的婚姻家庭进行直接干预，教会视婚姻为神作之合，夫妻应融为一体，不能违背神意而离异，禁止离婚主义的原则违背了婚姻关系的本质。由于现实社会中夫妻之间的矛盾和冲突从来没有停息过，为了克服夫妻关系恶化以至于不堪共同生活从而带来激烈冲突，许多国家迫不得已通过“别居”制度予以补救。后来，宗教改革运动兴起，禁止离婚原则逐步被各国所抛弃，并为许可离婚主义代替。现今除少数国家还实行此制度外，绝大多数国家都实行许可离婚主义原则。

（二）许可离婚主义的立法原则

1. 专权离婚主义原则

专权离婚主义原则是指允许丈夫离婚而不允许妻子离婚的立法原则，因此也称“夫权离婚主义原则”。在这种立法原则的指导下，离婚是丈夫的特权，离婚与否完全取决于丈夫的意志，只要符合法定条件，丈夫可以单方决定解除婚姻关系，妻子则无单方提出离婚的权利。专权离婚原则是奴隶制社会和封建社会普遍通行的原则，其根源在于男尊女卑的社会制度。在古代法律中，如《汉谟拉比法典》、《古兰经》及古罗马法中都有此规定。中国古代规定的丈夫对妻子的“七出”也是专权离婚主义原则的表现。

2. 限制离婚主义原则

限制离婚主义原则是指只有具备离婚所需法定理由时，当事人才能请求离婚的立法原则。其中的法定理由就是对当事人要求离婚进行限制。在这种立法原则的指导下，只有当夫妻一方发生法定的事由时，他方才有权提出离婚请求，而发生离婚法定事由的一方无权提出离婚。因此，该原则又称“有因离婚原则”、“过错离婚原则”或“有责离婚原则”。由于此类离婚须经过诉讼解决，亦称诉讼离婚或裁判离婚。早期的离婚法定理由，主要强调一方过错，诸如重婚、通奸、遗弃、虐待、谋害配偶、吸毒、嗜赌等。后来各国又扩大了离婚法定理由，将那些不能归责于一方的过错但又客观存在影响婚姻实现的事实列为可诉诸的理由，如一方生理缺陷、患严重疾病、生死不明、夫妻一定期限分居等，逐步由过错主义原则向目的主义原则发展。近代许多资本主义国家的离婚法都采用限制离婚主义原则，也有不少国家采取破裂主义离婚原则，不再具体列举各种理由。只要有夫妻双方婚姻关系破裂，无法维持共同生活的理由，夫妻双方或一方均可要求离婚，使离婚作为制裁手段的功能逐渐退去，变成了只是对婚姻已经破裂的事实的确认。

3. 自由离婚主义原则

自由离婚主义原则是指依当事人一方或双方意愿而离婚的原则。自由离婚主义原则赋予当事人有自行决定是否解除婚姻关系的自由，符合缔结婚姻的实质，无疑是一种进步的立法思想。但是，目前自由离婚主义原则只在各国的协议离婚制度中有体现，在一方要求离婚的制度上则只是程序意义上的，即当事人均享有离婚请求权，实体方面并未能贯彻。各国仍然实行限制主义原则，离婚权利能否实现并不决定于当事人的自由意志，仍有赖于法院的裁判结果。

四、我国离婚制度的发展

（一）我国古代的离婚制度

我国没有禁止离婚的立法史。古代社会婚姻立法以维护父权家族利益为核心，实行男尊女卑、婚姻不自由、一夫多妻、漠视子女利益的原则。男女婚姻完全以家族为中心，男女结婚的主动权操纵在家长手中，离婚则由男性及其家长决定，女性根本没有离婚自由可谈。这是古代社会封建经济生产关系的必然结果。由于结婚是“合两姓之好”，离婚就是“绝二姓之好”，故离婚也称作绝婚。我国古代的离婚主要有以下四种方式。

1. 法定休妻

构成弃妻的法定理由叫“七出”或“七去”，这是中国古代最主要的离婚方式。在这种离婚方式中，夫家根据自己的意愿可以随意将妻弃去。名义上弃妻要有一定理由，实际上这些理由可随意解释。“七出”最早是礼制上的规范，见于《大戴礼记·本命》，它说“妇有七去：不顺父母，去；无子，去；谣，去；妒，去；有恶疾，去；多言，去；盗窃，去”，并解释“不顺父母，为其逆德也”，意指妻子不能得到丈夫父母的欢心，就违反了夫家利益和封建伦理要求的孝道，公婆可令丈夫休妻；“无子，为其绝世也”，意指妻子不能生育儿子，断了夫家的香火，违背了传宗接代、继承宗祖的家族利益，丈夫可以休妻；“谣，为其乱族也”，意指妻子与别人发生奸情的不贞行为，乱了夫家血统，违背封建伦理，丈夫可以休妻；“妒，为其乱家也”，意指妻子有妒忌心理或行为，会妨碍丈夫纳妾，影响家庭和睦相处，丈夫可以休妻；“有恶疾，为其不可共粢盛（音资城，作者注）也”，意指妻子罹患严重疾病，便不能与家人共同祭祀祖先，丈夫可以休妻；“口多言，为其离亲也”，意指妻子在家中遇事多言多语，违反“妇德”要求，离间了家庭关系，丈夫可以休妻；“盗窃，为其反义也”，意指妻子擅自动用了家庭财产，视为盗窃行为，违反了封建伦理道德“义”的要求，丈夫可以休妻。中国古代的礼制不仅是一般道德规范，实是法的渊源和灵魂，正是“法本于礼”，“法出于礼”，礼制规范成为立法与司法依据，自汉代以后，唐、宋、元、明、清法律都将“七出”纳入法律中，虽然前后顺序和用词略有些差异，但基本内容都是一致的。“七出”成为出妻的法定理由。妇女具备了“七出”之一种情形，不需经官府，丈夫亲自写成休书就可弃去。

作为例外情况，封建礼法也以“三不去”对“七出”加以限制。《大戴礼》说：“妇有三不去，有所娶无所归，不去；与更三年丧，不去；前贫后富贵，不去”。意指：妻子休后无处可去，不去；曾为公婆服丧三年的可不去；夫家曾经贫穷，娶妻后来富贵可不去。

2. 协议弃妻

协议弃妻是指在不具备“七出”条件的情况下，男方发起离婚提议，女方也同意，法律允许离婚，因此称“和离”。《唐律·户婚》规定：“若夫妻不相和谐而离者，不坐”，自唐律之后，各朝历代律例也沿此制。古代的协议弃妻，不同于现代意义的协议离婚，因为“即妻弃擅去者，徒二年，因而改嫁者加二等”，如具有法律效力的宋代案例集《清明集》中说：“夫有出妻之理，妻无弃夫之条”，可见法律是不承认妇女离婚请求权的。“夫妻不相和谐而离者”，不能作现代意义理解而只能是丈夫单方面的好恶，所以，和离的前提必须是由男方作出决定，不一定要取得女方同意。

3. 强制离异

强制离异是指夫妻之间因一方与他方一定亲属之间或双方亲属之间发生某种情事而情义断绝，法律规定双方婚姻关系应当解除，因此称“义绝”。发生“义绝”情事时，夫妻如果不自动解除婚姻，国家就要强迫解除，并给予惩罚。如《唐律·户婚》规定：“诸犯义绝者，离之，违者徒一年。”明、清法律亦规定：“若犯义绝应离而不离者，亦杖八十”。据《唐律疏议》中记载，有下列几种义绝条件：①夫殴妻之祖父母、父母，及杀妻之外祖父母、伯叔父母、兄弟、姑、姊妹。②夫妻祖父母、外祖父母、伯叔父母、兄弟、姑、姊妹互相杀。③妻殴詈夫之祖父母，杀伤夫外祖父母、伯叔父母、兄弟、姑、姐妹。④妻与夫之缌麻以上亲奸，或夫与妻母奸。⑤妻欲害夫。从“义绝”的构成条件看，主要是亲属之间互相侵犯的行为。因此，“义绝”的规定仍然是以家族为中心，为维护封建伦常观念和封建家庭秩序所设。

4. 官府断离

官府断离又称呈诉离婚，指由夫妻双方中一方基于特定缘由向官府提起离婚诉讼，由官府判令离异。除上述几种离婚方式外，不同朝代的法律也有出于某些特定原因夫妻一方可呈诉官府断离的规定，男方呈诉离婚的法定理由有“妻背夫在逃”、“男妇虚执翁奸”、“妻杀妾子”、“妻魇魅其未”等；女方呈诉理由有“夫抑勒或纵容其妻与人通奸”、“夫逃亡三年以上不归”、“夫典雇其妻”、“翁欺奸男妇”、“夫强奸前夫男妇或前夫女”等。

（二）近代民国政府的离婚制度

1930 年 12 月 26 日，国民党政府颁布了《中华民国民法》（以下简称《民法》），其亲属编中关于离婚的规定，集中反映了我国半殖民地半封建社会的离婚制度。根据该法规定，离婚制度分为两愿离婚和判决离婚。

1. 两愿离婚

两愿离婚是指双方当事人合意而解除婚姻，但未成年人应征得法定代理人同意。《民法》第 1049 条规定：“夫妻两愿离婚者，得自行离婚。但未成人应得法定代理人同意。”《民法》第 1051 条规定：“两愿离婚后，关于子女监护，由夫任之。但另有约定者，从其约定”。两愿离婚虽然允许当事人自愿离婚，但是在当时男女经济地位不平等的条件下，该制度对要求离婚的女方是不利的，说明婚姻决定权还是在男方。

2. 判决离婚

判决离婚是指夫妻双方不能达成一致意见或夫妻一方违反法定理由时，另一方向法院提请离婚，法院依法判决解除其婚姻关系，也称裁判离婚。《民法》第 1052 条列举了离婚的十条理由：①重婚者；②与人通奸者；③夫妻之一方，受他方不堪同居之虐待者；④妻对于夫之直系尊亲属为虐待，或受夫之直系尊亲属之虐待，致不堪为共同生活者；⑤夫妻一方以恶意遗弃他方在继续状态中者；⑥夫妻一方意图杀害他方者；⑦有不治之恶疾者；⑧有重大不治之精神病者；⑨生死不明已逾三年者；⑩被处三年以上之徒刑，或因犯不名誉之罪被处徒刑者。当事人的婚姻若符合其中一条者，另一方可以诉至法院请求判决离婚。

国民党政府《民法》亲属编中规定的离婚理由，比起封建社会把离婚权片面授予丈夫的“七出”制度有很大的进步。但是在当时的社会条件下，男女双方在离婚问题上所处的实际地位是不平等的，而且由于旧中国封建主义的婚姻家庭习惯仍然占支配地位，所以，该法中有关离婚规定所起的作用是有限的。

（三）新中国的离婚制度

新中国的离婚制度，渊源于新中国成立前中国共产党领导的革命根据地时期的离婚立法，1950 年《婚姻法》奠定了新中国离婚制度的法律基础，对废除封建主义婚姻制度，改造旧中国遗留下来的婚姻关系，起了极大的推动作用。该法对双方自愿离婚和一方要求离婚都作了明确规定：对于男女双方自愿离婚的，准予离婚；对于男女一方坚决要求离婚的，经区人民政府和司法有关调解无效时，亦准予离婚。1950 年《婚姻法》创设了离婚的行政程序和诉讼程序，但是没有规定判决离婚的条件。1980 年的《婚姻法》在此基础上第一次确立了准予离婚的法定条件，并修改补充了离婚的程序。此后，在对婚姻法有关离婚条款的适用问题上，最高人民法院还作了大量司法解释，对加强离婚的法律调整起到了非常重要的作用。2001 年修改后的《婚姻法》对判决离婚的法定条件作了进一步规定，并增设了离婚损害赔偿等制度，使我国现行的离婚制度得到了完善。

五、我国现行离婚法的基本精神

我国现行离婚法主要体现了保障离婚自由、反对轻率离婚的基本精神，这一精神也是我国离婚制度重要特征。

（一）保障离婚自由

保障离婚自由就是保障当事人决定解除婚姻关系的合法权利，是婚姻自由的重要内容之一，同结婚自由一起构成了婚姻自由的整体。缺少离婚自由的保障，就不能实现真正的婚姻自由。保障离婚自由，是婚姻关系的本质要求。婚姻既然能通过法律制度予以建立，也就应该能通过法律制度予以解除，让那些夫妻感情或关系已经死亡的婚姻通过法律程序予以解除，“实际上离婚自由并不会使家庭关系‘瓦解’，而相反地会使这种关系在文明社会中唯一可能的坚固的民主基础上巩固起来。”[①]离婚可能使个别家庭破碎、当事人感情受伤，但在宏观上则会使婚姻和家庭因此而得到改善和巩固。因此，法律保障离婚自由，对符合法定条件依法要求离婚的，应准予离婚。

（二）反对轻率离婚

保障离婚自由，并不等于可以轻率对待离婚问题，正如列宁指出的“承认妇女有离婚自由，并不等于号召所有的妻女都来闹离婚!”[②]我国婚姻法在保障离婚自由的同时，坚决反对那些对婚姻的不严肃态度以及滥用离婚自由权利的行为。夫妻在长期共同生活中，发生这样或那样的矛盾都是难免的，也很正常；但彼此都应珍惜感情，互相尊重，互相体谅，主动改善关系。夫妻间的矛盾不能都用离婚来解决，只有在感情完全破

① 《列宁全集》第 20 卷，第 423 页。

② 《列宁全集》第 23 卷，第 67 页。

裂、又无和好可能的情况下，才应动用离婚这一法律手段，而不能在尚无离婚必要的时候轻率离婚。这并不是否定当事人离婚自由的权利，而是立法反对轻率离婚的态度。马克思认为“婚姻不能听从已婚者的任性，相反，已婚者的任性应服从婚姻的本质”。[①]婚姻关系作为一种重要的伦理关系和法律关系，当事人双方相互承担着明确的道德责任和法律义务，这种责任和义务是不能随意抛弃的。任何轻率的离婚都是对道德责任和法律义务的违反，对那些歪曲理解离婚自由、滥用离婚自由权利的行为要加以限制和反对。

保障离婚自由，反对轻率离婚，其基本精神是一致的，是一个问题的两个方面，是相辅相成的，不能有所偏颇或片面强调。

第二节　行政程序的离婚

一、行政程序离婚的概念

行政程序的离婚，是指婚姻当事人双方自愿达成解除婚姻关系的合意，并就离婚所涉及的后果作出约定，经有关行政部门认可而解除婚姻关系的法律制度。行政程序的离婚采取协议的形式离婚，所以也称协议离婚。这是一种较自由、合理、文明的离婚方式。它能使不愿继续保持婚姻关系的当事人理智和平地分手，减少彼此之间进一步伤害，防止个人隐私扩散；同时，在没有外力干扰的情况下，当事人之间就子女的抚养和财产分割达成解决的方案也会较为合理，利于执行。行政程序的离婚方式手续简便易行，契合现代人的心理状态，因此是多数人愿意接受的方式。协议离婚作为一项法律制度已有为数不少的国家采纳，比如日本、比利时、卢森堡、墨西哥、泰国等国家都建立了这一制度，与判决离婚制度并行发挥作用，但仍有许多国家目前仍采取单一的诉讼离婚制度。

我国现行《婚姻法》第31条规定：“男女双方自愿离婚的，准予离婚。双方必须到婚姻登记机关申请离婚。婚姻登记机关查明双方确实是自愿并对子女和财产问题已有适当处理时，发给离婚证。”可见，协议离婚制度，是我国离婚制度的重要组成部分，是婚姻自由原则的一个重要表现，当事人在婚姻关系无法继续维持的情况下，平心静气地解决矛盾，可以避免冲突的进一步升级，造成双方的敌视和仇恨。同时，法律规定办理行政程序的离婚时，既要求当事人合意解除婚姻，也要求当事人对子女的抚育教育、财产分割和债务清偿等问题作出妥善安排。法律做这样规定，既有利于维护当事人和第三人的合法权益，也有利于生产生活和正常的财产流转，稳定社会秩序。目前，更多的

① 《马克思恩格斯全集》第1卷，人民出版社1965年版，第183页。

离异男女趋向选择这种方式，这一状况体现了我国离婚法发展的新趋向。

二、我国行政程序离婚的条件

根据我国现行《婚姻法》、《婚姻登记条例》和《民法通则》中的有关规定，行政程序的离婚必须符合以下条件。

（一）双方当事人须办理了结婚登记

离婚时双方当事人必须是依法办理了结婚登记的婚姻关系当事人。离婚是对合法婚姻关系的解除。在我国，婚姻关系的成立是以办理结婚登记为形式要件，所以婚姻登记机关受理的离婚申请应以当事人办理结婚登记为条件。没有办理结婚登记的离婚申请婚姻登记机关不予受理。至于没有办理结婚登记的“结婚”是否构成事实婚姻，或已经办理的结婚登记是否为无效婚姻，婚姻登记机关无权判定，应由法院处理。

（二）双方当事人须有婚姻的行为能力

离婚是重要的身份法上的行为，只有当事人具有婚姻行为能力时，才能独立自主地处理自己的婚姻问题。被宣告为无行为能力或限制行为能力的人，以及虽未被宣告为无行为能力但在申请离婚时处于无意识状态或精神错乱中的人，不能作为双方自愿离婚的当事人。这不仅是协议离婚本身的必然要求，而且也是保护那些不具有完全民事行为能力的当事人合法权益的需要。根据我国《婚姻登记条例》的规定，一方或双方为无民事行为能力人或限制民事行为能力人的离婚，婚姻登记机关不予受理，应依诉讼程序处理。

（三）双方当事人须有离婚的合意

离婚协议应当是双方意思表示一致的结果。这种意思表示必须是真实自愿的，而不是受对方或他人的欺诈、胁迫或重大误解而作出的。

（四）双方须对离婚后的子女和财产问题已有适当处理

对子女问题有适当处理，就是双方在保护子女合法权益的原则下，对离婚后未成年子女或不具有独立生活能力的子女作出合理的、有切实保障的安排，包括离婚的子女随哪一方生活、子女的抚养和教育费用如何负担以及不直接抚养子女的一方对子女的探视问题等，不能因父母离婚而影响子女的健康成长。对财产问题有适当处理，则是双方在男女平等、保护妇女合法权益的原则下，对夫妻共同财产作出合理分割，对共同债务的清偿以及对经济困难一方的帮助等问题作出处理。

行政程序的离婚必须同时符合以上几个条件，缺一不可。如果离婚虽系出于双方自愿，但是对子女和财产等问题不能达成协议的，婚姻登记机关不予办理。

三、我国行政程序离婚的程序

行政程序的离婚，依法必须办理离婚登记，才能产生解除婚姻关系的法律后果。

（一）离婚登记的机关

根据我国《婚姻登记条例》的规定，内地居民办理婚姻登记的机关是县级人民政府民政部门或者乡（镇）人民政府，省、自治区、直辖市人民政府可以按照便民原则确定农村居民办理婚姻登记的具体机关。

我国内地居民自愿离婚的，男女双方应当共同到一方当事人常住户口所在地的婚姻登记机关办理离婚登记。确定婚姻登记机关的管辖范围，以地域管辖原则来确定。当事人协议离婚，双方户口在一地的，到当地婚姻登记机关申请离婚登记；双方当事人户口不在一地的，到任何一方户籍所在地的婚姻登记机关申请离婚登记。

中国公民同外国人，内地居民同香港特别行政区居民（以下简称香港居民）、澳门特别行政区居民（以下简称澳门居民）、台湾地区居民（以下简称台湾居民）、华侨办理婚姻登记的机关是省、自治区、直辖市人民政府民政部门或者省、自治区、直辖市人民政府民政部门确定的机关。因此，内地居民离婚的登记机关是县级人民政府的民政部门或者乡（镇）人民政府；涉外离婚的登记机关是省、自治区、直辖市人民政府民政部门或者省、自治区、直辖市人民政府民政部门指定的机关，一般是地区或市一级人民政府的民政局。

（二）离婚登记的程序

办理离婚登记的程序，分为申请、审查和登记三个环节。

1. 申请

男女双方自愿离婚的，必须双方共同亲自到一方户籍所在地的婚姻登记机关提出离婚登记申请，不得委托他人代理。根据我国现行《婚姻登记条例》第11条的规定，办理离婚登记的内地居民应当出具下列证件和证明材料：本人的户口簿、身份证；本人的结婚证；双方当事人共同签署的离婚协议书。离婚协议书应当载明双方当事人自愿离婚的意思表示以及对子女抚养、财产及债务处理等事项协商一致的意见。《婚姻登记条例》第12条规定，办理离婚登记的当事人有下列情形之一的，婚姻登记机关不予受理：未达成离婚协议的；属于无民事行为能力人或者限制民事行为能力人的；其结婚登记不是在中国内地办理的。在民政部《婚姻登记条例》颁布之前，当事人要离婚，除了要提交以上材料外，还要提交所在单位、村民委员会或者居民委员会出具的介绍信。由于这种规定可能导致当事人的隐私公开，因此遭到社会的质疑与反对。为此，2003

年10月1日实施的《婚姻登记条例》废除了此种制度，当事人离婚无须提交所在单位、村民委员会或者居民委员会出具的介绍信。

2. 审查

审查是婚姻登记机关办理婚姻登记的前提。离婚登记同样需要进行审查。我国《婚姻登记条例》第13条规定："婚姻登记机关应当对离婚登记当事人出具的证件、证明材料进行审查并询问相关情况。"据此，在审查过程中，婚姻登记机关既要审查当事人提交的材料是否齐全，是否符合法律的要求，还要对离婚协议的内容作全面的了解，如当事人是否具有夫妻身份，离婚是否真实自愿，有无欺诈、胁迫、弄虚作假等违法现象，对子女安排和财产分割是否合理等，必要时还要进行询问。

3. 登记

婚姻登记机关经过上述审查，确认当事人属自愿离婚，并对子女抚养、财产、债务等问题达成一致处理意见的，应当当场予以登记，发给离婚证。

（三）登记离婚的效力

当事人自领取离婚证之日起解除婚姻关系，双方不再有夫妻的权利与义务关系。离婚证是婚姻登记机关出具的证明婚姻关系解除的法律文书，与法院的离婚判决书、离婚调解书具有同等的法律效力，对双方当事人都有约束力，任何一方不得反悔。一方当事人在办理离婚登记之后又要求法院重新处理其婚姻问题的，人民法院不予受理。

至于登记离婚后当事人双方又有其他纠纷，要求法院重新处理的问题，根据"婚姻法解释二"第8条的规定，离婚协议中关于财产分割的条款或者当事人因离婚就财产分割达成的协议，对男女双方具有法律约束力。当事人因履行上述财产分割协议发生纠纷提起诉讼的，人民法院应当受理。如"婚姻法解释二"第9条的规定，男女双方协议离婚后一年内就财产分割问题反悔，请求变更或者撤销财产分割协议的，人民法院应当受理。人民法院审理后，未发现订立财产分割协议时存在欺诈、胁迫等情形的，应当依法驳回当事人的诉讼请求。

第三节　诉讼程序的离婚

一、诉讼离婚概述

（一）诉讼离婚的概念

诉讼程序的离婚，是指婚姻当事人一方基于一定理由，向法院提起离婚之诉，经法院审理并裁决离婚的法律制度，又称诉讼离婚。在现代，尽管协议离婚有日渐发展的趋势，但诉讼离婚仍是各国主要的离婚方式，而且目前仍有很多国家规定，裁判离婚是唯一合法的离婚方式。在我国，夫妻一方要求离婚或夫妻双方对子女抚养或财产分割有争议的离婚，须经过人民法院的审判裁决。

（二）诉讼离婚的特点

诉讼离婚与行政程序的离婚相比，具有以下特点：

1. 诉讼离婚的适用范围广

从法律上讲，离婚的方式由当事人协商选择，在双方协商一致的情况下，采用行政程序的离婚或诉讼程序的离婚均可。但协商不成的，只能诉讼离婚。可见诉讼离婚的适用范围甚广。在协商不成时采用诉讼离婚，包括：一方不同意离婚的；双方虽同意离婚，但子女抚养未达成协议的；双方虽同意离婚，但财产问题未达成一致的。此外，诉讼离婚还适用于：离婚当事人一方下落不明或被宣告失踪的；一方正在被劳动教养或正在被监禁期间不能亲自去婚姻登记机关申请的离婚案件。随着我国经济发展、人才劳务的流动，当事人离开本人户籍所在地在异地发展时，如果要求离婚并对子女抚养和财产问题没有异议，回户籍所在地办理协议离婚确有困难的，原告向被告一方经常居住地人民法院提起离婚诉讼，人民法院也受理。

2. 诉讼离婚中法院对离婚真实性与合法性的审查较为严格

在离婚诉讼中，人民法院要对离婚双方的具体情况作全面详尽的审查，如离婚的原因、当事人一方有无婚姻过错、子女由哪一方抚养更适合、夫妻财产状况、有无共同债务及债务如何分担等。经过法院审查裁判的离婚案件，可以使签署男女双方不公平离婚协议及借离婚逃避债务等不合理或不合法的情形得以减少。

3. 诉讼离婚的判决具有强制性

与行政程序离婚的离婚协议不同，诉讼离婚的判决具有强制性，当一方不履行法院离婚判决时，另一方可向人民法院申请强制执行。而离婚协议只是婚姻登记机关认可的当事人就双方婚姻关系、子女抚养及财产问题达成一种民事契约，契约当事人应当按照协议的约定行使自己的权利和承担自己义务。如果男女一方不按照离婚协议履行义务时，另一方不能仅凭双方达成的离婚协议直接要求人民法院强制执行。由于当事人的离婚协议本身不具强制执行的效力，如果要迫使一方履行协议约定的义务，只能向人民法院提起民事诉讼，请求人民法院确认该离婚协议的效力并予以强制执行。

4. 诉讼离婚的结果取决于司法机关的裁量

与行政程序的离婚过程相比，诉讼程序离婚的当事人之间对抗性更强，诉讼中当事人可依法行使抗辩权、上诉权；同时，与行政程序离婚的结果相比，诉讼离婚的结果是当事人不能控制的，法院不仅可能做出不准离婚的判决，而且在判决离婚时，有权对离婚后果作全面的审查，对子女的抚养、财产的分割及债务的清偿等问题，即使当事人意见一致也可依法变更。

（三）外国法中诉讼离婚立法例

诉讼离婚是外国法上通行的一种离婚方式，但在外国法中关于诉讼离婚立法例也不尽相同。从立法原则看，有过错离婚主义、目的离婚主义和破裂主义之分。过错离婚主义坚持以对方违背婚姻义务的特定过错行为作为提出离婚的法定理由，也称有责主义的离婚。目的离婚主义是指并非一方的主观故意或过错行为，但有客观原因使婚姻目的无法达到而提出离婚的法定理由，又称无责主义的离婚。破裂离婚主义则是以婚姻关系破裂作为离婚的法律依据。不少国家采取上述两种或三种原则相结合的立法原则，也有的国家仅采取破裂主义原则。从离婚理由的表现方式来看，有列举主义、概括主义和例示主义的区别。列举主义是在法律中详尽列出具体离婚理由，无法定事由不得诉请求离婚；概括主义则在法律中不列举离婚理由，仅概括性规定一个是否准予离婚的法定界限；例示主义是混合型立法方式，列举性规定和概括性规定相结合。例示主义与列举主义的最重要区别是，对于法定的离婚理由，前者除有列举准予离婚的具体情形，还有概括性的条款规定，而后者则无概括性的条款规定。① 目前，世界各国立法常见的法定离婚理由有婚姻关系破裂、家庭共同生活解体、重婚、通奸、虐待、遗弃、谋害配偶、患有精神病或重大不治之疾、不能人道、一定期间分居、一方失踪、被判刑、酗酒、吸毒、叛教、嗜赌等几十种之多。

二、我国诉讼离婚中的调解与裁判

我国现行《婚姻法》第32条规定：“男女一方要求离婚的，可由有关部门进行调解或直接向人民法院提出离婚诉讼。”“人民法院审理离婚案件，应当进行调解；如感情确已破裂，调解无效，应准予离婚。”我国诉讼离婚制度中，调解与裁判是解决离婚的两大程序性制度。目前在我国的司法实践中，当事人一方要求离婚的，可以通过诉讼前有关部门调解或人民法院直接审理来解决。

（一）诉讼外调解

诉讼外调解，是指男女一方要求离婚的，在人民法院以外的有关部门主持下进行调解的程序。这里的有关部门包括当事人所在单位、群众团体、基层组织和行政主管部

① 宋豫、陈苇主编：《中国大陆与港、澳、台婚姻家庭法比较研究》，重庆出版社2002年版，第389页。

门，故也称非诉讼离婚调解或行政调解。诉讼外调解是我国处理民间纠纷的有效方式，在有关部门主持下，能及时、合理地解决当事人的婚姻家庭纠纷，及时消解矛盾，有利于当事人生活和社会秩序安定，减少诉讼，减轻法院工作量。因此，该制度有着重要的意义和积极的作用。

需要强调的是，诉讼外调解程序，并非诉讼离婚的必经程序，不具有法律强制性，应遵循自愿、合法的原则。任何组织和机关均不得强迫当事人接受诉讼外调解。当事人可以先经过诉讼外调解，也可以不经过诉讼外调解，直接向人民法院提起离婚诉讼。

经过有关部门调解，一般有三种结果：一是经过调解，双方当事人和好，纠纷消除，矛盾化解，这自然是皆大欢喜的结局；二是经过调解，双方当事人同意离婚，达成离婚协议，由一方要求离婚转化为双方自愿离婚，这时当事人双方应到婚姻登记机关办理离婚登记；三是调解无效，当事人双方对离婚达不成协议，和好又不可能，或者双方虽然同意离婚，但对子女、财产或其他事项达不成一致意见，此时，要求离婚的一方当事人应向人民法院提起离婚诉讼，通过司法途径解决。

（二）离婚诉讼程序

离婚诉讼程序，是指夫妻一方以解除婚姻关系为目的而提起诉讼，由人民法院依法审理并做出裁判所适用的法定程序。根据我国婚姻法及民事诉讼法的相关规定，离婚诉讼程序具体包括起诉、受理、调解、判决、上诉几个阶段。

1．起诉与受理

离婚诉讼的当事人应当是婚姻当事人即夫妻双方，由一方起诉另一方。结合司法实践，要注意两个问题：①无民事行为能力人的配偶有虐待、遗弃等严重损害无民事行为能力一方的人身权利或者财产权益行为，其他有监护资格的人可以依照特别程序要求变更监护关系；变更后的监护人代理无民事行为能力一方提起离婚诉讼的，人民法院应予受理[①]。②由于离婚诉讼的当事人要求是具有婚姻关系的配偶双方，所以当事人起诉请求解除同居关系的，人民法院不予受理。但当事人请求解除的同居关系，属于“有配偶者与他人同居”的，人民法院应当受理并依法予以解除[②]。

离婚案件的管辖，根据民事诉讼法及其司法解释规定，由被告住所地的基层人民法院管辖，被告住所地与经常居住地不一致的，由经常居住地的基层人民法院管辖；在某

① 最高人民法院《关于适用〈中华人民共和国婚姻法〉若干问题的解释（三）》第8条的规定。

② 最高人民法院《关于适用〈中华人民共和国婚姻法〉若干问题的解释（二）》第1条的规定。

些特殊情况下，也可由原告住所地的基层人民法院管辖。[①] 起诉时，原告须向人民法院递交起诉书和副本，写明原被告的一般情况、起诉的理由和要求、依据的事实和证据。

符合上述规定的，人民法院应立案受理。但对人民法院已经判决不准离婚的案件，或经人民法院调解和好的离婚案件，如果没有新情况或新理由，6 个月之内不得再起诉，即使起诉，人民法院也不予受理。

2. 法院调解

调解是人民法院审理离婚案件的必经程序，是人民法院行使审判职能的一个重要方面。根据婚姻法及民事诉讼法的规定，人民法院审理离婚案件应当调解。这里的调解是诉讼内调解，是由人民法院主持下的对当事人离婚纠纷的调解。人民法院适用调解，有利于对当事人进行法制教育和思想疏导，促使当事人互谅互让，促成和好或达成某种协议，使案件得到及时妥善的处理。诉讼中的调解活动应贯穿于人民法院审理离婚案件的整个过程，在第一审程序、第二审程序和审判监督程序中都可以进行。调解活动应当坚持自愿、合法原则。所谓自愿是指当事人双方在人民法院主持下，通过协商自愿达成协议，在达成协议时不能违背当事人意愿，强迫命令；所谓合法则是指经过调解所达成的协议内容不违反法律规定和社会道德要求。在调解过程中，要力克勉强，当事人不愿继续调解的，法院应及时作出判决。调解不能久调不决，以免出现不良后果。

法院主持下诉讼内的调解，也有三种结果：一是经调解双方当事人达成和好的协议，原告撤诉的，法院将调解和好的笔录存卷，结束诉讼活动，不需制作调解书发给当事人。二是当事人达成离婚协议的，离婚协议经双方当事人签字确认后，发生法律效力。此时的离婚调解协议和离婚判决书有同等的法律效力，不经法定程序，不得随意变更。如果一方当事人不履行协议内容时，另一方可申请人民法院强制执行。三是调解无效，当事人既不同意和好，又达不成离婚协议的，人民法院不应久拖不决，应该立即进入判决阶段。

---

① 最高人民法院《关于适用〈中华人民共和国民事诉讼法〉若干问题的意见》规定：“……11. 非军人对军人提出离婚诉讼，如果军人一方为非文职军人，由原告住所地人民法院管辖。离婚诉讼双方当事人都是军人的，由被告住所地或者被告所在的团级以上单位驻地的人民法院管辖。12. 夫妻一方离开住所地超过一年，另一方起诉离婚的案件，由原告住所地人民法院管辖。夫妻双方离开住所地超过一年，一方起诉离婚的案件，由被告经常居住地人民法院管辖；没有经常居住地的，由原告起诉时居住地的人民法院管辖。13. 在国内结婚并定居国外的华侨，如定居国法院以离婚诉讼须由婚姻缔结地法院管辖为由不予受理，当事人向人民法院提出离婚诉讼的，由婚姻缔结地或一方在国内的最后居住地人民法院管辖。14. 在国外结婚并定居国外的华侨，如定居国法院以离婚诉讼须由国籍所属国法院管辖为由不予受理，当事人向人民法院提出离婚诉讼的，由一方原住所地或在国内的最后居住地人民法院管辖。15. 中国公民一方居住在国外，一方居住在国内，不论哪一方向人民法院提起离婚诉讼，国内一方住所地的人民法院都有权管辖。如国外一方在居住国法院起诉，国内一方向人民法院起诉的，受诉人民法院有权管辖。16. 中国公民双方在国外但未定居，一方向人民法院起诉离婚的，应由原告或者被告原住所地的人民法院管辖。”

3. 判决

根据我国婚姻法的规定，人民法院审理离婚案件，应当进行调解；如感情确已破裂，调解无效，应准予离婚。因此，判决是人民法院在调解无效时，对当事人的婚姻关系是否解除作出的强制性决定。此时的判决有两种结果：一种是判决准予离婚；另一种是判决驳回起诉（不准予离婚）。无论是哪种判决，都是人民法院以事实为根据，按照婚姻法及其相关规定的标准作出的，即属于“夫妻感情确已破裂，调解无效的，准予离婚”；夫妻感情尚未破裂或未完全破裂，即使调解无效的，也不准离婚。当事人对一审法院的判决不服，在一审判决后15日内，有权向上一级人民法院提起上诉。二审法院作出的判决为终审判决。

判决一经生效，即具有法律的强制力，当事人必须执行。对于已经生效的解除婚姻关系的判决书，不得申请再审，因为婚姻关系涉及当事人身份关系的变化，一旦婚姻关系解除后一方再婚则原婚姻关系无法恢复。但是，当事人就离婚案件中财产分割问题申请再审的，如涉及判决书中已分割的财产，符合再审条件的，可以申请再审；如涉及判决书中未处理的夫妻共同财产，则应另行起诉。

三、我国裁判离婚的条件

人民法院对调解无效的离婚案件必须作出判决，判决包括不准离婚判决和准予离婚判决。法院判决所依据的标准是什么？对此，2001年修改后的现行《婚姻法》采取了例示主义的立法方式，将概括性的规定与示例的列举结合起来，既规定了准予离婚的法定条件，也规定了准予离婚法定条件的具体情形。

（一）夫妻感情确已破裂是准予离婚的法定条件

现行《婚姻法》第32条规定：“人民法院审理离婚案件，应当进行调解，如感情确已破裂，调解无效，应准予离婚”。该规定表明了裁判离婚的法定条件包括两个方面内容。

1. 夫妻感情确已破裂

夫妻感情确已破裂是指夫妻感情确已达到了真实、完全、长久地不可挽回的程度。也就是说夫妻感情已经破裂而不是将要破裂或者可能破裂，夫妻感情已真正破裂而不是虚假现象或者第三人猜测臆断，夫妻感情完全破裂而不是刚刚产生的裂痕或没有完全破裂。

2. 调解无效

感情确已破裂与调解无效两者之间是不可分割的有机统一体，其中感情是否破裂是准离或不准离的实质要件，而调解是否无效则是程序要件。二者均为准予离婚的法定条件，前者是主要条件，后者是从条件。感情是夫妻关系的基础，感情有无是婚姻关系存废的前提，感情确已破裂是夫妻关系破裂、难以继续维持下去的重要标志；而调解是必经程序，未经调解，不得判决，即尽管夫妻感情已完全破裂，但尚未进行调解和调解程序还未结束的案件，是不能判决离婚的。

适用这一法定条件时，要注意感情确已破裂与调解之间的关系。一般来说，感情确已破裂，调解是无效的，但也不是绝对无法调解的；有时感情没有破裂，也有调解无效的情况，调解无效不能作为“感情确已破裂”的标志。夫妻感情没有破裂或没有完全破裂，即使调解无效，也不应准予离婚。所以，无论是调解，还是判决，核心问题在于把握夫妻感情是否确已破裂。

我国在裁判离婚的条件上采用了破裂主义的立法原则。然而对于我国现行立法将“感情确已破裂”作为准予离婚的法定条件，学界认为值得商榷：第一，“感情”是一种心理状态，属于伦理学而不是法律调整的范畴，法律调整的是婚姻关系而不是感情关系；第二，感情是复杂易变的，极易受客观因素的影响，在实践中难以识别和判断，执法者难以把握“破裂”的标准；第三，婚姻的维系，除了有感情因素外，还有经济因素、子女因素和家庭责任等；第四，“感情破裂”不能反映出所有离婚的理由。有的夫妻从结婚之日就无感情，离婚时谈何“感情破裂”；有的夫妻感情甚深，但一方因长期患病不能履行夫妻义务，不愿拖累对方而坚决要求离婚，这时准予离婚的标准就不是“感情破裂”。可见，只考察有无感情就认定婚姻能否存续，确实过于片面。在采取破裂主义立法原则的国家中，多以“婚姻关系确已破裂”“夫妻共同生活破裂”作为离婚的法定条件，[①]为此，学界建议，将“感情确已破裂”改为“婚姻关系确已破裂”或“婚姻关系不能维持”，[②]只要夫妻的婚姻关系在事实上已经破裂，调解无效，即便夫妻之间仍然存在感情，法院也应当解除双方之间的婚姻关系。

（二）认定夫妻感情确已破裂的概括性标准

为了弥补婚姻法原则性规定的不足，1989 年最高法院《关于人民法院审理离婚案件如何确定夫妻感情确已破裂的若干具体意见》，对如何判断夫妻感情确已破裂，规定“判断夫妻感情是否确已破裂，应从婚姻基础、婚后感情、离婚原因、夫妻关系现状和有无和好可能等方面综合分析”，可以视为判断《婚姻法》第 32 条第 3 款第（5）项“其他导致夫妻感情破裂的情形”的概括性标准。

1. 婚姻基础

这主要考察双方缔结婚姻时的感情基础，即双方的结合是包办强迫的还是自主自愿的；是基于相互爱慕而结合的还是基于其他利益，如金钱、地位、容貌而草率结合的。

① 陈苇主编：《外国婚姻家庭法比较研究》，群众出版社 2006 年版，第 439 – 442 页。

② 王胜明、孙礼海主编：《〈中华人民共和国婚姻法〉修改立法资料选》，法律出版社 2001 年版，第 61 页。

因为婚姻基础对婚姻质量有直接或间接影响。强迫包办的结合或基于其他利益需要的结合，夫妻感情基础差，易发生矛盾造成关系不和，产生问题也不易调解。自主自愿的结合以及两情相悦、互相爱慕的结合，感情基础较好，一般不易发生重大矛盾，有了纠纷也易调解。但是必须看到，婚姻基础只说明过去，情况也在不断变化的，感情基础好或自愿结合的夫妻，也不一定都能白头偕老；而婚姻基础不好的夫妻，在长期共同生活中也可以建立发展成为美好的婚姻。所以在判断分析时不能一概而论，应区分一般和特殊，还要结合其他因素一起判断。

2. 婚后感情

这主要考察夫妻在共同生活期间的感情状况。一要看婚后夫妻是否建立起了夫妻感情，夫妻感情好的时间和坏的时间有多长，夫妻感情发展是由好的向坏的方向发展，还是从坏的向好的方向发展；二要看夫妻感情变化的原因，是自身的原因还是外界的原因，是可以克服排除的原因还是不可以克服排除的原因。总之，要从婚后感情变化的总体上判断婚后感情是较好的、一般的，还是差的、比较差的，从感情变化的趋势得出正确结论。在考察夫妻感情状况时，还要重视分析考量双方思想修养、道德品质、所受教育、生理心理状况、性格特点等诸方面因素，透过事物表象发现真实情况。

3. 离婚原因

这主要考察原告提出离婚的真正理由。离婚原因对判断夫妻感情是否破裂至关重要，往往在诉讼中也是争执的焦点。原告为了达到离婚的目的，可能会夸大其词，制造假象，捏造事实，掩饰其离婚真正动机；而被告为阻止原告的要求，也尽可能辩解，否定原告离婚的理由，扩大对方错误，甚至编造虚假事实，掩盖其他事实真相。因此，首要任务是去伪存真，查清导致提出离婚诉讼的远因、近因、主要原因、其他原因等真实原因，在此基础上区分造成离婚原因是本质的还是非本质的；是内部还是外部。抓住案件的主要矛盾，有针对性地做好调解工作。

4. 夫妻关系现状及有无和好可能

这主要考察夫妻一方提出离婚时婚姻关系的状况，是在婚姻基础、婚后感情的又一个阶段上考察夫妻感情是否确已破裂，并结合其他方面因素的分析，对今后婚姻关系的发展前景做出恰当的估计和判断，作为最后判决的根据。从夫妻关系实际状况看，夫妻感情尚未破裂、有和好希望的，法院应尽量努力劝说当事人和解，帮助他们改善关系，使双方和好的可能变成现实。对那些感情确已破裂，已没有和好希望的，应依法准予离婚。

以上四点是相互联系和影响的整体，不能割裂开来看，应全面综合进行分析判断。需要注意的是，这只是审判实践中总结出来的经验，是一种参考的因素。每个具体案件形态各异、各有特点，不能死搬硬套，应视不同情况区别对待。

（三）认定夫妻感情确已破裂的具体情形

现行《婚姻法》第32条第2款规定：有下列情形之一，调解无效的，应准予离婚：①重婚或有配偶者与他人同居的；②实施家庭暴力或虐待、遗弃家庭成员的；③有赌博、吸毒等恶习屡教不改的；④因感情不和分居满两年的；⑤其他导致夫妻感情破裂的情形。《婚姻法》第32条第3款规定：一方被宣告失踪，另一方提出离婚诉讼的，应准予离婚。

最高人民法院在《关于人民法院审理离婚案件如何确定夫妻感情确已破裂的若干具体意见》中列举了14种夫妻感情确已破裂的具体情形，凡符合其中之一的，可视为夫妻感情确已破裂；一方要求离婚，经调解无效，可依法判决准予离婚。该司法解释的颁布实施推动了离婚案件审理质量的提高，对当事人更为公正、效果良好。然而，随着2001年婚姻法的修改与实施，该14种具体情形中的某些情形或已被新法所取代，或因不符合婚姻法的精神而作废，但目前仍有一些情形可以作为夫妻感情确已破裂的酌定理由，属于现行《婚姻法》第32条第2款第（5）项"其他导致夫妻感情破裂的情形"的具体情形，应结合实际调解结果，判断是否准予离婚：①配偶一方婚后患有法定禁止结婚疾病，如果达到了妨害婚姻目的实现的程度的；②配偶一方有生理缺陷或其他原因不能发生性行为，且难以治愈的；③男女双方婚前缺乏了解，草率结婚，婚后未建立起夫妻感情，难以共同生活的；④双方办理结婚登记后，未同居生活，无和好可能的；⑤一方被依法判处长期徒刑，或者违法、犯罪行为严重伤害夫妻感情的。

根据最高人民法院《关于适用〈中华人民共和国婚姻法〉若干问题的解释（一）》第22条的规定，"人民法院审理离婚案件，符合第32条第2款规定应准予离婚情形的，不应当因当事人有过错而判决不准离婚。"即是否准予离婚，不应是作为惩罚过错方的手段，即使当事人一方有造成夫妻感情确已破裂的法定过错，且该过错方本人提出离婚诉讼，法院也不应因当事人有过错而判决不准离婚。至于无过错方因离婚导致的损害，可以在离婚时通过适当多分得的夫妻共同财产得到一些补偿，也可以通过离婚损害赔偿制度进行索赔。

四、我国诉讼离婚的特别规定

（一）对现役军人配偶离婚权的限制性规定

现行《婚姻法》第33条规定："现役军人配偶要求离婚，须得军人同意，但军人一方有重大过错的除外"。我国《婚姻法》的这一规定是对现役军人配偶离婚胜诉权的一种限制。在法律上给予现役军人婚姻以特别保护，是我国婚姻立法的传统，有利于稳定军心，增强人民解放军的战斗力，体现了国家对现役军人家庭的关怀和爱护。婚姻法修正案草案向社会公众征求意见时，有人建议取消军人的离婚特权，认为：表面上看，军人离婚特权有利于保护军婚，实则不然，因为军人的配偶与军人离婚难，有时可能导致军人找对象难、结婚难，而且用法律强制维系军婚的外壳，既对军人无益，又有害于其配偶，否定了军人配偶在婚姻关系中的平等权。[①]为此，修改后的《婚姻法》增加了"军人有重大过错"时对其婚姻不适用特殊保护的规定，体现了法律的公正性，避免机械追求形式上对军婚保护，而损害非军人配偶的合法权益。

在适用该条规定时，应注意以下几个问题：

（1）本条规定的"现役军人"，是指具有军籍、正在中国人民解放军或者武装警察部队服役的男女军人，包括：中国人民解放军部队的现役军官，军士长，军士，士兵；中国人民武装警察部队的警官，警士长，专业警士，警士；中国人民解放军及中国人民武装警察部队的文职干部。退伍军人、转业军人和在军事单位内工作但没有取得军籍的职工不属于现役军人的范围。另外，正在被劳动教养或服刑的军人，不享受现役军人的待遇。

（2）本条规定的"现役军人配偶"，是指同现役军人履行了登记结婚的手续并领取结婚证、确立了合法婚姻关系的夫或妻，其身份是非现役军人。现役军人的配偶要求离婚，是指非军人一方向现役军人一方提出离婚的情形，如男女双方均为现役军人或现役军人一方向非军人一方提出离婚，则不适用该条特别规定，应按一般离婚处理。这条规定也不适用双方合意离婚的情况。

（3）处理军人离婚纠纷时，既要对现役军人的婚姻进行特殊保护，又要根据具体情况保护军人配偶的合法权益。现役军人的配偶提出离婚而军人不同意离婚的，人民法院应当与有关部门相互配合对军人配偶进行说服教育，劝其珍惜军属的荣誉，改善夫妻关系，尽量调解和好或者判决不准离婚。对夫妻感情确已破裂，无法再维持婚姻关系的，经调解无效，人民法院可以通过军人所在部队团以上政治机关，在做好军人的思想工作以后准予离婚，对离婚应严格掌握，慎重处理。

（4）现役军人的配偶提出离婚，如系第三人插足破坏军人婚姻家庭所造成且构成犯罪的，应依照《刑法》第259条规定，"明知是现役军人的配偶而与之同居或者结婚的，处三年以下有期徒刑或者拘役。利用职权，从属关系，以胁迫手段奸淫现役军人妻子的，依照本法第236条规定定罪处罚"，依法追究第三人法律责任。军人不同意离婚的，判决不准离婚。

（5）本条对现役军人配偶离婚胜诉权的限制有例外规定。即现役军人的配偶要求离婚，须得军人同意，但军人一方有重大过错的除外。何为重大过错？可以依据现行《婚姻法》第32条第2款前三项规定及军人有其他重大过错导致夫妻感情破裂的情形

① 王胜明、孙礼海主编：《〈中华人民共和国婚姻法〉修改立法资料选》，法律出版社2001年版，第38页。

予以判断。即：重婚或有配偶者与他人同居的；实施家庭暴力或虐待、遗弃家庭成员的；有赌博、吸毒等恶习屡教不改的，以及其他重大过错（如长期通奸或嫖娼等行为）导致夫妻感情破裂的情形。但是，如果军人一方不具有上述重大过错而只是一般过错，其配偶要求离婚的，仍"须得军人同意"。

（二）对法定期间内男方离婚请求权的限制规定

《婚姻法》第 34 条规定："女方在怀孕期间，分娩后 1 年内或中止妊娠后 6 个月内，男方不得提出离婚。女方提出离婚的，或人民法院认为确有必要受理男方请求的，不在此限。"我国婚姻法的该条规定是保护妇女儿童正当权益的特别需要。妇女在怀孕期间、分娩后 1 年内或中止妊娠后 6 个月内，在生理及心理上都有一定负担，特别虚弱，需要加以保护，因此在上述期间内对男方离婚请求权暂时限制是必要的，是保护孕、产妇和中止妊娠术后妇女的身心健康及胎、婴儿发育成长的需要。

在适用该条规定时，应注意以下几个问题：

（1）这是一项在特定时期针对特定主体的限制，非特定时期或非特定主体不受限制。因为：①被限制离婚请求权的主体只能是男方，而不是女方；②它是在特定时期对男方起诉权的限制，是一种程序法上的规定，对婚姻实体权利的处分没有影响，在上述期限届满后，男方仍可依法行使离婚的起诉权；③被限制的权利是有期限的，即女方怀孕期间，女方分娩后 1 年内，女方中止妊娠后 6 个月内，超过此期限则不再发生限制的效力。

（2）女方在上述三个期间内提出离婚的，不受限制。因为在此期间女方如果提出离婚，往往多因为自身或者胎儿、婴儿受到损害而迫不得已提出，即使基于其他原因，一般情况下女方对其离婚及后果也都有了思想准备，因此法院应当受理女方提出的离婚诉讼；否则，可能更加不利于保护妇女、胎儿、婴儿的利益。当然，如果男女双方在这些期间自愿离婚（但没有达成其他方面的协议）而起诉至法院，法院也应受理。

（3）人民法院认为确有必要受理男方离婚请求的，不受此限制。这主要是指在女方怀孕期间，或女方分娩后 1 年内，或女方中止妊娠后 6 个月内，如果女方有重大过错，例如女方婚后与他人发生性关系而怀孕、男方生命受到女方威胁或者合法权益受到女方侵害、女方对婴儿有虐待及遗弃行为等，男方坚持要求离婚时，如不及时受理，可能使矛盾激化，甚至引发流血冲突。因此，人民法院可以受理男方的离婚请求；至于是否准予离婚，仍应根据具体情况和法律的规定来处理。

第四节　离婚的效力

离婚的效力，是指夫妻双方解除婚姻关系的行为在法律上所产生的后果，故离婚的效力也称离婚的法律后果。离婚产生的法律后果涉及离婚当事人的人身关系、财产关系以及子女抚养等多方面，根据我国婚姻法的规定，离婚最直接的后果包括：夫妻身份关系的消灭，夫妻之间相互的权利义务终止，子女抚养责任的分担，夫妻共同财产的分割，对一方的经济补偿，共同债务的清偿，对生活困难一方的经济帮助以及离婚损害赔偿等问题的处理。这些问题关系到离婚纠纷的圆满妥善的解决。

离婚的效力产生于离婚的法定程序完成之后，它只对将来发生效力，不发生溯及既往的效力。离婚的效力在离婚协议生效时（登记领取离婚证之日）或在法院调解协议签订时或在法院判决生效之日起产生。

一、夫妻身份关系的消灭

夫妻身份关系因结婚而发生，因离婚而消灭。离婚使夫妻身份关系解除，双方当事人基于夫妻身份而产生的一切权利义务关系随之消灭。

（一）我国婚姻法上离婚的效力

1. 扶养义务终止

我国《婚姻法》规定，在婚姻关系存续期间夫妻有相互扶养的义务。离婚后，随着夫妻身份关系的消灭，夫妻间互相扶养的义务同时解除，任何一方均不再享有要求对方扶养的权利，任何一方亦不再存在扶养对方的义务。

2. 忠实义务消除

我国《婚姻法》在总则中提出了“夫妻应当互相忠实”的要求，可视为夫妻忠实义务的确认。离婚后，随着夫妻关系的终止，相应的夫妻忠实义务也随之消除。

3. 法定继承人的资格丧失

我国《婚姻法》和《继承法》均规定了夫妻有互相继承遗产的权利。离婚后，配偶的身份关系解除，同时丧失了互为法定继承人的资格，彼此无权再以配偶的身份继承对方的遗产。

4. 再婚自由

婚姻关系解除后，夫妻身份消除，男女双方恢复了无配偶的身份，均享有重新缔结婚姻的自由权利，彼此不得加以干涉。

5. 姻亲关系的消灭

姻亲关系因婚姻的成立而发生，但婚姻关系终止时是否消灭，依终止的原因有所区别。当婚姻因配偶一方死亡而终止时，姻亲关系并不当然消灭，如我国《继承法》第12条“丧偶儿媳对公、婆，丧偶女婿对岳父、岳母，尽了主要赡养义务的，作为第一顺序继承人”的规定，说明配偶一方死亡后，生存方与直系姻亲间的关系依然存在。但是，婚姻关系若因当事人双方离婚而终止，其与对方亲属的姻亲关系亦随之消灭。

（二）外国法上离婚的效力

外国法中关于离婚的法律后果既有相同也有不同。以大陆法系与英美法系为例，由于离婚的必然后果的内在本质规律和其相应的法律机制的特点，以及两大法系法文化背景的某些相通性，其离婚的法律后果有许多共同之处：夫妻人身关系方面的权利义务消灭，包括同居、忠实、互为代理人的资格、监护职责等消灭；双方恢复再婚自由；夫妻财产关系发生变化，如扶养义务的终止、婚姻共同财产的清算和分割、法定继承权的丧失等；对子女的监护权、亲权、抚养方式发生变化，但父母与子女的关系不因离婚而解除；对子女探视权的行使；离婚后一方有权在一定条件下要求另一方提供扶养或经济帮助等。两大法系的规定都体现出保护弱者、保护妇女和未成年子女利益的精神。但是，由于两大法系对婚姻效力、法定离婚理由、夫妻的财产制度等方面的规定存在差异，导致其在离婚的法律后果方面也有很大差异，主要体现在：姓氏的恢复与保留，夫妻财产的分割，离婚后一方对另一方的经济帮助、离婚损害赔偿制度等。[①]此外，一些国家对离婚制度上也有一些特殊规定，如对离异者的再婚权设定了某些限制、相奸者禁婚、女方在禁婚期内禁婚等。

二、夫妻共同财产的分割

离婚不仅终止了夫妻的人身关系，而且也终止了夫妻间原有的财产关系。在夫妻财产制度方面，各国均采取法定财产制与约定财产制两大财产制度，我国的法定夫妻财产包括夫妻共同财产及夫妻个人财产。因此，离婚时，如果夫妻有共同财产，则应当依法予以分割。

（一）夫妻共同财产分割的原则

分割夫妻共同财产直接关系到离婚双方当事人的切身利益。依照我国《婚姻法》第39条规定：“离婚时，夫妻的共同财产由双方协议处理；协议不成时，由人民法院根据财产的具体情况，照顾子女和女方的权益的原则判决。”人民法院在审理离婚案

① 陈苇主编：《外国婚姻家庭法比较研究》，群众出版社2006年版，第443－447页。

件、分割夫妻共同财产时，应当遵守以下原则。

1. 尊重当事人意愿的原则

目前，尊重婚姻当事人的意思自治、契约自由的精神已在大多数国家的婚姻家庭法中得到了体现，允许双方根据自己的意愿，依法对共同财产的分割作出约定，既有利于充分发挥财产的各项权能，又有利于满足当事人各自的要求，也有利于财产的妥善处置，促使纠纷的及时解决。因此，我国婚姻法在处理离婚夫妻的财产问题时，首先要求夫妻双方协商，对夫妻双方自愿合法的协议，法律给予充分的尊重。最高人民法院《关于适用〈中华人民共和国婚姻法〉若干问题的解释（二）》第8条进一步规定，离婚协议中关于财产分割的条款或者当事人因离婚就财产分割达成的协议，对男女双方具有法律约束力。

需要注意的是，夫妻离婚财产分割协议不是夫妻财产约定协议，因为它是夫妻双方离婚时对夫妻共同财产的归属的约定，而不是夫妻双方对婚姻关系存续期间夫妻财产归属的约定。离婚财产分割协议是附条件的协议，即该协议的生效以双方离婚为条件。如果夫妻关系未解除，该协议不生效，既不能主张以此分割财产。最高人民法院《关于适用〈中华人民共和国婚姻法〉若干问题的解释（三）》第14条规定："当事人达成的以登记离婚或者到人民法院协议离婚为条件的财产分割协议，如果双方协议离婚未成，一方在离婚诉讼中反悔的，人民法院应当认定该财产分割协议没有生效，并根据实际情况依法对夫妻共同财产进行分割。"

2. 男女平等的原则

男女平等原则是我国婚姻制度的根本原则之一，在财产分割上表现为夫妻双方对共同财产有平等分割的权利。在现实社会的家庭中，夫妻双方的收入比例可能是有差别的，男方往往高于女方，但是在进行财产分割时，双方应有平等的权利，不能区别对待。原则上，夫妻共同财产应由夫妻双方均等分割，因为夫妻共同财产是属于夫妻共同共有的财产，双方的权利和利益是均等的。

此外，由于我国农村的有些地区在女方离婚后，其责任田、口粮田和宅基地等土地权益得不到保障，在家庭承包经营中享有的权益受到损害，造成了生活上极大困难，故现行《婚姻法》（2001年修正案）特别增加一款，强调"夫妻在家庭土地承包经营中享有的权益等，应当依法予以保护"，从立法上对损害离婚夫妻享有的农村土地承包经营权的行为作出禁止性规定。

3. 照顾子女和女方利益的原则

该原则是对男女平等原则的重要补充，强调的是男女双方享受平等分割共同财产的权利时，应当照顾子女和女方利益。首先，由于父母离异会给未成年子女今后的生活成长带来一些不利影响，为了使子女能在一个较好环境里学习成长，在分割夫妻财产时，应根据子女的学习和生活需要，给直接抚养子女的一方适当地多分一些财产，以照顾子女的实际需要；其次，目前在我国许多家庭中，夫妻双方的经济实力还存在着实际差别，女方在经济地位和生活能力上总体上相对较弱，短时期内还不能与男方完全平等，因而在离婚分割夫妻共同财产时，适当照顾女方多分财产是必要的，在司法实践中也是可行的。

4．照顾无过错方的原则

该原则是对离婚中无过错方的损害通过给其适当多分财产进行补偿的做法，虽然婚姻法未直接规定，但在我国理论界和司法实践中一直是主张这一原则的。如果离婚纠纷是因一方的过错而引起的，虽然现行立法并不会因此而以不准离婚来限制过错方，但并不代表过错方就可以不必为自己的过错行为负责。法院在分割夫妻共同财产时，应对无过错方给予必要的照顾，如根据财产的实际情况，在数量上可以适当地多分，在具体物品的选择上给予优先等。

需要注意的是，对无过错方的照顾原则与离婚损害赔偿的适用完全不同，应加以区别：首先，对无过错方的照顾不是一种民事责任，照顾的程度要根据过错方过错程度的大小和共同财产的状况由法官酌定，如果双方没有共同财产，即使一方有过错也无法援用这一原则；离婚损害赔偿是一种民事责任，不受夫妻有无共同财产的存在、共同财产的状况和过错方生活状况的影响，符合法定过错条件的应依法给予赔偿。其次，适用照顾无过错方的原则时，目前法律对该过错行为没有限制性规定，严重过错行为与一般过错行为均可适用，如一方违反夫妻忠实义务发生婚外性行为导致的离婚等；而离婚损害赔偿制度的适用法律规定了严格的条件，目前仅限于一方有重婚行为、有配偶者与他人同居、实施家庭暴力行为、虐待和遗弃家庭成员等四种过错行为。此外，照顾无过错方的原则只是一项财产分割的方法，在分割夫妻共同财产时由当事人提出，或由法官酌定，数额上也不会过大；而离婚损害赔偿是一项法律制度，有严格的程序法要求，赔偿的数额既包括无过错方的财产损失，也包括精神损失。所以，司法实践中，既不能以照顾无过错一方的财产分割原则代替离婚损害赔偿制度，也不能以离婚损害赔偿取代在分割夫妻共同财产时对无过错一方的照顾。

5．有利于生产生活的原则

随着近年来城乡人民生活水平的提高，财产内容有了很大的变化，除了生活资料外，还涉及生产资料。因此，在分割夫妻共同财产时，应注意从有利于生产经营和生活的需要出发，尽量不损害财产的效用和价值。例如：对生产资料或一方从事职业所必需的工具、图书资料等应尽可能分给需要的一方；对当年无收益的种植业或养殖业，应尽可能分给继续经营的一方；对特定物包括有经济价值的纪念物不宜分割的，可根据财产来源分给获得者一方；等等，对未分得该项财产的另一方可分给其他财产或作价补偿。对于各种生活资料则应考虑双方和子女的实际生活需要，实事求是地合理分割。

6. 不损害国家、集体和他人利益的原则

离婚分割夫妻共同财产时，要注意保护国家、集体的财产和他人的合法权益，不能把属于国家、集体和他人所有的财产当作夫妻共同财产分割；不得借分割夫妻共同财产而损害他人的利益，例如，利用财产协议约定债务从而恶意逃避债务，对当事人贪污、受贿和盗窃非法所得必须依法追缴等。

（二）分割的范围

离婚时分割的财产应当是夫妻共同财产。属于夫妻个人的财产、子女的财产和其他家庭成员的财产，不能作为夫妻的共同财产加以分割。因此，明确夫妻共同财产的范围，是正确处理财产分割的前提。

1. 婚姻法规定的夫妻共同财产范围

我国现行《婚姻法》第 17 条规定，夫妻在婚姻关系存续期间所得的下列财产，归夫妻共同所有：①工资、奖金；②从事生产、经营的收益；③知识产权的收益（根据最高人民法院《关于适用〈中华人民共和国婚姻法〉若干问题的解释（二）》第 12 条的规定，“知识产权的收益”是指婚姻关系存续期间，实际取得或者已经明确可以取得的财产性收益）；④因继承或赠与所得的财产，但遗嘱或赠与合同中确定只归夫或妻一方的财产除外。⑤其他应当归共同所有的财产。根据最高人民法院《关于适用〈中华人民共和国婚姻法〉若干问题的解释（二）》第 11 条的规定，“其他应当归共同所有的财产”是指一方以个人财产投资取得的收益；男女双方实际取得或者应当取得的住房补贴、住房公积金；男女双方实际取得或者应当取得的养老保险金、破产安置补偿费。

2. 最高人民法院司法解释规定的夫妻共同财产

对于婚姻法未明确规定的具体财产状况和某些特殊财产权利及其分割方法，最高人民法院曾先后多次颁布司法解释以指导司法实践，包括：1993 年颁布的《关于人民法院审理离婚案件处理财产分割问题的若干具体意见》，1996 年颁布的《关于人民法院审理离婚案件中公房使用、承租若干问题的解答》，2001 年颁布的最高人民法院《关于适用〈中华人民共和国婚姻法〉若干问题的解释（一）》；2003 年颁布的最高人民法院《关于适用〈中华人民共和国婚姻法〉若干问题的解释（二）》；2011 年颁布的最高人民法院《关于适用〈中华人民共和国婚姻法〉若干问题的解释（三）》。除了后面将要讨论的夫妻某些特殊财产的分割问题外，我们将有关司法解释的内容整理后，对有关夫妻共同财产的范围及其分割作出说明：

（1）夫妻双方在婚姻关系存续期间所得的财产，为夫妻共同财产，包括：一方或双方由劳动所得的收入和购置的财产；一方或双方继承受赠的财产，一方或双方由知识产权取得的经济利益；一方或双方从事承包、租赁等生产、经营活动的收益；一方或双方取得的债权；一方或双方的其他合法所得。

（2）复员军人与转业军人所得的复员费、转业费的权属性质应具体情况具体对待。对此问题，《关于人民法院审理离婚案件处理财产分割问题的若干意见》曾规定，在婚姻关系存续期间结婚10年以上的，应按夫妻共同财产进行分割。但是目前该项规定已经因为最高人民法院《关于适用〈中华人民共和国婚姻法〉若干问题的解释（二）》的颁行而废除。最高人民法院《关于适用〈中华人民共和国婚姻法〉若干问题的解释（二）》第14条规定，人民法院审理离婚案件，涉及分割发放到军人名下的复员费、自主择业费等一次性费用的，以夫妻婚姻关系存续年限乘以年平均值，所得数额为夫妻共同财产。年平均值是指将发放到军人名下的上述费用总额按具体年限均分得出的数额，其具体年限为人均寿命70岁与军人入伍时实际年龄的差额。

（3）夫妻分居两地分别管理、使用的婚后所得财产，应认定为夫妻共有同财产。《关于人民法院审理离婚案件处理财产分割问题的若干意见》的该条规定目前仍然有效。学者认为，在夫妻双方分居期间，财产处于分离状态，双方各自以自己的收入维持生活和对外进行经济交往，形成了独立的经济生活单位，此时双方实际上只剩下单纯的身份关系，如果将此期间双方各自的财产认定为共同财产，于情于理皆有不合，而且在实践中造成许多纠纷。并且，世界上多数国家对夫妻分居时的财产关系作了明确规定，认为夫妻别居时其共同财产关系消灭，变为分别财产制。[①] 我们在学理上赞同上述意见，但在目前司法解释规定的情况下，司法实践仍应将夫妻分居时的财产作为共同财产处理，否则将无法律依据。

（4）已登记结婚但尚未共同生活，一方或双方受赠的礼金、礼物应认定为夫妻共有财产。《关于人民法院审理离婚案件处理财产分割问题的若干意见》的该条规定目前仍然有效。

（5）一方的婚前财产除有约定，不得视为共同财产。对此问题，《关于人民法院审理离婚案件处理财产分割问题的若干意见》曾规定，一方婚前个人所有的财产，婚后由双方共同使用，经营、管理的房屋和其他价值较大的生产资料经过8年，贵重的生活资料经过4年，可视为夫妻共同财产。但是，有学者认为，由于婚前财产的个人财产属性，如果没有约定而将之在婚后转化为夫妻共同财产，实际上是改变了所有权的权利人，因为结婚行为并不能改变物权的属性，如果强行规定改变，无异于剥夺所有权人的部分所有权，从而使结婚成为改变物权的方式，这不仅与民法原理相悖，而且与我国宪法保护公民合法财产权的原则相背离。[②]现行《婚姻法》（2001年修正案）第18条规定：夫妻一方的婚前财产为个人财产。需要注意的是，对个人财产还是夫妻共同财产难以确定的，主张权利一方有责任举证。当事人举不出有力证据，人民法院又无法查实

① 王胜明、孙礼海主编：《〈中华人民共和国婚姻法〉修改立法资料选》，法律出版社2001年版，第234页。
② 郭丽红著：《冲突与平衡——婚姻法实践性问题研究》，人民法院出版社2005年版，第120页。

的，按夫妻共同财产处理。

（6）婚后购置的贵重首饰、价值较大的图书资料以及生产、生活资料虽然属于个人专用，也视为夫妻共同财产。《关于人民法院审理离婚案件处理财产分割问题的若干意见》的该条规定目前仍然有效。

3. 不得分割的财产

对家庭财产中明确不属于夫妻共同财产范围的财产，不得进行分割。我国《婚姻法》第18条的规定，有下列情形之一的，为夫妻一方的财产：①一方的婚前财产。根据最高人民法院《关于适用〈中华人民共和国婚姻法〉若干问题的解释（一）》第19条规定，为夫妻一方所有的财产，不因婚姻关系的延续而转化为夫妻共同财产。但当事人另有约定的除外；②一方因身体伤害获得的医疗费、残疾人生活补助费等。同时，最高人民法院《关于适用〈中华人民共和国婚姻法〉若干问题的解释（二）》第13条规定，军人的伤亡保险金、伤残补助金、医药生活补助费属于个人财产；③遗嘱或赠与合同中确定只归夫或妻一方的财产；如最高人民法院《关于适用〈中华人民共和国婚姻法〉若干问题的解释（三）》第7条第1款规定，婚后由一方父母出资为子女购买的不动产，产权登记在出资人子女名下的，可按照《婚姻法》第18条第3项的规定，视为只对自己子女一方的赠与，该不动产应认定为夫妻一方的个人财产；④一方专用的生活用品；⑤其他应当归一方的财产。

（三）分割的方法

对夫妻共同财产的分割，人民法院应尽量促使双方当事人在自愿、合法的基础上，就财产分割问题达成协议；协议不成时法院应根据上述财产分割的原则，结合财产的实际情况，来确定财产的归属。离婚时，夫妻共同财产原则上均等分割，根据生产或生活的实际需要以及财产的来源等情况，具体处理时也可以有所差别。分割方法包括：实物分割、价金分割、价格的补偿。

夫妻对财产的归属以书面形式加以约定的，如约定合法有效，按约定处理；以口头形式约定的，双方无争议或者有其他证据可以证明的，可确认其效力。最高人民法院《关于适用〈中华人民共和国婚姻法〉若干问题的解释（二）》第8条规定，离婚协议中关于财产分割的条款或者当事人因离婚就财产分割达成的协议，对男女双方具有法律约束力。当事人因履行上述财产分割协议发生纠纷提起诉讼的，人民法院应当受理。同时，最高人民法院《关于适用〈中华人民共和国婚姻法〉若干问题的解释（三）》第14条规定：当事人达成的以登记离婚或者到人民法院协议离婚为条件的财产分割协议，如果双方协议离婚未成，一方在离婚诉讼中反悔的，人民法院应当认定该财产分割协议没有生效，并根据实际情况依法对夫妻共同财产进行分割。

根据最高人民法院历次司法解释的相关规定，分割夫妻共同财产时，应注意以下几点：

（1）属于夫妻共同财产的生产资料，可分给有经营条件和能力的一方。分得该生产资料的一方对另一方应给予相当于该财产一半价值的补偿。

（2）对夫妻共同经营的当年无收益的养殖、种植业务等，离婚时应从有利于发展生产、有利于经营管理考虑，予以合理分割或折价处理。

（3）离婚时一方尚未取得经济利益的知识产权，归一方所有。在分割夫妻共同财产时，可根据具体情况，对另一方予以适当的照顾。

（4）婚前个人财产在婚后共同生活中自然毁损、消耗、灭失，离婚时一方要求以夫妻共同财产抵偿的，不予支持。

（5）借婚姻关系索取财物以及按照习俗给付的彩礼，离婚时，如结婚时间不长，或者双方办理结婚登记手续但确未共同生活的，或者因婚前给付并导致给付人生活困难的，当事人请求返还时，人民法院应当予以支持。对取得财物的性质是索取还是赠与难以认定的，可按赠与处理。

（6）离婚时夫妻共同财产未从家庭共同财产中析出，一方要求析产的，可先就离婚和已查清的财产问题进行处理，对一时确实难以查清的财产的分割问题可告知当事人另案处理；或者中止离婚诉讼，待析产案件审结后再恢复离婚诉讼。

（7）离婚时夫妻一方尚未退休、不符合领取养老保险金条件，另一方请求按照夫妻共同财产分割养老保险金的，人民法院不予支持；婚后以夫妻共同财产缴付养老保险费，离婚时一方主张将养老金账户中婚姻关系存续期间个人实际缴付部分作为夫妻共同财产分割的，人民法院应予支持。

（8）婚姻关系存续期间，夫妻一方作为继承人依法可以继承的遗产，在继承人之间尚未实际分割，起诉离婚时另一方请求分割的，人民法院应当告知当事人在继承人之间实际分割遗产后另行起诉。

（9）夫妻之间订立借款协议，以夫妻共同财产出借给一方从事个人经营活动或用于其他个人事务的，应视为双方约定处分夫妻共同财产的行为，离婚时可按照借款协议的约定处理。

（10）离婚后，一方以尚有夫妻共同财产未处理为由向人民法院起诉请求分割的，经审查该财产确属离婚时未涉及的夫妻共同财产，人民法院应当依法予以分割。

（11）对经人民法院确认为事实婚姻关系的离婚，其共同财产分割的原则和方法与上述原则、方法相同；双方当事人属于无效婚姻、被撤销婚姻或婚前同居关系的，其财产的分割按我国现行《婚姻法》、最高人民法院《关于适用〈中华人民共和国婚姻法〉

若干问题的解释（一）》[①]以及最高人民法院《关于人民法院审理未办结婚登记而以夫妻名义同居生活案件的若干意见》的有关规定处理。

（四）夫妻共有财产投资产生的权益的分割

婚姻关系存续期间，夫妻以共有财产投资的形式多样，由于财产的表现形式及投资转让制度有无限制的不同，离婚时夫妻财产分割的方法也不同。在离婚分割夫妻财产时，应根据夫妻财产投资的不同形式，结合公司法、证券法、合伙企业法、独资企业法等民商事法律法规以及婚姻法法律法规，考虑夫妻财产的性质，根据方便生产、有利生活和公平合理的原则进行分割。同时，还应根据投资企业的形式，依法对企业债务承担清偿责任。具体来说，可以分为三大类。

1．可以直接分割的投资

包括有价证券、股份公司非流通的股份。最高人民法院《关于适用〈中华人民共和国婚姻法〉若干问题的解释（二）》第15条规定，夫妻双方分割共同财产中的股票、债券、投资基金份额等有价证券以及未上市股份有限公司股份时，协商不成或者按市价分配有困难的，人民法院可以根据数量按比例分配。

2．不受转让制度限制的投资权益的分割

包括夫妻双方投资设立的独资企业、夫妻双方为合伙企业合伙人或有限公司的股东。最高人民法院《关于适用〈中华人民共和国婚姻法〉若干问题的解释（二）》第18条规定，夫妻以一方名义投资设立独资企业的，人民法院分割夫妻在该独资企业中的共同财产时，应当按照以下情形分别处理：①一方主张经营该企业的，对企业资产进行评估后，由取得企业一方给予另一方相应的补偿；②双方均主张经营该企业的，在双方竞价基础上，由取得企业的一方给予另一方相应的补偿；③双方均不愿意经营该企业的，按照《中华人民共和国个人独资企业法》等有关规定办理。

但是，婚姻法司法解释没有规定夫妻共同投资企业或有限责任公司的财产如何分割。我们认为，对该两类投资形式的财产，应根据夫妻双方经营企业的意愿分割[②]：首先，无论是夫妻共同投资还是以一方名义投资设立的独资企业，在离婚时都应该对企业财产进行分割。在具体分割时，如果双方均主张经营该企业，应在划分个人的份额后共

---

① 现行《婚姻法》第12条规定，无效或被撤销的婚姻“同居期间所得的财产，由当事人协议处理；协议不成时，由人民法院根据照顾无过错方的原则判决。对重婚导致的婚姻无效的财产处理，不得侵害合法婚姻当事人的财产权益。……”最高人民法院《关于适用〈中华人民共和国婚姻法〉若干问题的解释（一）》第15条规定：“被宣告无效或被撤销的婚姻，当事人同居期间所得的财产，按共同共有处理。但有证据证明为当事人一方所有的除外。”第16条规定：“人民法院审理重婚导致的无效婚姻案件时，涉及财产处理的，应当准许合法婚姻当事人作为有独立请求权的第三人参加诉讼。”

② 郭丽红：《夫妻财产中投资权益和股权分割问题研究》，载《湖北社会科学》2006年第6期。

同经营、按份共有，而不必实际分割财产。这种分割方式既考虑了企业利益和社会经济利益，也考虑了夫妻双方当初的投资意愿，不会对任何一方的利益造成损害，应该是分割夫妻企业财产的首选方式。其次，如果双方不愿意共同经营该企业的，可以在双方竞价的基础上，由取得企业的一方给予另一方相应的补偿。一方主张经营该企业的，应对企业资产进行评估，由取得企业一方给予另一方相应的补偿。双方均不愿意经营该企业的，应按照我国关于个人独资企业法等的有关规定，办理企业注销手续，注销企业后的财产为夫妻共同财产。

此外，如果有限责任公司中股东仅为夫妻二人，离婚时如何分割公司资产，上述司法解释也未明确规定。我们认为，正常情况下，设立有限责任公司前，夫妻应已依法达成了财产归属协议，确定了各自的财产范围，并以自己所有的财产出资，因此，公司章程中约定的夫妻各自的出资额就是夫妻的个人财产。在双方向公司投入认缴的出资额后，双方根据章程按出资比例享有全部股东权利，包括分取红利权、公司清算时剩余财产的分配权等。公司发生债务时，夫妻以出资额为限对公司债务承担清偿责任。但是实践中，许多夫妻在公司注册时并未进行真正的财产分割，夫妻股权比例的设置仍较随意。虽然法律规定夫妻设立有限公司时应约定出资比例，① 但不能因为法律有这样的规定而且夫妻已经成立了公司，就直接推定双方的股权比例分配是真实的或自愿的。如果有确切证据证明投资比例未约定或约定不真实的，仍应将公司全部资本作为夫妻共同财产，重新分配公司财产的份额。重新分配后，双方若不愿意继续共同经营的，可能发生一人股东的情形，依照我国现行公司法规定，一人股东的公司仍然可以继续经营；若双方均不愿意继续经营的，应对公司进行清算或拍卖，对公司的负债以公司财产清偿，清算后的剩余资产或拍卖所得，可以作为夫妻共有财产分割。

3. 受转让制度限制的投资权益的分割

包括夫妻以一方名义在合伙企业或有限责任公司的出资等两类投资权益的分割：①夫妻一方为合伙企业的合伙人时共有财产的分割。根据最高人民法院《关于适用〈中华人民共和国婚姻法〉若干问题的解释（二）》第 17 条的规定：人民法院审理离婚案件，涉及分割夫妻共同财产中以一方名义在合伙企业中的出资，另一方不是该企业合伙人的，当夫妻双方协商一致，将其合伙企业中的财产份额全部或者部分转让给对方时，按以下情形分别处理：其他合伙人一致同意的，该配偶依法取得合伙人地位；其他合伙人不同意转让，在同等条件下行使优先受让权的，可以对转让所得的财产进行分割；其他合伙人不同意转让，也不行使优先受让权，但同意该合伙人退伙或者退还部分

① 1998 年 1 月 7 日，国家工商行政管理总局发布的《公司登记管理若干问题的规定》第 23 条规定："家庭成员共同出资设立有限责任公司，必须提交拥有的财产作为注册资本，并各自承担相应的责任，登记时需提交财产分割的书面证明或协议。"

财产份额的，可以对退还的财产进行分割；其他合伙人既不同意转让，也不行使优先受让权，又不同意该合伙人退伙或者退还部分财产份额的，视为全体合伙人同意转让，该配偶依法取得合伙人地位。②夫妻一方为有限责任公司股东时共有财产的分割。根据最高人民法院《关于适用〈中华人民共和国婚姻法〉若干问题的解释（二)》第16条的规定：人民法院审理离婚案件，涉及分割夫妻共同财产中以一方名义在有限责任公司的出资额，另一方不是该公司股东的，按以下情形分别处理：夫妻双方协商一致将出资额部分或者全部转让给该股东的配偶，过半数股东同意、其他股东明确表示放弃优先购买权的，该股东的配偶可以成为该公司股东；夫妻双方就出资额转让份额和转让价格等事项协商一致后，过半数股东不同意转让，但愿意以同等价格购买该出资额的，人民法院可以对转让出资所得财产进行分割。过半数股东不同意转让，也不愿意以同等价格购买该出资额的，视为其同意转让，该股东的配偶可以成为该公司股东。用于证明前款规定的过半数股东同意的证据，可以是股东会决议，也可以是当事人通过其他合法途径取得的股东的书面声明材料。

以上规定的合理之处在于，合伙企业是典型的人合性质的企业，企业的经营活动建立在合伙人相互信任的基础上，因此，转让出资必须征得其他合伙人的同意，如果其他合伙人不同意，或者其他合伙人行使优先受让权，或者本人退伙；有限责任公司是兼具人合兼资合性质的公司，对股东的出资额转让，各国法律均有限制性规定，即出于人合的原因，股东之间的股权转让不受限制，但股东向股东以外的人转让出资时受其他股东的优先购买权的限制，因此转让须征得过半股东的同意；出于资合的原因，如果过半股东不同意转让时则应以同等价格购买该出资，不购买则视为其同意转让出资。

但是，所谓优先受让权是指原合伙人或股东在“同等价格”条件下的优先买受权，而非无条件地受让。而夫妻在分割共同财产时，非合伙人或股东的一方并不是要“购买”对方的出资额，而是根据财产分割的数额，“无偿”取得一方出资额的一部或全部，根本不存在转让价格的问题。在这种情况下，其他合伙人或股东如何以“同等价格”购买出资？这是婚姻法与合伙法或公司法中的一个矛盾，也是最高人民法院《关于适用〈中华人民共和国婚姻法〉若干问题的解释（二)》中存在的一个悖论。

上述司法解释的规定也与夫妻财产共有制度的性质存在冲突。因为，夫妻共有的财产属于共同共有，一方虽以其个人名义出资入伙，但财产是属于夫妻二人的，且经过了另外一方的同意或授权，这种关系类似隐名合伙或隐名股东的关系，也类似委托投资的关系。如果夫妻已达成分割出资额的协议而被其他合伙人拒绝加入，则违背了夫妻双方出资的本意；而如果其他合伙人优先购买其出资，就会使原持有人的投资比例发生变化，进而影响其在公司的控制力。

基于这一原理，我们认为，在合伙企业的投资分割问题上，如果其他合伙人不同意转让则应同意该合伙人退伙或者退还部分财产份额的，夫妻可以对退还的财产进行分割。实际上同意退伙或退还部分财产份额，就是其他合伙人优先权的一个体现，通过这种方式，其他合伙人可以取得夫妻一方意图转让给另一方的出资份额，而无需直接行使优先权。在有限责任公司的投资分割问题上，有学者认为，如果股东名册上只登记一方，考虑到有限责任公司的人合因素，一般应由股东名册登记一方继续持有公司股份，另一方按股份在离婚时的实际价值得到补偿。[①]对实际补偿价值的计算，有学者认为，应尽量由离婚双方协商确定，协商不成的，一般以股权所在公司当年每股净资产额确定其价值。[②]我们认为，考虑到夫妻共同财产的性质和双方的投资意愿，除非夫妻中的非股东方同意，不能将股权直接分割给原持有人所有。而且以公司当年每股净资产额计算股权价值，会损害另一方的投资利益，尤其是当夫妻所投资的公司正处于高速发展时期的时候，可能严重低估了股权的价值。所以，应建立有限责任公司股权的无偿转让制度，针对夫妻一方以共有财产投资有限公司后，该共有财产分割的特殊性，对其他股东的优先购买权加以限制。[③]

此外，现行《公司法》允许设立一人有限责任公司。由于这种公司形式灵活，没有其他股东的制约，因此今后夫妻采用这种形式设立公司的也会较多，分割夫妻财产时必然涉及此类财产。按照公司法原理，非股东加入有限公司时应取得股东的同意。然而，我们认为，在分割属于夫妻共同财产的一人公司时不应受此限制。也就是说，应允许非股东的夫妻一方根据自己的意愿，决定或取得公司资产相应的折价或加入公司成为股东。

三、夫妻住房的处理

我国实行住房制度改革后，家庭住房的权利形式日趋复杂化，夫妻实际居住或购买的房屋权属形式多样。其中，有些形式已经逐渐减少并最终将彻底消失，如使用和租住单位公房、购买单位房改房和集资房；有些形式则方兴未艾，如一次性付款或按揭方式分期付款购买的商品房；有些形式以后还会陆续增多，如购买经济适用房、承租政府廉价公房；等等。在房价日益高涨的今天，由于夫妻离婚时对房屋的分割与居住问题产生的纠纷日益增多，因此，如何认定上述房屋在夫妻财产中的性质以及夫妻离婚时如何分割上述房产，是一个比较复杂的问题。

现行《婚姻法》对夫妻共同财产列举了五项，但对房屋未列专款规定，目前执行的主要是最高人民法院先后颁布的有关夫妻在房屋权利方面的规定，包括：①1996 年的《关于审理离婚案件中公房使用、承租若干问题的解答》，但是其适用范围将随着承

---

① 王建东：《离婚诉讼中的股权分割问题研究》，载《政法论坛》2003 年第 3 期。

② 胡康生主编：《中华人民共和国婚姻法释义》，法律出版社 2001 年版，第 65－66 页。

③ 郭丽红、纪金标：《论有限责任公司股权的无偿转让》，载《太平洋学报》2008 年第 6 期。

租单位公房的减少向承租政府廉价公房转换；②1993年的《关于人民法院审理离婚案件处理财产分割问题的若干意见》，但是其中部分内容因与现行夫妻财产制度相抵触而无效，如婚前个人房产婚后转变为共同财产的规定等；③2003年最高人民法院《关于适用〈中华人民共和国婚姻法〉若干问题的解释（二）》对房屋产权及分割问题的具体规定。④2011年最高人民法院《关于适用〈中华人民共和国婚姻法〉若干问题的解释（三）》结合我国《物权法》的内容，用大篇幅的内容规定了夫妻房屋产权性质的认定办法。

综合最高人民法院先后颁布的若干司法解释的规定，我们认为，离婚时的房屋分割应注意区分处理以下几类房产。

（一）对公租房的处理

根据最高人民法院《关于审理离婚案件中公房使用、承租若干问题的解答》，人民法院审理离婚案件对公房使用、承租问题应当依照《中华人民共和国民法通则》、《中华人民共和国婚姻法》、《中华人民共和国妇女权益保障法》和其他有关法律规定，坚持男女平等和保护妇女、儿童合法权益等原则，考虑双方的经济收益，实事求是，合情合理地予以解决。当事人对公房的使用，承租问题发生争议，自行协商不成，或者经当事人双方单位或有关部门调解不成的，人民法院应依法予以妥善处理。

该司法解释针对的公房是指夫妻一方或双方租赁单位公房的情形而规定。由于承租单位公房的情形将逐渐减少，我们认为，可以将该规定适用于夫妻承租政府提供的廉租房的领域，并且在适用时还应考虑适用地方政府关于廉租房的相关规定。我们认为，从根本上解决夫妻对公租房的租赁权问题，必须在建立健全社会保障体制的前提下，使每一个没有经济能力购买房屋的公民都有承租政府廉租房的权利，使当事人离婚后不至于无家可归。

1. 夫妻均可承租的公房

具有下列情形之一的，离婚后，双方均可承租公房：①婚前由一方承租的公房，婚姻关系存续5年以上的；②婚前一方承租的本单位的房屋，离婚时，双方均为本单位职工的；③一方婚前借款投资建房取得的公房承租权，婚后夫妻共同偿还借款的；④婚后一方或双方申请取得公房承租权的；⑤婚前一方承租的公房，婚后因该承租房屋拆迁而取得公房承租权的；⑥夫妻双方单位投资联建或联合购置的共有房屋的；⑦一方将其承租的本单位的房屋，交回本单位或交给另一方单位后另给调换房屋的；⑧婚前双方均租有公房，婚后合并调换房屋的；⑨其他应当认定为夫妻双方均可承租的情形。

2. 承租公房的使用与补偿

有以下情况之一的，可按承租公房的使用与补偿处理：①夫妻均可承租的公房，如其面积较大能够隔开分室而居住使用的，可由双方分别租住；②对可以另调房屋分别租住或承租方给另一方解决住房的，可予准许；③离婚时，一方对另一方婚前承租的公房无权承租而解决住房确有困难的，人民法院可调解或判决其暂时居住，暂住期限一般不超过两年，暂住期内，暂住方应交纳与房屋租金等额的使用费及其他必要的费用。④夫妻均可承租的公房而由一方承租的，承租方对另一方可给予适当的经济补偿。⑤离婚时，一方对另一方婚前承租的公房无权承租，另行租房经济上确有困难的，如承租公房一方有负担能力，应给予一次性经济帮助。

3．承租权利人的变更登记

人民法院在调整和变更单位自管房屋（包括单位委托房地产管理部门代管的房屋）的租赁关系时，一般应征求自管房单位的意见。经调解或判决变更房屋租赁关系的，承租人应依照有关规定办理房屋变更登记手续。

（二）对夫妻有产权房屋的处理

如果夫妻没有对房屋产权进行约定，根据双方取得房屋产权的时间，可以将其房产分为两类：一类为婚前购买的房产，另一类为婚后购买的房产。一般情况下，夫妻一方婚前购买的房产为一方所有。但是，由于房屋价值较高，购买的情形也较复杂，有时购买房屋双方均有出资，有时取得房屋全产权的时间延续到了婚后。因此，不能将所有婚前购买的所有房产直接认定为个人财产，或者将婚后购买的所有房产认定为夫妻共有房产，实践中应根据法律规定以及实际情况加以确定。①

1．夫妻共有房产的认定

结合历次司法解释中目前仍有法律效力的内容，夫妻共有房产应包括：①由一方婚前承租、婚后用共同财产购买的房屋，房屋权属证书登记在一方名下的，应当认定为夫妻共同财产，作为夫妻共同财产分割。②婚后以共同财产取得房改房产权的，应认定为夫妻共同财产。③婚后以共同财产购买，已经取得或尚未完全取得产权的，应认定为夫妻共同财产。④婚后双方对婚前一方所有的房屋进行过修缮、装修、原拆原建、离婚时未变更产权的，房屋仍归产权人所有，增值部分中属于另一方应得的份额，由房屋所有权人折价补偿另一方；进行过扩建的，扩建部分的房屋应按夫妻共同财产处理。⑤当事人结婚前，父母为双方购置房屋出资的，该出资应当认定为对自己子女的个人赠与，但

① 如最高人民法院《关于适用〈中华人民共和国婚姻法〉若干问题的解释（三）》第10条规定："夫妻一方婚前签订不动产买卖合同，以个人财产支付首付款并在银行贷款，婚后用夫妻共同财产还贷，不动产登记于首付款支付方名下的，离婚时该不动产由双方协议处理。依前款规定不能达成协议的，人民法院可以判决该不动产归产权登记一方，尚未归还的贷款为产权登记一方的个人债务。双方婚后共同还贷支付的款项及其相对应财产增值部分，离婚时应根据婚姻法第39条第一款规定的原则，由产权登记一方对另一方进行补偿。"第12条规定："婚姻关系存续期间，双方用夫妻共同财产出资购买以一方父母名义参加房改的房屋，产权登记在一方父母名下，离婚时另一方主张按照夫妻共同财产对该房屋进行分割的，人民法院不予支持。购买该房屋时的出资，可以作为债权处理。"

父母明确表示赠与双方的除外。当事人结婚后，父母为双方购置房屋出资的，该出资应当认定为对夫妻双方的赠与，但父母明确表示赠与一方的除外。[①]由于房屋价值较高，父母的赠与意愿应以房屋产权登记在何方名下为准。[②]⑥婚后由双方父母出资购买的不动产，产权登记在一方子女名下的，该不动产可认定为双方按照各自父母的出资份额按份共有，但当事人另有约定的除外。[③]

2．夫妻共有房产的处理

夫妻离婚时对房屋产权的分割问题较一般夫妻财产的分割问题复杂得多。因为对于大多数人来说，房屋只有一套，如果属于一方的个人财产，其所有权不存在分割的问题；但如果属于夫妻共同所有，由于无法分割房屋，只能采取归一方所有、给另一方补偿的办法。目前，一些夫妻在离婚时，约定将房屋所有权留给子女，双方均不保留所有权，这种做法应予准许。留给子女的房屋应视为子女受赠的个人财产，可由直接抚养人行使管理及使用权，并且非为子女利益不得处分。

当夫妻双方对共同拥有的房屋产权归属不能达成协议时，应依以下步骤解决：①双方对夫妻共同财产中的房屋价值及归属无法达成协议时，人民法院按以下情形分别处理：双方均主张房屋所有权并且同意竞价取得的，应当准许；一方主张房屋所有权的，由评估机构按市场价格对房屋作出评估，取得房屋所有权的一方应当给予另一方相应的补偿；双方均不主张房屋所有权的，根据当事人的申请拍卖房屋，就所得价款进行分割。②离婚时双方对尚未取得所有权或者尚未取得完全所有权的房屋有争议且协商不成的，人民法院不宜判决房屋所有权的归属，应当根据实际情况判决由当事人使用。当事人就此种房屋取得完全所有权后，有争议的，可以另行向人民法院提起诉讼。[④] ③婚姻关系存续期间夫妻一方擅自处分共同共有的房屋造成另一方损失，离婚时另一方请求赔偿损失的，人民法院应予支持。[⑤]

3．对无房一方的经济帮助

经济帮助是我国婚姻法传统的离婚救济方式，以前主要是采取金钱等物质帮助，后"财产分割问题的若干意见"增加了无房方可以暂住对方房屋的规定。由于实际生活中较多的是一方准备结婚住房，一方准备婚后家庭使用的生活用品，因此，一旦双方离

---

① 最高人民法院《关于适用〈中华人民共和国婚姻法〉若干问题的解释（二）》第22条的规定。

② 最高人民法院《关于适用〈中华人民共和国婚姻法〉若干问题的解释（三）》第7条第1款规定，婚后由一方父母出资为子女购买的不动产，产权登记在出资人子女名下的，可按照婚姻法第18条第3项的规定，视为只对自己子女一方的赠与，该不动产应认定为夫妻一方的个人财产。

③ 最高人民法院《关于适用〈中华人民共和国婚姻法〉若干问题的解释（三）》第7条第2款的规定。

④ 最高人民法院《关于适用〈中华人民共和国婚姻法〉若干问题的解释（二）》第21条的规定，该规定与"婚姻法解释三"第10条的规定并不矛盾。因为前者是对夫妻共同享有部分产权房产的处理，后者是被认定为夫妻一方个人房产的处理。

⑤ 最高人民法院《关于适用〈中华人民共和国婚姻法〉若干问题的解释（三）》第11条第2款的规定。

婚，根据现行婚姻法规定的几种夫妻财产制度，可能造成一方无房居住的问题。为此，2001 年修订的现行《婚姻法》第 42 条增加了“离婚时，如一方生活困难，另一方应从其住房等个人财产中给予适当帮助。具体办法由双方协议；协议不成时，由人民法院判决”的规定，最高人民法院《关于适用〈中华人民共和国婚姻法〉若干问题的解释（一）》第 27 条对生活困难及经济帮助的方式进行了解释，强调离婚后一方无房居住也属于生活困难，另一方应当予以帮助，同时规定，“离婚时，一方以个人财产中的住房对生活困难者进行帮助的形式，可以是房屋的居住权或者房屋的所有权。”

有学者认为，如果以房屋所有权进行帮助，不仅超越了一般意义上“帮助”的含义，而且侵犯了公民的私有财产权利，所以应以居住权予以帮助，而不应以所有权帮助；也有学者认为，以房屋进行经济帮助的，可以是临时居住权、长期居住权，也可以是房屋所有权。[①]但调查显示，离婚后一方住房有困难的较多，但实际以住房予以帮助者甚少。我们认为，是否侵犯公民的私有财产应以是否符合侵权行为的构成要件决定，而不以行为客体的价值和形式决定，如同以金钱等物质帮助方式不会侵犯公民财产的所有权一样，以房屋所有权进行帮助也不会侵犯公民财产的所有权。如前所述，真正解决离婚后一方无房居住的问题，则应该依靠政府建立社会保障体制，为社会提供更多的经济适用房或廉租房。在目前情况下，一方对另一方适当给予帮助是完全必要的，是符合人道主义的。至于以何种形式帮助，则应以另一方需要的程度和一方能承受的能力，应结合当事人的具体情况而定。

对大多数家庭而言，房屋确实是一项价值极高的重大财产，一般家庭只有一处房产，如果以房屋所有权的方式帮助了对方，自己也成了无房居住者，因此多数情况下不可行。但对少数富裕人群而言，根据上述房屋产权的确认和分割方法，如果一方取得了两处或以上的房产，另一方却一无所获且生活困难时，可以要求有多处房产者将其中一处价值较小的房产无偿给予无房居住的一方，这也是一种经济帮助的形式。如果有多处房产者不愿意采用这种方法，也可以采取出钱帮助对方购买或租赁住房的方式，解决对方的住房困难问题。但是对方应该确属经济困难且无处可居者。司法实践中，一方以离婚后无房居住为由要求暂住另一方房屋的，经查实可据情予以支持，但一般不超过两年。

四、夫妻债务的清偿

债是按照合同的约定或者依照法律的规定，在当事人之间产生的特定的权利和义务关系。享有权利的人是债权人，负有义务的人是债务人。债权人有权要求债务人按照合同的约定或者依照法律的规定履行义务。一般情况下，发生债权债务关系的都是具有相

① 夏吟兰：《离婚救济制度之实证研究》，载《政法论坛》2003 年第 6 期。

应民事行为能力的成年人，这使得大量的民事行为发生在婚姻家庭中，使得相应的债权债务关系或者与婚姻家庭中的人有关，或者与婚姻家庭的财产有密切的关系。同时，由于婚姻家庭中主体的人身属性，还有必要研究涉及婚姻家庭关系中特殊的债务清偿问题。

总的说来，婚姻家庭中涉及的债务问题主要有两类：一类是对第三人的债务问题，另一类是夫妻之间的债务问题。无论是哪一类债务，也无论债务人是否离婚，只要是到期债务，债权人就有权要求债务人予以清偿；而对于未到期债务，当债务人离婚时，就会涉及债务如何承担的问题。特别是家庭对第三人所负之债务应如何认定以及如何清偿，由于关系到第三人的合法利益和社会交易的公平与诚信，也成为最重要的问题。在处理离婚纠纷时，不仅要对离婚夫妻的共同财产进行分割，还要对债务问题进行妥善处理，以维护债权人的合法权益。

现行《婚姻法》第41条规定："离婚时，原为夫妻共同生活所负的债务，应当共同偿还。共同财产不足清偿的，或财产归各自所有的，由双方协议清偿；协议不成时，由人民法院判决。"从该规定中可以看出，对夫妻债务性质的认定是正确处理离婚时债务清偿的关键。

（一）夫妻共同债务的认定和清偿

在解决第三人的债务如何清偿时，首先应解决该债务在夫妻关系中如何认定的问题。因为夫妻债务清偿遵循的原则是夫妻共同债务以夫妻共同财产清偿，夫妻一方的个人债务则以其个人财产偿还。因此，在离婚确定分担债务时，首先应分清该债务是夫妻的共同债务还是夫妻一方的个人债务。

1. 夫妻共同债务的认定

夫妻共同债务，是指夫妻双方或一方为共同生活需要或为履行抚养、赡养义务以及治疗疾病所负的债务。虽然各国法律的表述不尽相同，但均认为夫妻为共同生活所负债务为共同债务。如美国规定，在婚姻存续期间配偶一方所负债务，包括由作为、不作为行为所致债务，均推定为因婚姻利益或家庭利益所负之共同债务。俄罗斯规定，对于夫妻共同债务追索夫妻共同财产，对于夫妻一方的债务，如果法院确定，夫妻一方的债务全部用于家庭需要，也追索夫妻共同财产。瑞士规定，下列债务为夫妻共同债务：①夫妻一方在行使婚姻生活的代表权或者管理夫妻共同财产期间所欠的债务。②夫妻一方在进行日常经营或者从事某项职业期间所负的债务，如果其在从事这些活动过程中使用了夫妻共同财产，或者所得收益已经成为夫妻共同财产的一部分。③夫妻双方与第三人约定，除欠债配偶的个人财产外，以夫妻共同财产作为担保财产的债务。

从共同债务的含义和偿还原则可以看出，夫妻共同债务与夫妻共同财产的关系既有联系又有区别。虽然夫妻共同债务与夫妻共同财产的发生原因不同，即夫妻共同财产的发生源于法定或约定；夫妻共同债务的发生源于法定、约定和第三人的认定，但它们都是在婚姻关系存续期间产生的，而且即使夫妻间没有共同财产，也必须偿还共同债务，并在夫妻之间产生连带清偿的责任，这也是夫妻共同债务与夫妻共同财产发生冲突的地方。因此，认定共同债务的标准主要是考虑债务的发生原因，也应该参考夫妻的共同财产关系（以第三人知道为限）和夫妻的人身关系。

2. 夫妻共同债务的范围

根据我国《婚姻法》、最高人民法院《关于适用〈中华人民共和国婚姻法〉若干问题的解释（二）》和《关于人民法院审理离婚案件处理财产分割问题的若干具体意见》，结合司法实践，夫妻共同债务大体包括以下内容：

（1）夫妻为共同生活或为履行抚养、赡养义务等所负债务，应认定为夫妻共同债务。

（2）个体工商户、农村承包经营户夫妻双方共同经营所欠的债务以及一方从事经营，其收入主要用于家庭共同生活的，所欠债务为共同债务。

（3）在婚姻关系存续期间，一方因继承所得债务属于共同债务，但双方另有约定或为一方所有的除外。

（4）夫妻对婚姻关系存续期间所得的财产约定归各自所有的，但第三人不知道该约定的，夫或妻一方对外所负的债务，以夫妻双方的财产清偿；如果第三人知道该约定的，则夫或妻一方对外所负的债务，以夫妻一方的财产清偿。主张“第三人知道该约定的”夫妻一方对此负有举证责任。

（5）夫妻双方在婚前合资筹办结婚用品所欠的债务，视为共同债务。

（6）债权人就婚姻关系存续期间夫妻一方以个人名义所负债务主张权利的，应当按夫妻共同债务处理。但夫妻一方能够证明债权人与债务人明确约定为个人债务，或者能够证明属于《婚姻法》第19条第3款规定情形的除外。

概括起来，我们可以将共同债务的范围归纳为：[①] ①为夫妻共同生活或家庭共同生活所负的债务。②夫妻为履行法定抚养和赡养义务等所负债务。③夫或妻一方负债但实际使双方共同受益的债务。同时，不能认为超出上述范围所负的债务就不是共同债务，因为：其一，如果债务虽为夫妻个人为其他原因所负，但善意第三人有理由相信为夫妻共同债务的，仍然是共同债务；其二，未成年子女对他人侵权造成的损害赔偿，也为夫妻共同债务。严格说来，该债务的发生并非夫妻双方或一方所为，也不是夫妻所负债务，但作为法定监护人的父母有义务承担未成年子女所负的债务；其三，夫妻分居期间各自所负债务，如果是因抚养子女赡养老人以及维持本人正常生活和治病的需要的，仍属夫妻共同债务。此外，从理论上说，夫妻共同债务是夫妻一方或双方在婚姻关系存续

① 郭丽红、何群：《论夫妻的债务清偿问题》，载《广州大学学报》2009年第8期。

期间，为共同生活或者为履行抚养及赡养义务所负的债务，但是，夫妻一方或双方在婚前为结婚后共同生活所负债务，也可以认定为共同债务。换言之，夫妻一方在婚前所负的债务，若该负债产生的利益为婚后共同享有或转化为共同财产的，可以认定为夫妻共同债务；若该负债产生的利益为一方个人财产（如转化为一方婚前财产），则应认定为一方的债务。

3. 夫妻共同债务的清偿

夫妻共同债务的偿还原则是“共同偿还”。根据民法原理，所谓共同偿还，即债务人所负的债务为连带债务，双方无论是否有共同财产，均须共同偿还；共同债务人对以共同财产不足清偿的部分，以个人财产承担连带清偿责任。

夫妻共同债务的连带责任具体表现在以下几个方面：首先，如果夫或妻对于夫妻共同债务以共同财产不足清偿的，应以各自的个人财产连带清偿。其次，在婚姻关系存续期间或离婚后，如果双方约定由一方偿还而该方履行不能或拒绝履行时，另一方仍须承担偿还责任。再次，夫妻在离婚分割夫妻财产和夫妻债务时，不能仅由双方约定一方来偿还，还应承担连带清偿责任，防止利用离婚逃避债务。最后，由于共同债务的不可分性，“夫或妻一方死亡的，生存一方应当对婚姻关系存续期间的共同债务承担连带清偿责任”，[①]而不能仅偿还共同债务的一半。

现行《婚姻法》规定，离婚时，原为夫妻共同生活所负的债务，应当共同偿还。共同偿还方式有三种：一是财产归夫妻共同所有的，由夫妻以共同财产来进行清偿；清偿完毕，共同债务宣告终结。二是双方虽有共同财产，但不足以清偿共同债务的，由双方协议清偿；协议不成的，由人民法院判决。三是财产归各自所有的，由双方协议清偿；协议不成时，由人民法院判决。当事人的离婚协议或者人民法院的判决书、裁定书、调解书已经对夫妻财产分割问题作出处理的，债权人仍有权就夫妻共同债务向男女双方主张权利。一方就共同债务承担连带清偿责任后，基于离婚协议或者人民法院的法律文书向另一方主张追偿的，人民法院应当支持。

人民法院在处理离婚案件分割财产时，有共同债务的，应先清偿债务，再分割财产，以免造成不必要的纠纷。对于离婚时未到期债务，如果夫妻双方同意提前清偿的，应当允许。如果不同意提前清偿的，可以保留与债务相应价值的共同财产，到期再予清偿；也可以分割共同债务，由双方各自清偿。由于共同债务是为家庭共同生活而发生，其与共同财产一样具有共同共有的性质，实践中不宜将共同财产绝对的分成均额等份，由夫妻各方按份承担。因此，夫妻共同债务一般以夫妻共同财产偿还，但双方共同财产不足清偿时，或者财产约定归各自所有时，或夫妻离婚时不能达成一致意见的，应由人民法院根据双方的经济状况、经济能力及照顾女方和直接抚养子女一方的原则，判令双

---

① 最高人民法院《关于适用〈中华人民共和国婚姻法〉若干问题的解释（二）》第26条的规定。

方按一定比例承担债务，或者让具有较强经济能力的一方单独承担债务。如果确属因不具有对外效力的个人债务转化为共同债务的，可以判令实际债务人承担。当然，由一方单独承担夫妻共同债务的，另一方应承担连带赔偿责任。

（二）夫妻个人债务的认定和清偿

1. 夫妻个人债务的认定

夫妻个人债务是指夫妻一方婚前所负债务以及婚后与共同生活无关，为满足个人需要或资助个人亲友所负的债务。修改后的婚姻法对个人债务的范围未作具体规定，并不意味着没有个人债务的存在。

夫妻一方个人债务与夫妻共同债务之间既有区别又有联系，其区别为发生原因不同，夫妻共同债务的发生原因是为家庭共同生活，夫妻个人债务的发生原因是为个人需要；其联系为债务可以相互转换，无论是通过约定还是通过法定，个人债务可以转换为夫妻共同债务，共同债务也可以转换为夫妻个人债务。

在确定夫妻个人债务的时候，应区别这种个人债务划分的对内效力和对外效力，即关于夫妻共同债务和夫妻个人债务的划分，仅对夫妻双方产生效力，对善意第三人没有实际意义。因为，如果第三人不知道夫妻之间存在债务的特别约定，基于对夫妻关系的认定和一方举债时的表述，符合表见代理的民法原理，构成善意第三人，可以认定该笔债务为夫妻共同债务，此时的夫妻财产约定和债务约定就不发生法律效力。

2. 夫妻个人债务的范围

确定夫妻个人债务的方法，主要不是看举债的目的，而是其发生原因及双方是否受益，即凡未经双方同意的、也未为家庭共同生活所负之债，应认定为个人债务。包括：

（1）夫妻对共同债务协议各自清偿的。如《婚姻法》第 41 条规定：“离婚时，原为夫妻共同生活所负的债务，应当共同偿还。共同财产不足清偿的，或财产归各自所有的，由双方协议清偿；协议不成时，由人民法院判决。”其中“由双方协议清偿”包括协议由一方或双方的个人财产清偿。协议以个人财产清偿的债务是个人债务，但是，该协议不得对抗债权人，仅约束离异后的原夫妻。

（2）债权人与债务人约定为个人债务的。如最高人民法院《关于适用〈中华人民共和国婚姻法〉若干问题的解释（二）》第 24 条规定：“债权人就婚姻关系存续期间夫妻一方以个人名义所负债务主张权利的，应当按夫妻共同债务处理。但夫妻一方能够证明债权人与债务人明确约定为个人债务，或者能够证明属于《婚姻法》第 19 条第三款规定情形的除外。”

（3）一方未经对方同意、也未为家庭共同生活所负的债务。如“财产分割问题的若干意见”规定：“下列债务不能认定为夫妻共同债务，应由一方以个人财产清偿：……②一方未经对方同意，擅自资助与其没有抚养义务的亲朋所负的债务。③一方未经对方同意，独自筹资从事经营活动，其收入确未用于共同生活所负的债务。④其他应由个人承担的债务。”

3. 夫妻个人债务的清偿

夫妻个人债务的清偿原则是，夫妻个人债务应由本人以其个人财产清偿，他方无代偿义务；如负债一方确实无力偿还的，也可说服他方代为清偿，但应以自愿为原则，不得强迫。但是，如果夫妻的个人债务性质为第三人所不知道的，仍须以夫妻共同财产偿还一方的个人债务，或者以个人财产承担对方个人债务的连带责任。

4. 夫妻之间债务的清偿

夫妻之间也能发生债权债务关系。夫妻之间的债务关系既可能因一方代为偿还了对方与他人的个人之债而发生，也可能因约定或法定而直接在夫妻之间发生。既可能是约定之债，也可能是法定之债。这些债务也属于夫妻个人债务的性质。

（1）约定债务的清偿。如最高人民法院《关于适用〈中华人民共和国婚姻法〉若干问题的解释（三）》第16条规定，夫妻之间订立借款协议，以夫妻共同财产出借给一方从事个人经营活动或用于其他个人事务的，应视为双方约定处分夫妻共同财产的行为，离婚时可按照借款协议的约定处理。

（2）法定债务的清偿。如最高人民法院《关于适用〈中华人民共和国婚姻法〉若干问题的解释（二）》第25条第2款规定，当夫妻一方就共同债务承担连带清偿责任后，可以基于人民法院的法律文书向另一方主张追偿的。再如依照我国婚姻法的规定，在夫妻婚姻关系存续期间，夫妻一方因身体受到伤害获得的损害赔偿金为其个人财产。当另一方恶意侵占为自己所有或共同所有时，获得赔偿金的一方有权提起侵权之诉，要求对方返还财产。

五、离婚时一方对另一方的补偿

（一）补偿请求权的性质及意义

目前，我国的补偿请求权制度是指在夫妻双方实行分别财产制的条件下，因承担主要家务劳动尽了较多义务的一方，依法享有向另一方要求补偿的权利。补偿请求权是我国法律赋予尽家庭义务较多一方的一项独立请求权，是对一方承担家务劳动的价值补偿，不是离婚分割财产时要考虑的情形，也不是赔偿。

现行《婚姻法》第40条规定：“夫妻书面约定婚姻关系存续期间所得的财产归各自所有，一方因抚养子女、照顾老人、协助另一方工作等付出较多义务的，离婚时有权向一方请求补偿，另一方应予补偿。”这项新增规定，肯定了一方为家庭付出较多时有获得回报的权利，在一定程度上弥补了一方为对方付出、期待回报的心理失落感，实质上是从法律上对家务劳动的价值予以承认。它体现了民法公平公正原则和权利义务相一致原则的基本精神。因为在实际生活中，夫妻双方对婚姻家庭的贡献和从中获得的利益往往是不平衡的。承担家务较多的一方或作出牺牲的一方，往往其职业发展和其他方面受到了较大的牵制，社会地位与谋生能力相对较弱；而配偶他方则基于对方的奉献和牺牲从中获得巨大利益，如学业的进步、事业的发展以及经济地位的提高等等。一旦双方离婚，付出较多义务的一方因没有谋生能力或谋生能力较低，原有的生活水平必然会急剧下降，或无法达到预期的生活水平。多数情况下，为了家庭整体利益牺牲自己发展机会、尽职尽心服务家庭的往往多是女性，家务劳动不计报酬的话，将直接损害她们的合法利益，而且会使她们在离婚问题上顾虑重重。婚姻法的规定，有助于保护妇女的合法利益，保障其离婚的自由，家庭秩序也会更加稳定。

（二）补偿请求权的条件

离婚时一方向另一方主张补偿请求权是有条件的，根据婚姻法的规定，应具备以下条件：

1．补偿请求权适用于夫妻分别财产制不适用夫妻财产实行共同财产制的情况

一般来说，在共同财产制下夫妻离婚时双方的利益能够得到相对公平的保护。夫妻共有财产在离婚时是均等分割的，而且在分割共同财产时，法院比较注意保护妇女和儿童的利益，尤其是重视对家务劳动付出较多、经济收入较少一方的妇女的权益的维护，尽量判得公平公正。在分别财产制的情形下，男女各自管理各自的个人婚前、婚后财产，看似重视个人权利的维护，保证双方独立财产权，实质上一方因繁重家务劳动付出而不计报酬，一旦离婚，付出较多的一方因没有谋生能力或谋生能力较低，原有的生活水平必然会急剧下降，或无法达到预期的生活水平，使貌似平等的权利变成了事实上的不平等。因此，法律作为婚姻家庭关系调节器，予以矫正是必要的。但是，目前在我国夫妻约定实行分别财产制的家庭数量仍然很少，将离婚时的补偿请求权局限于采取分别财产制的当事人，限制了这一救济制度的适用范围。

2．主张补偿请求权的一方应对家庭尽了较多的义务

尽了较多的义务是主张补偿请求权的基础，婚姻法列举了三种情况：①抚育子女，为抚育子女比对方付出了较多的精力。②照顾老人，如长年照顾年老体弱、有病的老人。③协助另一方工作，如参与对方工作付出了劳动。当然不仅限于此三种，还包括在其他家务劳动中付出较多的情形。

（三）补偿请求权的行使

尽义务较多一方主张补偿请求权时可以直接向另一方提出，由双方协议解决补偿问题。双方不能协商一致的，享有请求权的一方可以向人民法院提起诉讼，也可以直接向人民法院起诉。人民法院依法作出补偿裁决，另一方应执行。

另一方补偿给对方的财产来源于自己拥有的财产。

六、离婚时一方对另一方的经济帮助

经济帮助是指夫妻离婚时，一方生活有困难，经双方当事人协议或法院判决，有条件的一方给予有困难的一方适当的财物资助的行为。现行《婚姻法》第42条规定："离婚时，如一方生活困难，另一方应从其住房等个人财产中给予适当帮助。具体办法由双方协议，协议不成时，由人民法院判决。"

（一）经济帮助的性质和必要性

离婚时的经济帮助，与夫妻共同生活期间的扶养义务性质是完全不同的。夫妻共同生活期间的扶养义务是基于夫妻之间人身关系而发生的，是无条件的，随着夫妻人身关系的解除而终止。离婚时的经济帮助也不同于西方国家的离婚扶养制度。离婚扶养制度是指离婚后夫妻一方基于双方合意而达成的扶养协议或司法机构的裁判，从其个人财产中给予原配偶满足其生活等经济需要的合理费用，是婚姻关系存续期间夫妻之间所负扶养义务在离婚后的一种延伸，是离婚导致的婚姻上生活保持请求权的丧失之填补与救治，①是各国较多采取的离婚救济方式之一。而我国婚姻法规定的离婚时的经济帮助，不是夫妻间法定扶养义务的延伸，而是离婚时从原来婚姻关系中派生出来的一种责任，是一方对另一方有条件的帮助。男女双方虽然因离婚而终止了夫妻间的扶养义务，但离婚时如一方生活困难的，另一方仍有给予经济帮助的责任，这是民法公平原则的要求，也是保护妇女合法权益原则在离婚制度上的体现，充分显示了法律扶助弱势的人道主义精神。

婚姻法虽规定对离婚时处于弱势的一方予以帮助适用于男女双方，但是其实质意义在于保护妇女的离婚权益。由于历史和现实的原因，我国男女的经济能力事实上仍存在一定差距，离婚时，生活困难的一方以女方居多。所以，立法的目的是帮助女方解决离婚时的生活困难，消除其在离婚问题上存在的经济顾虑，使其离婚自由的权利得到保障。当然，离婚时，如果男方生活有困难，女方有较强的经济能力，女方也应给男方适当的经济帮助。

（二）经济帮助的条件

离婚时，一方给予另一方的经济帮助不是无条件的。根据我国婚姻法及最高人民法院的司法解释，接受帮助须符合下列条件：①要求帮助的一方必须生活困难而自己又无力解决。我国《婚姻法》第42条所称"一方生活困难"，是指依靠个人财产和离婚时

① 陈苇：《中国婚姻家庭法立法研究》，群众出版社2000年版，第271页。

分得的财产无法维持当地基本生活水平。一方离婚后没有住处的，属于生活困难。②提供帮助的一方须有负担能力。无负担能力的，可以不帮助。③经济帮助具有严格的时限性。经济帮助仅限于离婚时，而非离婚后任何时候出现生活困难都可以要求帮助。

（三）经济帮助的具体方法

经济帮助的具体方法是指帮助的具体数额、给付期限及其步骤方法。经济帮助的方式可以多种多样，既可以是现金，也可以是实物。一次给予困难的，也可以约定多次给付。离婚时，一方生活确实困难需要帮助的，其帮助的具体方法由双方当事人协商，协商不成，可诉请人民法院裁决。人民法院在审理这类纠纷时应当按最高人民法院的有关规定依不同情况，分别处理：①离婚时，一方年轻有劳动能力，生活暂时有困难，包括一时无职业或者分到的财产不足维持日常生活等，另一方可给予短期的或一次性的经济帮助；②结婚多年，一方年老病残，失去劳动能力又无生活来源的，另一方应当在居住、医疗以及生活等方面给予适当的安排；③在执行经济帮助期间，受帮助的一方另行结婚的，或有经济收入足够维持其生活时，帮助一方即可终止给付；④原定经济帮助执行完毕后，一方又要求对方给予经济帮助的，一般不予支持。

七、对离婚时一方侵犯共有财产的惩处

由于市场经济的建立，我国的民营经济发展迅速，交易活动频繁，人口自由流动，给许多家庭带来的好处是经济收入迅速增长，生活质量大幅提高；但也给家庭带来了负面影响，使双方无法确切了解对方实际的经济收入和财产经营状况。有时，一方即使知道对方存在某些家庭共同财产，也因社会保护个人隐私而难以取得充足的证据，并因此使自己的合法权益在离婚时得不到保护。生活中不乏这样的事例，当夫妻一方产生离婚念头时，他可能已经开始进行隐匿、转移财产的活动，有的人甚至伪造虚假借据，编造债务。由于另一方事先没有财产保护意识，查找不到对方的真实财产，有时不但分割不到财产，反而承担了许多“共同债务”。现实生活中，上述情况以不利于女方的为多数，而造成这种局面的原因较多。从经济层面分析，目前一些家庭中共同财产的数额巨大且来源复杂，有些人经济收入不固定，使一方无法掌握确切的财产数额；从制度层面分析，一是我国的公民纳税制度不完备，法庭无法掌握公民的确切收入，二是民事诉讼法“谁主张，谁举证”的证据规则不利于法庭了解双方真实的财产状况。

为了防范和打击这种侵害共同财产权的行为，现行《婚姻法》第 47 条规定：“离婚时，一方隐藏、转移、变卖、毁损夫妻共同财产，或伪造债务企图侵占另一方财产的，分割夫妻共同财产时，对隐藏、转移、变卖、毁损夫妻共同财产或伪造债务的一方，可以少分或不分。离婚后，另一方发现有上述行为的，可以向人民法院提起诉讼，请求再次分割夫妻共同财产。人民法院对前款规定的妨害民事诉讼的行为，依照民事诉

讼法的规定予以制裁。”

在离婚分割夫妻财产时，如发现一方有非法转移、隐藏、变卖、毁损共同财产的可能时，法院可根据当事人的申请或依职权，对财产采取查封、扣押、冻结等诉讼保全措施；对非法隐藏、转移、变卖、毁损夫妻共同财产的一方，根据《中华人民共和国民事诉讼法》第102条的规定，人民法院可根据情况予以罚款、拘留，依法追究其刑事责任。如果夫妻一方申请对配偶的个人财产或者夫妻共同财产采取保全措施的，人民法院可以在采取保全措施可能造成损失的范围内，根据实际情况，确定合理的财产担保数额。具体处理时，应把隐藏、转移、变卖、毁损的财产作为隐藏、转移、变卖、毁损财产一方的分得的财产份额，对另一方的应得份额应以其他夫妻共同财产折抵，不足折抵的，差额部分由隐藏、转移、变卖、毁损财产的一方折价补偿对方。离婚后，另一方发现有这些行为的，可以向人民法院提起诉讼，请求再次分割夫妻共同财产。当事人向人民法院提起诉讼，请求再次分割夫妻共同财产的诉讼时效为两年，从当事人发现之次日起计算。

针对取证难的问题，有学者建议，“赋予妇女了解丈夫财产状况的知情权。对已经发生的婚姻纠纷，男方名下的财产，女方有权进行调查取证。如果男方阻挠调查，如拒绝提供开户行、银行账户等，则实行举证责任倒置，即由男方证明自己没有那么多财产。”[①]我们认为，离婚时一方基于合理怀疑又无法正常得到证据时，可以向法庭提供基本线索，由法庭调查取证。法庭应当根据我国《民事诉讼法》第64条第2款“当事人及其诉讼代理人因客观原因不能自行收集的证据，或者人民法院认为审理案件需要的证据，人民法院应当调查收集”的规定，由当事人和法院共同收集证据，而不能因为已经有《婚姻法》第47条的规定，就将举证的责任完全推到当事人身上。此外，如果一方没有确切证据证明对方有某项财产但有合理怀疑时，可以根据双方的优势地位、双方与证据距离远近等实际情况，在必要情况下将举证责任转移给对方。当然，不能为了保护某一方合法权益（尽管司法实践中蒙受财产损失的几乎都是女性），只要是其证据不足的，都允许举证责任倒置，这样规定显然有违公平。

① 陈宝珍、王丹峰：《离婚案件妇女财产权的保护》，载《人民检察》2004年第8期。

第五节　离婚后对子女的抚养教育

一、离婚后的父母子女关系

现行《婚姻法》第 36 条规定：“父母与子女间的关系，不因父母离婚而消除。离婚后，子女无论由父或母直接抚养，仍是父母双方的子女。离婚后，父母对于子女仍有抚养和教育的权利和义务。”这是确定离婚后父母子女关系的基本原则。

离婚后，父母与子女的关系不受影响，是因为父母子女关系是基于出生或法律拟制的事实而形成的血亲关系。其中，自然血缘的亲属关系不能通过法律程序人为地加以消灭，至于法律拟制的血亲关系原则上也不因离婚而解除。养父母与养子女间的身份关系及权利义务关系，也不因养父母离婚而消除。养父母离婚后，养子女无论由养父或养母抚养，仍然是养父母双方的养子女，但依法解除收养关系的除外。继父母与继子女间事实上已经形成抚养和教育关系的，继父母离婚时，如果子女未成年并且随生父或生母生活的，该继父母与继子女关系可自然消除。但受继父母长期抚养和教育的继子女，在已经成年的情况下，继父母和继子女已经形成的身份关系和权利义务关系就不能因继父（母）与生母（父）离婚而自动解除，只有继父母或继子女一方或者双方提出解除继父母子女关系并符合法律要求的情况下，才可以解除。但由继父母抚养成人并独立生活的继子女，对于生活困难、无劳动能力的继父母的晚年生活费用应当继续承担，而不能推脱。

基于父母子女关系不可消灭的性质，婚姻法关于父母子女权利义务的规定，在父母离婚后都同样适用的。离婚只改变父母对子女的抚养方式，或由父方直接抚养，或由母方直接抚养。以离婚为由不履行抚养教育子女的义务，或以父母离婚为由不履行赡养扶助父母的义务，都是违反法律规定的，是对离婚后父母子女关系性质的严重误解。

二、子女的直接抚养和变更

（一）离婚后子女直接抚养的确定

离婚后，父母子女关系不变，但是父母对子女的抚养方式有变。一般情况下子女只能随父或母一方生活，由他方给付抚养费并通过享有探望权来行使抚养教育子女的权利和义务。子女随父方共同生活还是随母方共同生活，直接关系到子女的切身利益，因此，应将未成年子女的最佳利益原则作为处理父母子女关系的原则，作为离婚后子女直接抚养权、抚养费用确定的指导准则，特别是当父母对未成年子女重大事项的权利行使意见不一致时，法院应以子女最佳利益为裁量原则，从而真正切实地保护未成年人的利益。①

我国《婚姻法》第36条第3款规定："离婚后，哺乳期内的子女，以随哺乳的母亲抚养为原则，哺乳期后的子女，如双方因抚养问题发生争执不能达成协议时，由人民法院根据子女的权益和双方的具体情况判决。"1993年11月3日，最高人民法院《关于人民法院审理离婚案件处理子女抚养问题的若干具体意见》（以下简称为《子女抚养问题的若干意见》）对子女抚养问题做出了具体的规定，即允许父母双方协议解决子女的抚养问题，对不能达成协议的，根据子女不同的年龄段提出不同的解决办法。

1. 两周岁以下的子女原则上随母方生活

但如有例外情况，母方不宜或不能与子女共同生活时，子女也可以随父方生活，此时父亲也不得推卸责任。根据"子女抚养问题的若干意见"规定，母方有下列情形之一的，可随父方生活：①母亲患有久治不愈的传染病或其他严重疾病，子女不宜与其共同生活的；②母亲有抚养条件不尽抚养义务，父亲要求子女随其生活的；③因其他原因子女确实无法随母亲生活的，等等。父母双方协议两周岁以下子女随父方生活，并对子女健康成长无不利影响的，可予准许。

2. 两周岁以上子女的直接抚养权由父母协议

协议不成时，由人民法院根据子女的利益和双方的具体情况来判决。无论是协议或判决，都应综合考量父母双方的思想品质、道德修养、抚养能力、生活环境及子女感情联系等诸方面条件。对于父母双方均要求子女随其共同生活的，如果有下列情形之一的，可以优先予以考虑：①已做绝育手术或因其他原因丧失生育能力的；②子女随其生活的时间较长，改变生活环境对子女健康成长明显不利；③一方无其他子女而另一方有其他子女的；④子女随其生活，对子女成长有利，而另一方患有久治不愈的传染性疾病或其他严重疾病或者有其他不利于子女身心健康的情形，不宜与子女共同生活的；⑤子女单独随祖父母或外祖父母共同生活多年，且祖父母或外祖父母要求并有能力帮助照顾孙子女或外孙子女。

3. 10周岁以上未成年子女的直接抚养权应考虑该子女的意见

由于10周岁以上子女已经具备初步辨识能力及责任能力，在子女随父或随母生活发生争执时，应考虑该子女的意见。但是，子女意愿应仅为确定直接抚养权的一个重要因素，特别是当子女不愿表述意愿时，前述综合考量因素同样可以适用。

4. 允许父母以协议方式轮流直接扶养

在有利于保护子女的前提下，父母双方协议轮流抚养子女的，可予准许。轮流抚养子女，可以使子女同父母均保持较密切的父母子女关系，感受来自父母双方的照顾和关

---

① 王洪：《论子女最佳利益原则》，载《现代法学》2003年第6期。

怀，享有完整父爱和母爱，得到情感的满足，有利于子女身心健康；同时也可以避免父母因为离婚而丧失直接抚养子女的权利的痛苦，防止争抢直接抚养子女的僵局发生。但是轮流抚养应便于履行，避免给子女造成生活动荡及不安定的困难。

此外，在由于一方的过错而导致的离婚案件中，若双方发生争养子女的纠纷时，不应一概剥夺过错方对子女的抚养权。抚养教育子女是父母双方的法定权利义务，子女的利益不能因父母婚姻的破裂而受到损害。那种不顾当事人的实际情况，将未成年子女一律判归无过错方直接抚养，以此作为对过错方的惩罚和对无过错方的补偿的做法是错误的，其实是在漠视子女的利益。当然，如果父母一方曾经存在对子女的不当行为或不法行为，如虐待或伤害子女、恶意不履行抚养义务等，则不宜令其直接抚养子女。

（二）离婚后子女直接抚养方的变更

子女归一方直接抚养的关系确立后，双方都应按照协议和法院判决执行。但是，在一定条件下，子女抚养关系是可以变更的。比如，父母的抚养条件发生重大变化，或者子女要求变更抚养关系的。变更抚养关系可由父母双方协议，协议不成时，人民法院应根据子女利益和双方的具体情况判决。根据《子女抚养问题的若干意见》第16条规定，一方要求变更子女抚养关系有下列情形之一的，应予支持：①与子女共同生活的一方因患严重疾病或因伤残无力继续抚养子女的；②与子女共同生活的一方不尽抚养义务或有虐待子女行为，或其与子女共同生活一方不尽抚养义务或有虐待子女行为，或其与子女共同生活对子女身心健康确有不利影响的；③10周岁以上未成年子女，愿随另一方生活，该方又有抚养能力的；④有其他正当理由需要变更的。

（三）离婚后子女抚养费的负担和变更

我国《婚姻法》第37条规定："离婚后，一方抚养的子女，另一方应负担必要的生活费和教育费的一部或全部，负担费用的多少和期限的长短，由双方协议；协议不成时，由人民法院判决。关于子女生活费和教育费的协议或是判决，不妨碍子女在必要时向父母任何一方提出超过协议或判定原定数额的合理要求"。这说明，夫妻离婚后，父母对子女有相同的抚养责任，所需抚养费用原则上应由父母双方共同负担。对于随一方生活的子女，另一方应负担必要的生活费和教育费的一部或全部。当然如果一方具有能够又愿意承担子女全部的生活费和教育费，也可以由一方承担，由父母双方作出协议。对于父母双方协议子女随一方生活并由该方负担子女全部抚养费，但该方的抚养能力明显不能保障子女所需费用，影响子女健康成长的，人民法院不应准许，以免损害子女利益。处理抚养费的负担问题，首先应由父母双方协议，协议不成的，由人民法院判决。不管是协议还是判决，都要以子女的实际需要、父母双方的实际负担能力和当地的实际生活水平为依据。

1. 子女抚养费数额的确定

确定子女抚养费数额，既要根据子女的实际需要，也要考虑父母负担能力和当地的实际生活水平。根据“子女抚养问题的若干意见”规定，给付抚养费的一方有固定收入的，抚养费一般可按其月总收入的20%～30%比例给付；负担两个以上子女抚养费的，比例可适当提高，但一般不得超过月总收入的50%。无固定收入的，抚养费的依据当年总收入或同行业平均收入，参照上述比例确定。有特殊情况的，可适当提高，或降低上述比例。

2. 子女抚养费的给付期限

抚养费的给付期限，一般至子女18周岁为止。16周岁以上不满18周岁，能够以其劳动收入为主要生活来源，并能维持当地一般生活水平的，父母可停止给付抚养费。尚未独立生活的成年子女有下列情形之一父母又有给付能力的，仍应负担必要的抚养费：①丧失劳动能力或虽未完全丧失劳动能力，但其收入不足以维持其生活的；②尚在校就读的；③确无独立生活能力和条件的。

3. 子女抚养费的给付方法

子女的抚养费应定期给付，有固定收入的，可以按月给付；无固定收入的，亦可以按收益的季节、年度给付。当事人有充分经济能力，也可一次性给付，对于一方无经济收入或下落不明的，可用其财物折抵子女的抚养费。为了便于给付费用的执行，人民法院在离婚调解协议书或判决书中都应将子女抚养的数额、给付的期限和办法具体载明，以免发生执行困难。

4. 离婚后子女抚育费的变更

关于子女生活和教育费的协议或判决，不妨碍子女必要时向父母任何一方提出超过协议或者判决原定数额的合理要求，因为协议或判决中原定的数额是根据子女当时的实际需要和父母双方的经济状况确定的，但是随着时间的推移，子女的实际需要和父母双方收入情况都有会有变化，有时不作出合理变更就无法保障子女的日常生活和教育的需要。所以在情况有变的情况下，合理的变更是必要的。这里所说的变更，包括抚养费的增加、减少或免除三种情况。依照《子女抚养问题的若干意见》的规定，离婚后，子女要求增加抚养费有下列情形之一，父或母有给付能力的，应予支持：①原定抚养费数额不足以维持当地实际生活水平的；②因子女患病、上学，实际需要已超过原定数额的；③有其他正当理由应当增加的，如一方收入明显增加等。

子女的抚养费不仅在一定条件下可以增加，而且在一定条件下也可以减少或免除。抚养费的给付既要考虑子女的实际需要，也要照顾父母的负担能力。如果负有给付义务的一方确有困难，无力按判决或协议给付抚养费时，可以通过协议或判决，减少或免除其负担。减少或免除抚养费是有条件的。通常在以下几种情况：①有给付义务的父方或母方，因长期疾病或丧失劳动能力，失去经济来源，确实无力按原协议或判决确定的数额给付，而抚养子女的一方又能够负担大部分或全部子女生活费和教育费的；②有给付义务的一方，因为犯罪被收监改造，无力给付抚养费的；③与抚养子女的一方再婚，其配偶愿意负担继子女生活费和教育费的一部或全部，有给付义务的一方，可要求减少或免除子女抚养费。需要指出，抚养费的减少或免除直接关系到子女的切身利益，所以在决定减免时要慎重考虑，严格掌握。在负有义务一方经济能力好转的情况下，应当恢复给付。

三、离婚后不直接抚养子女的一方的探望权

（一）探望权概念及特征

1．探望权的概念

探望权，是指父母离婚后不直接抚养子女的父或母一方享有的与未成年子女的联系、会面、交流等权利。探望权是基于血缘关系产生的权利，是亲子关系自然流露的权利，具有高度的专属性，属于父母照顾权中人身照顾权的一部分，但又与人身照顾权分离，成为并存的权利。目前，多数国家规定了夫妻离异后一方探望子女的权利。如《德国民法典》规定，无人身照顾权的父或母，保留与子女个人的交往权、请求告知子女的个人情况权、对子女财产利益承担必要的财产照顾权，父母双方不得为任何损害子女与他人的关系或造成教育困难的行为。《美国统一结婚离婚法》规定，法庭审理后认为进行探望不会严重危害子女的身体、精神、道德和感情的健康，可以准予无子女监护权的父母一方享有合理探望子女的权利，不允许有一方不让另一方探望或有探望权一方的探望行为危害子女或其监护人。我国香港特别行政区《未成年人监护条例》规定，父母离婚，可以确定未成年子女由哪一方监护。一方监护不影响履行抚养义务和享有探视的权利。我国台湾地区《民法亲属编》第1055条第五项规定，法院得依请求或依职权，为未行使或负担权利义务之一方酌定其与未成年子女会面交往之方式及期间。但其会面交往有妨碍子女之利益者，法院得依请求或依职权变更之。

建立探望权制度，是当代婚姻立法发展趋势的必然要求。随着各国对亲子关系法律制度的逐渐完善，探望权制度日益显示出其积极的作用：一方面可以满足父母双方对子女关心、爱护的情感需要，并及时了解子女的生活及学习情况，使父母更好地履行其抚养教育子女的权利义务；另一方面，可以增加子女与未直接抚养的父或母之间沟通和交流的机会，从而降低离异家庭对子女的伤害程度，有利于子女的健康成长。在这个意义上说，探望权对离异后的父母和子女都十分重要。

我国现行《婚姻法》增加了探望权制度，赋予离婚后不直接抚养子女的一方以探望子女的权利。《婚姻法》第38条第1款规定："离婚后，不直接抚养子女的父或母，有探望子女的权利，另一方有协助的义务"。由于离婚后父母双方对于子女都有抚养和

教育的权利与义务，因此在将监护权判给一方配偶的情况下，法律赋予没有监护权的一方以探望权利是其作为父母的基本权利，无正当理由不容剥夺，另一方有义务协助和配合。由于探望权是父母享有的重要权利，因此，如果原当事人的离婚协议或离婚判决中未涉及对子女的探望权，当事人就探望权问题单独提起诉讼的，人民法院应予受理。

2. 探望权的特征

父母对于未成年子女的亲权及派生的探望权的基础是父母子女之间的血亲关系。父母离婚后，双方仍为子女的亲权人，权利义务关系未变，只是行使方法发生了改变，其中一方为直接抚养权，另一方的权利则转化为与直接抚养权相对应的探望权。因此，探望权具有权利属性，是专属于未直接抚养子女的父或母一方的权利。

根据我国法律的规定，探望权具有以下特征：①探望权行使的主体是未与子女共同生活的父或母。包括了亲生父母、养父母、尽了抚养义务的继父母等。法律未规定其他近亲属（如祖父母或外祖父母等）能否行使探望权，学者认为，其他近亲属的探望权应该从属于父母的探望权，在父母探望权能够正常行使的情况下，其探望权不单独行使。[①] ②探望权行使的时间是离婚后。法律规定行使探望权的时间是离婚后，但基于探望权的性质应该可以推断，当婚姻被宣告无效或被撤销后，一方对所生子女也可以行使探望权。③探望权的内容是父或母与未成年子女联系、会面、交流等交往的权利，是法律为满足未共同生活的父或母与子女亲情交流和交往的需要设置的权利。不能将探望权的内容等同于亲权或监护权的内容。

（二）探望权的行使

我国《婚姻法》第38条第2款规定："行使探望权的方式，时间由当事人协议，协议不成时，由人民法院判决"。探望权行使的关键因素是直接抚养子女的一方是否给予协助。作为直接抚养子女的一方，应尊重对方的探望权，为对方行使探望权提供方便的及必要的条件。彼此应从有利子女身心健康出发，在探望的时间、探望的方式上作出协商，包括回答对方询问子女近况的问题，提供对方看望、交往、交流、互通书信、电话以及旅行度假或短期的共同生活的机会，并将这些作为自己法律上的义务。

目前，在实践中行使探望权的方式一般有两种：一种为探望性探望，即不与子女共同生活的一方到对方家中或者指定的地点进行探望。这种方式时间短，方式灵活且没有脱离直接抚养方能够监护的范围，容易为直接抚养方所接受。另一为逗留性探望，即一种较长时间的探望，探望权人可在约定时间内或法院判定的探望时间内，由探望权人领走并按时送回未成年子女。为了使探望能够顺利进行，首先应以双方都能接受的方式协商决定探望的方式。协商不成时，则应考虑子女意愿和父母双方的具体情形，由法院

---

① 郭丽红：《探望权之性质探析》，载《河南师范大学学报》2010年第4期。

判决。

对于拒不执行探望子女判决的，应依法强制执行，有关个人和单位应负协助执行的责任。但是，最高人民法院《关于适用〈中华人民共和国婚姻法〉若干问题的解释（一）》第 32 条规定，“对拒不执行有关探望子女等判决和裁定的，由人民法院依法强制执行的规定”，是指对拒不履行协助另一方行使探望权的有关个人和单位采取拘留、罚款等强制措施，不能对子女的人身、探望行为进行强制执行。

（三）探望权的中止与恢复

由于探望权是法定权利，非有法定事由和非经法定程序，任何人不得擅加限制或剥夺。在探望权阻却事由消失后，经当事人申请，法院应当及时恢复其权利。

1．探望权的中止

依我国《婚姻法》规定，父或母探望子女，不利于子女身心健康的，由人民法院依法中止其探望的权利。最高人民法院《关于适用〈中华人民共和国婚姻法〉若干问题的解释（一）》规定，当事人请求中止行使探望权的，人民法院在征询双方当事人意见后，认为需要中止行使探望权的，依法作出裁定。

所谓“不利于子女身心健康”的事由，婚姻法及其司法解释均未明确规定。根据《预防未成年人犯罪法》第 14 条的规定，未成年人的父母或者其他监护人和学校应当教育未成年人不得有下列不良行为：①旷课、夜不归宿；②携带管制刀具；③打架斗殴、辱骂他人；④强行向他人索要财物；⑤偷窃、故意毁坏财物；⑥参与赌博或变相赌博；⑦观看、收听色情、淫秽的音像制品、读物；⑧进入法律法规规定未成年人不适宜进入的营业性歌舞厅等场所；⑨其他严重违背社会公德的不良行为。因此，当一方以探望子女为由，教唆、胁迫、引诱未成年子女实施以上不良行为，就足以构成“不利于子女身心健康”。同时，针对实践中已发生的事例，为保护子女与双方亲属的良好关系，防止损害任何一方的合法权益，中止探望的情形还应包括一方挑拨破坏子女与直接抚养人及近亲属关系的情节严重的行为。此外，最高人民法院《关于适用〈中华人民共和国婚姻法〉若干问题的解释（一）》对有权中止行使探望权的主体作了规定，其第 26 条规定，未成年子女、直接抚养子女的父或母及其他对未成年子女负担抚养、教育义务的法定监护人，有权向人民法院提出中止探望权的请求。

2．探望权的恢复

人民法院在出现不利于子女身心健康的情况下，作出的判决仅仅是对探望权的中止而非剥夺。当上述不利子女身心健康的情形消除后，经人民法院确定其行为不会再不利于子女时，可以恢复非直接抚养子女一方原来享有的探望权。

第六节　离婚损害赔偿制度

一、离婚损害赔偿制度概述

（一）离婚损害赔偿的概念

离婚损害赔偿，是指因婚姻关系的一方有法定过错行为而导致离婚，无过错一方有权要求对方赔偿自己因离婚而遭受的损失的法律制度。离婚损害赔偿制度不仅可消除无过错方的离婚顾虑，保障其离婚权益，获得财产补偿和精神抚慰，而且对拒不履行婚姻义务、造成他方财产和精神损害的过错方进行民事惩罚，从而实现法律的正义和公平。目前这一制度在法国、瑞士、墨西哥等国家都有规定，日本、美国的部分州则通过判例予以承认。[①]例如：《法国民法典》第266条规定：如离婚被判为过错全在夫或妻一方，则该方得判赔偿损害，以补偿他方因解除婚姻而遭受的物质或精神损失；《墨西哥民法典》第288条规定，如果因离婚导致无过错的一方的利益遭受损害或侵害时，有过错的一方及违法行为的行为人应负赔偿责任；《瑞士民法典》第151条规定：因离婚致无过失之配偶，其财产权或继承权受损害者，有过失之配偶，应予以相当之赔偿。因离婚而导致无过失之配偶一方的生活有重大损害者，法庭可允许其向他方要求一定的抚慰金。

修改后的我国《婚姻法》增加了离婚损害赔偿制度，其第46条规定："有下列情形之一，导致离婚的，无过错方有权请求损害赔偿：①重婚的；②有配偶者与他人同居的；③实施家庭暴力的；④虐待、遗弃家庭成员的。"

（二）离婚损害赔偿的构成要件

离婚损害赔偿构成要件是婚姻过错方承担损害赔偿责任的条件和根据，其构成要件应包括以下几方面。

1. 一方有法定过错行为并因此导致离婚

现行《婚姻法》第46条规定，婚姻中一方实施重婚、有配偶与他人同居、家庭暴力或虐待、遗弃家庭成员行为导致离婚的，无过错方有权请求损害赔偿。因此在适用损害赔偿责任时，只需证明行为人有上列行为之一就足矣。

需要强调的是，请求离婚损害赔偿的无过错本人应无上述法定过错行为。如因双方

① 李志敏：《比较家庭法》，北京大学出版社1988年版，第191－192页。

均有上述法定过错导致离婚的，双方均不得要求对方予以离婚损害赔偿。最高人民法院《关于适用〈中华人民共和国婚姻法〉若干问题的解释（三）》第17条规定："夫妻双方均有婚姻法第四十六条规定的过错情形，一方或者双方向对方提出离婚损害赔偿请求的，人民法院不予支持。"

2. 无过错方有损害事实

离婚损害的直接事实是配偶一方的法定过错行为导致双方离婚，无过错方因离婚而遭受的财产损害和非财产的损害。其中，财产损害包括受害方所遭受的直接财产减损，如个人财产被损害或数量上减少，但不包括将来期待利益的损失（遗产继承权，保险受益权的损失）；非财产上的损害包括人身损害和精神损害，如：身体机能毁损，器质改变，以及悲伤、恐惧、怨恨、绝望、羞辱等精神痛苦。

3. 过错行为与损害事实之间有因果关系

即有配偶一方实施的法定过错行为是导致婚姻关系解除、并造成无过错配偶遭受财产上损害和非财产上损害的直接原因。法定过错行为与离婚损害事实之间有因果关系。

至于过错方的主观方面是否属于构成要件的问题，一方面，现行法律及司法解释并没有明确要求；另一方面，上述法定过错非因主观过错不可能造成。因此，只要过错方实施了上述法定过错行为，就可以推定其主观上是有过错的，无需证明是否存在主观过错。

（三）建立离婚损害赔偿制度的意义

对我国婚姻法增加离婚损害赔偿制度的做法，虽然有人提出"无过失离婚在全球普及之时，这条法律的制定是一种历史的倒退"，[①]但学界与社会各界的绝大多数人均肯定了这一制度的积极作用，认为建立侵害配偶权损害赔偿制度的意义，既是婚姻关系中配偶法定义务的内在要求，又是婚姻关系民法属性的直接反映，还是保护离婚当事人合法权益的需要，可以有效地运用民事制裁手段制裁婚姻当事人的重婚、同居、家庭暴力、赌博及吸毒等违法行为，并在经济上予以制裁，对受害方给予一定的补偿，以有效保障婚姻家庭关系及妇女、儿童的合法权益。

二、离婚损害赔偿的诉讼问题

现行《婚姻法》第46条规定了离婚损害赔偿制度的基本框架，最高人民法院《关于适用〈中华人民共和国婚姻法〉若干问题的解释（一）》和最高人民法院《关于适用〈中华人民共和国婚姻法〉若干问题的解释（二）》也先后作了较详尽的规定，从而

① 马春华：《公共权力不应干涉私人领域》，载李银河、马忆南：《婚姻法修改论争》。光明日报出版社1999年版，第307－311页。

形成了一个相对完整的诉讼制度体系。

（一）离婚损害赔偿制度的主体

1. 权利主体

法律规定为合法婚姻中的无过错方，即有权提起离婚损害赔偿的主体是离婚当事人中无过错方的配偶，包括当事人在婚姻登记机关办理离婚登记手续后，以《婚姻法》第46条规定为由向人民法院提出损害赔偿请求的。权利限制规定：①人民法院判决不准离婚的案件，对于当事人基于《婚姻法》第46条提出的损害赔偿请求，不予支持；②在婚姻关系存续期间，当事人不起诉离婚而单独依据该条规定提起损害赔偿请求的，人民法院不予受理。③当事人在协议离婚时已经明确表示放弃该项请求，或者在办理离婚登记手续一年后提出离婚损害赔偿请求的，不予支持。④夫妻双方均有《婚姻法》第46条规定的过错情形，一方或者双方向对方提出离婚损害赔偿请求的，人民法院不予支持。

2. 义务主体

婚姻法未直接规定，司法解释则限定较严。如最高人民法院《关于适用〈中华人民共和国婚姻法〉若干问题的解释（一）》第29条规定，承担离婚损害赔偿的责任主体，是离婚诉讼中无过错方的配偶。对该限定应理解为不包括婚姻过错方的所谓“第三者”。

（二）提起诉讼时间

1. 作为原告时

无过错方作为原告基于该条规定向人民法院提起损害赔偿请求的，必须在离婚诉讼的同时提出。

2. 作为被告时

在离婚诉讼中，如果无过错方作为被告，既不同意离婚，也不基于该条规定提起损害赔偿请求的，可以在离婚后一年内单独提起离婚损害赔偿的诉讼。如果一审时作为被告未提出损害赔偿请求，二审期间提出的，人民法院应当进行调解，调解不成的，告知当事人在离婚后一年内另行起诉。

（三）提起诉讼的方式

1. 离婚之诉与离婚损害赔偿之诉的关系

依诉讼法理论，构成诉的要素应该有诉讼当事人、诉讼标的和诉讼理由等三要素，而且一个诉的存在或消灭并不以另外一个诉的存在或消灭为转移，法院也可以就该诉的请求独立作出判决，这样的诉应该成为一个独立的诉。由于在婚姻关系存续期间，该诉讼请求不能提起，只有在离婚时或离婚后才可提起，所以离婚损害赔偿之诉不是一个独立的诉讼。若当事人在离婚时提出损害赔偿，则是在一个诉讼中提出了两个或两个以上的诉讼请求；若当事人在离婚后提出，则是对离婚之诉未尽事宜的处理，如同离婚后一方发现另一方有隐匿财产等行为、要求重新分割财产的诉讼，仍是离婚之诉的延续，而不是一个新的诉讼。①

2．审理方式

提起离婚损害赔偿的无过错方，如果在离婚诉讼中属原告地位的，两个诉讼请求合并审理；如果在诉讼中是被告的，应提起反诉，与对方的本诉合并审理。②

（四）离婚损害赔偿的赔偿方法

1．赔偿的范围

离婚的“损害赔偿”，包括物质损害赔偿和精神损害赔偿。涉及精神损害赔偿的，适用最高人民法院《关于确定民事侵权精神损害赔偿责任若干问题的解释》的有关规定。

2．赔偿的金额

关于离婚过错损害赔偿的金额目前司法界尚无定论，我们认为可参考以下几方面因素：①过错方的过错程度；②无过错方所受到的实际损害；③双方用于子女教育及未来生活需要的支出；④双方年龄及健康状况；⑤双方的谋生能力；等等。

3．赔偿金的给付方式

原则上应一次给付；如一次性给付有困难的，可以分期给付；无过错方可以要求分期给付的一方提供相应的财产担保。

---

① 郭丽红：《论离婚损害赔偿之诉》，载《河北法学》2002 年第 5 期。

② 高洪宾：《婚姻法强化对违法犯罪的惩治》，载《法律适用》2001 年第 3 期。

第三编　家庭关系法

第五章　夫妻关系法

第一节　夫妻关系法概述

一、夫妻关系与夫妻关系法

（一）夫妻关系的法律意义

1. 夫妻关系的概念

夫妻关系是人类社会发展到一定历史阶段的产物。古代的群婚制与对偶婚制下的两性关系还不具备夫妻关系的特征，只有在个体婚制出现，人类步入文明社会后才确立夫妻关系这种男女两性关系的特定形式。现代意义上的夫妻关系是家庭关系的基础和核心。

应当指出，夫妻关系的一般概念和法律概念是需要加以区别的。一般意义上的夫妻关系，是指基于婚姻而形成的特定的具有经济、感情、伦理和法律等多方面社会内容的社会关系，是由道德、习惯加以调整的。法律上的夫妻关系，是指夫妻间的权利义务关系，即夫妻双方共同的和各自的权利义务的总和。

2. 法律对夫妻关系调整的必要性

首先，从夫妻关系本身的性质、地位和特征看，法律需要对夫妻关系加以确认和调整。亲属关系是人类最原始、最基本的社会关系，夫妻关系则是一切亲属关系赖以形成的基础，是法律调整的主要对象。不论是古代中国的《易经》还是《礼记》，不论是古代外国的《摩奴法典》、《十二铜表法》，还是《古兰经》和新旧约全书，这些经典和法律都相当重视夫妻关系。近代社会的夫妻关系的性质和内容虽呈现新的特点，但从其所处地位和对社会制度的影响看，夫妻关系不可或缺，在全部亲属关系中仍处核心地位。

其次，夫妻关系本身的特点也要求法律进行积极干预，从而有力地加以保护。一方面，配偶是一种人为设定的亲属关系，与自然血亲有着本质区别，夫妻之间，须设禁例尽量避免或减少双方的血缘因素。古人眼中联结夫妇的纽带是所谓的“义”，即如《礼记·婚义》所说“成男女之别而立夫妇之义”，以及《唐律疏议·户婚》所说“夫妻义合”。现代社会提倡以感情为夫妻关系的联系已成为各国的共识。另一方面，夫妻关系须有永久性并得到社会承认，它在形成之时不得附有时间上的条件，且不能由双方任意解除，这是它与其他暂时性非正当两性关系的重要区别，这需要通过法律严格界定。

再次，夫妻关系内涵丰富，涉及夫妻的多种权利义务及相应的社会利益，必须用法律进行规范。夫妻关系作为一种社会关系，性生活固然是夫妻共同生活的重要内容，但除了生理因素之外，配偶之间还发生着多种身份上和物质上的关系。法律必须规范双方的行为，协调各种关系，使当事人和其他公民的合法权益得到必要保护。

（二）夫妻关系法的基本内容

我国的法学理论认为，夫妻关系的内容，就其性质可以分为人身关系和财产关系两个方面。人身关系是夫妻关系的主要方面，财产关系从属于人身关系，是人身关系引起的相应的法律后果。从法律角度说，夫妻人身关系指夫妻双方在家庭中的人格、身份、地位等各方面的权利义务关系；夫妻财产关系指夫妻双方在财产、扶养和财产继承等方面的权利义务关系。

二、夫妻关系的立法发展

（一）夫妻关系法的形式

不同的历史时期和同一历史时期的不同国家和地区，夫妻关系法有不同的法律形式。

春秋战国以前的中国，夫妻关系主要依靠礼来调节，其行为规范大多具有习惯法的性质，亲属关系主要由家礼调整，夫妻关系法包括在家礼之中。两汉以后，夫妻关系中的积极规范仍以具有习惯法性质的礼制为主，律虽有“诸法合体”的特点，主要在于规定罪名及制裁犯罪，主要是消极规范。

外国古代夫妻关系法的形式，可以说习惯法仍是夫妻关系法普遍的、重要的法律渊源，成文法中也包含一定的夫妻关系法律规范，如《汉谟拉比法典》的第 128 条至 153 条，但仍无具体法律门类划分。宗教法在调整夫妻关系方面作用尤为突出，如《古兰经》既是伊斯兰教的经典，又是伊斯兰法的法源，它关于配偶地位和行为模式的规定，在其控制的地区内成为广泛生效的夫妻关系法。在罗马法中，夫妻关系法属于“私法”范畴，既反映在大量“不成文法”习惯法中，又从公元前 5 世纪《十二铜表法》开始，由成文法不断加以规定。

近代社会的西方大陆法系国家承袭罗马法传统，将夫妻关系法置于民法典之中。如 1804 年《法国民法典》中第一编中，在“婚姻”章里专用一节规定“夫妻相互的权利和义务”，在第三编第 5 章，对“夫妻财产契约和夫妻财产制”作了单独规定。1900 年的《德国民法典》与同时期的《日本民法典》，均对立法体例作了重大调整，在《德国民法典》的五编之中，亲属法设在第四编，并在“婚姻”章内分设“婚姻的效力”和“夫妻财产制”两节，共同构成了夫妻关系法。我国近代民法的编制与德、日基本相同。

英美普通法系中，判例法始终是它重要的法律渊源。只不过在近现代，婚姻家庭法出现了成文化趋势，制定了多个单行法律，不过并非法典化。如英国自19世纪后期至今先后颁布了上百种婚姻家庭法令，有单纯的夫妻关系法，如1964年的《已婚妇女财产法》、1967年的《夫妻住所法》以及1966年的《家属扶养法》等。美国的夫妻关系法是以州立法的形式体现在相关法律中的，如纽约州1982年的《家庭法》中就包含了“夫妻的主要权利和义务”的规定。

新中国成立以来，我国的夫妻关系法一直是用独立编订的《婚姻法》进行调整，夫妻关系的基本准则以“总则”的形式体现，但两部《婚姻法》在夫妻关系的处理上有所不同。1950年《婚姻法》用独立的一章（第三章）规定“夫妻间的权利和义务”，在其后第四章规定“父母子女间的关系”。1980年《婚姻法》（现行《婚姻法》）将两者合并，并补充了兄弟姐妹之间、祖父母外祖父母与孙子女外孙子女之间的权利义务关系，统称为“家庭关系”。当然，这种形式是否科学在我国理论学界仍存质疑。①

（二）夫妻关系的立法沿革

夫妻关系的性质和特点，夫妻法律地位的变化，同婚姻家庭制度的演进过程相一致。不同的历史时期，夫妻在家庭中的地位不同，他们的权利义务也不同。传统的亲属法学往往是用不同的立法主义来说明夫妻关系在家庭中的法律地位的。

1. 古代社会的夫妻一体主义

夫妻一体主义（Coverture scheme）也称夫妻同体主义，意为夫妻合为一体，人格互相吸收。西方的早期罗马法和中世纪欧洲教会法中的夫妻关系准则被认为是夫妻一体主义的代表。在东方，古代印度和古代中国的制度具有典型意义。

在奴隶社会和封建社会，法律和礼制采取“夫妇一体主义”，它是古代家庭本位立法原则在夫妻关系中的集中表现。据《摩奴法典》记载，婆罗门曾宣布过一句格言：“丈夫和妻子只形成一人”。中国古文献对比论述颇多，《仪礼·丧服传》上说“夫妇，一体也”。实际上按当时各国法律规定是妻的人格为夫所吸收，所谓“妇者，服也，服于家事，事人者也”（《白虎通·嫁娶》），女子在婚后没有独立的姓名权和财产权，完全听从丈夫的支配或限制。只有在少数情况下，男子入赘才丧失独立人格，为妻所吸收。

---

① 杨大文主编：《亲属法》（第四版），法律出版社2004年版，第105－106页。

早期罗马法主张妻子在缔结“有夫权婚姻”时就成为“家长权”支配下的家属，后期罗马法有向人格相对独立的方向发展。但欧洲中世纪的宗教法规，严格奉行夫妻一体主义，确认夫的特权地位，丈夫不但可以支配妻的财产，而且可以处罚其人身。基督教《圣经》上记载：“开辟之初，神造男女，因此人离父母而合于妻，凡此二人，应为一体。”及至资本主义时期，夫妻一体主义思想在许多法律中仍有一定的表现，如在法国、日本、德国等国的旧民法中，都规定了“妻从夫姓”、“妻以夫之住所为住所”等。夫妻一体主义是古代法以家族为本位的立法思想的体现。

2. 近代的夫妻别体主义

夫妻别体主义（Separate existence scheme）又称夫妻分立主义、夫妻异体主义，即男女结婚后各自保持独立的人格，各有独立的财产上的权利和行为能力，且相互间有权利义务关系，承担各自的义务，表现为男女在法律上的平等。

西方法学著作一般认为夫妻别体主义源于后期罗马法。在按照罗马万民法而成立的“略式婚”即“无夫权婚姻”中，妻子没有绝对服从丈夫的义务，双方的财产原则上已经分开，妻子的财产不论婚前或婚后所得均属个人所有。古罗马后期出现的这种夫妻关系法律原则，是简单商品经济的迅速发展对传统婚姻家庭制度不断冲击的结果，能够说明经济关系对婚姻家庭关系的重大推动作用。但这种处于奴隶制时代的制度，父权和夫权不可能完全清除，不可避免地带有极大局限性。如关于“婚娶赠与”，狄奥多西二世时规定，如妇女再婚，该项财产的所有权归属于前婚所生子女，她本人只能保留用益权。后来罗马法中的这种“夫妻别体主义”在封建社会建立后很快被教会法所否定。

及至资本主义社会，法律开始采取“夫妻别体主义”，分别规定夫妻间的权利义务，以适应以个人为本位的家庭立法原则的要求。“二战”后主要的资本主义国家家庭法改革中都强调男女在家庭中的平等权利。如日本1947年将原民法典亲属编中“妻随夫姓”改为“使用夫姓或妻姓，由双方在结婚时约定”；法国在1970年通过法律，从民法典中取消丈夫作为一家之长的地位；联邦德国于1976年通过法律，取消丈夫在婚姻共同生活中的特权。

中国法制近代化的历程始自清末修订法律。1910年5月公布实施的《大清现行刑律》，其夫妻关系法继承了古代法传统，维护着男尊女卑制度。1930年国民党政府公布了《民法》的“亲属编”，一方面标榜“男女平等”，另一方面“于平等原则之外，并注意于共同体之保持”，采用所谓“二元主义”原则。①

凡此种种表明，夫妻在家庭中的法律地位已趋于平等。但在资本主义制度下，从法律上的规定到真正实施，还有相当大的差距，妇女在家庭中并不完全享有法律赋予她们的所有权利。

① 史尚宽：《亲属法论》，1982年第4版，第259页。

3. 发展中的当代夫妻关系的立法概况

当代和平与发展成为时代的主题，经济全球化趋势明显，提高妇女地位，推动夫妻关系法进一步发展成为世界性课题。《消除对妇女一切形式歧视公约》① 第四部分要求“应采取一切措施，消除在有关婚姻和家庭关系的一切事务上对妇女的歧视”，“在婚姻存续期间夫妻有相同的权利和义务”，“夫妻有相同的个人权利，包括选择姓氏、专业和职业的权利”，“配偶双方在财产的所有、取得、经营、享有、处置方面，不论是免费的或者是收取价值报酬，具有相同的权利”。

当代西方主要国家顺应社会与经济发展，均加快了夫妻关系改革的步伐，使妻子的家庭地位得到一定程度的提高。如英国 1964 年的《已婚妇女财产法》、1967 年的《夫妻住所法》、1969 年的《家庭改革法》等，明确确立了夫妻姓氏与住所的自由选定权，以及妻子享有的各项财产权。法国、美国等国均有类似改革。但依然有国家保持着配偶的不平等关系。②

在我国，家庭利益统一于社会利益和国家利益之中。我国《宪法》规定：“中华人民共和国妇女在政治的、经济的、文化的、社会的和家庭的生活等各方面享有同男子平等的权利”，现行《婚姻法》第 13 条同时规定：“夫妻在家庭中地位平等”，这是对夫妻关系所作的总的原则性规定，是夫妻间权利义务的基础。等于说我们现在是从根本法和法律两个层次上明确了我们的夫妻关系准则。目前我国正处于思想变革与经济变革的时期，妇女在家庭中的地位，与法律的要求还有一定差距，夫妻不平等现象至今仍不同程度存在。为此，我国《妇女权益保障法》第 40 条规定：“国家保障妇女享有与男子平等的婚姻家庭权利。”并在有关条款中，对妇女依法享有的特殊权益作了保护性规定。只有加强法律调整，保障夫妻在法律上的平等地位，同时通过物质文明和精神文明建设，才能为实现上述过渡创造更加有利的条件。

如何进一步完善我国的夫妻关系法，是一个受到广泛关注的问题。仅就形式而言，一方面，有的学者对现行《婚姻法》中“家庭关系”的概念使用是否合理提出质疑，认为祖孙、兄弟姐妹间的权利义务主要是从亲属关系的角度规定的，而不完全是从家庭关系的角度规定的。即使他们不是同一家庭的成员，仍然互享法定的权利，互负法定的义务，而“除上述亲属外，其他亲属作为同一家庭的成员的情况，在生活中屡见不鲜”③。

① 《消除对妇女一切形式歧视公约》在 1979 年 12 月 18 日联合国大会通过，1981 年 9 月 3 日生效。

② 如 1969 年的《意大利民法》规定：“丈夫为一家之长，妻子随丈夫的市民身份，使用夫姓，并且有义务在丈夫选定的任何住所陪伴他”，丈夫有保护妻子的义务，妻子不得擅自离开婚姻住所等。

③ 巫昌祯、杨大文主编：《走向 21 世纪的中国婚姻家庭》，吉林人民出版社 1995 年版，第 18 页。

第二节　夫妻人身关系

夫妻关系的内容，按其性质可分为人身关系和财产关系两个方面。夫妻人身关系，是指夫妻双方与人身不可分离，没有直接财产内容的夫妻人格、身份方面的权利和义务关系。我国婚姻法主要从以下几个方面对夫妻人身关系进行规制。

一、夫妻的姓名权

姓名是姓和名的合称，是确定和代表公民个体并与其他人相区别的文字符号和标记。姓名权是人格权的重要组成部分，是夫妻在家庭中有无独立人格和地位的一种标志。夫妻关系中，当事人在婚后是否变更姓氏，意味着是否发生新的亲属从属关系。

（一）夫妻姓名权的立法沿革

古代社会的父系家长制下，“妻从夫姓”是中外各国的通例。姓氏的变更，表现为在妻之本姓之前“冠以夫姓”，标志着已婚妇女归属于夫之亲族，置于夫权之下。如赵孙氏，张王氏等。同时，为了维护父系血缘关系，世系按男系计算，处于父权之下的子女须从父姓也是不可变更的准则。另外，中国古代有一特例，即赘婿要从妻之姓，子女随之，这主要是无子之家为传宗接代采取的变通方法，数量很少。在这种情况下，赘婿将失去独立人格，处于妻家父权之下。赘婿社会地位也极为低下[①]。在民国时期《民法》亲属编第 1000 条规定：“妻以其本姓冠以夫姓，赘夫以其本姓冠以妻姓，但当事人另有约定者，不在此限。”在实际生活中，除社会上层人士及知识界人士有约定姓氏者外，广大已婚妇女仍是从其夫姓的。

外国法中，从古代、中世纪以至资本主义社会初期，对已婚妇女的姓名权都作歧视性的规定。从资产阶级革命至第二次世界大战这两个多世纪的时间里，西方国家在夫妻姓名权问题上一直继承着古代传统。1900 年的《德国民法典》规定，“妻称夫之姓”，《日本民法典》规定，“妻因婚姻而入夫家，赘夫及婿养子人妻之家”，均须“使用其家的姓氏”。

现代西方国家的法律，夫妻姓氏及有关问题大致有三种类型：①坚持妻从夫姓的原则。如《瑞士民法典》由 1907 年制定后虽屡经修订，“妻从夫姓并取得夫的身份权”一条始终未变。②实行从一约定，无约定时从夫姓的原则，如德国 1981 年修改婚姻法

---

① 《汉书·贾谊传》：“家贫子壮则出赘。”颜顺古注：“为之赘婿者，言其不当出在妻家，亦犹人身体之有疣赘，非应所有也。一说，赘，质也，家贫无有聘财，以身为质也。”

时，允许双方协议“选定一个婚姻姓氏”，并在婚姻登记官员处发表声明，进行登记；若无选定“以夫之姓为夫妻及其家族之姓”，但“妻得以对于身份官员之意思表示，附加其婚前之姓”。[①] ③允许双方作任意约定。许多国家的法律均已对夫妻双方的姓名权作出平等性的规定，如1996年日本法务省提出修改民法的建议案，修改为“夫妻应在结婚时约定使用丈夫或者妻子的姓氏，或者各自使用婚前姓氏”，在后一种情况下，双方应对子女使用何种姓氏做出约定。[②]

总体上看，西方国家关于夫妻姓氏问题的法律改革相当缓慢，深层次原因在于姓氏问题与其他身份乃至财产关系紧密相连，受男女两性社会地位制约。当丈夫地位普遍高于妻子时，这种改革就很难取得根本性进展。

（二）我国法律的规定

我国法律确认男女平等原则和充分保护公民姓名权的精神。我国《民法通则》规定：“公民享有姓名权，有权决定、使用和依照法律规定改变自己的姓名，禁止他人干涉、盗用、假冒。”在婚姻家庭关系中，“夫妻在家庭中地位平等”的一个重要内容就是双方都可以保持姓名的独立性，当事人对姓名权的享有不受婚姻关系的影响。

1950年的《婚姻法》完全废除了旧中国法律关于姓氏问题的规定，代之以夫妻姓名权的完全平等。1980年的《婚姻法》以及2001年《婚姻法修正案》均规定：“夫妻双方都有各用自己姓名的权利。”该法律条文赋予已婚妇女以独立的姓名权，从而维护妇女的独立人格。夫妻各自享有姓名权，不因婚姻生活的具体环境、双方的职业、收入和彼此的扶养关系而发生变化。该规定并不排除夫妻双方在平等自愿的基础上就姓名问题进行约定的自由，只要双方当事人达成协议，无论是妻从夫姓或夫从妻姓，或者夫妻双方共同选定第三姓，法律均不干涉。依《民法通则》规定，在婚姻存续期间，夫妻双方中的任何一方都有权使用或者依法改变自己的姓名，他方不得干涉，也不得盗用或假冒。

与夫妻姓名权相关的是，夫妻一方死亡或双方离婚后，生存配偶或已离异的前夫或前妻要求恢复本姓，应予于准许；但离婚后，一方要求保留原有对方姓氏，则应由双方协商解决。对于婚后冠姓后双方因姓氏问题引起的纠纷，我们现有法律则没有相应的救济途径。

同时，现行《婚姻法》规定：“子女可以随父姓，也可以随母姓”，这就打破了子女只能随父姓的封建宗法传统习惯。子女的姓氏可在父姓和母姓之中选择，也可使用第三姓；子女使用什么姓氏以及未成年子女姓氏变更应由父母协商确定，子女有辨别能力

① 德国《男女同权法》，1957年。

② 参见日本《户籍时报》第457号。

除外。同时，这并不妨碍子女成年后更改自己姓名的权利。不过对于父母双方都坚决要求子女随本人姓，虽经多方调解仍无法协调一致时，一旦诉之法院，人民法院应如何处理，现行法律没有明确规定，这就造成人民法院适用法律的困难。

二、夫妻的人身自由权

人身自由权是公民的基本权利，是人们正常生活、劳动、学习和从事各种社会活动的先决条件，是指公民依法享有的其人身和行为完全由自己支配，不受任何组织或个人非法限制或侵害的权利。夫妻人身自由权是指已婚夫妻参加社会活动，进行社会交往，从事社会职业的权利。夫妻有无人身自由权，是夫妻家庭地位是否平等的重要标志。

（一）夫妻人身自由权的立法沿革

在很长的历史时间里，与夫权主义的立法原则相适应，妻子的行为处于丈夫的严密控制之下，充其量享有所谓理家权（锁钥权）。封建社会里，“三纲五常”、“三从四德”是所有女性思想和行动的伦常准则，已婚妇女始终处于丈夫的意志和权力支配之下，没有参与社会活动的权力，原则上“男不言内，女不言外”①。古印度的《摩奴法典》也规定：“妇女幼时处在父亲的监护下，青春期处在丈夫的监护下，老年时处在儿子的保护下”，并且强调“妇女绝不应任意行动”。②

早期资本主义法仍多方面限制已婚妇女的行为能力，妻子不享有独立选择工作和职业的自由权利，以后才逐渐有所改变。从19世纪末开始，各资本主义国家法律才先后赋予已婚妇女若干参加社会活动的权利，主要是从事和选择职业的自由权。“二战”后，妇女的社会地位发生了明显的变化，许多国家修改了法律，妻子在法律上也获得了相应的人身自由权，但在态度上仍有明显区别。1965年《法国民法典》第233条修订为“妻得不经夫的同意具有从事某种职业的权利”。但有的国家仍设了种种限制，如《瑞士民法典》第167条规定：“妻在取得夫的明示或默示的承诺后，无论实行何种夫妻财产制，均有从事职业的权利。夫拒绝承诺时，妻如能证明其就业对婚姻共同生活或家庭有益，可请求法官授予上述从事职业的权利。”前联邦德国、日本的立法都有夫妻双方有人身自由权的规定。

（二）我国法律对夫妻人身自由权的规定

我国法律赋予夫妻双方以充分、平等的人身自由权。早在1950年《婚姻法》第9条就规定：“夫妻双方均有选择职业、参加工作和参加社会活动的自由”。1980年《婚

① 参见《礼记·内侧》。

② 此处引文系根据商务印书馆1985年世界学术名著版（马香雪转译本），参见该书第211页。

姻法》（现行《婚姻法》）对它作了必要的修改和补充，规定为“夫妻双方都有参加生产、工作、学习和社会活动的自由，一方不得对他方加以限制和干涉”。该规定同时平等赋予双方均有人身自由权，但在实践中主要体现在对妇女人身自由权的着重保护上。

这一立法规定，首先意味着双方都有参加生产、工作的自由，而且从其立法本意看，主要指付出体力和脑力劳动后能够取得劳动报酬或者经营收入的一切社会劳动。这里的自由是指夫妻双方均有选择不参加生产、工作和选择参加生产工作以及选择何种工作的自由，这项自由目前在我国得到了充分保障，《妇女权益保障法》更是在保护妇女劳动权益方面作了详尽规定，除了平等录用、男女同工同酬外，针对已婚妇女在孕期、产期、哺乳期受特殊保护；任何单位不得以结婚、怀孕、产假、哺乳为由，辞退女职工或单方解除劳动合同等。劳动法也规定了一系列的保护措施。其次，这一法律规定还意味着双方都有参加学习的自由。这里的学习，包括各种各样专业和业余的学习、培训、进修、扫盲学习以及各种技能训练。从我国现状看，女性受教育的水平总体比男性低，立法的本意仍是重视对已婚妇女学习权利的保护。另外，这一立法规定还包括双方自由参加社会活动的权利。夫妻双方可自由参加参政议政活动、科学技术、文化艺术活动，还包括各种群众组织、社会团体及各种形式的公益活动等等。参加这些活动是公民行使宪法规定的民主权利，参与国家和社会管理的重要渠道和方式，也是妇女提高社会地位的重要保证。

这三种权利的行使，任何一方不得加以限制和干涉，尤其是男方不得假借任何理由限制或干涉对方行使这些权利。当然，这些权利的行使必须以符合社会道德和遵守社会公德，不能违背夫妻、子女、父母之间的扶养义务为前提。

三、夫妻的婚姻住所决定权

住所决定权，是指决定夫妻婚后共同生活住所的权利。这里的住所，是指婚姻住所（Matrimonial domicile）或家庭住所（Family domicile），而非一般意义上的居所（Abode）。婚姻住所是维持婚姻的基本条件，是夫妻行使权利和履行义务的法定场所。婚姻住所的选择关系到夫妻生活的外部社会环境，直接影响到夫妻利益的实现。

在夫权专制的古代社会，妇从夫居被视为天经地义的准则。即使在资本主义制度形成后的一个相当长时期里，由夫决定婚姻住所仍是各国立法的通例。当代资本主义国家关于住所决定权的法律大体分为三种类型：第一种是继续维护夫权本位制，如《瑞士民法典》第 160 条第 2 款规定，“夫决定婚姻住所，并应以适当方式扶养妻及子女”。第二种是转而强调夫有提供婚姻住所的义务，而妻有在该住所居住的权利，如英国 1967 年《婚姻住房法》和 1970 年的《婚姻程序及财产法》规定，即使夫对婚姻住房并无产权，未经司法裁判，也不得强行令妻迁移。第三种是夫妻协商决定婚姻住所，一方不同意他方决定时，无服从的义务。如法国 1975 年 7 月 11 日法律将原民法妇从夫居的规定修改为："家庭的住所应设在夫妻一致选定的处所"。

我国1950年《婚姻法》未对婚姻住所作出明文规定，现行《婚姻法》第9条规定："登记结婚后，根据男女双方约定，女方可以成为男方家庭的成员，男方可以成为女方家庭的成员"。严格讲，该规定并不是关于婚姻住所的直接规定，但从其立法宗旨，提倡男到女家落户一定程度上具有婚后住所选择的意义。当然，可供选择的住所除男方或女方家庭原有住所外，夫妻双方还可设定单独住所。可见，通过自愿协商选择婚姻住所是我国婚姻法的基本精神。从我国目前情况看，由于受到户籍管理、居住条件、工作等方面的限制，特别是法律的统一性，地方立法的有限性，在婚姻住所的选择上非常有限，矛盾、冲突不多，但随着社会流动性增大，对人口流动限制的放宽，这类问题也将增多。

需要指出的是，现行法律对"家庭"和"家庭成员"的概念并没有做出统一的、明确的说明。在具体含义上存在不确定因素，大致可从"共同居住"、"共同生活"、"具有亲属法上的权利义务"或者"同在一个户籍单位"等不同角度做多种意义理解，而不是从法律上理解和执行，这是需要在修改婚姻法时进一步加以完善的。

四、同居和忠实义务

（一）同居义务

同居义务，是指男女双方以配偶身份负有与对方共同生活的义务，其内容主要包括物质上相互供养、生活上相互照顾、精神上相互慰藉、性生活上相互满足。同居是夫妻共同生活不可缺少的内容，是夫妻间本质性的义务，没有同居，婚姻不能称其为婚姻。

历史上有关同居权利与义务的立法，经历了两个不同的阶段。

古代，甚至早期资本主义社会对夫妻同居的规定明显带有歧视色彩，片面强调妻对夫有同居义务。如1898年《日本民法典》第789条规定，"妻负有与夫同居的义务。夫须许妻与之同居。"从20世纪40年代以来，顺应男女平等潮流，各国纷纷修订立法，对夫妻同居的规定才趋于平等。如《法国民法典》（1970年修订本）第215条规定"夫妻相互负共同生活的义务"。

我国的婚姻立法没有完全回避同居。新中国成立前的革命根据地婚姻法就规定了夫妻同居义务，如《晋察冀边区婚姻条例》第11条规定，"夫妻互负同居义务，但有正当理由不能同居者不在此限"。1950年《婚姻法》也含有夫妻互负同居义务的导向性规定，但1980年《婚姻法》（现行《婚姻法》）回避了夫妻同居问题，《婚姻法》（2001年修正案）也没有规定同居义务，使这一领域成为立法空白。但同居又是夫妻关系内容中不可或缺的，在现行《婚姻法》的有关规定中也涉及同居，如第3条第2款"禁止有配偶者与他人同居"，第32条"夫妻感情不和分居满两年"的离婚法定情形的规定，第46条关于离婚损害赔偿的规定等，都一定程度说明了采用法律手段规范同居义务的必要性。其实对于是否规定同居义务，婚姻法学界一直存在争论。反对者认为：夫妻是否同居是个人隐私问题，同居义务又涉及人身自由权，法律不宜调整，更不能强制执行，而且是否同居并不能影响婚姻效力，成为无效婚姻的理由，法律如果规定同居义务，在我们特殊的国情中，极可能导致妇女权益保护的被动局面。占大多数的支持者认为婚姻法应该把同居义务写进去，他们认为：同居是达到婚姻目的的有效途径，也是夫妻之间其他权利义务产生的前提，法律中写进同居义务，并对不履行一方设定法律责任，可以更好地实现对弱势群体的保护。

各国法律在规定夫妻同居义务的同时，赋予配偶同居义务的抗辩权，即规定在一定条件下夫妻可以暂时或部分中止同居义务，不得视为违背同居义务。中止履行同居义务的情况主要有两种：一种是因正常理由而暂时停止同居，主要是因处理公私事务需较长时间合理离家，或一方因生理原因对同居义务部分或全部不能履行，这种条件一旦消失，夫妻同居义务自动恢复。第二种是因法定非客观事由而停止同居，对此各国法律都设有专门条款，法定非客观事由主要集中在婚姻关系破裂、一方提出离婚诉讼、一方擅自将住所迁至国外或在不适当的地点定居以及一方的健康、安全、名誉因夫妻共同生活而遭受威胁等方面。如《德国民法典》第1353条第2款规定："夫妻的一方对他方在建立共同生活后所提出的请求，显然为滥用权利或者婚姻已破裂时，无承诺义务"。《墨西哥民法典》第163条规定："如果一方并非出于公务需要或社团需要将自己的住所迁移至国外，或是在不卫生或不恰当的地点定居，法院可以因此免除配偶他方的这种（同居）义务"。《瑞士民法典》第170条规定："配偶一方，在其健康、名誉或者经济状况因夫妻共同生活而受到严重威胁时，在威胁存续期间有权停止共同生活；提起离婚或分居的诉讼后，配偶双方在诉讼期间均有停止共同生活的权利。"

既然同居义务为法定义务，无正当理由违反同居义务时，应承担相应的法律后果。对于同居权受到侵犯的法律救济，主要体现在对违法行为的矫正和对受害人的救济两方面。一是申请法院裁决，受害人请求损害赔偿。如《法国民法典》第214条第4款规定："如夫妻一方不履行其义务时，他方得依民事诉讼法规定的方式强迫其履行"。但该义务有人身性，无法对人身采取强制措施，强制的方法主要体现在赔偿责任上，包括财产损害和精神损害赔偿两方面。二是无故不履行同居义务视为遗弃，成为司法别居的法定理由之一。如他方无正当理由拒不履行同居义务，要求同居一方可申请司法保护，可要求司法责令他限期恢复同居，否则构成遗弃，或要求继续同居一方可依法申请司法别居，如英国法。

（二）忠实义务

狭义的忠实义务是指贞操（chastity）义务，即专一的夫妻性生活义务。从对妻单方面的要求守贞进化到夫妻互负守贞义务，是男女不平等迈向男女平等的一大进步。广义的忠实义务包括不得恶意遗弃配偶以及不得为第三人的利益而牺牲、损害配偶他方的利益。但在立法上多不包含扩大的意义。夫妻互负忠实义务是婚姻当事人的共同一致的真实要求，也是子女血缘清白的保证，是保护配偶身心健康的需要，是落实一夫一妻制的根本要求。

忠实义务的发展经历了三个阶段。父权家长制出于维护男系血统需要，法律对妻方的贞操要求极其严格，对失贞妇女处罚也很严厉，但对夫方通奸行为却相当宽容，而且往往使贵族男子的多偶制合法化。前期资本主义法律对于贞操义务的规定仍是严于妻而宽于夫。如《法国民法典》虽规定夫妻负相互忠义务，但又规定，夫得以妻通奸为由诉请离婚，而妻仅能以夫与他人通奸且于婚姻住所姘居为由诉请离婚。他们对这种不平等立法的解释仍然基于亲属血统观念，认为丈夫的通奸充其量会影响夫妻关系和家庭秩序，而妻子的通奸则关系到夫可能不是子女真正的生父。直到“二战”后，法国、意大利、英国、瑞士、瑞典等国法律才普遍把夫妻置于平等地位，规定双方互负贞操义务，并视之为维护夫妻关系特质及其稳定的一个要素，如《法国民法典》第 212 条规定：“夫妻负相互忠实、帮助、救援的义务。”

因违反忠实义务的行为涉及第三方，有关法律责任的问题比较复杂。对于夫妻双方，许多国家的离婚法律均明确规定，任何一方违反贞操义务即成为对方提出离婚诉讼的重要法定理由，并可在离婚时请求对方给予精神损害赔偿，但对他方过错表示“宥恕”（包括超过一定期限）者除外。对于第三方，一些国家的法律适用侵权行为法，一方面允许受害方向与其配偶通奸之第三人提起停止妨害之诉，另一方面赋予受害方向加害方要求损害赔偿的权利。法国、日本持此态度。依照法国民法解释，配偶一方对与他方通奸之第三人，可依民法关于侵权行为的规定索取赔偿；如不停止通奸关系，得请示间接强制罚金；依其判例，配偶一方的通奸行为被他方当场发现，第三人所签有确定金额的赔偿契约应认定为有效。① 但美国在 1976 年以后的判例中认为，配偶一方因对方的通奸而对相奸人请求损害赔偿，是在道德、性、伦理方面的时代错误，是侵害个人基于自然合意性关系的隐私权；要已婚者因与他人有自然的、自发的性关系而负责任，已非国家所关心的事。英国于 1970 年删除了因通奸所生的损害赔偿权。从这些外国判例、学说或立法的变化，可以窥知人类的性道德、性观念已受到不同程度的冲击，这将会影响相奸人责任的有无或轻重。

现代的很多国家实行无过错离婚主义，通奸不再是离婚的理由，并不强调夫妻的贞操义务，更强调从广义上规范夫妻忠实义务。如《德国民法典》第 1353 条规定：“婚姻双方相互之间有义务过共同的婚姻生活；婚姻双方互相向对方负责。”《意大利民法

① 史尚宽：《亲属法论》，台北荣泰印书馆 1980 年版，第 271 页。

典》第143条规定："根据婚姻的效力，夫妻之间互负忠实的义务、相互给予精神和物质扶助的义务、在家庭生活中相互合作和同居的义务。"

我国1950年《婚姻法》第7条规定："夫妻为共同生活的伴侣"；第8条规定："夫妻有互爱互敬、互相帮助、互相扶养、和睦团结、劳动生产、抚育子女、为家庭幸福和新社会建设而共同奋斗的义务"。这两条规定中显然包括夫妻互负同居与忠实义务的含义。经1980年修订后的现行《婚姻法》删去了这些规定，也没有再用其他形式加以规定，在理论和实践上都造成了一些值得审视的问题。现行《婚姻法》（2001年修正案）在第4条增设了"夫妻应当互相忠实，互相尊重"的规定，首次把忠实义务列入基本法中。但是，我们应注意到总则中有关夫妻忠实义务的规定仅是一条原则性、倡导性的规定，不能作为适用法律的依据，即夫妻忠实义务不可诉。在现行《婚姻法》（2001年修正案）"救助措施与法律责任"中关于无过错方的离婚损害赔偿请求权的明确规定，可视作对夫妻忠实义务作出的保障性规定，和为相关司法实践提供的法律依据。

五、日常家事代理权

日常家事代理权是指夫妻因日常家庭事务而与第三人交往时所为法律行为，视为夫妻共同意思表示，另一方承担连带责任。因婚姻是夫妻共同生活的事实，日常生活事务繁多，凡事都要夫妻共同处理的话，不便于生活，确实有相互代理的必要。而且夫妻关系双方有一致的利益，日常家事代理权符合婚姻当事人本人的意思和利益。也有助于节省婚姻生活和社会生活成本，有利于维护简单的民事交易和第三人的利益。

日常家事代理权起源于古代罗马法。在罗马共和末年，大法官创设各种诉权，使家属和奴隶代理家长从事交易成为可能，其中根据"奉命诉"妻子取得了在丈夫委任之下为一定民事行为的能力，日常家事代理权包含其中。大陆法系各国民法基本都继承了罗马法对家事代理权的规定，早期的资本主义民法仅承认妻子就日常家事为丈夫的代理人，后来各国民法逐渐赋予了妻子与丈夫同等的处理家事的权利。如《瑞士民法典》第166条规定："配偶双方中任何一方，于共同生活期间，代表婚姻共同生活处理家庭日常事务。"英美法系国家也有家事代理的规定，一般表述为"同居产生的代理"、"不可否认的代理"、"必要的代理"，但大陆法系国家的日常家事代理权一般不包括英美国家的同居女子所享有的代理权，总体上英美法的代理权允许的范围比大陆法的范围要小，如"必要的代理"是指丈夫不给妻子必要的扶养时，妻子在法律上享有以丈夫的信用购置必需品的代理权。

我国的婚姻法没有规定日常家事代理权，但最高人民法院《关于适用〈中华人民共和国婚姻法〉若干问题的解释（一）》第17条规定："夫妻因日常生活需要而处理夫妻共同财产的，任何一方均有权决定。"这说明我国法律中的夫妻日常事务代理权的行使仅限于处理夫妻共同财产的范围，也仅限于以日常家庭生活需要的家庭事务，范围是窄于国外的相关立法的。

在日常家事代理权的行使上，以何种名义行使是没有定论的，但夫妻因行使日常家事代理权所取得的权利和承担的义务应由夫妻共同承担。一方滥用家事代理权，另一方有权加以限制。

六、夫妻的生育权

生育权是一个不断发展、内涵不断充实的概念。19 世纪女权主义者要求有“自愿成为母亲”的专有权利，主要是指妇女有不生育权，即妇女有权决定是否生育、何时生育和怎样生育，将生育的问题与妇女在政治、经济上的解放运动联系在一起。① 20 世纪 70 年代后，有关国际会议文件开始涉及生育权。② 1974 年联合国世界人口会议通过的《世界人口行动计划》对生育权是这样定义的：“所有夫妇和个人享有自由负责决定其子女数量和间隔以及为此目的而获得的信息、教育与方法的基本权利；夫妇和个人在行使这种权利的责任时，应考虑他们现在子女和未来子女的需要以及他们对社会的责任。”联合国在 1984 年和 1994 年分别召开的国际人口与发展会议通过的《墨西哥城宣言》和《国际人口与发展会议行动纲领》又重申了这个概念，并将生育权作为一项基本人权。

近年我国立法和实践中才开始提出有关生育权的问题。我国的民事基本法《民法通则》和《婚姻法》对夫妻生育权均未直接规定；在立法上，我国《妇女权益保障法》、《人口与计划生育法》和最高人民法院《关于适用〈中华人民共和国婚姻法〉若干问题的解释（三）》均有涉及生育权的问题。1992 年颁布的《妇女权益保障法》第一次规定生育权，其第 47 条规定：“妇女有按照国家有关规定生育子女的权利，也有不生育的自由”。2002 年 9 月 1 日生效的《人口与计划生育法》第 17 条也明确规定：“公民有生育的权利，也有依法实行计划生育的义务，夫妻双方在实行计划生育中负有共同的责任。”这意味着女方有生育权，男方也有生育权，等于从法律角度明确了生育权主体。2011 年 8 月 13 日开始施行的最高人民法院《关于适用〈中华人民共和国婚姻法〉若干问题的解释（三）》首次对生育权有了明确规定，其第 9 条规定：“夫以妻擅自中止妊娠侵犯其生育权为由请求损害赔偿的，人民法院不予支持；夫妻双方因是否生育发生纠纷，致使感情确已破裂，一方请求离婚的，人民法院经调解无效，应依照婚姻

---

① 杨遂全：《婚姻家庭法新论》，法律出版社 2003 年版，130 页。

② 1968 年联合国世界人权会议通过的《德黑兰宣言》宣布：父母享有自由负责地决定子女人数及其出生间隔的基本人权。

法第32条第3款第（5）项的规定处理。”

我国学界对生育权的概念并不统一，但现在占主导地位的观点认为基于合法婚姻关系的夫妻在一定历史条件下所享有的决定是否生育子女、何时生育子女以及如何生育子女的自由，这主要是基于生育决定权的角度予以考虑的。生育权属于夫妻人身权的范畴，只能基于夫妻的特定身份在合法的婚姻关系上产生，是夫妻共同享有的权利。对外而言，夫妻作为一个整体共同享有生育权，任何人不能非法干预其生育自由；对内而言，则权利的行使必须有赖于对方通过作为或不作为给予协助。同时，依男女自然状况的不同，在行使生育权中又存在分工；整个过程丈夫的负担较少，妻子的负担比较繁重，其生育过程中的“权利份额”应大一些。

夫妻生育权的内容方面，一般认为主要包括生育决定权、生育请求权和生育知情权几个方面。生育决定权是生育权的核心，包括决定并实施不生育的自由和决定并实施生育的自由。夫妻能自行决定不生育并拥有为达到这一目的而采取必要措施的权利，包括决定“不要”孩子以及为实现此目的而选择避孕、堕胎、绝育手术来实现不生育的自由。同时夫妻也有生育的自由，包括夫妻双方的决定权和采取措施的权利，主要是指夫妻拥有决定生育的权利，也有权决定生育子女的数量、生育质量和对子女性别选择权、对生育方式选择权。目前各国对人口生育问题因国情不同，分别采取不同的调整政策。我国目前对生育权的限制来自两方面：一是符合计划生育的要求，二是优生优育的限制。生育请求权是夫妻共同对外行使的权利，是生育权主体为实现生育权而要求国家和相关职能部门提供技术帮助和服务帮助的权利。生育知情权直接关系到其他生育权的行使，在整个生育权体系中居于基础地位，是指生育权主体对有关自身生育信息的了解、知晓的权利，包括夫妻之间的知情权和特定机构对夫妻的如实告知检查结果的义务。

夫妻生育权可能受到源于第三人（社会、他人）或配偶的侵害。社会干预不当，超出法定范围控制夫妻的生育行为或者违背法定程序给当事人设置障碍，导致生育主体无法生育或无法优生优育。这主要来自两方面，一是计划生育部门对符合生育条件的夫妇不发给准生证，一是医疗机构因医疗事故导致夫妻不能生育或优生优育。第三人（包括计划生育管理机构、医疗机构和其他实施侵权行为的个人）还可能直接要求或威胁或采取行动来干涉当事人的生育自由，或使当事人丧失生育能力。来自配偶间的侵害包括一方未经对方同意单方行使生育权（包括未经对方同意而怀孕或女方擅自终止妊娠），和一方隐瞒事实使另一方无法生育。

夫妻既然互为生育权利义务方，权利的行使是需要对方采取一定的方式协助，生育决定权的行使以对方的同意为前提。在怀孕至生产这一阶段，由于女方事实上承担了更大的培育责任并享有更大的支配权，为确保男方对胎儿出生的期待权不被侵害，流产应该以夫妻双方同意为前提条件。但若夫妻双方就生育达不成一致意见的“计划外怀孕”，女方由于在孕育过程中承担更大责任，而决定了她拥有更大的决定权，这种情况不构成对对方的侵权。但若是双方的合意，则非医学遗传上的原因不得自行堕胎，否则便构成对对方权利的侵犯。

所以，对生育权的救济要区别其来源采取相应措施：对国家不当干预形成的侵权应赋予当事人通过行政途径或行政诉讼（附带民事赔偿）维护其权利；对当事人的侵权则应通过民事或刑事途径救济；对夫妻间的侵权，应首先立足于当事人自行和解，当然还应提供法律上的救济渠道，包括诉讼赔偿直至允许离婚。

七、夫妻的计划生育义务

人口的繁衍直接关系到社会的生存和发展，用法律手段来调节人们的生育行为，确立相应的导向和要求，在当代世界日益受到广泛的关注，计划生育已经成为公认的要领和重要的话题。1994 年在开罗召开的国际人口与发展会议，把“计划生育”作为专节写入了《行动纲领》。许多国家正在从不同角度制定和完善人口与生育方面的法律，例如：印度尼西亚制定了《人口与幸福家庭发展法》，土耳其制定了《人口计划法》，意大利制定了《终止妊娠法》，美国芝加哥市制定了《优生绝育法》，墨西哥把生育规范纳入了《民法典》的“婚姻编”，等等。

我国现行《婚姻法》第 16 条规定：“夫妻双方都有实行计划生育的义务。”计划生育是载入我国宪法的基本国策，也是社会主义家庭职能的一项重要内容。这条法规的基本精神如下。

（一）实行计划生育是夫妻的法定义务

实行计划生育是夫妻的法定义务，必须严格履行。育龄夫妻应当按照国家有关计划生育的政策和法律规定生育子女，不得计划外生育。如果夫妻的生育行为违反计划生育法规，应承担法律责任。

（二）实行计划生育是夫妻双方的法定义务

实行计划生育是夫妻双方的职责，夫妻双方应自觉承担此法定义务。夫妻任何一方都不得拒绝履行该项义务，更不得将计划生育仅视为女方的义务。

（三）实行计划生育是夫妻双方的法定权利

实行计划生育是夫妻双方的法定义务，也是一项法定权利。夫妻享有依有关计划生育规定生育子女的权利，受国家法律的保护，任何人不得侵犯。同时，夫妻也有不生育的自由，任何人不得强迫或干涉。育龄夫妻双方按照国家有关规定实行计划生育，计划生育工作部门应当提供安全、有效的避孕药具和技术，保障实施节育手术的夫妻的健康和安全。

夫妻双方共同履行实行计划生育的义务，一方面必须克服重男轻女陈腐观念的影响，树立生男生女都一样的观念；另一方面必须严格遵守法律规定，比如不得进行非法的胎儿性别鉴定和选择性终止妊娠，不得溺弃女婴，不得歧视、虐待、迫害和遗弃生育女婴的妇女，不得超计划生育，养子女、继子女、非婚生子女均应列入家庭生育计划，采用人工生殖技术必须依法进行并经夫妻双方同意等。

需要明确的是，权利和义务相一致是我国的一项基本法律原则。现行《婚姻法》规定夫妻负有计划生育的义务，虽然突出了它的“义务”性质，但并不是对公民生育权利的否定。我国宪法明文规定婚姻、家庭、母亲和儿童受国家保护，既对公民合法的婚姻和生育权利给予了充分肯定，又确认了国家的保护责任。以此为根据，《母婴保健法》规定医疗保健机构须为公民提供婚前保健服务，为育龄妇女和孕产妇提供孕产期保健服务；各级政府采取包括建设计划生育服务网络在内的一系列保护公民婚育权利的措施。当然，法律权利并不等于不受限制的“自由”，生育权利也不等于“生育自由”。正是从权利义务统一的意义上，要求已婚公民在享受法定权利的时候，必须从民族兴旺和国家前途的大局出发，承担社会责任，履行法律义务。另外，实行计划生育的重点在于“有计划地”生育子女，绝不意味着必须生育。我国的《妇女权益保障法》明确规定：“妇女有按照国家有关规定生育子女的权利，也有不生育的自由”。

第三节　夫妻财产关系

夫妻财产关系主要涉及夫妻财产制、夫妻间的扶养义务和夫妻财产继承权等内容，它们是以人身关系为依据的。夫妻的财产关系是否平等，是衡量夫妻地位是否平等的重要标志。我国《婚姻法》第17条、第18条和第19条对此作出了具体规定，最高人民法院《关于适用〈中华人民共和国婚姻法〉若干问题的解释》的（一）、（二）、（三）中也有很多关于夫妻财产关系的规定。

一、夫妻财产制的概念、种类和内容

夫妻财产关系是派生于夫妻身份关系的重要法律关系，是夫妻共同生活关系不可缺少的内容，包括夫妻的财产所有权、夫妻间的扶养关系和夫妻财产继承权等。其中夫妻财产关系的核心是婚前财产和婚后所得财产的所有权归属问题，因其涉及双方各自的、共同的以及第三人的权益而受到各国法律的普遍重视，夫妻财产制是它的一般法律表现形式。

（一）夫妻财产制的概念

夫妻财产制（matrimonial regime）又称婚姻财产制，是规范夫妻婚前财产和婚后所得财产的归属、管理、使用、收益、处分，以及债务的清偿、共同生活费的负担，婚姻终止时财产分割与清算的法律制度。这是广义角度的理解。从狭义角度理解，它是指在婚姻存续期间有关夫妻财产所有权的制度。一个国家采取什么样的夫妻财产制首先取决于它的社会制度。相同的社会制度的国家，因自身立法传统、风俗习惯以及其他思想、文化因素的差异，其夫妻财产法律制度也存在许多差别。

（二）夫妻财产制的种类

在古代，各国立法对夫妻财产基于夫妻一体主义，多采“吸收财产制”。妻的财产因结婚而为夫家或夫所有，否认妻有独立的财产权。到近现代，夫妻财产制随社会的发展而变化，出现了多种形式。对其可从不同的角度，作如下分类。

1. 按夫妻财产制的发生情况可分法定财产制与约定财产制

（1）法定财产制。法定财产制（statutory regime as to marital property），即配偶婚前或婚后未以契约方式约定夫妻财产关系或财产约定无效的情况下，依法律规定当然适用的夫妻财产制。在某些国家为唯一的夫妻财产制，主要是波兰、匈牙利、罗马尼亚、保加利亚等国家。由于各国政治、经济、文化及民族传统习惯不同，不同时代不同国家规定的直接适用的法定财产制形式也不尽相同。目前，各国采用的法定财产制主要有分别财产制、共同财产制、剩余共同财产制等形式。

（2）约定财产制。约定财产制（contractual regime as to marital property），即夫妻以契约形式决定婚姻财产关系的财产制度。它在多数国家的法律中被充分肯定，具有较高的法律地位，只是在无约定或约定无效时才适用法定财产制。

在确认夫妻约定财产制的国家中，关于允许约定的范围、约定的程序以及相关的效力，在立法上存在着诸多差别。就允许约定的范围而论，主要有三种不同的立法例：一是独创式的夫妻财产契约制度，即未设置几种约定财产制形式，对当事人约定的内容不加限制，如日本、英国、波兰、韩国。二是选择式的夫妻财产契约制度，即明确设置在约定时可供选择的财产制形式以及约定不得抵触的理由，如德国、瑞士等国在确立法定财产制时，同时设立可供选择的契约财产制；《瑞士民法典》第 179 条规定：“婚姻人或配偶人缔结夫妻财产契约，应采用本法所规定的财产制中的一种（财产合并制、财产分离制等）”。也有的国家不设置法定财产制，只设契约财产制，如墨西哥仅规定由婚姻当事人于共同财产制与分别财产制两者之中选择其一。《法国民法典》则强调夫妻财产契约不得违背善良风俗；三是特殊的夫妻财产契约制度，它既不采取选择式的夫妻财产契约制度，亦禁止当事人独创夫妻财产契约的内容，仅允许约定特有财产，如

《瑞典婚姻法》第6章第8条。各国关于订立夫妻财产契约的时间，一般既允许在婚前订立，也允许在婚后订立或变更。关于订立夫妻财产契约的方式，有要式与非要式之别。大多国家采用要式契约方式，才对第三人产生效力。如《德国民法典》第1412条、第1588～1563条，《瑞士民法典》第181条，《日本民法典》第756条、757条，《法国民法典》第1391条等分别规定了公证、登记或经监护官厅同意等形式。只有英美等少数国家才实行非要式契约方式。

2. 按夫妻财产制的适用情况可分为普通财产制与非常财产制

（1）普通财产制。它是指在通常情况下，依婚姻当事人双方的约定或依法律的直接规定而适用的财产制，包括约定财产制和法定财产制，有学者称为“正常的夫妻财产制”或“补充的夫妻财产制”。[①]

（2）非常财产制。主要是相对于普通财产制而言，指在特殊情况下，出现法定事由时，依据法律之规定或经夫妻一方（或夫妻之债权人）的申请由法院宣告，撤销原依法定或约定设立的共同财产制，改设为分别财产制。[②] 包括瑞士立法中的特别财产制，法国、德国立法中的共同财产制之撤销制度。

非常财产制依产生的程序不同，分为当然的非常财产制和宣告的非常财产制两种：

一是当然的非常财产制。它是指夫妻一方受破产宣告或已有持清偿不足证书的债权人之时，基于法律的规定，其夫妻财产制当然设定为分别财产制。如《瑞士民法典》第182条之规定。

二是宣告的非常财产制。它是指依据法定事由，经夫妻一方或债权人申请，由法院裁决宣告撤销原共同财产制，改为分别财产制。撤销共同财产制之诉的法定事由，各国规定不一，大体包括：夫妻一方无能力管理共同财产或滥用管理共同财产的权利；夫妻分居；夫妻不履行扶养家庭的义务；夫或妻的财产不足清偿其债务或夫妻财产不足清偿其总债务；夫妻一方无正当理由，拒绝对共同财产的通常管理予以应有的协作或拒绝他方为夫妻财产上之处分；配偶一方受禁治产宣告等。[③]

必须指出，关于在特殊情况下撤销共同财产制的法定事由，因各国立法不同而有所差异，德国、瑞士规定较详细具体，法国规定很简略，仅有夫妻分居一种。除规定上述法定事由外，法、德、瑞等国还各有侧重地对撤销共同财产制之诉的具体问题有所规定，包括：诉请分别财产制的程序；分别财产制的开始及其对夫妻和第三人的效力；分别财产制的终止与原夫妻财产制的恢复（须依法定程序恢复原夫妻共同财产制。这区

---

① 史尚宽：《亲属法论》，台北荣泰印书馆1980年版，第299页。

② 共同财产制被有些国家规定为约定财产制的形式之一。如《法国民法典》规定，动产和婚后所得共同制、一般共同制，均为约定财产制的形式。（见该法典第1497－1527条）

③ 《德国民法典》第1447－1449条，《瑞士民法典》第183－185条，《法国民法典》第1441条、1442条。

别于因夫妻约定而采分别财产制，可依原约定程序而变更）等，形成了一套较为完整的制度。其中以瑞士的立法较为典型而具代表性[①]。

总之，依非常财产制所设立的分别财产制，不同于普通情况下依法定财产制或约定财产制设立的分别财产制。它是在特殊情况下，对依法定财产制或约定制设立的共同财产制之变通规定。它反映了因社会经济生活复杂多变，夫妻财产关系亦应随之变化的要求。设立此制不仅有利于保护婚姻当事人双方的合法权益，也有利于保护第三人的利益和维护交易安全，促进社会经济的发展。

3. 按夫妻财产制的内容可分为共同财产制、分别财产制、剩余共同财产制、统一财产制和联合财产制

在各国有关夫妻财产制的立法中，有的被作为法定财产制直接适用，有的被作为约定财产制供当事人选择适用。

（1）共同财产制（community of property）。它是指婚后除特有财产外，夫妻的全部财产或部分财产归双方共同所有，婚姻关系终止时加以分割。在当代婚姻立法中具有日益重要的地位。依共有的范围不同，又分为一般共同制、动产及所得共同制、劳动所得共同制等四种形式。

第一，一般共同制，是指夫妻婚前、婚后的一切财产（包括动产和不动产）均为夫妻共有的财产制，但法律另有规定的除外。一些国家将其作为约定财产制，如德国；一些国家将其作为法定财产制，如巴西、瑞士。《瑞士民法典》第194条规定："夫妻财产合并制，系指配偶双方在结婚时各自所有的财产，以及在婚姻存续期间继承或通过其他方式取得的财产，合并为夫妻财产"。

第二，动产及所得共同制，是指夫妻婚前的动产及婚后所得的财产为夫妻共有的财产制，如西班牙、保加利亚等国。

第三，所得共同制，是指夫妻在婚姻关系存续期间所得的财产为夫妻共有的财产制。

第四，劳动所得共同制，是指夫妻婚后的劳动所得为夫妻共有，非劳动所得的财产如继承、受赠所得等，则归各自所有的财产制。如意大利、法国。

在实行共同财产制的国家，大多对婚后所得财产共有的范围设有限制性规定，如法律有特别规定者除外，或夫妻另有约定者除外等。这些规定即属夫妻特有财产的规定。其目的是为保护夫妻个人财产所有权，并满足夫妻个人对财产关系的特殊要求。

（2）分别财产制（separation of property regime）。它是指夫妻婚前、婚后所得的财产均归各自所有，各自独立行使管理、使用、收益和处分权，但不排斥妻以契约形式将

---

① 《法国民法典》第1443－1449条，《德国民法典》第1449条、1470条，《瑞士民法典》第186条、187条。

其个人财产的管理权交付丈夫行使，也不排斥双方拥有一部分共同财产。[①] 此财产制形式始于罗马法后期，依万民法所确立的“无夫权婚姻”，即使夫妻在婚后各自保持独立的人格，双方的财产所有权也随之分离。随着近现代“夫妻别体主义”的发展，一些西方国家的立法在对其修订的基础上重新确立。

英美法系的多数国家及大陆法系的个别国家如日本，以此制为法定财产制；还有部分国家以此制为供选择的约定财产制形式之一。如英国 1882 年《已婚妇女财产法》规定：凡 1883 年 1 月 1 日后结婚的妇女，有权以其婚前所有或婚后所得的动产及不动产作为分别财产，单独行使所有权及处分权。1935 年的《法律改革（已婚妇女与侵权行为人）法》进一步规定：已婚妇女有取得、占有和处分任何财产的能力，有对任何侵权行为、契约、债务、义务主动或被动地承担责任的能力。此后，历次的婚姻程序法和婚姻程序及婚姻财产法都继续肯定上述制度。英国法律同时规定，为满足婚姻共同生活及抚养教育子女的需要，夫妻之间可用明示或默示的方法订立协议，作出婚姻财产的设定。1970 年的《婚姻程序和婚姻财产法》并规定：一方用货币或货币的价值的方式对他方财产的增加作出了明显贡献的，有权占有该项财产的相当份额。

为数众多的国家和地区，主要是属于英美法系的国家和地区，包括美国的绝大多数州、加拿大、巴拿马以及大洋洲各国等都采用与英国大体相同的制度。如 1982 年美国纽约州《家庭关系法》第 50 条规定：“已婚妇女现在所有的或其在婚姻存续期间取得的，或者按本章规定取得的财产，不论是动产还是不动产，以及由这些财产产生的租金、利息、收入和利润，如同婚前一样，是她个人的独有财产，既不受丈夫的支配或处分，也不对其债务承担责任。”另外，个别属于大陆法系的国家也以分别财产制为法定夫妻财产制。例如，日本 1947 年修正后的《民法》第 762 条规定：“夫妻一方的婚前财产及婚姻中以自己名义所得财产，为其特有财产”，唯“夫妻间归属不明的财产，推定为属其共有”。另外还有相当多的国家，把分别财产制作为约定财产制的一种规定在法律中。

分别财产制使夫妻婚前和婚后各自所得的财产均为各自所有，不因结婚而发生财产上的共同，各自保持经济独立。它尊重夫妻个人意愿，便于夫妻一方独立行使财产权，在一定意义上是有利于社会经济发展的。但也要看到，在当代社会中，男女两性的经济地位事实上仍存在差距，妇女的就业机会和经济收入大多不如男子，同时女方承担的家庭义务往往多于男子，这也往往影响其经济收入。在此情况下实行分别财产制，往往会形成事实上的夫妻不平等。

（3）剩余共同财产制。它是指夫妻对于自己的婚前财产及婚后所得财产，各自保留其所有权、管理权、使用收益权及有限制的处分权，夫妻财产制终止时，以夫妻双方

① 杨大文主编：《亲属法》（第四版），法律出版社 2004 年版，第 125 页。

增值财产（夫妻各自最终财产多于原有财产制的增值部分）的差额为剩余财产，归夫妻双方分享。

大陆法系的德国以剩余共同财产制作为法定财产制，法国则为约定财产制之一[①]。此制在一定程度上兼具共同财产制和分别财产制的优点，在保障夫妻地位平等、维护婚姻共同生活和谐的同时，亦利于维护第三人利益和交易安全。

（4）统一财产制（unity of property regime）。它指婚后除特有财产外，将妻的婚前财产估定价额，转归丈夫所有，妻则保留在婚姻关系终止时，对此项财产原物或价金的返还请求权，为早期资本主义国家所采用。其中又有两种不同的立法例：一种是妻的婚前财产既包括动产，也包括不动产；另一种是以动产为限。显然，这种财产制在局部上注意了妻子一方一定的权益，比起吸收财产制来有明显的进步，但它又将妻对婚前财产的所有权转变为对夫的一种债权，使女方处于十分不利的地位。这种带有浓厚夫权主义色彩的财产制度多为早期资本主义立法所采用，如1804年《法国民法典》将它规定为约定财产制的一种。因其将对婚前财产的所有权转变为婚姻终止时对夫的债权，使妻处于不利地位，有悖男女平等原则，现代国家已少有采用。

（5）联合财产制（union of property）。它又称管理共同制，指婚后夫妻的婚前财产和婚后所得财产仍归各自所有，但除特有财产外，将夫妻财产联合在一起，由夫管理。夫对妻的原有财产有占有、使用、管理、收益权，必要时有处分权，而以负担婚姻生活费用为代偿；婚姻关系终止时，妻的财产由其本人收回或其继承人继承。此制源于中世纪日耳曼法，被近现代一些西方国家所沿用并发展。如1900年《德国民法典》规定："妻的财产，因结婚而归夫管理及用益"；"妻未得夫的同意而以单独行为处分携入财产者无效"；"妻未得夫的同意而以契约处分携入财产者，此种契约非经夫的追认不生效力"。总体上这种财产制比统一财产制有所进步，但夫妻在财产关系上仍处于不平等地位，有悖男女平等原则。所以当代各国中原采此制的一些国家有的已废止此制另采新制，如德国、日本，但也有的国家仍沿用此制，如瑞士。

4. 按夫妻财产的范围可分为特有财产制与共同财产制

如前所述，不少设有共同财产制的国家，对婚后夫妻共有财产的范围加以限制，把婚后所得的一定范围财产依法定或夫妻约定作为夫妻的个人财产。所谓夫妻特有财产，又称夫妻保留财产，是指夫妻婚后在实行共同财产制的同时，依法律规定或夫妻约定，夫妻各自保留的一定范围的个人所有财产。特有财产制，就是在夫妻婚后实行夫妻共同财产制时，夫妻对该财产的管理、使用、收益及处分权，以及相应的财产责任，特有财产的效力等相关规定组成的法律制度。[②]

---

① 《德国民法典》第1363－1390条，《法国民法典》第1569－1581条。

② 史尚宽：《亲属法论》，台北荣泰印书馆1980年版，第323－324页。

特有财产制是对夫妻共同财产制的限制和补充。特有财产制不同于分别财产制。分别财产制是全部夫妻财产（包括婚前财产和婚后全部财）分别归属夫妻各自所有；特有财产是在依法或依约定实行夫妻共同财产制的前提下，夫妻各自保留一定范围的个人财产。因此，特有财产制是与共同财产制同时并存的，是共同财产制的限制和补充。根据特有财产发生的原因，可分为法定的特有财产和约定的特有财产。

（1）法定的特有财产。它是依照法律的规定夫妻婚后双方各自保留的个人财产。在国外立法中，其范围大体如下：①夫妻日常生活用品和职业必需用品；②具有人身性质的财产和财产权，包括人身损害和精神损害赔偿金、补助金、不可让与的物及债权等；③夫妻一方因指定继承或受赠而无偿取得的财产；④由特有财产所生的孳息及代位物等。

（2）约定的特有财产。它是夫妻双方以契约形式约定一定的财产为夫妻一方个人所有的财产。

总之，特有财产为夫妻婚后分别保留的个人财产，独立于夫妻共同财产之外，实质属于部分的分别财产，故其效力适用分别财产制的规定。如《瑞士民法典》第192条规定，特有财产的支配“按夫妻分别财产制的有关规定办理”。即是说夫妻各方对其特有财产，享有独立的占有、使用、收益及处分等权利，他人不得干涉。但对家庭生活费用的负担，在夫妻共同财产不足以负担家庭生活费用时，夫妻得以各自的特有财产分担。

当代世界许多国家的立法在规定夫妻共同财产制的同时，明文列举了夫妻特有财产或婚后个人所有财产的范围，如法国、德国、瑞士、日本、苏联、罗马尼亚等国的立法。[①] 有些国家的立法，还进一步对夫妻特有财产的管理、使用、收益、处分权利及其财产责任，特有财产的效力，特有财产的举证责任，特有财产与共同财产之间的结算等作了具体规定，从而形成特有财产制度，如德国、法国、瑞士等国立法。[②] 特有财产制作为共同财产制的限制，它弥补了夫妻共同财产制的限制，其立法意旨在于保护夫妻个人财产所有权，并满足夫妻在婚姻生活中的个人特殊经济需要。它弥补了夫妻共同财产制下夫妻一方无权独立支配共同财产的缺陷，是共同财产制不可缺少的补充。两者相辅相成，维护和保障夫妻关系和睦及婚姻生活圆满。

综上所述，夫妻财产制种类繁多，内容多样，但法定财产制与约定财产制是其他财产制发生的根据；普通财产制与非常财产制，后者是前者的特殊情况下的变通；共同财

① 《法国民法典》第1404－1408条，《德国民法典》第1417条、1418条，《瑞士民法典》第190条、191条，《日本民法典》第762条，《苏俄婚姻和家庭法典》（1968年）第22条，《罗马尼亚家庭法典》第31条，《意大利民法典》第179条。

② 《法国民法典》第1425条、1428条，《德国民法典》第1440－1442条、1445－1446条，《瑞士民法典》第192、193条。此外，我国《台湾民法典》第1013－1015条也有类似规定。

产制与分别财产制，则是夫妻财产制的两种基本形态。在当今世界，促进夫妻平等，维护婚姻共同生活之圆满，保护第三人的利益及交易安全，已成为夫妻财产法的立法原则和目的，兼采分别财产制与共同财产制的合理因素，将成为越来越多国家夫妻财产制的改革方向。

除了上述几种主要的夫妻财产制外，尚需对妆奁制作必要说明。妆奁（dot）又称为“嫁资”，即妻子因结婚而带往夫家的财产，这本是对女子出嫁后丧失继承权的一种补偿。妆奁制指关于奁产的提供、所有、管理、收益、处分及返还等的法律制度。妆奁制产生于古代社会，在古罗马法中，它是一项重要的财产制度。当时的妆奁是以补助家庭生活费用为目的。古罗马前期的妆奁，是妻或妻的血亲对夫的赠与，婚姻关系一经成立，其所有权便移转于夫。古罗马后期的妆奁虽仍由夫管理，但已由所有权转变为一种债权，婚姻关系解除后夫负有返还义务。

近现代若干西方国家如法国、瑞士、意大利、巴西、葡萄牙、西班牙等，继承了罗马时代的传统，曾经或仍在法律中有奁产制的设定。如瑞士民法规定：“夫妻财产契约，可约定妻将财产中的一部分作为嫁资交付于夫，以分担婚姻生活费用”。依照西班牙法律规定，奁产由财产和权利组成。在世双亲一般均须为其婚生女儿提供妆奁；如父母双亡，女子的妆奁相当于她应得遗产的一半。对于可估价奁产，在婚姻期间归属于夫，夫承担回复原价值的义务；不可估价的奁产则由夫享有用益权。在婚姻终止、夫失去管理能力或依法院命令应予返还时，奁产应返还给妻或者其继承人。印度于1961年立法全面废止妆奁制，但实施效果并不尽如人意。在印度，传统观念认为，婚姻是男女两方家庭为了获得一定的财产或其他利益所作的安排，作为对夫方家庭特殊补偿的妆奁，对于男家的经济利益及女家的种姓地位都有特别的作用。与此相关，由于妆奁不足而备受虐待，甚至因而被迫自杀的妇女人数众多。1961年，印度政府制定了全印度禁止妆奁法，规定给予、接受、索取，甚至约定给予或借用妆奁的行为，都属于犯罪，行为人将受到监禁6个月或罚款5000卢比或其他相当的处罚。但该法律被公认为是最难实施的法律之一。1983年印度议会通过了一个法案，以后并入刑法典，即“有关婚姻的犯罪”，旨在禁止因妆奁不足而虐待妇女的行为，但这些行为至今禁而不绝。除了法律本身的原因（如规定虐待罪为亲告罪等）之外，妆奁制度的真正取消，恐怕有赖于妇女地位的彻底改善。

（三）我国现行夫妻财产制的分类

我国的夫妻财产制实质是指婚姻关系存续期间有关夫妻婚前财产和婚后所得财产的所有权制度，包括财产的归属、占有、管理、使用、收益和处分，乃至债务的清偿以及离婚时财产的分割等内容。现行《婚姻法》（2001年修正案）修正了夫妻共同财产的范围，增加了个人特有财产制，对夫妻约定财产制重新做了详细的规定，另外还增加了经济补偿制度，修改了经济帮助制度，规定了夫妻损害赔偿制度。再加上三部司法解释的规定，可以说目前我国的夫妻财产制立法是内容最丰富、条文最多的。根据现行《婚姻法》第19条，我国实行的是法定婚后所得共同制，第17条、第18条均属法定财产制，包括法定婚后所得共同制和特有财产制，它们共同构成了我国的夫妻财产制度。可见，我国现行夫妻财产制是法定财产制和约定财产制的结合。如果婚姻当事人之间未定有关财产的约定，或其约定无效，则适用法定夫妻财产制。也就是说，夫妻关于财产问题的约定，其法律效力高于夫妻法定财产制。下面分别予以介绍。

二、我国的法定夫妻共同财产制

（一）法定夫妻共同财产制的概念及立法沿革

1．法定夫妻共同财产制的概念

我国的法定夫妻共同财产制是婚后所得共同制，习惯上称为夫妻共同财产制。它是指在婚姻关系存续期间，夫妻双方或一方所得的财产，除法律规定为一方特有财产及另有约定外，均为夫妻共同所有，夫妻对共同所有的财产，平等地享有占有、使用、收益和处分的权利的财产制度。所谓婚姻关系存续期间，是指从取得结婚证确立夫妻关系时起，至配偶一方死亡或离婚时止。在夫妻分居期间或离婚判决尚未生效期间，仍为婚姻关系存续期间。

2．法定夫妻财产制的立法沿革

如前所述，我国古代“同居共财”，男性握有共有财产的支配权，并无独立的夫妻财产制可言。进入近代社会以后，清朝末年及北洋政府的法律大体仍依古制。国民党政府1930年公布的《民法》亲属编中规定以联合财产制为法定夫妻财产制，其主要内容为：除特有财产外，结婚时属于夫妻之财产及婚姻关系存续中夫妻所取得之财产为其联合财产，由夫管理并负担管理费用；妻对于本人之原有财产保有所有权，[①] 但夫享有用益权及其孳息的所有权；夫对于妻之原有财产为处分时须征得妻之同意，但为管理上所必要之处分除外；联合财产须加以分割或妻死亡时，妻之原有财产归其本人或其继承人，如有短少依归责原则决定是否应予补偿。显而易见，这是一种维护夫方片面权益的不平等夫妻财产制度。

新中国成立后的1950年《婚姻法》宣布全面废除封建主义婚姻制度，实行新民主主义婚姻制度。其第10条规定：“夫妻双方对于家庭财产有平等的所有权与处理权”。关于“家庭财产”的内容，中央人民政府法制委员会所做的解释是：“家庭财产主要不外乎下列三种：①男女婚前财产；②夫妻共同生活时所得的财产，其中包括双方或一方

① 依其规定，妻原由财产包括其婚前财产及婚姻存续中因继承或其他无偿取得之财产。

劳动所得的财产、双方或一方在此时期内所得的遗产或赠与的财产；③未成年子女的财产（如土地改革中子女所得的土地及其他财产等）。”关于这些财产的权利归属及行使，立法解释为“使夫妻间无论在形式上或实际上都能真正平等的共同所有与共同处理和第二种家庭财产以及共同管理第三种家庭财产”[①]。这就是说，夫妻双方对各自婚前财产和婚后所得财产共同行使所有权，对未成年子女的财产共同行使管理权，即实行夫妻财产的一般共有制。这一规定一方面“是针对着中国绝大多数人作为一般通例的夫妻财产关系”，即充分考虑了民族传统习惯；另一方面体现了“男女权利平等和夫妻在家庭中地位平等之原则”。它“既区别于封建时代那种完全公开否定妻方对家庭财产有所有权与处理权的法令；又区别于某些资本主义国家在妇女‘没有独立行为能力’的掩盖下实际上否定妻方对家庭财产的所有权与处理权的法律；同时也区别于半封建半殖民地的国民党政府关于这个问题所精心拟构的无耻诓骗妇女的法律”。[②] 它的实施，对于我国夫妻关系财产法律制度的革命发挥了重要作用，为社会主义国家夫妻财产法的发展完善奠定了良好基础。

我国1980年《婚姻法》在原来法律规定的基础上对夫妻财产制度进行了必要调整，其第13条规定：“夫妻在婚姻关系存续期间所得的财产，归夫妻共同所有，双方另有约定的除外。”这就把法定夫妻财产制由原来的一般共同制修改为婚后所得共同制。这是一种具有社会主义中国特色的夫妻财产制度。

但随着经济发展，夫妻财产内容日益丰富、多样，财产关系日趋复杂，为了更好规范夫妻财产关系，现行《婚姻法》对法定夫妻财产作了更为具体的规定，其第17条规定：“夫妻在婚姻关系存续期间所得的下列财产，归夫妻共同所有：①工资、奖金；②生产、经营的收益；③知识产权的收益；④继承或赠与所得的财产，但本法第18条第3项规定的除外；⑤其他应当归共同所有的财产。夫妻对共同所有的财产，有平等的处理权。”

相比修改前，《婚姻法》（2001年修正案）规定的更为明确具体。首先，它继承了新中国成立以后实行50年的法定夫妻财产制的基本精神，以确认共同财产制为立法原则，既便于为人民所接受，又充分考虑到男女两性在经济收入方面的实际情况，尤其是有利于对多数由妻子承担的家务劳动进行充分评价，体现了男女平等和保护妇女合法权益原则。其次，它对婚前财产和婚后所得加以区分，确认不同的所有权，既反映了我国妇女经济地位显著改善的实际，又有利于对公民个人财产权利的肯定与保护。再次，它

---

① 中央人民政府法制委员会《关于中华人民共和国婚姻法起草经过和起草理由的报告》（1950年4月14日）。

② 中央人民政府法制委员会《关于中华人民共和国婚姻法起草经过和起草理由的报告》（1950年4月14日）。

对夫妻个人财产、夫妻共同财产和其他家庭成员的个人财产、家庭成员共有财产作了严格界定，加以区别，既克服了原《婚姻法》在文字表述上比较模糊的不足，又明确了家庭生活中各种不同性质财产的范围及相应权利。但也必须看到，现阶段的我国，夫妻共同财产不仅从数量上发生了重大变化，财产形式也趋于多元化，经营性、投资性财产不断增加，财产形式包括有形财产和无形财产的财产性权利，还有我们的财产制侧重于调整静态的财产，但现在财产处于动态状态时，财产的管理、使用、收益、处分权的立法问题亟待解决。

（二）法定夫妻共有财产的范围

1. 法定夫妻共有财产的概念

法定夫妻财产，即夫妻共有财产，是指夫妻双方或一方在婚姻关系存续期间，除另有约定外所得的财产。夫妻共有财产具有以下特征：

第一，夫妻共有财产所有权的主体，只能是具有婚姻关系的夫妻。无效婚姻、非法同居或通奸的男女不能作为其主体。

第二，夫妻共同财产所有权的取得时间，是婚姻关系存续期间。即合法婚姻从领取结婚证之日起（1994 年 2 月 1 日《婚姻登记管理条例》施行前，男女未办理结婚登记即以夫妻名义同居，被认定为事实婚姻的，从同居并符合结婚实质要件之日起），到配偶一方死亡或离婚生效时止。恋爱或订婚期间，不属婚姻关系存续期间。夫妻分居或离婚判决未生效的期间，仍为婚姻关系存续期间。

第三，夫妻共有财产的来源，包括夫妻双方或一方所得的财产，但法律另有规定和双方另有约定的除外。这里的“所得”，是指对财产所有权的取得，而非对财产必须实际占有。如果婚前已取得某财产所有权（如继承已开始），即使该财产在婚后才实际占有（如婚后遗产才分割），该财产仍不属夫妻共同财产。相反，如婚后取得某财产权利，即使婚姻关系终止前未实际占有，该财产也属于夫妻共同财产。

以上三个特征同时具备，才是夫妻共同财产。

2. 法定夫妻财产的范围

夫妻对共同财产的共有是一种共同共有关系，在这种共有关系终止前，其财产权利是不确定份额的一个整体，原则上各方有一半权利。任何一方在行使财产权利时，应当与对方平等协商，在取得一致意见的基础上，才能对夫妻共同财产进行处理，包括买卖、借贷、转让、赠与和抵押等。为了保障已婚妇女享有与男子平等的财产权利，我国《妇女权益保障法》还规定：“在婚姻、家庭共有财产关系中，不得侵害妇女依法享有的权益。”在农村，“妇女结婚、离婚后，其责任田、口粮田和宅基地等，应当受到保障。”根据婚姻法修正案的规定，我国夫妻共有财产的范围是相当宽泛的。

我国现行《婚姻法》关于法定夫妻财产制原则是明确的，规定也更为明细，可以说此次修订是针对夫妻生活中财产关系的复杂多样性，实践中对1980年《婚姻法》产生的理解和适用方面的问题规定了一系列具体界限。《婚姻法》（2001年修正案）第17条规定，在夫妻关系存续期间，夫妻双方取得的下列财产为共有财产：

（1）工资、奖金。这里的工资、奖金是指夫妻双方在婚姻关系存续期间付出劳动所得的各项报酬，应理解为一种工资性的劳动收入，包括从事劳务活动而获得的固定工资、定额奖金，也包括不定期和不定额的奖金、津贴、红利、房补等各种名义出现的收入。至于有严格人身性质的奖金，如自然科学奖、社会科学奖等，不应属于夫妻共同财产，原因是这些奖金完全是因为个人在某些方面的突出贡献所得。另外用工资、奖金购置的动产和不动产也是夫妻共同财产。按照最高人民法院《关于适用〈中华人民共和国婚姻法〉若干问题的解释（二）》的规定，“由一方婚前承租，婚后用共同财产购买的房屋，房屋产权证书登记在一方名下的”，不管是在共同生活中发生产权纠纷而引起诉讼，还是在离婚诉讼中因财产分割发生争议，均“应当认定为夫妻共同财产”。

（2）生产、经营的收益。是指公民在法律允许的范围内，从事农业生产、工业生产、第三产业等经营活动所得的收益，既包括劳动收入，也包括资本收益。生产经营的形式可以多种多样，包括成立公司、合伙企业、独资企业，承包、租赁、投资等各种形式。婚姻关系存续期间，不论是单独的还是双方的生产、投资和经营活动，其所得收益均是夫妻共同财产，所负债务也是夫妻共同债务。

（3）知识产权的收益。知识产权是指人们可以依法就其智力创造的成果享有的专有权利，包括著作权、专利权、商标权、发明权、发现权、科技成果权，是人身权利和财产权利的组合。其中，知识产权的财产权具有可转让性和可继承性。知识产权的收益就是知识产权中的财产权所带来的实际利益，包括已得利益和期待得到的利益。婚姻关系存续期间，一方知识产权的取得，离不开配偶的支持和帮助，也会占用一些夫妻共有的资源，如时间和财产，所以其收益应视为夫妻共同财产。第12条规定：“婚姻法第17条第3项规定的‘知识产权收益’，是指婚姻关系存续期间，实际取得或者明确取得的财产性收益。”

（4）除遗嘱或赠与合同确定只归夫或妻一方的财产外，继承或赠与所得的财产。这里的“所得”是指权利的取得。如果继承权是在婚前取得，即使继承的财产在婚后才实际取得，也只能认定为婚前财产。在婚姻关系存续期间，只要被继承人和赠与人没有明确指明继承和赠与的财产只归夫妻一方，就是夫妻共同财产。这种规定现在看，既满足了对夫妻共同财产权益的保证，又尊重了公民个人财产所有权。

对于实践中标的较大又容易引起争议的一方父母出资购置，由当事人使用的房产的所有权问题，最高人民法院《关于适用〈中华人民共和国婚姻法〉若干问题的解释（二）》第22条规定：由一方婚前承租、婚后用共同财产购买的房屋，房屋权属证书登记在一方名下的，应当认定为夫妻共同财产。当事人结婚前，父母为双方购置房屋出资的，该出资应当认定为对自己子女的个人赠与，但父母明确表示赠与双方的除外。当事人结婚后，父母为双方购置房屋出资的，该出资应当认定为对夫妻双方的赠与，但父母明确表示赠与一方的除外。最高人民法院《关于适用〈中华人民共和国婚姻法〉若干问题的解释（三）》第7条又有了进一步的规定："婚后由一方父母出资为子女购买的不动产，产权登记在出资人子女名下的，可按照婚姻法第18条第（三）项的规定，视为只对自己子女一方的赠与，该不动产应认定为夫妻一方的个人财产。由双方父母出资购买的不动产，产权登记在一方子女名下的，该不动产可认定为双方按照各自父母的出资份额按份共有，但当事人另有约定的除外。"

（5）其他应当归共同所有的财产。这一条概括性的规定非常有必要，最大限度地保护了婚姻当事人的权益。但为了防止司法实践中的滥用，最高人民法院《关于适用〈中华人民共和国婚姻法〉若干问题的解释（二）》第11条的规定，"其他应当归共同所有的财产"主要是指：婚姻关系存续期间一方以个人财产投资取得的收益；男女双方实际取得或者应当取得的住房补贴、住房公积金；男女双方实际取得或者应当取得的养老保险金、破产安置补偿费。但最高人民法院《关于适用〈中华人民共和国婚姻法〉若干问题的解释（三）》第5条规定："夫妻一方个人财产在婚后产生的收益，除孳息和自然增值外，应认定为夫妻共同财产。"

那么根据现有规定，一方婚前财产所生孳息或自然增值，应认定为夫妻个人财产。孳息有天然孳息和法定孳息，天然孳息如植物结出的果实、牲畜所生幼畜等，法定孳息如股息、利息、租金等。那么这里涉及一个问题，婚前财产婚后投资与管理过程中的收益是否应是共同财产的问题，这部分财产应属于共同财产。至于婚前财产婚后的损失应由谁承担，根据我们婚后所得共同制的规定，损失应由原财产所有人个人承担。

对于发放到军人名下的复员费、自主择业费等一次性费用的，在共同财产的计算上，应以夫妻婚姻关系存续年限乘以年平均值，所得数额为夫妻共同财产。年平均值，是指将发放到军人名下的上述费用总额按具体年限均分得出的数额。其具体年限为人均寿命70岁与军人入伍时实际年龄的差额。

应当指出的是，夫妻双方在婚姻关系存续期间所得的财产，其中"所得"可以理解为对财产权利的取得，而非必须对实际财产的取得。因为在社会实践中，财产权利的取得与实际财产的取得有时是同步的，而有时却是先后分开的。此外，还应当将夫妻共同财产和家庭共同财产、其他家庭成员的财产加以区别。家庭共同财产为全体家庭成员所共有。夫和妻作为家庭成员主体的组成部分，可以依法确认他们的财产应当在家庭共同财产中所占的份额。至于其他家庭成员的财产为每个主体本人所有，如父母的财产、兄弟姐妹的财产以及子女的财产等。对于未成年子女的财产，夫妻应当以法定代理人的身份代为管理。

3．对法定夫妻共同财产的权利行使

我国现行《婚姻法》第17条第2款规定："夫妻对共同所有的财产，有平等的处理权"。这就从所有权的本质方面，肯定了夫妻双方对共有财产所享有的平等权利。最高人民法院《关于适用〈中华人民共和国婚姻法〉若干问题的解释（二）》对此又进一步作了解释，主要是指：①夫或妻在处理夫妻共同财产上的权利是平等的。因日常生活需要而处理夫妻共同财产的，任何一方均有权决定。②夫或妻非因日常生活需要对夫妻共同财产做重要处理决定，夫妻双方应当平等协商，取得一致意见。他人有理由相信其为夫妻双方共同意思表示的，另一方不得以不同意或不知道为由对抗善意第三人。最高人民法院《关于适用〈中华人民共和国婚姻法〉若干问题的解释（三）》第16条又将夫妻之间借款协议明确界定为是双方约定处分夫妻共同财产的行为。夫妻之间订立借款协议，以夫妻共同财产出借给一方从事个人经营活动或用于其他个人事务的，应视为双方约定处分夫妻共同财产的行为，离婚时可按照借款协议的约定处理。

理解这一规定的精神，应当注意以下两个方面的问题：

（1）夫妻共有财产是共同共有财产，对于这些财产，不问其来源，双方享有平等的占有、使用、收益和处分权。尤其是对共有财产作出处分时，应当双方协商一致。任何一方违背他方意志擅自处理共有财产，都构成对他方合法权益的侵害。由于婚姻生活涉及衣食住行等大量琐细的内容，往往通过协商由一方管理日常家务，理论上称为"理家权"，这并不违背共同共有制的要求，唯有重大的财产处分行为仍需得到另一方明示或默示的同意。另外，在外国法律中，通常认为夫妻互有家事代理权，其目的除了协调夫妻关系外，主要在于保护第三人的利益。我国最高人民法院《关于贯彻执行〈中华人民共和国民法通则〉若干问题的意见（试行）》第89条规定："在共同共有关系存续期间，部分共有人擅自处分共有财产的，一般认定无效。但对第三人善意、有偿取得这项财产的，应当维护第三人的合法权益；对其他共有人的损失，由擅自处分共有财产的人赔偿"。最高人民法院《关于适用〈中华人民共和国婚姻法〉若干问题的解释（三）》第11条也有类似规定："一方未经另一方同意出售夫妻共同共有的房屋，第三人善意购买、支付合理对价并办理产权登记手续，另一方主张追回该房屋的，人民法院不予支持。夫妻一方擅自处分共同共有的房屋造成另一方损失，离婚时另一方请求赔偿损失的，人民法院应予支持。"

（2）夫妻双方在其共有财产享有权利的同时，还须承担相应的义务。现行《婚姻法》第41条规定："离婚时，原为夫妻共同生活所负的债务，应当共同偿还。共同财产不足清偿的，或财产归各自所有的，由双方协议清偿；协议不成的，由人民法院判决。"一方面，双方在共同生活中的消费，包括应该依法支付的抚养教育费和赡养费用，都应以共同财产负担；另一方面，对于因共同生活、共同经营所发生的债务，以及因共同财产的管理、经营活动给第三人造成的损害，双方承担连带责任。一方婚前所负个人债务用于婚后家庭共同生活的属于夫妻共同债务。对于债权人的利益保护，最高人民法院《关于适用〈中华人民共和国婚姻法〉若干问题的解释（二）》第23条到第26条给予明确规定：债权人就婚姻关系存续期间夫妻一方以个人名义所负债务主张权利的，应当按夫妻共同债务处理。当事人的离婚协议或者人民法院的判决书、裁定书、调解书已经就财产分割问题作出处理的，债权人仍有权就夫妻共同债务向男女双方主张权利。一方就共同债务承担连带清偿责任后，基于离婚协议或者人民法院的法律文书向另一方主张追偿的，人民法院应当支持。夫或妻一方死亡的，生存一方应当对婚姻关系存续期间的共同债务承担连带清偿责任。

（三）法定夫妻共有财产制的终止

夫妻共有财产制因夫妻一方死亡而终止，也可因离婚或其他原因，如改采其他夫妻财产制而终止。国外亦可依共同财产制撤销之诉等而终止。夫妻共同财产制终止，意味着夫妻共同财产关系消灭，从而发生夫妻共同财产的分割。因一方死亡而终止夫妻共同财产制时，夫妻共同财产的分割，按我国《继承法》第26条规定："夫妻在婚姻关系存续期间所得的共同所有的财产，除有约定的以外，如果分割遗产，应当先将共同所有的财产的一半分出为配偶所有，其余的为被继承人的遗产。"因离婚而终止夫妻财产制时，夫妻共同财产的分割，参见"离婚法"一章中有关部分。因其他原因终止夫妻共同财产制，在最高人民法院《关于适用〈中华人民共和国婚姻法〉若干问题的解释（三）》开始有所规定，之前的几部婚姻法和司法解释均未作出规定。最高人民法院《关于适用〈中华人民共和国婚姻法〉若干问题的解释（三）》第4条规定："婚姻关系存续期间，夫妻一方请求分割共同财产的，人民法院不予支持，但有下列重大理由且不损害债权人利益的除外：①一方有隐藏、转移、变卖、毁损、挥霍夫妻共同财产或者伪造夫妻共同债务等严重损害夫妻共同财产利益行为的；②一方负有法定扶养义务的人患重大疾病需要医治，另一方不同意支付相关医疗费用的。"

我国婚姻法实施以来的情况说明，实行婚后所得共同制，对于贯彻男女平等，保障妇女特别是那些从事家务劳动无收入或收入较低的妇女的合法权益，维护婚姻家庭的稳定，都起到了很大作用。

三、我国的法定夫妻个人财产制

根据我国宪法和民法通则的规定，公民的财产所有权不应因该公民与他人缔结婚姻关系而发生影响。我国现行《婚姻法》除第17条规定夫妻法定共有财产制，第19条规定约定财产制外，第18条还专门规定了夫妻个人特有财产制度。这是我国婚姻法的一大突破，具有重要的现实意义：

从夫妻关系的实际看，我国的夫妻财产关系正呈现多元化、复杂化的趋势，个人身份与生活、劳动不可分割的财产内容日渐增多。设立个人特有财产制度，有利于正确处理婚姻财产关系，减少纠纷，保护公民的合法财产权益。另外，实行共同财产制的国家多在法律中对夫妻个人专有财产加以规定，内容比较完整，也符合审判工作需要明确共有财产和个人财产的界限，可以做到在处理财产权利争议和财产分割纠纷时有法可依，进一步提高司法审判的效率和质量。这样个人特有财产制与夫妻共同财产制、约定财产制相辅相成，共同构成了我国完备的夫妻财产体系。

（一）法定夫妻个人财产的范围

夫妻个人财产包括夫妻婚前个人财产和婚后特有财产。根据现行《婚姻法》第18条的规定，有下列情形之一的，为夫妻一方财产：

（1）一方的婚前财产。在婚姻关系发生效力前，一方所有的一切动产和不动产，在婚后仍然属个人所有。《最高人民法院关于〈中华人民共和国婚姻法〉适用的若干问题解释（一）》第19条规定："婚姻法第18条规定为夫妻一方所有的财产，不因婚姻关系的延续而转化为夫妻共同财产。但当事人另有约定的除外。"这里存在争议的是一方婚前财产婚后消耗掉的如何处理问题，最高人民法院1993年《关于人民法院审理离婚案件处理财产分割问题的若干具体意见》第16条规定"婚前个人财产在婚后共同生活中自然损毁、消耗、灭失，离婚时一方要求以夫妻共同财产抵偿的不予支持"。该意见与本法不相抵触，目前仍然适用。

（2）一方因身体受到伤害获得的医疗费、残疾人生活补助费等费用。这些费用是以个人身体伤害为代价，而且赔偿数额根据现在的标准还不高，因此只是对身体受到伤害后需要治疗和丧失劳动能力的一种补偿，是对受害人将来生活的基本保障，只能作为个人特有财产。

（3）遗嘱或赠与合同中确定只归夫或妻一方的财产。这是针对尊重遗嘱人和赠与人的意愿做出的规定。

（4）一方专用的生活用品。主要是基本生活用品，不应包括价值较大的生活用品。这些个人专用品一旦脱离专用人，就失去了应有价值，如衣服、首饰、鞋帽、残疾人的假肢等。

（5）其他应归一方的财产。这也是一种兜底性的规定，可最大限度保护当事人利益。

可见，关于夫妻个人特有财产的内容，大体可以分为三类：第一类是婚前个人财产及已取得的财产权利。包括婚前个人劳动所得财产，继承或受赠的财产及其他合法收入，以及个人出资、购置的结婚物品等。第二类是"一方专用的生活用品"，如衣物等个人生活用品。但作为生产设备和经营场所附属物的工具除外。第三类是与个人身份不可分离的婚后所得财产和未获得经济利益的知识产权。包括一方单独继承和受赠的财产，一方获得的补助金、医疗费、保健费、人身保险费、伤残补偿费、人身伤害赔偿费，一方因个人贡献所获得的奖章和带有纪念意义的奖品等。对于“遗嘱或赠与合同中确定只归夫或妻一方的财产”的规定和国际通例相一致，即大多数适用共同财产制的国家——不论是大陆法系还是英美法系的法律，都规定夫妻一方继承或受赠的财产属于个人所有。军人的伤亡保险金、伤残补助金、医药生活补助费属于个人财产。

应该注意，继承关系和公民间的赠与（包括遗赠）关系与一般的财产关系不同，在主体方面都具有特殊性。继承关系发生在法律限定的近亲属之间。在法定继承中，权利人的范围及顺序由法律规定；在遗嘱继承中，权利人由被继承人在法定继承人的范围内指定。赠与（包括遗赠）如发生在公民之间，其财产承受人也由原财产所有人指定。这种权利主体的特定性，决定了权利的个人专属性。这些财产权利是不能由他人分享的，否则无异于在实际上扩大了合法权利人的范围，有悖于法律关系的本质要求。即以法定继承为例，依照我国《继承法》，法定继承人限于被继承人的配偶和其直系亲属以及最近的旁系血亲。作为被继承人的姻亲，只有丧偶且对被继承人尽了主要赡养义务的儿媳和女婿，才可成为第一顺序法定继承人，可见条件是相当严格的。如果确定继承财产归夫妻共有，等于由法定继承人的配偶，即被继承人的姻亲无条件地取得了对遗产的权利。这显然不符合法律的精神。同时也应看到，遗嘱继承、遗赠和赠与，都是单方、无偿的法律行为，谁作为财产承受人，取决于原财产所有人的意志，体现了他自由处分个人财产的权利。如果把由个人承受的财产变为夫妻共有财产，势必背离被继承人、遗赠人和赠与人的愿望，不符合保护公民合法财产所有权的法律原则。

因此，最高人民法院《关于适用〈中华人民共和国婚姻法〉若干问题的解释（二）》第22条规定：“当事人结婚前，父母为双方购置房屋出资的，该出资应当认定为对自己子女的个人赠与，但父母明确表示赠与双方的除外。当事人结婚后，父母为双方购置房屋出资的，该出资应当认定为对夫妻双方的赠与，当父母明确表示赠与一方的除外。”针对后一种情况，鉴于实际生活中婚后父母买房明确表示赠与一方不符合我们的民俗，可能影响两代人之间的感情，更多的父母选择在登记房屋产权时将自己子女登记为唯一产权人，但司法实践中这种情况能否认定为“父母明确表示赠与一方”存在争议。因此，最高人民法院《关于适用〈中华人民共和国婚姻法〉若干问题的解释（三）》第7条明确规定：“婚后由一方父母出资为子女购买的不动产，产权登记在出资人子女名下的，可按照《婚姻法》第18条第（3）项的规定，视为只对自己子女一方的赠与，该不动产应认定为夫妻一方的个人财产。由双方父母出资购买的不动产，产权登记在一方子女名下的，该不动产可认定为双方按照各自父母的出资份额按份共有，但当事人另有约定的除外。”

（二）夫妻个人财产的处分权

凡属夫妻一方所有的财产，夫妻一方可依自己的意愿独立行使占有、使用、收益和处分的权利，不须征得对方的同意；在离婚时即归其个人所有，不再分割；在财产所有人死亡时即作为个人遗产，按我国继承法的有关规定处理。

同时，对婚姻关系存续期间夫妻一方所负的个人债务及其特有财产所产生债务等，均应由其特有财产负担清偿责任。这些债务包括：双方约定由个人负担的债务，但以逃避债务为目的的除外；单独资助其没有抚养义务的亲朋所负的债务；未经他方同意独自筹资经营且收入确未用于共同生活所负的债务；其他应由个人承担的债务。同时，婚前个人财产在婚后的共同生活中往往会发生自然毁损、消耗、灭失等情况，这应视为其所有人行使财产权利的后果，并不形成对他方的债权，另一方不负赔偿的责任。

四、我国的约定夫妻财产制

（一）约定夫妻财产制的概念及现实意义

所谓约定夫妻财产制，是指婚姻当事人通过协议方式，对他们的婚前、婚后财产的归属、占有、使用、管理、收益和处分等权利加以约定的一种法律制度。

我国婚姻法在规定夫妻法定财产制的同时，允许双方通过财产约定来改变法定夫妻财产制的效力，即“夫妻可以约定婚姻关系存续期间所得的财产以及婚前财产归各自所有、共同所有或部分各自所有、部分共同所有”。随着社会的不断进步，公民法律意识的增强，夫妻以契约形式约定财产关系的情况会越来越多。夫妻约定财产制在我国有其客观的必要性和越来越重要的现实意义。

1．适应我国家庭财产状况日益复杂多样化的趋势，使婚姻当事人在处理财产时有更大的灵活性

随着社会经济的迅速发展，我国婚姻家庭领域里的财产状况也有了很大变化。在财产构成上，除了高档家具、家用电器和银行存款外，还出现了股票、债券、彩票和外币等；而个体工商户、承包经营户和私营企业主还拥有相当数量的生产资料和经营用资金，其价值已远远超出通常的夫妻财产；值得注意的是，近年来作为私人收藏品的文物、古玩、名人字画、珍品邮票乃至家庭宠物等，已开始成为夫妻财产的新内容。此外，知识产权中的财产权利，也已为越来越多的公民所拥有。上述财产形式在夫妻离异分割财产时所引起的争议，已经或将会成为民事审判工作中的新问题。

夫妻财产客体上的变化，仅依靠法定的夫妻财产制已不足以反映和调整夫妻在财产方面的权利和义务关系。例如在一些城市中股民越来越多，股票市场行情变换，风险难测。对于已经结婚或准备结婚的股民及其配偶来说，如何承担炒股风险，明确责任，切实保障各方的财产权益，夫妻关于财产问题的约定也许是较理想的选择。

2. 尊重公民处理财产问题的自主权利，维护夫妻尤其是再婚夫妻和分居两地夫妻各方的财产权益

允许夫妻在法定财产制以外另作约定，使当事人在结婚后仍能保持经济上的自主权和相对独立性，有助于实现男女平等和妇女的自强自立。在夫妻一方或双方的收入中，除了承担家庭生活开支和赡老养幼的法律义务外，根据个人的愿望和需要，对其余收入可以分别各自占有、管理和支配，这样既能使男女当事人在结婚后仍能充分行使自己的财产权利，还可避免和减少由财产问题引起的家庭矛盾和纠纷。

尤其是再婚家庭中，夫妻在对前婚所保留的财产以及对各方父母和子女承担经济义务问题上，容易引起矛盾和纠纷，由此引发夫妻双方和继父母子女之间的感情冲突和财产纷争，还需在再婚前“约法三章”。对那些长期分居两地的夫妻来说，事实上造成夫妻财产的分离状态，他们一般较少参与对方的经济生活，除了共同或分别承担老人和子女的经济义务外，无形之中形成了两个相对独立的生活消费单位，更需要通过夫妻财产约定，相对独立地行使自己的财产权利。

3. 适应现阶段社会多种经济成分并存的客观情况，保护和促进个体与私营经济健康发展

随着社会主义市场经济的发展，我国个体与私营经济和城乡承包户家庭日益增多，这类从事生产经营的家庭担负着生活消费和生产经营双重职能，其经营活动所得收益，有的主要供家庭成员共同享用，有的主要用于生产经营扩大投资。在经营方式上，有的由夫妻一方单独经营，有的由夫妻双方共同经营，有的由全家经营，还有的由夫妻一方与他人合伙经营等等，不一而足。他们在经营中所发生的借贷行为和所承担的风险责任，也不同于一般家庭。有关司法解释中原则上指明：“在夫妻关系存续期间，一方从事个体经营或承包经营的，其收入为夫妻共同财产，债务亦应以夫妻共有财产清偿”，“用家庭共有财产投资，或者收益的主要部分供家庭成员享用的，其债务应以家庭共有财产清偿。”（最高人民法院《关于贯彻执行〈中华人民共和国民法通则〉若干问题的意见》第42、43条）

但是实际情况要复杂得多，鉴于夫妻之间和家庭成员之间财产关系的多样性和隐蔽性，加上当前工商法规尚不够健全，又未建立个人财产申报制度，一旦经营失败，要查清这类经济实体的全部资产，准确划分夫妻共同财产与个人财产，都会有一定难度。尤其在清偿债务和承担风险责任中，债权人可能会以婚姻关系为由要求非经营方承担无限责任，从而侵犯其财产权益；或者夫妻双方利用财产界限不明转移资金以逃避债务，损害第三人和社会的利益。对此，按照所有权与经营权可适当分离的民法原则，夫妻可通过财产约定，彼此达成协议，让从事经营的一方对生产经营所需的资金和财产拥有独立的管理和支配权利，同时承担某种风险责任，以避免因夫妻感情危机或财产纠纷危及个体和私营经济实体的生存与发展。

4. 满足涉外婚姻家庭的特殊需要，维护中外当事人的合法权益

在国外，婚姻被视为特殊的民事契约，人们对夫妻财产约定已习以为常。美国称婚前财产约定为 antenuptial agreement，多为拥有较大财产（动产和不动产）的妇女在再婚前采用，她们打算在再婚后仍能保持自己产权户名和自主处分权，这种财产约定在以夫妻共同财产制为法定财产制的加州、德州等八个州中较为常见。在涉外婚姻组成的家庭中，有不少夫妻在相当长的时期内分居两处，承认和采纳夫妻财产约定，可以促使夫妻互相尊重对方的生活方式，满足这类夫妻财产关系的特殊要求，不仅有利于妥善处理涉外婚姻当事人之间的收入和扶养问题，也有助于减少与相关国家在这一领域的法律冲突。

（二）我国夫妻约定财产制立法沿革

我国历史上正式的夫妻财产约定立法，始自 1930 年的《中华民国民法》。依其规定，夫妻得于结婚前或结婚后以契约形式约定夫妻财产制；该项契约的订立变更或废止非经登记不发生对抗第三人之效力；夫妻须在共同财产制、统一财产制和分别财产制中选择其一为约定财产制。

新中国成立后，1950 年《婚姻法》未对夫妻财产约定问题作出明文规定。但是，中央人民政府法制委员会《关于中华人民共和国婚姻法起草经过和起草理由的报告》中指出，婚姻法关于夫妻财产关系的“概括性的规定，不仅不妨碍夫妻间真正根据男女权利平等和地位平等原则来作出对于任何种类家庭财产的所有权处理权与管理权相互自由的约定；相反，对一切种类的家庭财产问题，都可以用夫妻双方平等的自由自愿的约定方法来解决，也正是夫妻双方对于家庭财产有平等的所有权与处理权的另一具体表现”。

中央人民政府法制委员会所作的立法解释，归纳起来有四个要点：①1950 年《婚姻法》第 10 条的规定，包含了允许夫妻就财产问题进行约定的意思。②夫妻财产约定必须遵循自由、平等、自愿的原则。③夫妻财产约定的客体可以是任何种类的家庭财产。④夫妻财产约定的内容可以是所有权、处理权和管理权。应该说，这一解释表达的意思是清楚的，实际生活中进行财产约定的现象并不普遍，在一个相当长的时期内，这种精神没有再以其他的法律形式表现出来。

随着经济的发展和婚姻家庭观念的变化，婚姻关系日趋复杂，部分公民对夫妻财产关系的多样化提出了一定的要求。针对这一情况，1980 年的《婚姻法》第 13 条第 1 款在确立“夫妻在婚姻存续期间所得的财产，归夫妻共同所有”这一基本制度的同时，又规定“双方另有约定的除外”。这就在立法上正式确认了夫妻财产约定的地位，发展了我国的夫妻财产制度。但当时关于约定财产制的规定相当简略，尚未形成明确的夫妻约定财产制。从理论上说，它使夫妻财产约定处于一种附属的地位，没有能够充分体现约定财产制优先于法定财产制的原则；从实践上说，规则的不明细已经不能充分满足在夫妻财产构成日趋复杂、财产数量不断增加的形式下，当事人双方通过约定协调财产关系，维护财产权益的需求。因此，在立法上完善夫妻约定财产制已经提上了日程。现行《婚姻法》（2001 年修正案）的规定可以说在许多方面完善了夫妻约定制，其第 19 条规定："夫妻可以约定婚姻关系存续期间所得的财产以及婚前财产归各自所有、共同所有或部分各自所有、部分共同所有。约定应采用书面形式。""夫妻对婚姻存续期间所得的财产以及婚前财产的约定，对双方具有约束力。""夫妻对婚姻存续期间所得的财产约定归各自所有的，夫或妻一方对外所负的债务，第三人知道该约定的，以夫或妻一方所有的债务清偿。""第三人知道该约定的"，夫妻一方对此负有举证责任。这就从立法上明确了约定的方式，约定的对内效力与对抗第三人的效力等问题，初步确立了一套具体的较为系统的约定夫妻财产制。

（三）我国约定夫妻财产制的内容

根据现行我国《婚姻法》的规定及立法精神和《民法通则》关于民事法律行为的一般性规定，我国约定夫妻财产制的主要内容概括如下：

1. 约定的时间和范围

对夫妻关系约定的时间无限制。夫妻可以在结婚前、结婚时或婚姻关系存续期间进行约定。约定的范围，限于夫妻财产，包括夫妻婚前财产和婚后所得的财产，既可就全部夫妻财产进行约定，也可就部分夫妻财产进行约定；既可以约定财产所有权的归属或者使用权、管理权、收益权、处分权的行使，也可以约定家庭生活费用的负担、债务的清偿责任，婚姻关系终止时财产的清算及分割等。约定的内容不得超越当事人双方所享有的财产权利范围，不得规避赡老养幼等法律义务，不得损害国家、集体和他人的合法权益。为了逃避对第三人的债务或企图剥夺第三人应该享有的继承权和其他财产权利的约定，均属无效。

在约定的时间方面，目前世界各国有两种立法例：一些国家（法、意、荷、日等）仅限于婚前订立，理由是结婚后容易受到劝诱等感情因素的影响，难以做到公正。如《法国民法典》规定："夫妻间的契约，应在结婚前订立，并仅在结婚之日起发生效力。"（第 1395 条）而另一些国家（德国、瑞士、英国、美国等）则无此限制，无论婚前、婚后均可订立。如《瑞士民法典》规定："夫妻财产契约可在结婚前或结婚后缔结。"（第 179 条第 1 款）我国现行《婚姻法》对约定的时间未加规定，从尊重约定当事人的权利和当前实际需要出发，不加限制。即夫妻财产约定可以在婚前，也可以在婚姻关系存续期间进行。

至于夫妻财产约定可否附加条件和期限的问题，按照多数国家的法例解释，这类约定不得附加任何条件或期限，例如不得约定该财产契约于子女出生时才发生效力或失去效力（解除条件），或者以十年为期，逾期该契约即失去其效力。不过，依《瑞士民法典》解释，允许夫妻财产契约附加条件或期限，例如双方约定在妻子之父死亡后该契约始发生效力。对此，我国现行《婚姻法》没有规定。

为了适应社会经济生活的多样性和不同需要，我国应允许婚姻当事人对约定附加条件或期限，即既可附加延迟条件或期限，也可附加解除条件或期限，但条件或期限不能违背国家法律和社会公共道德。

2. 约定的形式要件

订立夫妻财产约定是一种要式行为，它不仅关系到当事人双方和其他家庭成员的切身利益，而且涉及家庭以外第三人的经济权益，因此必须履行一定程序。我国现行《婚姻法》（2001 年修正案）对夫妻财产约定的形式作了明文规定："夫妻财产约定应当采用书面形式"（第 19 条第 1 款）。关于约定的条件，我国现行《婚姻法》未作规定，但可从《民法通则》的立法精神理解：

（1）必须由具有完全民事行为能力的婚姻当事人双方亲自订立，不得由他人代理。夫妻就婚前、婚后财产的所有权和管理权等问题作出不同于法定夫妻财产制的约定，是一种具有身份性质的财产契约，因此限制行为能力人和无行为能力人均不得订立此类约定，这也是国外立法的通例。如《德国民法典》规定："限制行为能力人，仅在其法定代理人同意时，始得订立婚姻财产契约。"（第 1411 条第 1 款）在我国，如婚姻当事人中有无行为能力人或限制行为能力人，为保护其财产权益不受侵害，应按法定夫妻财产制执行为宜。

（2）双方意思表示必须真实、自愿，任何一方不得以欺诈、胁迫或乘人之危等手段，使对方在违背自己意愿的情况下达成财产协议，任何第三人也不得把自己意志强加于当事人。

3. 约定的效力

指夫妻就财产关系进行约定后，对双方当事人及第三人发生法律上的约束力。约定的效力，可分为对内（指夫妻双方）效力与对外（指第三人）效力。夫妻财产约定是在没有外力介入的前提下由婚姻当事人自愿订立的，它是特定主体间的法律行为。由于我国夫妻财产约定为要式行为，所以，夫妻财产关系经双方约定成立后，可立即发生对内效力，对夫妻双方发生法律约束力；但根据民法的公平原则，为保护第三人的利益和维护交易的安全，夫妻财产约定必须为第三人所明知，才能发生对外效力，对第三人发生法律约束力。[①] 我国现行《婚姻法》第 19 条第二款、第三款的规定是针对夫妻财产约定财产制的效力的规定，“夫妻对婚姻关系存续期间所得的财产以及婚前财产的约定，对双方具有约束力。”“夫妻对婚姻关系存续期间所得的财产约定归各自所有的，夫或妻一方对外所负的债务，第三人知道该约定的，以夫或妻一方所有的财产清偿。”最高人民法院《关于适用〈中华人民共和国婚姻法〉若干问题的解释（一）》第 18 条规定，我国现行《婚姻法》第 19 条所称“第三人知道该约定的”，夫妻一方对此负有举证责任。

4. 约定的无效与撤销

无效的夫妻财产约定，是指已经成立但欠缺法律行为的有效要件而不能发生法律效力的约定。可撤销的夫妻财产约定，是指因约定欠缺合法性，有撤销权的约定当事人可以诉请法院变更或撤销约定。夫妻财产约定生效后能否变更和撤销的问题，各国法例一般是许可的，但必须履行与订约相同的程序。如《瑞士民法典》规定：“夫妻财产契约的缔结、变更及废除，须经公证并经当事人及法定代理人署名后，始得生效。”（第 181 条）“夫妻财产契约依夫妻财产制登记后，对第三人产生效力。”《日本民法典》第 754 条规定：“夫妻间订有契约的，夫妻一方于婚姻中可以随时撤销该契约。”但是，依照日本判例，当夫妻关系濒于破裂和处于危机状态时，该条规定的夫妻财产契约的撤销权就不再适用。

确认夫妻约定财产制是法律对当事人财产权的尊重和保护，而且夫妻财产关系是一种动态关系，因此我国也应允许婚姻当事人在一定条件下对约定作出变更或撤销。关于约定的无效及撤销的条件，在我国现行《婚姻法》未作规定的情况下，应准用民法通则有关无效民事行为及可撤销民事行为的规定。从约定终止的原因来看，婚前订立的财产约定可能因双方不履行婚约而自然失效；也可能由于约定所附加的条件不成立而无法执行；还可能由当事人双方协商一致同意变更而撤销。但是，为了维护夫妻财产约定的严肃性和稳定性，约定的变更和撤销不得损害第三人的利益；如果约定的变更或撤销可能会影响第三人的利益时，则必须取得第三人的同意，同时，这种变更和撤销应以书面形式作出。

5. 约定的适用

我国实行法定财产制与约定财产制相结合的夫妻财产制。法定财产制与约定财产制两者的适用原则是“有约定从约定，无约定从法定”。也就是说，对于夫妻财产关系，

---

① 《瑞士民法典》第 181 条规定：“夫妻财产契约的缔结、变更及废除，须经公证并经当事人及法定代理人署名后，始得生效。”“夫妻财产契约依夫妻财产制登记后，对第三人产生效力。”《德国民法典》第 1412 条也以婚姻契约已登记成为第三人所明知，始发生对第三人的效力。《日本民法典》第 765 条规定，夫妻财产契约须结婚申报登记后，始得发生对夫妻及第三人的效力。

如夫妻双方有约定的，应按约定处理；如无约定或约定无效，则适用法定财产制。即约定财产制可排斥法定财产制优先适用。前者具有优先于后者适用的效力。

五、夫妻的遗产继承权

（一）夫妻遗产继承权的历史发展

1. 古代社会的夫妻遗产继承权

遗产继承制度是将死者生前财产转移给他人的法律制度。其原则和内容取决于一定的社会生产关系，并受思想、政治、文化、宗教等上层建筑的制约。继承权是遗产继承的一个重要内容。在不同的历史时期和不同的社会制度下，夫妻遗产继承权表现出不同的特点。

宗法制度是中国古代社会的基石。在全部继承制度中，以男系亲为本位的宗祧继承占据主导地位；由于实行财产的亲属团体共有制，财产继承是与分家析产联系在一起的。按照中国古代法律，家庭共有财产在以下三种情况下可以分割：一是在世的父母、祖父母责令子孙各自独立生活；二是主要家庭成员犯重罪被判严刑；三是父母、祖父母全部死亡。在第三种情况下同时发生两种民事法律关系，一是共有人取得自己在共有财产中的应得份额，二是继承人对已经死亡的尊长财产份额的继承。由于继承人以长辈亲属双方均已死亡为条件，所以原则上不存在配偶中生存方对去世方遗产的继承问题。分家析产及遗产继承均以男子为本位，只是在“夫亡”、“无子”“守志”三项条件具备时，寡妻才“合承夫份”，但也不过是代为管理，“须凭族长择昭穆”（按即辈分）相当之人继嗣；倘若改嫁，“夫家财产及原有妆奁，并听前夫之家为主”。①

古巴比伦和古印度的法律均不承认妻子享有丈夫遗产的继承权。按照《汉谟拉比法典》的规定，丈夫死后，妻子只取得自己的嫁妆和丈夫在遗嘱中赠与的扶养费用，但这些财产均不得出卖，在她死后归其子所有；如果离开夫家，这些财产不得带走。依《摩奴法典》的规定，妇女死而无后时，凡其所有皆归于夫；有子者则归其子；而在丈夫死后，妻只对其遗产负管理之责，在其子成年后应如数交付。

作为奴隶制社会的法律，罗马法较之其他国家的法律更多地反映了简单商品经济的需求。因此，其遗产继承制度也比较发达。在夫妻继承权方面应该注意它的两个特点：第一，古罗马盛行遗嘱继承，但在多数时期男女两性的地位是不平等的。比如早期法律规定妇女无遗嘱能力；共和国末期，自权人妇女获得了立遗嘱的资格，但需经其监护人许可。又如，公元前169年的《活科尼法》规定，妇女继承的遗产不得超过100000金镑，查士丁尼虽废除了这一法律，但仍坚持“有缺陷的妇女”无继承能力。第二，在

---

① 参见《大清律例·户律》。

法定继承中，配偶被列为最后一个继承顺序，直到查士丁尼《新律》，妻子的继承份额仍不得超过100金镑，而且如有子女同在，其继承份额只表现为用益权。

中世纪欧洲各国无不奉行男尊女卑的法律原则，并受教会法的重大影响，配偶双方的继承权是不平等的，尤其是妻子长期被剥夺了不动产的继承权。如法兰克王国的《萨利克法典》规定："土地遗产无论如何不得遗传于妇女，而应把全部土地传给男性，就是弟兄"。英吉利王国在13世纪之前同样不承认妻子有继承不动产的权利，直到1215年的《英国大宪章》依然规定："寡妇享有朕地或其他采地者，应以未得朕或其贵族之许可前决不改嫁为担保"。在英国，遗产中的动产，妻和子女各得三分之一，其余三分之一须作为"死者的份额"交给教会。

2. 近现代的夫妻遗产继承权

资产阶级取得政权之后，随着私有财产制和商品经济的发展，遗产继承制度也日臻完备。但在早期资本主义法律中，配偶之间的继承权仍存在事实上甚至形式上的不平等。仍以英国为例，依普通法传统，丧偶一方获得的对方遗产有寡妇产和鳏夫产之分。所谓寡妇产，指丧偶妻子对丈夫遗留不动产之终身财产权，数量为其总数的三分之一。所谓鳏夫产，指丧偶丈夫的相应权利，数量为死亡妻子遗留不动产的全部。这显然继承了封建法律原则，在互享继承权上，丈夫优于妻子。早期法国民法认为，配偶接受遗产属于不正常继承，妻子的继承权实际上受到不少限制。

当代西方国家的法律，大多承认了配偶双方具有平等的继承地位。在法定继承中有两种不同的立法例。

一是将配偶作为独立顺序法定继承人。《法国民法典》（1958年12月23日法令）规定："遗产按下列规定的顺序及规则，归属于死者的子女及其直系卑血亲、直系尊血亲、旁系血亲及其尚生存的配偶"。其1972年1月3日的法令将第三顺序的"旁系血亲"限定为"兄弟姐妹及其直系卑血亲"。

二是规定配偶不作为独立顺序法定继承人，而作为随从顺序继承人，有权与任何顺序的法定继承人共同参与继承，按法定比例分配遗产。例如，《德国民法典》1931条的规定："当配偶与第一顺序血亲亲属共同继承时，继承遗产的1/4；与第二顺序亲属或祖父母共同继承时，继承遗产的1/2；无第一、第二顺序亲属或祖父母时，继承遗产的全部。"《瑞士民法典》第462条规定："被继承人有直系卑血亲时，其生存的配偶，按其自己的选择，或对遗产的二分之一享有用益权，或取得四分之一遗产的所有权；被继承人的生存配偶，若与父系或母系的继承人同时继承时，取得四分之一遗产的所有权及四分之三遗产的收益权；如与祖父母系的继承人共同继承时，取得二分之一遗产的所有权及其他二分之一遗产的收益权"。按《意大利民法典》第585条规定："如死者留有一个子女，配偶继承一半；如留有两个以上子女，配偶继承三分之一；如未留子女而仅留长辈和兄弟姐妹，配偶继承三分之二；没有上述亲属，配偶继承全部。"

英国现行继承法关于配偶继承权的规定有它自己的特色。其内容要点是：如死者留有后裔，生存配偶取得全部动产及一笔债权（1981 年为 40000 英镑）；剩余财产的一半作为终身财产，但将来应复归给死者后裔，另一半为死者后裔建立法定信托财产，待他们达到 18 岁或结婚时平均分配。如死者未留后裔但留有父母、兄弟姐妹或兄弟姐妹之后裔，生存配偶可以取得全部动产及一笔债权（1981 年为 85000 英镑）；并取得遗留地产的一半，另一半归父母，如父母已死则归兄弟姐妹或以信托财产形式归兄弟姐妹的后裔。无上述亲属时，遗留地产按信托财产形式全归生存配偶。

另外，有的国家或地区的法律在确认配偶继承权时还考虑到结婚时间的因素。如按美国阿肯色州法律的规定，死者无卑亲属时生存配偶可继承全部遗产，但如婚姻关系存续时间不满 3 年，则只能继承二分之一。

近代社会盛行遗嘱继承，这很可能会不利于应该获得遗产的继承人，包括被继承人的配偶。为了克服这一弊端，多数国家，尤其是大陆法系国家，为了限制遗嘱处分而设立了特留份（或称强留份）制度。《瑞士民法典》第 470 条规定："立遗嘱人只能用遗嘱形式处分特留份范围以外的财产"；第 471 条第 4 款规定：配偶的特留份"如与他人共同继承时，为其法定继承权的全部，如仅其一人为法定继承人时，为其法定继承权的二分之一"。英美国家的法律不称特留份而称扶养费。如强调遗嘱自由的英国，其 1975 年的《亲属和被扶养人扶养法》规定："无论死者是否留有遗嘱，在其死后，法院有权对某些请求人判给扶养费，其中包括生存配偶。"在美国，大多数州的法律条款都规定，在死者的遗产中应留出生存配偶和子女的扶养、抚育费用。

（二）我国的夫妻遗产继承权

我国 1950 年和 1980 年的两部《婚姻法》以及《婚姻法》（2001 年修正案）都规定，"夫妻有相互继承遗产的权利"。这不仅是作为继承关系的一项规定，也是作为婚姻效力的一种规定，体现了我国继承制度和夫妻关系的突出特点（关于夫妻继承权详见本书第四编"继承关系法"的相关规定）。

六、夫妻间的扶养义务

（一）扶养的概念、特征和分类

1. 扶养的概念

扶养的概念有广义和狭义之分。

广义的扶养，是指一定范围的亲属间相互供养和扶助的法定权利义务。它没有身份、辈分的区别，是赡养、扶养、抚养的统称，即包括长辈对晚辈的抚养、晚辈对长辈的赡养和平辈亲属间的扶养。我国继承法、刑法使用扶养一词，即采用广义的解释。从国外立法来看，大多数国家采广义说。

狭义的扶养，仅指夫妻之间和兄弟姐妹等平辈亲属之间相互供养和扶助的法定权利义务。我国现行《婚姻法》和东欧一些国家的立法采狭义说。

我国现行《婚姻法》规定的夫妻间的扶养，专指夫妻间互相供养和相互扶助的法定权利义务。

2. 扶养的特征

我国《婚姻法》规定的一定范围亲属间的扶养关系，不同于一般的民事法律关系，也不同于国家扶助或社会扶助，它具有以下特征：

（1）从主体看，扶养关系只能发生于法定的近亲属之间。我国婚姻法规定具有扶养关系的近亲属，包括夫妻、兄弟姐妹。如非法定范围的近亲属，虽也可发生扶养，如基于遗赠扶养协议或友谊、同情而发生扶养，但都不属婚姻法上的扶养，只是一般的民事扶养或道义上的扶养。

（2）从发生原因看，扶养关系是基于一定亲属身份关系而发生。婚姻法上的扶养关系，因具备法定的要件而当然发生。如夫妻间的扶养关系，因婚姻成立而发生；兄弟姐妹间的扶养须具备法定条件而发生。因此，虽为法定的近亲属，如果非因具备法定要件而发生扶养，而基于其他原因如道义上的帮助而扶养，则不属于婚姻法上的扶养。

（3）从权利义务的特点看，扶养权利义务基于一定亲属身份而发生，具有人身专属性。在扶养关系存续期间，其为义务人和权利人的专属权利义务，不得继承、处分（包括放弃）或抵销。

（4）从性质看，扶养权利义务是依我国《婚姻法》的规定而产生的私法上的权利义务，不同于公法上的国家扶助（如社会保障制度规定的社会救济），也不同于社会扶助（如社区帮助、邻里互助）。亲属法上的扶养权利义务，只能发生于法定的近亲属之间，并具有双向性、对等性的特点。即在相互具有扶养关系的近亲属之间，扶养权利义务关系是相互对应的，一方享有受对方扶养的权利，同时也承担扶养对方的义务，反之亦然。而国家扶助和社会扶助发生的依据（或依公法或依道义）不同，权利义务都是单向的。

3. 扶养的分类

扶养可从不同的角度进行分类。依扶养主体间辈分之不同，可分为：长辈亲对晚辈亲的抚养、平辈亲之间的扶养及晚辈亲对长辈亲的赡养；依是否共同生活之不同，可分为：同居共同生活（供养与扶助）的扶养与不同居共同生活而给付扶养费的扶养；依扶养行为内容之不同，可分为：经济上供养、精神上慰藉和生活上扶助；[①] 依扶养的程

① 《中华人民共和国老年人权益保障法》（1996 年 10 月 1 日施行）第 11 条规定："赡养人应当履行对老年人经济上供养、生活上照料和精神上慰藉的义务……"即我国立法在此对扶养的内容作了扩张解释。

度之不同，可分为：生活保持义务与一般生活扶助义务。最后一种分类，旨在明确扶养的程度，以便于义务人履行义务。仅就此阐述如下：

世界上许多国家的立法，依扶养关系主体之间亲属关系之远近和权利义务之多少，规定了不同的扶养条件，使义务人承担不同程度的扶养义务。故依扶养程度之不同，可把扶养义务分为两类：一是生活保持义务，二是一般生活扶助义务。

（1）生活保持义务，是指夫妻之间、父母与未成年子女之间的扶养，是无条件的义务人必须履行的义务。因为，此种扶养义务为具备身份关系不能缺少的要素，维持对方生活，即为保持自己生活。如父母以其子女的生活作为自己生活的一部分而维持；夫扶养妻或妻扶养夫，即为保持自己的生活。其扶养与自己的生活程度相等，虽然因此而降低自己地位相当的生活水平，也应予以维持。可见，这是一种无条件的在扶养人与被扶养人之间保持同一种生活水平的扶养。故又称之为“共生义务”。

（2）一般生活扶助义务，指除夫妻、父母与未成年子女外，其他法定的亲属间（如我国兄弟姐妹间、祖孙间）的扶养，是有条件的，只有在一方无力独立生活，他方有扶养负担能力时，才履行的义务。即扶养义务人仅在不降低自己地位相当的生活水平限度内给予扶养，这是一种相对的、有条件的扶养，扶养人与被扶养人之间无需保持同一生活水平，故称为一般生活扶助义务。

总之，立法根据亲属关系的不同情况，规定不同的扶养条件，确定不同的扶养程度，便于义务人更好地履行扶养义务。

（二）夫妻间的扶养义务立法概况

夫妻扶养义务的立法与夫妻人身关系的变化大体相适应，经过了一条漫长的发展道路。在古代法中，无论是前期罗马法，中世纪日耳曼诸法，还是其他奴隶制和封建制法律，基于妻对夫的人身依附关系，都规定夫有扶养其妻的义务，妇女即使在不同方面对社会经济生活和婚姻家庭生活作出了贡献，其劳动价值也得不到应有的承认和公正的评价，一直被视为被扶养者。直到19世纪，在早期资本主义法律中，依然沿袭着传统的法律规定。如1804年《法国民法典》规定：“夫负接纳其妻，并按其资力与身份供其妻生活上需要的义务。”1900年《德国民法典》规定：“夫应依其社会地位、财产及收益能力扶养其妻。”

当前，西方若干国家仍然没有完全摆脱传统观念。即以美国为例，在20世纪70年代，丈夫仍有一项“明确的、无从回避的义务：按其经济能力扶养妻子和孩子”。这项法律上的义务是法院和制定法双方肯定的。全部50个州都采纳了统一互惠扶养执行法。按该法，妻得在其居住的州请求一项法院令——命离去该州之夫给付妻及子女扶养费。上述法令，在各州都执行。对违反上述命令之夫，得在其居留之州内科以罚金或徒刑。当然，在大多数国家，法律和司法实践都已确认夫妻扶养义务是双方的、相互的。如

《墨西哥民法典》第165条规定："在扶养问题上，配偶双方……对于在经济上负责维护家庭生活的家庭成员的收入和财产，享有优先的权利。"

当一方不履行扶养义务时，法律大多赋予被扶养方追索扶养费的权利。例如《瑞士民法典》规定："夫不顾及对妻和子女的扶养时，无论实行何种夫妻财产制，法官均可命令配偶双方的债务人将全部或部分债务清偿于妻。"《比利时民法典》规定："夫妻一方不履行义务时，经治安法官授权，另一方可在不损害第三人的情况下，在判决书规定的条件和范围内，不考虑不履行义务一方的利益而接受其收入，或根据夫妻家庭生活守则由不履行方管理的财产的收益，以及第三人应给付的其他一切款项。"另外，有些国家的法律还设有被扶养权丧失的条款。

（三）我国婚姻法关于夫妻扶养义务的规定

我国现行《婚姻法》第20条规定："夫妻有互相扶养的义务。一方不履行扶养义务时，需要扶养的一方，有要求对方付给扶养费的权利。"其含义如下：

（1）夫妻间的扶养义务是基于夫妻双方婚姻的效力而产生的。夫妻扶养义务即夫妻在经济上相互供养、生活上相互扶助的义务，为生活保持义务。其目的在于保障夫妻共同生活，是婚姻关系的必然要求。一般情况下，这种扶养义务是在夫妻共同生活中实现的。

（2）夫妻间的互相扶养，既是义务也是权利。夫妻都有扶养对方的义务，同时，也都有要求对方扶养的权利。夫妻是共同生活的伴侣，双方在经济生活上应当互相帮助，互相供养，特别是在一方年老、病、残、丧失劳动能力或者没有固定经济收入的情况下，有扶养能力的一方更应主动承担扶助和供养的义务。夫妻间履行扶养义务是有条件的，它以一方有能力扶养和另一方需要扶养为限，这同债的履行有着严格的区别。

（3）夫妻相互扶养义务是法定义务，具有法律强制性。对于夫妻一方遗弃、虐待另一方，或者置另一方生活困难于不顾而发生扶养纠纷时，可以请有关部门进行调解，也可向人民法院提出请求给付扶养费的诉讼。对于经人民法院判决或裁定而拒不执行给付扶养费的人，人民法院可依法强制执行。对于遗弃、虐待配偶情节恶劣，构成犯罪的，应按我国刑法有关规定追究其刑事责任。

第六章 非婚同居关系法

第一节 导 论

非婚同居作为一种社会现象，虽然源远流长，但在20世纪60年代以前，却一直受到社会的抑制、道德的非难和法律的严厉禁止，法律仅在极其有限的范围内对其产生的某些后果加以调整。20世纪60年代中下期，鉴于非婚同居现象的大量增加，一些西方国家开始改变其传统的做法，对非婚同居进行法律上的调整。英国在1972年之前，非婚同居被认为是不道德的、违反公共政策的，不利于稳定婚姻关系，因而议会和审判实践都不予以承认。但是，英国1972年一个案例确定了一项原则，允许同居者占有对方的房子。议会也允许同居者在他方死后请求扶养费。①。在美国，“在非婚同居人数日益增加的情况下，法律为某种目的不得不承认这种结合是合法的”②在丹麦、挪威，非婚同居者的人数占全部同居人数的15%，这种关系所占比例之大，法律不能不予以承认和保护。③ 在瑞典，1975年的一项法律规定，同居双方有权就对方遭受人身伤害索取抚恤金或请求赔偿，而司法机关却不受理前合法妻子索要赡养费的诉讼。④ 在南斯拉夫，婚姻正在不可避免地从“正式婚姻这种压抑人的强制性的形式”，走向“自由的、合乎人情的、没有正式婚姻关系的不具形式的同居关系”⑤。这种同居关系正在向婚姻制度挑战。⑥《南斯拉夫联邦宪法》第190条第1款规定：“家庭受到社会保护，婚姻及由婚姻和家庭发生的法律关系由法律规定，”虽然这个宪法未确切指出什么家庭有权受到保

---

① （英）波·姆·布罗姆莱：《家庭法》，第280页，转引李志敏主编：《比较家庭法》，北京大学出版社1988年第1版，第95页。

② （英）霍·赫·克莱姆：《家庭关系》，第13页，转引李志敏主编：《比较家庭法》，北京大学出版社1988年第1版，第95页。

③ 汪晓薇：《北欧国家调整非婚同居关系的立法尝试》，载《外国法学》1987年第1期，第44页。

④ 李志敏主编：《比较家庭法》，第95页。

⑤ （南）姆拉德诺维奇：《社会政策与家庭》1980年版，第133页，转引（南）佩特·沙切维奇：《婚姻外的同居：南斯拉夫的经验》，《法学译丛》，1983年第2期，第41页。

⑥ （南）姆拉德诺维奇：《社会政策与家庭》1980年版，第133页，转引（南）佩特·沙切维奇：《婚姻外的同居：南斯拉夫的经验》，《法学译丛》，1983年第2期，第41页。

护，但是，上述宪法的规定毫无区别地适用于婚姻外的家庭和传统的家庭。[①] 可见，在现代西方国家，无论其政治、经济和社会制度是什么，法律对非婚同居的调整已由限制、禁止转向维护和保护，从单一的调整非婚生子女的法律地位到全面地调整这一社会关系上来。[②] 在我国，长期以来，由于社会道德和法律等方面的原因，婚姻是通向家庭和性生活的唯一合法桥梁，当事人如果要建立家庭和保有性生活，必须首先通过缔结婚姻的方式才能实现。然而，20 世纪 80 年代中后期尤其是 20 世纪 90 年代以来，由于中国社会经济的发展、人口流动的加速以及人们观念的改变，中国婚姻正在经历着前所未有的变化，这就是，中国婚姻正从稳定转向不稳定，离婚率呈逐年上升的趋势；婚姻外的同居现象逐渐增多，未婚先孕的人数也有增无减。虽然，关于中国婚姻外的同居数量，这个目前无权威的统计数字和说明，但是，此种数量绝不在少数。事实上，在现代中国家庭领域，非婚同居现象已经逐渐成为当事人选择的一种家庭生活方式。[③] 然而，我国法律长期以来并不承认非婚同居的效力，司法更是对非婚同居采取完全否认的态度。

本书认为。非婚同居已经存在于我们的社会，法律对此不予承认是不对的。借鉴两大法系国家关于非婚同居方面的法律，规定非婚同居在我国家庭中的地位是完全必要的。综观现代两大法系国家的法律，法律对非婚同居的调整集中在以下几个方面：一是法律明确解释非婚姻同居关系，界定其内涵与外延；二是法律调节非婚生子女同他们的生父母之间的关系；三是法律阐述非婚配偶双方的个人利益和财产利益及相互关系的某些问题；四是法律在一定的条件下于一定的范围内调整非婚配偶与其他第三人的关系。上述四个方面，相互联系，相互补充，相互依赖，共同构成当代非婚同居家庭法的主要内容。

第二节　非婚同居的基本理论

一、非婚同居的历史发展

非婚同居在古罗马法上称为姘合、姘度婚。在古罗马时期，法律素来主张一夫一妻制，同正派人的婚外关系受到坚决维护婚姻关系的尤里亚法的严厉惩罚，但姘合则不受

① （南）佩特·沙切维奇：《婚姻外的同居：南斯拉夫的经验》，《法学译丛》1987 年第 2 期，第 41 页

② 张民安：《非婚同居——比较家庭法的一个重要课题》，吉林大学硕士学位论文，1994 年 3 月，第 5 页。

③ 张民安：《非婚同居在同居配偶间的法律效力》，《中山大学学报》（社会科学版）1999 年第 2 期，第 95－96 页。

法律的惩罚。相反，在古罗马时期社会上广泛存在着姘合现象，这可能是因为“奸淫”即同具有尊荣社会地位的妇女发生性关系受到严厉惩罚，也可能是因为元老院议员同被解放的女奴或女艺人之间、生来自由人和下贱女人之间、行省执政官同本省妇女之间均禁止通婚，还可能是因为在军人阶层中结婚受到限制。① 所谓姘合是指一种无“婚意”的、同地位低下女子的同居，也就是说同与之同居不构成“奸淫”的那种类女子共同生活。由于缺乏“婚姻待遇”，使得姘合不易同夫妻关系相混淆；但在另一方面，法律却规定同清白和尊严的人同居一律是结婚，否则将导致奸淫罪。② 姘居虽不是合法婚姻，但从奥帝的育尼亚法开始，法律上也取得一定效力，不受法律的制裁。③

在20世纪70年代出现的非婚同居现象在本质上不同于古罗马时期的姘合，尽管它们具有一脉相承的关系。第一，非婚同居关系的大量出现是作为对传统的婚姻型态所存在的弊端的矫正和背叛。传统的婚姻被认为是国家安宁、社会稳定的基础和核心，奥古斯丁早就说过：“家庭的安宁与国家的安宁是相联系的。”④ 美国最高法院更是一针见血地指出：“别的契约既可以基于双方当事人的合意而予以变更、限制或扩大，也可以基于双方合意而免除；但婚姻则不能，婚姻关系一旦成立，法律就要予以干预，法律为婚姻当事人规定了各种各样的义务和责任。它是一种涉及国家利益的重要制度，构成了家庭和社会的基础，没有它，文明就不会产生，社会也不能进步。”⑤ 然而，纵观几个世纪以来的社会发展史，婚姻的稳定是建立在男女不公平的基础上的，社会文明的发展是以妇女受制于家庭、社会和男人统治作为原动力的。20世纪60年代末期，以美国为代表的西方资本主义国家，经济出现了空前的活跃，新的经济部门和新的就业机会层出不穷，为妇女参与社会经济活动提供了大量的机会，这就为妇女要求摆脱传统婚姻所配置的妇女的角色提供了经济的社会的基础。非婚同居这一新的男女关系型态既满足了妇女在传统的婚姻中所受的权益要求，又避免了传统婚姻施加给妇女的种种束缚。因而非婚同居是一种广受欢迎的生活方式而为众多的人所选择。第二，非婚同居关系是人们理智和审慎地处理男女关系的一种方式，是人们积极作为的产物，而古罗马法时期的姘合则是人们在不得已的情况下的权宜之计。正如人们在购买一辆汽车之前，唯一理智的做法是把它开出去，尝试驾驶一次，同样，在决定正式进入婚姻之前，也应有一段时间，以便有更充分的时间去从更具体的方面去认识、了解对方。第三，两种制度的法律后果也不同，古罗马时期的姘合，其效力范围仅发生在姘夫、姘妇间，母亲与其子女间及父亲与子女间；而非婚同居，不仅在上述几个方面，其效力具有更广更深的特点外，还在一

---

① （意）彼德罗·彭梵得著：《罗马法教科书》，中国政法大学出版社1989年版，第154页。

② （意）彼德罗·彭梵得著：《罗马法教科书》，中国政法大学出版社1989年版，第154页。

③ 龙斯荣：《罗马法要论》，吉林大学出版社，1991年第1版，第89页。

④ 奥古斯丁：《上帝之城》第19卷，第16页，转引（德）马克思·霍克海默著：《批判理论》第95页。

⑤ American Juriprudence，p184。

定的程度上涉及第三人。

二、非婚同居的构成条件

在现代西方国家，比较家庭法所称的非婚同居，是指“男女较长时间保持着性关系，保持非婚结合却又不想结为夫妻”①。这一定义表明，构成非婚同居关系，必须具备如下条件：

（1）就当事人而言，双方应为异性，同性不为同居。丹麦1968年《正式同居及解除草案》规定，非婚同居的双方以互为异性为其有效的条件。

（2）就主观目的而言，双方当事人虽然建立了共同的生活体，但并不希望成为受婚姻法调整的丈夫或妻子的角色。

（3）就非婚同居双方当事人本身的特征看，双方在同居期间不存在婚姻有效成立的各种消极障碍。南斯拉夫联盟塞尔维亚共和国《婚姻与家庭法》第16条规定，未婚而同居的伴侣在建立同居关系时，如有婚姻关系、血缘关系、完全的收养关系、精神病和欠缺判断能力等各种结婚障碍时，则不能发生非婚同居的法律效力，但这些障碍当时已不存在着不在此限。值得注意的是，在瑞典和美国，婚姻关系已日益不成为非婚同居关系成立的障碍。在瑞典，有配偶者又与他人组成同居关系，表明该男子早已与另一女子同居结合，等于重新结婚。② 在美国，“尽管非婚姻配偶一方或双方已经结婚，法律依然承认非婚姻家庭关系的效力，这是日益增长的立法趋势③。

（4）一定期间的经过。由于受罗马法时效婚姻的影响，现代各国均以一定时期的经过作为非婚同居存在和效力发生的必要条件。丹麦1968年《正式同居及其解除草案》第21条规定：男女双方年满21岁，同居达3年，其间无明显中断，任何一方都有权向当局申请其同居关系。斯洛文尼亚《婚姻与其他家庭法》第12条规定：正式婚姻以外的同居必须在未婚的伴侣已经同居了“长时间”，才能同婚姻关系一样，受法律保护。各国法律之所以把一定期间的经过作为非婚同居成立的重要条件是因为“这种结合的持续存在使社会看来，它是稳定的，能证实未婚配偶间的起初所表示的爱情，而使这种关系得以充分发展并肯定下来”④。

（5）以自愿为基础。非婚同居关系完全是基于双方自愿、在平等的基础上产生的一种男女关系。因此，一方面，他们没有接受国家的监督与管理，另一方面，他们的结合也排除了胁迫、暴力抢劫以及诈骗等消极因素的存在。

---

① （南）米兰·波萨纳茨：《非婚姻家庭》，辽宁人民出版社1989年版，第10页。

② 李志敏主编：《比较家庭法》，北京大学出版社1988年版，第95页。

③ （美）威廉·杰·欧·唐奈，大卫·艾·琼斯：《美国婚姻与婚姻法》，重庆出版社1989年版，第108页。

④ （南）姆拉德诺维奇：《社会政策与家庭》1980年版，第133页，转引（南）佩特·沙切维奇：《婚姻外的同居：南斯拉夫的经验》，《法学译丛》1983年第2期，第45页。

三、非婚同居的分类

非婚同居可根据不同的标准进行分类，其目的在于通过这种分类，使我们更进一步加深对非婚同居本质及特征的认识。

（一）根据非婚同居及是否生育子女，可分为有子女的非婚同居与无子女的非婚同居

虽然子女在家庭的地位在西方国家已不如从前，但法律对有子女的非婚姻关系和无子女的非婚姻结合关系持两种不同的态度，仍是西方国家家庭法的一致做法。在非婚同居双方无子女出生时，这种关系是否解除、何时解除，法律悉听尊便，而在非婚生子女出生后，为了子女的利益，法律对当事人的自由权利加以一定的限制。在美国，“如果非婚姻配偶双方已有子女，那么，毫无疑问，双方即使不是为了共同生活而结合在一起，也要保证至少在他们的最小的子女成年之前不解除这种非婚姻配偶关系”①。

（二）根据非婚同居者个人在同居关系缔结时的状态，可分为无障碍的非婚同居和有障碍的非婚同居

此种区分的意义在于，许多国家的法律对存在着婚姻的各种障碍的同居关系很少或根本不赋予其效力。根据《法国民法典》的有关规定，对于非婚生子女中的奸生子女或乱伦子，因其生父母在同居时存在婚姻的障碍，因而法律对他们科以不同无障碍的非婚姻同居关系所生的子女的待遇。对于因非婚同居而生的奸生子或乱伦子，不论任意或强制，一律禁止认领，也不得准正，更无继承权可言。

（三）根据非婚同居的状态，可分为隐蔽性的非婚同居和公开性的非婚同居

出于各方面的考虑，非婚同居双方不愿将其同居生活公之于众，为隐蔽性的非婚同居。反之，当事人在同居期间，不向他人和社会隐蔽自己的同居关系，则是公开的非婚同居。此种分类，其意义在于：如非婚同居为隐蔽状态，则在一方死去时，他方很难获得在公开状态下非婚姻配偶应获得的利益，除非他或她有充足的理由和证据证明他们之间有非婚姻同居关系的存在。基于诉讼上举证的困难，一些国家的法律明确要求非婚同居必须是公开的，否则，难以取得非婚同居的合法地位。

---

① （美）威廉·杰·欧·唐奈，大卫·艾·琼斯：《美国婚姻与婚姻法》，重庆出版社1989年版，第217页。

四、非婚同居与其他相关的社会现象

（一）非婚同居与婚姻关系

非婚同居与法定婚姻之间有着本质上的区别。法律规定了婚姻的界限，也就规定了非婚同居的界限。

在西方国家，婚姻与非婚同居均被认为是一种契约，仿佛两者性质是一样的。其实两者的区别是明显的：第一，非婚姻同居依据的是“意思自治”原则，其效力仅凭当事人的合意产生，而婚姻关系则涉及三方当事人：男女双方及国家。美国联邦法院的某些专家曾地指出：离婚之诉实际上是三方之诉，其中丈夫、妻子与国家均为当事人，或者说，国家是离婚关系中的准当事人或暗含的当事人。第二，非婚同居与婚姻关系的效力不完全相同。婚姻关系的效力不仅包括夫妻间的各种财产关系，而且还包括夫妻间的各种人身关系，而通过后面章节的论述可以看出，非婚同居配偶间的关系主要是财产关系，双方几乎不享有人身方面的权益。第三，非婚同居配偶间无夫妻的身份，而婚姻关系的双方具有夫妻的身份。

（二）非婚同居与通奸、姘居

非婚同居与通奸、姘居都是婚姻之外的男女两性间的关系。通奸是指在婚姻存续的情况下，已婚的人同并非配偶的已婚或未婚的异性之间发生自愿性的性交行为。

通奸与非婚同居的区别是显而易见的：第一，通奸在现代各国法律中，均被认为是违法的，受道德和法律的制约，而非婚同居则已日益取得合法地位；第二，通奸的一方或双方已婚，具有婚姻配偶身份；而非婚同居的双方不具有婚姻配偶身份；第三，通奸仅以满足性要求为目的，因而具有隐蔽性、偶尔性的特点，而非婚同居的双方，则建立起包括经济的、精神的和性的生活的共同体。

姘居，是指一方或双方有配偶而又与第三人同居的两性生活。姘居与非婚同居一样，并不构成重婚，这是各国法律的一致性规定。姘居与非婚同居的共同点是：双方当事人均不以夫妻身份相对待，随时可自由撤销，或在约定期间届满后即告结束。其区别在于：姘居双方中一方或双方已婚，具有合法的夫妻身份；而根据多数国家的法律，非婚同居的双方在共同生活时，并无婚姻障碍的存在，双方无合法的夫妻身份。在美国，姘居如果达到一定的时期，也可构成受法律保护的非婚姻家庭关系。不过，像美国在这种问题上走得远的国家并不多，因为法律在这种情况下已实际上破坏了婚姻配偶对任何第三人的排斥性和彼此间的忠实性，因而也造成了事实上的重婚和多偶制。

（三）非婚同居与非法同居

在我国，基于现实主义的考虑，司法长期以来有条件地认可了事实婚姻的法律效力，将事实婚姻等同于登记婚姻。但是，2001 年《婚姻法》修改后，最高人民法院不再认可 1994 年 2 月 1 日的同居所产生的事实婚姻的法律效力，而将事实婚姻看做所谓非法同居，不受法律的保护，当事人之间不产生婚姻配偶的效力。司法在处理时认为双方当事人的同居是非法同居。在我国，由于非婚同居的存在，司法同样认为此种性质的同居是一种非法同居，不受法律的保护。因此，在我国，所谓的非法同居包括因事实婚姻而产生的同居和因非婚同居而产生的同居。本书认为，事实婚姻应当受法律保护，当事人之间的同居并非非法同居；同样，非婚同居也不是所谓的非法同居。

五、非婚同居关系的终止

非婚同居关系的终止，是指因一定事由的发生，致使已实际存在的非婚同居关系消灭。根据西方各国的法律，非婚同居关系基于结婚、关系破裂及一方或双方的死亡这三种事由而消灭。

（一）非婚同居关系因为同居当事人结婚而终止

虽然非婚姻同居关系已日益走上社会舞台，但在现代各国，除了瑞典等少数国家已完全废除将婚姻与非婚同居置于两个层面上加以保护的做法外，绝大多数国家的法律仍视两者为效力不同的共同体。这样，同居双方一旦发现他们彼此情投意合、恩爱有加时，则有担心法律保护不力的可能，为求法律的完全保护，他们决定结束其飘摇不定的同居关系而组建起经风浪的婚姻关系。此时，非婚同居关系即终止。

（二）非婚同居关系因为关系破裂而终止

非婚同居的双方完全是根据自己的意愿决定其共同生活，当一方或双方认为彼此不再适应对方时，他们会作出中断此种关系的决定。此时，非婚同居关系即终止。

（三）因一方或双方死亡而使非婚同居关系终止

正如婚姻关系可因一方或双方死亡而终止一样，非婚同居的一方或双方死亡，也会导致这种关系的解体。在这种情况下，常常涉及生存方配偶或他们的子女的各种权益需要如何加以保护的问题。

第三节　非婚同居在其非婚同居配偶间的法律效力

一、导论

非婚同居的法律效力，是指因非婚同居而产生的法律后果。它可分为直接的法律效力和间接的法律效力两种：直接涉及非婚同居双方当事人的权利义务的为直接的法律效力，间接涉及非婚同居以外的第三人的权利义务的为间接的法律效力。一般而言，非婚同居涉及的效力主要有：非婚同居在同居配偶[①]间的效力；非婚同居在亲子间的效力；一定程度上对非婚生子女以外的第三人的效力。本节仅仅在此处讨论非婚同居在其同居配偶之间的法律效力。非婚同居在其同居配偶间的法律效力，是指非婚同居配偶间的权利和义务，是非婚同居在其双方间所引起的法律后果。

在现代社会，虽然非婚同居与婚姻均为两种合法的两性生活方式，但在对双方当事人的法律效力方面，两者有本质的不同。在现代社会，婚姻于其配偶间的法律效力，不外乎两种：一是婚姻在夫妻双方间引起的人身关系，二是婚姻在夫妻双方间引起的财产关系。在两种关系中，人身关系属于主导地位，它决定着财产关系，财产关系不过是人身关系所引起的相应的后果，它随着人身关系的产生而产生，也随着人身关系的消灭而消灭。在现代社会，各国民法或家庭法都规定了关于夫妻间的人身关系主要有贞操义务、同居义务、冠姓义务等。夫妻财产方面的关系则包括夫妻财产制、婚姻生活费用的分担、日常家务费用的连带责任、继承权以及互相扶助等。而非婚同居则不同，它的法律效力不表现在非婚同居配偶间的人身关系方面，而主要表现在非婚同居配偶间的财产关系方面。因此，“建立非婚姻的结合并不要求改变家庭的姓氏，各方面没有义务必须留在这个结合体内，也没有必须忠贞不渝的法律义务，等等。”[②] 这是非婚同居在两同居当事人之间法律效力的一个最重要的特征。根据世界多数国家的家庭法，非婚同居在同居双方之间的法律效力主要表现在以下三个方面：非婚同居配偶的共同财产权，非婚同居配偶间的财产继承权以及非婚同居当事人间的扶养请求权。

二、非婚同居配偶间的财产所有权

非婚同居配偶间的共有财产，是指非婚同居当事人在其共同生活期间经过双方共同劳动和共同努力而获得或积累的财产。对于同居当事人的共有财产，一方是否有请求给

---

① 本书借用婚姻关系中“配偶”一词来表达非婚同居的伴侣关系。

② （南）米兰·波萨纳茨：《非婚姻家庭》，辽宁人民出版社1989年版，第17页。

予分配的权利亦即法律是否予以保护，法律有否定理论和肯定理论两种。

（一）否认理论

此种理论主要由英美普通法所采取。在20世纪初，美国佐治亚州法庭对于那些因受欺诈而与男方同居、为男方提供劳务服务以及将自己的财产移转于男方的女方，在男方解除非婚同居关系时，就女方所享有对他们共同财产进行分割的请求不过问。法律之所以否认非婚同居当事人之间的共同财产权，其主要原因在于：非法的性关系构成同居契约的一部分，如果承认同居关系一方对他们同居期间的共有财产有请求权，无疑等于承认了这种非法的性关系，而这种非法的性关系违背了社会长久建立起来的公序良俗。在Stevens诉Anderson①一案中，女方同其死去的非婚配偶共同生活长达30年之久，她履行了传统上一个妻子所应履行的家庭义务；她还借钱给男方以帮助他返还他所购买的财产的价款；他也许下诺言，在他死后，女方会得到照顾的，并且还会得到他们共同生活期间所积累的财产的一部分。法庭审理该案时认为，她无权获得他们共同生活期间所积累的财产的一部分，因为，当事人不仅背离了所有社会中长久建立起来的公序良俗，而且还违反了该州刑法中的一些规定，法庭无法确立一项原则，以保护那些逃避婚姻法规定而故意选择非婚同居这种生活方式的人。②

（二）肯定理论

否认一方尤其是女方对他们共同生活期间的共有财产享有请求权的做法并不为世界上许多国家或地区所采用。在绝大多数国家和地区，法律均承认一方对共有财产有请求分割的权利。但由于世界各国的历史传统和文化的差异，在实现这一原则时所依据的理论和实现的途径是不同的。

1. 瑞典法财产制

鉴于非婚同居与婚姻关系的毫无差异性，瑞典法律赋予这两种制度以完全相同的效力。非婚同居配偶间的财产权适用婚姻配偶间的财产权理论即“推迟共有制”。根据这项制度，夫妻结婚后各自的财产归各人所有，但在离婚时却把一切婚姻财产作为共有财产分配。

2. 美国法有关的规定

在美国，婚姻与家庭法的内容由各州加以规定，由于各州的特定条件和文化差异，在非婚同居的财产权问题上，形成了风格各异的制度。

（1）合伙理论。美国许多州在处理非婚同居当事人间的财产纠纷时，运用民法中

---

① 75Ariz. 331，256p. 2d 712（1953）.

② 75Ariz. 331，256P 2d at715.

的合伙理论。与一般民法关于合伙财产的分配原则不同的是，在运用合伙理论以分配非婚同居当事人的财产时，该财产将在当事人之间进行平等的分配。采用合伙理论，其优越性在于：它既能有效地维护同居当事人的合法权益，又能把不道德的性行为同关于财产分配的问题分开，不至于谴责了不道德的性行为而忽视了对非婚同居当事人权益的保护，尤其是在同居当事人对于同居生活期间的财产有一致协议时。其缺点在于：根据该种理论，财产分配将舍弃其他一切因素而对财产进行完全平等的分配，因而即使一方是重婚者，他也仍享有其共有财产的一半的权利。同时，同居双方对于共有财产的贡献大小也被忽视，因而造成不公平的分配的存在。

（2）承认当事人之间的财产分配为有效的原则。基于高度的意思自治原则，美国一些州的法庭认为，在同居当事人对在同居关系结束、其共有财产进行分配达成协议时，这种协议具有合法性和有效性。此种理论的优越性在于，如果同居协议与财产分配协议之间因前者违法而无效时，后者却依然能有效成立。其缺点在于：它忽视了当事人在同居系期间一方或双方的身份，如一方或双方为已婚者，根据该种理论，他或她仍享有财产权。这就助长了实际生活中的重婚现象。

（3）法庭自由裁量理论。美国一些州的法律认为，为公平起见，在如何分配非婚配偶间的财产方面，法庭享有自由裁量权。自由裁量理论，是指为避免财产分配不公而提出来的一种理论，对于保护弱者尤其是女方的利益不无好处。但由于它既能超越当事人的意志，不受当事人间分配协议的限制，也无财产分配的一般性原则而由法官自由裁量，因而具有随意性大、模糊性强的缺陷。

（4）公平理论。在处理离婚时，基于公平起见，法庭不仅有权决定婚姻当事人的共有财产的分配，而且还有权将婚姻当事人婚前或婚后个人财产纳入共有财产的范围进行分配。同样，在处理非婚同居双方的财产纠纷时，法庭不仅有权对同居期间的共有财产进行分配，而且还有权对同居前一方或双方的私有财产进行分配。

（三）我国法律应当采取的理论

在非婚同居日益被人们自愿选择的今天，越来越多的财产权益纠纷发生在非婚同居当事人之间，如不及时地加以解决，会给社会带来不安定的消极因素。因此，如何建立起法律上的一整套机制以适应这一新的社会需求，已经成为世界各国家庭法面临的一个重要课题。在我国，法律在非婚同居当事人的财产权问题上可以考虑采取以协议制为原则，以婚姻财产制为补充的制度。

（1）协议制。在非婚同居当事人的共同财产权问题上，我国法律应当采取尊重当事人意愿的原则，将当事人之间的财产处置协议看做解决他们之间财产纠纷的法律根据。在我国，正如在其他国家一样，非婚同居当事人一般均具有独立的经济收入和经济来源，保留自己的经济和财产的相对独立性是非婚同居当事人选择非婚同居生活方式的重要理由。因此，在现实生活中，非婚同居当事人往往就他们在同居期间的财产处置达成协议。

（2）如果非婚同居当事人之间没有缔结财产处置协议，则我国法律应当将夫妻之间的财产制适用到非婚同居当事人之间，根据此种财产制度，非婚同居当事人在同居生活期间的财产所得归双方共有，在同居关系终止时，对此种共有财产进行平等的分割。

三、非婚同居配偶间的财产继承权

非婚同居关系当事人间是否享有遗产继承权？根据传统的民法理论，继承权的发生是基于一定的身份关系，以一定亲属间的身份关系的取得为前提条件，否则，继承权就无法取得。非婚同居关系当事人之间无合法的身份也就互不享有继承权。但是在现代许多国家，这种陈旧的观念已逐渐被人们所摒弃，代之以相互间继承权的获得。

在古罗马时期，优帝新教规定姘夫、姘妇享有有限制的遗嘱权，可立遗嘱把自己的部分财产遗赠给对方①。古罗马法上的这一原则为世界许多国家所继承。前南斯拉夫联盟科索沃《继承法》第 20 条规定，继承权在非婚同居当事人之间的发生要具体地同同居时间联系起来：有共同子女的非婚同居配偶须达 7 年以上才享有继承权，而没有共同子女的非婚同居配偶，则必须同居 15 年以上，相互间才有继承权。同时，根据该国法律，相互享有继承权的非婚当事人，必须是具有自由身份的人，如一方或双方在同居时具有夫妻身份，则不能享继承权。在美国，非婚同居双方的继承权也受到保护。加利福尼亚州法律规定，非婚同居当事人之间有相互的继承权，同居者一方死亡而未立下遗嘱，同居生存方可以继承一部分遗产；如同居一方死亡而没有遗产继承人，则同居生存方享有继承其全部遗产的权利。美国科罗拉多州法律规定，非婚同居当事人一方死后，其遗产的 1/2 由生存方继承，它既不受死亡者遗嘱的限制，也不受法律继承制度关于遗产继承的限制。值得注意的是，由于美国法对非婚同居持日渐宽松的态度，婚姻并不构成非婚同居有效成立的障碍。因此，如果有配偶者又与他人组成非婚同居关系，则在他方死亡之后，也有权继承其遗留的财产。在我国，法律不承认非婚同居当事人之间的遗产继承权。本书认为，随着我国非婚同居现象的日渐增加，我国法律有承认此种遗产继承权的必要。

四、非婚同居配偶间的扶养请求权

在传统的婚姻家庭法中，扶养请求权的取得是依据婚姻或血缘关系。非婚同居则既无婚姻关系，也无血缘关系，故无此种请求权的存在。在现代社会，人们传统的婚姻观念已逐渐淡漠，当事人在走向家庭生活时，不必非得通过“婚姻的迷宫”。因此，在双

① 龙斯荣：《罗马法要论》，吉林大学出版社 1991 年版，第 89 页。

方建立起非婚姻家庭时，一方也可基于此种关系向对方请求给予扶养费。这是贯串于当代各个国家或地区法律中的一根红线。

（一）扶养请求权成立的条件

扶养请求权并不是无条件地适用到非婚同居双方当事人之间，它是有条件的。根据前南斯拉夫及美国法律，构成扶养请求权的条件主要是：①确有必要。根据克罗地亚《婚姻与家庭关系法》第248条及第254条规定，非婚同居的一方没有足够的维持生活的能力，或者不能靠自己的财产维持生活，或者不能从事工作，或者失业，有请求非婚同居另一方给予扶养的权利；②有扶养能力的存在。虽然受扶养方确有必要，但如扶养方无扶养能力，则扶养请求权也难以实现。只有扶养人确有扶养能力时，此项请求权才能成立，一般而言，只要具备上述两个条件，非婚同居双方即能成立扶养请求权。

（二）扶养请求权的变更

依据扶养人与受扶养人双方的变化了的客观情况，法院可以对已确定的扶养请求权作出变更。克罗地亚《婚姻与家庭法》第256条规定了法院所享有的此种变更权，根据该条规定，法院可以将非婚配偶一方的扶养义务限制在一定的期间内，特别是如申请扶养的一方在可预见的将来有可能依其他方式维持生活时可以予以限制；有正当理由时，法院可以扩大扶养责任的范围。不过，扩大扶养责任的范围的请求，只能在原来确定的扶养期间届满时提出。

（三）扶养请求权的时效

当事人的扶养请求权应在同居关系解除后一定时期内提出，超过了一定的时期，则请求权不能成立。克罗地亚《婚姻与家庭法》规定，此项请求权的时效为1年。从当事人双方解除非婚同居关系时起计算，而波斯尼亚和黑塞哥维亚《婚姻与家庭法》则规定此项请求权的时效为两年。

（四）扶养请求权的消失

一般而言，非婚同居配偶之间的扶养请求权可以因为下列原因而消失：①非婚配偶中要求受扶养的一方在非婚同居期间，如果有严重的不当行为时；②非婚配偶在同居关系解除后，同他人结婚或再形成非婚姻同居关系时；③扶养请求权的时效已过时，此种请求权即告消灭。

第四节　非婚同居在其非婚生子女方面的法律效力

一、导论

非婚同居如果没有非婚生子女，则其关系就简单得多，但实际上，伴随着非婚同居的是大量非婚生子女的出生。在美国，从第二次世界大战到20世纪70年代初，私生率非常迅速地增长；1940年每1000名育龄妇女生7.1个私生子；但是到了1970年，已增加到25.7个。[①] 在南斯拉夫，婚姻外出生的儿童数目现在占全部出生儿童的9%。[②] 而在北欧各国这个比例更大，1977年，丹麦的非婚生子女占全部儿童出生数的25.8%，1979年，瑞典的非婚生子女占全部出生儿童37.5%。[③] 在英国，20世纪80年代，婚外生婴儿只占出生婴儿总数的1/8，1991年已上升到1/3，仅次于瑞典、丹麦和法国。[④] 如此高的非婚生子女出生率，不能不引起世界各国的重视，法律也不得不对此加以全面的调整。综观世界各国法律上的调整，主要表现在以下几个方面：①非婚生子女的婚生化；②非婚生子女的生父母对其子女的抚养保护；③非婚生子女与其生父母间的遗产继承。

二、非婚生子女的婚生化

非婚生子女的婚生化，是指基于一定的法定事由而使非婚生子女取得婚生子女的法律地位，享有与婚生子女同等的权利。在有些国家，也称为非婚生子女的合法化。在我国，则称之为准正。所谓准正，"谓非婚生子女因生父之结婚而视为婚生子女"[⑤]。但是，准正这一概念无法完全准确地表达非婚生子女合法化这一内容。因此，我们在这里不使用这一术语。因为在世界各国，除了生父之结婚外，非婚生子女的婚生化还具有多种途径。

（一）因生父母结婚而合法化

这是世界各国法律的共同规定。《法国民法典》第331条规定：一切非婚生子女因其父母事后结婚而依法取得婚生子女资格。美国法律则认为，不论非婚生子女出生之前

---

① （美）伊恩·罗伯逊：《社会学》（下册），第48页。

② （南）米兰·波萨纳茨：《非婚姻家庭》，辽宁人民出版社1989年版，第17页。

③ 汪晓薇：《北欧国家调整非婚同居关系的立法尝试》，载《外国法学》1987年第1期，第44页。

④ 载《光明日报》1993年10月30日第6版。

⑤ 史尚宽：《亲属法论》，第495页。

或之后，也不论是其生父身份因司法判决确立之前或之后，只要其生父母双方结婚或举行了婚姻仪式，即使该婚姻为无效，其子女也为婚生子女。塞尔维亚《婚姻与家庭法》第87条规定：非婚生子女的父母如果结婚，其子女就是合法的。虽然没有结婚，但如果他们打算结婚，因下列原因不能结婚时，法院也可以使他们的非婚生子女合法化：①非婚生子女的父母一方死亡或双方死亡；②由于怀孕后发生的婚姻上的问题。

（二）因生父母认领而婚生化

前南斯拉夫法律规定，非婚生子女可因其父母的认领而婚生化。生父对其非婚生子女的认领，方式不拘一格，既可以是发布一个声明，宣布自己是某非婚生子女的生父，也可以对非婚生子女进行事实上的认领，即抚养该子女如同自己的亲子女。认领是一种法律行为，具有法律效力。在日本，认领的方式之一是任意认领，即承认某非婚生子女为自己的子女。它既可以是一种意思表示，也可以是事实上的承认。生父在进行这种认领时，必须具备意思能力，无行为能力人也无须其法定代理人的同意。[①] 原则上，认领无须取得对方的同意，但如被认领人已达成年，则须取得该子女的同意；如非婚生子女为婴儿，则须取得其生父母的准允。[②] 对已死亡的非婚生子女进行认领时，如其直系卑亲属已届成年，须取其同意，认领人一旦作出认领的意思表示，即不得撤销其认领。但如认领人在认领时欠缺意思表示能力，或认领不是出于其真实意思表示及认领明显违背了事实真相时，其认领应为无效。

（三）因诉讼程序而使非婚生子女婚生化

在日本民法中也称强制认领。在生父的身份不确定或难以判断时，非婚生子女本人可依法向法院提起生父确认之诉。一旦其身份得以确立，其非婚生子女即获得合法化。在德国，根据民法规定，提起此种诉讼的人可以是非婚生子女本人或其生父，由区法院审理；属于人事诉讼程序，并应传唤生母。生父或子女已死亡时，可向监护法院提起确认之诉，其申请权人在生父死亡时为子女，如子女死亡时为其生母。在提起此种诉讼时，当事人应提出有关生父、生母在该子女受胎期间同居的证据。经法院核实，即推定该子女为婚生。在美国，如果生母怠于提起此种诉讼，那么，一些州的制定规定可由某些社会福利机关或其他类似的机关负责提起，也可通过强制程序迫使其生母披露子女生父的姓名和住址。虽然此种诉讼有时由国家机关提起，但它在性质上是民事诉讼而非刑事诉讼。在日本，与许多国家不同的是，提起此种诉讼的主体为非婚生子女本人，其直系卑亲属或他们的法定代理人，还必须在非婚生子女出生后，并且胎儿的法定代理人即

---

① 《日本民法典》第780页。

② 《日本民法典》第783页。

生母不得依法提起此种诉讼对其生父予以强制认领。认领之诉采人事诉讼程序法审理，采职权主义、限制辩论主义，家庭裁判所审判时应调查必要之事实。关于审理中多数关系之抗辩（不贞抗辩）、举证责任之分担及法官心证采证之限制，日本民法并无详细规定，如果原告之非婚生子女能证明母之怀胎期间父与母有性行为之事实者，则推定为父。

一般而言，生父身份由诉讼程序确立后，非婚生子女即获婚生化，在美国，某些州的法律却规定：生父身份虽然由司法程序而确立，如其生父自始至终对其生父身份加以否认，则这种诉讼确立的生父身份，不足以使非婚生子女获得婚生子女的地位。这种做法主要表现在加利福尼亚州的有关法律中。不过，这种做法在后来的 Frimblo 诉 Gordom 一案①中受到置疑。

三、非婚生子女与其生父母间的亲权

非婚生子女对其生父母一方或双方有要求给予自己抚养、监护的权利。生父母一方或双方应尽其职责。对此，各国法律对此都有明确规定。

（一）抚养义务

美国法律对非婚生子女的抚养义务有一致性的规定。哥伦比亚特区有关法律规定：只要非婚生子女未成年，其生父母双方均有抚养其子女的义务。如非婚生子女的生父未尽到责任，法庭可以强制生父负担子女的抚养费，直到子女被他人收养或达到 16 岁时为止。但在生父身份不明时，抚养责任由生母一人承担，如生母经济拮据，陷于贫困，对非婚生子女的健康成长和全面发展极为不利。此时，生母即可向法院提起生父身份确认之诉，也可直接向法庭起诉，要求生父对其子女尽抚养之责。根据美国佐治亚州法律，此种抚养义务是其所定同居合同的一个约因，因此，在生父身份确立后，他如果拒绝履行此种责任，则可能会因为此种违法行为受到法律的追究与制裁。再则，根据美国佛罗里达州法律，生母对于请求生父给予抚养费的权利是不能被放弃的，如生母不行使此项权利，法律可以通过一定的方式促使此项请求权的实现。根据佐治亚州的法律，任何法院、立法机关或准司法机关及团体不得给予非婚生子女以歧视待遇。但是，人们普遍认为，非婚生子女不能取得社会福利的保障的做法，并不违反平等保护的原则。其目的在于通过此种手段促使生母披露生父的姓名。根据康乃狄格州制定法，生母如怠于起诉，社会福利机关可以提起此种诉讼，法庭在审理此种案件时。无须告知被告他所享有的权利，如被告拒不到庭，法庭无须适用缺席判决即可进行采取任何措施。

德国民法虽也规定了生父母对其非婚生子女的抚养义务，但与美国法律有很大的区

① 430U. S762 521，EP31 97Sup. C. T1459（1977）.

别。其特点在于：一是抚养请求权的转移。以其他负有抚养义务的亲属或生母亡夫代替生父抚养子女为限，子女对其生父的抚养请求权移转于此亲属或生母之夫，但此项请求权的移转不得不利于子女，如第三人作为生父抚养该子女，则此项请求权也予以移转。[①] 二是有关拖欠的抚养费。在非婚生子女被其生父认领之前或经由诉讼确认之前，其生父应给予的抚养费，在非婚生子女的婚生化后也得请求给付的抚养费，为过去拖欠的抚养费。不过，为公平起见，在生父身份确立之前已到期的拖欠的抚养费数额，经生父申请，可以延期给付。而对在承认生父子关系或撤销确认父子关系之诉前 1 年以上到期的未付清抚养费款项，经生父的申请可予免除。[②] 三是关于未来的协议或者赔偿协议。虽然德国民法规定，非婚生子女的亲属达成有关未来的抚养，或给予一笔金额以代替将来的抚养，这种关于未来的抚养协议关系到非婚生子女的利益，如权利人为不完全行为能力人时，此项请求协议必须取得监护法院的批准。在德国民法中，非婚生子女也对生父也如美国法一样要求给予普通抚养费的权利。所谓普通抚养费是指扶养在生母监护之下的子女，通常维持简单生活所需要的费用。至于其具体数额，由联邦法令加以规定。[③]

（二）监护义务

为保护非婚生子女的合法权益，世界各国法律都规定了生父或生母对其非婚生子女的监护制度。但由于各国历史条件的不同，在这一问题上又形成了各具特色的监护制度。

1．监护权由生母单方行使

日本民法原则上规定非婚生子女的受监护权由生母行使，虽经生父的认领，如未取得生母的同意，生父也不享有非婚生子女的监护权。在德国，民法规定，非婚生子女出生后，生母依法取得亲权，其范围在原则上与婚生子女的父母相同。同时，在某些特定问题上，为维护非婚生子女的利益，法律还设置了保护人制度以限制生母的亲权。保护人的职责是：①生父身份的确定。有关父母子女关系（如婚生宣告，收养）或有关子女姓氏的确认与变更；②抚养请求权之行使，包括一次性付款以替代将来之抚养，当然，非婚生子女的生母可以请求监护法庭不要设置保护人或撤销已设置的保护人。

2．监护权由生父母双方共同行使

监护权由生母单方行使，对非婚生子女的健康成长和全面发展不利。在大陆法系的法国民法中，则规定了监护权由父母双方共同行使的原则，即对未成年的非婚生子女的

---

① 《德国民法典》第 1615 条。
② 《德国民法典》第 1615 条。
③ 《德国民法典》第 1615 条。

亲权，由最初认领的生父或生母行使。双方同时认领时，双方均有亲权，但又由生父行使。日本民法规定，在生父来认领其子女时，亲权由生母行使，在经生父认领之后，生父并不成为亲权人，只有在取得生母同意之后，才开始享有亲权。如生母不同意时，家庭裁判所可以通过裁判，以生父为亲权人。

3. 子女的最好利益原则

非婚生子女无论由生母单方行使还是由生父母双方共同行使，其目的均在于全面促进非婚生子女的健康成长。而无论是生母单方行使监护权或双方共同行使，都不利于非婚生子女健康成长和全面进步，因为它们均忽视了监护人的品德修养和第三人的合法权益这一点。为此，美国法院在处理这一问题时应不机械地规定亲权行使的主体。而是根据具体情况，由最有利于非婚生子女健康成长和全面发展的主体来行使这一权利。一般而言，在决定非婚生子女的监护权的归宿时，应当兼顾三个方面的利益：一是生父母的权利尤其是生父的权利；二是已经履行了父母责任多年，在子女幼年负担特别重的时期免除了生父母的抚养责任，所支付的劳动和心血无法以价金计算的养父母的利益；三是在一切问题上，首先应考虑的是怎样有利于增加子女的利益。当然，“子女的最好利益”也不是无依无据的，而全由法官去自由裁量。法官在决定子女的最好利益时，应从以下几个方面去考虑：①子女的生父、生母或生父母双方的愿望；②子女的现实监护人的愿望；③子女同他们的生父母或生父母一方、姐妹以及其他可能影响子女利益者的关系；④子女对于家庭、学校以及其他集体的适应程度。为此，加利福尼亚州1969年颁布的家庭法对监护权的归宿规定了一个优先顺序：一是生父母双方；二是已为子女提供了适当稳定的生活环境的人；三是法院认为适宜，有能力提供适当照顾和有教养的人。

四、非婚生子女与其生父母间的财产继承权

过去，无论是大陆法系还是英美法系的国家，从维护公序良俗的愿望出发，均否认了非婚生子女与其生父母间的遗产继承权。在英国普通法时代，非婚生子女被视为“大众之子”，因而实际上也是“不属于任何人之子”，与其生父母间无任何权利义务关系。在大陆法系的国家法律中，法国等国都规定“非婚生子女决不得为继承人”。德国民法也曾以明文规定非婚生子女与其生父或其父亲属间不发生亲属关系的内容。值得注意的是，早期罗马法规定，因姘合而生的非婚生子女可以继承其生父母的遗产，他们可以按照遗嘱继承方式继承已有合法妻子和婴儿的生父母的遗产，范围是其生父全部遗产的1/12，后来逐渐提高到1/4。同时，法律还允许未婚父亲在没有法定继承人的情况下。把自己的全部遗产留给自己的非婚生子女。因姘合而生的非婚生子女也与合法子女

一样有继承母亲遗产的权利，条件是母亲必须是自由人。[①] 在现代世界各国，法律上的这种陈规陋习已被废除，非婚生子女的合法继承权也被法律明文规定。《法国民法典》第334条规定：原则上，非婚生子女在与其父母的关系上享有与婚生子女同等的权利和义务。

（一）德国民法的有关规定

德国民法规定非婚生子女与其生父母及其亲属间互有继承关系。其特点在于它规定了非婚生子女的遗产补偿请求权和非婚生子女的提前遗产结算。

（1）非婚生子女的遗产补偿请求权。为避免非婚生子女或其直系卑亲属，在生父或父系亲属死亡时，与被继承人的家属成为共同继承人。《德国民法》第1934A条规定：非婚生子女及其直系血亲卑亲属，在该非婚生子女的生父死亡之时和在父系血亲死亡时，与被继承人的婚生子女和被继承人的生存的配偶并列，享有向继承人要求与其应继份额相同的遗产补偿请求权。以代替其法定应继份。同样，在非婚生子女死亡时，其生父或生父的直系亲卑亲属与其生父及生母的直系卑亲属并列。也享有上述遗产补偿请求权。以代替其法定应继份。遗产补偿请求权的计算以在继承开始时，遗产的现存财物和遗产的价值为基础，以有必要时为限，遗产的价值应由估计确定之。非婚生子女的生父死亡时，在父子关系尚未确立之际，非婚生子女仅在继承已开始之前就已提起生父身份确认之诉时，始能享有法定继承权或遗产补偿请求权。

（2）非婚生子女的提前遗产结算。已满21岁但未满27岁的非婚生子女，在继承还没有开始之前，不问其生父同意与否，可以向其生父请求以金钱支付的遗产提前结算。其结算金额计为生父对该子女在最近5年中因负担其全部抚养所需要平均每年应给付的抚养的三倍。当然，此项请求权应自非婚生子女满27岁时起，于3年间行使，否则即消失。[②] 法律之所以作出此种规定，其意在于：非婚生子女，作为生父的直系卑亲属，未曾得到生父像对待其婚生子女一样的抚养；非婚生子女已达21岁，也正是成家立业，开始职业生涯的时候，对钱的需求是刻不容缓；再则，非婚生子女在其生父还健在的时候，如仅有未来的可期待的遗产继承权而不进行遗产的提前结算。其后如生父的经济状况恶化，则非婚生子女所继承的仅是很少的一部分或根本无遗产继承。

在特定的情况，生父可以请求延期支付结算金额：①如生父应给付该子女以经常的抚养费，而结算金额的给付对生父实际经济能力做不到时；②如结算全部的金额对生父特别困难，而生父认为有能力向该子女延期支付时。不过，生父也可以书面协议与其非婚生子女对其遗产结算作出规定，在这种情况下，非婚生子女及其直系卑亲属与其生父

① （南）米兰·波萨纳茨：《非婚姻家庭》，辽宁人民出版社1989年版，第54页。

② 《德国民法典》第1934条。

或父系亲属间，不得在对方死亡后作为法定继承人继承遗产，也无权享受特留分。①

（二）法国民法的规定

与德国民法相比，法国民法关于非婚生子女与其生父母间的继承权要简单得多。一般而言，非婚生子女在继承其父母与其他直系尊血亲或旁系血亲的遗产时，具有与婚生子女同等的权利；反之，非婚生子女的生父母及其直系尊血亲以及兄弟姐妹与其他旁系血亲得视其为婚生子女而继承其遗产。非婚生子女的生父或生母在该非婚生子女受胎期间同第三人建立起婚姻关系时，非婚生子女不得排斥第三人的遗产继承权，并且不问非婚生子女多少，仅能取得在无非婚生子女情况下本应归属于其父或母的婚姻配偶的遗产的半数，非婚生子女与生父或生母的婚生子女共同继承遗产时，其所得仅限于死者所有子女（包括非婚生子女在内）均为婚生子女时有权取得的份额。但如果非婚生子女的生父或生母在生前给予非婚生子女足够的财产，并明确规定此项财产即为预先支付其应继承份时，则该非婚生子女在其生父或生母死后不得再参与其遗产的结算与分割。

（三）英国、美国法律的规定

在英国，由于深受其传统文化的影响，非婚生子女与其生父母间的继承关系不受重视。英国1948年国家援助法规定，父母虽对非婚生子女负有公法上的抚养监护义务，但他们彼此间并不互享继承权，但在生母未立下遗嘱而亡时，非婚生子女可主张其继承权。在英国法上，受遗赠之权利，并不因其为非婚生子女而受差别待遇。非婚生子女，除其合法子孙外，别无继承人，这是因为非婚生子女与其生父或生母其他亲属间并不发生法律上的亲属关系，如非婚生子女留有遗产而无合法继承人时，在其死亡后，其财产上缴国库，但从1926年颁布准正法以来，法律承认非婚生子女的生母享有继承权。

美国法律，在这一问题上与英国持截然相反的态度，美国绝大部分州的制定法均规定了非婚生子女的遗产继承权。阿拉斯加州法律规定，未经认领的非婚生子女是其生母的子女，可依据具体情况或部分或全部继承其生母的遗产。在非婚生子女与其生父的继承方面，许多州规定了他们或他们的亲属间有相互继承遗产的权利这一制度。但是在某些州，非婚生子女则享有有条件的继承权：①非婚生子女的婚生化如果是基于生父母双方的婚姻或基于生父的认领，则生父享有其非婚生子女及其亲属的遗产继承权，既使该婚姻为无效。②非婚生子女的婚生化如是基于诉讼程序而确立，则有些州的法律规定，生父对其非婚生子女及其亲属无继承权，德拉瓦州制定法明确规定，生父身份可经诉讼程序确立，但这种方法的判决并不能使生父或生父的亲属取得其非婚生子女的继承权，除非他曾公开以他们自己的子女对待该非婚生子女并且没有拒绝抚养该非婚生子女。

---

① 《德国民法典》第1934条。

第五节　非婚同居与第三人的关系

一、导论

非婚同居的间接效力，也称对外效力，是指非婚同居作为一个稳定的生活共同体，基于一定事由的发生而与第三人间发生的权利义务关系。在美国，一些学者认为，非婚配偶与第三人（不包括其子女或婚内配偶）的关系应和合法婚姻配偶与第三人的关系基本相同，没有什么更多的理由把两者区别对待。当然，这一结论完全建立在现在的非婚姻配偶关系已经作为有效的法律关系为法律所认可的前提上。但是在西方各国，包括美国法律在内，完全把非婚同居与第三人的关系等同于合法婚姻关系与第三人的关系的做法，并不多见，非婚同居与第三人的关系主要表现在即劳工死亡赔偿请求权以及侵权损害赔偿请求权两个方面。

二、劳工死亡赔偿请求权

非婚同居一方是否有就对方工伤事故中遭受的损害请求给付赔偿的权利？在美国，有否定与肯定两种主张。

（一）否定理论

持否定理论的州认为，只有具有正式的婚姻配偶身份的人在对方遭受工伤事故死亡时才有请求赔偿的权利，而同居当事人中生存方因不具备婚姻配偶这一身份，因而无权就对方遭受的工伤事故损害请求予以赔偿的权利。表现在美国各个州的制定法中，其实现的途径是不同的。

（1）通过法律的直接来排斥非婚配偶的此项请求权。《科罗拉多州制定法》规定，仅仅徒有其表的同居关系中的生存方，无权请求侵害人对自己承担赔偿因对方遭受工伤事故而死亡的赔偿金。

（2）通过对婚姻要件的规定间接排斥同居配偶的此请求权。《亚利桑那州劳工补偿法》规定，作为享有此项请求权的死亡雇员的“遗孀”，必须与雇员有符合法定要件的婚姻关系。

（3）通过定义“遗孀”来排斥同居配偶的此项请求权。阿肯色州有关法律在定义“遗孀”时，仅指在劳工死亡时同其生活在一起或依赖其生活的合法妻子，因而即使为死亡劳工的合法妻子，在劳工死亡时，未同劳工生活在一起，也不得就此损害请求赔偿。

（二）肯定理论

持肯定理论的州认为，绝对排斥非婚同居配偶的此项请求权，会使整个社会陷入潜在的紊乱之中，不利于家庭的稳定，对于非婚同居生存方也极为残酷和不公平。因此，美国许多州在一定的条件下允许非婚配偶就对方的此项损害请求损害赔偿金。

（1）在劳工死亡之际与死亡劳工共同生活在一起。阿拉斯加州法律规定，虽然一方与劳工已离婚，但在劳工死亡之际与劳工同居生活在一起，共同生活，则有此项请求权。

（2）法庭自由裁量。一些州把非婚配偶的赔偿请求权的有无交由法庭自由裁量。一般来说，此种损害赔偿以推定配偶的身份为效力发生的前提，因而非婚同居生存方无此请求权。但实际上，同居生存方只要能证明他与劳工间有同居协议，则负责此类问题的州政府官员或法官会运用其自由裁量权，满足生存方的此项权利的要求，尤其是在死亡劳工无其他依赖其生活的人时，此项请求权更易获得。

三、非婚同居配偶所享有的侵权损害赔偿请求权

在非婚同居期间，第三人因为故意或过失而导致非婚同居当事人一方死亡的，另一方当事人是否可以像夫妻一样对第三人提起侵权损害赔偿的诉讼，要求第三人对自己的损害承担赔偿责任？对此，有否定和肯定两种理论。

（一）传统法律所采取的否定理论

此种学说主要由早期的英美法和20世纪中期的法国法所采取。早期英美国家虽然在一定的条件下赞成非婚同居生存方就对方在工伤事故中所遭受的死亡损害有请求赔偿的权利，但在涉及第三人故意或过失导致非婚同居一方死亡时，却不承认非婚同居生存方有就此种损害要求赔偿的权利。《加利福尼亚州的制定法》规定，未婚同居当事人不得就第三人故意导致同居当事人一方死亡的行为提起诉讼，因此，也无权要求侵害人赔偿此项损害赔偿金。在法国，司法开始在1937年对可予赔偿的损害作出了限制，认为原告仅在损害系针对其合法权益的损害时始能请求损害赔偿，如损害不是针对其合法保护的利益，则不能请求侵害人承担损害赔偿责任。这在1937年的非婚同居案件中得到了说明，在该案中，两个人共同生活并且不想以夫妻名义生活，当其中的一个非婚同居者被他人侵害致死时，其生存的非婚同居配偶向法院提起侵权损害赔偿诉讼，要求侵害人承担责任。法院拒绝了原告的此种诉讼请求，法院认为："原告在提起侵权或准侵权损害赔偿请求时，不仅应当证明他遭受了损害，而且还要证明此种损害是对其法定保护

利益的损害。"[①] 此种规则一直到20世纪60年代中后期仍然为法国司法所保留。

(二) 现代法律所采取的肯定理论

此种学说为早期法国和现代两大法系的国家所采取。在19世纪末到1937年的这一段时期内，法国判例长期以来确立这样的原则即为了使原告所遭受的损害得以赔偿，法律并不要求此种可予赔偿的损害是对原告某种权利的损害，即便损害是针对原告所享有的某种利益的损害，法律亦予以赔偿。《法国民法典》第1382条关于"人们应当对其行为所引起的其他人的损害予以赔偿时并没有区别致损害行为的性质，也没区别所遭受的损害，并且在导致受害人死亡的情况下，也并没有区别那些导致他人实际或直接损害的原告的关系的性质"。[②]，因此，当非婚同居一方当事人被他人过错致死时，另一方当事人有权对侵害人提起诉讼，要求他对自己因此而遭受的损害承担法律责任。法国最高法院刑事庭在1966年第一次放弃了"法定保护利益"这一要件，允许非婚同居配偶对第三人提起诉讼，要求他们对造成自己的非婚同居配偶死亡的行为承担侵权损害赔偿责任。[③] 到了1970年，法国最高法院民事庭亦改变自己一直以来所奉行的原则，允许非婚同居生存方对侵害其同居配偶并导致其死亡的第三人提起诉讼，要求他们对自己的损害承担赔偿责任。在1970年2月27日法国最高法院混合法庭所作的判决中指出，《民法典》第1382条要求那些实施某种行为并引起他人损害的人对他人因此而遭受的损害承担赔偿责任。在侵害人导致他人死亡的情况下，法律并没有要求死亡者和要求损害赔偿的原告之间存在着法定关系。[④] 英国《1976年致命事故法》第1（3）（B）条也规定，非婚同居当事人在一方死亡时，可以作为死亡者的生活上的依赖者而要求侵害人对自己的损失承担赔偿责任。

(三) 我国法律应采取的理论

在我国，20世纪90年代以来，非婚同居作为一种男女生活方式而为较多的人所选择。此种现象的发生、发展不以人的意志为转移。单纯的禁止和放任是立法的大忌。为了稳定社会关系，法律对非婚同居当事人之间的权利义务作出规定是十分必要的[⑤]。为此，本文认为，我国法律亦应借鉴两大法系国家关于生存配偶所享有的侵权损害赔偿的制度，允许非婚同居配偶在第三人剥夺共同生活配偶的生命时提起侵权损害赔偿诉讼。

---

① Civ 1re , 27 juillet 1937, D P 1938, . 1. 5.

② Crim 20 févr 1863, S. 1863, 1. 321. DP 1864. 1. 99.

③ Crim . 20 janvier 1966, D. 1966. 184, rapp. Cowbaldieu.

④ Ch. Mixte 27 févr, 1970, J . C. P. 1970, II, 16305.

⑤ 张民安：《非婚同居在同居配偶的法律效力》，《中山大学学报》（社会科学版）1999年第2期，第99页。

第七章　亲　子　法

第一节　亲子法概述

一、亲子关系与亲子法

（一）亲子关系

亲子关系即父母子女关系，是家庭关系的主要组成部分，它因出生的事实而发生，在血缘关系上是最近的直系血亲关系。亲子法也称父母子女关系法，中国古代，“亲”和“子”都是中性词汇，没有性别区分。所谓“亲”即指父母，“子”是指子女。当今法律已用“父母子女”称谓代替“亲子”称谓。

（二）亲子法的历史沿革

亲子关系有其发展和演变的过程。在以私有制为基础的社会中，可分为以家族为本位的父母子女关系和以个人为本位的父母子女关系两个阶段。亲子关系法律规范形成初期，亲权具有家长权实质，家庭成员须绝对服从父系家长支配，亲子关系受家族法支配，后随家族范围缩小，父成为一家之长，父权具有家长专制特征。家父对家子有种种特权，子女是他权人而非自权人，完全受家父支配。罗马法父权 Patria Potestas 意为家长权，在近代，法国的 Puissauce Paternelle、德国的 V. terliche Gewalt 才是父权或亲权之意。此时期亲子法有“家本位的亲子法”、“亲本位的亲子法”之说，规定了父母子女间的权利义务，涉及出生、姓名、扶养、收养、继承等各个方面。在现代，亲权已从单纯父权趋于父母间和父母子女间平等的权利和义务关系，以夫权为本位的立法让位于父母同时享有亲权但以父权优先的亲子法，并逐渐演进到强调双亲对子女的义务。[①]

亲子法在中国的发展过程也有类似之处。中国古代长期实行“家本位”制度。亲子关系以孝道为本、“父为子纲”，子女须绝对服从父母支配。唐代以后各朝代的法令

① 史尚宽：《亲属法论》，台北荣泰印书馆1980年版，第476－477页；陈棋炎等：《民法亲属新论》，台湾三民书局1987年版，第247－248页。

兼有“亲本位”性质。1930 年，国民党政府制定的《民法》亲属编规定了以保障子女权益为原则，父母对子女平等的权利义务关系，形式上有了进一步突破。新中国成立后，1950 年《婚姻法》设专章规定“父母子女间的关系”，规定了以保障子女权益为原则的父母子女间平等的相互扶养的权利义务关系。1980 年《婚姻法》又重申前述规定，并增加了关于子女姓氏、权利请求权、父母对子女的管教及保护权的规定，确定了新型的以保护未成年子女合法权益为原则，规定了父母子女间平等，相互扶养和相互继承的权利义务关系的亲子关系。[①] 1980 年以来，婚姻关系、亲属关系随中国经济高速发展，受到市场经济和物质利益关系的冲击，婚姻法中对亲子关系抽象的规定，显得难以适应这一迅速发展变化的现实需要。现行《婚姻法》（2001 年修正案）及最高人民法院《关于适用〈中华人民共和国婚姻法〉若干问题解释（一）》增加了有关探视权、子女尊重父母婚姻权和对父母承担赡养义务的规定。

二、父母子女关系

父母子女是最近的直系血亲。父母子女关系，又称亲子关系，指父母和子女之间的权利义务关系。规定父母子女法律地位和相互权利义务关系的法律称为亲子法，是亲属法的一个重要组成部分。

（一）父母子女关系的种类

关于父母子女关系的分类和他们的称谓，古今中外法律有很大不同。由于中国封建社会允许纳妾、休妻另娶，因此父母子女类别繁多。其大致分为两大类：一为出于自然血统，即亲生父母子女，包括亲生父母、嫡子女、庶子女、婢生子女、奸生子女；二为源于法律拟制而产生的父母子女，包括嗣父嗣子、养父母养子女。至于“三父八母”、“五父十母”，用意在于区分父母与子女关系的亲疏程度，并据此确定丧服制的等级，统称为拟制和名分意义上的父母。1930 年国民政府制定的《民法》亲属编，才吸收了外国主要是大陆法系亲子立法经验，将父母子女关系分为自然血亲和拟制血亲两种。父母子女的种类有：父母（有婚姻关系的亲生父母）、生父母（无婚姻关系的亲生父母）、养父母、婚生子女、非婚生子女、养子女。

综观世界各国，一般将父母子女分为婚生父母、子女，非婚生父母、子女，养父母、养子女。现行婚姻法下父母子女种类中，父母有四种：一是父母，有婚姻关系的亲生父母；二是生父母，没有婚姻关系的亲生父母；三是因收养关系的成立，养子女对其亲生父母的称呼；四是养父母，继父母。子女也有婚生子女、非婚生子女、养子女、继子女四种。

---

① 陈明侠：《亲子基本问题研究》，梁慧星主编《民商法论丛》（第 6 卷），1997 年版，第 2－3 页。

根据现行婚姻法的规定，父母子女关系可分为两大类：

1．自然血亲的父母子女关系

这是基于子女出生的法律事实而发生的，其中包括生父母和婚生子女的关系，生父母和非婚生子女的关系。自然血亲的父母子女关系，只能因依法送养子女或父母子女一方死亡的原因而终止，通常情况下他们的关系是不允许解除的。

2．拟制血亲的父母子女关系

这是基于收养或再婚的法律行为以及事实上抚养关系的形成，由法律认可而人为设定的，包括养父母和养子女的关系、继父母和受其抚养教育的继子女的关系。拟制血亲的父母子女关系可因收养的解除或继父（母）与生母（父）离婚及相互抚养关系的变化而终止。

随着现代生殖科学技术的发展，尤其自 1978 年 7 月世界上第一个试管婴儿路易斯·布朗在英国诞生以来，许多国家开始应用人工生育技术，给父母子女关系带来新的变化。一种用人工方法，不通过男女自然两性结合而产生后代的现代医疗技术手段，切断了生育与性行为的纽带，打破了传统观念上的生育关系与遗传关系合为一体的生育规律。于是在现有父母子女关系的种类中出现了一种“只知其母，不知其父”，甚至“连母也难以知道”的父母子女关系。对传统的以血缘关系为基础的亲子观念提出了挑战和冲击。经人工生育手段出生的子女法律地位如何、父母子女关系如何说明，在现行《婚姻法》（2001 年修正案）中并未规定。

（二）父母子女间的权利义务

父母子女间的权利义务是由其法律地位决定的。而父母子女间的法律地位在不同社会制度中有很大差别。现代中国的亲子关系是父母子女平等互助、养老育幼的关系，法律同时保护父母和子女的合法权益。现行《婚姻法》第 21 条至第 30 条对父母子女关系作了以下明确的规定：

1．父母对子女有抚养教育的义务

我国现行《婚姻法》第 21 条规定：“父母对子女有抚养教育的义务”，“父母不履行抚养义务时，未成年的或不能独立生活的子女，有要求父母付给抚养费的权利。”父母对子女的抚养教育，既是父母的义务，又是子女的权利。根据最高人民法院《关于适用〈中华人民共和国婚姻法〉若干问题解释（一）》规定，“不能独立生活的子女”，是指尚在校接受高中及其以下学历教育，或者丧失或未完全丧失劳动能力等非因主观原因而无法维持正常生活的成年子女。

（1）抚养教育的内容和期限。抚养是指父母从物质上、经济上对子女的养育，支付必要的抚养费，包括子女生活费、教育费、医疗费等费用。这是父母对子女所负义务的主要内容。父母对于未成年子女的抚养义务是无条件的，除法律另有规定外，在任何情况下都不能免除。父母不得遗弃和虐待子女，即使父母离婚，对未成年子女仍应履行抚养义务。父母对于成年子女的抚养义务则是有条件的，只有当成年子女丧失劳动能力或尚在校读书的或者出于客观方面的原因不能独立生活的，父母才有抚养的义务。子女成年且独立生活以后，父母在法律上不再承担抚养义务。

教育子女是父母的重要职责。父母作为子女第一任教师，应从思想、品德、学业等各方面关心子女健康成长。按照《中华人民共和国义务教育法》第 11 条规定："父母或者其他监护人必须使适龄的子女或者被监护人按时入学，接受规定年限的义务教育"，在法律上成为父母的一项基本义务。

（2）对不履行义务者的强制措施。父母若不履行抚养义务，未成年或不能独立生活的子女有向父母追索抚养费之权。其追索抚养费的要求可经抚养义务人所在单位或有关部门调解，直至向人民法院提起追索抚养费的诉讼。人民法院应根据子女的需要和父母的抚养能力，通过调解或判决方式，确定抚养费数额、给付期限和方法。对拒不履行抚养义务，恶意遗弃未成年子女，情节恶劣，构成犯罪的，应依法追究其刑事责任。

（3）通过任何手段危害婴儿的生命都是违法的。我国现行《婚姻法》第 21 条第 4 款规定："禁止溺婴和其他残害婴儿的行为"。父母抚养子女的义务，始于子女出生，无论男婴女婴，父母都有义务予以抚养。溺婴是杀人罪的一种特殊类型，应按刑法第 232 条的规定予以制裁。

2. 父母有管教和保护未成年子女的权利和义务

现行《婚姻法》第 23 条规定："父母有管教和保护未成年子女的权利和义务，在未成年子女对国家、集体或他人造成损害时，父母有承担民事责任的义务。"这一法规是现行《婚姻法》（2001 年修正案）的重要修改，兼有亲权和监护的含义。

（1）管教和保护的含义。父母是未成年子女的法定监护人和法定代理人，对于未成年子女的管教和保护既是父母的权利，又是父母的义务和责任。所谓管教，是指父母按照法律和道德的要求，采用适当方法对未成年子女进行管理和教育，对其行为加以必要约束。未成年子女在法律上为无行为能力或限制行为能力人，缺乏对事物的全面理解和处理能力，法律赋予父母管教未成年子女的权利义务，既是为保障子女的安全与健康，又是为了防止未成年子女损害他人或社会利益。

所谓保护，是指父母要防止和排除来自外界的自然损害和他人的非法侵害。当未成年子女的人身和财产权益受到侵害时，父母作为法定代理人有向人民法院诉讼的权利；在子女从事与其年龄不相称的民事活动时，应当由父母代理或取得父母同意。当不满 14 周岁的子女被人拐骗，脱离家庭或监护人时，父母有权要求司法机关追究拐骗者的法律责任，归还子女。

（2）损害赔偿责任。当未成年子女对国家、集体或他人造成损害时，父母有承担民事责任的义务。这条法律规定不仅在于保护受害一方的合法权益，也有利于增强父母管教未成年子女的责任感。对于已独立生活的成年子女造成上述损害时，父母不再承担上述责任。已成年尚未独立生活的子女造成上述损害时，原则上由其本人负责，经调解可以中止或延期执行。①

3．子女对父母有赡养扶助的义务

我国现行《婚姻法》第 21 条规定："子女对父母有赡养扶助的义务"，"子女不履行赡养义务时，无劳动能力的或生活困难的父母，有要求子女付给赡养费的权利"。

（1）赡养扶助的内容及其强制措施。子女对父母的赡养是指在物质上和经济上的供养和提供必要的生活条件，扶助是指子女对父母在精神上和生活上的关心、帮助与照料。赡养扶助的义务主体，一般是指成年子女而言。子女对父母的赡养是无期限的，且不得附加任何条件。

对拒不履行赡养义务者，父母可直接向子女索要，也可请求组织调解说服子女给付，亦可通过提起诉讼，追索赡养费。义务人有能力赡养而拒绝赡养，情节恶劣的，应依法追究其法律责任。对法院判决拒不执行的，应依法强制执行并可责令先行给付。

（2）司法实践中应注意的问题。实践中应注意赡养与抚养应否对等问题。对子女未成年时没有受到父母抚养，成年后是否应履行赡养扶助义务的问题应区别对待。由于客观原因使父母没能履行或无力履行抚育子女的义务，子女成年后仍应赡养父母。如果父母有负担能力，基于主观原因对子女犯有故意杀人罪（未遂）、虐待罪、遗弃罪或者父亲强奸女儿罪，子女成年后允许他们不赡养父母。如果父母仅有虐待、遗弃子女行为，尚未构成犯罪或犯有其他罪行的，子女仍应尽赡养义务。

4．父母子女有相互继承遗产的权利

我国现行《婚姻法》第 24 条第 2 款规定："父母和子女有相互继承遗产的权利"。父母子女间的继承权是基于特定身份而产生的，均为独立的继承权主体。在具体分配遗产时，遵循继承法的遗产分配原则、方法，使父母和子女的继承权得以实现。

（三）外国亲属法关于父母子女关系的规定

1．父母对未成年子女的人身和财产保护义务

父母对未成年子女在人身和财产方面的管教和保护的权利和义务——亲权。（详细内容见本章第二节"亲权的内容"）

2．父母对未成年子女的扶养义务

世界各国关于父母对未成年子女的扶养多设专章规定。父母对未成年且未婚子女的

---

① 见 1990 年最高人民法院《关于贯彻执行民法通则若干问题的意见（修改稿）》第 180－185 条规定。

扶养均是无条件的，对成年子女或已婚的未成年子女的扶养，以不能维持生活为限。《日本民法典》第877条1款规定："直系血亲及兄弟姐妹之间，有相互扶养的义务。"《瑞士民法典》第276条、277条1款规定："父母应负担子女的扶养费，其中包括教育、职业训练及子女保护措施的费用"；"父母的扶养义务至子女成年时终止。"《德国民法典》第1602条及《秘鲁家庭法》第440条亦有此类规定。

3．子女有尊重、尊敬、帮助父母的义务

尊重老人、孝敬父母为各国社会公德。某些外国法将此规范上升为法定义务，如《秘鲁家庭法》第397条规定："子女有尊重、服从和尊敬父母的义务。"《法国民法典》第371条规定："子女，不问年龄，应尊敬其父母。"《德国民法典》第1618条规定："父母和子女负有相互帮助和体谅的义务。"此外，瑞士、古巴、保加利亚等国法律也有此类规定。

4．成年子女有扶养父母的义务

外国法关于子女对父母的扶养义务，限定义务人为有能力的成年子女，且以父母有受扶养的必要为要件。如《日本民法典》第877条规定："直系血亲及兄弟姐妹之间，有相互扶养的义务。"德国、秘鲁民法典及罗马尼亚家庭法中规定，直系卑亲属均是第二顺序扶养义务人，而在古巴家庭法中，则将直系卑亲属列为第三顺序扶养义务人。

5．子女的姓氏权

子女的姓氏是身份关系的标志。外国法比较通用的原则有两种：一是婚生子女以父母的婚姻姓氏为姓氏，非婚生子女以生母的姓氏为姓氏。如《日本民法典》第790条、《瑞士民法典》第270条均有此规定。二是婚生子女的姓氏可以随父姓，也可以随母姓，由双方协商确定；协议不成时，由监护机关指定。

三、婚生子女

（一）婚生子女的概念及其法律地位

何为婚生子女，各国法律规定有所不同。我国1950年婚姻法和现行婚姻法虽均使用了婚生子女的概念，但均未对婚生子女的概念作出明确规定。各国立法均有关于婚生子女推定及相关的法律制度，其目的是为尊重婚姻制度，维护合法婚姻关系，保护未成年人合法权益。

1．各国立法关于婚生子女的界定

各国立法均有关于子女婚生性的法定标准。英国普通法规定的标准较为宽松，即如子女在婚姻关系存续中出生者，不问其是否婚前受胎，只要在出生时，父母之间有合法婚姻关系，子女就取得婚生子女身份；如果在婚姻关系存续中受胎，则不问子女出生前婚姻关系是否已经解除，子女均可取得婚生子女身份，但英国普通法不承认婚后的准正。[①] 美国大多数州规定得比英国更宽松，如《纽约州家庭法》第 24 条第 1 款规定，父母在子女出生前或出生后，已举行世俗的或宗教的婚姻仪式，或者已按普通法规定完婚，婚姻被认为有效并经婚姻举行地法律认可的，所生子女均为婚生子女。[②]《德国民法典》第 1591 条第 1 款规定，妻于婚前或婚姻关系存续中受胎，而夫于妻之受胎期间内有同居之事实者，其结婚后所生子女为婚生子女，即使婚姻宣告为无效，亦相同。《德国民法典》第 1719 条承认准正，并设有"婚生宣告"制度。[③]《法国民法典》第 1 卷第 7 编第 1 章、第 2 章对子女的婚生性标准作了规定，只要父母因结婚而为一家，其在婚姻关系存续期间受胎或出生的子女为婚生子女；同时也作了子女婚后准正的规定，即使在父母结婚前出生的子女，也可因父母事后结婚而取得婚生子女的身份。[④]《日本民法典》第 772 条规定，妻子婚姻中怀胎的子女即自婚姻成立起 200 日后，或自婚姻解除或撤销之日起 300 日内所生子女为婚生子女。[⑤] 我国台湾地区《民法》第 1061 条明确规定，称婚生子女者，谓由婚姻关系受胎而生之子女；该法 1062 条规定了受胎期间，即从子女出生日回溯第 181 日起至第 302 日止。[⑥] 日本和台湾地区民法的规定比起其他国家和地区的规定显然要保守，对保障未成年子女利益很不利。

2. 我国应明确规定婚生子女的法定标准

根据法学原理，参照各国和我国台湾地区的立法例，婚生子女是指婚姻关系存续期间受胎或出生的子女。婚生子女应具备以下三个要件：①凡于合法婚姻关系存续期间受胎的子女，不问是否在婚姻关系存续期间出生，均为婚生子女；②凡于合法婚姻关系存续期间出生的子女均为婚生子女，不问是否婚前受胎；③子女由生父之妻所分娩，且为夫之血统。[⑦] 要件二是客观要件，不难加以证明；但要证明要件三则不容易。从外国立法例来看，一方面依据医学上的统计，另一方面凭婚姻道德，特作两种法律上的推定：一为受胎期的推定，二为夫之子女的推定。

3. 婚生子女的法律地位

婚生子女具有以下法律地位：父母对子女有抚养教育的义务；子女对父母有赡养扶助的义务；父母有管教和保护未成年子女的权利和义务；父母和子女有相互继承遗产的

---

① 陈明侠:《亲子法基本问题研究》,梁慧星主编《民商法论丛》(第 6 卷),法律出版社 1997 年版,第 8 页。

② 张贤钰主编:《外国婚姻家庭法资料选编》中《美国纽约州家庭法》，复旦大学出版社 1991 年版。

③ 上海社科院法学所译:《德意志联邦共和国民法典》第 1723－1738 条，法律出版社 1984 年版。

④ 马育民译:《法国民法典》，北京大学出版社 1982 年版。

⑤ 曹为、王书江译:《日本民法典》，法律出版社 1986 年版。

⑥ 刘清景等主编:《最新详解六法全书》，台湾大伟书局 1988 年版。

⑦ 陈明侠:《亲子法基本问题研究》，梁慧星主编:《民商法论丛》（第 6 卷），法律出版社 1997 年版，第 11 页。

权利。

（二）婚生子女的推定

1. 婚生子女推定的概念和意义

婚生子女的推定是指妻在婚姻关系存续中受胎，所生子女得推定为夫的婚生子女的法律强制规定。

婚生子女的推定是一项法律制度。法律设立此项制度的原因在于，在婚生子女的构成要件中，子女须为母（夫之妻）所生，该事实易确认。但受胎须为夫所为的事实难以辨认，易形成纠纷，需要规定一项原则加以确认，以保障子女的利益。世界各国几乎都规定了婚生子女推定制度。许多国家明确规定，婚前受胎，在婚姻关系存续期间出生的子女因生父母结婚视为婚生子女，或婚前受胎出生，也可因父母结婚而准正为婚生子女。在这些国家，前述要件实际上已变成婚生子女须为其生父母婚姻关系存续期间受胎或出生。

2. 推定的原则与方法

各国法律对婚生子女的推定原则与方法的规定不完全相同，要求的宽严及其要件也不尽一致。各国关于子女婚生性规定的标准，其实就是对子女婚生性的推定规定。

从前述列举中可以看出，各国关于婚生子女推定大致有三种方法：第一种，子女在婚姻关系存续期间受胎的推定为婚生子女。其怀孕期间以医学界的研究经验，至少得满6个月，最多不超过10个月。如日本民法规定，自婚姻成立之日起200日后，或自婚姻解除之日起300日内所生子女为婚生子女。第二种，以子女是否在婚姻存续期间所出生为标准，这是最简单的推定方法。如英国的规定。第三种，以子女是否于婚姻存续期间或婚姻解除后300日内出生为推定方法。

上述第一种、第二种方法都有片面性，而第三种方法是由第一、二种方法综合而形成的。这种方法有两方面含义：①如果子女在婚姻关系存续期间出生的，则不问其是否婚前已受胎；②如果子女婚姻关系存续期间受胎的，则只要在婚姻关系解除之后300日以内出生的，一律推定为婚生子女。当今世界多数国家用此种方法推定子女的婚生性。

（三）婚生子女的否认

婚生子女的否认是指当事人依法享有否认婚生子女为自己子女的诉讼请求权的制度。

1. 否认的原因

各国法律在确认推定制度的同时，规定了对推定的否认，但各国该项制度因婚生推定制度的不同而有所区别。

否认婚生子女的原因，即否认婚生子女的事实依据，各国法律规定多采用概括主义，未限定具体的原因，一般凡能举证足以推翻子女为婚生的事实者均可。以各国实际情况看，否认的基本原因是夫在妻受胎期间未与之同居。学者将夫妻未同居分为：物理上的未同居（有形）及精神上的未同居（无形）两种。前者是指因空间距离而不能有夫妻生活，如因外出两地生活、监内服刑、服兵役等原因；后者指夫妻感情疏远，分床别寝，以及有生理缺陷不能同居的事实等。这样，妻之受胎非夫之所为，故子女不得为夫的婚生子女，夫享有否认权。在上述两种否认原因中，除丈夫有生理缺陷不能人道的情况外，在妻受胎期内，丈夫与妻如有一次同居的事实，其否认权即告丧失。

最高人民法院《关于适用〈中华人民共和国婚姻法〉若干问题的解释（三）》第2条第1款规定："夫妻一方向人民法院起诉请求确认亲子关系不存在，并已提供必要证据予以证明，另一方没有相反证据又拒绝做亲子鉴定的，人民法院可以推定请求确认亲子关系不存在一方的主张成立。"解决了司法实践中的难题。人民法院受理否认婚生子女之诉时，丈夫否认妻子所生子女为他的子女，丈夫负举证责任。必要时人民法院也可委托专门的血液鉴定部门进行亲子鉴定。如果否认之诉成立，丈夫可不承担对该子女的抚养责任。反之，可推定该子女为夫妻双方所生。

2. 否认权人

否认权人是指法定的享有否认子女为婚生的诉讼请求权人。关于法定的否认权人，各国立法有三种情况：一是仅限定丈夫有否认权，如法国、日本、秘鲁等。二是丈夫和子女享有否认权。三是除夫有否认权外，妻、子女或检察官也有否认权。

3. 否认之诉的时效及效力

在各国的法律中，否认请求权均规定有时效限制，其目的是促使当事人及时行使权利，尽快确定子女的法律地位。但关于时效的计算方法各国规定有所区别，短的为9个月，长的为几年。例如《比利时民法典》、《秘鲁家庭法》规定的时效为90天；《古巴家庭法》、《法国民法典》规定为6个月；《日本民法典》第777条规定为1年；《德国民法典》规定为2年。有的国家还作了诉权消灭的具体时间的规定。至于时效的起算，各国法多从自知悉子女出生之日起开始。亦有的国家规定，自丈夫知悉第三人在妻受胎期间与其同居的事实之后起算。

否认之诉经法院判决之前，任何人不得主张子女是非婚生。相反，经法院判决确定否认之诉胜诉时，子女即丧失婚生资格，成为非婚生子女。

各国关于婚生推定及否认制度各不相同、各具特色。英美法是以法律上的亲子关系尽量能符合自然的亲子关系为目的，其婚生推定主要是依自由的举证方法来否认，对否认权人及起诉时间并设有一定限制。德国、日本等国的立法中，原则上婚生否认权行使者仅限于丈夫，但德国在1938年改为检察官基于公益立场，也可撤销对子女婚生性的确认，有向真实主义立法方向转化的倾向。[①] 法国民法、美国的一些州法、比利时民法等对婚生性的确认和否认上，都作了比较严格的限制。比较看重法律上的亲子身份，维护现有的亲子关系和家庭的稳定。参考世界各国立法例，结合我国国情应逐步完善和充实婚生推定制度，婚生推定制度宜规定得比较宽松，暂不作受胎期规定，同时规定较严格的婚生否认制度。这样既可保障当事人利益，特别是未成年子女的利益，又符合国情，利于维护家庭稳定。

四、非婚生子女

（一）非婚生子女的概念

非婚生子女，也称私生子女，是指非在婚姻关系中受胎所生之子女。非婚生子女有两个含义：一为经生父认领、抚育或经强制认领，或者其生父与生母结婚后认领，从而与生父之间具有法律上的亲子关系的“非婚生子女”；二为未经生父任意认领、抚育，也未经强制认领而其生父与生母又未结婚，从而与生父之间不具有法律上的亲子关系的“非婚生子女”。前者称“准婚生子女”，后者则为事实上的非婚生子女。

私有制社会大多对非婚生子女加以歧视。英国普通法最初称私生子为“无亲之子”，与生父和生母均不发生法律上的亲子关系。《法国民法典》规定，非婚生子女不得请求其父认领，只许其母认领，即使父母结婚，也不能取得婚生子女的资格。即使经过认领的非婚生子女，如与婚生子女同时继承，其应继份只为婚生子女的1/3。[②] 因此，非婚生子女得不到法律的保护，死亡率及犯罪率比例大。20世纪初，法国首先取消了禁止“搜索生父”的规定。德国1919年《魏玛宪法》第121条明确规定，法律对非婚生子女的身体的、精神的以及社会的发育上，与婚生子女待遇相同。以后，各国民法均仿效之，非婚生子女的法律地位有了改善。

近现代以来，各国对非婚生子女待遇有所改进，但改善的程度各国很不相同。1918年苏联《婚姻家庭法》明确规定非婚生子女与婚生子女没有任何区别，从法律上根本消除了对非婚生子女的歧视。许多国家通过在立法上设置了“准正”和“认领”制度使非婚生子女婚生化。例如英国于1926年颁布了《准正法》和《养子法》，承认非婚生子女因事后父母结婚准正取得婚生子女地位。这对保障非婚生子女正当合法权益，改变非婚生子女受歧视的不公正状况，促使其生父依法履行其应尽义务都有重要意义。

新中国成立前，非婚生子女被称为“私生子，奸生子”而备受歧视。新中国成立

① 陈棋炎：《亲属继承法基本问题》，《台湾大学法学丛书》（四），台湾三民书局1980年版，第202页。

② 李浩培等译：《法国民法典》（拿破仑法典），商务印书馆1979年版，第338条、340条、756条和757条。

后，法律对非婚生子女给予了必要保护。我国现行《婚姻法》第25条规定："非婚生子女享有与婚生子女同等的权利，任何人不得加以危害和歧视。不直接抚养非婚生子女的生父或生母，应当负担子女的生活费和教育费，直至子女能独立生活为止。"我国《继承法》第10条规定："遗产按照下列顺序继承：第一顺序：配偶、子女、父母。……本法所说的子女，包括非婚生子女……"。可见，我国的非婚生子女具有与婚生子女相同的权利义务。对不履行抚养义务的生父，非婚生子女或其生母有要求付给抚养费的权利。生父如要求领回自行抚养，可由生父母双方协商解决，协商不成可请求法院作出处理。在非婚生子女有识别能力的情况下，还应征求其本人的意见。当然，当非婚生子女的生父或生母丧失劳动能力或生活有困难时，受过其抚养教育的有赡养能力的非婚生子女也应尽赡养和扶养义务。

（二）非婚生子女的准正制度

非婚生子女的准正，是指因父母结婚使非婚生子女取得婚生子女资格的制度。准正制度始于罗马法，寺院法和日耳曼法也设有准正制度。现代大陆法系和英美法系国家大都有准正制度，将尊重正式婚姻与保护非婚生子女的理念相连结。但各国的具体方式则略有区别。

1. 准正的形式

非婚生子女的准正有两种形式：一是因生父与生母结婚而准正；一是因法官宣告而准正。

（1）因父母结婚而准正。它本身又可分为两种情况：一是仅以生父母结婚作为准正的要件，不另设其他条件。例如：《德国民法典》第1719条、《比利时民法典》第331条、《秘鲁家庭法》第314条第1款均采此制。二是以生父母结婚为准正的双重要件。例如：《日本民法典》第789条，《法国民法典》第331条，《瑞士民法典》第259条。在日本，父对非婚生子女先认领，后与生母结婚（为当然准正），称婚姻准正，即因结婚完成了准正的要件。如未认领，父母结婚（不当然准正），尚须于婚后进行认领，始得为准正，称认领准正，即因认领才完成了非婚生子女准正的要件。在法国、瑞士也要求认领为准正要件之一，父母对子女未认领而结婚，需要父母在举行结婚仪式时提出认领要求，由身份官员以单独的证书加以确认，非婚生子女才能取得婚生子女的资格。

（2）因法官宣告而准正。法官宣告准正，是指父母协议结婚，因一方死亡或有婚姻障碍存在，使婚姻准正不能时，得依婚约一方当事人或子女的请求，由法官宣告子女为婚生。《德国民法典》第1722条规定，子女死亡时，可责其直系卑亲属代为请求。

2. 准正的法律效力

准正使非婚生子女取得婚生子女资格，两种准正发生同等法律效力。但法律效力发生的时间则有所不同，有的规定从父母结婚或法院宣告为婚生之日起算，如《法国民法典》第332条。有的则规定有溯及力，自子女出生之日起发生婚生法律效力，如《瑞士民法典》第259条，《日本民法典》第784条、第789条，《德国民法典》也有此规定。

（三）非婚生子女的认领制度

非婚生子女的认领，是指通过法定程序使非婚生子女婚生化的法律行为。认领一般是在无法准正的条件下出现。

在认领立法态度上，有主观主义和客观主义的对立态度。主观主义，又称意思主义或认领主义，即生父在主观上承认自己为该非婚生子女的生父，而又有领为自己子女的意思。客观主义，又称血缘主义或事实主义，即只要有自然血缘的父子女关系，当然成为法律上父子女关系，与生父的主观意思无关。从世界各国立法例的发展趋势来看，认领制度正由主观主义向客观主义变化。这两大主义正是与认领的两种形式——自愿认领和强制认领相对应的。

1. 自愿认领

自愿认领又称任意认领，即生父承认该非婚生子女为自己的子女，自愿承担抚养义务的法律行为，不得代理。各国的法律均规定认领为要式行为，各国规定的方式大约包括以下几种类型：①向户籍部门申请认领或用遗嘱方式认领。如日本、秘鲁等。②认领除载入出生证外，还须以公证书为之，法国有此规定；比利时则认为两者均可，不必同时完成。③认领须向身份管理官声明或以遗嘱为之，瑞士民法采用此制。④由生父申请，经监护法院宣告认领。⑤认领须向少年儿童救助部门申请，或经公证。

多数国家规定生父为非婚生子女的认领人。生母因出生的事实即可确认，无须经认领程序。被认领人各国法均规定为非婚生子女，但已经他人认领的或已准正为婚生的子女，除向法院提起确认之诉，经法院判决解除原认领的亲子关系外，不得认领。胎儿是否可以作为认领的对象，多数国家法无明文，但解释上认为可以为之。《日本民法典》第783条第1款明文规定："父对于胎内之子女，也可认领之。这种场合，须经母承诺"。已死亡之非婚生子女是否允许认领问题，各国法律规定不一。

为防止冒认他人子女，有损非婚生子女和其母名誉以及造成子女真正生父认领上困难和障碍，各国法律均规定了认领的否认与撤销，即在认领发生后，如发现认领人非子女之父，法律给有关当事人否认权，可向法院提出申请撤销认领。

2．强制认领

强制认领是指当非婚生子女的生父不自动认领时，有关当事人得诉请法院予以强制认领的制度。亦称生父的寻认或生父的搜索。

强制认领的请求权人，各国规定的范围宽严不一，有的规定为非婚生子女本人，如法国、德国、秘鲁的法律等；有的规定的范围较宽，如《瑞士民法典》第 261 条规定母及子女均得为请求权人；《日本民法典》第 787 条规定非婚生子女及其卑亲属，以第 261 条及这些人的法定代理人，均有请求权。被认领人为非婚生子女的生父或生母。

对于强制认领主要涉及请求强制认领依据的事实和原因，各国法律多适用诉讼法上原告之举证责任原则，实体法不予规定。但也有作概括性规定的，还有采取列举主义，如《法国民法典》。各国规定的强制认领原因有两个：一是未婚女子所生的子女，经生母指认的生父不承认孩子是他所生；二是已婚妇女与第三人通奸所生子女，女方指认第三人为孩子生父而遭到否认时，生母向法院提起确认生父之诉。

但强制认领权也受到一定限制，又称不贞之抗辩，即生母于受胎期内曾与他人有通奸行为者，不适用强制认领的规定。这以《法国民法典》规定最为完善，其目的主要为保障司法公正，防止生母随意指向一人，有失公允。

对强制认领的诉讼时效，各国规定不一致，一般是从子女出生起计算，时效为 1 年。如《瑞士民法典》、《罗马尼亚家庭法》。时效期限的计算上，也有不同规定，《罗马尼亚家庭法》第 60 条规定，从子女出生起开始计算；《日本民法典》第 787 条规定，父母生存时无时效限制，父或母死亡后的请求时效为 3 年。

3．认领的无效、否认和撤销①

（1）认领的无效。自愿认领在下列情况下为无效：①认领人无意思表达能力，如精神病未恢复正常期内的认领、无行为能力人的认领等；②违反真实原则，被认领人与认领人之间无血缘关系的；③对已受婚生推定的子女的认领无效；④违背遗嘱原则、方式的遗嘱认领无效。虽有上述情况，并非当然无效，而应是在利害关系人据此提出无效之诉时，法院依法判决后，该认领属自始无效。

（2）认领的否认。关于认领的否认，主要是针对生父的认领而言。我国台湾地区设有此制。因台湾地区规定生父认领子女为任意认领，无须经生母、非婚生子女法定代理人（监护人）或非婚生子女同意，因此法律明文规定非婚生子女或生母对生父认领有否决权，可提起否认之诉。其根据是违反血缘关系事实，这是必要的；但对保障妇女、儿童权益则欠缺。

（3）认领的撤销。所谓认领的撤销是指自愿认领的撤销与否的问题。依《日本民

① 陈棋炎著：《亲属、继承法基本问题》，台湾三民书局 1980 年版，第 259－263 页。

法典》第785条、《台湾地区民法》第1070条规定，认领后不得撤销其认领。对此，学界有两种不同看法：一为得撤销，另一为不得撤销。因为认领行为是一项重要的身份行为，是否有血缘关系是能否发生亲子关系的关键，是对一种身份关系事实的确认，是十分严肃的事情。已确认的事实，我们认为不得随意撤销。如果确是因受诈骗或其他原因认领了非自己血统的非婚生子女，可通过法律程序主张该认领违反真实原则，确认该认领无效。①

4. 认领权（包括认领请求权）的消灭和抛弃

（1）认领权的消灭。认领行为必须首先从保护非婚生子女特别是未成年非婚生子女利益出发。如果非婚生子女已经死亡，而又无未成年直系卑亲属的情况下，认领权（包括认领请求权）应规定予以消灭。

（2）认领权的抛弃。既然认领权（包括认领请求权）是一项身份权利，是以事实为基础的，依照一般原则，无所谓权利的抛弃问题。但应该注意的是，如果是从非婚生子女的利益出发，抛弃认领权（包括认领请求权）对非婚生子女无不利因素，又对未成年非婚生子女有妥善安排的，应规定允许。

（四）我国的非婚生子女认领制度

最高人民法院《关于适用〈中华人民共和国婚姻法〉若干问题的解释（三）》第2条第2款确立了对非婚生子女生父强制认领的制度："当事人一方起诉请求确认亲子关系，并提供必要证据予以证明，另一方没有相反证据又拒绝做亲子鉴定的，人民法院可以推定请求确认亲子关系一方的主张成立。"

审判实践中起诉时通常由生母向法院提供有关证据材料，如生母于受胎期间有与被告同居或被其强奸、诱奸的事实或证据或生父写的文字材料可证明其为生父。人民法院在必要时，可以委托专门的血液鉴定部门进行亲子鉴定。

目前，科学的鉴定方法是用人体组织细胞核（简称DNA）进行抗原实验，最高人民法院1987年6月15日《关于人民法院在审判工作中能否采用人类白细胞抗原作亲子鉴定问题的批复》，对采用此技术进行亲子鉴定已被批准。经鉴定证据确凿的，人民法院可以强制孩子的生父对其认领并负担子女生活费和教育费，直至子女独立生活为止。如果一方提供的证据能够形成合理的证据链条，证明当事人之间可能存在或不存在亲子关系，另一方没有相反证据又坚决不同意做亲子鉴定的，那么，人民法院可以按照最高人民法院《关于适用〈中华人民共和国婚姻法〉若干问题的解释（三）》第2条和《关于民事诉讼证据的若干规定》第75条处理，推定请求否认亲子关系一方或请求确

---

① 刘清波：《民法概论》（下册），台湾五南图书出版公司1984年版，第122－123页。

认亲子关系一方主张成立，不配合法院进行亲子鉴定的一方败诉。

五、继子女与人工生育子女

（一）继子女的概念、继父母与继子女关系的法律规定

1．继子女关系的概念及其类型

继子女是指丈夫对妻子与前夫所生子女或妻子对夫与前妻所生子女的称谓。继父母和继子女关系，是由于生父母一方死亡，另一方带子女再婚；或者父母离婚后，另行再婚形成的亲属关系。这种关系中有两种性质：①姻亲性质上的继父母与继子女关系。②拟制血亲性质的继父母与继子女关系，即继父母与继子女形成抚养关系或者继父（母）将继子女收养为养子女的事实行为产生的。我国现行《婚姻法》与《继承法》所调整的、制约的对象就是此种意义上的继父母继子女关系。

实际生活中，继父母与继子女关系有三种类型：

（1）名分型。即生父或生母再婚时，继子女已经成年并独立生活；或虽未成年但仍由其生父母提供生活教育费，或未成年子女与祖父母或外祖父母等共同生活。继子女没有受继父或继母的抚养教育，也未对继父母尽赡养义务。这种情形下，继父母与继子女仅产生姻亲关系。

（2）共同生活型。继子女在未成年时曾与继父母共同生活，接受其抚养教育，成年后已脱离继父母独立生活；或成年继子女在事实上对继父母长期进行了赡养扶助，亦视为形成抚育关系。此类继子女与生父母、继父母形成双重权利义务关系。

（3）收养型。即继父母经生父母同意，已正式收养继子女为养子女。同时，该子女与共同生活的养母（父）一方仍为直系血亲关系，而与不在一起共同生活的生父（母）一方的权利义务随之消灭。

2．我国关于继父母与继子女关系的法律规定及完善

新中国成立前，继子女往往遭到歧视和虐待，继子女和继父母的权益得不到应有的保障。1950年《婚姻法》第16条规定："夫对于其妻所抚养的与前夫所生的子女或妻对其夫所抚养的与前妻所生的子女，不得虐待或歧视"。现行《婚姻法》明确规定了继父母继子女的法律关系，在第27条规定："继父母与继子女间，不得虐待或歧视。继父或继母和受其抚养教育的继子女间的权利和义务，适用本法对父母子女关系的有关规定。"前者针对姻亲关系的规定，后者专指继父母和接受其抚养教育的继子女间的拟制血亲关系而言。

关于已形成抚育关系的继父母与继子女关系建立的标准及能否解除、继父母婚姻关系终止后继父母子女关系产生的法律后果等问题，现行《婚姻法》未作明文规定。

审判实践中，当再婚婚姻关系存续期间，对于尚未成年的继子女与继父母的关系，原则上不能解除。受继父母抚育成人并独立生活的继子女，应当承担赡养继父母的义务，双方关系原则上不能自然终止。如果双方关系恶化，经当事人请求，人民法院可以解除他们之间的权利义务关系；但是，成年子女须承担丧失劳动能力、生活困难的继父母的晚年生活费用。

也有学者认为，我国关于继父母与继子女关系的立法规定，在理论和实践中存在着种种混乱与弊端：

（1）我国《婚姻法》仅以继父母继子女形成扶养关系的事实为根据，忽视了当事人的意愿。因为现实生活中继父母对继子女进行抚养的情况十分复杂，并非均是继父母继子女的意愿。

（2）继父母继子女是否形成抚养关系难以确定，现行法律没有明确规定，理论和实践也未形成统一标准，易产生纠纷。

（3）立法减轻了父母责任，加重了继子女义务，对继子女不利。

为此，有学者建议，依照现行《收养法》第 14 条规定，只要继父母、生父母同意，继父母就可将继子女收养为养子女，按婚生子女对待（子女 10 周岁以上的须经子女同意），即建立正式收养关系，消除与亲生父母的权利义务关系。但这种建议在离婚情况下，很难达到三方意见一致，可操作性不强。

根据我国国情和历史传统，维持现存的继父母子女制度是可以的，但需要修改完善：①修改完善关于继父母继子女关系的规定，使其规定与收养法规定衔接，鼓励他们之间建立拟制血亲关系，以便在法理上解释得通，在实践中易于执行。②明确规定继父母与继子女形成扶养关系的标准并规定形成扶养关系的形成和种类；规定形成扶养关系的继父母继子女间的权利义务以及与生父母间的权利义务关系；规定在继父母婚姻关系终止情况下，继父母子女关系变化的法律后果。③可以考虑在收养制度增加不完全收养的类型，明文规定继父母可以依不完全收养的法定形式收养继子女。

这样，在我国继父母与继子女间可形成以下几种关系：①名分型；②共同生活型（事实上相互扶养的法律拟制的父母子女关系，并不丧失与原生父母的部分权利义务）；③不完全收养型（按不完全收养方式，在保留与亲生父母的一定权利义务关系下建立不完全收养关系，两者之间形成养父母子女关系）；④收养型。

（二）人工生育子女

1. 人工受精技术

人工受精，是指不同于两性性爱的自然生育过程，而是根据生物遗传工程理论，采用人工方法取出精子或卵子，然后用人工方法将精子或受精卵胚胎注入妇女子宫内，使其受孕的一种新生殖技术。使用这一技术生育的子女，即为人工生育子女。这种生育技术的运用对传统的以血缘关系为基础的亲子观念提出了挑战和冲击。

依照男女生理情况，人工生育子女在现代科学技术条件下，主要有体内与体外、同质与异质之分。人工体内受精，是将丈夫的精子或第三人的精子注入妻子体内受精。人工体外受精，指以妻子或第三人的卵子供给丈夫或第三人的精子，移入培养皿或妇女阴道中，使其成为受精卵，然后将受精卵分裂的胚胎移入妻子子宫内着床发育而分娩。按此过程生育的子女，为"试管婴儿"。

人工生殖就其供体而言，一般可分为两种情况：一是同质人工受精，指采用不同形式使丈夫的精子和妻子的卵子经医疗技术手段，实施人工受精，由妻子怀孕分娩。一是种是异质人工受精，其形式又分几种，但主要是指用丈夫以外的第三人提供的精子（供精）与妻子的卵子，或用妻子以外的第三人提供的卵子（供卵），或同时使用供精和供卵实施人工受精，由妻子怀孕分娩。医学上主要适用于丈夫无精、有严重遗传病等。20 世纪 50 年代，美国率先使用干冰冷冻精子并用于人工受精获得成功。20 世纪 60 年代后各国逐渐建立起精子库，匿名供精变得更安全可靠。20 世纪 70 年代末，代孕问题出现，即因妻子子宫有障碍而无法使受精卵在其子宫着床，利用现代医疗技术，将丈夫的精子注入自愿代理妻子怀孕者的体内受精，或将人工受精培育成功的受精卵或胚胎移入自愿代理妻子怀孕者的体内怀孕，待生育后由妻子以亲生母亲的身份抚养。代理母亲也有同质和异质之分，共同的特征是妻子以外的另一位女性代理怀孕分娩。[①]

2．人工生育子女的法律地位

由于精、卵来源及怀孕情况的复杂性，涉及伦理道德、婚姻、血统、法律等领域，人工生育子女情况比较复杂。尤其是目前每年全世界使用人工受精出生的孩子难以数计，法律上的难题、人工生育子女的身份问题都一直是各国致力于解决的难题。

人工生育子女有别于法律明确的其他四类子女的确认。关于同质人工受精方式而出生的子女，与父母有血统关系，属直系血亲并为婚生子女。夫妻双方均不得向法院提出否认亲子之诉，除非有充分证据证明医生误用了第三人的精子或卵子。这在学术界和实践中没什么分歧。关于异质人工生育子女，情况比较复杂。其基本特征是：血缘父、母亲的一方是不特定的，这种不特定的父或母无法对孩子行使亲权，孩子和他们之间不能互相享有权利并履行义务。因此，采用异质人工受精方法时，夫妻双方共同意向是十分重要的。若实施人工生育方法是经夫妻双方协议的，其协议形成无论是书面的还是口头的，所生子女均为夫妻的婚生子女，享受婚生子女的一切权利和义务；若实施人工生育方法未经夫妻双方协议，所生子女为实施人工生育方法一方的亲生子女，对另一方为非亲生子女，可经过收养的法律行为收为自己的养子女，同样享受婚生子女一切权利和义

---

① 陈明侠：《亲子法基本问题研究》，梁慧星主编《民商法论丛》（第六卷），法律出版社 1997 年版，第 6 页。

务。但对于供精者的身份要严格保密，禁止子女搜索供精者（生物父亲）或者提起身份确认之诉。现在许多国家对这两类人工生育的子女身份的确定已经日趋一致。我国现行法律没有对人工生育子女的法律地位问题作出明确规定。早在20世纪60年代末，我国的人工受精技术就已成熟，20世纪80年代试管婴儿诞生，并开始建立精子库。直到1991年7月8日，最高人民法院《关于夫妻离婚后人工受精所生子女的法律地位如何确定的复函》指出，"在夫妻关系存续期间，双方一致同意进行人工受精，所生子女应为夫妻双方的婚生子女，父母子女间的权利义务关系适用婚姻法的有关规定"。这是依据我国民法通则中诚实信用原则和婚姻法保护子女原则制定的。

3. 外国亲属法关于人工生育子女法律地位的规定

立法上，发达国家倾向于保护AIH，但允许有限制地使用AID。1948年美国纽约州立法将夫妻双方同意的人工受精出生的子女，包括异质受精子女均视为婚生子女。此后，美国、法国、英国、瑞典等国家均立法表明自己的态度。[①] 美国在20世纪50年代除纽约州以外，其他各州的判例都将AID视为通奸，甚至有的法院裁定，即使是在丈夫同意的情况下，接受AID的妇女也犯有通奸罪。但到了20世纪80年代中期，美国法院又倾向于将妇女经丈夫同意后接受AID视为合法，美国联邦法律规定："婴儿以其生母及生母的丈夫为父母，不管该丈夫是否为提供精子的人。"1972年《美国统一亲子法》规定："在AID情况下，丈夫必须书面承诺，并要求经夫妻双方签字，法律对丈夫和胎儿的自然父亲同样对待"；"AID的提供者在法律上不视为胎儿的自然父亲"。1987年英国《家庭法改革条例》规定："如果妻子因捐精人工受精而产下婴儿，丈夫应被视为孩子的父亲，除非丈夫不同意妻子接受人工受精"。1991年，德国颁布《胚胎保护法》规定："只允许在婚姻关系内（即夫妻间）进行人工受精。如果丈夫不育，可以用另一男子的精子进行体外受精。"澳大利亚颁布的有关法律规定："凡是人工受精生育的婴儿，生育婴儿的母亲及其丈夫是婴儿的父母。"

基于以上法规，可归结一条确认人工受精子女法律地位的原理，即精子或卵子的捐献者的意愿是帮助他人生孩子，而不是扩展到随之而来的身为人父（母）的法律义务和责任；相反，接受人工生殖夫妇的意愿是承担对该婴儿的法律责任。因此，丈夫优先于供精者成为父亲；妻子即分娩者优先于供卵者成为母亲。至于代孕母亲与被代理夫妇以及分娩子女的法律关系更为复杂。

4. 代孕子女的父母的确认问题

有偿供卵、代孕被法律明确禁止，但法律无法阻止供卵、代孕的发生。对于代孕以及代孕产生的亲子关系，各国判例和法律的规定有很大差异，[②] 有的规定代孕合同无

---

① 冯建妹：《生殖技术的法律问题》，梁慧星主编《民商法论丛》（第8卷），法律出版社1997年版。

② 郑小川、于晶：《亲属法原理·规则·案例》，清华大学出版社2006年版，第63页。

效，孩子归孕母及其丈夫。有的规定代孕合同有效，孩子归合同父母，比如法国1992年的《生物伦理法律草案》禁止代孕，已代孕的妇女孕育的孩子只能成为自己的孩子，否则要追究一定法律责任。瑞典的法律也规定代孕合同无效，分娩妇女是孩子的母亲。澳大利亚也有类似规定，不问精子来源，分娩母亲及丈夫是其法律上的父母。但维多利亚州规定，代孕若是契约父亲提供精子，代孕母亲提供卵子，孩子归契约父亲，其妻应收养此子。英国1975年伦敦高级法院审理的代孕母亲所生婴儿归属纠纷案，最后婴儿被裁决归提供精子和卵子的夫妻，而不是代孕的妇女。[①] 美国既有与英国相似的案例，也有相反的案例，著名的新泽西州关于M女婴的判例[②]就与英国判例相似，只不过代孕母亲使用的是自己的卵子。

第二节　亲　　权

我国对父母子女关系的调整，主要适用《婚姻法》和《民法通则》中监护的相关规定，将亲权[③]纳入到监护中，但未成年人在父母离婚、再婚、死亡、丧失行为能力等情况下，近亲属、朋友、有关组织可以成为其监护人，而不是亲权人父母。亲权制度对父母子女关系的规定更加具体细致，能满足不同亲子关系的需要，而且单独的亲权制度更有利于对未成年人的法律保护。

一、亲权的概念及其性质

（一）亲权的概念和特征

亲权源于罗马法和日耳曼法，是大陆法系国家特有制度，而英美法系国家亲权与监护不分，统称为监护。现代各国的亲权立法中，亲权是指父母对未成年子女身份上和财产上的监督和保护为内容的权利义务的总称。[④] 亲权是一种身份权，不得任意抛弃。正如日本著名法学家我妻荣所说的，现代法亲子关系的核心内容是父母对子女哺育、监护、教育的职责，在民法上规定为亲权。[⑤] 他又讲，把子女养育成为社会健全的人是父

---

① 陈力行：《医学法学概论》，南京大学出版社1988年版，第225页。

② 吕国强：《生与死》，《法律探索》，上海社会科学院出版社1991年版，第57页。

③ 目前，很多国家在民事立法中已取消亲权的用语，而代之以监护权，但仍有一些国家的民法把亲权与监护权分别设立，如日本民法即采此例。但在日本法学界有倡导“亲权、监护统一论”或“亲权废止论”，认为监护规定可吸收亲权规定。

④ 王洪：《婚姻家庭法》，法律出版社2003年版，第253页。

⑤ 我妻荣：《亲族法》，《法律学全集》（23），有斐阁1974年版25次印刷本（日文版）第316页、328页。

母之天职，亲权的内容就是为实现此天职的目的所涉及的必要事项。①

亲权具有以下法律特征：

（1）亲权是基于父母子女身份关系而产生的身份权，只存在于父母与未成年子女之间，包括父母与婚生未成年子女、父母与非婚生未成年子女、养父母与未成年养子女、有抚养关系的继父母与未成年子女。亲权建立在父母子女亲缘关系上，依法律的直接规定而产生。

（2）亲权以保护未成年子女为目的。父母对未成年子女人身和财产方面权利的行使以未成年利益为出发点，是义务性的权利，也是父母必须承担的社会义务。

（3）亲权具有权利义务双重性。一方面，亲权是父母享有的权利，未成年子女必须服从父母的教育和保护；另一方面，亲权的行使是父母的法定义务，亲权不得抛弃和转让，不得非法剥夺。亲权既是父母享有的权利，又是父母的法定义务。

（二）亲权的主体和内容

亲权制度源于罗马法和日耳曼法，罗马法的家父权，表现为对家子的占有支配权。日耳曼法的父权表现为对子女的保护权。近现代许多国家大多设立了亲权制度，其亲权制多继受日耳曼法，以保护未成年子女利益为中心，由父亲专权行使亲权发展为父母共同行使亲权为原则。

1．亲权主体的确定

亲权的主体是享有亲权的人。古代法以父为亲权人，亲权不及其母。现代各国法以男女平等为原则，都确认父母为亲权主体。由于父母的婚姻状况、是否具有行为能力、是否在世及亲权行使是否受到限制有所不同，在亲权人确定上也有所差别，父母共同行使亲权时，亲权的行使也会有些变化。

（1）婚生子女。对于父母均在世，婚姻关系存续期间，父母为亲权人；父母一方死亡，或父母一方属于无行为能力或限制行为能力，或处于失踪状态，或被停止亲权，父母他方为亲权人；父母离婚时亲权的归属各国有不同的立法例：有单独亲权主义，父母一方为单独亲权人；有共同亲权主义，父母双方为共同亲权人；有共同亲权兼单独亲权主义，法官根据父母双方的实际情况，在有利于子女利益的前提下来决定是一方还是双方行使。

（2）非婚生子女。在世界各国立法例中，亲权人确认依非婚生子女是否准正或被认领而有所不同。如未经生父认领，原则上以母为亲权人；如经生父认领，究竟以谁为亲权人，各国规定不一。例如：《德国民法典》第1736条规定以父为单独亲权人；《日

① 我妻荣：《亲族法》，《法律学全集》（23），有斐阁1974年版第25次印刷本（日文版），第316页、328页。

本民法典》第 818 条规定原则上以母为亲权人，但可以协议或裁判确定父为亲权人；我国《台湾地区民法典》第 1065 条规定生父生母均为亲权人，如经准正取得婚生子女资格，则父母均为亲权人。

（3）养子女。各国立法比较一致，均以养父母而不是以亲生父母为亲权人，规则与婚生子女相同。

2. 亲权的行使

夫妻双方共为亲权人时，涉及亲权如何共同行使的问题。所谓共同行使，即亲权内容的实现应由父母双方共同的意思确定，并对外为其未成年子女的共同代理人。① 共同行使原则并不排斥由父母各自独立处理，一般的日常事务即使存在父母意见不一致的情况，一般不会影响子女的利益，也不会引起法律上的争议，对于关系子女重大利益的事情，父母意见不一致时如何行使亲权，各国立法并不一致。当行使亲权父母意见不一致时，有两种法例：①由法院或监护当局裁决将决定权委托父母一方，而且这种委托可以附加条件和限制。如《德国民法典》第 1627 条和第 1628 条分别规定："父母依自己的责任和相互之间的协商一致为子女的幸福而行使父母照顾权。在发生分歧时，他们必须尝试求得一致。""如果父母不能就父母照顾权的具体事务或特定类型的事务取得一致，而规定此种事务对于子女有重大意义，则经父母一方申请，家庭法院可以将决定权委托父母一方，此种委托可以附加限制和条件。"②沿用"父权优先"的原则解决，如秘鲁等国。

当父母为共同亲权人，但一方由于客观原因无法行使亲权时，如父母一方死亡或被宣告死亡，或被剥夺亲权，或被宣告为无民事行为能力时，由另一方行使亲权。《法国民法典》第 373 条，《日本民法典》第 818 条第 3 款均有此规定。父母离婚或别居或婚姻无效时，各国法均规定，由法院判归子女监护方行使亲权。把子女委托给第三人监管时，有的国家规定，亲权仍由父母双方共同行使，也有的规定，监管人在委托限度内可代表父母行使亲权。

对于非婚生子女的亲权人，各国立法规制不一。有规定由生母行使亲权者，也有规定由认领方行使亲权者，如《法国民法典》第 374 条，还有的区分自然认领和强制认领后分别处理，如《秘鲁家庭法》第 395 条。

各国为保护未成年人利益，对亲权行使都加以不同程度限制。有的只是对亲权的行使不得损害子女利益和人格尊严做出原则性规定，有的是对亲权的行使做出具体的限制性规定，如结婚、收养、立遗嘱等纯粹人身性行为排除父母的代理权，限制父母管理处分子女财产方面的权利行使，大陆法系国家多采用此做法。

① 王洪：《婚姻家庭法》，法律出版社 2003 年版，第 258 页。

3. 亲权的内容

各国法律都有亲权的一般规定，即关于亲权的目的，权利的行使要求等。关于亲权的内容，各国立法一般分为人身上的权利义务和财产上的权利义务。父母行使亲权须为子女利益，这是设立亲权制的根本目的，也是父母行使亲权的重要原则，父母行使亲权应与处理自己的事务同样的注意。未成年子女须服从父母的亲权。

(1) 人身方面的亲权。父母对子女人身方面的权利和义务，一般称为人身照顾权或身上照顾权，是父母为使其未成年子女身心健康而行使的权利和义务。具体内容如下：

第一，抚养权。这是亲权人最基本、最主要的义务，各国在立法中都有相应的规定。是指父母对未成年子女生活上的照顾，经济上的供养。

第二，教育和受保护权。教育权又称惩戒权、管教权。指父母按照法律和道德的要求，采用正确的方法，培养孩子健康全面成长，并对子女行为进行引导和必要的约束，对子女日常行为进行监督管理。当未成年子女不听从父母管教，犯有劣迹，法律赋予亲权人在必要范围内得对子女进行适当的惩戒。如《日本民法典》规定："行使亲权人，于必要范围内可亲自惩戒子女，或经家庭法院许可，将子女送入惩戒所。"我国《台湾地区民法典》第1085条规定："父母得于必要范围内惩戒子女。"此外，德国、法国、瑞士也都有类似规定，如《瑞士民法典》第302条强调，将对子女的家庭教育与学校教育及社会公益、救济机构的教育结合起来。这些国家法律观念认为惩戒权是基于保护教养权，为了教育未成年子女，父母可以在必要范围内惩戒其子女，但只能由父母行使，程度还须在必要范围内；否则，滥用权利还要承担一定刑事责任，如在瑞典、挪威、芬兰、丹麦和奥地利等一些国家，体罚未成年人的行为视为违法。

保护权是指父母预防和排除来自自然界和他人对未成年人身和财产的侵害。多个国家在亲权中规定居所指定权，子女不得随意离开指定的居所。《瑞士民法典》第301条3款规定："子女非经父母同意，不得离父母他去。"《日本民法典》第821条规定："子女应于行使亲权者所指定之场所为居所。"此外，法国、德国、罗马尼亚、古巴、秘鲁等国法律均设有此类规定。许多国家也规定了子女返还请求权，当未成年子女被人诱骗、拐卖、劫持和隐藏时，亲权人依法有交还子女的请求权。如《德国民法典》第1632条规定："对于不法抑留子女的人，父母有请求交还子女的权利。"

第三，身份行为的代理权和同意权。根据各国法律的规定，父母为子女的当然法定代理人，无行为能力人须由法定代理人为意思表示，限制行为能力人为法律行为须经法定代理人同意。还包括子女身上事项的决定和同意权，如对子女手术的同意；当未成年子女的人身或财产受到侵害，父母有义务以法定代理人身份参与诉讼，并要求侵权人承担法律责任。

第四，职业许可权。《日本民法典》第823条规定："子女非经行使亲权人许可，不得经营职业”。有的国家则在劳动就业法和青少年保护法中加以规定。

（2）财产方面的亲权。父母对子女财产上的亲权，又称财产照顾权，是指父母对未成年子女的财产依法享有管理、使用、收益和必要的处分权利。

第一，财产管理权。依照国外民法的规定，将子女的财产分为特有财产和非特有财产。特有财产是指未成年子女因继承、赠与或其他无偿方式取得的财产。非特有财产是指子女因劳力或其他行为有偿取得的财产。各国法律均规定了父母对子女财产的保管权利，在特殊情况下，父母对子女的特有财产不享有管理权。父母管理子女财产应该尽到合理注意义务。

第二，使用收益权。外国民法大多规定，在不损毁、变更物或权利的性质的前提下，有支配利用财物和获取天然孳息或法定孳息的权利。[①] 但近代一些国家，基于对未成年子女独立人格和利益的保护，对亲权人的收益权多采用否定态度，认为未成年子女的特有财产收益，应归子女所有，如《德国民法典》第1649条、《瑞士民法典》第319条。

第三，处分权。是指亲权人对财产管理权之外的对未成年子女财产的处分权。各国民法一般规定亲权人原则上不享有对未成年子女财产的处分权，但为了子女利益的需要，经法院或监护机关的批准，父母始得处分子女的财产。《德国民法典》第1641条规定：“禁止父母代子女为赠与行为，但对合乎规定的代赠与不在此限。”《日本民法典》第826条规定：“关于行使亲权的父或母为与其子女利益相反的行为，行使亲权人应请求家庭法院为子女选任特别代理人。”《瑞士民法典》第320条第2款规定：“为支付子女的抚养、教育或职业训练费用时，监护官厅得许可父母动用子女财产中的一定款项。”

（三）亲权的丧失、恢复和消灭

亲权的丧失是亲权人因法定的原因而失去行使亲权的资格。亲权的丧失由于原因和性质的不同，可分为以下几种情况：①亲权因剥夺而丧失。各国法律普遍规定，凡亲权人滥用亲权并给子女人身及财产造成严重损害者，可由法院宣告停止行使亲权。如《日本民法典》第834条规定，父亲或母亲滥用亲权或有显著劣迹时，家庭法院因子女的亲属或检察官的请求，可以宣告丧失亲权。②亲权因中止而丧失。从外国法律的规定看，中止的原因一般有：亲权人被依法宣告为无民事行为能力人；亲权人因无经验、患病、外出等原因不能行使亲权；亲权人被依法剥夺公民权。亲权的中止须经法定宣告程序，才能有效。③亲权因转移而丧失。是指亲权因协议或法院宣告，由亲权人转移给他人或社会机构行使，如父母依法将子女送养他人后，亲权发生转移。《法国民法典》第

① 李志敏：《比较家庭法》，北京大学出版社1988年版，第234页。

300条、第376条、第377条有此规定。④亲权因辞退而丧失。《法国民法典》第379条有此规定。亲权的丧失必须由行政机关或法院做出，但上述机构是否可以依职权主动剥夺亲权各国有不同规定。

亲权的恢复，是丧失亲权的人在法定条件下重新取得亲权。恢复亲权包括上述各种丧失亲权的形式，在具备条件时，均可使亲权恢复。恢复亲权的条件一般为：原解除亲权的原因消灭时，根据父母或其中一方，亲属及子女的要求，经法院撤销失权宣告，亲权即可恢复。各国法均有此规定。

亲权的消灭是因一定事由发生时，亲权因无必要行使或不能行使而消灭，可分为绝对消灭和相对消灭。亲权的绝对消灭有两种，一是作为亲权的基础丧失，如子女死亡、子女成年、未成年子女结婚而取得成年人资格等。二是父母一方或双方对未成年子女有重大犯罪行为，严重损害未成年子女利益的，被法院依法永久剥夺亲权。亲权的相对消灭主要有以下情形：父母一方死亡，死亡一方亲权消灭，生存一方亲权存在；父母双方死亡，子女被人收养，原亲权关系消灭，亲权转为收养人享有。

二、亲权与监护制度的关系

（一）监护制度概述

监护制度是一项重要的民事法律制度。

监护，是指依照法律规定对某些特殊的自然人的人身及财产权益设置的监督与保护制度。狭义的监护指为不在亲权之下的未成年子女或宣告为禁治产人设立的人身及财产的保护制度。广义的监护除有狭义的监护外，还包括保护和保佐。英美法系很多国家采用了这一体例，我国《民法通则》第16条也作了类似的规定。保护常指对限制行为能力人的人身和财产权益的监督和保护，日本等国的法律设此制度。保佐有两种：一种与保护大致相同，只是用词或范围不同，如《秘鲁民法典》设此制度。另一种是指特殊情况下对监护受阻的补救及对特别人或特别财产的监督、保护。还有的国家，如印度，曾规定了婚姻监护制度。

监护制度源于罗马法。罗马法中的监护和保佐的对象仅为自权人，而不包括处于家长权和夫权下的他权人。监护有对未适婚人的监护和对子女的监护之分。这两类都包括法定监护（含法亲监护、恩主监护和家长监护）、遗嘱监护、官选监护等。保佐则主要有精神病人的保佐、流浪人的保佐和未成年人（25岁以下的适婚人）的保佐，后来又增设胎儿的保佐及因身体原因不能管理自己事务的人的保佐。

现代意义的监护制度是罗马法监护制度的继承和发展，它摒弃了家长制度，使未成年人的法律地位有所提高，并不断改变男女不平等的状况，但仍有些国家的法律中保留着许多封建残余，尤其是仍肯定带有家族主义色彩的亲属会议制度。

关于监护的立法，各国有所不一。有的因监护人不一定与被监护人存在亲属关系，而不把监护法置于亲属法之下，苏联1927年的《关于婚姻亲属及监护的法律》便把监护列为独立的身份关系。但由于未成年子女的监护是亲权的补充和延伸，而禁治产人的监护又往往以被监护人的配偶、父母、祖父母等亲属优先作为监护人，因此许多国家的立法便把监护列于亲属法中，如日本、瑞士均把监护列于民法亲属篇。当然仍有以英美为代表的英美法系国家等未将监护法编入婚姻家庭法，而是制定单行法。

（二）从监护制度的比较看监护与亲权的关系

现以德、法、日、英、美等国为例，观察其监护制度的不同特点与我国现行监护制度的特点：

1. 英美法系国家取广义监护的含义，没有将监护与亲权分开，统称为监护

英美法系国家的监护制度是通过一系列单行法律、法规调整监护关系。例如英国，根据1971年和1973年《未成年人监护法》，父母具有照管和监护他们未成年子女的平等权利。若父母一方死亡，其义务便转移给生存者。当父母发生争执时，或发生离婚诉讼时，可以向法院提出诉请，法院将审查各种细节和决定监护事项。首先考虑未成年人福利。当未成年人已成为“法院监护的未成年人”（由于父母死亡或离婚的结果）时，所有影响到未成年人的重要决定，如有关未成年人的抚育、财产、投资等问题的决定，只有经过法院通常是家事法院的许可才能作出。该法还规定了其他监护事项，例如：①法院可以指定任何人为监护人。因此父母之一可以被指定为“监护人”，但应在法院管束之下行使监护。②干涉受法院监护的未成年人或监护人，视同于藐视法庭罪，可以判处监禁。③没有法院的指令，受法院监护的未成年人不能结婚或出国。④受监护人拒绝执行法院指令，可按藐视法庭罪予以惩罚。① 例如美国，1968年制定有《统一未成年子女监护管辖法》等单行法规和关于监护的一系列案例调整监护关系。法律和案例载明，对离婚或双亲法定分居时，未成年子女的监护将交与双亲之一，双方有平等的权利，选择的标准是“孩子的最大利益”。在美国，监护发生争议时，主要的问题之一是涉及法院改变监护裁决的管辖权问题。对此各州规定不一，有的当事人就利用这一空隙申请改变监护裁决，因而《统一未成年子女监护管辖法》中已规定对监护判决实行州际登记，对在不同州平行提出的修改申请加以废除或限制，以及进行司法合作，以实现州法律的一定的统一化。但未能取得很好效果。②

2. 大陆法系国家的亲权与监护制度

（1）亲权与监护的区别。在法理上，监护视作“亲权的延长”。监护包括对未成年

---

① 李启欣：《当代英国婚姻家庭立法》，载《广东法学》1988年2期，第49页。

② 沈宗灵译：《美国法律概论》，北京大学出版社1983年版，第129－130页。

人、受禁治产宣告（即无民事行为能力或限制民事行为能力人）的成年人。因此，实际上监护和亲权并不是一回事。就范围而言，监护的对象远大于亲权。仅就未成年人来讲，监护和亲权的行使也有很多区别，其主要不同之处有：

第一，亲权与监护二者产生的基础不同。亲权的行使以亲子关系为基础，而监护是基于监护当事人的特定关系，由法律明确指定。亲权人因亲子关系自然取得对未成年人的亲权，只在某些法定条件下才受到限制，监护权则必须通过法定程序才能取得。

第二，主体范围不同。亲权的主体仅限于未成年人的父母，而监护权的主体范围包括父母、父母以外的其他亲属、朋友或法定的监护机构。保护对象上，亲权仅限于未成年子女，监护的对象还包括不处于亲权下的未成年人和无民事行为能力或限制民事行为能力的成年人。监护一般是对不在亲权下的未成年人和其他处于特殊情况下的人才实施的保护措施。①

第三，权利内容范围不同。法律关于亲权人对其子女的财产进行处分的限制较为宽松，并多享有对该财产的用益权。监护人则受到严格限制，并不享有对被监护人的财产的用益权。监护人因其监护活动有请求相当报酬的权利，而亲权人则不得因行使亲权而索酬。

第四，对亲权与监护二者的监督不同。父母行使亲权一般不需要设专门监督机构，监护人行使监护权须受家庭法院或监护当局或其他监护监督人的监督。监护人在监护开始时就必须对监护人的财产开出清单，并受监督机构监督，而亲权则不需要。

（2）德国的监护和保佐。德国的监护制度体系完备，包括监护和保佐两方面。监护又分为对不在亲权之下的未成年人的监护和被宣告禁治产的成年人的监护。德国现行民法典关于未成年人监护有以下特点：①赋予非婚生子女生母的亲权（见《德国民法》第1705条）。同时规定关于确定父子关系，主张扶养请求权等事宜，处理子女在其生父及生父的亲属死亡时享有的应继份和特留份权利的情况下，仍应为非婚生子女设置保佐人（见《德国民法》第1706条），规定生母只有关于保佐关系不得开始，撤销保佐或限制保佐人作用范围的申请权。②青少年事务局担任公职监护，由监护法院以书面命令为之（见《德国民法》第1791b条），青少年事务局在依德国民法规定需要有监护人的非婚生子女出生时，成为该非婚生子女的监护人，非婚生子女出生后，依法院判决需设监护人的，于判决确定之时青少年事务局为监护人（见《德国民法》第1791c条）。现在的德国法更是加强了公权力对监护的监督。另外，还设置监护监督人辅助监护法院对监护人进行监督。

德国所设保佐人制是指限定一定范围的监护，目的是作为亲权、监护权的一种补

① 刘素萍、陈明侠：《监护与抚养》，载巫昌祯、杨大文主编：《走向21世纪的中国婚姻家庭》，吉林人民出版社1995年版，第172－173页。

充，或为扩张监护的范围，如对胎儿的保护、对残疾人的保护等。

（3）法国的亲权与监护并存的监护制度。法国的监护机关有监护人、监护监督人、亲属会和民事裁判所。监护人代理被监护人参加民事活动，管理被监护人的财产。监督监护人除对监护人进行监督外，还起着对监护事务协助、补充的作用。亲属会议主要由被监护人的亲属构成，其主要职能是进行监护人、监护监督人的选任和辞退，就与被监护人有重大利害关系的问题作出决定等。法院解决因亲属会议的构成，亲属会议所作决定，监护人选任、辞退是否得当等问题发生的争议，并对亲属会议作出的有关重要决议进行认可。

法国的监护制度最显著的特点为亲权与监护权并存。未成年人的父母双方均生存的，对该未成年子女财产的管理，在法律上也视为一种监护，其管理行为亦相应地受到一定限制，但财产管理的行使须受监护监督人和亲属会议的监督。对于收养的子女，收养人一方死亡，生存方只能以监护人的身份行使监护权（受亲属会议和监护监督人监督），而不能以亲权人身份行使监护权。在法国，亲权与监护的区别主要在于亲权人对子女身体上的照顾权利不同于一般监护人，在财产的管理上，亲权人和一般监护人几乎完全相同。可见法国对财产关系的调整是比较重视的。

（4）强调公权介入的日本监护制度。日本监护制度包括了对无亲权下的未成年人的人身权和财产权的监护和对禁治产人以疗养看护及财产管理为主要内容的监护。日本民法重视公权力在监护关系调整中的作用。监护人除父母以遗嘱指定的未成年子女中监护人和禁治产人监护人外，都须由家庭裁判所选任。“二战”后，日本民法废除了亲属会议，以家庭裁判所和监护监督人作为监护监督机构，此外，还有依照儿童福利法实施的公法的监督。

日本有对禁治产人的监护，还有对准禁治产人的保佐（保护）制度。所谓对准禁治产人的保佐是指保佐人不享有对受保佐人财产管理的法定代理权，只是受保护人在从事一些民事行为时，应得保佐人同意。如果保佐人与受保佐人有利害冲突时，家庭裁判所应就该事项为受保佐人设临时保佐人。

日本监护制度公权介入的特点反映了现代法律对社会关系的调整已日益深入，国家公权已介入社会各个领域。监护涉及的所有对象都是更应受到社会保护、国家保护的群体。所以，公的权力的介入已日益成为世界各国立法者的共识。

（5）我国的立法现状分析。《民法通则》第16－19条、《婚姻法》第21和第23条、《收养法》、《未成年人保护法》、《妇女权益保障法》等法律及司法解释均有涉及监护制度的规定，但监护和亲权没有加以区分。《民法通则》第16条第1款规定，未成年人的父母是未成年人的监护人。父母以监护人的资格对未成年子女行使监督保护职责，在法律上其权利义务与一般监护人相同，即将监护混同于亲权，将特殊监护混同于一般监护。在监护人的确定与监护人的顺序上，未成年人的监护人和被宣告无民事行为能力或限制民事行为能力的精神病人的监护人依照法律规定：父母、祖父母、外祖父母、兄姐、关系密切的其他亲属，有关单位，被监护人住所地居委会、村委会，或民政部门担当监护人，没有规定遗嘱监护人。在顺序方面，首先按一定顺位，在近亲属中依法律规定产生监护人。若其中没有符合条件的监护人，则依选任而产生监护人，选任过程中又强调被选任者的自愿。采用选任监护人优先于法定监护人中某一顺位监护人的形式比较灵活。①

目前，我国离婚率不断攀升，再婚家庭不断增多，非婚生子女出生数量急剧增长。父母子女关系发生了新的变化：一是父母子女关系的种类复杂化，诸如婚生父母子女关系、非婚生父母子女关系、人工生育父母子女关系、养父母子女关系和继父母子女关系比较复杂，形成不同的血缘关系、不同的家庭背景、父母对子女的权利义务的不同特点，立法需要对这些情况加以区分。二是亲子关系内容复杂化，公民个人财产的数量和形式增多，未成年人获得财产的数量和途径也在增多，离异家庭父母疏于对子女教育和照顾的情况增多，即使是未成年人或精神病人或其他无民事行为能力人、限制民事行为能力的人也可以通过继承、遗嘱、赠予等方式获得自己独立的财产，因此，家庭内部关系日益复杂。不在亲权下的未成年子女应如何管教、保护，无民事行为能力人或限制民事行为能力的人有关民事活动代理等问题开始显现出来。这些问题迫切需要立法加以解决。

目前，我国父母子女关系立法中的“抚养”和“教育”的含义不明确，例如，抚养作为父母对未成年子女的主要义务，婚姻法的规定并不一致。如《婚姻法》第21条第2款规定：“父母不履行抚养义务时未成年的或不能独立生活的子女，有要求父母付给抚养费的权利。”这里主要是指经济上的供养。《婚姻法》第37条第1款规定：“离婚后，一方抚养子女，另一方应负担必要的生活费和教育费的一部或全部。”这里兼有父母对子女的养育照料。《婚姻法》第21条和第23条父母对未成年子女有教育的权利和义务，但含义上大多把第21条的教育理解为教育的内容，把第23条的教育理解为教育的方式，由于法律规定不明确，必然会对执行带来障碍。

另外，父母对子女的权利义务规定得过于原则抽象，我国《婚姻法》只是规定了父母对子女“抚养教育”和“保护教育”的权利义务，并无其他内容。离婚后父母对子女的权利义务关系界定不清。可见目前主要依靠家庭内部对被监护人进行监督保护已无法有效地保护未成年子女的合法权益。因此，建立健全一套系统的父母保护教养未成年子女的法律制度非常必要。

① 刘素萍、陈明侠：《监护与抚养》，载巫昌祯，杨大文主编：《走向21世纪的中国婚姻家庭》，吉林人民出版社1995年版，第177页。

第八章　收　养　法

第一节　收养法概述

一、收养的概念和特征

（一）收养的概念

收养是指自然人依照法律规定的条件和程序，收养他人的子女为自己的子女，并在法律上产生父母子女间权利义务关系的民事法律行为。

收养行为是一种双方的民事法律行为，需要有相互对应的双方意思表示达成一致才可成立。从收养行为本身来看，参与收养行为的有三方，即收养人、被收养人、送养人，但收养行为的主体，即收养行为的当事人只有收养人和被收养人。因为送养人是出于被收养人的利益参与收养行为的，是否接受收养是由送养人根据有利于被收养人利益的原则进行意思表示的。因此，在法理上可以解释为送养人是以未成年的被收养人的法定代理人的身份参与收养行为的。①

从收养行为的效果来看，收养行为能使在血缘上本无亲子关系的人之间产生法律拟制的亲子关系，这种亲子关系不是自然血缘关系而是由法律创设的，故理论上称其为拟制血亲的父母子女关系。我国法律规定，养父母与养子女之间的权利义务关系，同亲生父母子女之间权利义务关系完全相同。

（二）收养的特征

收养作为一种民事法律行为，具有不同于其他民事法律行为的重要特征。

1．收养是一种要式的民事法律行为

收养旨在变更亲子关系、转移亲子间的权利义务，关系重大，应当慎重其事。所以各国法律都规定，实施收养行为时，意思表示必须依一定的方式，即除意思表示外还必须履行一定的方式。根据《中华人民共和国收养法》（以下简称《收养法》）的规定，

---

① 杨大文：《亲属法》，法律出版社 1999 年版，第 276 页。

收养必须向民政部门登记，收养关系自登记之日起成立。可见，登记程序成了收养成立并生效的必经程序。

2. 收养是在非直系血亲的自然人之间发生的民事法律行为

在一般的民事法律行为中，当事人的资格一般没有特殊的要求或限制。但是，收养以使原本无亲子关系的当事人建立起这种关系，其性质首先决定了收养关系的当事人必须是自然人，自然人以外的权利主体不可能具有养父母或养子女的身份。社会福利机构收养孤儿、弃儿时可以成为他们的监护人，不可能产生亲子关系。此外，收养的目的还决定了收养关系只能发生在非直系血亲的自然人之间，直系血亲之间的收养与被收养，既不符合收养制度的宗旨，也不符合伦理观念。

3. 收养是以变更父母子女关系为目的的民事法律行为

收养一经成立生效，收养人与被收养人就取得养父母与养子女的身份，产生父母子女间的权利义务；被收养人与其生父母在法律上的父母子女身份及其权利义务关系随之消除。因此，收养仅使父母子女关系的主体发生变更，而父母子女关系的内容不变。即父母子女间的权利义务在不同的主体之间发生了转移。

从收养的特征来看，收养同寄养有着本质的区别。在现实生活中，有的父母和有的孤儿的监护人由于各种各样的原因，将孩子委托给亲友抚养，是谓寄养。《收养法》第17条规定，孤儿或生父母无力抚养的子女，可以由生父母的亲属朋友抚养，抚养人与被抚养人的关系不适用收养关系。寄养行为不会导致父母子女关系发生变化，而是监护人将监护职责部分地或全部地委托他人行使的委托行为，应适用有关委托合同和监护制度的法律。

（三）收养的意义

不论是从当事人的角度来看，还是从国家收养制度的角度来看，收养的意义是随着时代的变化而有所不同的。

奴隶制时代和封建时代，收养主要是为了满足家族血统延续的需要，从而把收养作为一种传宗接代、奉祀祖先的手段。至资本主义社会，随着个人主义思潮的泛起，收养从以家族本位向以个人本位转化，收养的意义也从满足家族需要向满足当事人需要转化。资本主义社会初期比较注重收养人一方的需要，被称为“为亲之收养”，意思是指为了享受天伦之乐或为了增加劳力而收养的。第一次、第二次世界大战以后，战争留下了无数的孤儿和非婚生子女，他们急需新的父母和新的家庭抚养，此时的收养主要是为了满足被收养人的需要，被称为“为子女之收养”①，意思是指以抚育子女成长为中心目的而收养的。我国1991年《收养法》立法时比较侧重考虑无儿无女的父母享有亲情

---

① “为亲之收养”和“为子女之收养”来自我国台湾地区理论界的称谓。

的本能欲望，但 1998 年修改后的《收养法》则侧重满足孤儿、弃儿在家庭中健康成长的需要。

收养制度作为家庭制度的必要补充，其意义在于：①帮助无儿无女的夫妇获得子女，慰藉其心灵，满足其感情需要，从而使家庭生活更加充实；②帮助孤儿、弃儿及残疾儿童获得父母，给予他们失去的父爱和母爱，使他们在正常家庭中健康成长；③帮助国家和社会减轻负担。孤儿、弃儿以及生父母有特殊困难无力抚养的子女如果无人收养，大多会通过某种途径由国家负担，得到社会的“公养公育”。人们收养这样的孩子，主动承担抚养、教育、监管的责任，也是给国家和社会减轻负担的公益行为。

二、收养制度的发展

（一）国外收养制度的历史发展

早在原始氏族社会就存在着收养现象，并为当时的习惯所确认。恩格斯指出：“氏族可以收养外人入族”，“男子可以提议收养外人为兄弟或姊妹，女子可以提议收养外人为自己的孩子。”这种收养是一种氏族行为，是为了氏族的整体利益，主要是为了氏族的强盛而进行的，可称之为“氏族之收养”。

进入奴隶制社会和封建社会，收养制度已经相当盛行，并用法律的形式予以明确规定。古巴比伦《汉谟拉比法典》中就有关于自由民收养遗弃儿的规定；古罗马法还对收养制度作了比较全面的规定，并且其中的一些规定对后来《法国民法典》中亲属立法具有重要的影响。在封建时代的欧洲，日耳曼习惯法规定，子女被收养而转入养父之家时可以脱离生父的亲权。不过，奴隶制社会和封建制社会的收养是以父权的家族制度为基础的，收养的宗旨是为了家族的利益，主要是为了家族的血缘继承、家产保持而由家长行使收养权的，此时的收养可称之为“为家之收养”。

到了资本主义社会，许多国家的亲属立法都对收养作了比较完善的规定。如 1804 年的《法国民法典》就明确具体地规定了收养的种类、相应的条件和程序、收养的效果等。不过，资本主义收养制度是建立在个人主义理念上的，收养的目的不再是为了家族，而是为了收养人、被收养人的个人需要，以满足收养人为亲的本能和安享晚年的愿望，满足被收养人健康成长的需求。这种收养宗旨理论上称之为“为亲之收养”和“为子女之收养”。

（二）中国封建社会的收养制度

中国封建社会的收养有其自身的特点，根据收养条件及其特征可分为两种情形。

1. 立嗣

在中国封建宗法制度下，实行以男子为中心的宗祧继承制度。整个社会以男子为中心，宗祀由男子传续，只有男子才有资格奉祀祖先。家族由男子主持，遗产归男子继承，女子不得继承祖宗的遗产。在这种宗祧制度下，中国民间早就产生了“立嗣”的习俗。

立嗣是指无儿子者选定同宗同辈之子为嗣子，其目的在于在血缘断绝时有嗣子传宗接代，“上以事宗庙，下以继后世”。这种立嗣制度是中国封建宗祧制度下的一种特殊的收养形式。立嗣的规定如下：①只有无子之男性才能立嗣。②只能立同宗同辈之男性为嗣子。如《大清律例·户律》规定：“无子者，许令同宗昭穆（即辈分）相当之侄承继，先尽同父周亲，次及大功、小功、缌麻，如俱无，方许择立远房及同姓为嗣。”③既可生前立嗣，也可死后立嗣。④嗣子的地位同于嫡长子，父死后由其嫡长子承继财产、身份、地位以及对祖宗的祭祀。

2. 一般收养

除立嗣外，我国封建时代也有一般的收养，同近代现代的收养没有什么严格的区别。收养人可以是男性，也可以是女性，而且也不以无后作为收养的前提条件。被收养人可以不分同姓异姓，也可以不分男女，都可以被收养。收养的目的可以各种各样，或出于怜悯之心，或出于承欢膝下，或出于增加家庭的劳力等。这种收养的效力低于立嗣。收养人为义父母，被收养人为义子女，义子女与义父母之间不发生宗祧继承关系。

（三）新中国的收养制度

新中国成立后，彻底废除了立嗣制度。1950 年的《婚姻法》原则规定了国家保护合法的收养关系，但对收养的有关问题缺乏具体的规定，收养实际上处于无法可依的状态。民间也只存在着少量的事实上的收养行为，对于这种事实上的收养关系法律予以承认。

1980 年的《婚姻法》明确规定了收养成立的效力，但对收养成立的条件、程序、收养的解除等问题仍未有规定。随着国家的改革开放政策的实施，收养的数量越来越多。从 1981—1990 年，全国仅办理收养公证的就有 184691 件，办理涉外、涉港澳台收养公证的有 13630 件。[①]很显然，《婚姻法》中关于收养的规定已经难以满足收养实践的需要，当时由于没有具体的法律规定，因收养而产生的子女上学、就业、迁移户口、继承财产等问题得不到解决，社会上还出现了一些搞假弃婴，以达到多生子女的现象。为了解决在现实中出现的涉及收养的问题，1984 年最高人民法院在《关于贯彻执行民事政策法律若干问题的意见》中规定了收养的条件、程序、解除收养的条件及其法律后果，以及承认事实收养和养祖孙关系等。

1991 年，第七届全国人民代表大会常委会第 23 次会议通过了《中华人民共和国收

① 《关于〈收养法〉（草案）的说明》，最高人民法院司法文件选编，1992 年第 5 期，第 7 页。

养法》，该法自1992年4月1日起施行。《收养法》规定了收养成立的条件、程序、收养的效力、收养关系的解除以及有关的法律责任。该法是在我国收养实践已经相当成熟的基础上制定的，内容比较全面、系统，具有较强的规范性和可操作性。

为了更有利地保护孤儿、弃婴、弃儿的利益，为了进一步完善收养程序，1998年11月4日，第九届全国人民代表大会常务委员会第五次会议通过了《全国人大常委会关于修改〈中华人民共和国收养法〉的决定》。修改的内容主要涉及两个方面，一是适当放宽收养的条件；二是进一步严格收养的程序，明确规定收养应当向县级以上人民政府民政部门登记，收养关系自登记之日起成立。

三、我国《收养法》的基本原则

我国《收养法》的原则是我国收养法律的精神实质所在，它集中体现了《收养法》的本质特征和立法宗旨。《收养法》中的许多条文都是《收养法》的原则的具体化，充分理解、掌握《收养法》的原则，有利于我们在实践中正确了解、运用收养法。当然，《收养法》不可能对收养的任何问题都毫无遗漏地予以规定，对于新情况下的新问题也可能未作超前规定。《收养法》的基本原则有以下方面。

（一）对被收养的未成年人抚养的原则

根据我国《收养法》的规定，被收养人主要是14周岁以下的未成年人，他们在行为能力方面有欠缺，对事物缺乏必要的判断和识别能力，身心远未发育成熟，这种年龄阶段的未成年人非常需要家庭、父母的精心调教和指引。我国《收养法》规定，被收养人主要是失去了父母的孤儿，查找不到生父母的弃婴、弃儿，以及生父母有特殊困难无力抚养的子女，他们身陷苦境，遭遇可怜，更需要有家庭社会的深切关怀。所以，收养这些值得怜悯、同情的不幸儿童，确立有利于被收养人的抚养、成长的原则是很必要的，也是收养的目的所决定的。

《收养法》规定有收养条件、收养人能力的法规，收养人在被收养人成年前不得单方解除收养关系的规定，收养人如有虐待、遗弃与侵害被收养人合法权益行为的，送养人有权要求解除收养关系的规定。此外，对于违反这一原则的严重的违法行为，《收养法》规定了相应的制裁措施。《收养法》第31条第1款规定："借收养的名义拐卖儿童的，依法追究刑事责任。"

（二）保障被收养人和收养人合法权益的原则

第一次、第二次世界大战结束以后，战争造成的大批孤儿、流浪儿所形成的社会问题，使人们更加重视和关心不幸儿童的困苦处境和切身利益，从而使得当时的收养法侧重于为养子女的利益着想。如《法国民法典》[1]第 343 条规定："收养除有正当之事由且为子女之利益外，在所不许。"但随着社会的发展，越来越多的国家在收养法中转而规定要兼顾双方的利益。也就是说，收养立法在设计拟制亲子关系双方的应享权利和应尽义务时，要尽量平衡双方的合法权益，使得收养既是为养子女利益的收养，也是为养父母利益的收养。在现今的文明社会，法律作为各种利益的均衡器，应该保障各方利益相互对等。我国《收养法》也明确规定，既要保障被收养人的合法权益，也要保障收养人的合法权益。

《收养法》规定有关养父母与养子女间的权利义务关系的法规，除被收养人应享有的权利以外，还规定收养关系解除后，养父母可以要求给付生活费、补偿生活费、教育费的规定等都是这一原则的体现。

（三）遵循平等自愿的原则

《收养法》的平等自愿原则与民法的平等自愿原则是一致的。收养关系作为一种重要的民事法律关系，其成立或者解除都应该建立在平等自愿的基础上。平等是指收养人和被收养人的法律地位完全平等，在法律上都享有完全独立的人格，彼此没有高低之分。尽管被收养人在行为能力方面有缺陷且处境困苦不堪，但不会因此在法律上低人一等。自愿是指收养关系的成立和收养关系的协议解除，都必须出自于双方的意愿，由双方自主协商确定，也就是说由当事人实行意思自治。尽管被收养人不能完全独立地进行意思表示或根本不能进行意思表示，但有送养人作为其法定代理人进行补充或替代，送养人和被收养人作为一方整体完全能够圆满地实现意思自治。

《收养法》规定有收养关系的成立、解除都必须收养人和送养人自愿，如果被收养人年满 10 周岁以上还须经被收养人同意，就是这一原则的具体体现。

（四）不得违背社会公德的原则

尊重社会公德、不损害社会公共利益是我国民法的基本原则之一。而收养作为一种重要的家庭制度，当然也会更多地涉及社会公德、公序良俗方面的道德内容。社会公德本身的含义非常广泛，不容易具有确定性。但具体到收养方面，需要遵守的道德规范主要有不滥用收养，收养、送养都要完全正当。如收养人收养女儿的真正目的是为了给自己的残疾儿子找妻子，或者是为家庭找一个保姆，又或者送养人送养时索取一定的费用等，这样的收养、送养就有违社会公德。

---

① 《法国民法典》1923 年修订版。

（五）不得违背计划生育法律的原则

我国《宪法》第25条规定："国家推行计划生育，使人口的增长同经济和社会发展计划相适应。"从而确定了实行计划生育是我国的基本国策。我国《婚姻法》也有相应的规定，实行计划生育是婚姻法的基本原则之一。实行计划生育，控制人口增长是我国严峻的人口形势所要求的。家庭作为人口生产的单位，在发挥生育后代的功能时，一定要承担贯彻和落实计划生育这项基本国策，而收养作为家庭制度的补充，当然也不得违背计划生育的法律。

此外，《收养法》关于收养人年龄、无子女的规定，收养人只能收养一名子女的规定，禁止送养人以再生育子女为目的而进行送养的规定，都是我国《收养法》基本原则的具体体现。

第二节　收养的成立

收养是一项法律制度，只有符合法律规定的条件并履行法律规定的程序，收养才能发生法律效力。

一、收养成立的条件

收养成立的条件是指收养行为必须符合法律规定的实质要件，收养才能合法有效。收养的实质要件包括主体合格、当事人自愿、不违反法律法规的规定等三方面，违反其中任何一项，则收养关系不发生法律效力。

（一）行为人主体资格合格

在一般的民事法律行为中，法律对行为人的主体资格没有什么特别的要求，只要是自然人并具有相应的民事行为能力都可成为民事法律行为的当事人。但在收养法律行为中，《收养法》对行为人的主体资格提出了许多特别的条件，只有符合这些特别条件的人才可成为收养行为的当事人。

1. 收养人的条件

根据《收养法》第6条的规定，收养人应当同时具备下列条件，才具有收养人的主体资格：

（1）无子女。无子女，是指收养人既无亲生子女，也无养子女；既包括已婚者无子女，也包括未婚者无子女。这是我国计划生育政策提倡一对夫妻只生一个孩子的要求所决定的，国外的收养法一般无这样的规定。

（2）有抚养教育被收养人的能力。根据1991年《收养法〈草案〉》的说明，抚养教育被收养人的能力包括抚养和教育被收养人的经济条件、身体条件和教育能力。1998年修改后的《收养法》不再将身体状态作为认定收养能力的一个因素，而是单独作为一个条件列出，所以收养能力主要从经济条件和教育能力方面认定。收养人的经济条件是抚养和教育被收养人的物质基础，收养人应有比较可靠的经济来源，有足够维持被收养人的生活和教育的财产。而收养人的教育能力不应该仅从收养人拥有的知识和具有的文化程度方面来考查，而要从思想品德方面进行认定，家庭的言传身教，主要是教孩子如何做人。对于品德恶劣、行为不端的人，应认定无收养能力，以避免被收养人遭受不良影响。国外有些国家甚至在这方面还有很明确的规定，如《菲律宾民法典》第335条规定，禁止那些因道德败坏、触犯刑律而被判处6个月以上有期徒刑的人实行收养。

（3）未患有在医学上认为不应当收养子女的疾病。收养人的身体状况对于被收养人的健康成长至关重要。患有什么样的疾病不能收养子女的，由医学上进行认定。一般而言，患有精神方面的疾病而影响行为能力的，是不能收养子女的；而患有身体方面的疾病，能否收养子女，则应该根据疾病的情况和被收养人的情况而定。

（4）年满30周岁。要求收养人应年满30周岁，这样规定对收养人有利，同时对被收养人也是有利的，也比较符合我国国情。一般情况下，在我国，30周岁以下的年轻人经济条件有限，生活、心态都不太稳定，且对是否不生育子女也不确定（我国以无子女为收养条件之一），由他们收养孩子对被收养人是不利的。不过，国外的收养立法对收养人的年龄要求一般不高，如《日本民法典》第792条规定："已达成年者可以收养子女"。又如《德国民法典》第1743条规定："①夫妻双方实行收养时，一方应满25岁，另一方应满21岁；②独自收养子女者，应满25岁。"

此外，某些收养人除了要具备上述四个条件外，还要符合一些特殊的要求，才能具有收养人的主体资格：其一，《收养法》第9条规定："无配偶的男性收养女性的，收养人与被收养人的年龄应当相差40周岁以上。"规定年龄差距这么大，主要是出于伦理道德的考虑，以避免无配偶的男性滥用收养，损害被收养人的身心健康。其二，《收养法》第10条第2款规定："有配偶者收养子女，须夫妻双方共同收养。"这一规定主要是为家庭和睦着想，为养子女的利益着想。养子女和养父母共同生活，如果养父母一方不同意收养，而另一方强行收养，很可能会影响夫妻感情，危及家庭安宁和稳定，从而对养子女的健康成长不利。国外一般也有类似的规定，如《日本民法典》第795条规定："有配偶者，不与其配偶共同为之，不得收养子女。"又如《法国民法典》第343条第1款规定："如收养人已婚，但并未分居，必须取得其配偶的同意，始得收养。"

2．被收养人的条件

根据《收养法》第4条的规定，被收养人应具备以下条件：

（1）未满 14 周岁。收养人收养子女的主要目的是为了享受亲情，在一般情况下，养子女年龄越小，养父母就越容易与养子女培养感情。许多国家都对被收养人年龄作了限制性规定。如《法国民法典》345 条规定，可以作为收养对象的，一般以 15 周岁以下的未成年人为限。英国 1926 年《养子法》规定，被收养者应以未满 21 岁（即未成年）的未婚男女为限。根据我国的国情，将被收养人的年龄限制在 14 周岁以下是比较合适的。

（2）必须是丧失父母的孤儿，或者是查找不到生父母的弃婴、弃儿或是生父母有特殊困难无力抚养的子女。作为被收养人的孤儿，“是指父母死亡或人民法院宣告其父母死亡的不满 14 周岁的未成年人”。[①]弃婴和弃儿是指遭到父母（包括生父母和养父母）遗弃的婴儿和儿童，他们作为被收养人，必须是以其父母查找不到为必要条件。生子女作为被收养人，法律要求是在其父母因病残或经济困难等原因无力抚养子女的情况下才可，法律另有规定的除外。因为抚育子女是父母的义务和责任，父母不可随意推卸。

我国《收养法》对被收养人作这样严格的限制，主要是由我国的计划生育基本国策所决定的，同时也希望通过收养使那些得不到父母抚养教育的不幸孩子重获家庭的温暖，并使国家减轻负担。

3. 送养人的条件

根据《收养法》第 5 条的规定，送养人的条件如下：

（1）孤儿的监护人。孤儿的监护人可以送养受其监护的孤儿，但送养时要受到种种限制。我国《收养法》第 13 条规定：“监护人送养未成年孤儿的，须征得有抚养义务的人同意。有抚养义务的人不同意送养，监护人不愿意继续履行监护职责的，应当按照《民法通则》的规定变更监护人。”这里所说的有抚养义务的人，是指我国《婚姻法》第 28 条、第 29 条中规定的祖父母、外祖父母和兄、姊。这些有抚养义务的人与孤儿血缘联系密切，自然比较关心孤儿的利益，由他们行使同意权，更有利于保护孤儿的合法权益。

作为送养人的监护人，只能是孤儿的监护人。未成年人的父母未死亡，但均不具备完全民事行为能力的，该未成年人的监护人不得将其送养，只有当被监护人的无民事行为能力的父母可能会严重危害被监护人时，未成年人的监护人才能进行送养。尽管未成年人的父母由于行为能力的问题不能监护未成年子女，只要对未成年子女不构成严重危害，其未成年子女不能被送养。

（2）社会福利机构。在我国，父母双亡、其他亲属又无力抚养的孤儿，查找不到生父母的弃婴、弃儿等，按照《未成年人保护法》第 29 条的规定，由民政部门主管或设立的社会福利机构收容抚养。这些机构事实上是在履行监护人的职责，在严格审查收

---

① 见民政部《关于办理收养登记中严格区分孤儿与查找不到生父母的弃婴的通知》（1992 年 8 月 11 日）。

养人的条件后，根据法律法规的规定，可以依法将这些孤儿、弃婴、弃儿送养给符合条件的收养人收养，使孤儿、弃儿能得到家庭的温暖和爱护。

（3）有特殊困难无力抚养子女的生父母。父母抚养教育子女的责任通常是不能解除的，但在现实生活中，又确实存在着少数父母由于种种原因生活非常困难无力抚养子女的情况，法律如果不允许这样的父母送养子女，对该子女的成长非常不利。

由生父母送养子女的，除了有特殊困难无力抚养子女为前提条件外，《收养法》还规定了某些限制：其一，《收养法》第10条第1款规定："生父母送养子女，须双方共同送养。生父母一方不明或查找不到的可以单方送养。"不管生父母离婚与否，他们与子女的亲情关系永远不能割舍，即便需要送养子女的，也应由双方共同送养。客观上无法共同送养的，才允许单方送养。其二，《收养法》第18条规定："配偶一方死亡，另一方送养未成年子女的，死亡一方的父母有优先抚养的权利。"孙子女、外孙子女与祖父母、外祖父母不仅血缘关系较近，而且在生活上、感情上的联系也非常密切。尤其是在独生子女的情况下，孙子女、外孙子女与祖父母、外祖父母之间的关系就更加密切。如果自己的儿女已经死亡，作为祖父母、外祖父母在能力许可范围内，有权要求抚养孙子女、外孙子女。一方面照顾到有能力的祖父母、外祖父母对孙子女、外孙子女的亲情，另一方面也对未成年人的成长有利。

（二）收养必须当事人自愿

收养关系的建立必须以当事人自愿为基础，当事人要在平等自愿的基础上协商达成收养的合意。根据《收养法》的规定，对于合意的表示形式，采取意思自治的原则。《收养法》第15条第3款规定："收养关系当事人愿意订立收养协议的，可以订立收养协议。"收养协议的当事人为收养人与送养人，协议的标的是收养行为而非被收养人。

收养自愿，是指收养人应是具有完全民事行为能力的人，能够独立自主地表达收养的意愿。有配偶者收养，是指必须夫妻双方都同意共同收养。对于送养人来说，当送养人为有特殊困难无力抚养子女的生父母时，要生父母双方同意，只有当客观不能时，才可由单方同意送养。对于被收养人来说，如果是年满10岁的具有限制民事行为能力的未成年人，可以在一定程度上表达自己的真实意愿，我国《收养法》第11条规定，收养年满10周岁以上未成年人的应当征得被收养人的同意。只有当被收养人为10岁以下的完全无民事行为能力人时，被收养的意愿完全由送养人表示。

（三）收养不得违反法律、法规的规定，不得违背社会公德

收养首先要符合《收养法》的有关强制性规定，主要是：收养人只能收养一名子女；送养人不得以送养子女为理由违反计划生育的规定再生育子女。这些规定是由我国的计划生育基本国策所决定的。国家提倡一对夫妻只生一胎，合理安排和严格控制二胎

生育，禁止多胎生育，这是我国计划生育国策的核心内容。因此，收养人收养子女时，也必须符合计划生育的相关政策和法规。

《收养法》还规定，严禁买卖儿童或者借收养名义买卖儿童。以收养为名义买卖儿童的行为是一种以合法形式掩盖非法目的的犯罪行为，应依法追究其刑事责任；出卖亲生子女的，由公安部门没收非法所得，并处以罚款；构成犯罪的，依法追究刑事责任。

（四）几种放宽收养条件的特殊收养

根据《收养法》的规定，符合以下几种情况的，可以放宽收养的条件。

1．收养三代以内同辈旁系血亲的子女

《收养法》第7条第1款规定："收养三代以内同辈旁系血亲的子女，可以不受本法第4条第3项、第5条第3项、第9条和被收养人不满14周岁的限制。"其中的"三代以内"是限制同辈旁系血亲的。所以该规定的适用范围包括收养亲兄弟姊妹的子女、堂兄弟姊妹的子女和表兄弟姊妹的子女。收养这些人时，不需要具备这样几个收养条件：①有特殊困难无力抚养子女的父母；②无配偶的男性收养女性的，收养人与被收养人的年龄应当相差40周岁以上；③被收养人必须未满14周岁。这样规定主要是出于对近亲收养的历史传统的尊重和照顾。

需要注意的是，可以不受"被收养人不满14周岁"的限制是否意味着成年的亲侄、堂侄等也可以被收养呢。有人认为，这一规定应理解为14周岁以上、18周岁以下的也可以被收养，而18周岁以上的不能被收养。[①]我们认为，这一规定应理解为年满14周岁，不管成年与否，都可以被收养。这样理解既没有违背收养制度的宗旨，又能满足人们的需要。在现实生活中，一些无依无靠的年老夫妇或孤寡老人需要成年儿女的陪伴、照顾、关心，需要成年儿女为自己送终、安葬。老人与亲侄、堂侄等本来有一定的感情基础，再收养为儿女，更能增进、融洽双方的关系，从而实现老人收养的目的。当然，通过与亲侄、堂侄等签订遗赠扶养协议，也可以达到生养死葬的目的。但毕竟比不上在法律上产生收养关系这样紧密。法律应该允许无依无靠的老人有多种选择。

对于华侨收养三代以内同辈旁系血亲的子女的，还可以不受收养人无子女的限制。因为华侨不受计划生育政策的调整，放宽这一条件是不会影响计划生育政策的。

2．收养孤儿、残疾儿童、查找不到生父母的弃婴和弃儿

收养孤儿、残疾儿童或查找不到生父母的弃婴和弃儿，不仅使这些孩子能在家庭中健康成长，而且能减轻国家、社会的负担。这是收养者显示爱心的人道行为，国家法律予以肯定和鼓励。因此，收养法规定，收养孤儿、残疾儿童，或社会福利机构抚养的查找不到生父母的弃婴和儿童，可以不受收养人无子女和收养一名的限制。

---

① 杨大文：《亲属法》，法律出版社1999年版，第289页，

3. 继父母收养继子女

继父母与继子女的关系相对于其他收养人与被收养人之间的关系较为特殊。因为，继子女被继父或继母收养的，有自己亲生的母亲或父亲在身边，无需国家为了被收养人的利益而以法律的形式规定种种限制。同时，继父母与继子女的关系，并不会使继子女与其生父母的关系归于消灭，因此，继子女处于双重亲子法律关系中。通过收养，将继父母与继子女关系转化为养父母与养子女关系，使亲子关系单一化，不仅有利于继子女的健康成长，也有利于家庭关系的稳定。

我国《收养法》规定，继父或者继母经继子女的生父母同意，可以收养继子女，不受下列条件的限制：①有特殊困难无力抚养的；②无子女；③有抚养教育被收养人的能力；④年满 30 周岁；⑤未患有在医学上认为不应当收养子女的疾病；⑥只能收养一名子女。继子女被继父母收养，可以不受“被收养人未满 14 周岁”的限制。从这些规定来看，继父母收养继子女没有任何限制，只要继父母与继子女的生父母双方同意以及年满 10 周岁以上的继子女的同意，就可成立收养关系。

二、收养成立的程序

在收养关系中，被收养人处于一种弱势的地位，并且收养行为对其影响重大，关系一生。故综观各国立法，大多规定由国家机关通过设定的程序并积极参与、干预收养行为。各国所设定的程序可归为两类：一是司法程序，二是行政程序。一般说来，依司法程序而成立的，当事人必须向法院提出申请，并提供有关证件，经法院审查决定宣告或认可后，收养才能成立。这样规定的有德国、法国、英国、美国等国家。依行政程序而成立的，当事人必须向主管的行政机关提出申请并提供有关证件，经行政机关审查批准后，收养才能成立。这样的规定有日本、瑞士等国。[①]我国《收养法》采取行政程序，实行登记制。

（一）我国公民收养成立的程序

我国《收养法》第 15 条第 1 款规定：“收养应当向县级以上人民政府民政部门登记。收养关系自登记之日起成立。”根据这一规定，我国公民收养子女的，不管是监护人、生父母送养的，还是社会福利机构送养的，一律要办理收养登记。从而使收养成立的程序单一、明确、肯定，也使我国的收养全部纳入政府的监督之下。为了配合收养程序的规定，经国务院批准，民政部于 1999 年 5 月 25 日发布了《中国公民收养子女登记办法》，对收养登记作了具体的规定：

① 杨大文：《亲属法》，法律出版社 1999 年版，第 290 页。

1. 办理收养登记的机关

根据《收养法》和《中国公民收养子女登记办法》第2条的规定，办理收养登记的机关是县级人民政府民政部门。如果是社会福利机构送养的，由社会福利机构所在地的民政部门办理收养登记；如果是生父母、监护人送养的，由生父母、监护人住所地的民政部门办理收养登记；收养非社会福利机构抚养的弃婴、弃儿的，由弃婴、弃儿发现地的民政部门办理收养登记；收养三代以内同辈旁系血亲的子女或继子女的，由被收养人生父或生母所在地的民政部门办理收养登记。

2. 收养登记的申请

根据《中国公民收养子女登记办法》的规定，收养当事人应当亲自去登记机关申请。夫妻共同收养的，应当共同去申请；一方因故不能亲自前往的，应当书面委托另一方。该委托书还应当经村民委员会或居民委员会证明或者经过公证。

收养人除提交收养申请书外，还要提交下列证件及证明材料：①身份证和户籍证明。②收养人所在单位或村民委员会或居民委员会出具的本人婚姻状况、有无子女、有无抚养教育的能力等情况的证明。③县级以上医疗机构出具的未患有在医学上认为不应当收养子女的疾病的身体健康检查证明。④收养人所在地的计划生育部门出具的收养人无子女的证明，如果收养是由社会福利机构送养的弃婴、弃儿、孤儿的，收养人所在地计划生育部门要出具收养人生育情况证明。

如果收养继子女的，只需提交收养人身份证、户籍证明以及收养人与被收养人生父或生母结婚的证明。

送养人需要向登记机关提交的证件和证明材料有：①身份证和户籍证明（单位做监护人的，应提交负责人的身份证明）。②由社会福利机构做送养人的，要提交被送养人进入社会福利机构的原始记录；公安机关出具的捡拾弃婴、儿童报案的证明；孤儿的生父母死亡或宣告死亡的证明。由监护人为送养人的，要提交实际监护的证明；孤儿的生父母死亡或宣告死亡的证明或被收养人生父母无行为能力并对被收养人有严重危害的证明。由生父母为送养人的，应提交与当地计划生育部门签订的不违反计划生育规定的协议；单位或村民委员会、居民委员会出具的生父母有特殊困难的证明；单方送养的，还要提交配偶下落不明或死亡的证明以及死亡一方的父母同意送养的书面意见。③子女由三代以内的亲属收养的，要提交公安机关出具的或经公证的亲属关系证明。④被收养人为残疾儿童的，要由送养人提交县级以上医疗机构出具的残疾证明。

3. 收养成立的审查和登记

根据《中国公民收养子女登记办法》第7条的规定，收养登记机关收到收养登记申请书及有关材料后，要依法进行审查，审查收养当事人提交的材料是否有效、齐全，当事人是否符合法律规定的条件。

收养查找不到生父母的弃婴和儿童的，登记机关还要在登记前进行公告，公告期为

60 日，自公告之日起满 60 日，没有人来认领的，视为查找不到生父母的弃婴、弃儿。公告期间不计算在登记办理期限内。

经过审查，收养登记机关认为收养申请符合《收养法》规定的条件的，应当在受理收养申请次日起 30 日内，为申请人办理收养登记，发给收养登记证。不符合《收养法》规定的条件的，不予登记，并对当事人说明理由。

（二）外国公民在我国收养成立的程序

关于外国人在我国收养子女的程序，1991 年《收养法》规定得非常严格。收养人与送养人必须签订书面协议，之后，既要去民政部门登记，又要到指定的公证处进行公证。这样严格的程序性规定，旨在保护我国被收养人的权益，但是手续太繁琐、复杂，也不利于外国人在我国进行收养。为了简化程序，方便外国人在我国进行收养，修改后的《收养法》规定，外国收养人应当与送养人订立书面协议，并向省级人民政府民政部门登记。当事人要求办理公证的，到国务院司法行政部门认定的具有办理涉外公证资格的公证机构办理收养公证。可见，我国涉外收养也实行登记制，不再采用双重程序。

为了规范涉外收养登记行为，1999 年 5 月 25 日，民政部经国务院批准，根据《收养法》的涉外程序规定，发布了《外国人在中华人民共和国收养子女登记办法》。该办法有如下主要规定：

1．办理涉外收养登记的机关

办理涉外收养登记的机关是省级人民政府民政部门。

2．涉外收养登记的申请程序

根据《外国人在中华人民共和国收养子女登记办法》第 4 条的规定，外国人在华收养子女应当通过所在国政府或政府委托的收养组织向中国政府委托的收养组织转交收养申请书以及有关的证明文件。有关的证明文件包括：①出生证明；②婚姻状况证明；③职业经济收入和财产状况证明；④身体健康检查证明；⑤有无受过刑事处罚的证明；⑥收养人所在国主管机关同意其跨国收养子女的证明；⑦家庭情况报告。收养人的申请书以及上述文件都要由收养人所在国的有关机关出具，经其所在国外交机关或外交机关授权的机构认证，并经中国驻该国的使馆或领事馆认证。在华连续居住一年以上的外国人在华收养子女的，还要提交所在单位或有关部门出具的上述二、三、四、五项的证明。送养人也应向省级人民政府民政部门提交有关的证明材料。这些证明材料同前面所述的国内收养中送养人所要提交的材料是一致的。

3．涉外收养的审查、登记程序

涉外收养的审查、登记程序同国内收养的审查、登记程序要求基本一致。

值得注意的是，2011 年 4 月日实施的《中华人民共和国涉外民事关系法律适用法》对涉外收养做了专门规定，如第 28 条规定：“收养的条件和手续，适用收养人和被收养人经常居所地法律。收养的效力，适用收养时收养人经常居所地法律。收养关系的解除，适用收养时被收养人经常居所地法律或者法院地法律。”根据该法规定，外国人收养我国的子女，收养的条件和程序既应适用我国法，也应适用该外国人经常居所地的法律。同时，收养关系成立的效力，应适用收养时该外国人的经常居所地的法律；解除收养关系则应适用收养时我国子女的经常居所地法律或者法院地的法律。这样规定，是为了防止收养关系在我国成立后，外国人将原我国国籍（经常居住地）的子女带回其经常居住地（或本国），但该国法律不承认这种收养关系，同时也防止外国人利用对其有利的法律任意解除收养关系。

第三节 收养的法律效力

收养的法律效力（以下简称“收养的效力”）是指收养自登记成立后，所产生的一系列的法律效果。收养的效力主要表现为：新亲子关系及其他亲属关系产生，而原亲子关系归于消灭。它不仅涉及养父母、养子女及其生父母关系，而且还涉及养子女与养父母近亲属的关系。收养的效力分为拟制效力和解销效力两个方面。

一、收养的拟制效力

收养的拟制效力，是指收养产生新的由法律确认的亲子关系及其他亲属间权利义务关系的效力。《收养法》第23条第1款规定：“自收养关系成立之日起，养父母与养子女间的权利义务的关系，适用法律关于父母子女关系的规定；养子女与养父母的近亲属间的权利义务关系，适用法律关于子女与父母的近亲属关系的规定。”这就是收养的拟制效力的规定。关于拟制效力的范围各国规定不完全一样。如法国、德国规定拟制效力的范围仅限于养父母、养子女以及在收养关系存续期间养子女所出的晚辈直系血亲。而日本规定拟制的效力比较广泛，还包括养父母的血亲。我国收养的拟制效力、养父母、养子女以及养父母的近亲属，其范围也较广泛。

（一）对养父母与养子女的拟制效力

在法律上，养父母子女关系等同于亲生父母子女关系，它们具有完全相同的权利义务。根据《收养法》、《婚姻法》和《继承法》的有关规定，养父母、养子女之间的权利义务关系的内容具体包括以下几个方面：

1. 养子女可以随养父姓，可以随养母姓

根据婚姻法的规定，子女可以随父姓，可以随母姓。从子女的角度来讲，法律赋予了子女选择的权利，但这种选择的权利有一个隐藏的前提。即不管是谁的姓，都自然地、肯定地随父母姓，这是人们长期以来所形成的根深蒂固的姓氏观念和习惯做法。但是在养父母与养子女之间由于没有天生的血缘联系作为基础，就会出现有一定识别能力的养子女，要放弃亲生父母的姓，而改随养父母的姓，在感情上一时难以接受的问题，或者随养父母姓后，随着感情的变化，又可能产生改回原姓的想法。由于传统观念的影响，养父母对养子女的成长教育付出了许多心血，如果养子女不随养父母的姓氏，从养父母的感情角度出发，他们是难以接受的。虽然我国《收养法》第24条规定："养子女可以随养父或养母的姓，经当事人协商一致，也可以保留原姓。"但鉴于上述原因，我们认为，《收养法》第24条应该修改为："养子女应当随养父或养母的姓，经养父母同意，也可以保留原姓。"这样才有利于保护养父母的利益，以免养子女在姓氏问题上伤害养父母的感情。

养子女随养父母姓，必须依户籍登记才能实现，也只有进行户籍登记，才能解决因户籍所产生的现实问题。为此，《收养法》特意增加了"收养关系成立后，公安部门应当依照国家有关规定为被收养人办理户口登记"的规定。

2. 互负抚养、赡养的义务

这是养父母、养子女关系中最重要的权利义务内容。根据《婚姻法》第21条的规定，养父母对养子女有抚养教育的义务。如果养父母不履行抚养义务，未成年的或不能独立生活的养子女，有权利要求养父母给付抚养费；相应地，养子女对养父母有赡养扶助的义务。如果养子女不履行赡养义务，无劳动能力的或生活困难的父母，有权利要求养子女给付赡养费。

3. 互享继承权

根据《继承法》的有关规定，养子女与养父母互有继承权，并且养子女的继承顺序及应继承份额与亲生子女相同。

（二）对养子女与养父母的近亲属的拟制效力

养子女与养父母的近亲属之间也产生法律上的权利义务关系，它们是养父母养子女关系在法律上的延伸。具体包括两种：其一，养子女与养父母的父母间产生孙子女、外孙子女与祖父母、外祖父母间的权利义务关系，在一定的条件下，他们互负抚养、赡养的义务。祖父母、外祖父母对孙子女、外孙子女的遗产有继承权，孙子女、外孙子女对祖父母、外祖父母的遗产有代位继承权。其二，养子女与养父母的其他子女间产生养兄弟姊妹间的权利义务关系，在一定条件下，他们互负扶养的义务，并互享继承权。至于养父母与养子女的晚辈直系血亲能否产生祖孙间的权利义务关系，《收养法》中没有明确的规定，但最高法院《关于贯彻执行〈中华人民共和国继承法〉若干问题的意见》第26条规定，被继承人的养子女的直系卑亲属可以代位继承，其直系卑亲属包括被继承人的养子女的亲生子女和养子女。从这一规定看，养父母与养子女的晚辈直系血亲

（包括拟制的）应该产生祖孙间的权利义务关系。

二、收养的解除效力

收养的解除效力是指收养终止原有的亲子关系及其他亲属关系的效力。《法国民法典》对此规定了完全收养和单纯收养两种效力。在完全收养的情况下，养子女与生父母及其他亲属间的权利义务关系归于消灭；而在单纯收养中，被收养人仍留在与其有血缘关系的家中，保留一切权利，承担赡养生父母的义务，也就是说被收养人与收养人建立了法律上的亲子关系的同时，与生父母仍保存法定的权利义务关系。

我国只承认完全收养。《收养法》第 23 条第 2 款规定："养子女与生父母及其他近亲属间的权利义务关系，因收养关系的成立而消除。"

收养经登记成立，养子女与其生父母在法律上的权利义务关系就要归于消灭，相互之间既不互享权利，也不互负义务。养子女与其他近亲属间的权利义务关系也要归于消灭：养子女与生父母的父母不再具有祖孙间的权利义务关系；与生父母的其他子女不再具有兄弟姊妹间的权利义务关系。但是在养子女与生父母及其他近亲属间，《婚姻法》中有关通婚的禁止性规定仍要遵守：由于血缘关系，法律规定直系血亲间禁止结婚，三代以内的旁系血亲间禁止结婚。收养只能消除养子女与生父母及其近亲属在法律上的权利义务关系，而他们之间的血缘联系是无法割断的。

三、收养行为无效

收养行为无效，是指收养行为已经成立、但因欠缺有效要件而导致无效的收养行为。许多国家的亲属法既有收养无效的规定，又有收养撤销的规定。而我国《收养法》只有收养无效的规定。《收养法》第 25 条第 1 款规定："违反《中华人民共和国民法通则》第 55 条和本法规定的收养行为无法律效力。"根据这一规定，导致收养无效的原因有三个方面。

（一）主体资格不合格

1. 收养人资格不合格

收养人有子女者又收养的、未满 30 岁者收养子女的、无配偶的男性收养女性年龄差不够 40 周岁的、患有医学上认为不应当收养子女的疾病的人及不具备抚养教育被收养人的能力的人，都属于收养人不合格。

2. 被收养人资格不合格

被收养人不合格，是指被收养的人已满 14 周岁、不属于孤儿或查找不到生父母的弃婴、弃儿，或生父母有特殊困难无力抚养的子女。

（二）自愿性有瑕疵

因自愿性有瑕疵而导致无效，是指未经被收养人的生父母双方同意送养的（一方下落不明或查找不到的除外）；未经夫妻双方同意收养的；未经10周岁以上的被收养人同意的；配偶一方死亡，另一方送养子女未经死亡一方父母同意的；孤儿的监护人送养未经孤儿的其他有抚养义务人同意的。由于上述情况违反了收养法关于收养成立的有效条件，因而导致收养无效。

（三）不具备合法性

我国收养法规定，收养人收养两名以上子女的、借收养名义买卖儿童的、为了再生育子女而送养子女的行为等，都属于违法行为，法律不赋予其效力。另外，我们还认为收养关系也因当事人未办理登记手续而导致收养无效。对于收养的成立，我国采用登记制，登记机关要详细审查收养的有效条件，如果认为欠缺有效条件的，就不予登记。因此，未经登记或欠缺有效条件的，收养成为无效。办理登记手续是收养成立的形式要件，未办理登记手续的，自然也就不会产生收养的法律效力。

收养无效的确认，可依诉讼程序，也可依行政程序。依诉讼程序确认收养无效的，由人民法院予以确认。当事人或利害关系人可以到人民法院提起确认之诉。依行政程序确认收养无效，是由收养登记机关发现当事人在登记时弄虚作假，骗取收养登记的，依法宣布该项收养登记无效。民政部颁布的《中国公民收养子女登记办法》第12条规定："收养关系当事人弄虚作假骗取收养登记的，收养关系无效。由收养登记机关撤销登记，收缴收养登记证。"这一规定既全面、又具体。收养关系无效，不管是依行政程序认定的，还是依诉讼程序确认的，收养登记机关都要撤销登记，收缴收养登记证。

依诉讼程序或行政程序，一旦宣布收养无效，收养则从收养行为开始时无法律效力。也就是说，无论人民法院关于确认收养无效的判决、收养登记机关关于宣布收养登记无效的决定何时作出，收养无效的法律后果都溯及至收养行为开始之时。收养人与被收养人不产生父母子女的身份关系，也没有父母子女间的权利义务关系。

第四节　收养关系的解除

收养关系的解除，是指收养关系成立后，根据当事人的合意或法定的理由，将已经存在的收养关系加以解除的法律行为。收养是变更亲子关系的重大的、严肃的法律行为，收养关系成立后一般不得解除。但是，养父母、养子女毕竟是拟制的血亲，可能因各方面的原因导致收养关系恶化和事实上的解体。在这样的情形下，如果不解除这种名存实亡的收养关系，即与收养制度的宗旨相违背，也可能导致意想不到的事情发生。因此《收养法》规定，在一定的条件下，可以解除收养关系。

收养关系的终止与收养关系的解除是不同的。收养关系终止是一个广义的概念，它包括收养关系中一方死亡，收养关系自然终止。此外，收养关系的解除，收养关系也发生终止。收养关系的解除是一个狭义的概念，它是指收养关系人为地终止。

收养关系的解除与收养关系的无效也不同。收养的解除以收养关系有效存在为前提，一旦依法解除，即从解除之日起失去法律效力；而收养的无效是指收养成立时，因收养的有效条件存有瑕疵而导致收养无效。无效收养自收养行为开始时就无法律效力。

根据我国《收养法》的规定，收养关系的解除可以分为两种情况，即收养的协议解除和收养的诉讼解除。

一、收养的协议解除

收养的协议解除是指养父母与养子女双方同意，终止他们之间的权利义务关系的法律行为。既然收养能依双方的合意而成立，应该允许双方依合意而解除。这是意思自治原则在收养领域中的体现。

（一）协议解除的条件

协议解除的条件只有一个，就是双方当事人有终止收养的合意，即养父母、养子女双方都同意解除收养关系。但同意的意思表示要由有完全民事行为能力的人为之。根据《收养法》第26条、第27条的规定，如果被收养人为10周岁以下，无民事行为能力，则完全由其送养人作为法定代理人作出收养终止的意思表示；如果被收养人为10周岁以上的未成年人，属限制民事行为能力，则由作为法定代理人的送养人和被收养人共同作出收养终止的意思表示，也就是说解除收养要征得养子女本人的同意；如果被收养人已经成年，就由养子女自己作出收养终止的意思表示。

当事人双方终止收养的合意，除了双方都同意终止收养关系外，双方还应就收养解除后的财产问题和生活问题达成共识。协商不成的，可通过诉讼程序解决。

（二）协议解除的程序

根据《收养法》第28条规定："当事人协议解除收养关系的，应当到民政部门办理解除收养关系的登记。"可见，协议解除的程序实行单一的登记制。具体操作程序应根据《中国公民收养子女登记办法》第9条、第10条的规定，当事人应当持身份证、户籍证明、收养登记证和解除收养关系的书面协议，共同到被收养人常住户口所在地的收养登记机关申请办理解除收养关系的登记。收养登记机关应当自申请的次日起30天内进行审查，符合收养法规定的，要予以解除登记，收回收养登记证，发给解除收养关系证明。

二、收养的诉讼解除

收养的诉讼解除是指在一方要求解除收养关系，而另一方不同意的情况下，根据法律的规定将收养关系经诉讼程序予以解除的法律行为。

（一）诉讼解除的条件

1. 双方要求解除收养关系的

这是诉讼解除的前提条件。如果双方都同意解除收养关系，不管出于什么理由都属于协议解除。

2. 收养人不履行抚养义务，有虐待、遗弃等侵害未成年人合法权益行为的

我国《收养法》第25条第2款规定："收养人不履行抚养义务，有虐待、遗弃等侵害未成年人合法权益行为的，送养人有权要求解除养父母与养子女间的收养关系。送养人、收养人不能达成解除收养关系协议的，可以向人民法院起诉。"收养关系成立后，养父母与养子女间形成拟制的血亲关系，与生父母子女关系一样，养父母必须承担抚养、教育养子女的义务。如果养父母对未成年的养子女有虐待、遗弃行为，送养人有权要求解除养父母与养子女间的收养关系。

3. 养父母与成年养子女关系恶化、无法共同生活的

我国《收养法》第26条规定："养父母与成年养子女关系恶化、无法共同生活的，可以协议解除收养关系。不能达成协议的，可以向人民法院起诉。"养子女成年后，由于某种原因导致与养父母之间的关系恶化，双方无法再继续共同生活，养父母或养子女任何一方都可以要求解除收养关系。

（二）诉讼解除的程序

诉讼解除的程序，是指收养当事人（收养人、送养人、已成年的被收养人）通过诉讼，解除其收养关系的程序。人民法院在审理这类案件时，应着重审查当事人要求解除收养关系的真实原因，听取年满10周岁以上被收养人的意见，本着维护收养当事人的权益和有利于未成年被收养人抚养、教育、成长的原则，妥善处理纠纷。对于符合法定解除条件的情况，应及时作出裁决，以解除当事人的收养关系，避免其他纠纷的产生。

值得注意的是，收养法对收养人单方解除收养关系是有限制的。在被收养人成年以前，除非送养人要求或同意，否则，收养关系不得解除。当然，法律对送养人要求解除收养关系，也不会随之任意。一般只有当收养人不履行抚养义务，有虐待、遗弃等危害未成年的养子女的行为时，法律才会支持送养人解除收养关系的诉讼请求。

人民法院在处理这类案件时，可以对当事人进行调解，帮助他们达成解除收养关系的协议；经过调解，当事人愿意和好的，应准予他们维持收养关系；调解无效时，应当作出判决。

收养关系自准予解除收养的调解书或判决书生效之日起解除。

三、收养解除的法律后果

收养关系解除以后，将产生如下法律后果：

（一）对养子女与养父母及其近亲属的法律后果

《收养法》第 29 条规定："收养关系解除后，养子女与养父母及近亲属间的权利义务关系即行消除。"根据该规定，养父母与养子女之间基于身份所产生的抚养赡养义务以及继承权都将归于消灭。

但是，养父母与养子女间的抚养赡养义务并不因收养解除而简单地一笔勾销，而是要根据双方的主观过错、尽义务的情况等因素，妥善处理抚养赡养的有关问题。

（1）《收养法》第 30 条第 1 款规定："收养关系解除后，经养父母抚养的成年养子女，对缺乏劳动能力又缺乏生活来源的养父母，应当给付生活费。"养子女已由养父母抚养成年，养父母已尽抚养教育的义务，现因收养的解除养子女不用承担赡养的义务，这对养父母是非常不公平的。所以收养法设置了这一规定。收养关系解除时，养父母缺乏劳动能力又缺乏生活来源时，养子女应该承担给付生活费的义务。《收养法》的这一规定就是为了保护养父母的利益。

（2）养子女在因虐待、遗弃养父母而解除收养关系的情况下，为维护养父母的合法权益，惩罚实施虐待、遗弃行为的养子女，《收养法》第 30 条第 1 款还规定："因养子女成年后虐待、遗弃养父母而解除收养关系的，养父母可以要求养子女补偿收养期间的生活费和教育费。"即养父母除可以要求养子女补偿收养期间的生活费外，还可以要求补偿收养期间的教育费。

（3）《收养法》第 30 条第 2 款规定："生父母要求解除收养关系的，养父母可以要求生父母适当补偿收养期间支出的生活费和教育费，但因养父母虐待、遗弃养子女而解除收养关系的除外。"生父母要求解除收养，重新抚养亲生子女，应同养父母协商。因为生父母的要求无疑会伤害到养父母的感情，侵害到养父母的利益。为了保护养父母的权益，由生父母向养父母补偿收养期间支出的生活费和教育费，这是非常必要的。但是如果养父母虐待、遗弃养子女，而生父母因此要求解除收养关系的，养父母就无权要求生父母补偿其收养期间所支付的一切费用。这一规定主要是为了惩罚养父母的虐待、遗弃行为。此外，养父母虐待、遗弃养子女，构成犯罪的，还要依法追究刑事责任。

（4）收养关系解除后，养子女与养父母的父母之间的祖孙关系要归于消灭，与养父母的其他子女的养兄弟姊妹关系也要归于消灭。

（二）对养子女与生父母及其他近亲属的法律后果

我国《收养法》第29条规定："收养关系解除后，养子女与生父母及其他近亲属间的权利义务关系自行恢复，但成年养子女与生父母及其他近亲属间的权利义务关系是否恢复，可以协商确定。"收养关系解除后，养子女没有成年的，仍需他人抚养教育，作为生父母，当然有责任重新抚养教育亲生子女。自行恢复亲子关系后，其他亲属间的关系也自然恢复。养子女已经成年的，无需他人抚养教育。养子女与养父母的收养关系尽管解除，但养子女对养父母的责任并未完全免除。如果强行规定成年养子女与生父母自行恢复父母子女间的权利义务关系，则会加重养子女的责任，对养子女不利。

成年养子女与生父母一旦协商确定恢复父母子女间的权利义务关系，处于从属地位的养子女与生父母的其他亲属间的权利义务关系应该自行恢复。

第九章　其他家庭成员关系

第一节　祖孙关系

祖孙关系，是指祖父母与孙子女之间、外祖父母与外孙子女之间的权利义务关系。祖孙关系成为法律调整的对象，是1980年《婚姻法》增加的一项内容。祖孙间的血缘联系，是仅次于父母子女关系的直系血亲。在现实生活中，祖孙间共同生活，彼此照料、提供经济帮助是我国的传统习惯，尤其是当未成年子女的父母不能抚养子女，或祖父母、外祖父母的子女不能赡养父母，祖父母、外祖父母抚养孙子女、外孙子女，或孙子女、外孙子女赡养祖父母、外祖父母是常见的社会现象。为了发扬这种优良的传统，也为了贯彻保护儿童、老人合法权益的原则，把祖孙间的权利义务用法律的形式固定下来，是很有必要的。但是，祖孙关系毕竟不同于父母子女关系，他们是三代的直系血亲，他们所需要的抚养、赡养，首先应由他们的父母（对子女）和子女（对父母）承担。所以，我国婚姻法一方面确定了祖孙间的权利义务关系，另一方面为他们之间权利义务的履行设定了必要的条件，以保证抚养、赡养的有序进行。1980年《婚姻法》第22条规定；“有负担能力的祖父母、外祖父母，对于父母已经死亡的未成年的孙子女、外孙子女，有抚养的义务。有负担能力的孙子女、外孙子女，对于子女已经死亡的祖父母、外祖父母，有赡养的义务。”最高人民法院在实践中对这一规定又作了补充，在1984年在《关于贯彻执行民事政策法律若干问题的意见》中规定：“有负担能力的祖父母、外祖父母，对于父母一方死亡、另一方确无能力抚养或父母均丧失抚养能力的未成年的孙子女、外孙子女，有抚养的义务。有负担能力的孙子女、外孙子女，对于子女已经死亡或子女确无力赡养的祖父母、外祖父母，有赡养的义务。”《婚姻法》（2001年修正案）将二者合二为一，在《婚姻法》第28条规定：“有负担能力的祖父母、外祖父母，对于父母已经死亡或父母无力抚养的未成年的孙子女、外孙子女，有抚养的义务。有负担能力的孙子女、外孙子女，对于子女已经死亡或子女无力赡养的祖父母、外祖父母，有赡养的义务。”

根据法律的规定，祖孙间的权利义务及履行的条件如下。

一、祖父母、外祖父母对孙子女、外孙子女的抚养义务

祖父母、外祖父母对孙子女、外孙子女有抚养的义务。祖父母、外祖父母在以下条件下才对孙子女、外孙子女负有抚养的义务：①祖父母、外祖父母须有负担能力；②孙子女、外孙子女是未成年人；③孙子女、外孙子女的父母已经死亡，或父母一方死亡另一方确无抚养能力，或父母虽未死亡但均丧失抚养能力。

以上三个条件必须同时具备，才产生祖父母、外祖父母对孙子女、外孙子女的抚养义务。祖父母、外祖父母对孙子女和外孙子女的抚养义务，是不以共同生活为必要条件。所以，祖父母和外祖父母对孙子女、外孙子女的抚养义务是平等的。如果他们都有负担能力，而孙子女、外孙子女又出现了法律规定的需有他们抚养的情况，就视他们为同一顺序的抚养义务人。为了避免互相推诿或互相争夺的现象，为确保未成年的孙子女、外孙子女的健康成长，他们应合理分担抚养责任。

二、孙子女、外孙子女对祖父母、外祖父母的赡养义务

孙子女、外孙子女对祖父母、外祖父母有赡养义务。孙子女、外孙子女对祖父母、外祖父母的赡养义务同样有条件的。条件是：①孙子女、外孙子女有负担能力；②祖父母、外祖父母需要赡养；③祖父母、外祖父母的子女已经死亡，或虽未全部死亡，但生存的子女确无赡养能力。

孙子女、外孙子女对祖父母、外祖父母赡养义务的产生，同样要求同时具备以上三个条件。孙子女、外孙子女对祖父母、外祖父母的赡养义务也是平等的，也不以共同生活为必要条件。

从以上法律规定的祖孙间的抚养、赡养的条件来看，祖孙间的抚养、赡养是处在抚养、赡养义务的第二位，具有对父母子女抚养、赡养义务的补位性质。当祖孙间抚养、赡养义务依法产生后，抚养、赡养义务人应自觉履行。否则，受抚养或赡养权利人有权要求他们履行义务，人民法院依权利人的请求，可强制义务人履行义务。

三、祖孙间的继承权

祖父母、外祖父母对孙子女、外孙子女的遗产有继承权。祖父母、外祖父母是第二顺序法定继承人，在没有第一顺序继承人或第一顺序继承人均放弃继承权时，可以继承孙子女、外孙子女的遗产。孙子女、外孙子女不是法定继承人，但他在父母先于祖父母、外祖父母死亡时，可作为代位继承人继承祖父母、外祖父母的遗产（详见本书第十二章）。

以上祖孙间的权利义务，适用于自然血亲的祖孙关系和法律拟制血亲的祖孙关系。

第二节　兄弟姐妹关系

兄弟姐妹是最近的旁系血亲。常言道：兄弟姐妹情同手足。兄弟姐妹在成长过程中互相帮助、扶助，在现实生活中也是极为普遍的。所以，1980 年的《婚姻法》把兄弟姐妹间权利义务也加以规定，加强了家庭关系的法律调整。《婚姻法》第 23 条规定："有负担能力的兄、姐，对于父母已经死亡或父母无力抚养的未成年的弟、妹，有抚养的义务。"最高人民法院在 1984 年的《关于贯彻执行民事政策法律若干问题的意见》中又规定："由兄、姐抚养长大的有负担能力的弟、妹，对丧失劳动能力、孤独无依的兄、姐，有赡养的义务。"《婚姻法》（2001 年修正案）把最高人民法院的意见纳入法律中，在第 29 条规定："有负担能力的兄、姐，对于父母已经死亡或父母无力抚养的未成年的弟、妹，有扶养的义务。由兄、姐扶养长大的有负担能力的弟、妹，对于缺乏劳动能力又缺乏生活来源的兄、姐，有扶养的义务。"可见，兄弟姐妹的权利义务也是有条件的。

一、兄、姐对弟、妹的扶养义务

根据法律的规定，兄、姐在以下条件下，对弟、妹有扶养的义务：

（1）兄、姐有负担能力。

（2）弟、妹未成年。

（3）父母已经死亡或父母无力抚养。

以上三个条件必须同时具备，兄、姐对弟、妹的扶养义务才产生。只要兄、姐有负担能力，弟、妹出现了法律规定的需要扶养的情形，兄、姐对弟、妹就有扶养的义务。兄、姐应自觉履行，否则，弟、妹有请求人民法院给予强制执行的权利。

二、弟、妹对兄、姐的扶养义务

弟、妹在以下条件下对兄、姐也有扶养的义务：

（1）弟、妹有负担能力。

（2）弟、妹由兄、姐扶养长大。

（3）兄、姐缺乏劳动能力又缺乏生活来源。

以上条件必须同时具备，弟、妹对兄、姐的扶养义务才成立。当条件成就时，弟、妹也必须自觉履行对兄、姐的扶养义务。

从以上法律规定对兄弟姐妹间扶养义务所要具备的条件看，兄弟姐妹的扶养义务也是具有对父母抚养义务的补位性质。在实践中有时会发生兄、姐与祖父母、外祖父母均有负担能力，同时对未成年人产生扶养（抚养）义务。那么由谁来具体履行义务呢？我国现行婚姻家庭法律没有具体规定。我们认为可与监护权结合考虑，谁有监护权，谁履行扶养（抚养）义务。

兄弟姐妹间的扶养义务，适用于同胞的兄弟姐妹（包括全血缘的兄弟姐妹和半血缘的兄弟姐妹）和养兄弟姐妹。继兄弟姐妹是否适用，法律没有明确规定，一般由当事人自己决定。而继兄弟姐妹之间一旦有了扶养关系，他们彼此间也就享有继承权。

三、兄弟姐妹的继承权

兄弟姐妹相互间有继承权。兄弟姐妹为第二顺序法定继承人，在没有第一顺序继承人或第一顺序继承人均放弃继承权时，被继承人的兄弟姐妹可继承其遗产（详见本书第十二章）。

第十章　家庭关系中的法律救助和法律责任

第一节　法律救助措施

关于救助措施，我国现行《婚姻法》集中在第43条、44条中规定。《婚姻法》第43条规定："实施家庭暴力或虐待家庭成员，受害人有权提出请求，居民委员会、村民委员会以及所在单位应当予以劝阻、调解。""对正在实施的家庭暴力，受害人有权提出请求，居民委员会、村民委员会应当予以劝阻；公安机关应当予以制止。"《婚姻法》第44条规定："对遗弃家庭成员，受害人有权提出请求，居民委员会、村民委员会以及所在单位应当予以劝阻、调解。""对遗弃家庭成员，受害人提出请求的，人民法院应当依法作出支付扶养费、抚养费、赡养费的判决。"

一、救助措施的概念及种类

（一）救助措施的概念

救助措施，是指"当权利主体在实现自己的权利过程中遇到障碍或受到侵害时，法律允许权利主体或有关机关依法采取的各种旨在保护或恢复权利的手段和方法"。[①]

救助措施有以下特征：

（1）救助措施是一种权利保护措施。救助措施采用的目的，是为了保护和恢复权利，所以它具有排除妨害和恢复原状的特性。这就与以惩罚和补偿为目的的法律责任有所区别。

（2）救助措施的采用，必须有对权利侵害的事实发生。如果没有侵权的发生，就无需采用也不能采用救助措施。

（3）救助措施的采用，必须依法进行。权利人的权利虽然受到侵害，但并不表示权利人可以随意对抗侵权人。权利人无论采取何种救助措施，都必须依法律行事。

（4）实施救助措施，可以是权利人本人，也可以是经法律授权的有关部门和单位。

---

① 李明舜主编：《婚姻法中的救助措施与法律责任》，法律出版社2001年版，第1页。

（二）救助措施的种类

婚姻家庭关系中的权利救助，从救助手段来看，有自我救助、司法救助、社会救助。

(1) 自我救助就是权利人在权利受到侵害或权利的行使遇到障碍时，自己采取的制止侵害和排除障碍的各种合法的手段和方法。常见的有紧急避险、正当防卫等。权利人的自我救助是最快、最及时的自我保护措施。

(2) 司法救助是指国家司法机关依法对婚姻家庭关系中当事人的合法权益给予保护所采取的强制措施。司法救助因其具有强制性的特征，成为权利救助中一种有力的措施。

(3) 社会救助是指政府有关部门、当事人所在单位、社会团体及群众组织等依法对婚姻家庭关系中当事人的权益给予保护而采取的措施。根据救助的实施机关的不同，社会救助中又有政府救助和民间救助。

过去，我国对婚姻家庭领域中的法律救助非常薄弱。除了在事件严重的情况下对加害人进行人身制裁外（严格说这是一种法律责任），其他措施几乎没有。尤其缺乏对受害人的实际保护措施。而在民间，婚姻家庭中的侵权行为往往被认为是私事，所谓的“清官难断家务事”，家庭中的是是非非，谁也说不清、管不了。因此，婚姻家庭中的侵权行为出现时，很多单位和组织并未重视和积极处理。有的单位如妇联、工会、居委、村委等对家庭侵害行为的处理较为积极，但却因缺乏制约暴力的权力，心有余而力不足。

鉴此，《婚姻法》（2001 年修正案）增设的对婚姻家庭关系中侵权行为的法律救助措施的内容中，加强了公力救助的规定，进一步明确了国家司法机关与社会有关部门对婚姻家庭关系中的权利受侵害的当事人的救助职责，赋予了居民委员会、村民委员会、当事人所在单位、公安机关、人民法院都有依法给予救助的职责。

二、救助的范围及救助措施

（一）救助的范围

从理论上讲，只要家庭成员的合法权利受到侵害，都可获得法律救助。家庭成员的婚姻家庭权益是多方面的，其中不少涉及当事人的隐私，其相应的权利就带有私权的特征。如果社会过多介入私人领域，不符合法律调整的原则，不利于婚姻家庭关系的自我调节和自我发展。而且，有些婚姻家庭领域的权益，要国家公力去排除妨害是难以实现的。我国现行《婚姻法》主要是规范司法救助和社会救助，在法律救助的范围上考虑了婚姻家庭权益的私权特性进行有针对性的规定。

根据我国现行《婚姻法》第43条、第44条规定，国家司法机关与社会有关部门主要是对受到家庭暴力、虐待和遗弃的家庭成员给予法律救助。家庭暴力和虐待、遗弃家庭成员的行为，是严重的违法行为，它侵害的不仅是家庭成员的受扶养权和居住权，而且还会危及家庭成员的健康和生命，对他们的生命健康权造成侵害。《婚姻法》在总则中已明文规定“禁止家庭暴力。禁止家庭成员间的虐待和遗弃”。（详见本书第一章，第四节之四“保护妇女、儿童和老人合法权益原则”）这些侵权行为严重的，还是触犯刑律的行为。所以，国家司法机关与社会有关部门对受到家庭暴力、虐待和遗弃的家庭成员给予法律救助是必要的。

（二）救助的措施

国家司法机关与社会有关部门主要是对受到家庭暴力、虐待和遗弃的家庭成员给予法律救助，可以通过以下具体措施实行。

1．劝阻、调解

这主要是行政机关（如村民委员会、居民委员会等）、社会团体、群众组织和当事人所在单位采取的救助措施。社会有关部门的救助工作，虽然不能采取一些强制性的措施，但并不意味着他们不能给予受害者以救助。他们通过劝阻、调解，可以制止侵权，缓和矛盾。而且由于他们往往与受害人和加害人关系较为密切（因为他们可能是当事人居住地的村民委员会或居民委员会或当事人所在单位），对当事人较为了解，劝阻侵害行为和调解矛盾，也就有针对性。因此，他们对受害人救助是有特殊作用的。受害人向住所有关组织或所在单位请求救助，一般手续也比较简单，口头请求或电话求助都可以。对受到家庭暴力、虐待或遗弃的受害人提出请求的，居民委员会、村民委员会以及所在单位应当予以劝阻、调解。

2．制止

这是带有一定强制性的救助措施，一般由公安机关来执行。根据婚姻法的规定，对正在实施的家庭暴力，受害人有权提出请求，公安机关应当予以制止。公安机关是国家的执法机关之一，具有国家赋予的强制执行的权利，对制止家庭暴力有着强有力的保证。在婚姻家庭法中明确公安机关对婚姻家庭纠纷的介入，在我国还是首次。虽然在实际操作中，公安机关依据相关的法律，可以对任何暴力行为给予制止，其中也应包括家庭暴力。但那毕竟不是专门制止家庭暴力的法律指引。作为调整婚姻家庭关系的法律，婚姻法应有相关的条款，明确公安机关的职责，给受害人指明求助的途径，是非常必要的。

3．给付

这主要是由人民法院所采取的救助措施。这里的“给付”，主要是有关扶养费、抚养费、赡养费（可统一理解为广义的扶养费）的给付。我国《婚姻法》规定，夫妻间、父母子女间有相互扶养的义务，祖孙间、兄弟姐妹间在一定条件下也有扶养的义务。有扶养义务而拒绝履行义务，就会给受扶养人造成生活上的困难，甚至危及生命健康。所以，对受虐待和遗弃的家庭成员，有必要给予及时的救助。他们因索要扶养费发生纠纷的，可以通过有关单位的调解，也可以向人民法院提起诉讼，使自己的合法权利得到保护。人民法院在审理此类案件时，可以根据当事人的申请，裁定先予执行，并依法作出支付扶养费、抚养费、赡养费的判决。

除以上措施外，还可以依靠一些民间团体的力量，发挥其积极的作用。如可以社区为中心，开设庇护中心，为受到家庭暴力、虐待和遗弃的受害人提供住处，给予他们心理辅导和法律援助，等等。

第二节　法 律 责 任

一、法律责任的概念和特征

法律责任从广义上讲，是指任何组织和个人都有遵守法律的义务，自觉维护法律的尊严。在司法上，法律责任通常作狭义解释，是指人们对违法行为所应承担的带有强制性的法律上的后果。行为所违反的法律不同，法律责任也不同，主要有刑事法律责任、民事法律责任和行政法律责任等。当某一行为同时违反了多种法律，违法者就要同时承担多种法律责任。如故意杀人，杀人者既要负刑事责任，同时也要承担民事责任，对死者及其家属进行赔偿。

法律责任具有以下特征：

1．法律责任以违反法律义务为前提

法律责任是人们的违法行为所带来的法律后果。没有违法就不存在法律责任。法律是通过规定权利义务来规范人们的行为。法律义务是人们必须遵守的，不得违反。所以，法律义务是认定法律责任的基础。

2．法律责任具有强制性

法律责任与一般的社会责任不同，就在于它的强制性。调整婚姻家庭关系的规范有法律，也有道德。违反法律要承担法律责任，违反道德也要承担道德责任。但道德责任是不具强制力的，违反道德一般受到的是社会舆论和自我良心的谴责。这些谴责在对违法者的制裁上显得那么的软弱无力。法律责任则表现在国家对违法行为的追究，并有具体的措施给予违法者以制裁。

现行《婚姻法》，对法律责任作了较为具体的规定。如在《婚姻法》第 43 条规定："实施家庭暴力或虐待家庭成员，受害人提出请求的，公安机关应当依照治安管理处罚的法律规定予以行政处罚。”在《婚姻法》第45条规定：“对重婚的，对实施家庭暴力或虐待、遗弃家庭成员构成犯罪的，依法追究刑事责任。”在《婚姻法》第46条规定：有法律规定的过错行为，“导致离婚的，无过错方有权请求损害赔偿”。

本章介绍的法律责任，主要是婚姻家庭关系中有关当事人的违法行为所要承担的法律后果。

二、行政责任

（一）婚姻家庭领域的行政责任

婚姻家庭关系虽然是民事关系，但是它与许多国家行政机关有密切的联系。如婚姻登记有婚姻登记机关（民政部门），制止暴力有公安机关等。当人们的婚姻家庭关系与国家行政机关发生关系，也就产生了行政法律关系。违反了行政法律的有关规定，就要承担行政责任。

行政责任是一个有多重含义的概念。一般而言，行政责任一词出现的语境不同，其所指的范围也有所不同，大致有三种情况：“第一，行政责任指行政机关依法追究的违法责任；第二，行政责任指行政机关依法承担的法律责任；第三，行政责任是涵盖上述两类法律责任的集合名词。”① 婚姻家庭法中的行政责任，应取第三种情况。

首先，国家行政机关在保护婚姻家庭成员的合法权益时有法定的职责。如婚姻登记机关应积极履行婚姻登记职责，依法为符合条件的申请结婚或离婚的当事人办理结婚登记或离婚登记。如果婚姻登记机关怠于履行这一职责，或者有其他违法行为，就要承当相应的法律责任——行政责任。对重婚的，对实施家庭暴力或虐待、遗弃家庭成员构成犯罪的，受害人本人取证确有困难的，公安机关应当依法侦查。② 这一规定是2001年《婚姻法》修改时新增加的。对于公安机关介入婚姻家庭领域，在婚姻法修改的讨论中，有不同的意见。主要分歧在公安机关介入的程度和范围。在讨论中，绝大部分学者都认为，对婚姻家庭中的一些严重的违法行为，如家庭暴力，包括公安机关在内的国家机关不应坐视不理，应运用法律赋予的权利排除妨害，维护婚姻家庭当事人的合法权益。

其次，婚姻家庭关系的当事人有违法行为的，国家行政机关也可依法追究当事人的行政责任。如受胁迫非自愿结婚的，婚姻登记机关可依受胁迫方的请求撤销该婚姻。对实施家庭暴力或虐待家庭成员，应受害人的请求，公安机关应当依照治安管理处罚的法

---

① 李明舜主编：《婚姻法中的救助措施与法律责任》，法律出版社2001年版，第156页。

② 《中华人民共和国婚姻法》第45条的规定。

律规定予以行政处罚。[①]

（二）婚姻家庭关系中违法者承担行政责任的方式

国家行政机关对婚姻家庭关系中的违法者，追究行政责任的主要方式有：

1．警告

这是违法者承担的行政责任中最为轻微的一种。它是由行政机关依法对违法者提出的一种谴责性的警示。

2．罚款

这是行政机关对违法者的一种经济制裁，是行政机关责令违法者交纳一定数额金钱的责任形式。在违反婚姻家庭法的行政责任中，罚款是适用范围较为广泛的一种。如《收养法》第 31 条规定："……遗弃婴儿的，由公安部门处以罚款；……出卖亲生子女的，由公安部门没收非法所得，并处以罚款；……"

3．行政拘留

这是行政责任中一种较为严厉的责任形式。行政拘留是公安机关实施的对违法者实行短期内剥夺人身自由的行政责任形式。这种行政责任形式只能由公安机关实施。行政拘留的期限是 1 日以上 15 日以下。公安机关对违法者实施行政拘留的依据是《中华人民共和国治安管理处罚法》。根据该法第 43 条、第 45 条的规定，"殴打他人，或者故意伤害他人身体的"，"虐待家庭成员，被虐待人要求处理的"，违法人的行为尚不构成犯罪，公安机关可处以拘留、罚款或警告。

另外，国家行政机关对行政工作人员违反婚姻家庭法的有关规定的违法行为，也可以《中华人民共和国公务员法》的规定，给予一定的行政处分。如国家机关公务员有配偶者与他人同居，这既是违反了婚姻法的规定，也是"违反社会公德的行为"[②]，行政机关得以《中华人民共和国公务员法》的规定，给予一定的行政处分。行政处分是一种特定主体的行政责任形式。

三、刑事责任

（一）刑事责任与刑事制裁

刑事责任是指行为人违反了刑事法律，实施了违法犯罪行为而应承担的，以国家名义强制其接受的刑事上的法律后果。刑事责任一般在刑法里规定。我国《刑法》总则第 2 章第 2 节的标题即为"犯罪和刑事责任"。刑事责任具有以下特征：

---

① 《中华人民共和国婚姻法》第 12 条和第 43 条第 3 款的规定。

② 《中华人民共和国公务员法》第 53 条第 13 项的规定。

（1）刑事责任是由于行为人实施了违法犯罪行为而产生的。

（2）刑事责任确立的依据是存在与法定犯罪构成相符合的客观犯罪事实。

（3）刑事责任是犯罪分子应当承担的以国家名义提出的，对其行为所作的否定评价及谴责的一种特殊义务。

刑事责任的实现，就是对犯罪分子的刑事制裁。刑事制裁的方式有以下几种：

（1）对犯罪行为定罪并判处刑罚。刑罚就是人民法院以国家的名义对犯罪分子适用的最严厉的具有强制性的处罚。这表示了对犯罪行为的最严厉的谴责和最彻底的否认。

（2）对犯罪行为定罪，合并或只以非刑罚方式进行处罚。我国《刑法》第 36 条、第 37 条分别规定："由于犯罪行为而使被害人遭受经济损失的，对犯罪分子除依法给予刑事处分外，并应根据情况判处赔偿经济损失。""对于犯罪情节轻微不需要判处刑罚的，可以免予刑事处罚，但是可以根据案件的不同情况，予以训诫或者责令具结悔过、赔礼道歉、赔偿损失，或者由主管部门予以行政处罚或者行政处分。"可见，对犯罪分子的处罚，除了刑罚外，还有非刑法的方式。非刑罚的方式可以与刑罚合并适用，也可单独适用。

（3）对犯罪分子定罪并公开宣告。我国刑法规定，根据情节可以对犯罪行为只定罪，免予刑事处罚也不给予非刑罚方法处罚。但对这类只认定有罪而免予刑罚的判决，我国《刑法》第 163 条规定"一律公开进行"。这种公开某一行为构成犯罪，就是对犯罪行为人的谴责和否定。所以，从这一意义上说，免予刑事处罚的有罪宣告，也是刑事责任的一种实现方式。

（二）婚姻家庭领域的刑事责任

婚姻家庭领域的刑事责任可以作广义上的解释，凡是侵害婚姻家庭成员的合法权益的违法犯罪行为所要承担的刑事上的法律后果，都是婚姻家庭领域中的刑事责任；也可以作狭义的解释，即家庭成员的行为违反了婚姻家庭法律规范，同时也触犯了刑律的行为而承担的刑事法律后果。本书仅对后者进行讨论。

婚姻家庭法是民事法律，违反婚姻家庭法律规范的应该承担民事责任。为了更有力地维护社会主义的婚姻家庭秩序，通过刑法来规范一定的婚姻家庭关系，是各国的立法的惯例。我国《刑法》也规定了对一些违反婚姻家庭法定义务的犯罪行为给予刑事处罚的条款。根据我国现行《刑法》的规定，在婚姻家庭领域的犯罪行为有：杀害家庭成员，伤害家庭成员，虐待家庭成员，遗弃家庭成员，拐卖家庭成员，暴力干涉婚姻自由，重婚，破坏军婚等行为。我国《刑法》分别对以上的违法犯罪行为的定罪量刑作出了规定，触犯者要承担相应的刑事责任。

四、民事责任

(一) 民事责任及其责任形式

民事责任，是指违反了民事法律的行为人在民法上所承担的对其不利的法律后果。民事责任与行政责任和刑事责任都是法律责任，但具有不同的特征。民事责任的目的主要是恢复受害人的权利和补偿权利人的损失。民事责任的特征是：

1. 民事责任是行为人违反了民事义务而承担的法律后果

在民事法律关系中，权利人享有法律规定或合同约定的权利，相应的义务人就要履行他们的义务。义务人不履行义务，就要承担不利的后果。义务的存在，是民事责任确认的前提。

2. 民事责任的范围与违法行为所造成的损害范围相适应

民事责任以保护权利为主，其功能是补偿性的，不是惩罚性的。所以，民事责任的范围主要是损害的范围。

3. 民事责任是对违法者的一种制裁

民事责任是一种对违法行为人的不利后果。这表明了法律对违法行为的否定评价，违法者承担的不利后果就是一种制裁。但是，民事责任与刑事责任不同，对民事制裁，国家通常不主动介入，是否实行制裁，由权利人（受害人）自行决定。

民事责任的方式主要有两种，即财产责任和非财产责任。

1. 财产责任

财产责任是违法行为人在民法上承担的财产上的不利后果。财产责任是民事责任中一种主要的责任方式。民事责任一定是在违反了民事义务的情形下产生的。这时，损害已经发生，以哪一种方式才能较有效地给予补偿，财产责任是较为可行的方法。财产责任的表现形式有：排除妨害、消除危险、返还财产、恢复原状、赔偿损失、交付违约金及修理、更换、重做等。简单地说，财产责任是可以用金钱来衡量的。

2. 非财产责任

非财产责任就是不涉及财产内容的民事责任形式。根据《民法通则》的有关规定，非财产责任多发生在人身权受到侵害时，以恢复受害人的人身利益为目的的民事责任。其方式有停止侵害、公开的赔礼道歉、消除影响、恢复名誉，还可由人民法院对加害人予以训诫，责令具结悔过。

(二) 婚姻家庭领域中的民事责任

违反婚姻家庭法的行为，违法行为人要承担相应的民事责任。由于婚姻家庭法的民事法属性，我国《民法通则》关于民事责任的一般性规定，原则上适用于婚姻家庭法。尤其是在婚姻家庭法没有特别规定时，权利人可以比照《民法通则》的有关规定，追究侵害人的民事责任。2001 年修订后的《婚姻法》对婚姻家庭中的民事责任作了一些特别的规定，给婚姻家庭关系的权利人更具体的保护。

1. 婚姻关系的过错方在离婚时要负赔偿责任

现行《婚姻法》第 46 条的规定。该条款规定：因重婚、有配偶者与他人同居、实施家庭暴力、虐待、遗弃家庭成员而导致离婚的，无过错方有权请求损害赔偿。这一规定在我国首次确立了离婚损害赔偿制度。所谓离婚损害赔偿，是指因夫妻一方的过错行为导致离婚的，无过错的另一方在离婚时有提出要求损害赔偿的权利。在现实生活中，因受到他人的侵害而提出损害赔偿的，是习以为常的事情。但如果这种侵害发生在婚姻中，是夫妻一方对另一方的侵害，就另当别论了。在我国民间鲜有夫妻间要求损害赔偿的习惯。这也就造成了发生在婚姻关系中的侵害行为除了触犯刑律，会受到刑事制裁外，就难以追究违法者的其他法律责任了。为了保护受害人的合法权益，为了制裁这种违法行为，同时也是为了预防犯罪，对婚姻关系中一方对另一方的侵害行为，除了要依刑法给予一定的刑事制裁外，对侵害人的违法行为还要追究其民事责任。建立离婚损害赔偿制度是其中一种方法（关于离婚损害赔偿制度，详见本书第四章第六节）。

2. 侵害夫妻共同财产的民事责任

夫妻共同财产应是夫妻共同所有，双方有平等的所有权和处分权。一方不得侵害另一方财产权利。为了防止和减少离婚时影响夫妻共同财产合理分割的侵权行为，保护当事人的合法权益，现行《婚姻法》第 47 条规定："离婚时，一方隐藏、转移、变卖、毁损夫妻共同财产，或伪造债务企图侵占另一方财产的，分割夫妻共同财产时，对隐藏、转移、变卖、毁损夫妻共同财产或伪造债务的一方，可以少分或不分。离婚后，另一方发现有上述行为的，可以向人民法院提起诉讼，请求再次分割夫妻共同财产。"

一方隐藏、转移、变卖、毁损夫妻共同财产，或伪造债务，是侵害了夫妻共同财产另一方的财产权。隐藏是指将财产藏匿起来，不让另一方发现，使其对财产无法控制。转移是指私自将财产移往他处，或将资金从共知的账户取出，脱离另一方的掌握。变卖是指将财产折价卖给他人。毁损是指用破坏性的手段使物品失去原貌，或丧失部分甚至全部使用价值和价值。伪造债务是指制造内容虚假的债务凭证，如常见的有欠条、债务合同等。以上违法行为，只能是故意，不包括过失。如果是过失毁损了物品，不属于以上所说的违法行为。在离婚时，一方为多得夫妻共同财产，或不让另一方得到夫妻共同财产，实施了上述违法行为，就要承担相应的民事责任。在本应均等分割的夫妻共同财产中，少分甚至分不到财产。

如果在离婚后，一方才发现另一方有上述行为，而被另一方通过隐藏、转移、变卖夫妻共同财产，或伪造债务而侵占的财产在离婚时并未处理。这时，即使离婚已经生效，被侵占财产的一方仍可向人民法院起诉要求再次分割这部分财产。关于隐藏、转移、变卖、毁损夫妻共同财产，或伪造债务是侵害了夫妻共同财产一方，可以少分或不分的原则仍应适用。

第四编　继承关系法

第十一章　财产继承法

第一节　财产继承概述

一、财产继承的概念

继承有广义和狭义之分。在古代社会，身份十分重要，人们从死者承受的不仅是财产权利，更重要的是身份上的权利。因此，继承也就有财产继承、宗祧继承、户主继承等，这种现象称为广义上的继承。在现代社会，人们从死者承受的只能是财产权利，即财产继承，继承的仅是遗产，这就是狭义的继承。

财产继承，是指将死者生前所遗留的财产依法转移给继承人所有的法律制度。财产继承有如下几个法律特征。

（一）财产继承的发生原因具有特定性

财产继承是因公民死亡而发生的法律现象，这是财产继承发生的法定原因。公民没有死亡，就不发生继承。在现代法上，继承只能是从公民（自然人）死亡（包括宣告死亡）时开始。所以，只有因公民死亡而发生的财产所有权转移才属于财产继承的范畴。例如：夫妻离婚时的财产分割不是继承；分家时父母将其财产的一部或全部分给子女所有，也不能理解为是财产继承。

（二）财产继承的主体范围具有限定性

公民死亡后，能够继承其遗产的继承主体只能是自然人，国家、集体以及其他社会组织都不能作为继承人，只可以作为受遗赠人。此外，能够作为继承主体的自然人也有一定的限制，即只能是法律规定范围内的死者的近亲属，除此以外的人依法只能成为受遗赠人。

（三）财产继承的客体范围具有限定性

继承是处理死者财产的法律制度。作为继承的客体只能是公民死亡时遗留的个人合法财产，他人的财产、国家或集体的财产都不能作为继承的客体。公民虽然死亡，若未遗留任何财产，也不会发生继承。因此，继承是以私有财产的存在为前提的，在没有任何私有财产存在的社会，也不可能有财产继承制度的存在。

（四）财产继承的法律后果具有权利变更性

财产继承是继承人承受被继承人财产的法律制度。被继承人死亡时，就已经不再是民事权利义务的主体，其财产权的主体必定要发生变更，要么转移给继承人，要么转移给受遗赠人。因此，公民死亡时发生的财产转移不都属于财产继承。

二、财产继承的种类

根据不同的标准，财产继承的种类主要有以下几种：

（一）法定继承与遗嘱继承

根据继承人继承财产的方式，继承可分为法定继承与遗嘱继承。

法定继承是指继承人不是按照被继承人的遗嘱而是依照法律的直接规定继承被继承人遗产的继承方式。在法定继承中，继承人的范围、继承人参与继承的顺序、继承人应继承的份额和遗产的分配原则等都是由法律直接规定，而不是被继承人的意思确定。

遗嘱继承是指继承人依照被继承人的遗嘱继承被继承人的遗产的继承方式。在遗嘱继承中，继承人、继承人继承的顺序、继承人继承的财产份额等都是由被继承人在遗嘱中依法确定的，即决定于被继承人生前的意思。

就整体而言，法定继承与遗嘱继承自古代社会就一直存在，不过在不同时期、不同的国家对遗嘱自由的限制程度不同，法定继承与遗嘱继承的主次地位不同。从产生的历史上看，法定继承先于遗嘱继承，但从适用上看，遗嘱继承优先于法定继承。所以，法定继承又称为无遗嘱继承。

（二）有限继承与无限继承

根据继承人继承被继承人财产权利义务的范围，继承可分为有限继承与无限继承。

有限继承又称限定继承，是指继承人只在一定范围内继承被继承人的财产权利和义务的继承。在有限继承中，继承人继承被继承人的债务仅以遗产的实际价值为限度，对于被继承人生前所欠债务超过遗产的实际价值的部分，继承人可以不负清偿责任。

无限继承又称为不限定继承，是指继承人必须承受被继承人的全部财产权利义务的继承。在无限继承中，即使被继承人的债务超过其遗产的实际价值，继承人也必须继承被继承人的遗产，不得拒绝，继承人须以自己的财产清偿被继承人生前所欠的全部债务。所谓的“父债子还”，就是无限继承的表现。

（三）共同继承与单独继承

根据参与继承的人数，继承可分为共同继承与单独继承。

共同继承是指继承人为两人以上的继承。数个继承人共同继承被继承人的遗产的，为共同继承人。在共同继承中，被继承人的法定继承人为两人以上的，两个以上的继承人参与继承时，须对遗产进行分割，故共同继承又称为分割继承。现代法上规定的继承一般为共同继承。共同继承根据继承人的应继承份额又可分为均等份额继承和不均等份额继承。均等份额继承是指同一顺序的继承人原则上应均分遗产，不均等份额继承是指共同继承人继承的遗产不均等。

单独继承是指继承人仅为一人的继承，即仅由亲属中的一个人继承被继承人的遗产。如长子继承、幼子继承等。在单独继承中，仅由一人继承被继承人的全部遗产，故又称为独占继承。

（四）本位继承与代位继承

根据继承人参与继承时的地位，继承可分为本位继承与代位继承。

本位继承是指继承人基于自己的地位，在自己原来的继承顺序上继承被继承人遗产的继承。例如，《中华人民共和国继承法》（以下简称《继承法》）规定，配偶、父母、子女以及对公婆或岳父母尽了主要赡养义务的丧偶儿媳和女婿为第一顺序法定继承人，这些人参与继承时即为本位继承；兄弟姐妹、祖父母、外祖父母为第二顺序继承人，他们参加继承时，也是本位继承。

代位继承是指在法定继承中，因直接继承被继承人遗产的继承人不能继承时，由其直系晚辈血亲代其地位的继承。因此，代位继承也称为间接继承。我国继承法规定，被继承人的子女先于被继承人死亡的，由被继承人子女的晚辈直系血亲代位继承。在代位继承中，代位继承人只能在被代位继承人原来的继承顺序上继承被代位人应继承的份额，而不论代位继承人有几人。

三、财产继承法律关系

（一）财产继承法律关系的概念和特征

财产继承法律关系，是指由继承法规范所调整的民事主体之间因公民死亡时对其个人财产进行继承而发生的民事权利义务关系。

财产继承法律关系具有以下几个特征。

1. 财产继承法律关系是一种财产法律关系

民事法律关系包括财产法律关系和人身法律关系。财产法律关系是以财产为内容的权利义务关系，人身法律关系是具有人身属性、不直接具有财产内容的权利义务关系。在现代社会，因为继承人继承的对象只能是被继承人遗留的财产，而不能是被继承人的身份。所以，财产继承法律关系是一种具有财产内容的财产法律关系。

2. 财产继承法律关系是以财产所有制为前提的财产法律关系

在古代，奴隶社会的财产继承制度中，继承人的范围是根据血缘关系的远近和婚姻关系的存在而确立的；在中国，宗法继承制度一直延续了上千年；在当代，无论是资本主义国家还是社会主义国家的继承制度，都明确规定了配偶之间、父母子女之间以及其他亲属之间的继承关系。但是，财产继承制度作为实现家庭经济职能的一种财产制度，它所赖以存在的基础决不是婚姻家庭制度本身，不是两性关系和血缘关系，而是一定社会中以所有制为核心的生产关系。

3. 财产继承法律关系是与亲属关系相联系的财产法律关系

虽然亲属关系是一种人身法律关系，继承关系是一种财产法律关系，但是，继承法律关系不同于一般的财产法律关系。其他财产法律关系的权利主体一般没有限制，而财产继承法律关系的权利主体则受一些限制。在财产继承法律关系中，作为继承人的权利主体只能是与死者生前有婚姻、血缘或家庭关系的自然人，而且主要限定在配偶、子女、父母、兄弟姐妹、祖父母、外祖父母等人之内。所以，财产继承法律关系是一种与亲属关系相联系的财产法律关系。

（二）财产继承法律关系的主体

1. 财产继承法律关系主体的概念

财产继承法律关系的主体，是指依照法律规定或遗嘱指定而对被继承人的遗产享有权利和承担义务的民事主体。

在财产继承法律关系主体的问题上，学界有不同看法 ，归纳起来主要有：①财产继承法律关系的主体是继承人和被继承人。②财产继承法律关系的主体是继承人、受遗赠人、继承参与人以及集体组织和公民。继承参与人包括酌情分得遗产人、被继承人的债权人和债务人、遗产管理人、遗嘱执行人、侵权人等。③财产继承法律关系的主体是继承人、受遗赠人与其他任何公民与法人。[①] ④财产继承法律关系的主体是继承人、遗赠受领人及其继承人、遗赠受领人以外的所有公民与法人。

上述诸观点均各有不足之处。第一种观点，将被继承人作为财产继承法律关系的主

---

① 郭明瑞、房绍坤：《继承法》，法律出版社 1996 年版，第 53 页 。

体显然不妥当。因为被继承人死亡是产生财产继承法律关系的法律事实，被继承人死亡，其民事权利能力也随之终止，因而不可能继续成为民事法律关系的主体，从而也不能成为财产继承法律关系的主体；第二种观点，将财产继承法律关系的主体范围定得太宽，把继承关系与遗产分割关系、遗赠关系、因侵权行为而发生的债权关系等都定为财产继承法律关系；第三种观点，认为受遗赠人也应是财产继承法律关系的主体，这是值得商榷的。从本质上看，财产继承法律关系与遗赠法律关系是两种不同的民事法律关系。遗赠之所以被规定在我国继承法中，只是因为它因遗嘱的成立和遗赠人死亡而发生，并不意味着它与财产继承法律关系的混同，遗赠仅仅是一种特殊的赠与关系。第四种观点，认为财产继承法律关系的主体是继承人和继承人以外的其他公民、法人。按照该观点，继承人属于权利主体，其他的公民和法人应属于义务主体，但在表述上未解释清楚。另外，义务主体不应仅仅指公民和法人，还应包括其他组织、国家等。

财产继承法律关系的主体是由两部分组成的，即权利主体和义务主体。权利主体是继承人，义务主体是继承人以外的自然人、法人、其他组织、国家等。其中权利主体是特定的，义务主体是不特定的。

继承人是财产继承法律关系的权利主体，是依法享有继承权，能够取得被继承人遗产的人，包括法定继承人和遗嘱继承人。

法定继承人，是指依照法律规定直接承受被继承人遗产的继承人。他们按照一定的顺序依法享受继承权利，其法律地位在一定条件下可以被代替，如代位继承。按照我国继承法的有关规定，法定继承人有这样一些特点：①法定继承人是被继承人的近亲属，其范围与我国婚姻法中有权利义务关系的家庭成员相对应，不包括集体组织、法人和国家；②对公婆尽了主要赡养义务的丧偶儿媳或丧偶女婿可以作为法定继承人；③只设定两个继承顺序，法定继承人的范围较窄。

遗嘱继承人是指根据被继承人合法有效的遗嘱承受其遗产的继承人。按照通例，遗嘱继承的法律地位是不能被替代的。我国《继承法》规定，遗嘱继承人只能是法定继承人中的一人或数人。这样规定是为了将遗嘱继承人和受遗赠人加以区别。继承人和遗产承受人不是同一概念。遗产承受人泛指一切承受死者遗产的人，既包括继承人，也包括受遗赠人，还包括酌情分得遗产的人。

2. 继承人的条件

继承人在继承遗产时，应具备以下几个条件：

（1）继承人须为继承开始时的生存之人。根据我国《民法通则》的规定，自然人的民事权利能力始于出生，终于死亡。因此，已死亡或未出生的人无继承资格。但是，现代各国继承法都对未出世的胎儿有保留继承份额的规定，我国《继承法》也对这个问题加以规定。法律设定的目的是为了保护胎儿的合法权益。

（2）继承人须为位居继承顺序者。根据我国《继承法》的规定，并非所有有继承权的人都可以同时继承遗产，应按照先后顺序分别继承，顺序在后的继承人须在前一顺序无人继承时，方可继承。

（3）继承人须为未丧失继承权者。虽然继承人有继承能力，又位居继承顺序，但并不意味着继承人就可以享有继承权。如果继承人有我国《继承法》第 7 条所规定的丧失继承权的情形时，继承人则丧失其继承人的地位。

（三）财产继承法律关系的内容

财产继承法律关系的内容是指财产继承法律关系的主体所享有的权利和应承担的义务。

财产继承法律关系的权利主体是继承人，继承人所享有的权利是继承权。财产继承法律关系中的权利仅限于继承权，而且这种权利的发生有赖于被继承人死亡这一法律事实。继承权一般不需要义务人以积极的作为予以协助便可自己实现。

财产继承法律关系的义务主体是除继承人以外的人，包括自然人、法人、集体组织、国家。该义务主体除很少的负有协助继承人实现其权利的义务外，如监护一般只承担不作为，即对权利人行使法定权利不予干涉、妨害的义务。

（四）财产继承法律关系的客体

财产继承法律关系的客体是指财产继承法律关系主体的权利和义务所共同指向的对象。

关于财产继承法律关系的客体，有学者认为，财产继承法律关系的客体是指对被继承人的遗产和债务以及某种必须履行的行为；还有学者认为，财产继承法律关系的客体是多个，因为财产继承法律关系的客体是继承权主体之间权利义务所指向的对象，而继承人之间、继承参与人之间、继承人与继承参与人之间权利义务所指向的对象并不相同，因而导致多个主体出现。[①] 上述观点无不与其对财产继承法律关系主体的认识有关。事实上，财产继承法律关系的客体，即不是“必须履行的行为”、也不是“多个客体”，财产继承法律关系主体的权利义务所指向的对象就是遗产。财产继承法律关系正是有了特定的遗产作为客体，权利主体的权利和义务主体的义务才能针对具体的目标而得以落实。如果被继承人死亡时，未留下任何遗产，那么财产继承法律关系就无法发生。

① 郭明瑞、房绍坤：《继承法》法律出版社 1996 年版，第 54 页。

第二节　财产继承权

一、财产继承权的概念

财产继承权是指继承人依照法律的直接规定或者被继承人生前立下的合法有效的遗嘱承受被继承人遗产的权利。

继承权有两种含义：一种是客观意义上的财产继承权，另一种是主观意义上的财产继承权。

（一）客观意义上的财产继承权

客观意义上的财产继承权是指继承人依照法律的规定或者遗嘱的指定接受被继承人遗产的资格，即权利能力。

客观意义上的财产继承权有如下几个特征。

1．客观意义上的财产继承权产生于法律的直接规定，是不以继承人的主观意志为转移的

我国《继承法》规定了法定继承和遗嘱继承两种方式，继承人的范围由法律直接规定，遗嘱继承也只能是法定继承人范围之内的人。凡符合上述法律规定条件的人，即法定继承人和遗嘱继承人，都具有接受被继承人遗产的资格，即都享有客观意义上继承权的可能性。但是，这种继承权还仅仅是法律意义上的、尚未实现的继承权，其本身并不稳固。继承人既可能因某种法定原因而丧失对特定被继承人的继承权，也可能会由于被继承人改变遗嘱而排除其遗嘱继承权。只有在具备了一定条件时，继承人原有的客观意义上的可能性继承权才能转化为主观意义上的现实性继承权。因此，继承人享有客观意义上的继承权，实际上只是一种将来参与财产继承关系的可能性，因此有学者将客观意义上的财产继承权称为“继承期待权”。

2．客观意义上的财产继承权与一定的身份关系相联系，但不是身份权

在我国，无论法定继承还是遗嘱继承，继承人的范围均由法律直接规定。法律对继承人范围的规定是以继承人与被继承人之间存在的一定的亲属关系为根据的，也就是说，继承权是基于一定的身份而赋予继承人的。因此，有学者将继承权看做身份权。但是，客观意义上的继承权本意上只在于保障继承人取得被继承人的遗产，而不是取得某种人身利益。况且并非具备特定的身份就必然享有权利，因为它也可能被剥夺（丧失）。

3．客观意义上的财产继承权具有专属性

客观意义上的财产继承权仅指继承人继承被继承人遗产的资格，这种资格由继承人本人所专有，不得转让、也不得放弃。在继承开始前，继承人放弃继承权的意思表示是没有效力的，因为此时其所享有的继承权只是客观意义上的继承权，是不能放弃的。

4．客观意义上的财产继承权是以个人财产所有权为前提的，是个人财产所有权的合理延伸

没有个人财产所有权，也就无所谓继承权。法律之所以规定继承权的原因就是要保护个人财产所有权。不能把继承权是所有权的合理延伸理解为继承权是被继承人的权利。继承权是所有权的合理延伸有其特定的含义，即保护个人私有财产继承权是保护个人财产所有权的必然。

（二）主观意义上的财产继承权

主观意义上的财产继承权是指继承人在继承法律关系中对被继承人留下的遗产已经拥有的事实上的财产权利。这种继承权同继承人的主观意志相联系，是具有现实性和财产性的继承权，不仅可以接受、行使，而且还可以放弃。由客观意义上的财产继承权转化为主观意义上的财产继承权，必须具备三个条件：①要有被继承人死亡的法律事实；②被继承人要留有遗产；③继承人没有丧失继承权。我国《继承法》规定，继承人如果有故意杀害被继承人、为争夺遗产而杀害其他继承人、遗弃被继承人或虐待被继承人情节严重的以及伪造、篡改、销毁遗嘱情节严重的，都将丧失继承权。由于主观意义上的财产继承权使得客观意义上的财产继承权的可能性转化为现实性，能够给继承人带来具体的财产利益。因此，有学者将主观意义上的财产继承权称为“继承既得权”。

主观意义上的财产继承权有如下几个特征：

（1）主观意义上的财产继承权是一种既得权。主观意义上的财产继承权是继承开始后继承人取得被继承人遗产的现实的、具体的权利，标志着继承人享有承受被继承人生前的财产的法律地位。因此，它是一种既得权。

（2）主观意义上的财产继承权属于绝对权，具有排他性。其权利主体是继承人，义务主体是不特定的继承人以外的一切人，继承人得向一切人主张权利，继承人以外的一切人都负有不侵害继承人继承权的不作为的义务。继承人实现继承权无须借助义务人的履行行为。所以，主观意义上的财产继承权是具有排他性的绝对权利。

（3）主观意义上的财产继承权是一种财产权。主观意义上的财产继承权是继承人取得被继承人遗产的权利，是以财产利益为内容的，因而是一种财产权，它不是人身权。人身权是与权利人的人身不可分离，又不直接具有财产内容的权利，继承权并不具有这种性质。继承权作为一种财产权，即不是物权也不是债权，而是与物权、债权并列的特殊财产权。

二、财产继承权的取得

（一）财产继承权取得的概念

财产继承权的取得，是指继承人承受被继承人遗产的权利的根据。

继承权的取得通常是以血缘关系、婚姻关系为基础的。现代各国婚姻立法中，已逐渐突破了传统的以血缘关系和婚姻关系作为取得继承权根据的范围。与被继承人之间形成的共同生活关系、扶养关系也成为取得财产继承权的重要根据之一。按照我国继承法的有关规定，我国公民的财产继承权取得的根据是婚姻关系、血缘关系和扶养关系。

1. 基于婚姻关系取得财产继承权

婚姻关系中的配偶之间互享继承权已成为当代世界立法的通例。在我国，因配偶关系取得继承权必须具有合法性与存续性，即以与被继承人死亡时存续的合法婚姻为限。

2. 基于血缘关系取得财产继承权

基于血缘关系而取得财产继承权，其本质是保证后代生活的需要，以利于血统的延续，同时也具有伦理上的意义。各国法律无不以血缘关系的远近为依据排列法定继承顺序。我国《继承法》把上下两代直系血亲作为第一顺序法定继承人，而把兄弟姐妹和祖父母、外祖父母列为第二顺序法定继承人。因收养而形成近亲属关系的，属于拟制血亲关系，自收养关系成立之日起，与自然血亲处于同等继承地位，当然取得继承权。

3. 基于扶养关系取得财产继承权

关于形成扶养关系能否是取得继承权的根据问题，有学者提出不同看法。认为在我国的继承制度中，单纯的扶养关系并不是取得继承权的根据，而只是取得酌情分得遗产权的根据。至于有扶养关系的继父母和继子女以及继兄弟姐妹，不仅在理论上和实践中都视同法律拟制血亲，而且在立法上也与养子女和养兄弟姐妹并列。但扶养义务的履行程度对遗产继承发生影响，本身并非继承权的取得问题，而只是继承份额的问题。所以，它们都不能说明可以因扶养关系而取得继承权。[①] 我们认为，我国《继承法》确认的继承权取得的依据，扶养关系是其中之一。典型的就是丧偶儿媳、女婿对公婆、岳父母的继承权就是因他们对公婆、岳父母的扶养关系取得的。

（二）财产继承权的行使

财产继承权的行使，是指继承人实现自己的继承权。

---

① 巫昌祯：《婚姻与继承法学》，中国政法大学出版社1999年版，第287页。

财产继承权有客观意义上的财产继承权和主观意义上的财产继承权之分，继承人可以行使的只能是主观意义上的财产继承权，而不是客观意义上的财产继承权。继承权自继承开始时才由客观意义上的财产继承权转化为主观意义上的财产继承权。所以，继承权的行使是继承开始后，继承人对自己权利的实现。继承权的内容是多方面的，它既包括占有遗产、管理遗产的权利，也包括遗产分割的请求权。因此，继承人共同或者单独占有、管理遗产，继承人请求分割遗产，都是行使继承权的行为。

权利的行使一般须有相应的行为能力，继承权的行使也不例外。按照我国《民法通则》的规定，公民的民事行为能力分为完全民事行为能力人、限制民事行为能力人和无民事行为能力人。公民的民事行为能力不同，对财产继承权的行使方式也有差异。

（1）有完全民事行为能力的继承人可以独立地行使继承权，不受他人以任何借口的干涉或妨碍。

（2）限制民事行为能力的继承人对其继承权的行使，我国《继承法》第6条第2款规定："限制行为能力人的继承权、受遗赠权，由他的法定代理人代为行使，或者征得法定代理人同意后行使。"最高人民法院《关于贯彻执行〈中华人民共和国继承法〉若干问题的意见》第8条规定："法定代理人代理被代理人行使继承权、受遗赠权，不得损害被代理人的利益。法定代理人一般不能代理被继承人放弃继承权、受遗赠权，明显损害被代理人利益的，应认定其代理行为无效。"法定代理人代理限制民事行为能力人行使继承权，目的在于保护限制民事行为能力人的合法权益。限制民事行为能力人在征得其法定代理人同意后，也可以行使继承权。

（3）无民事行为能力的继承人对其继承权的行使，我国《继承法》第6条第1款规定："无行为能力人的继承权、受遗赠权，由他的法定代理人代为行使。"法定代理人必须从保护无民事行为能力人的合法权益这一目的出发，代理无民事行为能力人行使继承权。若无对无民事行为能力人重大不利的情况，法定代理人不得代其作出放弃继承权的意思表示。只有在接受继承显然对无民事行为能力人有重大不利的情况下，其法定代理人才能代他作出放弃继承权的意思表示。法定代理人滥用代理权，给被代理人造成损害的，应当承担民事责任；和第三人恶意通谋的，由代理人和第三人负连带责任。

（三）财产继承权的放弃

依照法律规定，继承人可以放弃财产继承权。

财产继承权的放弃，是指继承开始后、遗产分割前，继承人以明示方式作出的不继承被继承人遗产的意思表示。财产继承权的放弃是继承人对自己权利的一种处分。继承人放弃的应是主观意义上的财产继承权，客观意义上的财产继承权仅仅是一种资格，是不能放弃的。财产继承权的放弃只能在继承开始后，遗产分割前实施。于遗产分割后，继承人才作出放弃继承权意思表示的，此时放弃的已经不是遗产继承权，而是财产所有权。

放弃继承权实际上是对继承地位和继承份额的放弃。放弃了继承权，并不意味着继承人可以因此而不履行法定义务。比如，负有扶养、抚养、赡养义务的继承人，提出自己放弃继承同时免除上述义务的要求，或因放弃继承而无法履行上述义务，放弃继承权的行为无效。最高人民法院《关于贯彻执行〈中华人民共和国继承法〉若干问题的意见》中指出，继承人因放弃继承权，致其不能履行法定义务的，放弃继承权的行为无效。

放弃继承权是对既得财产权利的自愿抛弃，因此不能附加条件。一方面，不能附加指定性条件，如指定把自己的应继份额给予特定的继承人。因为进行这种指定实际上是对应继份额的处分，并非是放弃，而是接受了继承。另一方面，也不能附加限制性条件，如以限制他人放弃或者接受继承为自己放弃继承权的条件，因为这种条件有碍于他人对权利的自由行使。

在我国，放弃继承权应采用明示方式，通常以书面形式为主。对不动产的继承权的放弃，还须进行公证。对用口头方式表示放弃继承的，本人承认，或有其他充分证据证明的，也承认其效力。

继承人表示放弃继承权后又反悔的，按照最高人民法院《关于贯彻执行〈中华人民共和国继承法〉若干问题的意见》处理。在遗产处理前或在诉讼进行中，继承人对放弃继承权反悔的，由人民法院根据其提出的具体理由，决定是否承认。在遗产处理后，继承人对放弃继承权反悔的，则不予承认。

三、财产继承权的丧失

（一）财产继承权丧失的概念

财产继承权的丧失（又称为财产继承权的剥夺），是指依照法律规定在发生法定事由时剥夺继承人继承被继承人遗产的权利。

财产继承权的丧失不同于财产继承权的放弃。有学者认为，财产继承权的丧失“不外乎两种情况：一是依法剥夺而丧失；二是因继承人自动放弃（如放弃继承）或是因继承权赖以产生的客观条件发生变化（如收养关系、婚姻关系解除）而丧失”。① 然而，继承人自动放弃继承权只是依自己的意愿对自己权利的一种处分，放弃的是主观意义上的财产继承权，客观意义上的财产继承权是不能放弃的；继承权赖以产生的客观条

① 王利明、郭明瑞、吴汉东：《民法新论》，中国政法大学出版社1988年版，第661页。

件发生变化，如收养关系、婚姻关系解除，当事人之间就根本不存在继承权，也就无所谓丧失。财产继承权丧失的特定含义仅指继承权依法被剥夺，它是不以继承人主观意志为转移的。

财产继承权的丧失不同于财产继承权的取消。取消财产继承权是被继承人或者人民法院改变继承人的继承地位，使其不能取得遗产的法律行为或司法行为，一般只适用于遗嘱继承方式。被继承人通过立遗嘱方式指定继承人或受遗赠人，从而使某些法定继承人不能取得遗产。在附义务的遗嘱继承中，如果继承人没有正当理由不履行义务，人民法院经有关单位或个人请求可以依法取消其接受遗产的权利。这两种取消继承的方式与剥夺继承权是有重大区别的。被继承人用遗嘱的方式取消法定继承人的财产继承权，是个人意志的体现，无须任何法定事由，性质上属于被继承人行使其财产所有权。而剥夺财产继承权则必须具有法定事由，且不以当事人意志为转移。至于人民法院依法取消遗嘱继承人接受遗产的权利，并非因为继承人的犯罪或违法行为，仅仅因为其不履行相关义务。这些义务不是法定的，而是被继承人依法自己设定的。与剥夺继承权发生的根据不同，人民法院取消继承人的继承权，仅以附义务的遗嘱继承为限，而剥夺财产继承权则适用于所有遗嘱继承和法定继承。

（二）财产继承权丧失的法定事由

财产继承权丧失的法定事由，即导致继承人被剥夺继承权的原因或理由，各国法律规定基本大同小异。按照我国《继承法》第7条规定，继承人有下列行为之一的则丧失继承权：

1．故意杀害被继承人的

故意杀害被继承人是一种剥夺他人生命的严重犯罪行为，继承人除应受到刑法的制裁以外，按照继承法的规定，也将被剥夺继承权。构成杀害被继承人的行为，须具备以下两个条件：

（1）继承人实施了杀害被继承人的行为。为了剥夺被继承人的生命，继承人实施了杀害被继承人的犯罪行为，该犯罪行为与被继承人的死亡结果之间存在着必然的因果关系。因此，无论是否既遂，都应确认其丧失继承权。最高人民法院《关于贯彻执行〈中华人民共和国继承法〉若干问题的意见》第11条指出："继承人故意杀害被继承人的，不论是既遂还是未遂，均应确认其丧失继承权。"须指出的是，继承人出于正当防卫导致被继承人死亡的，不丧失继承权。

（2）继承人主观上须有杀害被继承人的故意。故意犯罪是指行为人明知自己的行为会发生危害社会的结果，并且希望或者放任这种结果发生，因而构成犯罪的，是故意犯罪。对于继承人来说，其目的是剥夺被继承人的生命，并希望或者放任这种结果发生。只要是故意杀害被继承人，不论是直接故意还是间接故意，也不论出于何种动机，都应确认继承人丧失继承权。实施杀害行为的继承人，只丧失对被害被继承人遗产的继承权，对其他近亲属的遗产继承权不得一并予以剥夺。

在司法实践中，对故意杀害被继承人的认定，应当注意：如果继承人由于过失行为或者意外事件而致被继承人伤亡的，因其并无杀害的故意，不丧失继承权；如果继承人对被继承人实施的不法行为虽是危害人身安全的行为，但不是以剥夺其生命为目的，也不丧失继承权，如故意伤害行为。

2. 为争夺遗产而杀害其他继承人的

继承人杀害其他继承人，从而丧失继承权，须具备两个条件：

（1）从主观条件看，继承人须以争夺遗产为目的而实施杀人行为，如果出于其他动机的，虽受刑事责任的追究，但不能因此而丧失继承权。

（2）从客观条件看，继承人杀害的对象是其他继承人。这就包括了法定继承人杀害其他法定继承人或遗嘱继承人的情形，也包括了遗嘱继承人杀害其他遗嘱继承人或法定继承人的情形；包括了后一顺序的继承人杀害前一顺序的继承人，也包括了前一顺序的继承人杀害后一顺序的继承人的情形，还包括继承人杀害同一顺序的继承人的情形。被杀害的法定继承人，既包括因婚姻、血缘和拟制血亲关系而形成的第一、第二顺序的继承人，也包括对公婆或岳父母尽了主要赡养义务的丧偶儿媳或丧偶女婿，同时，还包括形成抚养关系的继父母子女。继承人杀害继承人以外的其他人的，尽管构成杀人罪，继承人应受刑事责任的追究，但并不因此而丧失继承权。

3. 遗弃被继承人的，或者虐待被继承人情节严重的

继承人遗弃被继承人，是指继承人对没有劳动能力又没有生活来源和没有独立生活能力的被继承人，拒不履行扶养义务。按照我国继承法的规定，继承人遗弃被继承人的，应剥夺其继承权。构成遗弃行为的条件有：

（1）被遗弃的对象须是没有独立生活能力的被继承人，如被继承人年老、患病等。遗弃不仅限于积极的行为（如父母将年幼的子女弃于路旁），消极行为也可构成（如子女对年老而生活不能自理的父母置之不理）。如果被继承人有独立生活能力，尽管继承人不尽扶养、抚养和赡养义务也是不合法的，但不构成遗弃。

（2）继承人有能力尽扶养义务而拒不履行。如果继承人本身没有独立生活能力，无法履行应尽义务的，不构成遗弃。

继承人虐待被继承人，是指继承人以各种手段对被继承人进行肉体摧残或者精神折磨。虐待行为与遗弃行为的后果不同。遗弃行为只要成立，继承人即丧失继承权；继承人虐待被继承人的，并不立即丧失继承权，只有虐待情节严重的，才丧失继承权。因此，正确认定继承人虐待被继承人的行为是否情节严重，是确认继承人丧失继承权的关键。在司法实践中，通常从实施虐待行为的时间、手段、后果和社会影响等方面来认定。一般来说，如果继承人对被继承人的虐待行为具有长期性、经常性，且手段比较恶劣，后果比较严重，可认定为情节严重。认定时，应把继承人对被继承人不够尊敬、照顾不周甚至一时断绝来往，与虐待行为区分开来。

4．伪造、篡改或者销毁遗嘱，情节严重的

遗嘱是被继承人生前对自己财产所作出处分的意思表示，是被继承人按照自己的意愿处置个人财产的法律表现。因此，被继承人的合法遗嘱受法律保护，任何人不能代替被继承人作出处置财产的意思表示，任何人不得改变被继承人生前的意愿。伪造、篡改或者销毁遗嘱，都是违法行为。

所谓伪造遗嘱，是指继承人以被继承人的名义制作假遗嘱。由于伪造的遗嘱不是被继承人的意思表示。因此，无论继承人出于何种动机，只要有制作假遗嘱的行为，都构成伪造遗嘱。

所谓篡改遗嘱，是指继承人擅自改变或歪曲被继承人遗嘱的内容。由于继承人篡改被继承人遗嘱的行为，限制了被继承人生前对自己财产的处分，改变了被继承人的意愿，因此，只要继承人改变了被继承人遗嘱的内容，就构成篡改遗嘱。

所谓销毁遗嘱，是指继承人将被继承人所立遗嘱完全破坏、毁灭的行为。销毁遗嘱行为完全否定了被继承人的生前意愿，是对被继承人生前处分自己财产权利的一种剥夺，因而是违法的。

伪造、篡改以及销毁被继承人遗嘱的行为，应具备两方面的条件：

（1）在主观条件上，首先，伪造、篡改以及销毁遗嘱的行为必须是由法定继承人一人或数人实施的。非法定继承人实施的该行为，不能剥夺继承人的继承权。但是，如果非法定继承人与法定继承人串通合谋实施的该行为则另当别论；其次，继承人的主观心态应是故意的。如果继承人不小心将遗嘱丢失，或者失火焚毁，则不能认定为是销毁遗嘱行为。

（2）在客观条件上，必须是继承人实施了伪造、篡改和销毁遗嘱的行为，并且情节严重的，才剥夺其继承权。如何认定情节严重，按照最高人民法院《关于贯彻执行〈中华人民共和国继承法〉若干问题的意见》第14条规定："继承人伪造、篡改或者销毁遗嘱，侵害了缺乏劳动能力又无生活来源的继承人的利益，并造成生活困难的，应认定其行为情节严重。"

（三）财产继承权丧失的种类

根据我国《继承法》的有关规定和司法实践，继承权的丧失可分为两种类型。

1. 财产继承权的绝对丧失

财产继承权的绝对丧失（又称财产继承权的终局丧失），是指因发生使继承人丧失继承权的法定事由时，该继承人便永远不再享有对特定被继承人遗产的继承权。

财产继承权绝对丧失是终局的、不可改变的权利丧失，它不以被继承人或者继承人的意志为转移。我国《继承法》第7条规定的，继承人故意杀害被继承人的，为争夺遗产杀害其他继承人而丧失继承权的，因伪造、篡改或者销毁遗嘱情节严重而丧失继承权的，是导致继承权绝对丧失的法定事由，继承人都绝对丧失继承权。

2. 财产继承权的相对丧失

财产继承权的相对丧失（又称财产继承权的非终局丧失），是指引起财产继承权丧失的法定事由发生后，由于被继承人的宽恕而使特定继承人本应丧失的继承权得以恢复的情形。虽然按照我国《继承法》第7条的规定，继承人虐待被继承人情节严重的，剥夺其继承权。但是，最高人民法院《关于贯彻执行〈中华人民共和国继承法〉若干问题的意见》又规定：继承人虐待被继承人情节严重的，或者遗弃被继承人的，如以后确有悔改表现，而且被虐待人、被遗弃人生前又表示宽恕，可不确认其丧失继承权。因此，因遗弃被继承人或者虐待被继承人情节严重而丧失继承权的，即属于继承权的相对丧失。法律规定继承权的相对丧失，并不是为了继承人的利益，而是为了促使继承人改恶从善，尊重被继承人的意愿，贯彻养老育幼的原则，增进家庭团结和睦。

我国目前继承权相对丧失的情形只有这一种。有学者提出应重视并充分体现对当事人意志的尊重，如果继承人虽犯有丧失继承权的情形，但被继承人生前原谅了的，应尊重被继承人的意愿，该继承人可不丧失继承权，建议扩大继承权的相对丧失的事由。如梁慧星教授在近年向全国人大提交的《关于修改〈中华人民共和国继承法〉的议案》中就建议：继承人因故意杀害被继承人，遗弃被继承人的，或者虐待被继承人情节严重的；伪造、篡改或者销毁，情节严重的；以欺诈或者胁迫的手段，迫使或者妨碍被继承人设立、变更或者撤销遗嘱，情节严重的。继承人犯有上述情形，则丧失继承权，如经被继承人宽恕的，可不确认其丧失继承权。①

（四）财产继承权丧失的确认

1. 确认丧失继承权的机关

丧失继承权的确认，实质上涉及继承权丧失的方式。关于继承权丧失的方式，各国立法上基本有两种：一是继承权的自然丧失，是指只要发生法律规定的继承人继承权丧

① 梁慧星：《关于修改〈中华人民共和国继承法〉的议案》，http：//www. iolaw. org. cn/showNews. asp? id = 26159，2012年3月15日访问。

失的事由，继承人的继承权就当然丧失，无须被继承人再作出某种意思表示。二是继承权的丧失需要采用一定的形式或者须经司法程序确认。[①] 我国采取的是折中方式：当发生《继承法》第 7 条规定的丧失继承权的法定事由时，继承人的继承权就当然丧失，而不需要采用任何方式表示。但是，在继承开始后，继承人之间因某一继承人曾对被继承人，或者其他继承人犯有罪行或者因有其他违法行为而发生是否认定其丧失继承权的纠纷时，应当由人民法院根据继承法的有关规定，判决确认某一继承人是否丧失继承权。最高人民法院《关于贯彻执行〈中华人民共和国继承法〉若干问题的意见》第 9 条指出："在遗产继承中，继承人之间因是否丧失继承权发生纠纷，诉讼到人民法院的，由人民法院根据继承法第七条的规定，判决确认其是否丧失继承权。"可见，确认丧失继承权的国家机关只能是人民法院，其他任何组织或个人都无权确认公民丧失继承权。

2. 确认丧失继承权的结案方式

按照最高人民法院《关于贯彻执行〈中华人民共和国继承法〉若干问题的意见》第 9 条的规定，人民法院审理涉及丧失继承权纠纷的案件，只能以判决的方式结案，而不能用调解的方式结案。

人民法院对确认丧失继承权的诉讼以判决的方式结案时，应当注意人民法院确认某人丧失继承权只适用于人民法院所受理的继承案件时，只能通过民事诉讼程序进行。有人认为，如果继承人的行为已构成犯罪，则人民法院可以就继承人继承权的丧失一并作出处理。[②] 事实上，刑事诉讼是不能附带确认某人是否丧失继承权，因为它不属于《刑事诉讼法》第 77 条所规定的刑事附带民事诉讼的条件。无论被继承人或者其他继承人是否已实际遭受物质损失，只要某一继承人或某几个继承人实施了有关丧失继承权的法定事由，就可以对其提出确认丧失继承权的民事诉讼。

（五）财产继承权丧失的效力

1. 财产继承权丧失的时间效力

继承权丧失的时间效力，是指继承权丧失的效力发生于何时，即继承权丧失在时间上的追溯力。我国继承法虽然对继承权丧失的时间效力没有明确的规定，但从基本法律准则和司法审判实践来看，继承权丧失的时间效力应当一直追溯到被继承人死亡、继承开始之时。因为，继承权的丧失其性质在于依法从根本上取消继承人对特定被继承人遗产的继承资格，而继承资格正是从被继承人死亡，继承开始之时才能实际取得。因此，

---

① 郭明瑞、房绍坤：《继承法》，法律出版社 1996 年版，第 76 页。
② 郭明瑞、房绍坤：《继承法》，法律出版社 1996 年版，第 77 页。

继承权的丧失无论发生在何时，均应自继承开始之时发生效力。如果丧失继承权的继承人在确认其丧失继承权之前已经占有遗产，则应无条件地返还给有权取得被继承人遗产的其他继承人或受遗赠人以及其他人。

2．财产继承权丧失对人的效力

财产继承权丧失对人的效力包括三方面的内容：

（1）特定的继承权丧失对其他被继承人的效力。财产继承权丧失，是继承人对于特定被继承人的遗产继承权的丧失，只对特定被继承人发生效力，而对于继承人的其他被继承人并不发生效力。因为，公民的财产继承权不只是针对某一特定的被继承人，而是针对所有被继承人的。除非继承人将所有的被继承人都杀害，才会全部剥夺其继承权。反之，法律上取消的只是继承人对特定的被继承人有违法犯罪行为的情况下，其原享有的对该被继承人遗产的继承权。继承人对其他被继承人所享有的继承权并不丧失。

（2）财产继承权的丧失对继承人的晚辈直系血亲的效力。财产继承权的丧失对继承人的晚辈直系血亲的效力，各国法律规定不尽相同，概括起来有两种情况：一种是财产继承权的丧失对继承人的晚辈直系血亲不发生效力，即继承人丧失继承权的，其晚辈直系血亲仍然可以代位继承；另一种是财产继承权的丧失对继承人的晚辈直系血亲发生效力，即继承人丧失继承权的，其晚辈直系血亲也不得代位继承。我国继承法并未规定继承人丧失继承权时其晚辈直系血亲能否代位继承问题，但是，最高人民法院《关于贯彻执行〈中华人民共和国继承法〉若干问题的意见》第28条作了明确规定："继承人丧失继承权的，其晚辈直系血亲不得代位继承。"

（3）财产继承权的丧失对于第三人的效力。财产继承权的丧失对取得遗产的第三人的效力问题，理论界有两种不同的观点。一种观点认为，继承人丧失继承权的，对一切第三人都发生效力。即第三人（无论是否基于善意）通过继承人而取得的遗产皆因该继承人的继承权被剥夺而归于无效；另一种观点认为，财产继承权的丧失对善意第三人不发生效力，即不得以继承人的继承无效而对抗善意第三人。我们认为，财产继承权的丧失对于善意第三人的效力，可分两种情况对待：如果善意第三人是无偿取得该项遗产的，在该继承人被确认丧失继承权时，善意第三人须将所得的遗产返还给其他继承人；如果善意第三人是有偿取得该项遗产的，其他人不能主张第三人返还，只能向处分遗产的丧失继承权的继承人主张返还不当得利。其目的是为了保护善意第三人的合法权益。

四、财产继承权的保护

财产继承权是公民的一项重要的民事权利。继承人在行使财产继承权的过程中，可能会遭到他人的不法侵害，而向公民提供强有力的法律保护和帮助，则是继承法的任务和重要原则。财产继承权的法律保护，体现在两个方面：一方面，通过立法的形式确认公民的财产继承权；另一方面，当公民的财产继承权受到不法侵害时，由法律提供救济措施，使继承人被侵害的财产继承权得到恢复。继承人的这一权利称为财产继承权恢复请求权，或称财产继承权回复请求权。

（一）财产继承权恢复请求权的概念和性质

1. 财产继承权恢复请求权的概念

财产继承权恢复请求权，是指继承人在其继承权受到侵害时，有权请求人民法院通过诉讼程序予以保护，以恢复其继承权。享有财产继承权恢复请求权的人是继承人，负有义务的人是相对人。相对人包括：①伪继承人，即无继承权却以合法继承人身份自居的人；②表见继承人，即放弃或丧失继承权，或者是无效遗嘱、被撤销遗嘱的指定继承人；③伪继承人、表见继承人的继承人；④非真正继承人受让继承财产的第三人。①

财产继承权遭到不法侵害的情况主要有：①继承人中的一人或数人抢占或侵吞被继承人的全部遗产的；②在法定继承中，第二顺序的继承人先于第一顺序继承人取得遗产的；③继承人以外的其他人非法侵占了被继承人的遗产拒不返还的；④已经取得遗产的继承人，后被确认丧失继承权而又拒绝返还遗产的；⑤继承开始后，在依法需要对某项遗产进行新的产权登记时，遗漏或排斥应予登记的继承人的。当上述情况发生时，继承人可行使其权利，请求人民法院恢复其继承权。

2. 财产继承权恢复请求权的性质

关于财产继承权恢复请求权的性质，有三种不同的观点：

（1）继承地位恢复说。认为财产继承权恢复请求权是确定合法继承人的继承地位，而不是继承财产的恢复请求权。罗马法上的继承诉权即持此观点。

（2）遗产权利恢复说。认为财产继承恢复请求权就是遗产标的的恢复请求权，继承人所主张的是对遗产的权利。德国、瑞士民法均采用这种观点，如《德国民法典》第2018条规定："继承人得向任何根据实际上并不存在的继承权而已从遗产中取得财物的人（财产占有人），请求返还其已取得的财务。"其中的"财产占有人"是指伪继承人。

（3）折中说。认为财产继承恢复请求权是以确认真正继承人的继承权以及请求返还遗产为内容的请求权。我国学者多数持这种观点，认为财产继承权恢复请求权包括对人的请求权和对继承标的的请求权。对人的请求权，是指继承人对侵权人有权请求确认本人的继承资格和继承地位；对继承标的的请求权，是指继承人有权请求侵权人恢复继

① 彭诚信：《继承法》，吉林大学出版社2000年版，第48页。

承标的的原状。

（二）财产继承权恢复请求权的行使

财产继承权恢复请求权是一种财产权利，继承人可以自己行使，也可以由代理人代理行使。限制民事行为能力和无民事行为能力的继承人，应由其法定代理人代为行使继承权恢复请求权。至于为胎儿保留的遗产继承份额受到不法侵害时，可在婴儿出生（且是活体）后，由其母亲代为行使继承权恢复请求权，以保护婴儿的合法权益。

在发生不法侵害继承权的客观事实时，继承人可以通过三条途径行使财产继承权恢复请求权：一是向财产继承权的侵害人直接提出恢复的请求；二是向人民调解委员会或有关单位提出请求；三是直接向有管辖权的人民法院提起诉讼，由人民法院通过审判程序解决。

继承人在通过诉讼程序保护继承权时，通常请求采用确认之诉和给付之诉。其中，确认之诉是前提，只有确认权利请求人确实享有继承权且处于优先继承顺序，才能请求法律保护。给付之诉是使继承人的财产利益得到实现的最终手段，通过这一手段，继承人便可得到被他人非法占有的遗产，从而满足自己对遗产的合法要求。[①] 为避免继承关系长期处于不稳定的状态，促使继承人在继承权受到侵害时及时行使请求权，法律规定了财产继承权恢复请求权的诉讼时效，即继承人在法定期间内不行使其权利，便丧失请求人民法院依审判程序予以保护的权利。这一期间也称为财产继承权恢复请求权的诉讼时效期间。

我国继承法对此采取双重时效制度，即通常时效和短期时效，最高人民法院在关于贯彻执行《中华人民共和国继承法》若干问题的意见中也作了进一步解释。具体有以下方面：

（1）在继承人知道或者应当知道其权利被侵犯的情况下，继承人须在2年内向人民法院提起财产继承权恢复请求权的诉讼。如果超过2年未提起诉讼，则意味着继承人失去了实体意义上的胜诉权。

（2）在继承人不知道或者无法知道其权利被侵害的情况下，继承人有权自继承开始之日起20年内向人民法院提起保护其继承权的诉讼。

（3）自继承开始之日起的第18年后至20年期间内，继承人才知道自己的权利被侵犯的，其提起诉讼的权利，应当在继承开始之日起的20年之内行使，超过20年的，不得再行提起诉讼。

（4）在诉讼时效期间内，因自身不可抗拒的事由（如自然灾害、战争等）致使继

---

① 刘素萍：《继承法》，中国人民大学出版社1988年版，第140页。

承人无法主张继承权的，人民法院可按中止诉讼时效处理。

（5）继承人在知道自己的权利受到侵犯之日起的 2 年内，其遗产继承权纠纷确在人民调解委员会进行调解期间，可按中止诉讼时效处理。

（6）继承人因遗产继承纠纷向人民法院提起诉讼的，诉讼时效即为中断。

五、受遗赠权、酌情分得遗产权

（一）受遗赠权的概念和特征

1. 受遗赠权的概念

受遗赠权，是指国家、集体组织或法定继承人以外的公民享有的接受死者生前在遗嘱中所遗赠的财产的权利。在被继承人死亡之前，此种权利只是被继承人在遗嘱中设定的权利，对于受遗赠人来说，它只是一种期待权，不发生法律的执行效力。在被继承人死亡之后，对于受遗赠人来说，根据遗嘱接受遗赠，则是其既得的权利。

2. 受遗赠权的特征

受遗赠权与继承权相比有如下不同之处：

（1）主体不同。这是遗嘱继承权与受遗赠权的根本区别所在。在我国，遗嘱继承权的主体仅限于法定继承人，而受遗赠权的主体则是法定继承人以外的公民、国家和集体经济组织。

（2）表示接受、放弃的形式不同。根据我国《继承法》规定，继承人放弃继承的，应当在继承开始后，遗产分割前作出放弃继承的意思表示；没有表示的，视为接受继承。而受遗赠人接受或放弃受遗赠的，应当在继承开始后两个月内作出意思表示；到期没有表示的，视为放弃受遗赠。

（3）权利取得的根据不同。继承权的取得是根据婚姻、血缘或扶养关系而建立起来的权利义务关系；而受遗赠人的受遗赠权的取得，则不必建立在与死者之间的权利义务基础之上，完全依据死者生前的个人意愿，就可获取受遗赠权。

（二）酌情分得遗产权的概念和特征

1. 酌情分得遗产权的概念

酌情分得遗产权，是指法定继承人以外的公民依照法律规定取得被继承人遗产的权利。我国《继承法》第 14 条规定："对继承人以外的依靠被继承人扶养的缺乏劳动能力又没有生活来源的人，或者继承人以外的对被继承人扶养较多的人，可以分给他们适当的遗产。"根据继承法这一规定而取得遗产的人，即酌情分得遗产权人，或称法定继承人之外的遗产取得人。①

酌情分得遗产权人对被继承人的遗产本不享有继承权，法律上赋予他们取得被继承人遗产的权利，是贯彻养老育幼、互助互济原则的体现。依据继承法的规定而取得遗产的法定继承人以外的人，其取得遗产的权利是独立的，而不是依附于继承人的继承权。被继承人死亡后，酌情分得遗产权人有权亲自或由其法定代理人主张取得被继承人的适当份额的遗产。这并不意味着他们享有与法定继承人同等的权利，而是根据酌情分得遗产权人的实际情况和遗产的数额确定其可获得遗产的份额。

2. 酌情分得遗产权的特征

与财产继承和遗赠相比，酌情分得遗产权有如下特征：

（1）酌情分得遗产权人是法定继承人以外的人，但是不包括受遗赠人和遗赠扶养协议的扶养人。

（2）酌情分得遗产权的主体只能是依靠被继承人扶养的缺乏劳动能力又没有生活来源的人或者是对被继承人扶养较多的人。缺乏劳动能力又没有生活来源而依靠被继承人扶养的，主要是那些尚未成年不具备劳动能力或年迈体弱、病残而丧失劳动能力，除社会救济以外，没有被继承人的扶助就无法取得生活来源的人；对被继承人扶养较多的人，是指对被继承人生前进行物质帮助、生活照料和精神慰藉的人。他们与被继承人之间不存在法律上的扶养关系，对被继承人的扶养、照料完全是出于道义。继承法赋予其取得遗产的权利，既符合权利义务相一致的原则，又鼓励互助互爱、养老育幼的道德风尚。

（3）酌情分得遗产权人所取得被继承人遗产的份额不等。除遗嘱继承以外，法定继承人在条件大体相同的情况下，对遗产通常采取均额分配。而酌情分得遗产权人所取得的遗产份额完全取决于他们与被继承人生前的扶养关系和依赖程度。如果酌情分得遗产权人对被继承人生前依赖程度较高，或者对被继承人生前扶养程度较高，应当多分一些遗产，否则就少分。一般来说，酌情分得遗产的份额，应少于法定继承人的平均份额。但在特殊情况下，也可以均等，或高出平均份额。

第三节　继　承　法

一、继承法概述

① 巫昌桢：《婚姻与继承法学》，中国政法大学出版社1999年版，第318页。

（一）继承法的概念

继承法是调整财产继承关系、确定遗产归属的法律规范的总称。继承法是民法的重要组成部分。

关于继承法的概念，理论上存在不同的解释：

1. 广义的继承法和狭义的继承法

广义的继承法，是指身份继承与财产继承为一体且以身份继承为主的继承法律制度。这种含义的继承法在现代法律制度中已不存在，取而代之的是狭义的继承法。狭义的继承法是指仅以调整财产继承为内容的继承法律制度。它是在资本主义法制确立后形成的，为近、现代各国立法的通例。

2. 纯粹的继承法和非纯粹的继承法

纯粹的继承法是指规定与财产继承直接有关的法律，其内容只包括继承权的归属、继承的原因和结果、继承人的权利和义务、遗产的清算、分配等。非纯粹的继承法是指法律除规定与财产继承直接有关内容外的一些与财产继承有间接关系的情况，如立遗嘱人可以遗嘱指定其未成年子女的监护人、指定遗嘱执行人等。这些虽不是直接的财产继承的规定，但却与财产继承密切相关，现代各国均采用这种立法方法。我国继承法还有关于遗赠、遗赠扶养协议的规定。这些内容并不是一种继承关系，但它们都涉及被继承人死亡后的财产转移的问题，因而我国也采用非纯粹意义上的继承立法。

3. 形式意义上的继承法和实质意义上的继承法

形式意义上的继承法是指以继承法命名的法律，如《中华人民共和国继承法》（以下简称《继承法》）。实质意义上的继承法是指调整继承关系的法律规范的总称。实质意义上的继承法不仅包括形式上的继承法，也包括其他法律中有关财产继承的规范，还包括具有法律效力的关于财产继承问题的规章、决定等规范性文件，以及最高人民法院的有关司法解释等。在我国，继承法学所研究的是实质意义上的继承法。

（二）继承法的性质

1. 继承法是普通法而不是特别法

财产继承关系是一种普遍存在的社会关系。在我国，继承法适用于一切公民，不因年龄、性别、种族、职业、文化程度、社会地位等的差别而异。当然，这并不妨碍继承法对某些问题所作出的特别规定，如对少数民族财产继承问题的规定、对涉外财产继承的特别规定等。

2. 继承法是实体法而不是程序法

实体法是规定主体事实上权利义务的法律。继承法正是规定了有关财产继承开始的原因，财产继承关系的主体、客体，继承人的权利义务等实质性问题，因此，继承法是实体法；程序法只是一种公正裁决的形式，与继承法相对应的程序法主要是民事诉讼法、公证法规等，从程序上保证继承法的实施。

3. 继承法是强行法而不是任意法

继承法中绝大多数都是强行法。如财产继承的方式、继承人的范围和顺序、遗产的范围和处理办法以及继承权纠纷的诉讼时效等规定，都是强制性的，当事人都必须遵守，任何人不得随意变更。继承法中也有一些任意性规范，如我国继承法规定，继承人可以协商处理财产继承问题，包括遗产的分割时间、办法、份额，被继承人还可立遗嘱处分自己的财产等。但是，继承法对这些自由也作了一些限制性规定。

4. 继承法是财产法而不是身份法

继承法是财产法，是因为继承法规定的是财产转移的方式、效力和条件，继承人继承的只能是被继承人遗留下来的财产，财产继承当然应属于财产法的范畴。有学者认为，继承法应属于身份法的范畴。其理由是，继承权的发生主要是以一定的身份关系为前提的，继承法应是亲属法的补充。[①] 事实上，虽然继承法是一种与身份法相联系的财产法，继承权的取得也与一定的身份关系相联系，但继承法并不调整身份关系，只调整因继承而发生的财产关系。

（三）继承法的立法体例

继承法虽为民法的组成部分，但各国对于继承法的编制体例各不相同，概括起来有以下两种：

1. 特别法主义

特别法主义是指将继承法作为民法的特别法予以单独立法。采取这种立法体例的国家，主要是实行判例法的国家和一些未制定统一民法典的国家。例如，英国在 1837 年制定了遗嘱条例，后又陆续制定了无遗嘱继承条例、继承条例等；印度在 1925 年制定了《继承法》，此外，保加利亚、以色列等国均制定了单行的继承法。

2. 法典主义

法典主义是指将继承法列入民法典之中，作为民法典的一个组成部分。大陆法系大多数国家均采用这种立法体例。但是，继承法在民法典体系中的位置，各国在具体安排上有所不同：

（1）将财产继承规定于民法典中的财产取得编。即将财产继承作为所有权的取得方法之一，将财产继承与契约、赠与等归入一编。法国就将继承法规定于民法典第三编

---

① 刘素萍：《继承法》，中国人民大学出版社 1988 年版，第 21 页。

“取得财产的各种方法”中。

（2）将财产继承规定于民法的物权编。即将财产继承权看做财产所有权于所有人死后的自然延伸，具有物权的效力。奥地利、荷兰等国就采用这种立法体例。

（3）将财产继承作为民法典中的单独一编。即将财产继承权看做与身份关系相联系的独立权利，因而将继承法作为独立的一编。

我国在1985年颁行了《继承法》，采取的也是特别立法主义的形式。但是并不能就此说明我国采取的是特别法主义立法体例。因为我国虽然是成文法典国家，由于受经济体制和社会环境的影响，目前我国尚未制定统一民法典。然而，制定统一民法典是大势所趋，继承法于将来必是作为民法典的一个组成部分而存在。

二、我国继承法的基本原则

继承法的基本原则是指其效力贯串继承法始终的基本准则，是制定、解释、执行和研究继承法的根本依据。我国继承法的基本原则有如下几项内容：

（一）保护公民私有财产继承权的原则

保护公民私有财产继承权有两层含义：一是法律确认公民的私有财产继承权，并保护其不受非法侵害；二是在公民的私有财产继承权受到侵害时，法律予以救济，国家以强制力予以保护。我国继承法在保护公民私有财产继承权方面的主要规定有：

（1）确认凡是公民生前所有的个人合法财产，在其死后都可以作为遗产转移给其继承人。

（2）在婚姻、血缘和家庭关系的基础上确定继承人的范围和继承顺序：一方面确定继承权取得的法律依据，另一方面为实现家庭经济职能和养老育幼服务。

（3）公民的继承权不受非法剥夺，除具备丧失继承权的法定情形外，任何个人、单位都不得非法剥夺他人的继承权。

（4）公民的继承权受到他人非法侵害时，有权在法定期限内通过诉讼程序请求人民法院依法给予保护。

（二）继承权男女平等原则

我国《继承法》第9条规定：“继承权男女平等”，具体表现为：

（1）在法定继承人的范围和继承顺序上，规定男女亲系相同。即对父系亲与母系亲同等对待，适用父系亲的，同样适用于母系亲。

（2）夫妻有相互继承遗产的权利。丈夫可以继承妻子的遗产，妻子也可以继承丈夫的遗产，任何人都不得干涉。

（3）在代位继承中，男女有平等的代位继承权。适用于父系的代位继承，同样适用于母系。

（4）在遗嘱继承中，无论男女，都有权通过立遗嘱方式处分自己的合法财产。

（5）同一顺序的继承人，不论男女，在继承财产的份额上，除特殊情况外，一律平等。

（三）养老育幼，照顾缺乏劳动能力又没有生活来源人的利益的原则

养老育幼既受道德规范的倡导，也受法律规范的调整。继承法确定养老育幼，照顾缺乏劳动能力又没有生活来源的人的利益是非常必要的，具体体现为：

（1）除法定的继承人范围和继承顺序以外，我国继承法还规定，丧偶儿媳或丧偶女婿对公婆或岳父母尽了主要赡养义务的可作为第一顺序继承人；被继承人的子女先于被继承人死亡的，由被继承人子女的晚辈直系血亲代位继承。

（2）在分配遗产时，对缺乏劳动能力又没有生活来源的继承人，应予以照顾。继承人以外的，对被继承人扶养较多的人或依靠被继承人扶养的人，可以分给他们适当的遗产。

（3）被继承人以遗嘱方式处分自己的财产时，应当照顾缺乏劳动能力的、没有生活来源的老人和未成年人的利益。

（4）遗产分割时，应当保留胎儿的继承份额，以免遗产分割完毕而影响胎儿出生后的养育成长。

（5）公民可以与扶养人或者集体所有制组织通过签订遗赠扶养协议的形式，来确定生养死葬和享受遗赠的权利义务，使受扶养人的生活得到切实的保障。

（四）权利义务相一致原则

权利义务相一致是指扶养义务与继承权的统一。有关权利义务相一致能否成为继承法的基本原则，学界存在两种不同的观点：一种观点认为，权利义务相一致不能作为继承法的一项基本原则；① 另一种观点认为权利义务相一致可以作为继承法的一项基本原则。大多数学者持后一种观点。权利义务相一致原则在继承法中的主要体现有：

（1）在遗产的分配上，对被继承人生前尽义务多的可多分遗产，对被继承人生前尽义务少的或没尽义务的，可以少分或不分遗产。

（2）对公婆或岳父母尽了主要赡养义务的丧偶儿媳或丧偶女婿，可以作为第一顺序继承人继承公婆或岳父母的遗产。

---

① 刘素萍：《继承法》，中国人民大学出版社 1988 年版，第 103 页。

（3）形成扶养关系的继父母和继子女之间依法互享继承权。

（4）继承人继承被继承人的财产权利的，同时也应在遗产的范围内清偿被继承人生前所欠债务及应缴税款。

三、继承法的历史发展

继承制度不是从来就有的，它是人类社会发展到一定阶段的产物，并随着经济基础的变化，社会制度的更替而演进、发展。

在原始社会的母系氏族制度形成以后，剩余产品的出现和积累使得作为财产转移手段的继承开始萌芽。按照氏族内最初的继承制度，氏族成员死亡以后，他的同族亲属可以继承，但财产必须留在氏族内。所以，除了由生者承受死者遗产这个意义外，它和真正继承法律制度有着本质的区别。

恩格斯在《家庭、私有制和国家的起源》一书中指出："随着财富的增加，它便一方面使丈夫在家中占据比妻子更重要的地位；另一方面，又产生了利用这个增强了的地位来改变传统的继承制度使之有利于子女的意图"，[①] 从而导致了按女系计算世系的办法和母系继承权的废除。

两次社会大分工的完成，促使财产私有制从原始社会局部的萌芽状态向全社会规模扩展。同时，以私有制为基础的一夫一妻制家庭也逐渐从氏族中分化出来。这也是原始氏族社会日趋崩溃和奴隶制社会逐步形成的时代。为适应奴隶主阶级的统治需要，奴隶主阶级将原始社会的财产继承关系的氏族习惯，用法律的形式固定下来。不仅如此，奴隶主阶级还将私有财产的继承与王位、爵位和家长身份的继承结合起来以巩固奴隶主阶级政治、经济的统治地位。

由此可见，继承作为一项法律制度，是在原始社会解体，一夫一妻制家庭已经形成，私有财产制度业已确立并有了依靠国家强制力保证其实施的法律之后才产生的。继承权是从私有财产权派生出来的一项权利。

古代社会的继承制度有两个较突出的特点：其一，确定男女两性的不平等。例如，《汉谟拉比法典》规定，丈夫死后，妻子可以取得自己的嫁妆和一定的扶养费，"但不得以之出卖，至她身后，仅归其子女所有"；印度的《摩奴法典》则规定妻子不能享有财产所有权，她们所获得的财产属于其丈夫。中世纪的欧洲各国，女子的继承权也受到限制。例如：法兰克王国的《萨利克法典》规定土地全部由男性继承；俄国的《罗斯真理》规定"兄弟在世，姊妹非继承者"。按照中国古代的礼制，女子没有财产所有权，当然也就没有财产继承权。其二，身份继承占有重要地位。例如，在西方国家确立

① 《马克思恩格斯全集》，（第21卷），人民出版社1965年版，第67页。

了“世袭王权和世袭贵族”制，而在中国则形成了“宗祧继承”制度。宗祧即祖庙，宗祧继承是指血统继承，即爵位、主祭权和家长身份的继承。自西周就确立的“嫡长子”继承制，一直被后世所沿袭。在实行“身份法本位制”的古代中国，身份继承是全部继承制度的基础。受中国古代宗祧继承的影响，日本的“家督继承”、朝鲜的“户主继承”都带有浓厚的身份继承色彩。这些规定的主要目的在于保证奴隶主、封建主阶级的私有财产不致过于分散，从而维护其阶级统治。

资本主义继承制度的建立，完成了由古代继承制度向近代继承制度的转变。首先，取消身份继承，改行财产继承。以法国为首的大陆法系国家均以立法形式明确规定了财产继承的详细内容，同时，取消了身份继承。而英美法系的继承制度也把财产继承作为最主要的内容；其次，废除了嫡长子继承制，对子女实行遗产均分继承。最后，不断扩大遗嘱的适用范围，确立了遗嘱自由原则。在大陆法系和英美法系中相继出现了“相对遗嘱自由主义”和“绝对遗嘱自由主义”的不同理念，但其共同之处在于比较重视当事人的个人意志，使之能够任意地指定财产继承人。

在我国新民主主义革命时期，革命根据地政权曾制定法规，对继承制度进行了一系列的改革。如1940年8月13日颁行的《晋察冀边区目前施政纲领》规定：“妇女依法有财产的继承权”，1945年3月31日颁行的《冀鲁豫行署关于女子继承等问题的决定》指出：“遗产继承女子与男子有平等之权利”等。这些改革为社会主义继承制度的建立和发展奠定了基础。中华人民共和国成立后，在1950年的《婚姻法》中规定夫妻有互相继承遗产的权利，1954年的《宪法》规定“国家依照法律规定保护公民的私有财产的继承权”。在1985年4月第六届全国人大三次会议通过了《中华人民共和国继承法》，这部法律确立了我国的财产继承制度，是具有中国特色的社会主义继承制度，也是我国社会主义继承制度发展中的一个里程碑。随着改革开放的不断深入和现代化事业的迅速发展，我国的继承制度必将继续完善。

第十二章　法 定 继 承

第一节　法定继承概述

一、法定继承的概念和特征

法定继承（又称无遗嘱继承），是指继承人的范围、继承顺序和继承份额以及遗产分配的原则等，均由法律直接予以规定的继承制度。

法定继承和遗嘱继承是财产继承的两种不同方式。

在人类历史上，由于传统习惯和观念不同，在继承立法上有的以遗嘱继承为主，有的以法定继承为主，前者如罗马法。罗马人自古以来将遗嘱处分视为一种神圣的权利，“丧失遗嘱特权似乎是比任何灾祸都更为严重的一种天罚；诅咒一个敌人，说他将死而无遗嘱，这要比任何诅咒都更为恶毒。”所以，古罗马的遗嘱继承制度很发达。与古罗马遗嘱继承相对立，日耳曼民族在中世纪以前，只知道血亲继承，不知道遗嘱为何物。在日耳曼人的心目中，“一个人的继承人和后继者是他自己的子女，对他们不需要遗嘱这类东西。如果没有子女，就由兄弟、伯、叔、舅舅依次继承”。[①] 我国古代的继承，最初仅有法定继承，这是由当时商品经济落后的状况和强大的家族主义思潮决定的。在古代自给自足的自然经济中，家庭是基本的生产和生活单位，财产为家庭共有，由家长管理。家长死后，家产由诸子均分，子孙是父祖的当然继承人，他们继承财产，继承宗祧，父祖不能废除他们而另立继承人。由习惯所使，法定继承至今仍然是我国主要的财产继承方式，而少采用遗嘱继承的方式。

资产阶级革命胜利以后，各国都对继承制度进行了修改和完善，确认遗嘱继承和法定继承的法律地位，但立法仍有侧重点。无论以法定继承为主还是以遗嘱继承为主，并不是评价一个国家继承制度先进落后的根本标志，仅仅是历史文化传统的不同所致。

法定继承有如下基本特征。

1. 法定继承不直接体现被继承人的意志

① 张玉敏：《继承法律制度研究》，法律出版社 1999 年版，第 189 页。

在法定继承这种继承方式中，哪些人是法定继承人、其继承顺序如何、同一顺序的继承人应按什么样的原则分配遗产等问题都由法律作出直接规定，而不是由被继承人自己决定，法定继承人也不得改变这些规定。从这个角度来说，法定继承直接体现法律的意志或者说国家的意志，而不是被继承人或其他人的意志，具有强行性的特点。当然，法定继承也并非与被继承人的意志完全无关。法定继承中具体制度的设立均是在正常状态下依一个被继承人普遍可能处理自己财产方式的一种意思推定，所以法定继承通常是与人们的继承习俗和习惯相一致，在形式和外观上是合理的。[①] 而遗嘱继承则与此不同，它充分尊重和直接体现被继承人的意志，被继承人可以改变法定继承人的范围和顺序，也可以在遗嘱中指定遗产份额的大小。

2. 法定继承是对遗嘱继承的限制和补充

由于遗嘱继承的性质要求最大程度地反映被继承人的自由意志，所以在实践中不可避免地会出现权利滥用的情形。因此，立法上必须对遗嘱自由加以适当的限制。早在罗马法中，就出现了关于废除继承人的限制、遗嘱逆伦诉、特留份追补诉、赠与或嫁奁逆伦诉的规定。近现代各国继承法也大多规定有特留份制度，即被继承人在遗嘱中必须为法定继承人保留一定的遗产份额。在我国，遗嘱人也必须在遗嘱中为缺乏劳动能力又没有生活来源的法定继承人保留必要的遗产份额。这些规定都在一定程度上体现了法定继承对遗产继承的限制作用。此外，法定继承对遗嘱继承也有补充作用。法定继承仅在没有遗赠扶养协议和遗嘱、遗赠扶养协议和遗嘱无效或不能执行的情况下才适用。据此，继承开始后，得适用遗嘱继承的，应先适用遗嘱继承；不适用遗嘱继承时，才能适用法定继承。所以，法定继承在适用效力和适用范围上都是“后位”的，它是对遗嘱继承的补充。

3. 法定继承严格建立在人身关系的基础上

法定继承人的范围虽然由法律予以直接规定，但究其根本，继承人身份的取得必须是与被继承人有血缘关系、婚姻关系或抚养关系。而这些关系具有共同的性质，即都属于身份关系。目前，世界上只有少数国家法律规定无亲属关系的人于一定条件下也可成为法定继承人。在我国遗嘱继承人的范围以法定继承人的范围为限，它虽然也与一定的人身关系相联系，但联系程度较法定继承有所不同。遗嘱可以改变法定继承人的顺序和份额，遗嘱可以在较大范围不受血缘关系亲疏的影响，其人身关系的制约程度较小，尤其是在一些国家遗嘱继承人也可以是法定继承人以外的人的情形下，表现得更为明显。

① 彭诚信：《继承法》，吉林大学出版社2000年版，第64页。

二、法定继承的适用范围

法定继承的适用范围，就是指在何种情况下适用法定继承。总的来说，按“遗嘱在先原则”，有遗嘱的首先适用遗嘱继承，不能适用遗嘱继承方式时，才按法定继承方式继承。大多数国家都遵循这一原则，我国亦不例外。

我国《继承法》第5条规定：“继承开始后，按照法定继承办理；有遗嘱的，按照遗嘱继承或者遗赠办理；有遗赠扶养协议的，按照协议办理。”由此，继承开始后，适用继承方式的顺序为：遗赠扶养协议、遗嘱与遗嘱继承、法定继承。所以，被继承人生前没有与人订立遗赠扶养协议，又没有立遗嘱（包括遗赠），或者遗赠扶养协议无效或不能执行，以及被继承人所立遗嘱全部或部分无效时，就适用法定继承。

我国《继承法》第27条又对在有遗嘱的情况下如何适用法定继承的方式做了具体规定：

（1）遗嘱继承人放弃继承或者受遗赠人放弃受遗赠的。遗嘱继承人放弃继承或者受遗赠人放弃受遗赠，其放弃继承和受遗赠的遗产份额适用法定继承。其他遗嘱继承人或受遗赠人未放弃的部分，仍依遗嘱继承处理，不能适用法定继承。

（2）遗嘱继承人丧失继承权的。遗嘱中指定的继承人在发生《继承法》第7条规定的丧失继承权的事由时，其继承权丧失，不得为继承人。遗嘱继承人丧失继承权的，遗嘱中指定由该丧失继承权的继承人继承的遗产部分，适用法定继承。

（3）遗嘱继承人、受遗赠人先于遗嘱人死亡的。遗嘱是被继承人生前作出的死后生效的一种单方行为。只有继承开始时尚生存的人才得以成为继承人。因为只有在继承开始时生存的人才有继承和受遗赠的能力。所以，如果遗嘱继承人、受遗赠人先于被继承人死亡的，则继承人、受遗赠人由于没有继承能力或受遗赠能力而不能继承、接受遗赠遗产，对这部分由遗嘱指定的财产，只能适用法定继承。

（4）遗嘱无效部分所涉及的遗产。遗嘱必须依法律规定的内容和形式设立，才发生遗嘱继承的效力。若遗嘱不符合遗嘱的生效要件，将导致遗嘱全部无效或部分无效。遗嘱全部无效时，对被继承人的全部遗产实行法定继承；遗嘱部分无效且部分无效不影响整个遗嘱效力的情况下，对遗嘱无效部分所涉及的遗产按法定继承办理。

（5）遗嘱未处分遗产的。被继承人生前未立遗嘱的，其全部遗产适用法定继承。遗嘱人在遗嘱中只处分部分遗产的，对未处分的遗产部分必须适用法定继承方式。

第二节 法定继承人的范围和顺序

一、法定继承人的范围

法定继承人的范围，是指在适用法定继承方式时哪些人可以成为法定继承人。法定继承人的范围是由法律直接规定的，具有不可任意变更的性质。各个历史时期和各个国家的继承法关于法定继承人范围的规定，都是以血缘关系和婚姻关系为基础，同时参照各时代和各国的具体情况（如家庭职能、风俗习惯、社会性质等）而制定的。

对于法定继承人的范围，各国法律规定不一。从现代继承法来看，大致有两种立法模式：一是“亲属无限制继承主义”。采取这种立法模式的国家，其法律规定的法定继承人的范围非常广泛。如在德国，根据其民法典的规定，被继承人的配偶、直系卑亲属、父母及其卑亲属、祖父母及其卑亲属、远祖父母及其卑亲属均为法定继承人。二是“亲属限制继承主义”。采取这种立法主张的国家将法定继承人限定于一定范围的亲属。如瑞士民法虽与德国民法一样地采取亲系制，但法定继承人只限于配偶、直系血亲卑亲属、父母及其直系卑亲属、祖父母及其卑亲属，曾祖父母仅有用益权。大多数国家采取这种立法主义，但对旁系血亲的亲等限定的范围不同。如《韩国民法典》规定在八亲等以内，《意大利民法典》规定限在十亲等之内，法国则将死者兄弟姐妹的直系亲属延伸至十二亲等。在法定继承人的规定上富有特色的是《苏俄民法典》，该法典不仅以血缘关系、婚姻关系为基础，确定配偶、子女、父母、兄弟姐妹、祖父母和外祖父母为法定继承人，而且根据经济上的依赖关系，规定死亡人生前扶养不少于一年的无劳动能力的人也为法定继承人。

我国《继承法》规定的法定继承人基本上限定在家庭关系的范围之内，包括配偶、子女、父母、兄弟姐妹、祖父母外祖父母，以及死于被继承人之前的被继承人的子女的直系卑亲属、对公婆或岳父母尽了主要赡养义务的丧偶儿媳或女婿。

（一）配偶

配偶是处于合法婚姻关系中的夫妻相互间的称谓。夫妻双方有一方死亡的，则生存一方享有对死者的财产继承权。享有继承权的配偶是在死者死亡之际与之有婚姻关系的人。在死者死亡之前已经与之脱离婚姻关系的，或者尚未与之正式结婚的人，都不是死者的配偶。

配偶互有继承权的根据，是双方存在的合法夫妻关系。我国现行《婚姻法》第 24

条规定："夫妻有相互继承遗产的权利。"法律上之所以赋予夫妻之间互有继承权，原因在于：夫妻之间具有最为密切的人身关系和财产关系。在婚姻关系存续期间，双方共同生活，平等相待，互相扶助，奠定了家庭关系的基础并成为家庭关系的核心。当夫妻一方死亡时，生存一方依法取得死亡者的遗产，继续用于家庭生活，这对于保护生存配偶的合法利益，具有积极的意义。

配偶作为法定继承人互有继承权，这是夫妻在婚姻家庭关系中地位平等的一个重要标志。在古代社会，法律只承认丈夫对妻子遗产的继承权，而排斥妻子对丈夫遗产的继承权。如，《汉谟拉比法典》规定："妻子不得继承丈夫的财产；妻子本人的嫁妆和丈夫生前赠与她的物品虽然可归其所有，但她无权出卖。"到了资本主义时期，尽管法律上抽象规定夫妻互有平等继承权，但在具体制度中却又对配偶继承权特别是妻子行使继承权问题进行种种限制。例如，1804年《法国民法典》将配偶继承遗产视为"不正常的继承"；同时还规定："妻子未经依婚姻章第六节的规定征得其夫同意或者判决上的同意时，对于继承，不得为有效的承认。"现代大多数国家的继承立法都肯定了妻子对丈夫遗产的继承权，但并非没有任何限制。如，美国的密歇根州、罗得艾兰州、南卡罗来纳州的法律规定，妻子不能继承亡夫不动产的所有权，只能继承部分动产的所有权和对部分不动产享有终身占有和使用权。

我国古代社会也否认妻子的继承权。仅以清代法律为例，清代法律规定"妇人夫亡无子守志者，合承夫份，须凭族长择昭穆相当之人继嗣"。"其改嫁者，夫家财产及原有妆奁，并听前夫之家为主。"可见，所谓"合承夫份"的实质，也不过是对夫的遗产暂行保管而已，根本不是什么继承权；对改嫁的妇女，不仅对丈夫的财产无继承权，而且自己的婚前财产也归夫家所有了。

我国现行《继承法》对配偶继承权的保护是平等的，主要体现在：首先，法律赋予配偶双方互有继承权，而且彼此平等；其次，夫妻一方死亡后另一方再婚的，有权依法处分其所继承的财产，任何人不得干涉。

根据我国现行法律，在实践中处理配偶继承权时要注意以下几个方面的问题。

1. 配偶的继承权取决于男女双方存在合法的婚姻关系

所谓"合法的婚姻关系"是指男女双方具备了法定结婚的条件，并按照婚姻法的规定履行了结婚登记手续而结成的夫妻。前夫或前妻，只是与被继承人曾经有过合法的婚姻关系，但在被继承人死亡前已经解除了婚姻关系，自然也不会对前配偶享有继承权。未婚同居的男女双方，由于彼此的关系不具有婚姻的效力，不能视为夫妻关系，因而当一方死亡时，他方无权以配偶身份要求继承死者的遗产。

2. 领取结婚证而尚未共同生活的男女双方的继承权问题

由于传统观念的影响，有人认为虽然已经领取了结婚证但没有举行婚礼或没有同居生活的男女双方不是相互间的配偶，因而没有继承权。这一观念实际上是不对的。法律上认定婚姻关系的成立与否，是根据符合条件的男女双方是否进行了结婚登记并领取结婚证这样一个法律事实。至于双方在登记结婚后出于种种考虑而暂时尚未共同生活，并不影响婚姻效力，即合法的婚姻关系存在，配偶的法律地位为法律所承认并加以保护。当一方死亡时，生存的一方有权以配偶的身份继承死者的遗产。

3. 事实婚姻情况下男女双方的继承权问题

考虑到我国目前没有登记便以夫妻名义同居的现象在某些地区仍存在以及该问题的复杂性，立法上并没有采取一律承认或否认的态度，而是区分不同的情况分别对待和处理。带来的后果只有两种：同居关系或事实婚姻关系。如认定为同居关系，相互之间不具有配偶身份，一方死亡时，另一方当然无继承权。但如果一方死亡时，另一方符合可分得遗产的法定继承人以外的人的条件，即另一方依靠被继承人扶养且缺乏劳动能力又没有生活来源，或者对被继承人扶养较多，可以分给其适当的财产。在被认定为事实婚姻关系的情形下，法律承认相互之间有配偶身份，一方死亡时，另一方有继承权。

4. 新中国成立前形成的一夫多妻家庭中妻妾的继承问题

1950 年《婚姻法》颁布前形成的一夫多妻的重婚现象，是新中国成立前的不合理的制度造成的，若女方没有要求解除婚姻关系，仍允许他们保持原来的共同生活关系，法律一般不加以干涉。由此，新中国成立前形成的一夫多妻家庭，丈夫与妻、妾具有同等的夫妻权利义务关系。当丈夫死亡时，妻、妾都有权以配偶身份继承丈夫的遗产。至于妻、妾之间有无继承权问题，我们认为，妻与妾之间没有继承的法律依据，一般不能相互继承遗产。但如果妻、妾与丈夫共同生活时间较长，妻、妾彼此间也有互相照料的事实，则当妻或妾死亡时，应参考我国《继承法》第 14 条规定的精神，可以分给其适当的财产。我国现行法律坚持一夫一妻制原则，禁止任何公开的或隐蔽形式的一夫多妻现象。因而，在 1950 年 5 月 1 日我国第一部《婚姻法》实施后，不论以何种形式因何种原因形成的重婚、纳妾都是非法的，应依法给予相应的刑事和民事制裁。表现在继承方面，任何违背一夫一妻制度而形成的同居关系的男女彼此无权于一方死亡时以配偶身份取得死亡者的遗产。

5. 未经法定程序解除婚姻关系时的继承问题

婚姻的解除同婚姻关系的成立同样需要经过法定的程序，未经法定程序办理离婚手续，合法婚姻关系继续存在，双方仍互为配偶而享有继承权。由此，在夫妻双方协议离婚，已达成离婚协议，但没有依法到婚姻登记机关办理离婚手续；或者夫妻双方诉讼离婚，在诉讼进行过程中；或者在法院已经作出准予双方离婚的判决，但判决尚未发生效力（如在上诉期内）的情形下，若一方死亡，另一方仍得作为死者的配偶，继承被继承人的遗产。

（二）子女

子女是父母的亲等中最近的晚辈直系血亲。父母子女之间有着极为密切的人身关系和财产关系，父母死亡后，子女有当然继承其遗产的权利。我国《继承法》在第 10 条中明确规定："本法所说的子女，包括婚生子女、非婚生子女、养子女和有抚养关系的继子女。"这就是说，子女作为法定继承人时，不分性别、长幼，不论是否婚生，也不论是自然血亲，还是法律拟制血亲，都有平等继承父母遗产的权利。

1. 婚生子女

婚生子女，是指有合法婚姻关系的夫妻所生育的子女。婚生子女，无论男女，也无论其随父姓还是随母姓，无论已婚还是未婚，无论结婚后到男家落户还是到女家落户，也无论其与婚生父母生活时间的长短，均不影响其法律上的地位。都可以以子女的身份继承父母的遗产，任何人都无权非法干涉。认为男到女家落户的"入赘女婿"，女到男家生活的出嫁女儿，均无权继承父母的遗产的封建传统观念是不符合现代法律男女平等的原则要求的，应予以根除。此外，还应该注意的是，那些在父亲死亡前受孕在其父亲死亡后出生的子女，或者合法婚姻关系期间受孕，婚姻关系解除后所生子女也为婚生子女，享有对父母任何一方死亡后遗产的法定继承权。

2. 非婚生子女

非婚生子女，是指无合法婚姻关系的男女所生的子女，俗称"私生子"。对于非婚生子女，无论在奴隶社会还是封建社会，无论是在中国还是在外国，无论是在法律上还是在实际生活中，他们均受到歧视和虐待，就连标榜"平等"、"自由"的资本主义国家的立法也是如此。仅以继承权为例，我国代法清律曾规定："奸生子、乱伦子女，以子量予半分。"虽然大多数资本主义国家的继承法确定非婚生子女有继承权，但其继承权的实现要受到诸多的限制。如有的国家规定，只有经合法认领后的非婚生子女才有继承权；有的规定，非婚生子女只能继承相当于婚生子女一半的遗产；有的规定，非婚生子女没有继承生父遗产的权利，只能继承母亲的遗产等等。新中国成立后，非婚生子女的社会地位发生了根本变化。非婚生子女的父母之间的两性关系是非法和不道德的，应当受到社会舆论的谴责。但是，非婚生子女的出生只能是父母的过错，非婚生子女对此是完全无辜的，他们应与婚生子女一样，受到国家法律的保护。我国现行《婚姻法》第 25 条规定："非婚生子女享有与婚生子女同等的权利，任何人不得加以危害和歧视。"《继承法》第 10 条也明确规定，子女无论是婚生子女还是非婚生子女都享有平等的继承权。这些规定说明，我国对非婚生子女的保护是有力度的。

3. 养子女

养子女，是指收养人通过合法形式领养的子女。养子女与养父母之间的关系是拟制血亲关系，他们之间通过收养关系而成立。收养关系成立后，收养人与被收养人之间形成法律拟制的父母子女关系。我国《婚姻法》和《收养法》都明确规定了养父母子女之间权利义务关系同亲生父母子女之间的权利义务关系一样。因此，养父母与养子女相互间有继承权。同时，法律从有利于收养关系稳定的角度出发，规定养子女同养父母的关系确立之后，养子女同其生父母之间的权利义务关系随之消除，养子女就失去了对其生父母遗产的继承权。但在现实生活中，有些被收养人与养父母和生父母都保持着密切的关系，既对其养父母尽赡养义务，同时又对其生父母给予较多的扶助，在这种情况下，养子女除了可继承其养父母的遗产外，还可按《继承法》第 14 条的规定，请求分得其生父母的适当的遗产。

4．继子女

继子女，是指妻与前夫或者夫与前妻所生的子女。继子女与继父母之间的关系，系因父母一方死亡、他方再结婚，或者因父母离婚、一方或双方再行结婚而引起。继子女与继父母的关系并不必然地等同于亲生父母子女关系，因为只有在继父母与继子女之间形成了抚养、教育关系的时候，他们彼此间才发生法律上的权利义务关系。由此，继子女可否继承其继父母的遗产，取决于其与继父母间有无形成抚养教育关系。与继父母形成抚养教育关系的继子女有权继承继父母的遗产，为继父母的法定继承人；反之则不能继承其继父母的遗产。继子女对其生父母遗产的继承权，并不因继子女取得了其继父母的遗产而丧失。这是因为父母子女之间的关系，不因婚姻关系的终止而消除。因此也决定了继子女继承继父母的遗产，不影响其继承生父母的遗产。这也就是所谓的继子女的“双重继承权”。

5．对公婆尽主要赡养义务的丧偶儿媳及对岳父母尽主要赡养义务的丧偶女婿

一般来说，儿媳与公婆、女婿与岳父母是姻亲关系，他们之间没有权利义务关系，儿媳、女婿没有继承公婆或岳父母遗产的权利。但在实际生活中，有的丧偶儿媳对公婆、丧偶女婿对岳父母如同自己亲生父母，对他们的晚年生活，在经济上、精神上给予了较大的帮助，尽了主要赡养老人的义务。对此，从权利义务相一致原则出发，也为鼓励民间的这种尊敬老人、赡养老人的美德，《继承法》第 12 条规定：如果丧偶儿媳对公婆、丧偶女婿对岳父母尽了主要赡养义务的，不论其是否再婚，都可作为第一顺序继承人继承公婆或岳父母的遗产。适用这一条款，要注意两个问题：其一，丧偶儿媳或女婿取得法定继承权是有前提条件的，即“尽了主要赡养义务”。何谓“尽了主要赡养义务”？根据有关司法解释的规定，是指对公、婆或者岳父、岳母提供了主要经济来源，或者在劳务方面给予了主要扶助。也有学者指出，如果与公、婆或者岳父、岳母长期共同生活形成良好关系，给予了主要精神慰藉的丧偶儿媳或女婿也应认定为尽了主要赡养义务[1]。其二，丧偶儿媳或女婿的法定继承权并不是一种代位继承权或转继承权。在代位继承中，被继承人的直系卑亲属是代位继承人，其继承权的有无不决定于对被继承人尽义务的情况；在转继承中，由于继承开始后遗产分割前，继承人死亡，其应继分应由继承人的法定继承人继承，其中包括已死亡的继承人的配偶。由此可见，配偶的这种转继承权的有无也不决定于对被继承人尽义务的情况，只要发生转继承的前提，就有继承权。所以，丧偶儿媳或女婿的法定继承权与代位继承和转继承的继承权发生的根据不同，并不相互排斥。

（三）父母

父母与子女是血缘关系最近的尊亲属。父母，包括亲生父母、养父母和抚养了继子女的继父母。他们都有权继承子女的遗产，是子女的法定继承人。

亲生父母作为子女的法定继承人，是法律根据他们相互间的自然血亲关系确定的。因此，无论是婚生子，还是非婚生子；无论子女是已婚还是未婚；无论生父母是否抚育过子女，只要子女未被收养，该生父母始终是子女的法定继承人。

养父母对养子女的遗产的继承权，以收养关系的成立与存在为前提，当收养关系解除时，其继承权也随之终止。

继父母对继子女遗产的继承权，以形成扶养关系为条件。有扶养关系的继父母和继子女是法律拟制血亲关系，同亲生父母子女关系并无区别，在此种情况下的继父母对继子女的遗产有继承权。同时，继父母与亲生子女的权利义务关系并未解除，所以，继父母对亲生子女的遗产也有继承权。在一定意义上，继父母也享有“双重继承权”。

（四）兄弟姐妹

兄弟姐妹之间存在较为密切的关系。首先，从血缘关系来看，兄弟姐妹之间虽然属于旁系血亲，但却是旁系血亲中亲等最近的亲属。其次，从实际生活中的相互关系来看，兄弟姐妹一般都在家庭中共同生活多年，生活上互相照顾，经济上互相帮助，精神上互相慰藉。再次，从法律义务上看，根据我国《婚姻法》第29条的有关规定，在一定条件下，兄弟姐妹之间有相互扶养的义务。基于上述原因，《继承法》将兄弟姐妹列为法定继承人，规定他们相互之间享有继承遗产的权利，这一规定既符合传统的良好道德风尚和生活习惯，又有利于促进家庭的和睦与互助。

兄弟姐妹，有全血缘的、半血缘的，以及拟制血缘的不同情况。有的国家规定，半血缘的同父异母或同母异父的兄弟姐妹，仅能从父方或母方取得一份遗产；也有的国家

① 彭诚信：《继承法》，吉林大学出版社2000年版，第95页。

规定，半血缘的兄弟姐妹的应继份仅为全血缘兄弟姐妹的二分之一。至于拟制血亲的养兄弟姐妹，有的规定没有继承权，有的规定有继承权。按照我国《继承法》第10条的规定，兄弟姐妹，不论同父母的兄弟姐妹、同父异母或同母异父的兄弟姐妹，还是养兄弟姐妹，或者是有扶养关系的继兄弟姐妹，都为法定继承人。亲生的兄弟姐妹（包括同父同母的兄弟姐妹、同父异母或同母异父的兄弟姐妹）之间的继承权是基于血缘关系产生的，因而一般是无条件的，即使他们之间没有彼此扶养，其继承权也是存在的。养兄弟姐妹是基于收养关系的成立而在被收养人和收养人的子女之间产生的亲属关系。这种亲属关系是一种法律上的拟制旁系血亲关系。在收养关系存续期间，养子女同生子女之间、养子女同养子女之间发生等同于亲生兄弟姐妹的权利义务关系，因此他们彼此享有继承权。至于被收养人与其亲兄弟姐妹之间，因收养关系的成立已消除了彼此间的任何权利义务关系，因而彼此无继承权。若收养关系解除，养兄弟姐妹关系终止，相互间则不再有继承遗产的权利。继兄弟姐妹是由于其父或其母再婚而形成的法律拟制的旁系血亲关系。他们之间并不当然地有相互继承遗产的权利。依《婚姻法》和《继承法》的有关规定，只有继兄弟姐妹之间形成了扶养关系的，法律上才赋予其等同于亲兄弟姐妹的权利义务关系，这时彼此才有相互继承遗产的权利。有扶养关系的继兄弟姐妹相互继承了遗产的，并不影响其继承亲兄弟姐妹的遗产。

（五）祖父母、外祖父母

祖父母、外祖父母是除了父母之外的最近的尊亲属。不管是在现实生活中还是在法律上，祖父母、外祖父母与孙子女、外孙子女往往会在一定条件下相互抚养、赡养，这是传统习俗所使。基于此，《继承法》规定，祖父母、外祖父母有继承孙子女、外孙子女遗产的权利，是法定继承人。在这里，不仅亲祖父母、亲外祖父母有继承权，养祖父母、养外祖父母也有法定继承权。

除了以上法律规定的五种法定继承人之外，有学者还提出应将孙子女和外孙子女纳入法定继承人的范围。他们认为，把孙子女和外孙子女列为法定继承人，符合公平原则，符合未成年的孙子女和外孙子女的现实经济利益要求，更有利于赡养、扶助祖父母、外祖父母。当然，也有学者据此提出了相反的意见。① 我们认为，可以将孙子女和外孙子女纳入法定继承人的范围。除了上述理由之外，还在于目前有关的法律规定，对孙子女、外孙子女的保护是不充分的，如遗嘱人只可用遗赠的办法来对缺乏劳动能力又无生活来源的孙子女、外孙子女实施救济，其余别无他法。法定继承人中有祖父母、外祖父母，但却没有把与之相对应的孙子女和外孙子女纳入，似有不平等之嫌。因此，将

① 刘心稳主编：《中国民法学研究述评》，中国政法大学出版社1994年版，第800页。

孙子女和外孙子女纳入法定继承人的范围是十分必要的。

比较其他国家的规定来说，我们国家划定继承人的范围非常狭窄。再加上独生子女政策的执行，家庭亲属关系日趋简单，如果仍坚持现行继承法所定的法定继承人范围，在继承开始后，可确定的继承人就更少了，结果导致无人继承之情形日渐增多。比如一个独生子女，其父母意外去世，没有爷爷奶奶、外公外婆，跟着舅舅长大，舅舅对其照顾得很好。他成年后做生意发了财。但是，因为一个意外，他遇车祸身亡，没有遗嘱。没有成家的他，仅剩的亲人就是其舅舅。但是，按照现有的法律规定，这笔遗产舅舅不能继承，只能收归国家所有。这对于尽到了很多义务的舅舅来说，并不公平。为尽量不将遗产收归国家或集体所有，应适当扩大法定继承人之范围。可以考虑将继承人的范围扩大到四亲等以内的亲属。

二、法定继承人的顺序

法定继承人的顺序又称法定继承人的顺位，是指法律直接规定的法定继承人参加继承的先后次序。继承开始时，法定继承人并不是同时参加继承的，而是按照法律规定的先后顺序参加继承。前一顺序的继承人总是排斥后一顺序继承人的，只要有前一顺序的继承人继承，后一顺序的继承人就不能取得和实现继承权。只有当没有第一顺序的法定继承人存在，或第一顺序的法定继承人全部放弃继承或丧失继承权，第二顺序的法定继承人才能继承被继承人的遗产。

法定继承人的继承顺序是由法律直接加以规定的，因而具有强行性。任何人包括继承人、被继承人都不能改变这个法定的继承顺序。继承人可以放弃继承权但不能放弃自己的继承顺序。被继承人可以通过立遗嘱取消第一顺序的法定继承人的继承权，让第二顺序的继承人继承其遗产，但不能改变法定继承顺序，指定第二顺序的法定继承人为第一顺序，或反之。因此，从这个意义上来说，法定继承人的继承顺序只能适用于法定继承。

对于法定继承人的继承顺序，各国法律都是根据继承人与被继承人血缘关系的亲疏远近来决定的。但由于各国的历史文化传统和风俗习惯不同以及其他因素的影响，其具体内容上又有所不同。一般说来，各国继承立法在继承人顺序的确定上有两种立法例：一是将所有的法定继承人都划入一定的顺序。大多数国家采取这种立法例，但在顺序上有一定的差别。有的规定为两个顺序，也有的规定为三个、四个、五个顺序，甚至更多。例如《法国民法典》第 731 条把法定继承人分为四个顺序，即死者的子女，子女的直系血亲，直系尊亲属，旁系血亲。《德国民法典》分为五个继承顺序：子女，父母及父母的直系卑亲属，祖父母、外祖父母及其直系卑亲属，曾祖父母、外曾祖父母及其卑亲属，高祖父母、外高祖父母的直系卑亲属。二是有的国家把配偶不列入任何顺序，得与任一顺序的继承人共同参加继承，只有在没有任何继承顺序的继承人时，才能单独继承。如德国、日本。

我国《继承法》总结了长期以来的司法实践经验，根据我国的实际情况，将法定继承人划分为两个顺序：第一顺序为配偶、子女、父母；第二顺序为兄弟姐妹、祖父母、外祖父母。

我国《继承法》规定的继承顺序，既考虑了婚姻关系和血缘关系的远近，也考虑了法定扶养义务的大小。按照我国《婚姻法》的规定，夫妻有相互扶养的义务，父母对子女有抚养教育的义务，子女对父母有赡养扶助的义务。夫妻有相互继承遗产权利，父母和子女有相互继承遗产的权利。《继承法》把配偶、子女、父母同列为第一顺序继承人，既符合我国的社会实际，也与《婚姻法》的精神相一致。

此外，儿媳或女婿在丧偶后对公婆或岳父母尽了主要赡养义务的，是第一顺序的法定继承人。至于其在丧偶后是否再婚，并不影响其继承权。而且，他们作为第一顺序的法定继承人继承遗产，也不影响其子女的代位继承权。这是我国继承法的特色之一。这一规定的目的是为了鼓励儿媳和女婿赡养老人，使失去子女的老人晚年生活有保障。兄弟姐妹、祖父母、外祖父母从亲属关系上说比配偶、子女、父母远一些；从经济联系上说也比配偶、子女、父母疏一些。他们与死者是近亲属关系，因此，他们同作为第二顺序继承人是合情合理的。

《继承法》第10条规定："继承开始后，由第一顺序继承人继承，第二顺序继承人不继承。没有第一顺序继承人继承的，由第二顺序继承人继承"。因此，只要有第一顺序的继承人继承，第二顺序继承人就没有继承权。只有在没有第一顺序的继承人，或第一顺序的继承人全部放弃继承或丧失继承权的情况下，第二顺序的继承人才能继承。

三、法定继承人的应继份

法定继承人的应继份（简称法定应继份），是指在法定继承中继承人依法继承被继承人的遗产时所取得的成数或比例。法定应继份的有关规定，对于防止无谓纠纷，顺利实现继承，以维护家庭关系稳定和社会关系和谐都具有一定的意义。

（一）一般规定

综观世界各国继承法律制度，关于法定应继份的规定，大体有两种类型：一种不分血亲继承人和配偶继承人，同一顺序的法定继承人应继份相等。如《苏俄民法典》即采用此规定。另一种是区分血亲继承人和配偶继承人并作出不同的规定，应继份不是按人数计算，而是按股计算，这就是分股原则。大多数国家的继承法属于这种类型。所谓分股原则，即根据继承人的身份，将继承人分成不同的组，每组的应继份由本组的继承人按照一定的规则继承，一般不流入他组。一组中有人死亡或放弃继承，或丧失继承权，只增加本组中其他继承人的继承份额。只有当该组继承人全部不能继承时，应继份才会由另一组继承人或下一顺序的继承人继承。如《日本民法典》规定，子女和配偶一起继承时，配偶为一组，子女为一组，两组的应继份各为1/2，如子女中有人死亡且无直系卑亲属，只增加其他子女的应继份，配偶的应继份不受影响。德国是亲系继承的典型，其血亲继承人的应继份是：子女应继份相等，父母应继份相等。父母一方死亡，应继份由其直系卑亲属代位继承，无直系卑亲属时应继份归属对方。祖父母为继承人时，先将归属于祖父母的应继份分成两股，父系祖父母和母系祖父母各一股，每系之间再分两股，祖父和祖母各一股。若一方死亡，应继份由其直系卑亲属代位继承，无直系卑亲属则归属于他方，若他方亦不存在，归属于他方的直系卑亲属。双方均不存在且无直系卑亲属时，该股即转归另一组的祖父母。亲系继承止于祖父母。曾祖父母继承时，由存在之曾祖父母不分亲系平均继承。曾祖父母均不在时，由与卑继承人亲等最近的曾祖父母的直系卑亲属继承。亲等更远的旁系血亲的继承依此类推。我国台湾地区采取亲等亲系结合制，配偶无固定的继承顺序，他（她）可以和任何一个顺序的血亲继承人一起继承。配偶和血亲继承人一起继承时，配偶的应继份和血亲的应继份都是固定的，血亲继承人中有人死亡和放弃的，配偶的应继份不受影响。

（二）配偶的应继份

由于各国对配偶的继承顺序有不同的规定，导致在配偶的应继份上，各国立法差异也比较大，大体有三种：第一种，配偶有固定的继承顺序，并与该顺序的其他血亲继承人平均分配被继承人的遗产。没有同顺序的血亲继承人时，配偶取得全部财产。我国和苏俄的继承法律制度均采取这种类型。如《苏俄民法典》第532条规定，配偶与死者的子女、父母以及死者生前扶养不少于一年的无劳动能力的人同为第一顺序继承人，取得平均的遗产份额，当没有其他第一顺序的法定继承人时，配偶取得全部遗产。第二种，配偶不列入固定的继承顺序，他（她）可以和不同顺序的血亲继承人一起继承，其应继份因血亲继承人的顺序不同而有所不同。如《日本民法典》规定，配偶与直系卑亲属一起继承时，得遗产的1/2，与直系尊亲属一起继承时，得遗产的2/3，和第三顺序的血亲继承人即兄弟姐妹一起继承时，得遗产的3/4。《德国民法典》规定，配偶与直系卑亲属一起继承时，得遗产的1/4，与父母及其直系卑亲属或祖父母一起继承时，得遗产的1/2，无上述血亲继承人时，得遗产的全部。《瑞士民法典》规定，配偶与直系卑亲属一起继承时，可选择取得1/2遗产的用益权或1/4遗产的所有权，与父系或母系继承人一起继承时，取得1/4遗产的所有权和3/4遗产的用益权，和祖父母系的继承人一起继承时，得1/2遗产的所有权和1/2遗产的用益权，祖父母系无其他继承人继承时，配偶取得全部遗产。第三种，赋予配偶先取权，即继承开始后，配偶先取得一定的遗产，然后再与血亲继承人一起继承。英国、美国和加拿大都有类似的规定。英国1925年颁布的财产法将配偶放在法定继承的首位，规定如果被继承人死亡，既没有直系卑亲属，又没有子女、父母、兄弟姐妹、祖父母、外祖父母等近亲属时，其遗产由其生存配偶继承。如果被继承人有直系卑亲属，配偶可继承全部"个人物品"如衣物、家具、珠宝、小汽车等。此外配偶还可继承25000镑的"特留份"。如果被继承人虽无子女但有父母或兄弟姐妹时，配偶除可得全部个人物品，55000镑的特留份以外，还可取得半数遗产的所有权。美国的规定与英国近似。按《美国统一继承法典》的规定，继承开始后，配偶有权先取得价值5000美元的宅地特留份和价值不超过3500美元的豁免财产（即该财产不受遗产债权人的追索），如配偶是受被继承人抚养的人，还可以从现款中取得合理的家庭特留份。如死者留有和生存配偶共同所生的子女及其直系卑亲属，或虽无直系卑亲属但有父母时，配偶先取5万美元，然后继承剩余遗产的一半，死者无直系卑亲属和父母，配偶可继承全部遗产。加拿大1980年《继承改革法》规定，无遗嘱继承时，任何情况下，配偶都首先取得7.5万加元的遗产（如遗产不足此数，则取得全部遗产），然后再与子女一起继承。

（三）我国继承法对法定继承人的应继份的规定

我国继承法对法定继承人的应继份的规定既具有原则性，又不乏灵活性，《继承法》第13条明确规定："同一顺序继承人继承遗产的份额，一般应一律平等。对生活有特殊困难的缺乏劳动能力的继承人，分配遗产时，应当予以照顾。对被继承人尽了主要扶养义务或者与被继承人共同生活的继承人，分配遗产时，可以多分。有扶养能力和扶养条件的继承人，不尽扶养义务，分配遗产时，应当不分或者少分。继承人协商同意的，也可以不均等。"对这一规定应从两个方面去理解：

一方面，同一顺序继承人的应继份额一般应当均等。我国继承法对遗产分配不实行分股原则，即不论配偶继承人还是血亲继承人，同一顺序的法定继承人，没有出现法律规定的特殊情况的，应按人数平均分配遗产。因此，同一顺序的继承人中有人死亡或放弃继承权，其他继承人的应继份由此增加。

另一方面，特殊情况下继承人的应继份也可不均等。按继承法的规定，继承人在下列情况下可以多分、少分甚至不分：①对生活有特殊困难的缺乏劳动能力的继承人，分配遗产时，应当予以照顾。"生活有特殊困难"和"缺乏劳动能力"这两个前提条件应同时具备，否则不予适用。"生活有特殊困难"是指继承人没有独立生活来源或者有经济收入但难以维持其最起码的物质生活水平。"缺乏劳动能力"，则是指继承人尚无劳动能力或因老、伤、残等原因而丧失或者部分丧失劳动能力的情况。处于这种情况下的继承人，在分配遗产时要多分。②对被继承人尽了主要扶养义务或者与被继承人共同生活的继承人，分配遗产时，可以多分。所谓“尽了主要扶养义务”，是指对被继承人的生活提供了主要的经济来源，或者在劳务方面给予了主要扶助。因而，在分配遗产时多分给这样的继承人是合情合理的，也完全符合我国继承法的基本原则。“与被继承人共同生活的继承人”，由于他们与被继承人在物质生活、劳动服务或精神慰藉等方面彼此发生着紧密的联系，所以他们在分配遗产时也可以取得较多的份额。③有扶养能力和扶养条件的继承人，不尽扶养义务，分配遗产时，应当不分或者少分。这主要是指继承人有扶养能力和扶养条件，但对那些需要扶养的被继承人不尽扶养义务的，那么，分割被继承人的遗产时应当不分或者少分。例外的是，对继承人有扶养能力和扶养条件且愿意尽扶养义务，但被继承人由于有固定收入和劳动能力，而明确表示不需要其扶养的，分配遗产时，一般不因此而受影响。如果继承人确系没有扶养能力和扶养条件，分配遗产时，不能不分或者少分，因为继承人无主观可责性。④继承人协商同意的，也可以不均等。遗产分配是继承人之间的事情，一般来说，只要继承人之间协商一致，不管如何分配遗产，他人无权干涉。但我们认为，必须是全体继承人一致同意，而且在不损害其他利害关系人的合法权利的前提下所达成的协议才是有效的。

第三节　代位继承

一、代位继承的概念

代位继承，是指代他人的地位参加继承，是法定继承中的一种特殊情况。它起源于罗马法，现代各国法律一般都有规定。就一般意义上说，代位继承是指有法定继承权者，在继承开始前死亡，由其直系血亲卑亲属代位继承其应继份额的制度。但各国法律的代位继承的概念、范围并不相同。我国《继承法》第11条规定："被继承人的子女先于被继承人死亡的，由被继承人的子女的晚辈直系血亲代位继承。"因此，在我国，代位继承只是在被继承人的子女先于被继承人死亡时，由被继承人的子女的晚辈直系血亲代位继承其应继遗产份额的制度。其中，先于被继承人死亡的继承人，称为被代位继承人，简称被代位人；代替被代位人继承遗产的人叫做代位继承人，简称代位人。

早在罗马法的市民法时期，就已经有了关于代位继承的基本雏形。依照法律，如果被继承人的儿子先于被继承人死亡，其孙子可以代替先亡儿子的位置，直接取得被继承人遗留的财产。到了帝政时期，代位继承制度正式得到法律的确认。法律不仅允许孙子继承祖父的遗产，而且还允许其代替死去的母亲继承外祖父的遗产。甚至后来更发展为，代位继承不仅适用于一切直系血亲卑亲属，而且直系血亲尊亲属和兄弟姐妹均可以代位继承。从目前各国继承立法来看，对代位继承权一般都作了限制，多数国家规定只有被代位继承人子女的直系血亲卑亲属才有代位继承权，也有少数国家允许兄弟姐妹的直系血亲享有代位继承权，如法国。

在我国封建社会，法律就有"虚名待继"的规定，以延续宗嗣。如《唐律疏义》中对"立嫡"的解释是："立嫡者本拟承袭。嫡妻之长子为嫡子，不依此立，是名'违法'，合徒一年。……'无嫡子及有罪疾，立嫡孙；无嫡孙，以次立嫡子同母弟；无母弟，立庶子；无庶子，立嫡孙同母弟；无母弟，立庶孙。曾、玄以下准此'。无后者，为绝户。"清代法律规定："若支属内实无昭穆相当可为其立后之人而其父又无别子应为其父立继，待生孙以嗣为立后之子。"

代位继承人是代表被代位人的权利参加继承，还是以自己固有的权利直接参加继承？对于这一涉及代位继承性质的问题，在学界有不同的主张：①代位权说。认为代位继承人系以被代位人的地位而取得其应继份额，从这一理论出发，父或母拒绝继承或丧失继承权时，其直系血亲卑亲属亦无代位继承权。法国民法即持该说。《法国民法典》739条规定：代位继承为法律的拟制，其效果为使代位继承人取代被代位人的地位、亲等与权利。②固有权说。认为代位继承人以自己固有的权利直接继承被继承人的遗产。按照这一理论，父或母丧失或放弃继承权，仍可由其直系血亲卑亲属代位继承。日本、德国、意大利、瑞士等国的继承立法都采用此说。我国最高人民法院在《关于贯彻执行〈中华人民共和国继承法〉若干问题的意见》第28条中规定"继承人丧失继承权的，其晚辈直系血亲不得代位继承。如该代位继承人缺乏劳动能力又没有生活来源，或对被继承人尽赡养义务较多的，可适当分给遗产"。按照该条解释，代位继承人的继承权是受被代位人的继承权状况的影响的，因此，我国的代位继承理论是采用代位权说的。

有学者建议我国的代位继承制度立法的理论基础应采固有权说，[①] 放弃代位权说。其理由是：自然人的民事权利能力始于出生，终于死亡。继承人自死亡时起，其民事权利能力终止，主体资格消灭，以主体资格为依归的继承期待权亦随之消灭，继承法律地位当然不复存在。因此，不管被代位人是死亡还是丧失继承权，其代位人都不可能去代替一个实际上已不存在的法律地位进行继承。代位权说违反民法关于自然人权利能力的基本原理，因而是不能成立的。固有权说主张代位继承人系基于自己的固有权利而继承，可以有效克服代位权说的这一矛盾。按照固有权说，代位继承人本来就是法定继承人范围以内的人，不过在被代位人生存时，按照"亲等近者优先"的继承原则，他（她）们被排斥于继承之外，当被代位人先于被继承人死亡或丧失继承权时，他们则基于自己的继承人资格和权利，按照被代位人的继承顺序和应继份，直接继承被继承人的财产。

二、代位继承应具备的条件

由于各国法律对代位继承的概念、范围规定不同，代位继承的要件也不同。根据我国《继承法》的规定，代位继承须具备如下三个要件。

1. 被代位人须于继承开始前死亡

在我国，代位继承的原因仅以被代位人于继承开始前死亡为限。但有的国家（如德国）规定，被代位人的死亡、继承的拒绝、丧失继承权及以契约的方式抛弃继承，均为代位继承发生的法定原因。根据我国《继承法》规定，只有被代位人先于被继承人死亡时，才发生代位继承。若继承人于被继承人死亡后才死亡的，则不发生代位继承，唯发生转继承。

2. 被代位人须为被继承人的子女

被继承人的尊亲属于被继承人死亡前死亡的，不发生代位继承。此为各国继承立法之通例。但代位继承的被代位人是否仅限于直系卑亲属？各国立法规定不同。一些国家

---

① 张玉敏：《中国继承法立法建议稿及立法理由》人民出版社2006年版，第87－88页。

规定旁系亲属也可以代位继承，如法国、德国、瑞士、日本、保加利亚等国。这些国家不仅确认被继承人的儿女可作为被代位继承人，而且还规定，被继承人的兄弟姐妹先于被继承人死亡的，亦可为被代位继承人，由其晚辈直系血亲代位继承遗产。一些国家规定被代位人只限于直系卑亲属，旧中国民法典即采此例。依我国《继承法》规定，只有被继承人的子女才能成为被代位人，其他继承人都不能成为被代位人。也就是说，其他继承人于继承开始前死亡时，不能发生代位继承。

依我国《继承法》和《婚姻法》的有关规定，被继承人的养子女，已经形成扶养关系的继子女也可以成为被代位人。

3. 代位继承人须为被代位人的直系卑亲属

被代位人的直系卑亲属指被代位继承人的子女、孙子女、外孙子女、曾孙子女、曾外孙子女等，才有资格享有代位继承权，代替先亡的被代位继承人取得被继承人的遗产。被代位继承人的其他法定继承人，如配偶、父母、兄弟姐妹、祖父母、外祖父母等，则无权代位继承。但在有些国家，代位人的范围非常广泛，甚至被代位人的晚辈旁系血亲（如侄子女、外甥子女）都可作代位继承人。如《法国民法典》第742条规定："关于旁系亲属，被继承人的兄弟姐妹的子女及直系卑亲属，不问其与伯父、叔父、舅父、伯母、姑母、姨母共同继承的情形，或在被继承人的兄弟姐妹均已死亡时，遗产转归其兄弟姐妹所遗下的亲等相同或不同的直系卑亲属的情形，均准许代位继承。"

依据最高人民法院《关于贯彻执行〈中华人民共和国继承法〉若干问题的意见》第26条规定，不仅被代位人的自然血亲的卑亲属，而且其拟制血亲卑亲属，即其养子女、有扶养关系的继子女的亲生子女与养子女，也得代位继承。

代位继承有无代数限制，各国立法规定也不一致。多数国家规定，不受代数限制，也有的国家有代数限制。如《苏俄民法典》第532条中规定："被继承人的孙子女（外孙子女）、曾孙子女（外曾孙子女），如果在继承开始前其父母中是法定继承人的一方已不在世，则为法定继承人；他们平均继承其已死亡的父母依法继承时应得的份额。"我国《继承法》中对此未作明确规定，但最高人民法院的《关于贯彻执行〈中华人民共和国继承法〉若干问题的意见》第25条规定："被继承人的孙子女、外孙子女、曾孙子女、外曾孙子女都可以代位继承，代位继承人不受辈数限制。"

三、代位继承人的应继份

代位继承，是代位继承人代替被代位继承人继承被继承人的遗产。因此，代位继承人不管是一人还是数人，一般都只能继承被代位继承人本应继承的份额，而不是与被继承人的其他继承人平均分配遗产。例如：某被继承人有子甲、乙二人，有养女丙一人；其中，甲、乙先于被继承人死亡，甲留有子丁、养女戊各一人，乙也有子女，但乙因有遗弃被继承人的情节而丧失继承权。按我国《继承法》有关代位继承的规定，对该被继承人遗产的分配应为：乙因为没有继承权，故乙的子女当然没有代位继承权。甲的子女和丙各继承 1/2 的遗产。然后再由甲的子女对所继承的遗产进行平均分配，即丁和戊继承的遗产份额是被继承人遗产总额的 1/4。世界各国在立法上对这一问题所持态度基本相同。

如果与被继承人处于同一亲等的血亲继承人全部先于被继承人死亡，例如，被继承人的子女全部先于被继承人死亡，他们的孙子女是否仍应按代位继承人的原则继承？对此，各国立法上有按人均分说和按支均分说两种主张。法国等采用亲系继承制的国家严格贯彻按支继承的原则。所谓按支继承也就是代位继承。所不同的是，被代位人全部先于被继承人死亡，其直系卑亲属的应继份仍应按代位继承的有关规定执行。美国则采用按人均分说。按《美国统一继承法》的规定，被继承人的直系卑亲属如属于同一亲等，可以平等地继承遗产，如果亲等不同，较远亲等的继承人可以通过代位继承取得财产。确定被代位的人的直系卑亲属应当按人数平均继承，还是按支代位继承的规则是，当所有的卑亲属对于被继承人来说处于同一亲等时，按人数平均继承；当各卑亲属对于被继承人来说处于不同的亲等时，则按支继承，即亲等较远者按代位继承原则取得被代位人的应继份。

我国古代采按人均分说。《唐律疏议》举例解释均分说：1 个老者有 3 男 10 孙，分家时应给老者留 1 份；3 男中只有 1 男健在时，财产分成 4 份，3 男各 1 份，老者 1 份；3 男皆死，财产分成 11 份，10 孙各 1 份，老者 1 份。我国古代析产和继承不分，这里说的虽然是析产，其原则也适用于继承。按此原则，在儿子皆亡的情况下，由诸孙按人数均分财产，而不按代位继承的原则分配。宋代和明代的法律都规定，兄弟俱亡，由兄弟的诸子均分。

我国《继承法》虽未对此作出明确规定，但按支均分说较符合我国的立法精神。此外，如果代位继承人缺乏劳动能力又没有生活来源，或对被继承人尽过主要赡养义务的，可根据《继承法》第 13 条的精神，在分配遗产时，可以多分。

第四节　转　继　承

一、转继承的概念

转继承，又称转归继承、连续继承、再继承，是指继承人在继承开始后实际接受遗产前死亡，该继承人的法定继承人代其实际接受其有权继承的遗产。实际接受遗产的死亡继承人的继承人称为转继承人，已死亡的继承人称为被转继承人。

转继承制度的确立，能有效地防止在遗产继承开始后继承人于实际接受遗产前死亡可能产生的纠纷和引起的混乱，也能促进遗产分割的及时顺利进行。因此，许多国家的继承立法上都有转继承的有关规定。例如，《苏俄民法典》第548条规定："如果依法或依遗嘱应召继承的继承人，在继承开始后亡故而未能在规定的期限内接受继承，则接受应属他的继承份额的权利转归他的继承人。"《法国民法典》第781条规定："如应继承遗产的人未放弃继承，亦未明示或默示接受继承而死亡时，该继承人的继承人得以前者的名义接受或放弃继承。"《瑞士民法典》第542条规定："继承开始后死亡的继承人的权利转归其继承人。"我国《继承法》中没有明确规定转继承，但在现实中存在这种现象，司法实践上也是承认的。在最高人民法院《关于贯彻执行〈中华人民共和国继承法〉若干问题的意见》第52条规定："继承开始后，继承人没有表示放弃继承，并于遗产分割前死亡的，其继承遗产的权利转移给他的合法继承人。"这实际上就表明了对转继承的承认。

关于转继承的性质，学界有不同的观点。有学者认为，转继承只是继承遗产权利的转移，处理这类案件时不应将被转继承人应继承的遗产份额视为其同配偶的共同财产。也有的学者认为，转继承只是转继承人应继承的遗产份额转由其继承人承受，因此应将被转继承人应继承的遗产份额视为同配偶的共同财产。① 这个问题事实上涉及遗产的法律地位和继承人取得遗产的所有权的时间。如前所述，我国继承法采取直接继承主义，继承开始，被继承人原享有的权利义务即由继承人承受，二者之间并没有时间间隔。如继承人只有一个，则继承人单独继承，成为遗产的所有人；如继承人为多人，则继承人共同继承，共同成为遗产的所有人，遗产为继承共有，财产共有人是否实际地直接地占有财产，并不影响共有财产的性质。因此，在被继承人死亡后，遗产分割以前，继承人应得的遗产份额就已经是继承人的财产，转继承只是发生又一次继承而已，应当说称其为连续继承或二次继承更恰当些。

二、转继承与代位继承的区别

转继承和代位继承均属法定继承的范畴，有某些相似之处，如都是由原享有继承权之继承人的继承人取代被继承人的遗产。但是，这两种继承制度在性质、发生原因、适用范围等方面都有明显的区别。

1．性质不同

转继承是两个直接继承的连续，是由继承人继承后又转由转继承人承受被继承人的遗产，具有连续继承的性质。而代位继承则是由代位继承人一次性的间接继承被继承人

① 王利明、郭明瑞、吴汉东：《民法新论》，中国政法大学出版社1988年版，第707页。

的遗产，具有替补继承的性质。

2. 发生的时间和原因不同

在发生的时间上，转继承发生在继承开始后、遗产分割前继承人死亡的情况下，而代位继承则发生在被继承人的子女先于被继承人死亡的情况下。由此，转继承中的继承人在继承开始以后死亡，而代位继承中的被代位人在继承开始以前死亡。在发生的原因上，转继承发生的原因被继承人的继承人死亡，而代位继承发生的原因是被继承人的子女先于被继承人死亡。

3. 主体范围不同

转继承人包括继承开始后死亡的继承人的全部继承人，包括晚辈直系血亲和其他的法定继承人，如配偶、父母、兄弟姐妹、祖父母和外祖父母，他们都是享有转继承权的主体。而在代位继承的情况下，代位继承人仅限于被代位继承人的晚辈直系血亲。

4. 适用范围不同

无论在法定继承中还是遗嘱继承中都可发生转继承，因为转继承发生在继承开始之后，而此时，无论是法定继承人还是遗嘱继承人都已实际上取得了遗产继承权。由此，当继承人死亡时，原应由他取得的遗产既可由他的法定继承人承受，也可以由其生前指定的遗嘱继承人继承。但代位继承却仅仅适用于法定继承，而不适用于遗嘱继承。因为，在遗嘱生效前，指定的被代位继承人已经死亡，尚未取得实际的遗产继承权，其晚辈直系血亲也就无法代其取得遗嘱中指定的财产。

第十三章　遗　嘱

第一节　遗嘱概述

一、遗嘱的概念

遗嘱有广义与狭义之分。

广义的遗嘱是指人在生前或临终时用口头或书面形式嘱咐身后各事的处理和安排，包括死者生前对其死后一切事务作出处置和安排的行为，如政治、身份、财产、情感、道德等所有方面。例如，遗言不要开追悼会，不要举行遗体告别仪式，火化后骨灰也不要保存，将遗体献给医疗事业，等等。

狭义的遗嘱是指即遗嘱人生前按照法律的规定，处分自己的财产及安排与此相关的事务，并于其死亡后发生效力的单方民事法律行为。被继承人的合法遗嘱是遗嘱继承的前提和唯一依据。遗嘱的效力、变更和撤销等，对遗嘱继承有直接的决定作用。哪些继承人能参加遗嘱继承、遗嘱继承人能取得多少或哪些遗产，全由遗嘱决定。在继承法意义上，遗嘱包括形式与内容两层含义，前者指遗嘱人在生前做出的处理身后财产或其他事务的符合法律规定的方式，如口头遗嘱、书面遗嘱、公证遗嘱等遗嘱形式，后者指遗嘱人生前按照法律规定的方式对自己的财产或其他事务作出处分，并于其死亡时发生执行效力的一种法律行为，即立遗嘱的行为。

二、遗嘱的法律特征

从上述遗嘱的概念可以得知，遗嘱具有以下法律特征。

1．遗嘱是立遗嘱人的单方法律行为

所谓遗嘱是单方的法律行为，是指遗嘱是基于遗嘱人单方的意思表示而无须取得遗嘱继承人的同意即可产生民事法律后果的法律行为。由于遗嘱是单方的法律行为，所以遗嘱人生前也有权变更或撤销自己所立的遗嘱。当然，并不是说只要有遗嘱，就发生遗嘱的执行效力。虽然遗嘱是遗嘱人单方的意思表示，他人的意思表示的内容和是否接受继承并不影响遗嘱的设立效力；但是，是否发生遗嘱继承或遗赠，还要取决于遗嘱继承人或受遗赠人是否接受。

2. 遗嘱是立遗嘱人亲自进行的法律行为

所谓亲自进行的法律行为，是指遗嘱人必须自己直接作出意思表示，不能通过代理进行。因为设立遗嘱不同于其他一般民事法律行为，是遗嘱人对自己财产所作的最终处分，具有严格的人身性质。为确保遗嘱是出于遗嘱人的真实意愿，法律要求遗嘱必须由遗嘱人本人亲自设立，不能通过代理人或监护人代为办理，由他人设立的遗嘱无效。如果遗嘱人由于某些原因不能亲自书写遗嘱，可以请人代书、录音等，但无论哪种形式，都需由遗嘱人自己作出意思表示。也正是有此要求，遗嘱人必须是完全民事行为能力人，限制行为能力人和无民事行为能力人不具有遗嘱能力，不能设立遗嘱。

3. 遗嘱是立遗嘱人死后生效的法律行为

所谓死后生效的法律行为，是指遗嘱虽然是遗嘱人生前所订立，但遗嘱内容是对其身后事务的处理，因此其生前遗嘱仅具有设立效力（即遗嘱依法成立的效力），须在遗嘱人死亡时才能发生执行效力。只有在遗嘱人死亡以后，遗嘱继承人或受遗赠人才能依照遗嘱承受死者的遗产。特别是由于遗嘱人死亡前还可以对其所立遗嘱做出变更、撤销等法律行为，所以，遗嘱必须以遗嘱人的死亡作为生效的条件；在遗嘱人未死亡以前，遗嘱继承人只具有期待权，即遗嘱人死亡后依遗嘱取得遗产的可能性。

如果遗嘱人没有事实死亡，而是在具备相关的法律条件下，经有关利害关系人的申请，由人民法院宣告死亡后，遗嘱也可以发生执行效力，利害关系人可以处分遗嘱人的财产。如果在短期内遗嘱人重新出现，那相应的财产应当退还遗嘱人；如果超过两年以上以及财产出现了无法退还的情况，则受益人应当对遗嘱人的基本生活在其受益的范围内提供帮助，但法定义务人不受此限。

4. 遗嘱是要式法律行为

要式法律行为，是指行为的成立必须符合法律规定的形式。由于合法有效的遗嘱有改变法定继承关系的效力，遗嘱又比较易于被篡改和伪造，所以各国立法都对遗嘱的形式要件作了比较严格的规定。我国《继承法》第 17 条对遗嘱继承的形式要件也作了具体规定。遗嘱人在设立遗嘱时，必须依照法定的形式进行，违反法定形式的遗嘱不发生法律效力。

第二节　遗嘱有效的条件

遗嘱继承与法定继承不同。

法定继承是由法律明确规定的继承人范围、顺序、份额等进行的继承，不发生有效和无效的问题；而遗嘱继承的首要条件就是遗嘱必须有效。由于立遗嘱是一项民事法律行为，有效遗嘱必须具备法定的实质要件和形式要件。实质要件和形式要件都具备的遗嘱，应认定有效；两个要件都不具备或仅具备一个要件的遗嘱，应认定无效。

根据《继承法》第 19 条、第 22 条以及《民法通则》关于民事法律行为的规定，遗嘱具备下列实质要件和形式要件的，方为有效。

一、立遗嘱人有遗嘱能力

（一）遗嘱能力的定义

遗嘱能力，是指公民依法享有的设立遗嘱、自由处分自己财产的资格，亦即遗嘱人的民事行为能力。遗嘱是民事法律行为，须有相应的民事行为能力才能实施。但遗嘱是一种特别的民事法律行为，因此，公民须具有法律特别规定的行为能力才能设立遗嘱。在各国的法律上一般都对遗嘱人的遗嘱能力作出明确的规定，要求遗嘱人有理解所制遗嘱的性质和方式的起码的能力，否则，所订遗嘱无效。一些国家还规定，因精神不健全而不能理解自己行为的人和禁治产人不得订立遗嘱。[①]大体说来，有以下两种立法模式：一种是规定遗嘱能力与民事行为能力不完全一致，限制民事行为能力人在一定的条件下也可以有遗嘱能力。日本、瑞士、德国、法国等国均采取此立法例。例如，依《日本民法典》规定，满 20 岁为成年人，具有完全民事行为能力；但已满 15 岁者，可以立遗嘱，具有遗嘱能力。另一种是规定遗嘱能力与民事行为能力相一致，具备民事行为能力即具有遗嘱能力。英、美等国即采取此立法例。例如，英国规定，21 岁为成年人，具有遗嘱能力。《美国统一继承法》规定："一切年满 18 岁心身健康的人均可立遗嘱。"

我国《继承法》第 22 条第 1 款规定："无行为能力人或者限制行为能力人所立的遗嘱无效。"该规定说明，在我国，只有完全民事行为能力的人才有遗嘱能力，无民事行为能力和限制民事行为能力人不具有遗嘱能力。因此，我国公民在遗嘱能力上可分为有遗嘱能力人和无遗嘱能力人两种情况：

（1）有遗嘱能力人是指具有设立遗嘱资格的人，即是完全民事行为能力人。依我国《民法通则》的规定，年满 18 周岁的公民是完全民事行为能力人；16 周岁以上不满 18 周岁的未成年人，以自己的劳动收入为主要生活来源的，视为完全民事行为能力人。因此，年满 18 周岁的，未满 18 周岁但已满 16 周岁以自己的劳动收入为主要生活来源的、精神健康的公民，为有遗嘱能力人，他们可以正确地表达自己的意思，因而能够设立遗嘱处分自己的财产。

① 李志敏：《比较家庭法》，北京大学出版社 1988 年版，第 331 页。

（2）无遗嘱能力人是指不具有设立遗嘱处分自己财产的资格的公民。无民事行为能力人和限制民事行为能力人，都为无遗嘱能力人。依《民法通则》的规定，10 周岁以上的未成年人和不能完全辨认自己行为的精神病人，为限制民事行为能力人；不满 10 周岁的未成年人和不能辨认自己行为的精神病人，为无民事行为能力人。限制行为能力人和无民事行为能力人缺乏设立遗嘱所需的相当程度的社会经验和相关能力，难以正确表达自己的真实意思，所以，无遗嘱能力，即使设立遗嘱也是无效的。

但是，对精神病患者在治愈后能够正确表达自己的意思时所立的遗嘱，或者间歇性精神病患者在神志清醒时所立的遗嘱，经严格审查确属代表了本人真实意思的，也应承认其具有法律效力。

（二）确定遗嘱能力的时间依据

在现实生活中经常发现有这样两种情况：一是遗嘱人在立遗嘱时无行为能力，立遗嘱后又获得了行为能力；二是遗嘱人在立遗嘱时有行为能力，立遗嘱后变成了无行为能力人。因此就产生了确定遗嘱人是否具有遗嘱能力，是以遗嘱人设立遗嘱时为准，还是以遗嘱发生效力，即遗嘱人死亡时为准的问题。从各国继承立法看，在遗嘱制度中，对遗嘱能力的时间依据问题，多数国家规定遗嘱人有无遗嘱能力应以立遗嘱时为依据。如《瑞士民法典》第 519 条在列举遗嘱无效的情况时指出：立遗嘱时遗嘱人无遗嘱能力，遗嘱无效。《日本民法典》规定，立遗嘱的人，在设立遗嘱时，必须是有能力的。

我国《继承法》对此虽无明确规定，但最高人民法院《关于贯彻执行〈中华人民共和国继承法〉若干问题的意见》第 41 条明确指出：遗嘱人立遗嘱时必须具有行为能力，“无行为能力人所立遗嘱，即使其本人后来有了行为能力，仍属无效遗嘱。遗嘱人立遗嘱时有行为能力，后来丧失了行为能力，不影响遗嘱的效力”。该规定说明遗嘱人是否具有遗嘱能力，应以设立遗嘱时为准。

二、遗嘱是遗嘱人真实的意思表示

遗嘱是遗嘱人真实的意思表示，是指遗嘱内容必须与遗嘱人关于处分其遗产的内在真实意思一致。遗嘱作为遗嘱人生前处分自己财产的一种单方法律行为，必须是其出于完全自愿而作出的，必须是真实可信的。对暂时处于不能完全理解自己行为意义状态中的人所立的遗嘱，由于不能表达本人的真实意愿，故不能视其为有效。例如，被继承人因病在神志不清时立下遗嘱不久便死亡；被继承人因酗酒在精神恍惚状态下立了遗嘱，随后即遇意外事件而死亡；上述被继承人所立的遗嘱都不能发生法律效力。即被继承人即使是完全行为能力人，但由于立遗嘱时的精神状态不正常，遗嘱内容不能反映其真实的意思，所立遗嘱仍属无效。由此可见，遗嘱人的真实意思表示，是有效遗嘱的又一重要条件。对此，各国立法也有规定。如《瑞士民法典》第469条规定："遗嘱人因错误，或受欺诈、恐吓、暴力威胁订立遗嘱时，该遗嘱所作的处分全部无效，但遗嘱人在发现错误或欺诈后一年内，恐吓、暴力的影响停止后一年内，未撤销遗嘱，则按遗嘱所作的处分有效。"①

我国《继承法》第22条第2款规定："遗嘱必须表示遗嘱人的真实意思。"这里所说的"真实"是指遗嘱人的意思表示是在毫无外来压力之下或未处于他人故意制造的假象迷惑之下作出的。遗嘱人立遗嘱时，完全按照自己的意愿处分其财产并期待遗嘱后果的发生而不受任何外界影响。

与意思表示的真实相对应，是遗嘱人之意思表示不真实。根据《民法通则》第58条的规定，凡以欺诈、胁迫的手段或者乘人之危，使行为人在违背真实意思的情况下所为民事行为，是无效民事行为；根据我国《继承法》第22条第2款的规定：受胁迫、欺骗所立的遗嘱无效；伪造的遗嘱无效；遗嘱被篡改的，篡改的内容无效。据此，意思表示不真实导致的遗嘱无效的情形包括以下几种：

（一）受胁迫所立的遗嘱无效

受胁迫所立的遗嘱，是指遗嘱人受到他人的威胁、要挟，为避免自己或亲人的财产、名誉、生命、健康等权益受侵害而违心作出与自己真实意思相悖的遗嘱。这种受胁迫所立的遗嘱，由于违背了遗嘱人的真实意志，属于无效遗嘱。

（二）受欺骗所立的遗嘱无效

受欺骗所立的遗嘱，是指遗嘱人因受他人歪曲的、虚假的行为或者言辞的错误导向而产生错误的认识，作出了与自己的真实意愿不相符合的意思表示。这种遗嘱因其不能表达遗嘱人的真实意愿，属于无效遗嘱。

（三）伪造的遗嘱无效

伪造的遗嘱，是指以被继承人的名义设立的但并非被继承人本人意思表示的遗嘱。伪造的遗嘱是假遗嘱，由于它不是被继承人的意思表示，所以不论遗嘱的内容如何，也不论遗嘱是否损害了继承人的利益，都当然无效。伪造的遗嘱不仅当然无效，而且根据我国《继承法》第7条规定，继承人伪造遗嘱情节严重的，丧失继承权。

① 李志敏：《比较家庭法》，北京大学出版社1988年版，第331－332页。

（四）遗嘱被篡改的，篡改的内容无效

被篡改的遗嘱，是指遗嘱的内容被遗嘱人以外的其他人作了更改。例如，对遗嘱的修改、删节、补充等。篡改只能是对遗嘱的部分内容的更改，如对遗嘱的全部内容更改，则为伪造遗嘱。被篡改遗嘱的内容不再是遗嘱人的意思表示，而是篡改人的意思表示，因而也就不能发生遗嘱的效力。但是遗嘱不能因被篡改而全部无效，遗嘱中未被篡改的内容仍然是遗嘱人的真实意思表示，仍然可以发生法律效力。篡改遗嘱的人可以是除遗嘱人以外的其他任何人，包括继承人。对于继承人篡改遗嘱情节严重的，我国《继承法》规定其丧失继承权。

三、遗嘱的内容合法

（一）遗嘱的内容

遗嘱的内容，就是遗嘱人对处理遗产及其他事务的意思表示。由于遗嘱是公民生前对其遗产作出处分的法律行为，所以遗嘱的内容应尽量明确、具体，避免发生歧义。在一般情况下，遗嘱应包括以下内容。

1. 指定继承人、受遗赠人

我国《继承法》第16条规定："公民可以立遗嘱将个人财产指定由法定继承人中的一人或者数人继承"。"公民可以立遗嘱将个人财产赠给国家、集体或者法定继承人以外的人。"遗嘱人指定法定继承人继承的，应当在遗嘱中记明继承人的名字。遗嘱中指定的遗嘱继承人可为法定继承人中的任何人，且不受继承人继承顺序的限制，但遗嘱继承人不能是法定继承人以外的人。遗嘱人可以通过遗嘱的方式将自己的财产遗赠给法定继承人之外的人，遗嘱人遗赠财产时，要写明受遗赠的单位的名称或者个人的姓名。受遗赠人可以是国家、集体，也可以是公民。

2. 指明遗产的名称和数量

遗嘱人死后留下的财产可能有：①房屋、存款、家具、衣物以及金银首饰、珍贵文物等动产或不动产；②其他物权，如用益物权和担保物权；③债权；④知识产权；⑤投资权益，如股权、基金权益等。因此，被继承人在立遗嘱时，可以概括性地规定全部或部分财产的具体份额，也可以具体列举每一项财产的名称和数量，否则未指明的遗产部分将可能属于法定继承的遗产范围。

3. 指明遗产的分配办法或份额

遗嘱人应在遗嘱中具体指定遗嘱继承人接受遗产的项目、份额，以及受遗赠人受遗赠的项目、份额。遗嘱人可以根据自己的意愿和情感，或者根据继承人或受遗赠人的需

要，指定各继承人、受遗赠人继承或受赠遗产的具体数额，或者将某项或某几项特定遗产，指定由哪一个或哪几个继承人、受遗赠人继承或受遗赠。

如果遗嘱人在遗嘱中指定的继承人不是一个人，而是几个人，并且既没有指明每个继承人应得某项财物，又没有指明每个继承人应得的遗产份额时，其遗产应当在各个遗嘱继承人之间等额分配；如果遗嘱人在遗嘱中只处分了部分遗产，对遗嘱没有涉及的部分遗产，在遗嘱人死亡后，应按法定继承处理。

4. 再指定继承人

再指定继承人，也称补充继承人，是指遗嘱人在遗嘱中指定，当被指定的继承人不能继承时，由法定继承人中的一人或数人来继承。被指定继承人不能继承的理由包括：放弃继承、丧失继承权、先于遗嘱人死亡。一般情况下，由于当被指定继承人不能继承时应由法定继承人继承，而这种情况的发生可能会违背遗嘱人的意愿，为避免此种矛盾，法律允许遗嘱人再指定继承人。同理，遗嘱人也可以再指定受遗赠人。

5. 指定遗嘱执行人

根据我国《继承法》第16条第1款规定，遗嘱人可以用遗嘱方式指定遗嘱执行人。因此，指定遗嘱执行人也是遗嘱的内容之一，但不是遗嘱的必备内容。因为遗嘱执行人并不是对遗产的处分，只涉及遗嘱的执行。因此，遗嘱未指定遗嘱执行人的，不影响遗嘱的成立和执行。

6. 其他事项

遗嘱人可以在遗嘱中说明他认为应说明的事项，如遗嘱处分财产的原因等。此外，遗嘱人在处分财产时还可以给遗嘱继承人或受遗赠人附加某些义务，如偿还债务、履行义务、完成某项事务等，但附加的义务一般不得大于继承或受遗赠获得的财产权利。我国《继承法》第21条规定：遗嘱附有义务的，继承人或者受遗赠人应当履行义务。没有正当理由不履行义务的，经有关单位或者个人请求，人民法院可以取消他接受遗产的权利。

（二）遗嘱的内容合法

遗嘱要取得法律效力，其内容必须合法。遗嘱继承制度的核心是遗嘱自由，遗嘱自由是欧陆继承法所秉持的个人本位立法主义的体现，是私权自治的体现。“继承的根据在于被继承人的意思。正因为继承决定于死者的意思，所以被继承人有立遗嘱的自由。在无遗嘱时，立法者应该根据人的自然感情推测死者的意思，以决定应由何人继承死者的遗产。”①遗嘱自由不仅有助于自然人充分行使其个人财产所有权，而且有助于实现家

① 史尚宽：《继承法论》，台湾荣泰印书馆1966年版，第3－4页。

庭养老育幼的职能和相互扶养的义务，进而实现对家庭成员的财富平衡。然而，自20世纪初期，随着个人本位向社会本位转变，继承法体现出个人利益与社会利益的融合，遗嘱自由必须加以限制，以保护他人和特定群体的利益。因为“我们对人们因物所发生的关系的探讨似乎只表明这些关系纯属私法关系，然而，很明显，财产涉及极为重要的公共政策问题”。①纵观各国立法，即使在主张私有财产神圣不可侵犯的资本主义国家，对当事人遗嘱自由的权利也是有很大限制的：

英国在1938年以前遗嘱人有很大的权力，英国学者托马斯在其所著《国际私法》一书中指出：“英国国内法长期以来就承认任意处分自己财产的绝对自由，……一个人可以把他所有的财产留给他的情妇，而对于妻室儿女的道德上的义务完全不顾”。但这种现象在英国1938年的继承法和以后的继承法中已得到了纠正,立遗嘱人的权利受到了限制。② 英国 在1938年制定的《英国继承法》家庭条款中准许某些受赡养人向法院申请从遗产中拨付生活费用。这些亲属是死者的配偶、未成年的儿子,未婚的女儿,无劳动能力或不能维持自己生活的子女,以及被继承人死亡时尚未再婚的前配偶等。英国1966年和1969年又通过新法将上述法定继承人中子女的范围扩大为所有子女。③ 美国1969年通过的《美国统一继承法》第2～401条至第2～403条赋予了被继承人的配偶、未成年子女和未独立生活的子女享有宅院特留份、豁免财产和家庭特留份的权利。④

大陆法系国家普遍对遗嘱自由有较大限制，如《法国民法典》第900条规定：“在一切生前赠予和遗嘱的条款中，不可能的条件、违反法律和善良风俗的条件，应视为未订立。”《法国民法典》第916条规定：“立遗嘱人只有在无直系尊血亲与直系卑血亲时，才能赠与或遗嘱处分其全部财产。”⑤《日本民法典》第964条规定：立遗嘱人可以处分他的全部或部分财产，但有直系亲属和配偶是继承人时，只能处分遗产的二分之一，如尚有其他继承人时，只能处分其遗产的三分之一。我国台湾地区《继承法》第1187条规定：“遗嘱人于不违反关于特留份规定之范围内，得以遗嘱自由处分遗产”，其第1223条规定“配偶之特留份为其应继份二分之一”，其在1225条中规定：“应得特留份之人，如因被继承人所为之遗赠，致其应得之数不足者，得按其不足之数由遗赠财产扣减”。目前，西方多数国家都规定了特留份制度，⑥将遗嘱自由与承担家庭责任和

---

① （英）劳·B. 拉登：《财产法》，中国大百科全书出版社1998年版，第11页。

② 韩德培:《国际私法》,武汉大学出版社1997年版,第405页。

③ 何勤华：《英国法律发达史》，法律出版社1999年版，第328页。

④ 刘春茂：《中国民法学·财产继承》，中国人民公安大学出版社1990年版，第407页。

⑤ 李志敏：《比较家庭法》，北京大学出版社1988年版，第332页。

⑥ 特留份是指法律规定遗嘱人不得以遗嘱取消由特定的法定继承人继承的遗产份额，其实质是通过对特定的法定继承人保留一定的应继份额来限制遗嘱人的遗嘱自由。

社会责任有效衔接，避免遗嘱自由的滥用。

我国《继承法》在遗嘱内容合法性问题上态度模糊，明确规定的仅有《继承法》第19条规定："遗嘱应当对缺乏劳动能力及没有生活来源的继承人保留必要的遗产份额。"《关于贯彻执行〈中华人民共和国继承法〉若干问题的意见》第37条也规定："遗嘱人未保留缺乏劳动能力又没有生活来源的继承人的遗产份额，遗产处理时，应当为该继承人留下必要的遗产，所剩余的部分，才可参照遗嘱确定的分配原则处理。"但与国外的特留份制度不尽相同。因为依据我国的现行立法，享有"必要的遗产份额"的人包括法定继承人中缺乏劳动能力又没有生活来源的人，也包括法定继承人外的酌情分得遗产人，但法定继承人如果有劳动能力，或有其他生活来源，则其继承权不受保护。

目前司法实践中已经出现若干针对遗嘱内容合法性引发的案例，[①]如遗嘱人将其全部财产遗赠给与其同居的人或情人而未给配偶。对此类遗嘱内容，是否可以根据继承法的基本原则确定其合法性问题，由于目前学术界对继承法的基本原则存在较大争议，[②]没有定论。我们认为，遗嘱内容应当体现个人利益与社会利益相结合的原则，应不违反社会的公序良俗。虽然我国《继承法》对公民订立遗嘱问题未做此类具体的限制性或禁止性规定，而且立法当时不可能预见一切损害国家利益、社会公益和道德秩序的行为，从而做出详尽的禁止性规定，但是，根据我国法律适用的原则，继承法没有规定的应当适用《民法通则》和其他相关法律的规定。《民法通则》作为我国民事法律的一个纲领性文件，本身对继承法的适用具有指导、补充的作用，它规定民事法律行为是公民或者法人设立、变更、终止民事权利和民事义务的合法行为，民事行为违反社会公共利益的无效。订立遗嘱是一种民事法律行为，也必须符合这一规定，其内容不得违反社会公共利益。[③]黑格尔曾经说道："承认有权任意订立遗嘱，很容易造成伦理关系的破坏，并引起卑鄙的钻营和同样卑鄙的顺从。"[④]法律虽不是道德，但法律与道德在基本价值和精神上应当保持高度的一致性，否则将失去社会大众的拥护和遵守，社会的价值观也将陷于混乱。

---

① 2000年分别发生在杭州和泸州的小保姆受百万遗赠案和遗产赠与第三者案轰动全国，引起了社会各界包括法律界的广泛关注。在杭州小保姆受百万遗赠案中，被继承人叶某临终前将其全部财产遗赠给照顾其10年的小保姆吴某，叶某的子女因此和吴某对簿公堂；在泸州遗产赠与第三者案中，被继承人黄某则将自己的全部财产赠给了与其同居多年的第三者。

② 房绍坤等：《民商法原理（三）》，中国人民大学出版社1999年版，第572－573页。

③ 郭丽红：《论重婚人赠与权利之限制》，载《汕头大学学报》，2003年第4期。

④ 黑格尔：《法哲学原理》，商务印书馆1982年版，第190－192页。

四、遗嘱的形式合法

遗嘱的形式是遗嘱人处分自己的财产以及有关事务为内容的意思表示的方式。由于遗嘱具有改变法定继承人范围、继承顺序和遗产份额的效力，对继承权的实际取得与丧失产生重大影响，所以法律要求遗嘱形式必须符合法律规定。遗嘱的法定形式，又称为遗嘱的形式要件。遗嘱人设立遗嘱时，除应具备遗嘱的实质要件外，还必须符合遗嘱的法定形式的要求。

根据遗嘱表示的方式，从理论上可以进行如下分类：①自书遗嘱和代书遗嘱；②口述遗嘱和书面遗嘱；③公证遗嘱和与公证遗嘱具有同等效力的遗嘱；④开封遗嘱和密封遗嘱。这些分类有交叉，只是划分的角度不同。

现代外国继承立法中对遗嘱的形式要件均作了严格规定。一些国家将遗嘱概括分为普通遗嘱和特殊遗嘱，前者包括自书遗嘱、开封遗嘱、密封遗嘱等，后者如军人遗嘱、船上制作的遗嘱等。① 我国台湾地区的普通遗嘱包括公证遗嘱、自书遗嘱、密封遗嘱、代笔遗嘱四种，而特别遗嘱则为口授遗嘱。香港地区直接区分了普通遗嘱和特别遗嘱，但对其普通遗嘱没有进一步的分类，且不承认口头遗嘱、录音遗嘱的法律效力，规定遗嘱只能用单一的形式即书面形式，且规则简单，赋予遗嘱人相当大的权利和自由，当事人可以根据自己的实际情况，选择用中文或英文订立；而其特别遗嘱则限定为只有海军、陆军或空军的人员及海上的船员才能订立。澳门地区也区分了普通遗嘱和特别遗嘱，但其普通遗嘱只有公证遗嘱和密封遗嘱两种形式，特别遗嘱则分为海上、航空器上及公共灾难时订立的遗嘱三类。②

根据我国《继承法》第 17 条规定，遗嘱有公证遗嘱、自书遗嘱、代书遗嘱、录音遗嘱、口头遗嘱五种形式，并对每种形式都规定了严格的要求。在这五种形式中，前四种是供遗嘱人选择的一般形式，第五种只能在特殊情况下采用。

（一）公证遗嘱

公证遗嘱，是指依据公证程序和方式所订立的遗嘱。公证是由公证机关对法律事实的真实性、合法性予以确认的行为，经过公证的遗嘱具有最强的证据效力和证明效力，其效力在各种形式的遗嘱中最高。这表现为：只有公证遗嘱才能撤销公证遗嘱，非公证形式的遗嘱不发生撤销公证遗嘱的效力。最高人民法院《关于贯彻执行〈中华人民共和国继承法〉若干问题的意见》第 42 条规定："遗嘱人以不同形式立有数份内容相抵

---

① 李志敏：《比较家庭法》，北京大学出版社 1988 年版，第 332~333 页。

② 陈苇、宋豫：《中国大陆与港、澳、台继承法比较研究》，群众出版社 2007 年版，第 354 页。

触的遗嘱，其中有公证遗嘱的，以最后所立公证遗嘱为准。”

根据《公证法》第 25 条和第 26 条的规定，遗嘱公证属于公证机构业务受理范围，公证遗嘱必须由遗嘱人亲自到住所地、经常居住地、行为地或者事实发生地的公证机构办理，不得委托他人代理。如果遗嘱人因身体原因不能亲自去公证机构办理，可以申请公证机构公证人员到家里或遗嘱人的临时处所（如医院等）当面办理。司法部《遗嘱公证细则》中也有相关具体规定。公证机构只有在确认遗嘱人身份后才能办理。公证人员对遗嘱经过审查后认为合法有效的，予以公证，出具遗嘱公证证明书，公证书由公证机构和遗嘱人分别保存。

（二）自书遗嘱

自书遗嘱，是指由遗嘱人生前亲笔书写所制作的遗嘱。这种遗嘱形式简便易行，保密性强，能充分表明遗嘱人的真实意思，因此是遗嘱的法定形式之一。依我国《继承法》规定，自书遗嘱必须由遗嘱人亲笔书写全文、签名，并注明制作遗嘱的年、月、日。如果对先前所立的遗嘱进行修改，也应由本人加以说明并签名，注明年、月、日。

需要说明的是，如果死者仅是在日记或有关信件中提到准备在其死后对某项财产作如何处理，一般不能认定该内容就是自书遗嘱。但是，如果死者在有关的自书文书中对其死后的事务作出安排，其中也包括对其死后的财产处理作出慎重、详细和清晰的交代而又无相反证明否定时，则可认定该文书具有自书遗嘱的效力。对此，《关于贯彻执行〈中华人民共和国继承法〉若干问题的意见》第 40 条规定：“公民在遗书中涉及死后个人财产处分的内容，确为死者真实意思的表示，有本人签名并注明了年、月、日，又无相反证据的，可按自书遗嘱对待。”

（三）代书遗嘱

代书遗嘱，是指由遗嘱人口述遗嘱内容，他人代为书写而制作的遗嘱。通常情况下遗嘱由遗嘱人亲自书写，这样便于遗嘱人准确表达其真实意志，也符合遗嘱保密性要求。但在遗嘱人不具有文字书写能力，或者因某种原因不能亲笔书写的情况下，法律允许其委托他人代书遗嘱。为保证遗嘱确实体现了遗嘱人的真实意思，代书遗嘱必须符合下列要求：一是，须由遗嘱人口述遗嘱；二是，须有两个以上的见证人在场见证，由其中一人代笔书写；三是，由代书人向遗嘱人宣读，经遗嘱人认定无误后，由代书人、见证人和遗嘱人分别在遗嘱上签名，并注明年、月、日。见证人不得以捺印或盖章方式代替签名。

（四）录音遗嘱

录音遗嘱，是指遗嘱人口述遗嘱内容，以录音带录制来表达遗嘱人意愿的遗嘱形式。现代科技的发展突破了传统的遗嘱形式，录音遗嘱制作容易，取证方便，但其缺点也很明显。由于剪接、复制技术的使用，录音带、录像带极易为他人剪辑、编造，因此，法律既要承认录音遗嘱的可行性，又不得不给予一定条件的限制。录音遗嘱的制作须符合以下要求：①须由遗嘱人亲自制作，即磁带中所录制的须是遗嘱人亲自口授的遗嘱内容；②须由两个以上的见证人在场见证，参加制作录音遗嘱的全过程，并在录音遗嘱中分别录下遗嘱人、见证人各自的姓名和制作、见证录音遗嘱的年、月、日。③录音遗嘱制作完毕后，应将磁带当即封存，由遗嘱人和见证人共同在录音遗嘱的封口上签名，注明年、月、日。

值得注意的是，我国《继承法》关于录音遗嘱的规定较简略，录音遗嘱的要件过于模糊，在操作上无法统一标准。为了保证录音遗嘱在日益广泛使用中的真实性，应参考外国的立法经验，对录音遗嘱的操作形式及有关问题，作出更为详细和完善的规定。此外，随着科学技术的发展，相较录音遗嘱方式更为接近遗嘱真实的还有录像遗嘱，立遗嘱人更愿意采用这种方式。对录像遗嘱效力的认定，可以参照录音遗嘱方式的认定。随着电脑和网络技术的发展，电子技术在现实生活中的运用已经十分普及，一些人还将采用电脑或网络方式订立遗嘱，对于电子遗嘱（文字版）的设立和法律效力，我国《继承法》在未来修改时应当考虑纳入调整范围。

（五）口头遗嘱

口头遗嘱，是指由遗嘱人口头进行意思表示的遗嘱。这种遗嘱形式既有简便、应急的好处，又有容易被篡改、伪造、遗忘、失真的不足。针对口头遗嘱的这种双重效用，我国《继承法》给予其概括承认和限制。《继承法》第 17 条第 5 款规定：“遗嘱人在危急的情况下，可以立口头遗嘱。口头遗嘱应当有两个以上见证人在场见证。危急情况解除后，遗嘱人能够用书面或者录音形式立遗嘱的，所立的口头遗嘱无效。”

五、遗嘱见证人

依我国《继承法》第 17 条的规定，代书遗嘱、录音遗嘱、口头遗嘱都须有两个以上的见证人在场见证。作为遗嘱见证人，既是遗嘱人在立遗嘱时的证明人，也是遗嘱人死亡后遗嘱生效时的证明人，其基本条件至少有两个：一是必须具有完全民事行为能力；二是必须与遗嘱所涉各种事项不存在任何利害关系。

因为遗嘱见证人证明的真伪直接关系着遗嘱的效力，关系到对遗产的处置。因此，遗嘱见证人必须是能够客观公正地证明遗嘱真实性的人。以我国港澳台地区的立法为例，香港地区遗嘱条例对见证人几乎没有要求，受赠人及其配偶、获得以遗产抵押债务的债权人或其配偶、遗嘱执行人均可以担任。《澳门民法典》第2052条则规定："凡被禁止于缮立非官方公文书之行为中担任见证人、担保人或翻译之人"，均不得在特别遗嘱行为中担任有关工作。我国台湾地区《民法》第1198条对遗嘱见证人采取排除式立法模式，该条规定："未成年人、禁治产人、继承人及其配偶或其直系血亲、受遗赠人及其配偶或其直系血亲、为公证人或代行公证职务人之同居人、助理人或受雇人"，不得为遗嘱见证人。

我国《继承法》第18条明确规定，下列人员不具备作为见证人的资格。

（一）无行为能力人、限制行为能力人

见证人在见证时必须有完全的行为能力。因为遗嘱见证人的责任主要是证明遗嘱的真实性与合理性，即遗嘱人意思表示的真实性，代书遗嘱与遗嘱人意思表示的一致性，制作遗嘱程序的合理性等等，所以，要求见证人必须对民事法律行为的性质及其法律后果具有完全的识别能力和判断能力。而无行为能力人和限制行为能力人，由于他们不能对自己的行为及后果作出理智的判断和估计，从而无法进行有意识的法律行为，因而不能作为遗嘱见证人，其所见证的遗嘱无效。当然，如果立遗嘱时见证人有完全民事行为能力，而在此后丧失行为能力，则不影响遗嘱的效力。但如果见证人见证的是口头遗嘱，则只能以其有行为能力时提供的证据为准。

（二）继承人、受遗赠人

继承人是指法律规定的能够继承被继承人遗产的所有法定继承人。受遗赠人是指遗嘱人在遗嘱中指定遗赠财产的承受人。由于继承人、受遗赠人与遗嘱有直接的利害关系，由他们作见证人难以保证其证明的客观性与真实性，因此，继承人、受遗赠人不能作为遗嘱的见证人。

（三）与继承人、受遗赠人有利害关系的人

我国《继承法》第18条第3项规定，与继承人、受遗赠人有利害关系的人不得为遗嘱见证人。最高人民法院《关于贯彻执行〈中华人民共和国继承法〉若干问题的意见》第36条进一步规定："继承人、受遗赠人的债权人、债务人，共同经营的合伙人，也应当视为与继承人、受遗赠人有利害关系，不能作为遗嘱的见证人。"这样规定目的仍然是为防止对遗嘱作弊现象的发生。我们认为，与继承人、受遗赠人有利害关系的人，应包括与继承人、受遗赠人有直接利害关系的父母、配偶、直系晚辈亲属以及继承

人或受遗赠人的兄弟姐妹、直系姻亲等，这部分人因与遗嘱有着直接或间接的利害关系，如果允许他们做见证人，就有可能为了自己的利益或与自己有关的一方利益作不公正的证明。比如，继承人的妻子虽然不是被继承人的法定继承人，但她丈夫继承遗产的多少与她有直接的利害关系。如果这些人作为遗嘱的见证人，不仅起不到证明遗嘱真实性的作用，而且可能损害其他继承人的合法权益。一些学者建议，还应将公证遗嘱中的公证人员及其配偶、直系血亲和直接下属排除在遗嘱见证人之外。①

六、共同遗嘱、后位遗嘱和补充遗嘱的法律效力

（一）共同遗嘱及法律效力

1. 共同遗嘱的概念和表现形式

共同遗嘱又称合立遗嘱，其表现形式有形式意义的共同遗嘱和实质意义的共同遗嘱两类。

形式意义的共同遗嘱又叫单纯的共同遗嘱，是指内容各自独立的两个或两个以上的遗嘱，记载于同一遗嘱文书上。这种共同遗嘱只有形式上的同一性，内容上是相互独立而非相互制约和牵连，即一个遗嘱人的表意内容不影响其他遗嘱人表意内容的效力。

实质意义上的共同遗嘱是指两个或两个以上的遗嘱人共同订立同一份遗嘱。在遗嘱中同时处分共同遗嘱人各自所有或共有的财产的遗嘱形式，以夫妻共同遗嘱为最常见。这种共同遗嘱通常有四种表现：一是相互指定对方为自己的遗产继承人，即指定对方为自己的继承人以对方指定自己作继承人为前提；二是共同指定第三人为遗产的继承人或受遗赠人；三是相互指定对方为继承人，并约定死后将遗产留给指定的第三人；四是形式上各自独立、实质上相互以对方的内容为条件，一方遗嘱撤回或失效，另一方的遗嘱也归于失效；一方遗嘱执行时，他方遗嘱不得撤回。

严格意义上的共同遗嘱应仅限于实质上的共同遗嘱，而形式上的共同遗嘱，只能属于不同遗嘱人的独立遗嘱，与共同遗嘱有实质性区别。

目前我国《继承法》并未明确规定共同遗嘱，在“中国民法学研究会 2012 年年会”讨论我国继承法修改意见时，学术界多赞同增设夫妻共同遗嘱形式，②以最大限度地保护生存配偶和未成年子女的权利和利益，避免或者减少因争夺遗产而引发家庭纠纷。

---

① 陈苇、宋豫：《中国大陆与港、澳、台继承法比较研究》，群众出版社 2007 年版，第 364 页。

② 王歌雅：《改革开放三十年中国遗嘱制度研究之回顾与展望》，载《家事法研究》（2009 年卷），群众出版社 2010 年版，第 37 页。

2. 共同遗嘱的法律效力

关于共同遗嘱的效力，在各国法上有不同的规定。有的国家承认共同遗嘱的效力。例如《德国民法典》以专节规定了共同遗嘱。该法第2265条规定："共同遗嘱仅得由夫妻双方为之。"但也有的国家明文禁止设立共同遗嘱。例如，《日本民法典》第975条为："共同遗嘱的禁止"，规定"二人以上者，不得以同一证书立遗嘱"。也有的国家既未明确规定允许设立共同遗嘱，也未明确禁止共同遗嘱。

我国学界对是否承认共同遗嘱的效力有不同的观点，大体上可分为以下三种学说：①

（1）肯定说。该学说认为，虽然继承法没有明文确认共同遗嘱，但也未排除共同遗嘱的有效性。从我国国情出发，应当确立共同遗嘱的法律地位和效力。其基本理由可概括为：①共同遗嘱与我国的传统习惯协调一致。我国财产继承的习惯做法是，父母一方去世，子女一般不急于去继承父亲或母亲的遗产，而是等到父母双亡以后，子女们才去分割父母的遗产。父母（夫妻）双方共同订立遗嘱，在许多情况下，也是与这种习惯做法相适应的。②共同遗嘱适应我国家庭共有财产的性质。我国现阶段家庭一般共同劳动，共同生活，收入归家庭共有，只有在分家析产时，家庭成员的个人财产才能从家庭共有财产中分离出来。在此之前，遗嘱人在立遗嘱时，无法对个人的财产预先作出处分，提倡共同遗嘱有利于妥善解决家庭共有财产的处理问题。

（2）否定说。该学说认为共同遗嘱与遗嘱的理论相矛盾，我国《继承法》应不承认共同遗嘱的效力。其理由主要是认为遗嘱是遗嘱人单方的法律行为，遗嘱人单方的意思表示完全可以独立自主地决定遗嘱的成立、变更或撤销，而两人或两人以上订立的共同遗嘱，却没有这种随意性，其订立、变更或撤销，必然要受到另一遗嘱人的制约。故共同遗嘱有违遗嘱自由原则。

（3）有限制的肯定说。该学说又分为两种主张：①从主体上有限制地承认共同遗嘱，即承认夫妻共同遗嘱，但对其他共同遗嘱不能承认。其理由是：其一，夫妻的共同财产一般不分割，难以分清各自的财产范围。这一特点使夫妻双方愿意共同遗嘱。其二，夫妻共同遗嘱有利于保护配偶的继承权。即夫妻一方死亡，共同财产属于死者的那一部分，通过共同遗嘱由对方继承，可使配偶的生活不致因一方死亡而受更多的冲击。②从内容上对共同遗嘱进行限制。这种观点认为，一个共同遗嘱人死亡后共同遗嘱只对已死亡的遗嘱人的遗产产生效力，而活着的遗嘱人则有权保留属于自己的那部分财产，

---

① 分别参见刘春茂：《中国民法学·财产继承》，中国人民公安大学出版社1990年版，第384－385页。郭明瑞等：《继承法》，法律出版社1996年版，第174页。鲍海涛：《试论共同遗嘱的法律效力》，载《深圳法制报》1993年7月27日。

有权随时变更或撤销所立遗嘱。

对于共同遗嘱，我国《继承法》并未禁止，司法实践中也多从习惯。因此，从我国《继承法》的发展方向上看，似以确认共同遗嘱有效为宜，但应对其操作适用加以必要的规范和限制。公证机关在遗嘱公证的实践中，对共同遗嘱的公证应灵活处理。我国《遗嘱公证细则》第 15 条规定："两个以上的遗嘱人申请办理共同遗嘱公证的，公证处应当引导他们分别设立遗嘱。""遗嘱人坚持申请办理共同遗嘱公证的，共同遗嘱中应当明确遗嘱变更、撤销及生效的条件。"

3．共同遗嘱的生效时间

共同遗嘱的生效时间有一定的特殊性。一般遗嘱由遗嘱人单方作出，所以遗嘱人死亡时遗嘱即开始生效。共同遗嘱是两个或两个以上人订立，其死亡时间先后不同，同时死亡为数不多，从而遗嘱生效时间不能与一般遗嘱一样认定。总体来说，共同遗嘱人之一死亡，共同遗嘱不发生效力，或者部分发生效力，只有当共同遗嘱人全部死亡后，遗嘱才能全部生效。[①]或者说，在共同遗嘱人中的一人死亡时，遗嘱中涉及该遗嘱人遗产的内容也就应发生效力，而涉及未死亡的遗嘱人的遗嘱内容则不能发生效力。只有在共同遗嘱人全部死亡的情况下，共同遗嘱才能全部生效。因此，对共同遗嘱效力的认定，应当以各个遗嘱人死亡的时间具体确定。[②]在此基础上，还应注意不同类型的共同遗嘱，其生效时间又有不同要求：①互相指定对方为继承人的共同遗嘱，一方死亡时遗嘱生效，生存方的遗嘱内容即失效。②以共同财产指定第三人为继承人或受遗赠人的共同遗嘱，必须在共同遗嘱人均死亡后才发生效力。一方死亡后，生存方可以自由行使共同财产权，但要受到遗嘱内容的拘束，不得进行与遗嘱相违背的行为，原则上也不得变更、撤销遗嘱。③相互指定对方为继承人，并共同指定第三人为最终继承人或受遗赠人的共同遗嘱，其生效时间分两个阶段：共同遗嘱人之一死亡，相互继承的内容生效，生存方依遗嘱取得遗产；当最后一个遗嘱人死亡时，遗嘱全部生效，第三人依继承或遗赠取得遗产。④共同遗嘱为相关联的遗嘱时，一方死亡，遗嘱应认定为生效，生存方原则上不得变更或撤销遗嘱，或者进行与遗嘱内容相抵触的处分行为。

（二）后位遗嘱及法律效力

后位遗嘱也称替代遗嘱、次位遗嘱，是指遗嘱人在遗嘱中指定某继承人所继承的财产利益，因某种条件的成就或期限的到来而移转给另一继承人（或受遗赠人）的遗嘱方式。如遗嘱人在遗赠中指定长子为房产继承人，同时又指定长子死亡时，该房产转归

---

① 张玉敏：《继承制度研究》，成都科技大学出版社 1994 年版，第 316 页。

② 郭明瑞等：《继承法》，法律出版社 1996 年版，第 172 页。

次子继承。遗嘱人首先指定的继承人叫前位继承人，后指定的从前位继承人那里取得遗产利益的人，叫后位继承人，也称次位继承人。

后位继承的特点如下：①后位继承是一种附条件或附期限的法律行为。后位继承人只有在遗嘱中所规定的某种条件成就或期限到来时，才能从前位继承人那里取得财产，此时的前位继承人负有将所承受的财产交付给后位继承人的义务。②在后位继承中遗产利益发生两次移转。遗产利益的第一次移转是从遗嘱人处转移到前位继承之处；第二次移转是从前位继承人处移转到后位继承人处。③后位继承人是遗嘱人的继承人。后位继承直接依据遗嘱人的遗嘱而发生，属于遗嘱继承而不属于法定继承。后位继承人虽然从前位继承人处取得遗产，但却不是前位继承人的继承人，后位继承人继受遗产的权利不能因前位继承人的意思而被剥夺。

理论界及各国立法例对后位继承制度的态度不一。否定说认为法律不应当承认后位遗嘱，因为后位遗嘱的规定，与所有权的理论相悖，即由于遗嘱的执行，遗嘱继承人继承了遗产，财产所有权已经转移，如果遗嘱人在遗嘱中又预先指定后位继承人，就侵犯了遗嘱继承人已经取得的所有权，即他人财产的处分权。以法国、匈牙利等国为代表的国家在立法中明确禁止后位继承，《法国民法典》第 896 条规定，禁止替代继承。一切约定由受赠与人指定继承人或受遗赠人负责保全其受赠物并支付于第三人的条款无效，即使对于受赠与人、指定继承人或受遗赠人亦同。以德国、瑞士、奥地利等国为代表的国家在立法中规定了后位继承制度，《德国民法典》第 2100 条规定，被继承人得以一名继承人在另一人先成为继承人之后才能成为继承人的方式指定继承人（次位继承人）；《德国民法典》第 2103 条规定，如果被继承人曾指示在一定时刻到来时或在事件发生时应将遗产支付另一人，则应推定该另一人被指定为次位继承人。日本和我国台湾的继承立法中，没有明文规定后位继承制度。

在我国，由于现行继承法未明确规定后位继承问题，因此，学术界对应否承认后位遗嘱也有不同的观点，有学者建议立法应承认后位继承。[①]从根本上说，承认后位继承的效力，其实是以对个人意志的尊重为优先的价值取向；禁止后位继承发生效力则体现了国家意志对私法秩序的干预，表现为法的社会本位。

（三）补充遗嘱及法律效力

补充遗嘱，是指遗嘱人在遗嘱中表示，如果指定继承人放弃继承、丧失继承权或先于遗嘱人死亡时，将其应继承的遗产利益转归他人的遗嘱。前者为指定继承人，后者为补充继承人。确立补充遗嘱的必要性是因为只有在指定继承人于遗嘱生效时具有继承

① 杨震、孙毅：《论后位继承制度的立法选择及法的构成》，载《求是学刊》2002 年 5 期，第 72 – 77 页。

权，也未放弃继承时，才会发生遗嘱继承，由指定的继承人继承（或受遗赠人受遗赠）遗嘱中指定由其继承（受遗赠）的遗产。一般情况下，如果指定继承人先于被继承人死亡或者丧失继承权和放弃继承权时，指定由该继承人继承的遗产须依法定继承办理。为避免这种因指定继承人不继承而须按法定继承的情形，允许遗嘱人在遗嘱中指定补充继承人（或受赠人），以体现遗嘱人的自由意志。补充继承人只能在指定继承人不能继承的情形下，依遗嘱的指定参加继承。

补充遗嘱是与后位遗嘱相似的遗嘱方式，二者的区别在于，前者是被继承人在遗嘱中指定的继承人在继承尚未发生时（仅取得了继承的期待权）出现不能继承的事实，如死亡、丧失或放弃继承权等，遗嘱中指定其他继承人（或受遗赠人）补充继承（或受遗赠）；后者是指被继承人在遗嘱中指定的继承人在继承后（取得了继承财产的所有权）出现了遗嘱指定的事实，如死亡、再婚等，遗嘱中指定其他继承人（或受遗赠人）后位继承（或受遗赠）。

我国《继承法》对补充遗嘱并未作出明确规定。我们认为，赋予遗嘱人对自己财产自由的处分权，不仅与遗嘱人处分自己财产的本意并不相悖，而且可以更好地体现遗嘱人的意志，有一定的积极意义。由于现行立法并未禁止这种遗嘱方式，因此，遗嘱中有指定补充继承人的，其内容应为有效。

第三节　遗嘱的变更、撤销和执行

一、遗嘱的变更和撤销

遗嘱是立遗嘱人关于处分个人遗产的意思表示。立遗嘱人立遗嘱后直至死亡前，由于主客观的各种原因，如果认为自己所立遗嘱不妥当或有错误，或不符合或不完全符合自己现在的意愿的，可以依法变更或撤销原先所立的遗嘱。

（一）遗嘱变更和撤销的概念

遗嘱的变更，是指遗嘱人依法改变其原来所立遗嘱的部分内容，并承认修改后的遗嘱将因遗嘱人死亡而发生法律效力的单方法律行为。

遗嘱的撤销，又称遗嘱的撤回，是指遗嘱人将自己原来所立遗嘱的全部内容予以废弃，使之不发生法律效力的单方法律行为。

按我国《继承法》的规定，遗嘱的变更和撤销都是对已设立的遗嘱加以更改或废止，其区别仅在于遗嘱人对原先所立遗嘱的内容改变的程度。“变更仅是遗嘱人部分地改变了原设立遗嘱的意思，可以说是对遗嘱部分内容的撤销；而撤销是遗嘱人改变原设立遗嘱的全部意思，可以说是对遗嘱内容的全部变更。”[①]无论是遗嘱的变更，还是遗嘱的撤销，都必须以存在有效的遗嘱为前提。

遗嘱的变更和撤销，与一般民事行为的变更和撤销不同。一般民事法律行为的变更、撤销须有法定的变更或撤销民事行为的事由，或者须征得对方当事人的同意；而且有撤销权的一方须在法定的期间内行使撤销权。在法定的除斥期间届满后，撤销权即消灭，当事人不得以单方的意思表示变更或撤销民事行为。遗嘱的变更、撤销则不受上述限制。遗嘱人不需征得任何人的同意，就可以在遗嘱设立后的任何时间变更、撤销遗嘱，只要求变更、撤销遗嘱的意思表示是出于遗嘱人的本意。

（二）遗嘱变更和撤销的基本要件

遗嘱的变更和撤销与遗嘱的设立一样，是法律行为，必须具备以下三个基本要件：

（1）遗嘱人变更或撤销遗嘱时，必须具有遗嘱能力。遗嘱人设立遗嘱后丧失行为能力的，于丧失行为能力状态中进行的变更或撤销，不能产生变更或撤销的效果，原立遗嘱仍应有效。

（2）变更或撤销遗嘱的意思表示必须是遗嘱人本人亲自作出，不能由他人代理。所以，遗嘱的变更或撤销只能发生在遗嘱人生存期间。

（3）变更或撤销遗嘱必须是遗嘱人的真实意思表示。不论是遗嘱人的明示变更或撤销，还是遗嘱人所实施的能够引起遗嘱变更或撤销的行为，都必须反映遗嘱人的真实意志。遗嘱人因受胁迫、欺骗等违背其真实意愿作出表示或实施行为导致遗嘱变更或撤销的，不发生变更或撤销的法律后果，原立遗嘱仍应有效。

（三）遗嘱变更和撤销的形式和程序

为保证遗嘱变更或撤销的效力，立遗嘱人应采用与设立遗嘱相同或更有证明力的形式。变更或撤销遗嘱时，必须按照法律规定的方式进行。根据我国《继承法》第20条第3款规定：“自书、代书、录音、口头遗嘱，不得撤销、变更公证遗嘱。”这表明，自书、代书、录音、口头等四种遗嘱形式之间，可以相互变更或撤销先立的不同形式或者相同形式的遗嘱。立遗嘱人可以自由地在这四种遗嘱形式中决定用何种形式来变更或撤销先立的遗嘱。但是，立遗嘱人若要变更或撤销公证遗嘱，就必须再经过公证程序，否则，不发生变更或撤销的效力。即自书、代书、录音、口头等遗嘱方式都不能用来作为变更或撤销先立公证遗嘱的方式，而公证遗嘱则可以用作变更或撤销先立的自书、代

① 郭明瑞等：《继承法》，法律出版社1996年版，第164页

书、录音、口头遗嘱的方式。

同时，除公证遗嘱和自书遗嘱外，变更或撤销其他形式的遗嘱时，都必须有两个以上的见证人在场见证。见证人的资格，与设立遗嘱的见证人资格相同。

（四）遗嘱变更和撤销的方式

遗嘱变更和撤销的方式，是指能够代表、反映遗嘱人变更和撤销遗嘱的意志，依法产生变更和撤销遗嘱之后果的具体形式或方法。遗嘱变更和撤销的方式有明示方式和推定方式。

1. 明示方式

明示方式，是指遗嘱人以明确的意思表示，专门针对原立遗嘱予以变更或撤销的方式。此种方式操作简便，表意清楚，证据确凿，在实践中最容易认定和把握。其具体表现有两种：一是遗嘱人另立新的遗嘱，并在新的遗嘱中明确声明变更或撤销原来所立的遗嘱；二是遗嘱人专门针对原立遗嘱的内容，用与遗嘱形式相一致的方式，明确表示对原立遗嘱的内容予以部分取消、修改或全部废弃。

2. 推定方式

推定方式，是指遗嘱人虽未以明确的意思表示变更或撤销所设立的遗嘱，但法律根据遗嘱人在遗嘱成立后的某种行为推定遗嘱人具有变更或撤销遗嘱的意思，并实际产生变更或撤销遗嘱的法律后果。实践中推定遗嘱人变更、撤销遗嘱的情形主要有以下几种：

（1）前后遗嘱内容相抵触。遗嘱人立有数份遗嘱且内容相互抵触的，推定后立的遗嘱变更或撤销前立遗嘱。我国《继承法》第 20 条第 2 款规定：“立有数份遗嘱，内容相抵触的，以最后的遗嘱为准。”

（2）遗嘱与遗嘱人生前行为相抵触。遗嘱人生前的行为与遗嘱的内容相抵触，主要表现为：遗嘱人在遗嘱设立后，对遗嘱预先处分的财产又通过自己的行为对该财产进行了现实的处分，改变了财产在法律上或事实上的归属，从而使遗嘱人自己的行为与遗嘱内容相冲突，遗嘱内容的全部或部分在法律效力上不能实现，或在事实上成为不可能。如遗嘱人生前将个人财产全部出卖或全部消耗，即以与遗嘱的意思表示相反的行为，使遗嘱失去意义。在此类情况下，法律上只能推定原立遗嘱被变更或撤销。最高人民法院《关于贯彻执行〈中华人民共和国继承法〉若干问题的意见》第 39 条指出：“遗嘱人生前的行为与遗嘱的意思表示相反，而使遗嘱处分的财产在继承开始前灭失、部分灭失或所有权转移、部分转移的，遗嘱视为被撤销或部分被撤销。”

（3）遗嘱被废弃。遗嘱人故意毁损、涂改遗嘱或在遗嘱文书上写明废弃的意思，应推定为遗嘱的变更或撤销。遗嘱被废弃在我国现行法上未作出明确规定，但学理认为：遗嘱人故意将遗嘱涂改、毁损，或者在遗嘱上注明废弃的意思，是变更、撤销遗嘱的一种常见方式，它实行起来比较简单易行，更适于文化水平不高或出于各种原因不愿意采取直接变更或撤销遗嘱方式的人使用。凡遗嘱人故意毁损、涂改遗嘱，或在遗嘱上注明废弃的遗嘱，应当视为遗嘱的变更或撤销。

（五）遗嘱变更和撤销的效力

遗嘱变更和撤销的效力主要表现为使原遗嘱的内容不能产生实际效果，即遗嘱人死亡时，已被变更或撤销的遗嘱内容不能生效。遗嘱变更的，应以变更后的遗嘱内容为遗嘱人的真实意思表示，按变更后的遗嘱执行。遗嘱撤销的，被撤销的原遗嘱废弃，不具任何效力，以新设立的遗嘱为遗嘱人的真实意思表示，按新设立的遗嘱执行。原遗嘱被撤销而未立新遗嘱的，则认定遗嘱人没有遗嘱，按法定继承处理。

二、遗嘱的执行

（一）遗嘱执行和遗嘱执行人的概念

遗嘱的执行，是指立遗嘱人死亡、遗嘱发生效力后，由特定的人按照立遗嘱人所立遗嘱的内容对财产进行分割，以实现遗产的转移。遗嘱的执行对于实现遗嘱人的意愿，保护遗嘱继承人、受遗赠人和其他利害关系人的合法权益具有重要意义。

遗嘱执行人，是指有权执行遗嘱内容以实现遗嘱人意愿的人。遗嘱执行人一方面要执行遗嘱，实现遗嘱人的意愿；另一方面要保障继承人或受遗赠人的合法权益，使其继承权或受遗赠权得以实现。因此，遗嘱执行人的重要意义在于，借助于遗嘱执行人，可以使遗嘱人的意志得到真实的体现，使遗嘱内容得以实现；借助于遗嘱执行人，可以使遗嘱继承人和受遗赠人的合法权利得到有利的维护；借助于遗嘱执行人，还可以使那些因某种原因而无法亲自接受遗产的权利人的利益获得保护。①

遗嘱执行人是近现代民法上规定的制度②，是近现代继承法中的重要制度，各国立法大都专章专节规定了遗嘱执行人制度。大陆法系国家对此都在民法典中作了规定，如《德国民法典》第2197～2228条、《瑞士民法典》第517～518条、《法国民法典》第1025～1034条、《日本民法典》第1006～1021条。我国《澳门民法典》第2147～2161条和台湾地区“民法”第1209～1218条也规定了遗嘱执行人制度。英国法关于遗嘱执行人制度的制定法是《1925年遗产管理法》、《1981年高等法院法》、《1925年

① 高晓春：《论遗嘱执行人》，载《甘肃教育学院学报》（社会科学版），2002年第4期。

② 史尚宽：《继承法论》，中国政法大学出版社2000年版，第578页。

司法法》等，另外加上一些判例确定的原则。

（二）遗嘱执行

1. 遗嘱执行人的产生

遗嘱执行人是否具有执行遗嘱所必需具备的能力和资格，我国《继承法》对此没有作出明确规定。但是，依民法的一般原理和《继承法》第22条规定的精神，一般认为无民事行为能力人和限制民事行为能力人，均不能做遗嘱执行人。因为遗嘱执行人要独立地管理遗产并依遗嘱对遗产进行分配，必须具有一定的社会知识和生活经验。此外，遗嘱执行人并不限于自然人，法人和其他社会组织均可以被指定为遗嘱执行人。当然，拒绝履行遗嘱执行人职责或有不当行为甚至违法行为等重大事由的，可认为遗嘱执行人放弃或丧失了遗嘱执行人的资格，可由其他符合条件的人履行相应职责。

我国《继承法》第16条第1款规定："公民可以依照本法规定立遗嘱处分个人财产，并可以指定遗嘱执行人。"遗嘱人设立遗嘱时，可以用口头或书面的形式指定其信任的人在其死后执行遗嘱。遗嘱也可能没有指定执行人，或者执行人不具备条件，或者不接受指定。因此，遗嘱执行人从以下三种方式中产生：

（1）由法定继承人担任遗嘱执行人。遗嘱人可以指定法定继承人中的一人或数人执行自己的遗嘱。遗嘱中没有指定遗嘱执行人或者遗嘱中所指定的人由于某种原因不能执行遗嘱时，则由全体法定继承人作为遗嘱执行人，也可以通过协商推选其中一人或数人作为遗嘱执行人执行遗嘱。

（2）由遗嘱人在遗嘱中指定继承人之外的人作为遗嘱执行人。遗嘱人可以在遗嘱中指定继承人之外的人作为遗嘱执行人，如指定最信任的亲属、朋友等。继承人之外的人作为遗嘱执行人必须具备两个条件：一是要有遗嘱人在遗嘱中指定，二是被指定的人同意承担遗嘱执行人的义务。

（3）遗嘱人生前所在单位或者继承开始地点的基层组织作为遗嘱执行人。由遗嘱人在遗嘱中指定为遗嘱执行人的人，可以根据自己的意志接受指定或拒绝指定。如果遗嘱中指定的遗嘱执行人拒绝指定，或者由于某种原因而不能执行遗嘱，而且遗嘱人的法定继承人不能充当或者不愿充当遗嘱执行人时，遗嘱就由遗嘱人生前所在单位或者继承开始地点的基层组织（指继承开始时的村民委员会、居民委员会）负责执行。

2. 遗嘱执行的程序

按照继承法的基本原理，遗嘱于遗嘱人死亡后才能发生效力。因此，遗嘱人自己不可能执行自己的遗嘱，而需由他人来执行。由他人执行的"遗嘱"，是否是遗嘱人的真实意思，须首先依一定程序予以确定。依合法程序执行遗嘱，不仅是遗嘱执行人的权利而且是其义务，是遗嘱执行人的法律地位的具体体现。我国《继承法》没有建立完整的遗嘱执行人制度，对遗嘱执行的程序未作规定；但从司法实践和遗嘱人完成其任务的需要来看，遗嘱执行的程序主要有以下方面：

（1）查明遗嘱是否合法有效。这是遗嘱执行的首要程序和遗嘱执行人的首要职责。因为无效的遗嘱、不成立的遗嘱都不能执行。因此，遗嘱执行人要执行遗嘱，首先应审查遗嘱的合法性、有效性。如应查明遗嘱人有无行为能力、遗嘱的形式是否合法、查明遗嘱内容是否为遗嘱人的真实意思表示等。各国继承法大都规定：继承开始后，必须经过遗嘱检认和开启程序，以确定遗嘱的真实性；经过检认的遗嘱，只能由特定的人才能执行。对此，我国实践中可以借鉴。

（2）明确遗嘱人以遗嘱方式加以处分的遗产范围、价值，编制遗产清册，保管遗产。明确遗产处分的遗产范围和价值。执行遗嘱时，必须明确遗嘱人用遗嘱处分的是遗产的一部分还是全部。由于遗嘱人立遗嘱的时间与遗嘱人死亡的时间往往有一段距离，在此期间，遗嘱人在遗嘱中加以处分的财产可能会发生某种变化。如，其房屋所有权已丧失；债权已得到清偿等。上述变化的发生，会使遗嘱人死亡时的遗产与遗嘱中处分的财产在种类、数量、价值等方面不相一致，从而使遗嘱继承时所能实际取得的遗产少于或多于遗嘱中处分的财产。因此，执行遗嘱时要查清遗嘱中处分的财产是否还存在以及还存在多少。

编制遗产清单。为了便于执行遗嘱，遗嘱执行人应当对遗嘱人的遗产进行清点，编制遗产清单。遗产清单中应记载遗嘱人死亡时属于他的全部遗产的名称、数量、价值、债权人和债务人的姓名等。

保管遗产。为防止遗产的毁损、灭失等情况发生，遗嘱执行人应当亲自或委托他人对遗产加以妥善保管。

（3）召集全体遗嘱继承人和受遗赠人。遗嘱执行人应当及时召集全体遗嘱继承人和受遗赠人，公布遗嘱内容，使全体遗嘱继承人和受遗赠人了解遗嘱人对其遗产的处分，明确各自的遗嘱，继承权和受遗赠权，各自应得的遗产份额或遗赠数额，以及遗嘱中指定的其他有关内容，如债务清偿等。

（4）清偿债务。在遗嘱处分的遗产中包括债务时，如果遗嘱执行人同时又是遗嘱继承人，那么，当其接受遗产时自然就接受了遗产中的债务，从而负有清偿债务的义务。如果遗嘱执行人是继承人之外的人，他负有协助遗嘱继承人清偿债务的义务。

（5）按照遗嘱的指定将遗产最终转移给继承人。在清偿了遗嘱人的债务和执行了遗赠之后，遗嘱执行人就应将遗嘱处分的遗产的剩余部分按照遗嘱的指定转移给遗嘱继承人所有。

（6）排除各种妨碍。遗嘱执行人执行遗嘱时，任何人不得妨碍。对于在执行遗嘱中受到他人的非法干涉和妨碍，不论干涉和妨碍是来自继承人还是来自其他人，遗嘱执行人都有权排除，必要时得请求人民法院保护其执行遗嘱的合法权利。

遗嘱执行人执行遗嘱时，必须按照法律的要求和遗嘱人的意愿，忠实地履行自己的职责。遗嘱执行人在执行遗嘱中非因可归责于自己的事由而受到损害的，可以请求继承人赔偿。遗嘱执行人因其故意或过失而给继承人和受遗赠人造成损害的，也应负赔偿责任。①

---

① 房绍坤、郭明瑞等:《继承法》，法律出版社 1996 年版，第 171 页。

第十四章　遗嘱继承与遗赠

第一节　遗 嘱 继 承

一、遗嘱继承的概念

遗嘱继承，是指继承人依照被继承人生前设立的合法有效的遗嘱、继承被继承人遗产的法律制度，是与法定继承相对应的一种继承方式。在遗嘱继承中，继承人的范围、继承人对遗产的应继份额均由被继承人生前所立的遗嘱来确定。因此，遗嘱继承又称“指定继承”。设立遗嘱的被继承人为遗嘱人，由遗嘱指定为继承人的公民为遗嘱继承人。

遗嘱继承制度具有重要意义。确认遗嘱继承制度既能体现国家对公民个人财产权的充分保护，又能使立遗嘱人针对家庭成员的具体条件确定其认为是最合理的遗产分配方案。由于被继承人对各个家庭成员的具体经济状况，家庭成员间相互扶助、赡养和抚育的程度及彼此感情关系的亲疏是最为了解的，因而，立遗嘱人一般能够根据上述情况提出最合理的遗产分配方案，选择最理想的继承人，既有利于巩固家庭关系，又能减少继承纠纷。遗嘱继承制度为公民充分行使其财产权，以实现其最终愿望提供了一种法律上的有效保证。

现代遗嘱继承制度的确立，在中国经历了一个较长的演进时期。中国古代尽管财产继承的原则因朝代不同而略有差异，但以身份确立继承人的范围、顺序与继承的份额则成为共性特征。身份的差异，成为继承的范围、顺序、份额的决定因素，法律则没有规定遗嘱继承。至近代，《大清民律草案》仿照了欧陆民法典继承编的立法体例，也适当吸纳了欧陆继承法的相应理念，其第五编（继承编）分为：通则、继承、遗嘱、特留财产、无人承认之继承、债权人或受遗人之权利六章共计 110 条。在立法体例上，创设了法定继承和遗嘱继承制度，移植了遗嘱执行制度和遗产管理制度。至北洋政府时期，1925 年的《民国民律草案》中继承为第五编，分为总则、宗祧继承、遗产继承、继承人未定及无人承诺之继承、遗嘱、特留财产、债权人或受遗人之权利七章共 225 条。在遗嘱继承的问题上，不仅丰富了遗嘱方式，除自立证书、公证证书外，增加了代笔证书、口授遗嘱方式；其中第1128条还赋予女性以遗嘱设立的自由权，即“妻不经夫允许，得自立遗嘱”，显现出男女两性人格平等的诉求，具有一定的进步意义。至国民党执政时期，南京国民政府于1929年成立了民法起草委员会，1931年1月《中华民国民法》亲属、继承两编正式实施，该法继承编为第五编，分为遗产继承人、遗产之继承、遗嘱三章共88条，规定了代书遗嘱、公证遗嘱、密封遗嘱、代笔遗嘱、口授遗嘱五种形式，确立了遗嘱自由原则，同时规定了特留份制度，对遗嘱自由予以适当限制。

1985年实施的我国《继承法》作为新中国成立后的第一部继承法，不仅担当着保护公民的私有财产继承权的功能，而且承载着我国当代继承法的变革追求。在关于遗嘱继承问题上，规定了遗嘱的方式和遗产分配的原则，确认了遗赠扶养协议的效力，肯定了民间通过协议处理生养死葬问题，鼓励民众之间的相互扶助与救济。同时，立法明确了继承方式的优先顺序，即“继承开始后，按照法定继承办理；有遗嘱的按照遗嘱继承或者遗赠办理；有遗赠扶养协议的，按照协议办理”。

二、遗嘱继承的法律特征

作为一种继承方式，遗嘱继承与法定继承相对，具有与之相异的法律特征：

1. 遗嘱继承以被继承人死亡和立有遗嘱为发生根据

引起遗嘱继承的法律事实必须有两个：一是有被继承人死亡的事实；二是被继承人生前立有合法有效的遗嘱。两个事实必须同时具备，缺一不可。遗嘱人所立遗嘱无效或被撤销，不发生遗嘱继承；或者所立遗嘱有效，但立遗嘱人尚未死亡，则继承人不得请求继承遗产。

2. 遗嘱继承直接体现被继承人的意志

任何一个遗嘱继承，都必须由遗嘱人独立自主地进行意思表示，按遗嘱人在遗嘱中所反映的真实意志执行。所以，遗嘱继承自始至终贯彻着意志自由的精神，直接体现着被继承人的意志。与遗嘱继承的这一特点不同，“法定继承则是对被继承人意志的一种法律推定。即由于死者没有遗嘱，立法者推定被继承人愿意把自己的遗产给予自己关系最密切的人——所有的法定继承人来共同继承”①。

3. 遗嘱继承在效力上排斥或优位于法定继承

“遗嘱继承的法律效果，在于它能仅凭被继承人生前个人的意愿，在法律允许的条件下，改变法定继承人的继承顺序，改变法定继承人继承遗产的份额，甚至取消法定继承人取得其遗产的资格。”②因此，在同一被继承人的遗产继承关系中，遗嘱继承在效力

① 刘素萍：《继承法》，中国人民大学出版社1988年版，第244页。

② 王作堂、朱启超：《遗嘱继承的几个问题初探》，载《法学研究》1983年第6期。

上排斥或优位于法定继承。其具体表现有四点：①遗嘱继承优先于法定继承。在继承开始后，有遗嘱的，先按遗嘱进行继承，只有在被继承人没有遗嘱或遗嘱无效的情况下才能适用法定继承。②遗嘱继承在继承人的总体范围上受法定继承的限定，但在继承人的具体人选上又具有灵活性。它可以指定法定继承人中的一人或数人为继承人，而使同一顺序的其他继承人排斥在继承人之外，从而缩小继承人的范围。③遗嘱继承排斥法定继承人的先后顺序的定位，不仅可以直接使第二顺序的法定继承人成为唯一的继承人，且可以打破法定顺序的限制，用遗嘱重新设置继承人的顺序，指定前位继承人和后位继承人。④遗嘱继承不受法定继承应继份额的影响，可以直接指定继承人的继承份额或遗产分配原则。

三、遗嘱继承的适用条件

遗嘱继承的适用条件,是指具备何种条件,亦即在什么情形下才适用遗嘱继承。依我国《继承法》的规定,在被继承人死亡后,只有具备以下条件时,才按遗嘱继承办理。

1. 没有遗赠抚养协议

遗嘱继承的效力虽优于法定继承的效力，但遗嘱继承不能对抗遗赠扶养协议中约定的条件。因此，在被继承人生前与扶养人订有遗赠扶养协议时，即使被继承人又立有遗嘱，也不能先按遗嘱继承，而仍应先执行遗赠扶养协议。只有在没有遗赠扶养协议的情况下，被继承人的遗产才可按照遗嘱办理。如果虽有遗赠扶养协议，但遗产中尚有该协议未作处分的部分，可按遗嘱继承办理。

2. 被继承人立有遗嘱且遗嘱合法有效

被继承人生前立有遗嘱，是遗嘱继承的事实前提；而遗嘱合法有效，能够产生法律效力，则是遗嘱继承的效力要求。只有有效的遗嘱才能被执行，从而产生遗嘱继承的效力。无效的遗嘱不能作为遗嘱继承的根据。因此，被继承人未立遗嘱，不能适用遗嘱继承；被继承人所立的遗嘱无效，也同样不能适用遗嘱继承。

3. 遗嘱继承人既未丧失继承权也未放弃继承权

丧失继承权是法律的强制性规范，既适用于法定继承，也适用于遗嘱继承。它直接决定着法定继承人或遗嘱继承人的实际继承资格。遗嘱继承人因存在法律规定的丧失继承权的法定事由，即应承受丧失继承权的法律后果。虽然遗嘱中指定其为继承人，也会因其丧失继承权而导致遗嘱继承不予适用，有关遗产只能纳入法定继承中处理。

与法定继承人一样，遗嘱继承人既有权选择接受继承，也有权选择放弃继承。当遗嘱继承人明确表示放弃继承时，其遗嘱继承权消灭。对于遗嘱继承人放弃继承所指向的遗产，如果有补充遗嘱则按补充遗嘱内容处理，否则，应按法定继承处理。但须注意，遗嘱继承人放弃继承的表现需符合两项要求：一是只能在继承开始后，遗产分割前作出放弃的意思表示。继承开始前的放弃不具有法律效力，遗产分割后的放弃则是其对财产权的处置，属于遗嘱继承已被适用之后的法律行为，不是继承权的放弃。二是放弃必须具有明示形式，遗嘱继承人虽有放弃之意图，但未明确表示的，应视为接受继承。

4. 遗嘱继承人后于遗嘱人死亡

在现实生活中，遗嘱人与遗嘱继承人的死亡顺序及其与遗嘱的关系有四种情况：①遗嘱人先于遗嘱继承人死亡，遗嘱继承得以正常适用；②遗嘱继承人在遗嘱人死亡之后，遗产分割前死亡，遗嘱继承则按转继承适用；③遗嘱继承人先于遗嘱人死亡，遗嘱人及时撤销变更遗嘱，使原遗嘱内容被废止；④遗嘱继承人先于遗嘱人死亡，而遗嘱未被撤销或变更。对于第四种情况，我国《继承法》第27条规定："有下列情形之一的，遗产中的有关部分按照法定继承办理：……遗嘱继承人、受遗赠人先于遗嘱人死亡的"。据此，当发生此类情形时，遗嘱继承不予适用。换言之，只有遗嘱继承人后于遗嘱人死亡时，才能适用遗嘱继承。

第二节　遗　赠

一、遗赠概述

公民可以立遗嘱将其财产处分给法定继承人，也可以处分给法定继承人以外的人。法律允许公民通过遗嘱将遗产处分给法定继承人以外的人，不仅充分尊重了遗嘱人的意愿，也有利于更好地实现财产的社会价值。

（一）遗赠的概念

遗赠，是指自然人以遗嘱的方式将其遗产的一部分或者全部无偿赠给国家、集体组织或法定继承人以外的自然人，并于其死后发生法律效力的单方法律行为。设立遗赠的遗嘱人称为遗赠人；被遗嘱指定而接受遗赠利益的人，称为受遗赠人；遗赠所指向的标的称为遗赠财产或遗赠物。

现代各国大多认可遗嘱人用遗嘱将自己的财产赠予他人的方式。英美法系由于实行间接继承制度，因此只规定了遗嘱处分的有效条件，如遗嘱能力、遗嘱的形式、遗嘱处分的限制和遗嘱的解释原则等，而对指定继承人和遗赠不加区分。[①]大陆法系国家的遗嘱处分方式分为遗嘱继承和遗赠。如《法国民法典》第967条规定："任何人均得以指

① 张玉敏：《继承法律制度研究》，法律出版社1999年版，第267页。

定继承人的名义，或者以遗赠名义，或者以其他任何适于表达其意思的名称，经遗嘱处分其遗产”。《瑞士民法典》第484条规定：“被继承人可将某种财产上的利益遗赠给某人，而并不指定其为继承人。”《日本民法典》第990条规定：“概括受遗赠人，有与继承人同样的权利义务。”我国《澳门民法典》第1870条规定：“继受人分为继承人及受遗赠人。”

我国《继承法》第16条第3款规定：“公民可以立遗嘱将个人财产赠给国家、集体或者法定继承人以外的人。”我国一直对遗赠持肯定态度，并确认遗赠具有优先于法定继承的效力，尤其对于公民将遗产遗赠给国家、社会团体、集体组织和企事业单位等公益性行为持肯定态度。

（二）遗赠的种类

关于遗赠的种类，各国立法规定不一。理论上根据不同的标准，可以分以下几种情况：

1．概括遗赠与特定遗赠

根据标的不同，遗赠可以分为概括遗赠与特定遗赠。概括遗赠是指遗赠人把自己的全部财产权利和义务一并赠给受遗赠人。特定遗赠是指遗赠人把某一项特定财产权利遗赠给受遗赠人。区分其意义在于，受遗赠人的义务不同。概括遗赠的受遗赠人相当于遗嘱继承人的地位，负有清偿债务、交纳税款的义务。特定遗赠的受遗赠人则只享受接受遗产的权利，而不承担遗产义务。

2．单纯遗赠与附负担遗赠

根据是否附有义务，遗赠可以分为单纯遗赠与附负担遗赠。单纯遗赠是指不附任何条件或义务的遗赠。附负担遗赠，是指遗赠人在遗嘱中指定受遗赠人接受遗赠物时，附加某种条件或履行某种义务。我国《继承法》第21条规定：“遗嘱继承或者遗赠附有义务的，继承人或者受遗赠人应当履行义务。没有正当理由不履行义务的，经有关单位或者个人请求，人民法院可以取消他接受遗产的权利。”最高人民法院《关于贯彻执行〈中华人民共和国继承法〉若干问题的意见》第43条规定：“附义务的遗嘱继承或遗赠，如义务能够履行，而继承人、受遗赠人无正当理由不履行，经受益人或其他继承人请求，人民法院可以取消他接受附义务那部分遗产的权利，由提出请求的继承人或受益人负责按遗嘱人的意愿履行义务，接受遗产。”

（三）遗赠的有效条件

（1）据以确认受遗赠权的遗嘱必须是合法有效的遗嘱。遗嘱无效，当然会导致遗赠的无效。

（2）遗赠人须有遗嘱能力。无行为能力人、限制行为能力人不能为遗赠设立遗嘱。遗赠人有无遗嘱能力以遗嘱设立的当时情况为准。

（3）遗赠人须为缺乏劳动能力又没有生活来源的继承人保留必要的遗产份额。遗赠不得损害缺乏劳动能力又没有生活来源继承人的合法权益。如果继承人中有缺乏劳动能力又没有生活来源的人，而遗赠人又没有为其保留必要的遗产份额，则涉及这一必要份额的遗赠无效。

（4）遗赠人所立的遗嘱符合法定的形式。遗赠人设立的遗嘱不合乎法定形式的，遗赠无效。

（5）受遗赠人须为在遗赠人的遗嘱生效时生存之人。先于遗赠人死亡或者与遗赠人同时死亡的公民，不能成为受遗赠人，因为其不具有民事权利能力。若某个集体组织或法人（如某慈善团体）是遗嘱指定的受遗赠人，则应在遗赠人的遗嘱生效时合法存在。

（6）遗赠的财产须是在遗赠人死亡时能够执行遗赠的合法遗产。如果遗赠财产不属于遗产，或者于遗赠人死亡时该项财产已不存在或因其他原因不能执行，则遗赠无效。

二、遗赠与遗嘱继承、赠与的区别

遗赠与遗嘱继承都是公民以遗嘱方式处分自己财产而在其死后发生效力的法律行为，遗赠和赠与也都是公民自愿将自己的财产赠给他人的法律行为。但是，遗赠与遗嘱继承、赠与之间仍存在着显著的差异。

（一）遗赠与遗嘱继承的区别

1. 受遗赠人和遗嘱继承人的主体范围不同

根据我国《继承法》规定，遗嘱继承人只能是法定继承人中的一人或数人，而且是与立遗嘱人有血缘关系、婚姻关系或扶养关系的自然人；而受遗赠人则可以是国家、集体组织或者法定继承人以外的自然人，可以是与遗赠人有密切联系的人，也可以是与遗赠人没有任何关系的人。

2. 受遗赠人与遗嘱继承人作出接受和放弃表示的要求不同

受遗赠人接受遗赠的，应于法定期间内作出接受遗赠的明示的意思表示。我国《继承法》第 25 条规定：“受遗赠人应当在知道受遗赠后两个月内，作出接受或者放弃受遗赠的表示。到期没有表示的，视为放弃受遗赠。”[①] 而遗嘱继承人自继承开始后，遗产分割前未明确表示放弃继承的，则视为接受继承，放弃遗嘱继承权必须于此期间内作出明确的意思表示。

3. 受遗赠人与遗嘱继承人取得遗产的方式不同

受遗赠人不直接参与遗产分配，从遗嘱继承人或者遗嘱执行人那里取得遗赠人的财产；而遗产继承人可直接参与遗产的分配以实现其继承权。

（二）遗赠与赠与的区别

1. 两者的法律性质不同

遗赠是遗赠人的单方法律行为，遗嘱人立遗嘱时不必征得受遗赠人的同意，就可以在遗嘱中作出遗赠的意思表示，受遗赠人依据遗赠人的遗嘱就可以取得受遗赠的权利；而赠与属于双方法律行为，是赠与人与受赠人之间的合同关系，赠与人的赠与行为只有在得到受赠人的承诺，即双方意思表示一致，赠与合同才能成立，发生法律效力。

2. 意思表示的方式不同

遗赠以遗嘱的存在为前提，受遗赠人取得财产的依据只能是遗嘱，遗赠人遗赠其财产应遵守法律对于遗嘱的规定，因此，遗赠是要式的法律行为；而赠与一般没有严格的形式要求，除法律对特殊标的赠与有形式上的要求外，当事人双方可以用口头或书面的形式达成一致，因此，赠与是不要式法律行为。

3. 处分财产的范围不同

遗赠人按遗赠方式处理其财产，应不违反法律的要求，如不得剥夺无独立生活能力又无其他生活来源的法定继承人的遗产份额，受遗赠人可取得的遗产应是偿还了遗嘱人生前所欠债务后才可分得的财产；而赠与人处理自己的财产给受赠人，除了不以逃避债务为目的赠与外，法律上一般不加限制。

4. 发生法律效力的时间不同

遗赠的生效时间实际上是遗嘱的生效时间，遗赠在遗嘱订立时具有设立效力，但必须在遗赠人死亡后才发生执行效力；而赠与一般是赠与人生前生效的法律行为，赠与要实际交付赠与标的物之后才发生法律效力。

---

① 目前学界对现行继承法的规定有不同意见。有学者提出：继承人在知道自己受遗赠后2个月内没有表示接受遗赠的，视为放弃受遗赠。这与各国的规定相反。接受遗是接受一种财产利益，与接受继承是接受一种包含财产义务的遗产不同。按照民法的基本理念，对于财产利益，权利人没有表示放弃的，应当视为接受，而不是相反。从保护受遗赠人的利益出发考虑，应当采取与现行继承法相反的推定，只要受遗赠人没有明确表示放弃受遗赠，即应当推定其接受遗赠。参见张玉敏：《中国继承法立法建议稿及立法理由》，人民出版社2006年版，第6页。

第三节 遗赠扶养协议

一、遗赠扶养协议概述

（一）遗赠扶养协议的概念

遗赠扶养协议，是指受扶养人（亦是遗赠人）和扶养人之间订立的、由扶养人承担受扶养人的生养死葬的义务，受扶养人将自己的财产于其死后转归扶养人所有的协议。

遗赠扶养协议是我国立法总结我国人民群众的实践经验而创造出来的一种遗产处理方法。它将我国劳动人民的淳风美德予以规范化，有利于保持和发扬我国人民的赡养、敬重、照顾老人的优良传统，有利于维护社会的安定团结，也有利于减轻国家和社会的负担。我国《继承法》第31条规定："公民可以与扶养人签订遗赠扶养协议。按照协议，扶养人承担该公民生养死葬的义务，享有受遗赠的权利。公民可以与集体所有制组织签订遗赠扶养协议。按照协议，集体所有制组织承担该公民生养死葬的义务，享有受遗赠的权利。"根据该规定，遗赠扶养协议有两种：一是公民与公民签订的遗赠扶养协议，二是公民与集体所有制组织签订的遗赠扶养协议。

（二）遗赠扶养协议的法律特征

作为继承法上的一项重要制度，遗赠扶养协议制度与遗嘱继承和遗赠有着密切的联系，它既是当事人处理自己遗产的一种方式，也充分体现了财产所有人的自由意志。遗赠扶养协议的法律特征，主要体现在以下方面。

1．遗赠扶养协议是双方的、有偿的合同行为

遗赠扶养协议虽然不反映商品交换关系，但也属一种合同，其成立必须是双方当事人在平等协商基础上的一致的意思表示。协议一经订立，即具有法律效力，任何一方不得擅自变更或撤销协议。协议双方当事人互享权利、互负义务，是有偿的法律行为。扶养人对受扶养人负有生养死葬的义务，享有接受扶养人遗赠财产的权利；受扶养人享有接受扶养的权利，负有将其遗产遗赠给扶养人的义务。但是，扶养人付出的代价不一定与取得的遗产价值相等。

2．遗赠扶养协议是诺成性法律行为

遗赠扶养协议具有合同的诺成性，遗赠人与扶养人之间意思表示一致时协议成立，对双方均产生法律拘束力。换言之，遗赠扶养协议发生法律效力的时间是从协议成立之时开始。但应注意，作为诺成性的遗赠扶养协议，其内容在实际履行时又存在一种时间上的分离性。即扶养人承担扶养义务和遗赠人享有的受扶养权利必须在遗赠人生前进行，属于生前法律行为；而遗赠人给予扶养人遗赠利益的义务和扶养人享受遗赠的权利则只能在遗赠人死后落实到位，属于死后法律行为。这种协议内容在履行上的时间差反映了遗赠扶养协议和一般扶养关系的不同要求，但并不影响遗赠扶养协议从成立开始就具有的法律效力。

3. 遗赠扶养协议是要式法律行为

由于遗赠扶养协议涉及遗赠人的财产处分、扶养人的扶养责任及其他继承人的利益，尤其是扶养义务的履行与遗赠的到位，存在生前与死后的较长距离，难免口说无凭，死无对证，因此，在法律上应将遗赠扶养协议界定为要式法律行为，即遗赠扶养协议应采用书面形式，而不能用口头形式。更有学者主张，遗赠扶养协议不仅要以书面形式成立，而且应经过公证或请无利害关系人到场见证。①

4. 遗赠扶养协议的主体具有特殊性

遗赠扶养协议的主体为遗赠人和扶养人。作为遗赠人一方，首先，必须是自然人；其次，原则上应为没有法定扶养人的人。按我国《婚姻法》的规定，特定范围的亲属间相互承担扶养义务，该扶养义务具有必须履行的强制性。因此，当遗赠人本身存在有扶养能力的法定扶养人时，没有必要订立遗赠扶养协议。即使订有遗赠扶养协议，也不能免除法定扶养人的扶养责任。②作为扶养人一方，可以是自然人，也可以是集体所有制组织。此外，订立遗赠扶养协议时，主体双方必须具有完全民事行为能力，意思表示必须真实自愿。

5. 遗赠扶养协议的标的是扶养行为和遗产

遗赠扶养协议虽然具有双务合同的特征，但与一般的双务合同又有区别，尤其在标的上存在不同之处。遗赠扶养协议的标的指向必不可少的两个方面：一是扶养人的扶养行为，即扶养人对遗赠人生前的饮食起居生活要进行照料并提供经济帮助，对其死后遗体要进行安葬，一般简称为生养死葬义务；二是遗赠人死后留下的遗产，即协议指定由扶养人取得的财产，可以是遗产的全部，也可以是遗产的一部分，凡协议中未涉及的财

---

① 郭明瑞：《继承法》，法律出版社1996年版，第184页。

② 在我国，民间有被继承人与共同继承人订立继承合同，约定由某个继承人赡养被继承人，将来由其继承遗产的做法。由于现行继承法没有这样的规定，司法实践中不承认继承合同的效力，以致按照合同履行了赡养义务的人在继承开始后，不能取得合同约定的财产，当初曾经同意不继承遗产也没有尽赡养义务的继承人出来主张继承却能够得到支持。学者认为，这样做显然不利于被继承人晚年的生活保障，建议立法应承认继承合同的效力。参见张玉敏：《中国继承法立法建议稿及立法理由》，人民出版社2006年版，第148－149页。

产，则不属于扶养协议的标的。

（三）遗赠扶养协议的法律效力

1．遗赠扶养协议一经订立即生效，对双方产生法律约束力

对遗赠扶养协议中约定的权利和义务，双方均应严格认真履行。除双方通过协商一致而变更或解除之外，任何一方均不得擅自变更或解除。扶养人应依协议履行扶养义务，在遗赠人生前对其给予生活上的照料和扶助，在遗赠人死亡后应当负责办理其丧葬及其他后事。扶养人不履行扶养义务的，构成违约，遗赠人得请求解除协议；对不尽扶养义务或者以非法手段谋夺遗赠人财产的扶养人，即使遗赠人生前未提出解除，经遗赠人的亲属或者有关单位的请求，人民法院亦可剥夺其受遗赠权，或根据情节限制其受遗赠份额。扶养人的权利是享有在遗赠人死后接受协议指定遗赠的财产的权利。在遗赠人生前，扶养人只有扶养的义务，而无承受财产的权利。

遗赠人依协议享有接受扶养的权利，同时应当履行将财产遗赠给扶养人的义务；对于协议中指定给扶养人的财产，遗赠人在生前有占有、管理、使用和收益的权利，但不得擅自处分；对因遗赠人擅自处分行为致使扶养人无法实现受遗赠权的，扶养人有权解除遗赠扶养协议，免除扶养义务，并可要求遗赠人补偿其已经付出的扶养费用。

2．遗赠扶养协议的效力优先于遗嘱继承和遗赠

我国《继承法》第5条规定："继承开始后，按照法定继承办理；有遗嘱的，按照遗嘱继承或者遗赠办理；有遗赠扶养协议的，按照遗赠扶养协议办理。"据此，当同一被继承人同时存在多个遗产归属关系时，遗赠扶养协议具有最优先适用的法律效力。无论在订立遗赠扶养协议之前还是之后，遗赠人立有其他以遗赠或遗嘱继承为内容的遗嘱，如果该遗嘱所涉遗产处分的内容与遗赠扶养协议相抵触，则应归于失效，或者只能在遗赠扶养协议执行完毕后才能付诸执行。

二、遗赠扶养协议与遗赠的区别

遗赠扶养协议与遗赠都是遗嘱人对自己享有财产权益的财产在生前作出处分而在死后实现财产权转移的行为，但二者仍有明显的区别，主要体现在以下方面。

1．民事法律行为的性质不同

遗赠扶养协议是一种双方民事法律行为，须以遗赠人与扶养人的合意为成立条件。换言之，遗赠人与扶养人就遗赠财产的标的、数量、扶养的具体内容等双方的权利和义务取得一致意见，达成书面协议，遗赠扶养协议才得以成立。遗赠是一种单方民事法律行为，是遗赠人一方的意思表示。只要遗赠人以书面或口头形式作出了将自己财产的全部或者一部分在其死后遗赠给受遗赠人的意思表示，该遗赠就成立，并不需要征求受遗赠人的同意。同样，遗赠扶养协议的撤销、变更，在一般情况下也必须经双方当事人协商一致；而遗赠人撤销、变更遗嘱，无须征得受遗赠人的同意。

2. 遗赠人和受赠人双方的义务不同

遗赠扶养协议中，遗赠人用死后留下的一定数量的财产，来换取扶养人对他的生养死葬；反之，扶养人以对遗赠人尽生养死葬义务，作为取得遗赠人遗赠财产的条件。但在通常情况下，这种有偿性并不反映“等价”关系，而是对遗赠人承担生养死葬义务的经济补偿。遗赠是一种无偿民事法律行为，即使遗赠人可以在遗赠中附加某种义务，但都不是财产上的给付义务。

3. 执行效力的时间不一致

遗赠扶养协议中的遗赠部分，虽然也属于死后生效的民事法律行为，要到遗赠人死亡时才能将遗赠财产交给扶养人，但遗赠扶养协议中的扶养内容，则在协议达成并生效后，就应开始执行，即扶养人要对遗赠人尽“生养”的义务。因而它属于生前生效行为与死后生效行为结合的民事法律行为。遗赠是死后生效的民事法律行为，必须等到遗赠人死亡时，才能将遗赠的财产由遗嘱执行人转与受遗赠人。

4. 受赠人接受遗产的表示方式不同

遗赠扶养协议中的扶养人无须在遗嘱人死亡后作出接受遗赠的意思表示，即可直接依协议取得遗产。而遗赠中的受遗赠人必须在法定期限内作出接受遗赠的明确意思表示，否则，视为放弃受遗赠权。

此外，遗赠扶养协议的目的比较复杂，从遗赠人方面说，他的目的是以遗赠一定财产给扶养人作为条件，取得扶养人对其尽生养死葬义务的权利；从扶养人方面说，他以对遗赠人尽生养死葬义务的条件，取得遗赠人遗赠给他的财产的权利。遗赠的目的是单一的，即遗赠人处分自己死后遗留的财产，使这些财产能够转移给他最希望得到该项财产的人。

第十五章　遗产的处理

第一节　财产继承的开始

一、财产继承的开始及其意义

（一）财产继承的开始

财产继承的开始即财产继承法律关系的发生，它将引起被继承人遗产的转移。民事法律关系的发生须以一定的法律事实为根据，继承法律关系的发生也不例外。继承的开始是法律确认的既得继承权产生的事实。由于民事主体的民事权利能力始于出生，终于死亡，因此，能够引起继承法律关系发生的法律事实就是被继承人死亡，继承的只能在被继承人死亡时开始。民事主体生前将其财产进行的转移行为不是继承，而是生前赠与或分家析产行为。继承开始之前，继承人享有的继承权称为期待继承权；只有继承开始，继承权才成为既得继承权，即可以实现的继承权。法律确认继承开始，旨在明确继承关系发生的时间、地点、继承标的及效力。继承开始作为法律确认的事实，其所产生的法律效果具有法定性，任何人不能通过约定变更。

古罗马法关于“无论何人不能成为生存者之继承人”的原则，已为现代各国继承立法所接受。如《瑞士民法典》第537条第1款规定：“继承自被继承人死亡时开始”。《日本民法典》第882条规定：“继承因死亡而开始。”《法国民法典》第718条规定：“继承因自然死亡以及民事上的死亡而开始。”《意大利民法典》第456条规定：“继承在遗嘱人的最后住所地自遗嘱人死亡时开始。”

我国《继承法》第2条规定：“继承从被继承人死亡时开始。”最高人民法院《关于贯彻执行〈中华人民共和国继承法〉若干问题的意见》第1条也规定：“继承从被继承人生理死亡或宣告死亡时开始”。

（二）财产继承开始的意义

1．有利于确定继承人的范围

在被继承人还未死亡、继承尚未开始之前，继承人的继承权还只是一种客观意义上的可能性权利，它可能会因某种原因放弃、被取消或丧失。继承人的范围是在继承开始时被确定的，无论是法定继承人还是遗嘱继承人，只有在继承开始时没有死亡或没有丧失继承权的，才有资格取得被继承人的财产。然而，如果继承人是被继承人的子女，并且先于被继承人死亡的，其应继份可由该继承人的晚辈直系血亲代位继承。

2. 有利于确定财产的范围和价值

被继承人生前的各项财产的范围、形态、数额以及价值等，受被继承人行使财产权利的影响，经常会处于一种不稳定状态。因此，财产范围及价值的确定只能以继承开始为准。当然，如果继承开始与遗产分割之间有一段间隔时间，此间遗产可能会发生消耗、损毁、产生孳息等，从而影响到财产的范围和价值，这些属于财产的保管、使用和收益的问题，与继承开始在确定财产范围和价值的效力上无关。

3. 有利于确定法定继承人和酌情分得财产人应得遗产的数额

在法定继承中，凡属应予照顾的继承人，其实际情况均以继承开始时为准。此外，判断酌情分得遗产人是否“缺乏劳动能力又没有生活来源”，也应以继承开始时的情况为根据。

4. 有利于确定放弃继承权及财产分割的溯及力

在继承开始后财产分割前，继承人放弃继承权的，从继承开始就对遗产不享有任何权利。《关于贯彻执行〈中华人民共和国继承法〉若干问题的意见》第51条规定：“放弃继承的效力，追溯到继承开始的时间。”此外，遗产的分割时间虽然与继承开始的时间不同，但无论继承人何时分到遗产，其对该项遗产的权利溯及到继承开始时。

5. 有利于确定继承权最长保护时效的起算时间

我国《继承法》第8条规定：“继承权纠纷提起诉讼的期限为2年，自继承人知道或者应当知道其权利被侵犯之日起计算。但是，自继承开始之日起超过20年的，不得再提起诉讼。”可见，继承开始是确定保护继承权的最长时效的起算时间。

二、财产继承开始的时间

财产继承开始的时间是引起继承法律关系产生的法律事实出现的时间，而引起继承法律关系产生的法律事实是自然人的死亡。自然人的死亡有两种情况：生理死亡和被宣告死亡。

（一）生理死亡时间的确定

生理死亡，又称自然死亡。医学上的生理死亡，是指符合生命和疾病自然发展规律，没有暴力干预而发生的死亡，分为衰老死和疾病死。法学上的生理死亡，是指自然人生命的终结。对于生理死亡时间的认定，传统民法学上有不同的观点，标准不一，有以心脏停止跳动死亡标准，也有以脑干死亡为标准。不同的死亡标准，其继承开始时间的认定不同。在我国司法实践中，确定自然人生理死亡、继承开始的依据一般是：①医院开具的死亡证明书中记载的被继承人死亡的时间；②户籍管理登记册中所记载的被继承人死亡的时间；③医院的死亡证明书与户籍管理登记册记载的被继承人死亡时间不一致的，应当以医院的死亡证明书为准；④继承人对被继承人死亡时间有争议的，应当以人民法院查证的时间为准。

（二）宣告死亡时间的确定

宣告死亡，是指公民离开自己的住所下落不明达到法定的期限，人民法院经利害关系人的申请，依法宣告失踪人死亡的法律制度。宣告死亡是人民法院依审判程序推定公民死亡的一种法律制度，和公民自然死亡一样能够引起继承法律关系的发生，即继承的开始。公民被宣告死亡的，判决宣告死亡之日为其死亡的日期。宣告死亡依法应具备一定的条件和程序：①被宣告死亡的人必须是下落不明满四年的；因意外事故下落不明的，从事故发生之日起满 2 年的；战争期间下落不明的，下落不明的时间从战争结束之日起计算。②必须由被宣告死亡人的利害关系人申请。③宣告死亡必须由人民法院以判决的形式作出。

必须指出的是，宣告死亡与生理死亡的最终效力是不同的。宣告死亡只是推定死亡，可以撤销。宣告死亡的判决一经撤销，其发生继承的效力也就终止。依照继承法取得被宣告死亡人的财产的继承人、其他公民或组织，应当返还原物；原物不存在的，应给予适当补偿。

（三）相互有继承关系的继承人在同一事故中死亡时间的推定

生活中经常发生相互有继承关系的人在同一事件中死亡的情况。因死者之间互相有继承关系，在不能确定死亡先后顺序时，通过法律特别确定死亡时间，此为死亡时间的推定。确定相互有继承关系的人在同一事故中死亡的时间，对于确定继承人的范围、各继承人继承遗产的份额等，有着重要意义。

世界各国对此采取的立法方法标准不一，主要考虑年龄、性别、身份关系、辈分等因素。概括起来有三种：①死亡在后和死亡在先相结合的推定制。罗马法采取这种立法体例。依罗马法规定，数人同时遇难而不能确定死亡先后的，推定父母先于成熟子女死亡，未成熟子女先于父母死亡。②同时死亡推定制。日本、瑞士、德国、我国台湾等采取这种立法体例。如《日本民法典》第 32 条之 2 规定："死亡的数人中，某一人是否于他人死亡后尚生存事不明时，推定该数人同时死亡。"《瑞士民法典》规定，如不能证明多数人死亡的先后顺序时，得推定其为同时死亡。③死亡在后推定制。英国、法国采取这种立法体例。如1925年英国《财产法法案》第184条规定："两人同时遇难，不能确定谁先死亡的，年轻者视作较年长者后死亡。"《法国民法典》第720条规定："互有继承权的数人，如在同一事故中死亡，何人死亡在先无法辨明时，死亡在后的推定，根据事实的情况确定。如无此种情况，根据年龄或性别确定。"

虽然我国《继承法》对上述问题未作明文规定，但《关于贯彻执行〈中华人民共和国继承法〉若干问题的意见》中确定了死亡在先和同时死亡相结合的推定制。该《意见》第2条规定："相互有继承关系的几个人在同一事件中死亡，如不能确定死亡先后时间的，推定没有继承人的人先死亡。死亡人各自都有继承人的，如几个死亡人辈分不同，推定长辈先死；几个死亡人辈分相同，推定同时死亡，彼此不发生继承，由他们各自的继承人分别继承。"

第二节　继承和受遗赠的接受与放弃

一、继承的接受与放弃

（一）继承的接受的含义

继承的接受，是指继承开始后，继承人同意接受被继承人遗产的意思表示。

继承的接受制度包括了对根据法定继承和遗嘱继承所产生的继承权的接受。继承开始后，无论是法定继承人还是遗嘱继承人，都有权按照法定继承的顺序和遗嘱的内容继承被继承人的遗产。但是否接受遗产，则应以各继承人的意思表示来决定。接受继承是一种单方的法律行为，只要有继承人本人或其代理人代其作出接受继承的意思表示，就发生法律上的效力。

接受继承的意思表示，不能附加任何条件。附条件的接受继承的意思表示，均应视为拒绝接受继承。接受继承的意思表示必须及于遗产的全部，即继承人须对遗产全面接受，不能只表示接受继承中的财产权利，而不接受遗产中的财产义务。否则，继承人接受继承的意思表示无效。

接受继承的表示方式包括明示方式和默示方式。所谓明示接受，是指继承人用书面或口头方式作出接受继承的意思表示；所谓默示接受，是指继承人虽然没有公开、明确地表示接受继承的意思，但法律上以其行为推定他接受了继承。我国《继承法》第25条规定，继承开始后，继承人没有表示放弃继承的，视为接受继承。

（二）继承的放弃的含义

继承的放弃，是指继承人不接受被继承人遗产的意思表示。

继承的放弃包括了对根据法定继承和遗嘱继承所产生的继承权的放弃。继承权是继承人的一项民事权利，继承人有权将其放弃。放弃继承是一种单方的法律行为，依放弃继承人的意思表示而发生法律效力。继承人只要按照法定的方式作出放弃继承的意思表示，就具有法律效力。但是，继承人因放弃继承权，致其不能履行法定义务的，放弃继承权的行为无效。

放弃继承的意思表示是无条件的，继承人不得用转让继承权的办法作为放弃继承权的条件。任何附条件的放弃继承，均视为没有附加条件的放弃继承。同时，放弃继承的意思表示应当由具有行为能力的继承人本人作出，限制行为能力人和无行为能力人的法定代理人不能代理被代理人作出放弃继承的意思表示。

放弃继承的意思表示只能用明示的方式，而不能用默示的方式。继承人放弃继承的，应当以书面形式向其他继承人表示。用口头形式表示放弃继承，本人承认，或有其他充分证据证明的，也应当认定其有效。在诉讼中，继承人向人民法院以口头方式表示放弃继承的，要制作笔录，由放弃继承的人签名。

放弃继承的效力，追溯到继承开始的时间。继承人作出放弃继承的意思表示，就意味着自动丧失了对被继承人遗产的继承权。放弃继承的期间，按照《关于贯彻执行〈中华人民共和国继承法〉若干问题的意见》第 49 条规定："继承人放弃继承的意思表示，应当在继承开始后、遗产分割前作出。遗产分割后表示放弃的不再是继承权，而是所有权。"遗产处理前或在诉讼进行中继承人对放弃继承翻悔的，由人民法院根据其提出的具体理由，决定是否承认。遗产处理后，继承人对放弃继承翻悔的，不予承认。

二、受遗赠的接受与放弃

（一）受遗赠的接受与放弃的含义

受遗赠的接受，是指受遗赠人接受遗赠人遗产的意思表示；受遗赠的放弃，是指受遗赠人放弃遗赠人遗产的意思表示。受遗赠人包括法定继承人之外的公民、法人、国家或其他组织。

接受或放弃遗赠人遗留的财产，是受遗赠人的一项财产权利。受遗赠人可以接受，也可以放弃，因此，它是一种单方法律行为，只要受遗赠人作出接受或放弃受遗赠的意思表示即为有效。通常情况下，接受遗赠的意思表示应由受遗赠人本人作出，受遗赠人因为某种原因不能亲自表示自己接受遗赠的意愿时，也可以委托代理人代为表示；但是，放弃受遗赠的意思表示，不能由受遗赠人的法定代理人代为表示。由法定代理人代理受遗赠人作出放弃受遗赠的意思表示时，必须是在接受遗赠明显对受遗赠人不利的前提下而为。

我国《继承法》第25条规定："受遗赠人应当在知道受遗赠后两个月内，作出接受或者放弃受遗赠的表示。"这表明，接受或者放弃受遗赠的财产，受遗赠人必须作出明确的意思表示，如果未在有效期内作出明确表示，则视为放弃受遗赠的财产。对此，学界认为，这一规定与大多数国家的规定相反。德国、日本、瑞士等国家以及我国台湾地区民法典都规定，受遗赠人没有表示放弃受遗赠的，视为接受遗赠。因为，遗赠标的是纯粹的积极财产，是被继承人给予受遗赠人的一种财产权利。根据私权神圣原则，权利人没有明确表示放弃的，应当视为接受①。

（二）受遗赠的接受与放弃和财产继承的接受与放弃的区别

由于遗赠从本质上带有赠与性质，因此，受遗赠的接受与放弃和财产继承的接受与放弃相比较，有以下几点区别：

1. 受遗赠人和继承人的范围不同

受遗赠人可以是公民、法人、国家和其他组织，但只能是法定继承人以外的人；而继承人只是法定继承人以内的自然人。

2. 放弃受遗赠与放弃继承的期限的确定性不同

受遗赠人放弃受遗赠的期限是确定的，而继承人放弃继承的期限则不确定。

3. 放弃受遗赠与放弃继承的期限的起算点不同

受遗赠人放弃受遗赠的期间是从受遗赠人知道受遗赠的事由时起算，继承人放弃继承的期间则是从继承开始之时起算。

4. 放弃受遗赠与放弃继承的意思表示的效果不同

受遗赠人在知道受遗赠后，两个月内未作接受受遗赠表示的，视为放弃受遗赠；而继承人在继承开始后遗产处理前未作出放弃继承的意思表示的，视为接受继承。

---

① 张玉敏：《中国继承法立法建议稿及立法理由》，人民出版社2006年版，第46页。

第三节　遗 产 的 处 理

一、遗产的范围

（一）遗产的概念和特征

遗产是指公民死亡时遗留的、可以依法转移给他人的个人合法财产，遗产是继承法律关系的客体。我国《继承法》第 3 条规定：“遗产是公民死亡时遗留的个人合法财产”。在我国，遗产有以下三个特征：

1．遗产是公民死亡时遗留的财产，包括财产权利和财产义务

现代继承制度的继承客体仅为财产和各种财产利益，包括积极财产和消极财产。积极财产如物权（包括自物权和他物权）、股权、债权、知识产权中的财产权利以及法律规定可以继承的其他合法财产利益；消极财产如被继承人生前已经发生的各种财产义务、税款、债务等，应一并列入遗产范围。

2．遗产是公民死亡时尚存的个人财产

公民死亡的时间是划定遗产的特定时间界限，所以，遗产只能是公民死亡时尚存的财产。公民生前已处分给他人的财产，不能作为遗产。公民的个人财产不仅包括公民个人的单独财产，也包括与其他人的共有财产。在共有财产中，如为按份共有，则应于该公民死亡时将其份额从共有财产中分出作为遗产；如为共同共有，则应按等份的方法从共有财产中分出其应得份额作为遗产。

3．遗产是公民的合法财产

遗产必须是公民依法可以拥有的财产和有合法根据取得的财产。公民生前非法侵占的国家、集体以及他人的财产，不得作为遗产。公民生前没有合法根据占有他人的财产，而原所有人又因诉讼时效期间届满而丧失请求权的，该财产可否作为遗产？有学者认为，从稳定社会经济关系出发，应当允许继承人继承。①

（二）遗产的范围

我国《继承法》第 3 条规定：“遗产是公民死亡时遗留的个人合法财产，其包括：①公民的收入；②公民的房屋、储蓄和生活用品；③公民的林木、牲畜和家禽；④公民

① 王利明、郭明瑞、吴汉东：《民法新论》，中国政法大学出版社 1988 年版，第 676 页。

的文物、图书资料；⑤法律允许公民所有的生产资料；⑥公民的著作权、专利权中的财产权利；⑦公民的其他合法财产。”我国《继承法》第4条规定：“个人承包应得的个人收益，依照本法规定继承。个人承包，依照法律允许由继承人继续承包的，按照承包合同办理。”

我们认为，以列举方式说明遗产范围的立法体例似无必要。列举方式不能穷尽遗产的范围，反有限定遗产范围之嫌，而且带有计划经济时代的色彩，如“法律允许公民所有的生活资料”等表述，在今天看来与物权的理念格格不入。应该肯定的是，遗产是公民死亡时遗留的个人合法财产，但专属于被继承人自身的因继承而消灭的权利义务除外。

（三）不能作为遗产的物、权利和义务

1. 与公民人身密不可分的人身权利

公民的人身权利只能由公民本人享有，不得转让。公民的人身权利，无论是人格权还是身份权都不能作为遗产。如著作的署名权。

2. 具有人身性质的债权债务

这类债权债务具有专属性，不可转让，因此，也不能作为遗产。如指定演员的演出合同。

3. 人身保险合同中第三人的受益权

如果人身保险合同中已经指定了受益人，则应由合同中指定的受益人获得保险利益；如果没有指定受益人，则应按遗嘱或法定继承处理保险利益。

二、遗产的保管

在继承开始后、遗产分割前，由于遗产的最后归属尚未确定，这就需要对遗产进行应有的保管，以免遗产遭受不应有的损失。因此，遗产的妥善保管，对于继承人和受遗赠人、被继承人的债权人是相当重要的。

（一）遗产保管人的确定

遗产的保管人是指对遗产负有保存和管理义务的人。如何确定遗产的保管人，各国立法规定不一，主要有两种方法：一是由全体共同继承人作为遗产保管人。如《德国民法典》第2038条规定：“各继承人共同享有管理遗产的权利。”《瑞士民法典》第602条第2款规定：“继承人对于遗产中的所有物品为共同所有人，并对遗产的权利进行共同处分，但不妨碍约定或法定的代理权或管理权。”二是由有关机关指定遗产保管人。如《法国民法典》第812条规定：“继承开始地的民事法院得应利害关系人或国王

检察官的请求，指定财产管理人。”《日本民法典》第 936 条第 1 款规定：“继承人有数人时，家庭法院应从继承人中选任继承财产管理人。”

我国《继承法》第 24 条规定：“存有遗产的人，应当妥善保管遗产，任何人不得侵吞或者争抢。”《关于贯彻执行〈中华人民共和国继承法〉若干问题的意见》第 44 条规定：“人民法院在审理案件时，如果知道有继承人而无法通知的，分割遗产时，要留其应继承的遗产，并确定遗产的保管人或保管单位。”根据上述规定，被继承人死亡之后，可以作为遗产保管人的有：

1. 财产继承人

保管被继承人的遗产，既是继承人的权利，也是其应尽的义务。继承人作为遗产保管人有几种情况：①继承人是存有遗产的人。被继承人生前将财产存放在继承人处，存有遗产的继承人当然成为遗产的法定保管人；②被继承人生前自己占有财产的，在其死后，可由知道被继承人死亡的继承人作为遗产保管人；③全体继承人共同作为遗产保管人。

2. 继承人以外的人

非继承人也可能是存有遗产的人，但必须是合法占有人，如被继承人房屋的承租人。继承人不知被继承人死亡或不能保管遗产时，非继承人有义务妥善保管被继承人的遗产。

3. 遗嘱执行人

根据被继承人遗嘱的授权，遗嘱执行人应该行使遗产保管和处理的权利，实现被继承人的意愿。因此，遗嘱执行人既是遗嘱实现的监督人，又可以是遗产的保管人。

4. 保管单位

继承人中无人知道被继承人死亡，或者继承人无能力保管遗产的，或者没有继承人的，被继承人遗留的财产应由其生前所在单位，或者住所地、遗产所在地的居民委员会、村民委员会等基层组织负责管理。

（二）遗产保管人的义务

根据我国《继承法》第 24 条的规定精神，遗产保管人负有的义务包括：

1. 清理遗产并编制遗产清单

继承开始后，遗产保管人应及时清点遗产，制作遗产清单，以便于进行管理和移交遗产。遗产清单应尽量详细、具体，以利于继承人清点，防止遗产丢失。

2. 通知继承人、受遗赠人、遗嘱执行人

被继承人死亡后，遗产保管人应当及时通知继承人或受遗赠人以及遗嘱执行人，并告之有关遗产的情况以及对遗产的管理状况。如果遗产保管人因故意或过失过错而未及时通知继承人等造成其利益损失的，应承担相应的责任。

3. 妥善保管遗产

遗产保管人对所保管的遗产，负有与处理自己事务同一的注意义务。遗产保管人应当防止和排除对遗产的侵害。如果由于遗产保管人未妥善尽到保管责任或擅自使用遗产，导致重大损失的，遗产保管人应当予以赔偿。

4. 及时移交遗产

及时移交遗产是非继承人的遗产保管人的一项义务。非继承人对被继承人遗产的管理是暂时性的。一旦继承人出现并提出移交请求，非继承人的遗产保管人应及时将遗产交给继承人管理。否则，构成侵权行为，由此造成继承人损失的，应承担赔偿责任。

三、遗产的分割

遗产的分割，是指将被继承人的遗产在共同继承人之间进行分配的行为。继承开始后，遗产的共有状态只是暂时的，而遗产的分割是必然的。当然，如果遗产由一人继承，则不发生遗产的分割问题。《继承法》规定，遗产是以公民死亡时遗留的个人合法财产为限。如何确定公民个人财产的界限、分割遗产应遵循什么原则以及遗产分割的方法等，需要加以明确。

（一）遗产的确定

1. 遗产与夫妻共同财产的区分

（1）属于夫妻共同财产部分。我国《婚姻法》第17条规定夫妻在婚姻关系存续期间所得的、归夫妻共同所有的财产有：工资、奖金；生产、经营的收益；知识产权的收益；继承或赠与所得的财产（《婚姻法》第18条第3项规定的除外）；其他应当归共同所有的财产。夫妻一方死亡时，对这部分财产的分割，应按照我国《继承法》第26条第1款的规定，先将共同所有的财产的一半分出为配偶所有，其余的为被继承人的遗产。

（2）属于夫妻个人所有财产部分。我国《婚姻法》第11条规定，属于夫妻一方个人所有的财产有：一方的婚前财产；一方因身体受到伤害获得的医疗费、残疾人生活补助费；遗嘱或赠与合同中确定只归夫或妻一方的财产；一方专用的生活用品；其他应当归一方的财产。由于这些财产归夫或妻个人所有，因此，一方死亡后，其财产应当全部作为遗产处理。

（3）属于夫妻约定财产部分。我国《婚姻法》第19条规定，夫妻双方可以书面约定婚前及婚姻关系存续期间财产所有权的归属。如果双方约定财产共有或部分共有的，一方死亡后，则按《继承法》第26条第1款规定处理；如果双方约定财产归个人的，一方死亡后，其财产则全部作为遗产处理。

2. 遗产与家庭共同财产的区分

在家庭成员中，除夫妻之外，还包括父母、子女、祖父母、外祖父母、兄弟姐妹等。家庭共同财产是家庭成员在共同生活过程中所形成的财产，主要包括：家庭成员共同积累的财产；家庭成员共同购置的财产；家庭成员共同继承、受赠的财产等。此外，家庭成员还可拥有一些个人财产。家庭成员的个人财产主要指：个人拥有的生活用品；基于家庭成员赠与而获得的财产；未成年子女基于继承、受赠、知识产权所获得的财产等。例如：某一家庭成员死亡时，应当先确定其个人财产及家庭共同财产中的份额。属于被继承人本人的财产，可以作为遗产，但不能将其他家庭成员应有的财产也当作遗产。

3. 遗产与其他共有财产的区分

其他共有财产主要是一般合伙的共有财产。我国合伙法和民法通则均规定，合伙经营积累的财产，归合伙人共有。当合伙人之一死亡时，应当将其在合伙中的财产份额按照出资比例分出，列入遗产范围。

（二）遗产分割的原则

遗产分割应遵循以下原则。

1. 遗嘱继承先于法定继承原则

遗嘱继承先于法定继承，是指被继承人死亡后，如果留有合法有效遗嘱的，按遗嘱执行；在没有遗嘱的情况下，按法定继承处理遗产。遗嘱继承先于法定继承，是近现代各国继承立法的通行原则。我国《继承法》第 5 条规定："继承开始后，按照法定继承办理；有遗嘱的，按照遗嘱继承或者遗赠办理"。

遗嘱优先原则虽然体现了尊重立遗嘱人生前意愿，但是，有下列情形之一的，遗产中的有关部分按照法定继承办理：①遗嘱继承人放弃继承或者受遗赠人放弃受遗赠的；②遗嘱继承人丧失继承权的；③遗嘱继承人、受遗赠人先于遗嘱人死亡的；④遗嘱无效部分所涉及的遗产；⑤遗嘱未处分的遗产。

2. 保留胎儿继承份额原则

未出生的胎儿是没有继承能力的，因为公民的民事权利能力是始于出生，终于死亡的。但是，如果继承人在分割被继承人的遗产时，没有照顾到未出生的胎儿，一旦胎儿出生后是活体的，势必对其成长教育不利。因此，早在罗马法时代即有"当涉及胎儿利益时，胎儿视为既已出生"的规定。现代民法为保护胎儿利益更有两种立法例，即概括主义和特殊主义，概括主义是指规定"胎儿以将来非死产者为限，关于其个人利益之保护视为已出生"，如《瑞士民法典》第 605 条："①当须考虑胎儿的权利时，应将分割推迟至其出生之时；②在前款的限度内，母亲在其抚养费的限度内，对共同财产的收益有请求权。”我国台湾地区《民法》第1166条：“胎儿为继承人时，非保留其应继份，他继承人不得分割遗产。胎儿关于遗产之分割，以其母为代理人。”特殊主义是指仅在具体事项上规定胎儿享有相应的能力而不作统一的规定。以法国、德国、日本及我国为代表。①

我国《继承法》第28条规定：“遗产分割时，应当保留胎儿的继承份额。胎儿出生时是死体的，保留的份额按照法定继承办理。”《关于贯彻执行〈中华人民共和国继承法〉若干问题的意见》第45条规定：“应当为胎儿保留的遗产份额没有保留的，应从继承人所分得的遗产中扣回。为胎儿保留的遗产份额，如胎儿出生后死亡的，由其继承人继承；如胎儿出生时是死体的，由被继承人的继承人继承。”

需要注意的是，法律规定分割遗产时应当为胎儿保留一定的遗产份额，并不意味着胎儿此时已实际取得该项遗产的权利。根据民事权利能力的取得与丧失的规定，只有在胎儿出生时是活体的，即出生后具有继承能力，才能以继承人的身份取得该项财产的权利。如果胎儿出生时是死体，即胎儿从未具有继承能力，原为其保留的遗产份额，由被继承人的继承人依法分配。如果胎儿出生后为活体，但不久后即死亡，即胎儿出生后取得了继承能力后死亡了，为胎儿保留的遗产份额则属于其本人的遗产，由胎儿的法定继承人继承。考虑到胎儿出生时的未定因素，继承人采用在胎儿出生后，再分割遗产较为合适，原因是胎儿出生后还可能是多胞胎，确定遗产份额，此时较为准确。

3. 物尽其用的原则

在分割遗产时，应当根据遗产的性质和效用，从有利于继承人的生产和生活出发，把适合于继承人生产或生活中某种特殊需要的遗产分配给他们，以便充分发挥遗产的实际效用。

（三）遗产分割的方法

我国《继承法》第29条规定，遗产分割应当有利于生产和生活需要，不损害遗产的效用。不宜分割的遗产，可以采取折价、适当补偿或者共有等方法处理。最高人民法院也在《关于贯彻执行〈中华人民共和国继承法〉若干问题的意见》中规定，人民法院在分割遗产中的房屋、生产资料和特定职业所需要的遗产时，应根据有利于发挥其使用效益和继承人的实际需要，兼顾各继承人的利益进行处理。

1. 实物分割

遗产为可分物时，按各继承人应得的遗产份额，对遗产进行实际分割。

---

① 张玉敏：《中国继承法立法建议稿及立法理由》，人民出版社2006年版，第160页。

2. 折价

折价，是指将不宜实物分割的遗产或者继承人都不愿取得的该项遗产出卖，变为价金，再由各继承人按照自己应得的遗产份额的比例，对价金进行分割，各自取得与其应得遗产份额相对应的价金。这种分割方法又称为“变价分割”。

3. 补偿

补偿，是指将不宜分割的遗产折算成价金，先由继承人中的一人取得该遗产的所有权，再由取得该遗产的继承人按照其他继承人应得的遗产份额比例，分别补偿给其他继承人相应的价金。这种分割方法又称为“补偿分割”。

4. 共有

共有，是指被继承人所遗留的财产既不适宜于实物分割，继承人又都愿意取得该遗产的，可以将其作为共同共有的财产，由各继承人按照各自应得的遗产份额确定对该项财产所应享有的权利与应分担的义务。

第四节　遗产债务的清偿

一、遗产债务及其清偿原则

（一）遗产债务的概念和范围

遗产债务，是指被继承人生前欠下的、完全用于其个人需要的或者依法应当由被继承人承担法律责任的债务。被继承人的生前债务，属于继承法上的遗产债务或者继承权客体之一种。其范围主要包括被继承人基于合同、侵权行为、不当得利、无因管理等私法上债的发生原因所欠的债务，以及基于承担公法上的义务或法律责任所欠交的税款、罚款和罚金等债务。在债务存在的情形下，如债务的性质不具有人身专属性，被继承人死亡后都有可能发生被继承人生前债务的清偿问题。

在确定遗产债务的范围时，应注意划清几个界限：

1．应当将被继承人个人所欠债务与家庭共同债务相区别

家庭共同债务，是指家庭成员共同作为债务人所承担的债务。家庭共同债务主要包括：①用于家庭成员共同生活需要所欠债务；②为增加家庭共有财产所欠债务；③用于偿还先前欠下的家庭共同债务而形成的新债等。在被继承人死亡时，家庭共同债务与家庭共同财产一样，也要进行划分。家庭共同债务中属于被继承人应承担的部分，应当列入遗产债务的范围。

2．应当将遗产债务与继承费用以及殡葬费用相区别

继承费用是继承开始后，在遗产的管理、分割、遗嘱的执行等过程中支出的费用。继承费用可以从遗产中扣除，但不能被列入遗产债务的范围。

殡葬费用是因殡葬被继承人所应支付的费用。殡葬被继承人是在被继承人死亡之后，应由继承人支付的一项费用，并非被继承人生前所欠债务，因而不能作为遗产债务。

上述两种费用都不能作为遗产债务对待。因为遗产债务的清偿依法应以被继承人遗产的实际价值为限，如果允许上述费用作为遗产债务，就意味着，一旦被继承人的遗产不足以清偿时，则债权人的权利将得不到保障。因此，继承费用和殡葬费用都不能作为遗产债务，而应当由继承人负担。

（二）遗产债务清偿的原则

在财产继承中以继承人对遗产债权人承担责任的性质为标准，继承可分为限定责任继承与无限责任继承。限定责任继承，是指继承人对被继承人遗留的债务，只限定在被继承人的遗产实际价值范围内偿还；无限责任继承，是指继承人必须承受被继承人一切权利义务，对被继承人的债务超出遗产范围的部分，继承人要用自己固有的财产偿还。由于对被继承人债务的清偿问题，不但关涉法律对继承人和遗产债权人的利益如何保护，还关系到社会经济秩序的稳定，因此，在各国继承法中都是重要的制度之一。

在平衡继承人和遗产债权人的利益问题上，虽然大陆法系和英美法系在法律制度的设计上采用了不同的方法，但由于限定责任继承的立法宗旨在于公平地保护继承人和遗产债权人双方的合法利益。一方面，继承人无需以自己固有财产对被继承人债务负清偿责任，避免了继承人为替被继承人还债而使自己背上沉重的经济负担甚至是债务，符合现代社会家庭成员人格独立、责任自负的理念；另一方面对遗产债权人的利益也同样给予保护，因为，遗产首先要用于清偿遗产债权人的债务，因此被世界各国立法广泛采纳。

我国《继承法》第 33 条规定："继承遗产应当清偿被继承人依法应当缴纳的税款和债务，缴纳税款和清偿债务以他的遗产实际价值为限。超过遗产实际价值部分，继承人自愿偿还的不在此限。继承人放弃继承的，对被继承人依法应当缴纳的税款和债务可以不负偿还责任。"依照这一原则，我国对被继承人的遗产债务清偿的原则为：

1．限定清偿原则

我国立法采取的限定清偿原则。即继承人对被继承人债务的清偿责任被限定在被继承人遗留的财产之内。继承人在清偿遗产债务时，是以遗产的价值为限；对超出遗产价值的债务，除继承人自愿偿还以外，继承人可以不负清偿责任。同时，由于遗产是被继承人遗留的财产权利和财产义务的统一体，放弃继承权的继承人对被继承人的生前债务可以不负清偿责任。因此，接受继承是清偿被继承人债务的前提条件。

但是，我国立法规定的限定继承原则在制度上还存在一些不足。首先，法律在放弃继承问题上没有规定相应的期限约束，在这种制度下继承人全无义务压力，可以单纯地享受继承利益，相形之下，遗产债权人却面临着债权无法实现的现实可能性。其次，虽然法律规定遗产应优先用于缴纳被继承人生前所欠税款和清偿遗产债务，但却没有规定与之相应的配套措施来确保这一规定的具体实施。由于在我国遗产债权人很难获悉被继承人遗产的具体情况，在无条件的限定继承制度下，继承人无需呈交遗产清册，从继承一开始被继承人的财产权利和义务就概括地转归继承人，被继承人的财产权利全部由继承人占有，债务也由继承人承担，被继承人的债权人只能向继承人主张权利。此时如果继承人恶意地藏匿、转移、浪费挥霍遗产，或者经营不善导致亏损，都会危及遗产债权人债权的实现。因此，学界提出，应采取有条件的限定继承原则，建立遗产清册和遗产管理制度,[①]在法院的监督下将遗产优先清偿死者的债务等。[②]

2. 保留必要的遗产份额原则

为满足缺乏劳动能力又没有生活来源的继承人的基本生活需要，贯彻养老育幼的原则。《关于贯彻执行〈中华人民共和国继承法〉若干问题的意见》第61条规定："继承人中有缺乏劳动能力又没有生活来源的人，即使遗产不足清偿债务，也应为其保留适当遗产，然后再按《继承法》第33条和《民事诉讼法》第180条的规定清偿债务。"如果遗产债务清偿后所剩无几，对于那些缺乏劳动能力又没有生活来源的继承人来说无疑是不利的。因此，在清偿遗产债务时，应保留必要的遗产份额，以利于他们的基本生活需要。

3. 连带责任原则

共同继承人对被继承人生前所欠债务的清偿承担何种责任，各国对此有不同的规定，概括起来主要有：

（1）按份责任。日本、法国等采取此种立法例，即各共同继承人对遗产债务就自己的应继份承担清偿责任。

（2）连带责任。德国、瑞士等国采取此种立法例，即无论遗产分割与否，各共同继承人对遗产债务承担连带责任。

（3）折中主义。荷兰、葡萄牙等国家采取此种立法例，即在遗产未分割前，各共同继承人对遗产债务承担连带责任；在遗产分割后，各共同继承人对遗产债务承担按份责任。[③]

我国《继承法》虽未对此作出明确规定，但从遗产债务的特殊性和司法实践来看，通常采用连带责任原则处理，即被继承人的债权人有权请求共同继承人中的一人或数人在遗产的实际价值范围内清偿全部遗产债务，任何继承人不得拒绝。共同继承人中的一人或数人清偿了全部遗产债务，在共同继承人内部应按照各自继承遗产份额的比例分担遗产债务。但如果继承人放弃了遗产继承权，则不得再要求其分担债务。

二、遗产债务的清偿方式

继承开始后，若继承人只有一人时，除放弃继承外，继承人应全面接受遗产，即遗产权利和遗产义务。但继承人为多人时，如何确定遗产债务的清偿方式，对债权人利益的实现，将产生重大影响。关于共同继承人清偿遗产债务的方法，各国继承立法有两种

---

① 王丽丽：《财产继承中债权人利益保护问题的法律思考》，载《中国民法学研究会2012年年会论文集（继承法论文集）》（电子版）。

② 张玉敏：《论限定继承制度》，载《中外法学》1993年2期。

③ 房绍坤：《民商法原理》（三），中国人民大学出版社1999年版，第727页。

不同的规定。

（1）非经清偿遗产债务不得分割遗产。德国、瑞士等国采用这种方法。《德国民法典》第2046条规定：“遗产债务应首先就遗产中清偿。遗产债务为尚未到清偿期或有争议者，应就遗产中保留为清偿所必需的财物”。第2047条又规定：“在清偿遗产债务后的剩余遗产按各应继份的比例归属于继承人”。

（2）清偿遗产债务不是分割遗产的前提。法国、日本等国规定，遗产债务未清偿之前继承人可以分割遗产。如《法国民法典》第870条规定：“共同继承人各按其分得遗产的比率，分担清偿遗产的债务和负担”。

我国《继承法》对遗产债务的清偿方式没有明确规定，司法实践中一般采取以下两种方式处理：

（1）先清偿债务后分割遗产。依照此种清偿方式，共同继承人首先从遗产中清算出遗产债务，并将清算出的相当于遗产债务数额的遗产偿还给债权人，然后在遗产仍有剩余的情况下，继承人再根据各自应继承的份额，分配剩余遗产。

（2）先分割遗产后清偿债务。依照此种清偿方式，共同继承人可先根据各自的应继份额分割遗产，同时分摊遗产债务，然后各继承人根据自己分摊的遗产债务数额向债权人清偿债务。

若遗产已被分割而未清偿债务时，如果既有法定继承又有遗嘱继承和遗赠的，首先由法定继承人用其所得遗产清偿债务。不足清偿时，剩余的遗产债务由遗嘱继承人和受遗赠人按比例用所得遗产偿还；若只有遗嘱继承和遗赠的，由遗嘱继承人和受遗赠人按比例用所得遗产偿还。

第五节　无人继承又无人受遗赠的遗产的处理

一、无人继承又无人受遗赠的遗产的概念

无人继承又无人受遗赠的遗产，是指没有继承人和受遗赠人承受的遗产。

所谓无人继承，即没有继承人承受遗产。包括两种情况：一种是死者没有法定继承人和遗嘱继承人；另一种是被继承人虽有法定继承人和遗嘱继承人，但他们全部放弃或者丧失了继承权。

所谓无人受遗赠，是指没有受遗赠人承受遗产。包括以下几种情况：一是死者生前没有设立遗赠的遗嘱或没有受遗赠人；二是虽有遗赠的遗嘱，但遗嘱无效，如受遗赠人先于遗嘱人死亡或者遗赠标的物已不属于遗产范围而无效等；三是受遗赠人全部放弃或者被人民法院取消受遗赠权；四是死者生前没有与他人订立遗赠扶养协议。

无人继承又无人受遗赠的遗产与“五保户”的遗产是完全不同的。“五保户”的遗产是指享受“五保”的公民死亡后所遗留的财产。“五保”即：保吃、保穿、保烧（燃料）、保教（受教育）、保葬 。农村集体经济组织负责供养这些“五保户”，对他们进行生养死葬。与无人继承又无人受遗赠不同的是，“五保户”可能无继承人和受遗赠人，也可能有继承人和受遗赠人。如果“五保户”和集体组织之间有扶养协议的，“五保户”的遗产应当按协议处理；如果没有协议，死者有遗嘱继承人或法定继承人要求继承的，应在遗产中扣除集体组织的“五保”费用后，再按遗嘱或法定继承的有关规定继承遗产。

二、无人继承又无人受遗赠的遗产的归属

关于无人继承又无人受遗赠的遗产的归属问题，现代各国继承立法大多都采用归属国家的规定，即将无人继承又无人受遗赠的遗产收归国有。但各国在以何种法律原因取得遗产的问题上认识不同，存在着两种主张：

（1）法定继承主义。法定继承主义，认为国家作为无人继承又无人受遗赠的遗产的法定继承人，当然取得该项遗产。如《德国民法典》第1936条规定：“如在继承开始时，既无被继承人的直系亲属又无配偶的存在，被继承人在死亡时所属的邦（州）的国库为法定继承人；如被继承人属于数个邦（州）者，这些邦（州）的国库均享受此遗产的相等份额。”“被继承人是不属于任何邦（州）的德国人者，由德国国库为法定继承人。”

（2）国家优先权主义。国家优先权主义，认为国家享有对一切无人继承又无人受遗赠的遗产的优先取得权。如《法国民法典》第539条规定：“一切无主财产或无继承人的财产，或继承人放弃继承的财产，归国家所有。”英国的《遗产管理法》和《无遗嘱遗产法》都有同样的规定：在没有继承人的情况下，被继承人的遗产归国家所有。

我国《继承法》第32条规定：“无人继承又无人受遗赠的遗产，归国家所有；死者生前是集体所有制组织的成员的，归所在的集体所有制组织所有。”该规定说明，我国在处理无人继承又无人受遗赠的遗产问题上，与各国国家收归国有的态度并不完全相同，而是根据死者生前的身份来确定其遗产的归属。如果死者生前是集体所有制组织成员的，其遗产归所在集体所有制组织所有；如果不是集体所有制组织的成员，则归国家所有。

应当指出的是，无人继承又无人受遗赠的遗产的处理原则，与民法上无主财产的取得是不同的。无人继承又无人受遗赠的遗产的归属只能由国家或集体所有；而无主财产的归属有的是因所有人不明的国家取得，有的则适用先占原则，即无主财产不一定都归国家所有。除国家和集体经济组织外，先占人在符合法定条件下，可以就先占有无主财产取得所有权。

在处理无人继承又无人受遗赠的遗产时，应注意两个问题：

（1）死者生前债务的清偿问题。国家或集体经济组织在取得死者遗产的同时，也应根据我国《继承法》第 33 条的规定，在遗产的实际价值范围内清偿死者生前所欠债务。

（2）根据《关于贯彻执行〈中华人民共和国继承法〉若干问题的意见》第 57 条和《继承法》第 14 条的规定，人民法院在处理无人继承又无人受遗赠的遗产时，如果有继承人以外的依靠被继承人扶养的缺乏劳动能力又没有生活来源的人，或者继承人以外的对被继承人扶养较多的人提出要求时，可以分给他们适当的财产。

第五编　涉外婚姻和区际婚姻家庭继承关系的法律适用

第十六章　涉外婚姻家庭关系的法律适用

第一节　涉外婚姻关系的法律适用

涉外婚姻，是指具有涉外因素的婚姻，包括结婚、离婚和复婚。涉外是指主体涉外或地域涉外，这里的主体涉外，是指婚姻当事人一方或双方为外国人。地域涉外，是指婚姻事项在本国境外办理。

涉外婚姻，有广义和狭义之分。广义的涉外婚姻，是指不同国籍的公民，或同一国籍的公民在他国结婚、复婚或离婚；广义的涉外婚姻，由国际私法调整。狭义的涉外婚姻是指中国公民与外国公民缔结、恢复或解除婚姻。涉外婚姻有两个特征：

（1）婚姻关系主体中，一方为中国公民，另一方为外国人。中国公民是指具有中华人民共和国国籍并居住在中国的人，其中包括加入了中国国籍的外国人。外国人包括：外国血统的外国人，中国血统的外籍人士（外籍华人），定居在中国的外国侨民，无国籍人。

（2）婚姻事宜是在中国境内办理。即地域不涉外，婚姻当事人结婚、复婚或离婚是在中国境内办理。

涉外婚姻与国内婚姻相比，情况比较复杂，这种婚姻的缔结、恢复或解除，须为当事人双方所在国的法律认可。我国《婚姻法》对涉外婚姻问题未作专门规定，有关涉外婚姻家庭法律适用的规定主要见于《民法通则》、最高人民法院《关于贯彻执行〈民法通则〉若干问题的意见》、《收养法》、《外国人在中华人民共和国收养子女实施办法》等法律法规和司法解释中，此外还有一些部门的规定通知等，如民政部 2003 年 10 月 1 日实施的《婚姻登记条例》、《外国人在中华人民共和国收养子女登记办法》。内容主要涉及涉外结婚、离婚、扶养、监护和收养的法律适用。

2011 年 4 月 1 日实施的《中华人民共和国涉外民事关系法律适用法》（以下简称《涉外民事关系法律适用法》）专设第三章共 10 条，首次全面对涉外婚姻家庭法律适用问题做了具体规定。

一、涉外结婚的法律适用

（一）涉外结婚的法律适用原则

在婚姻成立的问题上如何解决不同国家的法律冲突，当代各国有不同的立法例。调整涉外婚姻家庭关系，在适用法律时需要解决两个或两个以上国家的婚姻家庭法（或亲属法）的冲突问题。《涉外民事关系法律适用法》第 21 条和 22 条对涉外婚姻的法律适用做出了规定，条文措辞也未使用“实质要件”或“形式要件”，而是区分“结婚条件”和“结婚手续”，分别规定其法律选择规则，从条文规定看，“条件”应指实质要件，“手续”意指结婚的形式要件。

第 21 条规定：“结婚条件，适用当事人共同经常居所地法律；没有共同经常居所地的，适用共同国籍国法律；没有共同国籍，在一方当事人经常居所地或者国籍国缔结婚姻的，适用婚姻缔结地法律。”可见立法对于结婚条件的规定采用了有条件的选择性法律适用规则，此条规定对于当事人共同经常居所地法、共同国籍国法和婚姻缔结地法的适用是有顺序的。这种规定比较细化，操作程序清晰明确，便于管辖。

第 21 条也正因为细化的规定而留下了漏洞。如果当事人没有共同经常居所地，没有共同国籍国，婚姻缔结地也并不是当事人一方的经常居所地或国籍国，此时该适用何种法律并未在第 21 条中体现。

立法对结婚形式要件采取了宽松态度，《涉外民事关系法律适用法》第 22 条规定，“结婚手续，符合婚姻缔结地法律、一方当事人经常居所地法律或者国籍国法律的，均为有效。”可以看出法条将当事人居所地法律放于国籍国法律之前，说明住所地法优于本国法。这种宽松的规定不仅符合国际通行做法减少相关法律冲突，并为避免“跛脚婚姻”提供了可能性，因为这种混合制的规定更有利于结婚这一法律行为的生效，婚姻有效性能得到更普遍承认。但这也增加了婚姻登记机关的工作难度。登记机关如何既能正确甄别当事人，了解当事人惯常居所地或国籍国的立法，又能在合理的时间内完成登记工作保护当事人利益，值得思考。

（二）涉外结婚的主体

在涉外婚姻法律适用的主体上，《涉外民事关系法律适用法》并未像《民法通则》一样限定在我国公民和外国人之中，因此我国涉外结婚的法律不仅适用于我国公民和外国人结婚，还包括外国人之间在中国结婚，以及中国人之间在外国结婚等情形。

我国法律规定某些中国公民不得同外国人结婚，主要是某些担任特定公职的人员。其范围是：①现役军人，是指正在中国人民解放军和人民武装警察部队中服现役，具有军籍的干部和战士。但某些原在部队掌握核心机密和重大机密的复员、转业军人，在他们掌握和熟悉的机密失密前，也不能同外国人结婚。②外交人员。是指直接从事外交工作的人员，主要指外交部和我国驻外使、领馆的外交官员。③公安人员。是指在编的各级公安机关、国家安全机关的干警。④机要人员和其他掌握重大机密的人员。是指国家党政机关、科研机构和企业单位从事机要工作，掌握党和国家重大机密和科技尖端机密的人员。法律不准担任特定公职的人员同外国人结婚，是为了维护国家的安全和利益，这也是世界各国立法的通例。

为了保证我国婚姻登记的有效性，外国人与外国人（包括定居在我国的外国侨民）在中国境内结婚的，也应考虑该外国人本国法的有关结婚登记的规定，以免该婚姻不被外国人的本国法承认。如西班牙法律规定，凡是涉及西班牙人的婚姻，无论在哪里举行，都必须适用西班牙的法律，不允许规避。

（三）涉外结婚的程序

由于涉外婚姻的特殊性，我国法律对涉外结婚登记的机关和当事人须持的证件等作了特别规定。

1. 办理涉外婚姻登记的机关

中国公民同外国人在中国境内自愿结婚的，办理婚姻登记的机关是省、自治区、直辖市人民政府民政部门或者由其确定的机关。要求结婚的当事人须共同到内地居民常住户口所在地的婚姻登记机关提出申请，经审查后，对符合我国法律规定的，应准予登记。

2. 结婚当事人须持法定的证件

申请结婚登记的中国公民和外国人，须分别持有下列证件：

（1）办理结婚登记的内地居民应当出具下列证件和证明材料。本人的户口簿、身份证；本人无配偶以及与对方当事人没有直系血亲和三代以内旁系血亲关系的签字声明。居民身份证与常住户口簿上的姓名、性别、出生日期应当一致；不一致的，当事人应当先到有关部门更正。居民身份证或者常住户口簿丢失，当事人应当先到公安户籍管理部门补办证件。

（2）办理结婚登记的外国人应当出具下列证件和证明材料。本人的有效护照或者其他有效的国际旅行证件；所在国公证机构或者有权机关出具的、经中华人民共和国驻该国使（领）馆认证或者该国驻华使（领）馆认证的本人无配偶的证明，或者所在国驻华使（领）馆出具的本人无配偶的证明。与中国无外交关系的国家出具的有关证明，应当经与该国及中国均有外交关系的第三国驻该国使（领）馆和中国驻第三国使（领）馆认证，或者经第三国驻华使（领）馆认证。

3. 申请、审查和登记

结婚登记应当按照申请—受理—审查—登记（发证）的程序办理。

婚姻登记机关应当对结婚登记当事人出具的证件、证明材料进行审查并询问相关情况。婚姻登记员受理结婚登记申请，应当按照下列程序进行：婚姻登记机关应当对结婚登记当事人出具的证件、证明材料进行审查并询问当事人的结婚意愿，自愿结婚的双方各填写一份《申请结婚登记声明书》，《申请结婚登记声明书》中“声明人”一栏的签名必须由声明人在监誓人面前完成；当事人不会写字的，由当事人口述，婚姻登记员代为填写。婚姻登记员代当事人填写完毕，应当宣读，当事人认为填写内容无误，在“声明人”一栏按指纹。“声明人”一栏不得空白，也不得由他人代为填写、代按指纹；当事人宣读本人的声明书，婚姻登记员作监誓人并在监誓人一栏签名。

对当事人符合结婚条件的，填写《结婚登记审查处理表》，当场予以登记，发给结婚证；对当事人不符合结婚条件不予登记的，应当向当事人说明理由。当事人取得结婚证，即确立夫妻关系。

二、涉外离婚的法律适用

涉外离婚，是指中国公民与外国人离婚或外国人与外国人在我国境内离婚的法律行为。涉外离婚涉及两个方面的问题：一是涉外离婚的条件，即涉外离婚的标准或原因；二是涉外离婚的效力，即涉外离婚有效性的承认。离婚对当事人以及亲友乃至社会都会产生一定影响，所以各国关于离婚的法律规定多是强制性的，对法律适用的规定也很严格。

（一）涉外离婚法律适用的变化

在我国，随着《民法通则》和一些法律规章的出台，使涉外离婚适用的法律法规走向了正轨。如：1991 年 4 月 9 日所颁布的《中华人民共和国民事诉讼法》；1991 年 7 月 5 日的《关于中国公民申请承认外国法院离婚判决程序问题的规定》；2000 年的《关于中国公民申请承认外国法院离婚判决案件有关问题的规定》；2003 年 10 月 1 日的《婚姻登记条例》；2005 年 7 月 26 日的《最高人民法院关于当事人申请承认澳大利亚法院出具的离婚证明书人民法院应否受理问题的批复》；2011 年 4 月的《涉外民事关系法律适用法》。

《涉外民事关系法律适用法》对涉外离婚法律适用作出了新的规定，其第 26 条、第 27 条将涉外离婚区分成协议离婚和诉讼离婚两种情况，分别规定其法律适用。在该法颁布前，我国离婚实行“双轨制”，国内离婚采取协议离婚和诉讼离婚两种方式；涉外离婚的，只要是中国公民与外国人在我国境内要求离婚的，不论双方是自愿离婚还是一方要求离婚，一律按诉讼程序办理。《涉外民事关系法律适用法》改变了以往做法，将协议离婚作为解除婚姻关系的一种方式。但是，许多国家是不承认协议离婚的效力的，例如 1997 年德国《民法施行法》第 17 条规定在德国只能通过法院判决离婚。这样有可能产生“跛脚婚姻”问题，当事人的婚姻关系在我国已经解除，我国行政机关的离婚决定得不到外国法院的承认。

《涉外民事关系法律适用法》在协议离婚的法律适用上引入意思自治原则，允许当事人就离婚适用的法律作出选择，这是一项在国际社会较为超前的规定，但在诉讼离婚的法律适用上只采用单一的法院地法。原有对涉外离婚是以法院地法为准据法的规定因与现有规定相冲突而不再适用。

《涉外民事关系法律适用法》第26条规定：“协议离婚，当事人可以协议选择适用一方当事人经常居所地法律或者国籍国法律。当事人没有选择的，适用共同经常居所地法律；没有共同经常居所地的，适用共同国籍国法律；没有共同国籍的，适用办理离婚手续机构所在地法律。”《涉外民事关系法律适用法》第27条规定：“诉讼离婚，适用法院地法律。”其实，在当事人协议离婚的情况下，当事人就有关离婚事宜已达成合意，法律适用不是一个难题，是否允许意思自治意义不大。反倒是在离婚诉讼中，如能允许当事人在一定范围内选择离婚应适用的法律，可以提高法律适用的确定性和可预见性，符合当事人的期望，简化程序，提高诉讼效率。

（二）涉外诉讼离婚的管辖

1992年《民事诉讼法》第22条、第23条规定，法院在审理涉外离婚案件时所应采用的管辖原则应该是“原告就被告”的原则，即审理涉外离婚案件应当确立的管辖权是属地管辖权。中国人同中国人在中国境外离婚，境外法院具有管辖权；中国人同外国人在中国境内离婚，我国法院具有管辖权；中国人同外国人在中国境外离婚，境外法院具有管辖权；外国人同外国人在中国境内离婚，我国法院具有管辖权。

2008年12月31日，我国最高人民法院颁布《关于适用〈中华人民共和国民事诉讼法〉若干问题的意见》第13条、第14条、第15条、第16条，对之前的属地管辖权做出了属人管辖权的补充，在以下几种情况下也有管辖权：

（1）在国内结婚并侨居国外的华人，如果其侨居国的法院以离婚案件由其婚姻缔结地的法院所管辖，那么我国婚姻缔结地的法院有管辖权。

（2）在国外结婚并居住在国外的华人，其所在国法院以涉外离婚案件需由当事人国籍所在国法院管辖时，当事人向我国法院提起诉讼，我国法院有管辖权。

（3）如果离婚双方当事人一方在国内，一方在国外，则无论哪方当事人向我国法院提起离婚诉讼，我国法院都有管辖权。如果国外一方向其所在国法院提起离婚诉讼，我国法院仍有管辖权。判决后，外国法院申请或者当事人请求我国人民法院承认和执行外国法院对本案作的判决、裁定的，不予准许；但在我国法院受理同一涉外离婚诉讼前，如果外国法院已经就同一诉讼做出了裁判的为例外。还有就是双方所在国共同参加或者签订的国际条约另有规定的除外。

（4）双方当事人只是在国外而并没有在国外定居的，则其婚姻缔结地法院具有管辖权。

中国当事人一方持外国法院作出的离婚判决书，向人民法院申请承认其效力的，应由中级人民法院受理。经审查，如该外国法院判决不违反我国法律的基本准则、国家利益、社会利益，可裁定承认其效力；否则，裁定驳回申请，裁定后不得上诉。

（三）涉外离婚的程序

涉外离婚的规定，随着《婚姻登记条例》和《婚姻登记条例暂行规范》的实施，有了比较重大的改变。以前无论是双方自愿离婚还是一方要求离婚，均一律按诉讼离婚程序办理。现在中国公民同外国人在中国内地自愿协议离婚的，男女双方应当共同到内地居民常住户口所在地的婚姻登记机关办理离婚登记。若诉讼离婚，涉外离婚当事人应按我国《民事诉讼法》的有关规定向中国公民一方户籍所在地或常住地的人民法院起诉。

1. 离婚登记按照初审—受理—审查—登记（发证）的程序办理

受理离婚登记申请的条件是：①婚姻登记处具有管辖权。②要求离婚的夫妻双方共同到婚姻登记处提出申请。③双方均具有完全民事行为能力。④当事人持有离婚协议书，协议书中载明双方自愿离婚的意思表示以及对子女抚养、财产及债务处理等事项协商一致的意见。⑤当事人持有内地婚姻登记机关或者中国驻外使（领）馆颁发的结婚证。⑥当事人各提交2张2寸单人近期半身免冠照片。⑦当事人持有规定的身份证件。

婚姻登记机关对不符合离婚登记条件的，不予受理，但应当给当事人出具《不予办理离婚登记通知单》，并提供有关法律咨询服务。

2. 涉外诉讼离婚的处理

人民法院审理涉外离婚案件，应根据我国现行《婚姻法》第32条和有关规定判决。对于离婚而引起的子女抚养费的负担、夫妻共同财产的分割、债务的清偿和一方对他方的经济帮助等问题，也应按我国《婚姻法》的规定一并处理。

必须注意的是中国公民同外国人离婚，处理子女抚养费的负担、共同财产的分割和经济帮助等问题，原则上应确定国外一方一次性给付。这主要是由于我国目前与不少国家尚未签订司法协助协议，这些判决不便强制执行。为了保护中国公民及其子女的合法权益，所以应确定国外一方一次性给付。如果国外一方一次性给付确有实际困难的，可由居住在我国境内有相当财产的中国公民或外国公民担保。到期不履行的，由保证人清偿。这里还须说明的是：

（1）不在我国居住的外国人，不能来我国法院亲自参加起诉、应诉的，可以委托我国公民、律师或居住在我国境内的本国公民，本国驻华使、领馆官员（以个人名义）担任诉讼代理人。但外国人一方向我国法院提交的离婚起诉书、答辩状、意见书、委托书或上诉状等诉讼文书，必须经所在国公证机关公证，并经我驻该国使、领馆认证方为有效。

（2）根据《维也纳领事关系公约》规定的原则，外国人一方不在我国境内，或由于其他原因不能适时到我国法院出庭时，在没有委托的情况下，该国驻华使、领馆领事官员（包括经我国外交部确认的外国驻华使馆的外交官同时兼有领事衔者），可以直接以领事名义担任其代表人，或为其安排代表人在我国法院出庭，参与离婚诉讼①。

第二节　涉外家庭关系的法律适用

一、涉外夫妻关系的法律适用

夫妻关系，是指婚姻关系存续期间夫妻间的权利义务关系，包括人身关系和财产关系。在《涉外民事关系法律适用法》颁布以前，我国没有专门规定涉外夫妻关系的法律适用规则。在司法实践中，一般是根据《最高人民法院关于贯彻执行〈中华人民共和国民法通则〉若干问题的意见（试行）》第188条："我国法院受理的涉外离婚案件，离婚以及因离婚而引起的财产分割，适用我国法律"，以及第189条："夫妻相互之间的扶养应当适用与被扶养人有最密切联系国家的法律。扶养人和被扶养人的国籍、住所以及供养被扶养人的财产所在地，均可视为与被扶养人有最密切的联系"的规定来处理。但如果不是涉外离婚案件，而是涉及涉外的夫妻人身关系；或不仅仅是涉外扶养问题，而是涉外的夫妻财产关系，那么，该如何适用法律？因此有必要专门规定涉外夫妻关系的法律适用。我国《涉外民事关系法律适用法》借鉴国外立法例，将涉外夫妻关系分为人身关系和财产关系，分别进行规定。

（一）涉外夫妻人身关系的法律适用

涉外夫妻人身关系，是指涉外婚姻成立后夫妻双方在家庭及社会中的身份、地位等方面的权利义务关系。夫妻人身关系包括夫妻的姓名权、人身自由权、同居义务、互相忠实义务、婚姻住所决定权、日常家事代理权等。夫妻人身关系作为一种身份关系，由当事人的属人法来支配是国际社会普遍遵守的规则，从目前国际社会的发展趋势来看，住所地法代表了属人法的发展方向。②

《涉外民事关系法律适用法》对涉外夫妻人身关系法律适用的规定集中体现在第23

---

① 见《最高人民法院公报》，1985年第3号，第32页。

② 汪金兰：《关于涉外婚姻家庭关系的法律适用立法探讨》，载《现代法学》2010年第7期，第163页。

条："夫妻人身关系，适用共同经常居所地法律；没有共同经常居所地的，适用共同国籍国法律。"该项规定明确了涉外夫妻人身关系准据法的适用以夫妻共同经常居住地为优先，没有共同经常居住地的，适用共同国籍国法律来补充。因为涉外婚姻中夫妻双方国籍不同的情况十分普遍，共同经常居所地与婚姻的联系自然更为紧密。这一规定既反映了准据法与婚姻之间的实质联系，也便于法院的司法操作。

（二）涉外夫妻财产关系的法律适用

夫妻财产关系，是指婚姻关系存续期间夫妻双方在财产方面的权利义务关系。由于夫妻财产关系的契约性越来越得到认同，一些国家的立法将当事人意思自治原则引入涉外夫妻财产制领域，在涉外夫妻财产关系的法律适用上允许夫妻协商约定适用的准据法。如《瑞士联邦国际私法》第53条规定："夫妻财产制适用配偶双方选择的法律；法律选择以书面协议形式，并可以变更选择的法律；双方只能在共同住所地法或一方的本国法中做出选择（第52条）。双方未选择法律时，则适用配偶双方共同住所地法或其共同本国法；没有共同住所、也无共同国籍，则适用瑞士法。"[①] 2007年《日本法律适用通则法》规定，对夫妻财产制首先适用夫妻人身关系的规则，也可以适用配偶双方以明示的方式选择的法律，夫妻可以在其一方的本国法、经常居所地法中进行选择。对于不动产的夫妻财产制，则适用不动产所在地法；而当适用外国法时，对于在日本进行的法律行为及在日本的财产，不能对抗善意第三者，此时应适用日本法。[②]

我国《涉外民事关系法律适用法》也引入意思自治原则来解决涉外夫妻财产关系法律冲突问题。允许夫妻双方协商选择适用的法律。但当事人的选择是有范围限制的，当事人只能在法律规定的范围内选择，以避免当事人滥用意思自治原则。《涉外民事关系法律适用法》第24条规定："涉外夫妻财产关系，当事人可以协议选择适用一方当事人经常居所地法律、国籍国法律或者主要财产所在地法律。当事人没有选择的，适用共同经常居所地法律；没有共同经常居所地的，适用共同国籍国法律。"由此可见，当事人可以在经常居所地法律、国籍国法律或者主要财产所在地法律，择一适用，但要按照法律规定的顺序选择适用。

二、涉外父母子女关系的法律适用

父母子女关系（又称亲子关系），是指父母和子女之间的权利义务关系，包括父母子女间的人身关系和财产关系。从国际社会来看，涉外父母子女关系的法律适用规则在

① 李双元：《中国国际私法通论》，法律出版社2003年版，第439－441页。

② 崔绍明：《法律适用通则法》，载韩德培：《中国国际私法与比较法年刊》，法律出版社2007年版，第457页。

立法上主要有两种模式：

一是概括式，不区分父母子女的人身关系和财产关系，笼统采用“父母子女间的关系”这一术语，规定一条冲突规范解决其法律适用问题。如《瑞士联邦国际私法》第82条规定：“父母子女间的关系，适应了女的惯常居所地法。如果父母中任何一方在子女的惯常居所地国家均没有住所，且父母和子女具有同一国家的国籍，则应适用其共同本国法。”2007年日本《法律适用通则法》第32条则规定：“亲子间的法律关系，子女的本国法与父亲或母亲的本国法相同时，依子女的本国法；在其他情况下，适用子女的惯常居所地法。”采用这种主张认为在父母子女之间的关系中，人身关系和财产关系是不可分的一个紧密整体，没有必要把它们区别开来分别适用法律。

二是将父母对子女的权利义务区分人身关系和财产关系，分别制定不同的冲突规则。这种主张把父母子女关系分为父母对未成年子女的一般亲权和对子女的监护权，分别适用不同的冲突规则。如2004年《比利时国际私法典》第35条规定：“亲权、监护权，适用引起确认亲权、监护权的事实发生时当事人有惯常居所的国家的法律，惯常居所发生变更时，适用新的惯常居所地国家的法律；亲权、监护权的行使，适用权利行使时子女有惯常居所的国家的法律。如果上述所指定的法律不能对请求保护的人或财产提供保护，则适用请求人的本国法。”虽然立法方式各不相同，但各国有关亲子关系的准据法基本是一致的：首先，子女的惯常居所地法是首要的准据法；其次，适用有利于保护子女利益的法律，是选择亲子关系准据法的一个发展方向。[①]

我国《涉外民事关系法律适用法》对涉外父母子女关系的法律适用规则采用概括式，以有利于保护弱者权益为原则。其第25条规定：“父母子女人身、财产关系，适用共同经常居所地法律；没有共同经常居所地的，适用一方当事人经常居所地法律或者国籍国法律中有利于保护弱者权益的法律。”

三、涉外扶养关系的法律适用

扶养关系存在于法定的亲属之间。扶养人履行扶养义务，是为了满足被扶养人的实际需要。各国法律均规定夫妻有相互扶养的义务，但具体义务上却有很大差异，这使涉外夫妻关系在相互扶养方面遭遇法律冲突。各国关于扶养的准据法有不同的立法例：适用被扶养人的国籍国法或住所地法、适用扶养人的国籍国法或住所地法。有些国家将配偶的扶养和其他亲属的扶养加以区别，适用不同的准据法。

《涉外民事关系法律适用法》第29条规定：“扶养，适用一方当事人经常居所地法律、国籍国法律或者主要财产所在地法律中有利于保护被扶养人权益的法律。”这里的扶养相当于我国婚姻法中的扶养、抚养和赡养，有关的法律适用采用了由法官选择有利

① 汪金兰：《关于涉外婚姻家庭关系的法律适用立法探讨》，载《现代法学》2010年第7期，第169页。

于被扶养人利益的法律选择规则，我们简称有利原则。较之《民法通则》采用的最密切联系原则，本条规定进一步明确允许法官在多个法律中选择适用对扶养权利人有利的法律，与国际社会对扶养法律适用的立法趋势基本一致。在法律适用的内容上，确认扶养关系的存在，可以选择有利于扶养关系成立的法律。在扶养费的给付方面，则可以选择适用规定扶养费数额较高的法律，使被扶养人的处境更为有利。根据该法规定，对于扶养问题，法官可以在三个相关法律中选择准据法。这当然增加了法律选择的灵活性，但这种广泛的选择性条款是否具有可操作性，法官的司法任务是否过于繁重，是否只有在查明并比较所涉法律后才可以作出判决，如未穷尽查明有关法律，是否属于法律适用错误。此外我们对于有利原则没有任何限制，适用于我们婚姻法的扶养、抚养和赡养，这与 2007 年的《海牙扶养义务准据法议定书》不同。

2007 年《海牙扶养义务准据法议定书》（尚未生效）采用了首先适用扶养权利人的惯常居所地法律，但如果根据该法无法获得扶养费，则应该适用法院地法律；尽管如此，如果扶养权利人在扶养义务人惯常居所地主管当局提起诉讼或有关程序，则应该适用扶养义务人惯常居所地法律；但如果根据该法无法获得扶养费，则仍应该适用扶养权利人惯常居所地法律；如果根据扶养权利人惯常居所地法律、法院地法律和扶养义务人惯常居所地法律均无法获得扶养费，则适用其共同国籍国法。《海牙扶养义务准据法议定书》明确规定，有利原则只适用于特定的扶养关系，包括父母子女间相互间的扶养关系，以及父母以外的人对未满 21 岁的人的扶养，但不包括对配偶和前配偶之间的扶养。这种规定应该说在保护扶养权利人的同时，也适当地考虑了扶养义务人的利益、扶养权利人与扶养义务人之间关系的亲疏，将有利原则的运用控制在一定限度内。

四、涉外收养关系的法律适用

涉外收养，有广义与狭义之说。广义上涉外收养是指含有涉外因素的收养关系。根据我国 1998 年的《收养法》第 21 条的规定以及 1999 年民政部颁布的《外国人在中华人民共和国收养子女登记办法》，狭义上涉外收养是指外国人或无国籍人在中华人民共和国境内收养中国公民的子女。我国现行《收养法》对收养法律适用的规定也不全面，仅对适用主体做了特定的限制，即只适用于外国人在华收养子女，而对于其他几种涉外收养情况的法律适用未作规定，也未区分收养的成立、效力和解除。

《涉外民事关系法律适用法》第 28 条规定了这样的涉外收养的法律适用规则："收养的条件和手续，适用收养人和被收养人经常居所地法律。收养的效力，适用收养时收养人经常居所地法律。收养关系的解除，适用收养时被收养人经常居所地法律或者法院地法律。"对收养的成立、效力和解除首次有了明确的区分。

外国人在中华人民共和国收养子女，适用书面协议、登记并用，可选择公证程序。主要程序如下：

（1）涉外收养申请。鉴于收养人为外国人，申请的内容要符合我国法律的要求，还要有收养人与送养人签的收养协议书。协议书内容应当具体详明，还应考虑外国人本国法律的规定，以免协议被该国法律认为无效和日后发生争议。

（2）涉外收养登记。《收养法》第21条规定："外国人在中华人民共和国收养子女，应当经其所在国主管机关依照该国法律审查同意。收养人应当提供由其所在国有权机构出具的有关收养人的年龄、婚姻、职业、财产、健康、有无受过刑事处罚等状况的证明材料，该证明材料应当在其所在国外交机关或者外交机关授权的机构认证，并经中华人民共和国驻该国使领馆认证。"

经涉外收养登记机关审查，对证件齐全有效、符合法律规定的涉外收养，应自受理申请人提出收养申请之日起30日内，为其办理登记手续，发给收养证，并将涉外收养登记文件报中华人民共和国民政部备案。办理涉外收养登记的机关，是被收养人户籍所在地的省级人民政府的民政部门。

（3）涉外收养公证。外国人在中华人民共和国收养子女，办理收养登记后，收养关系当事人各方或一方要求办理收养公证的，还必须办理收养公证证明手续。公证机关为司法部认定的具有办理涉外公证资格的公证机关。经过公证机关的审查、核实，收养行为合法、有效的，应为其办理公证。收养关系自公证证明之日起成立。

我们认为，关于我国境内的涉外收养问题，现行的规定还存在一些主要问题：

首先，在涉外收养中，我国收养法规定的条件比较严格，因为收养法中许多收养条件的规定是考虑与计划生育法律、法规相一致，但涉外收养则无此问题。只要收养人是成年人且具有正确的收养目的和使被收养儿童健康成长的经济条件，无精神病或其他严重疾病，就应允许收养，对收养人的年龄及有无子女的规定应比国内收养从宽，不应苛求。放宽涉外收养的条件，并不意味着不保护我国儿童的利益。

其次，收养法在涉外收养的程序性规定上比国内严格。这表现在办理收养时所提供的证件及具体的程序。但我们认为，还应确定县级以上民政部门作为涉外收养的主管机关，以解决目前涉外收养缺乏统一管理的状况。凡提出收养申请的，由县级民政部门根据收养人的要求，指定社会福利机构办理，防止诈骗或拐卖儿童等情况的出现。

第十七章　涉外继承关系的法律适用

第一节　涉外继承概述

对涉外继承关系的处理，既关系到我国公民在国外的财产权益，也关系到对外国人在我国的合法财产权益的保护，具有特殊的意义。

一、涉外继承的概念和特征

（一）涉外继承的概念

涉外继承指在继承关系的构成要素中有涉外因素的继承。涉外因素是指在继承法律关系的构成要素或与继承遗产有关的法律事实中，有涉及外国的因素。主要表现为：①主体涉外。所谓主体涉外，是指继承法律关系的主体是外国人或无国籍人。在继承人和被继承人中，只要有一人是外国人、无国籍人，就是主体涉外的继承法律关系。②客体涉外。所谓客体涉外，是指作为继承法律关系客体的遗产位于国外。在继承法律关系中，不管继承人和被继承人是否外国人、无国籍人，只要被继承人所留的遗产在国外，所发生的继承就属客体涉外的继承，该继承关系就是客体涉外的继承法律关系。③法律事实涉外。继承有关的法律事实，指能够引起继承法律关系的产生、变更或消灭的客观情况。所谓法律事实涉外，就是指法律事实发生在国外，具体表现为被继承人在国外死亡、在国外被宣告死亡或者在国外立遗嘱等。

从理论上说，某项继承关系只要涉及上述任何一种情况，便构成涉外继承关系，要由相应的涉外继承法律规范来加以调整。但现实生活中，一项涉外继承关系，往往并不只涉及一个外国因素，而常常是同时包含着数项涉外因素，从而形成的往往是具有多项涉外因素的复杂的继承关系。

（二）涉外继承的特征

我国涉外继承情况多样，一是由于国际交往导致的移民、跨国婚姻等情况的发生，我国与其他国家之间发生涉外继承案件，形成普遍意义上的涉外继承。二是由于我国实行“一国两制”，中国内地与香港、澳门、台湾法律制度不同，在我国形成了区际法律冲突。

1. 涉外继承关系中至少有一个涉外因素

在财产继承关系中，一般都是本国公民继承该国境内的本国公民的遗产。但是，如果遗产继承具有涉外因素，则构成了涉外继承关系。涉外继承关系可以是主体涉外、客体涉外、法律事实涉外等，也可是几个因素同时涉外。现实中，单一因素涉外的继承关系较少，多是几个因素都涉外的继承关系。

2. 涉外继承关系主要是通过国际私法的冲突规范进行间接调整

各国对于国内的财产继承关系，可以根据其国内法加以直接调整。但是，对于涉外继承法律关系而言，各国较少适用直接调整的法律规范。现有的有关继承的国际公约，如1961年的《有关遗嘱处分方式法律冲突公约》、1973年的《遗产国际管理公约》、1988年的《死者遗产继承的准据法公约》等，也都属于冲突规范或管辖权的公约，而不是统一实体法的公约。因此，各国主要通过国际私法的冲突规范对涉外财产继承关系进行间接调整，通过冲突规范援引某个国家的国内法处理涉外继承问题。

3. 涉外继承关系的案件实行专属管辖

由于不同国家关于继承问题的规定差别巨大，因而适用哪一个国家的法律，直接影响到涉外继承的处理后果。所以，各国为维护本国公民的利益和保护本国境内的财产利益，对涉外继承案件多实行专属管辖。在国际上，一般是以被继承人的国籍、被继承人的住所或遗产所在地为依据，确定涉外继承案件的管辖权。所以，被继承人本国法院、被继承人住所地法院、遗产所在地法院都对涉外继承案件有管辖权。当然，具体涉外继承案件应由哪国法院管辖，应通过各国程序法规范来确定。在我国对涉外继承案件亦实行专属管辖。我国《民事诉讼法》第34条规定："因继承遗产纠纷提起的诉讼，由被继承人死亡时住所地或者主要遗产所在地人民法院管辖。"因此，在我国，涉外继承的案件由不动产所在地人民法院、被继承人死亡时住所地人民法院、主要遗产所在地人民法院专属管辖。

二、外国关于涉外继承关系法律适用的一般规定

涉外继承关系的法律适用就是涉外继承准据法的确定。在传统的国际私法中，涉外继承关系的法律适用问题占有相当重要的地位。涉外继承关系包括涉外法定继承、涉外遗嘱继承和涉外无人继承遗产所形成的法律关系。各国及国际公约对于这三种涉外继承关系的准据法选择，都有不同的规定。

（一）涉外法定继承

涉外法定继承准据法的选择，各国的规定不尽相同。概括起来，主要有单一制、区别制和遗产所在地法原则。

1．单一制

单一制又称同一制，它遵循源于古罗马“普通继承”制度①的“继承依被继承人属人法”这一冲突规范，主张在涉外继承中，不管是动产还是不动产，都适用同一个国家的实体法。单一制适用的准据法有两种：一是被继承人的属人法；二是遗产所在地法。目前，许多国家采用这种同一制，但做法也不尽相同，有的国家（如德国、日本、意大利、奥地利等）采用的是依被继承人本国法；而有的国家（如挪威、丹麦、巴西、秘鲁等）则采用依被继承人住所地法。继承依被继承人属人法原则，在一些国际公约和国际条约中也得到了支持和采用。1928 年召开的第六届海牙国际私法会议，原则上即支持“继承依被继承人本国法”；1928 年第六届美洲国家会议通过的《布斯塔曼特法典》采用了“继承依被继承人属人法”原则。同一制的优点是方便、简捷，因只适用一个准据法而避免了很多麻烦；缺点是因为利益的抵触而使实行上常有窒碍，尤其是遗产中的不动产不在被继承人所在国的时候，被继承人所在国的裁决往往不被遗产所在地国承认。

2．区别制

区别制又称分别制、分割制，它发端于 14 世纪意大利注释法学派巴尔特的学说。其做法是在涉外继承中对遗产中的动产与不动产加以区别，各自适用不同冲突规范所指引的准据法，动产适用被继承人的属人法，而不动产则适用不动产所在地法。我国和当今世界上许多国家，如英国、美国、法国、比利时、保加利亚、卢森堡等，均采用了此种做法。采用区别制的国家，有的（如法国、美国、智利等）适用被继承人死亡时的住所地法；而有的（如玻利维亚、保加利亚等）则适用被继承人本国法。这种做法之所以能够得到广泛承认，在于不动产价值较大，与所在地国的经济利益关系密切，适用“物之所在地法”在执行上较有保证。其不足则表现为同一个继承关系往往适用不同的准据法，使本来就很复杂的涉外继承关系变得更为繁杂，乃至最终无助于切实保护当事人的正当利益。正是基于区别制的这一严重缺陷和同一制的突出优点，世界上采用同一制的国家日益增多。

3．继承依遗产所在地法原则

这种严格的属地主义原则，与中世纪的领主庄园经济相适应。在资本主义经济的不断发展中，由于动产比例增大且日趋分散，它会给涉外继承关系的法律适用带来很多困难，故除乌拉圭等几个拉丁美洲国家外，不再被其他国家所采用。

---

① 依古罗马法的观点，继承应理解为死者人格的总体继承，是死者人格的延长，继承人就像穿上了死者的衣履一样而处于与死者相同的地位。

（二）涉外遗嘱继承

涉外遗嘱继承的准据法，主要涉及遗嘱方式及遗嘱实质要件、效力的准据法的确定。

1. 遗嘱方式的准据法

关于遗嘱方式的准据法，基本上有两种不同的主张。一种就是区别制，即区分动产遗嘱和不动产遗嘱分别适用准据法。认为不动产遗嘱适用物之所在地法，动产遗嘱适用遗嘱人属人法或遗嘱行为地法。英国、美国、德国、日本等国采取这种做法。另一种是遗嘱方式统一适用立遗嘱人属人法或立遗嘱地法。波兰、泰国、荷兰、奥地利等国采取这种做法。

2. 遗嘱实质要件及效力的准据法

在世界各国的立法和实践中通常适用以下原则，以确定遗嘱实质要件及效力的准据法。

（1）遗嘱人的本国法。德国、日本、奥利地、波兰等国采取这种冲突原则。采用这一立法的国家认为，遗嘱的效力与遗嘱人的本国法律有密切关系，所以，遗嘱的实质要件及效力应适用遗嘱人的本国法。

（2）遗嘱人的住所地法。有些国家认为，遗产的继承与被继承人的住所地有密切联系，所以，遗嘱的实质要件及效力应适用遗嘱人的住所地法。

（3）动产遗嘱适用遗嘱人住所地法，不动产遗嘱适用物之所在地法。英国、美国、法国等国在涉外法定继承和涉外遗嘱继承上都采取区别制，动产遗嘱适用继承人住所地法，不动产遗嘱适用物之所在地法。

（4）遗产所在地法。这是拉丁美洲少数国家所采取的冲突原则。

（三）无人继承遗产的法律适用

在涉外继承关系中，对无人继承财产，不管这种财产是本国公民死后留下的，还是外国人死后留下的，当今各国的做法，都是把它转为国家所有。但对于国家究竟以什么名义或资格取得这些无人继承财产，各国的解释和立法规定却相去甚远。在这个问题上，通常存在如下两种不同的主张。

1. 继承权主义

这种主张认为，被继承人国籍所属国有权以特殊继承人的资格“继承取得”无人继承财产。采取这一主张的国家有德国、意大利、西班牙、日本、瑞士等。

2. 先占权主义

这种主张认为，无人继承财产得由遗产所在地国家根据其领土主权“先占取得”。英国、法国、美国、奥地利、土耳其等国即采此主张。

第二节　我国涉外继承关系的法律适用

一、我国涉外继承关系法律适用的变化

对于我国涉外继承的法律适用，新中国成立后相当长时间均是根据国际惯例进行，我国立法机关为此制定了许多相应的法律规范，司法机关也作出许多相应的司法解释。例如：1953 年的《外交部关于外侨遗产继承问题处理原则》，1954 年 9 月，外交部和最高人民法院就联合发布了《外人在华遗产继承问题处理原则》，1955 年的《外交部关于在处理外人在华遗产继承问题中所提出的一些具体问题的答复》，1963 年《关于外人在华遗产案件国外申请继承人应呈交什么证件问题的函》。这些文件将遗产区分为不动产与动产，不动产按财产所在地法律处理，动产则根据互惠原则按被继承人本国法处理。

法律规范方面关于涉外继承的法律适用，主要体现在 1985 年 10 月 1 日的《中华人民共和国继承法》第 36 条和 1986 年的《中华人民共和国民法通则》第 149 条。我国《继承法》第 36 条对涉外继承的法律适用问题作了明确规定，其要点有三：其一，中国公民继承在中华人民共和国境外的遗产或者继承在中华人民共和国境内的外国人的遗产，动产适用被继承人住所地法律，不动产适用不动产所在地法律。其二，外国人继承在中华人民共和国境内的遗产或者继承在中华人民共和国境外的中国公民的遗产，动产适用被继承人住所地法律，不动产适用不动产所在地法律。第三，中华人民共和国与外国订有条约、协定的，按照条约、协定办理。根据该规定，动产适用被继承人的住所地法律，但对于住所地的确定却没有予以明确。为弥补这一缺陷，1985 年最高人民法院《关于贯彻执行〈中华人民共和国继承法〉若干问题的意见》63 条规定：涉外继承，遗产为动产的，适用被继承人住所地法律，即被继承人生前最后住所国家的法律。《民法通则》第 149 条规定：遗产的法定继承，动产适用被继承人死亡时住所地法律，不动产适用不动产所在地法律。可见《民法通则》的规定更加具体明确。《继承法》与《民法通则》同时规定，我国“缔结或者参加的条约、协定对此有不同规定的，则适用条约、协定的规定”。

2011 年 4 月 1 日施行的《中华人民共和国涉外民事关系法律适用法》，在涉外继承领域也有了新的变化与发展，其第四章具体规定了涉外继承关系的法律适用，从而使涉外继承法律关系有了明确的法律适用规则。

二、我国涉外法定继承的法律适用

《涉外民事关系法律适用法》第 31 条明确规定了法定继承的法律适用："法定继承，适用被继承人死亡时的经常居所地法律，但不动产法定继承适用不动产所在地法律。"可见《涉外民事关系法律适用法》中法定继承的法律适用与《民法通则》大致相同，还是延续了之前的"区别制"，不过还是有所差别的。其一，是使用了"经常居所地"这一联结点，这一变化顺应了国际潮流。其二，是将不动产法定继承法律适用的规定单独列出，用排除法的方式规定了动产继承的法律适用规则，即除不动产法定继承适用不动产所在地法律之外，其他财产继承均适用被继承人死亡时的经常居住地法律。其三，有些国家的立法与我国《涉外民事关系法律适用法》规定的差别在于"住所地"与"经常居所地"。住所地是一个人以永久居住的意图而居住的处所，既要有永久居住的意图，又要有居住的事实；而经常居所地，即惯常居住地，也就是惯常居所所在地，一个人在某一段时间内生活的中心和居住的处所所在地。

三、我国涉外遗嘱继承的法律适用

分布在世界各地我国侨民多达 2000 多万，他们的财产也分布于国内外，这些财产能否受到法律的保护至关重要。《涉外民事关系法律适用法》出台前，我国立法没有规定涉外遗嘱继承的法律适用原则，法院依据的是各国普遍公认的原则来解决法律适用问题。实践中也遇到了诸多此类问题，如涉外继承案件中被继承人死后是否能够按照其生前所立遗嘱来处理其遗产；在何种法律制度下该遗嘱才具效力等问题。《涉外民事关系法律适用法》的出台，使这一问题得到解决，它采用同一制，将涉外遗嘱的法律适用分为遗嘱方式和遗嘱效力两个方面，《涉外民事关系法律适用法》第 32 条和第 33 条分别规定其应适用的准据法。

（一）遗嘱方式

《涉外民事关系法律适用法》第 32 条规定："遗嘱方式，符合遗嘱人立遗嘱时或者死亡时经常居所地法律、国籍国法律或者遗嘱行为地法律的，遗嘱均为成立。"本条采取开放的立法模式，立法本着尽量使遗嘱有效的原则，在选择性法律适用规则的制定上较为宽松，列举了若干种法律适用规则，这些法律适用规则是平行的，只要遗嘱方式符合所列举的任何一个联结点的法律，遗嘱在方式上就被认为是有效的。

（二）遗嘱效力

《涉外民事关系法律适用法》第 33 条规定："遗嘱效力，适用遗嘱人立遗嘱时或者死亡时经常居所地法律或者国籍国法律。"该条属于无条件的选择性法律适用规范，人们可以任意在立遗嘱时或者死亡时经常居所地法律或者国籍国法律选择之一来确定遗嘱的效力。这几个联结点无轻重之分，也不受任何条件限制。

这里的遗嘱效力应该是等同于遗嘱的实质要件，包括遗嘱能力、遗嘱内容、遗嘱意思表示及遗嘱无效等内容。原因是《涉外民事关系法律适用法》并没有关于遗嘱能力、内容、遗嘱的解释与撤销的规定，而遗嘱能力、内容、意思表示及遗嘱无效这些实质要件又是遗嘱效力的重要构成内容。另外，国外也有对遗嘱不作详细要件划分而作统一规定的立法模式，如1966年《波兰国际私法》第34条规定："继承，依死者死亡时的本国法。"所以可以推测立法者的意图是采用统一的立法模式，在司法实践中遇到相关问题时，就可以统一适用该条款的有关规定。

四、我国涉外无人继承遗产的法律适用

一直以来涉外无人继承遗产在我国相关法律中都处于缺失状态，只有最高人民法院《关于贯彻执行〈民法通则〉若干问题的意见》第191条规定："在我国境内死亡的外国人，遗留在我国境内的财产如果无人继承又无人受遗赠的，依照我国法律处理，两国缔结或者参加的国际条约另有规定的除外。""依照我国法律处理"指的是《继承法》第32条：无人继承又无人受遗赠的遗产，归国家所有；死者生前是集体所有制组织成员的，归所在集体所有制组织所有。《外国人在华遗产继承问题的处理原则》也有相关规定，其第6条规定：如果所有的合法继承人及受赠人均拒绝受领，或有无继承人不明确的，在公告继承期满6个月，仍无人申请继承，遗产即成为无人继承财产，应收归我国公有。其第7条规定：如果外国人遗留在我国的无人继承财产为动产，该外国人所属国与我国建立了外交关系，则在互惠原则下，可将动产遗产移交给该外国人所属国驻我国使领馆处理。可见对于涉外无人继承遗产的处理，动产适用被继承人死亡时的住所地法，不动产适用物之所在地法，国际条约另有规定的除外。

《涉外民事关系法律适用法》对无人继承财产的归属的规定改变了这一局面。它对于涉外继承的法律适用最大的贡献体现在其对无人继承遗产归属的规定上，其第35条规定："无人继承遗产的归属，适用被继承人死亡时遗产所在地法律。"但它也仅是对无人继承遗产的归属做的规定，对于无人继承遗产的确定并没有规定。如果硬要找法律依据只能按照《民法通则》第149条关于涉外继承的法律规定来确定死者遗产是否为无人继承财产。中国国际私法研究会制定的《中华人民共和国国际私法示范法》有关无人继承财产确定的适用原则却有不同的规定，其147条规定："无人继承财产的确定，适用死者死亡时的本国法，依前款规定虽无人继承，但依死者死亡时的住所地法或依惯常居所地法之规定有继承人的，遗产不作为无人继承财产处理。"这样规定利于保护私有财产，但该示范法仅起示范作用。

第十八章　区际婚姻家庭关系的法律适用

目前，我国内地、香港、澳门以及台湾地区分别施行各自的法律制度，并成为四个法律制度互不相同的独立法域：中国内陆属于社会主义法系，香港地区属于英美法系，台湾地区与澳门地区从根源上来说属于大陆法系，但是澳门地区却主要以葡萄牙法律为其主要法律渊源。所以说我国是一个典型的“多法域”国家，这也成为我国产生诸多法律冲突的根源。根据我国实行的“一国两制”的基本国策，我国各法域相互承认外法域的自然人和法人在本法域的民事法律地位，同时各法域也互相承认外法域的法律在自己域内的域外效力。这样，我国一国四地在民事法律关系上的法律冲突就此产生。

在我国的四个法域中，目前只有台湾地区制定了专门的区际冲突法。由于台湾地区不同意《中英联合声明》和《中葡联合声明》关于香港和澳门问题的解决方案，尽管香港和澳门已经先后回归祖国，但台湾地区在法律冲突问题上仍然将港澳地区视为外国看待。所以说，台湾地区虽然制定了专门的区际冲突法，但台湾地区对于大陆地区、香港和澳门地区区际法律冲突的解决采用了解决国际法律冲突的态度，视以上三地的法律为外国法。香港、澳门也是将三地的冲突依照国际冲突加以解决。

在一国两制四法域的格局下，《中华人民共和国婚姻法修正案》和其他有关法律是大陆地区婚姻家庭的法律形式；香港和澳门特别行政区各有其不同于内地的婚姻家庭制度，在亲属法领域享有立法权、独立的司法权和终审权；台湾地区在立法上和司法上也是高度自治的。因此，在我国，婚姻家庭法领域的区际法律冲突是不可避免的。在婚姻家庭关系的主体具有区际因素或法律事实方便具有区际因素等情形下，必须妥善地解决区际婚姻家庭关系的法律适用问题。

面对婚姻家庭法领域的区际法律冲突，司法实践中均是按照涉外婚姻家庭冲突来确认法律适用规则的，因此，应按照《涉外民事关系法律适用法》第三章的规定而行事。

第一节　涉侨与涉港、澳、台婚姻关系的法律规定

涉及华侨、港澳同胞的婚姻，是指侨居在外国或定居在香港、澳门和台湾的中国同胞与内地公民之间，以及华侨之间、港澳同胞之间，依照我国法律在我国境内缔结或解除的婚姻。我国民政部 1983 年颁布的《华侨同国内公民、港澳同胞同内地公民之间办理婚姻登记的几项规定》和 1998 年颁布的《大陆居民与台湾居民婚姻登记暂行办法》，

成为处理此类婚姻的法律依据。

一、涉侨与涉港、澳、台的结婚问题

华侨与国内公民、港、澳、台同胞与内地公民在国内（内地）结婚，均适用我国《婚姻法》规定的结婚条件和程序，但根据《婚姻登记条例》、《婚姻登记条例暂行规范》等规定的规定，有具体手续上有一些特殊要求。

（一）要到指定的婚姻登记机关申请结婚登记

省级人民政府民政部门或者其确定的民政部门，办理一方常住户口在辖区内的涉外和涉香港、澳门、台湾居民以及华侨的婚姻登记。

（二）申请登记结婚的男女当事人必须持有的证件

（1）内地居民办理结婚登记应当提交本人的常住户口簿和居民身份证。居民身份证与常住户口簿上的姓名、性别、出生日期应当一致；不一致的，当事人应当先到有关部门更正。居民身份证或者常住户口簿丢失，当事人应当先到公安户籍管理部门补办证件。

（2）出国人员、华侨办理结婚登记应当提交：本人的有效护照；居住国公证机构或者有权机关出具的、经中华人民共和国驻该国使（领）馆认证的本人无配偶以及与对方当事人没有直系血亲和三代以内旁系血亲关系的证明，或者中华人民共和国驻该国使（领）馆出具的本人无配偶以及与对方当事人没有直系血亲和三代以内旁系血亲关系的证明；与中国无外交关系的国家出具的有关证明，应当经与该国及中国均有外交关系的第三国驻该国使（领）馆和中国驻第三国使（领）馆认证，或者经第三国驻华使（领）馆认证。

（3）香港居民办理结婚登记应当提交：港澳居民来往内地通行证或者港澳同胞回乡证；香港居民身份证；经香港委托公证人公证的本人无配偶以及与对方当事人没有直系血亲和三代以内旁系血亲关系的声明。

（4）澳门居民办理结婚登记应当提交：港澳居民来往内地通行证或者港澳同胞回乡证；澳门居民身份证；经澳门公证机构公证的本人无配偶以及与对方当事人没有直系血亲和三代以内旁系血亲关系的声明。

（5）台湾居民办理结婚登记应当提交：台湾居民来往大陆通行证或者其他有效旅行证件；本人在台湾地区居住的有效身份证件；台湾公证机构公证的本人无配偶以及与对方当事人没有直系血亲和三代以内旁系血亲关系的声明。

对去香港探亲的内地居民，在香港婚姻注册处与香港居民结婚并持有香港婚姻注册处结婚证书的，只要内地公民一方没有重婚的违法行为，均承认其为合法的婚姻关系。

（三）审查、登记

结婚登记应当按照初审—受理—审查—登记（发证）的程序办理。

婚姻登记机关受理结婚登记申请的条件是：①婚姻登记处具有管辖权；②要求结婚的男女双方共同到婚姻登记处提出申请；③当事人男年满 22 周岁，女年满 20 周岁；④当事人双方均无配偶（未婚、离婚、丧偶）；⑤当事人双方没有直系血亲和三代以内旁系血亲关系；⑥双方自愿结婚；⑦当事人提交 3 张大 2 寸双方近期半身免冠合影照片；⑧当事人持有本规范第 23 条至第 28 条规定的证件。

婚姻登记员受理结婚登记申请，应当按照下列程序进行：婚姻登记机关应当对结婚登记当事人出具的证件、证明材料进行审查并询问当事人的结婚意愿，自愿结婚的双方各填写一份《申请结婚登记声明书》，《申请结婚登记声明书》中“声明人”一栏的签名必须由声明人在监誓人面前完成；当事人不会写字的，由当事人口述，交婚姻登记员代为填写。婚姻登记员代当事人填写完毕，应当宣读，当事人认为填写内容无误，在“声明人”一栏按指纹。“声明人”一栏不得空白，也不得由他人代为填写、代按指纹；当事人宣读本人的声明书，婚姻登记员作监誓人并在监誓人一栏签名。对当事人符合结婚条件的，填写《结婚登记审查处理表》，当场予以登记，发给结婚证；对当事人不符合结婚条件不予登记的，应当向当事人说明。当事人取得结婚证，即确立夫妻关系。

此外，还须说明以下问题：

（1）华侨在中国境外结婚问题。为了方便华侨，我国法律历来鼓励华侨按居住国法律在当地办理结婚手续或举行结婚仪式，并承认其效力。但是，根据《民法通则》关于适用外国法律不得违背中华人民共和国的社会公共利益的原则，该项婚姻不得与我国《婚姻法》的基本原则相抵触。否则，我国不承认其效力。如果申请结婚的当事人双方都是居住在国外的华侨，驻在国法律允许外国使、领馆办理婚姻登记的，也可到我驻该国使、领馆办理结婚登记。

（2）港澳同胞同内地公民在港澳地区结婚问题。港澳同胞同内地公民在港澳地区结婚，适用婚姻缔结地的香港法律或澳门法律。只要结婚当事人按照香港、澳门有关结婚法律规定的条件和程序结婚，且未违反我国《婚姻法》基本原则的，可承认其婚姻关系有效。

现在，《涉外民事关系法律适用法》第 21 条第 1 款规定：“结婚条件，适用当事人共同经常居所地法律”、第 22 条规定：“结婚手续，符合婚姻缔结地法律、一方当事人经常居所地法律或者国籍国法律的，均为有效。”可以说为这种做法提供了强有力的法律支持。

二、涉侨与涉港、澳、台的离婚问题

（一）涉侨的离婚

华侨同国内公民离婚，要求在国内办理时，如双方自愿离婚并已对子女抚养和财产作了妥善处理的，须共同到国内一方户口所在地的省、自治区、直辖市人民政府民政部门或者省、自治区、直辖市人民政府民政部门确定的机关申请离婚登记。一方要求离婚或一方不能到婚姻登记机关申请离婚登记的，可由有关部门进行调解或直接向国内一方户口所在地的人民法院提出离婚诉讼。

人民法院审理华侨同国内公民的离婚案件，应按照我国《婚姻法》及有关法律的规定，妥善处理。涉侨离婚案件诉讼的法律规定是：

（1）国内配偶以华侨在国外已经重婚为理由提出离婚，查有实据的应准予离婚。

（2）华侨久不回国，杳无音讯，不尽夫妻义务，国内配偶要求离婚的，可以公告送达诉讼文书，在公告期满后判决准予离婚。判决书经公告送达，在上诉期届满后即发生法律效力。

（3）国外华侨与国内配偶有通讯联系，并汇款供养亲属，国内配偶坚决要求离婚，矛盾激化而有发生意外事件可能的，可根据具体情况，准予离婚。

（4）离婚后子女抚养和财产分割等问题，按我国《婚姻法》的规定处理。

关于夫妻双方均是定居国外华侨的离婚管辖问题。若夫妻双方都是居住在国外的华侨，他们要求离婚，原则上向居住国有关机关办理离婚手续。但是，如果居住国因某种原因不受理时，按照1992年7月14日最高人民法院《关于适用〈中华人民共和国民事诉讼法〉若干问题的意见》第13条和第14条的规定：

第一，在国内结婚并定居国外的华侨，如定居国法院以离婚诉讼须由婚姻缔结法院管辖为由不予受理，当事人向人民法院提出离婚诉讼的，由婚姻缔结地或一方在国内的最后居住地人民法院管辖。

第二，在国外结婚并定居在国外的华侨，如定居国法院以离婚诉讼须由国籍所属国法院管辖为由不予受理，当事人向人民法院提出离婚诉讼的，由一方原住所在地或国内的最后居住地人民法院管辖。

对于定居国外的华侨之间的离婚诉讼，外国法院判决离婚的，只要不违背我国法律的基本原则，我国就予以承认。

（二）涉及港、澳、台同胞的离婚问题

港澳同胞同内地公民之间离婚，要求在内地办理的，如双方自愿离婚并对子女抚养和财产已作妥善处理的，须共同到内地一方户口所在地的省、自治区、直辖市人民政府

民政部门或者省、自治区、直辖市人民政府民政部门确定的机关申请离婚登记。一方要求离婚的，可向内地一方户口所在地人民法院提出离婚诉讼。有关法律适用，仍然比照涉外离婚的法律适用规则来确定准据法。依照《涉外民事关系法律适用法》第26条有关协议离婚的规定和第27条诉讼离婚的规定来确认。

1．离婚登记按照初审—受理—审查—登记（发证）的程序办理

受理离婚登记申请的条件是：①婚姻登记处具有管辖权；②要求离婚的夫妻双方共同到婚姻登记处提出申请；③双方均具有完全民事行为能力；④当事人持有离婚协议书，协议书中载明双方自愿离婚的意思表示以及对子女抚养、财产及债务处理等事项协商一致的意见；⑤当事人持有内地婚姻登记机关或者中国驻外使（领）馆颁发的结婚证；⑥当事人各提交2张2寸单人近期半身免冠照片；⑦当事人持有规定的身份证件。

婚姻登记员受理离婚登记申请，应当按照下列程序进行：①查验规定的证件和证明材料；②向当事人讲明婚姻法关于登记离婚的条件；③询问当事人的离婚意愿以及对离婚协议内容的意愿；④双方自愿离婚且对子女抚养、财产及债务处理等事项协商一致的，双方填写《申请离婚登记声明书》；《申请离婚登记声明书》中“声明人”一栏的签名，必须由声明人在监誓人面前完成；⑤夫妻双方亲自在离婚协议上签名；婚姻登记员作监誓人。协议书夫妻双方各一份，婚姻登记处存档一份。婚姻登记员对当事人提交的证件、申请离婚登记声明书、离婚协议书进行审查，符合离婚条件的，填写《离婚登记审查处理表》和离婚证。

颁发离婚证，应当在当事人双方均在场时按照下列步骤进行：①向当事人双方核实姓名、出生日期、离婚意愿；②告知当事人双方领取离婚证后的法律关系以及离婚后与子女的关系、应尽的义务；③见证当事人本人亲自在《离婚登记审查处理表》“当事人领证签名或按指纹”一栏中签名；当事人不会书写姓名的，应当按指纹。“当事人领证签名或按指纹”一栏不得空白，不得由他人代为填写、代按指纹；④在当事人的结婚证上加盖条型印章，其中注明“双方离婚，证件失效。××婚姻登记处”。注销后的结婚证退还当事人。⑤将离婚证分别颁发给离婚当事人双方，向双方宣布：取得离婚证，解除夫妻关系。

婚姻登记机关对不符合离婚登记条件的，不予受理，但应当给当事人出具《不予办理离婚登记通知单》，并提供有关法律咨询服务。

2．非自愿离婚的可向内地一方户口所在地人民法院提出离婚诉讼

夫妻双方都是定居在香港、澳门的港澳同胞，如果他们原先是在内地登记结婚的，现因特殊原因，要求到内地办理离婚的，双方可以到内地原婚姻登记机关申请或向原结婚登记地人民法院提出离婚诉讼。

处理港澳台同胞同内地公民离婚案件的原则界限是：

（1）配偶一方被对方遗弃多年，生活困难而提出离婚的，应准予离婚。

（2）港澳一方在境外重婚，内地一方提出离婚诉讼，一般应准予离婚。

（3）一方生活作风不正派，对方提出离婚的，经查证属实，应调解或判决离婚。

（4）港澳一方与内地配偶有书信联系并有汇款供养家属内地一方提出离婚，对方不同意的，一般应说服内地一方以不离为宜。

第二节　涉侨、与涉港、澳收养关系的法律规定

一、涉侨收养的问题

关于华侨回国收养子女，虽非涉外收养问题，但由于涉及华侨在居住国的利益，所以在执行我国收养法的同时，参照《涉外民事关系法律适用法》的有关规定办理，其第28条规定："收养的条件和手续，适用收养人和被收养人经常居所地法律。收养的效力，适用收养时收养人经常居所地法律。收养关系的解除，适用收养时被收养人经常居所地法律或者法院地法律。"我国1998年11月颁布的《收养法》第7条规定放宽了华侨回国收养子女的条件：华侨收养三代以内同辈旁系血亲的子女，可以不受收养人无子女、被收养人是生父母有特殊困难无力抚养的不满14周岁的未成年人、送养人是有特殊困难无力抚养子女的生父母、无配偶的男性收养女性的收养人与被收养人的年龄应当相差40周岁以上和被收养人不满14周岁等条款的限制。

来自与我国建立外交关系的国家的华侨在国内收养子女，办理收养登记时须提供下列证明材料：①中华人民共和国护照或代替护照的证件；②经我国驻其居住国使领馆公证的，或居住国公证机关或公证人公证，并经该国外交部门或外交部门授权的机构认证和我国驻该国使、领馆认证的本人年龄、婚姻、健康、职业、财产状况和有无受过刑事处罚的证明（自出具之日起6个月内有效）；③我国驻其居住国使、领馆出具的有无子女的公证证明（有效期同上）。

来自与我国未建立外交关系的国家的华侨在国内收养子女，须提供下列证明材料：①足以证明其有中国国籍的护照或代替护照的旅行证件；②经其居住国公证机关或公证人公证并经该国外交部门或外交部门授权的机构认证和与我国有外交关系的国家驻该国使、领馆认证的本人年龄、婚姻、健康、职业、财产状况和有无受过刑事处罚的证明以及收养人的子女状况声明书和两名知情人的关于收养人子女状况的证明书（自出具之日起6个月内有效）。

二、涉港、澳收养的问题

港澳同胞回内地收养子女，在法律关系上属于国内公民之间的民事法律行为，因

此，收养法对此不作特殊规定。

香港同胞在内地收养子女，须提供下列证明材料：①香港居民身份证、香港同胞回乡证或其他有效身份证件；②经国家主管机关委托的香港委托公证人证明的本人年龄、婚姻、有无子女、健康、职业、财产状况和有无受过刑事处罚的证明（自出具之日起6个月内效）。

澳门同胞在内地收养子女，须提供下列证明材料：①澳门居民身份证、澳门同胞回乡证或其他有效身份证件；②澳门政府民事登记或公证等部门签发的本人年龄、婚姻、有无子女、健康、职业、财产状况和有无受过刑事处罚的证明（自出具之日起6个月内有效）。该证明的中译文，须经新华社澳门分社审核，并加盖“外事部译文审核专用章”。

第三节　涉港、澳、台继承关系的法律规定

目前的司法实践将中国内地与其他三地之间的继承案件也视为涉外继承案件，一般是类推适用国际私法规则，和普通涉外继承案件一样适用国际私法中的冲突规则。这四个法域都有各自的国际私法冲突规范，中国内地有《涉外民事关系法律适用法》以及一些单行法规中的规定；香港适用英国冲突法；澳门适用葡萄牙冲突法；而台湾地区有《涉外民事法律适用条例》。因此，涉港、澳、台的继承案件在司法实践中，法律适用规则与一般的涉外案件基本相同。

一、涉港、澳、台法定继承法律适用规范的确定

1954年我国外交部和最高人民法院颁布的《外国人在华遗产继承问题处理原则的指示》，就提出了区别制的主张。1985年的《中华人民共和国继承法》第36条保持了区别制的观点。1987年的《民法通则》第149条仍坚持了区别制，规定“遗产的法定继承，动产适用被继承人死亡时住所地的法律，不动产适用不动产所在地的法律”。2010年的《涉外民事关系法律适用法》第31条规定：“法定继承，适用被继承人死亡时经常居所地法律，但不动产法定继承，适用不动产所在地法律。”这些法律仍然体现了区别制的主张。

二、涉港、澳、台遗嘱继承法律适用规范的确定

（一）遗嘱的方式

我国《涉外民事关系法律适用法》第32条：“遗嘱方式，符合遗嘱人立遗嘱时或

者死亡时经常居所地法律、国籍国法律或者遗嘱行为地法律的，遗嘱均为成立。”可按照该条规定来确认涉港、澳、台遗嘱方式的效力。

（二）实质效力

我国的《涉外民事关系法律适用法》第33条规定：“遗嘱效力，适用遗嘱人立遗嘱时或者死亡时经常居所地法律或者国籍国法律。”可按照该条规定来确认涉港、澳、台遗嘱的效力。

参考文献

1. 胡康生主编．中华人民共和国婚姻法释义．北京：法律出版社，2001
2. 杨立新，秦秀敏．中华人民共和国婚姻法释义与适用．长春：吉林人民出版社，2001
3. 杨遂全著．新婚姻家庭法总论．北京：法律出版社，2001
4. 陈苇主编．结婚与婚姻无效纠纷的处置．北京：法律出版社，2001
5. 蒋月著．夫妻的权利与义务．北京：法律出版社，2001
6. 李明舜主编．婚姻法中的救助措施与法律责任．北京：法律出版社，2001
7. 杨大文主编．亲属法．北京：法律出版社，1997
8. 张贤钰主编．婚姻家庭法教程．北京：法律出版社，1995
9. 杨大文主编．婚姻法学．北京：北京大学出版社，1995
10. 巫昌祯主编．婚姻与继承法学．北京：中国政法大学出版社，1997
11. 卓冬青著．现代婚姻家庭法律自助读本．广州：广东旅游出版社，1999
12. 陈小君主编．婚姻家庭法学．北京：中国检察出版社，1995
13. 高言，郑晶主编．婚姻家庭法理解适用与案例评析．北京：人民法院出版社，1996
14. 韩德培主编．国际私法．武汉：武汉大学出版社，1995
15. 法学教材编辑部婚姻法教程编写组．婚姻立法资料选编．北京：法律出版社，1984
16. 王利明，郭明瑞，方流芳编写．民法新论．北京：中国政法大学出版社，1991
17. 史尚宽著．亲属法论．台北：荣泰印书局，1980
18. 陈功著．家庭革命．北京：中国社会科学出版社，2000
19. （美）W. 古德著．家庭．魏章玲，译．北京：社会科学文献出版社，1986
20. 邓伟志，徐榕著．家庭社会学．北京：中国社会科学出版社，2001
21. 瞿同祖著．中国法律与中国社会．北京：中华书局，1981
22. 刘春茂主编．中国民法学·财产继承．北京：中国人民公安大学出版社，1990
23. 郭明瑞，房绍坤编著．继承法．北京：法律出版社，1996
24. 彭诚信．继承法．长春：吉林大学出版社，2000
25. 刘素萍．继承法．北京：中国人民大学出版社，1988

26. 张玉敏．继承法律制度研究．北京：法律出版社，1999
27. 高言，刘玉苓主编．继承法理解适用与案例评析．北京：人民法院出版社，1996
28. 巫昌祯，杨大文主编．走向 21 世纪的中国婚姻家庭．长春：吉林人民出版社，1995
29. 陈苇主编．外国婚姻家庭比较研究．北京：群众出版社，2006
30. 郭丽红著．冲突与平衡——婚姻法实践性问题研究．北京：人民法院出版社，2005